文化馆蓝皮书

建设人民终身美育学校
2021—2023

白雪华　李国新　主编

国家图书馆出版社

图书在版编目（CIP）数据

文化馆蓝皮书. 建设人民终身美育学校：2021—2023 / 白雪华，李国新主编. -- 北京：国家图书馆出版社，2024.11. -- ISBN 978-7-5013-8300-9

Ⅰ. G249.23

中国国家版本馆CIP数据核字第2024M808Y5号

书　　名　文化馆蓝皮书：建设人民终身美育学校（2021—2023）
WENHUAGUAN LANPISHU：JIANSHE RENMIN ZHONGSHEN MEIYU XUEXIAO（2021—2023）
著　　者　白雪华　李国新　主编
责任编辑　张亚娜　王炳乾
封面设计　耕者设计工作室

出版发行　国家图书馆出版社（北京市西城区文津街7号　100034）
（原书目文献出版社 北京图书馆出版社）
010-66114536　63802249　nlcpress@nlc. cn（邮购）
网　　址　http://www. nlcpress. com
排　　版　北京德彩汇智图文设计有限公司
印　　装　河北鲁汇荣彩印刷有限公司
版次印次　2024年11月第1版　2024年11月第1次印刷

开　　本　710×1000　1/16
印　　张　37.75
字　　数　592千字
书　　号　978-7-5013-8300-9
定　　价　218.00元

主编单位： 文化和旅游部全国公共文化发展中心

中国文化馆协会

文化馆发展研究院

北京大学国家现代公共文化研究中心

主　　编： 白雪华　李国新

编　　委（按姓氏笔画排序）：

王全吉　王玺昌　王　彬　王维波　冯　佳　吕骑铧

李立群　李亚男　李国新　李　斯　吴鹏宏　张广钦

张　靖　苗美娟　金武刚　金栋昌　郑海鸥　郑崇选

赵保颖　段小虎　黄晓丽　曹锦扬　符湘林　康　洁

彭泽明　靳福松

目 录

总报告

行业观察

中国文化馆协会十年专题

地方案例

课题成果

调研报告

资 料

总报告

新时代　新使命　新进展

——文化馆事业发展概观（2021—2023 年）

李国新　张广钦　李　斯　苗美娟*

2021 年是“十四五”开局之年，2023 年“十四五”行程过半。这三年间，我国文化馆事业在困难中坚守，在恢复中奋进，经历了新冠疫情对事业发展的严重影响，也经历了新冠疫情过后的迅速恢复。高质量发展使文化馆事业取得新进展，向实现新时代文化新使命迈出了新步伐。

一、三年发展概观

2021—2022 年，新冠疫情给全国各级文化馆线下服务带来不小的冲击。2021 年全国各级文化馆线下服务总人次为 5.15 亿，比疫情前的 2019 年（7.57 亿）下降约 32%；2022 年全国各级文化馆线下服务总人次为 4.19 亿，较 2021 年下降约

* 李国新，北京大学信息管理系教授，北京大学国家现代公共文化研究中心主任。
张广钦，北京大学信息管理系副教授，北京大学国家现代公共文化研究中心副主任。
李斯，南开大学商学院信息资源管理系副教授。
苗美娟，对外经济贸易大学政府管理学院副教授。

19%，比 2019 年下降约 45%①②。新冠疫情打断了 21 世纪以来我国文化馆服务效能持续攀升的进程。

然而，即便是在新冠疫情防控期间，我国坚实的互联网基础和长期以来扎实推进的公共数字文化建设，造就出了文化馆服务“线下关门、线上开花”的局面。全国各级文化馆以全新的方式把艺术普及资源、群众文化活动搬上了互联网，“云上文化馆”有效弥补了线下服务的缺失。新冠疫情防控期间，文化和旅游部官网开辟“文化艺术服务专题”板块，实现了对全国主要文化馆、图书馆、博物馆、美术馆、剧院、非遗展示场馆、文化艺术精品的汇聚和集中展示。上海市民文化节开辟“云上文化服务日”，云剧场、云讲堂、云展厅、云市集、云赛场，万般精彩齐聚互联网，创造了一天内 1000 多万人次网上参与或浏览文化节活动的奇观③。2020 年和 2021 年，中国文化馆协会连续组织了“文化馆事业发展的思考与讨论”系列网上讲座交流活动，直播观看和回放观看的总人次超过 500 万④⑤，创造了业界专业培训线上参与人次的最高纪录。2021 年春节期间，文化和旅游部公共服务司、全国公共文化发展中心和中央广播电视总台央视频首次开展全国“村晚”示范展示活动，多种媒体持续进行为期一个多月、累计 200 小时以上、横跨东西南北中的“我的‘村晚’我的年”接力直播，地方性网络、电视、新媒体也对当地“村晚”进行直录播，活跃在乡村的农民“村晚”借助现代传播手段走进了千家万户⑥，一直延续发展到今天。新冠疫情倒逼全国各级文化馆的线上服务内容、能力和水平实现跨越式提升。

---

① 文化和旅游部财务司．文化和旅游统计季度数据便览（2023 年）[M]．北京：中国文化传媒集团有限公司，2023：3.

② 中华人民共和国文化和旅游部．中国文化文物和旅游统计年鉴（2020）[M]．北京：国家图书馆出版社，2020：102-103.

③ 12 小时破千万人次！“线上”市民文化节人气旺[EB/OL]．（2020-03-29）[2024-02-05]. https://wenhui.whb.cn/third/zaker/202003/29/336812.html.

④ 李国新，赵保颖．文化馆发展十一讲・写在前面[M]//李国新．文化馆发展十一讲．北京：国家图书馆出版社，2020：1-4.

⑤ 李国新．文化馆发展十一讲（第二季）・序言[M]// 白雪华，李国新．文化馆发展十一讲（第二季）．北京：国家图书馆出版社，2022：1-4.

⑥ 李国新．牛年春节新景观：“村晚”线上开花[N]．中国文化报，2021-02-10（2）.

2023年新冠疫情防控措施调整，伴随经济社会发展的全面恢复，人民群众的文化需求井喷式爆发，文化馆服务效能迅速回升。2023年，全国各级文化馆（站）服务总人次达到9亿，比2019年增长15.4%，已经全面超越了疫情前的水平；与2022年相比，增幅130.3%，远高于公共图书馆总流通人次同比增长54.1%的水平，说明新冠疫情过后公众参与聚集性文化活动的热情高涨，也说明近年来全国各级文化馆大力开展全民艺术普及活动成效显著。分指标看，2023年全国各级文化馆组织文艺活动53.7万次，同比增长97.6%；举办培训班63.6万次，同比增长72.7%；举办展览5.3万多个，同比增长39.8%；组织公益性讲座6.3万多次，同比增长53.7%①。2023年全国各级文化馆的服务效能实现了大幅提升。

宏观指标反映整体发展态势，具体看，2023年我国文化馆领域的重点活动全面恢复，创新举措不断涌现，体现了我国文化馆事业的发展韧性、内在动力和生机活力。因疫情而中断的中国文化馆年会、全国省（自治区、直辖市）及副省级城市文化（群艺）馆馆长联席会议、全国地市级文化馆“百馆联动”、全国县级文化馆“百馆联动”，以及全国文化馆理论体系构建学术研讨会等重点活动相继恢复举办；以文化馆作为主要组织者、引领者的全国广场舞6个片区展演暨首届广场舞大会，带动全国举办广场舞活动2.4万场以上，吸引1.1亿人次参与②；“四季村晚”全年接力进行，举办展演2万余场，惠及人次约1.3亿③；“十四五”国家公共数字文化建设重点项目——公共文化云，2023年全网直录播各地优秀群众文化活动680多场④；全国首个面向全社会的全民艺术普及专项基金由中国宋庆龄基金会和中国文化馆协会设立，挂牌建立并资助30家“全国青少年美育示范基

① 文化和旅游部财务司.文化和旅游统计季度数据便览（2023年）[M].北京：中国文化传媒集团有限公司，2023：3.

② 国务院新闻办就加快建设文化强国、推动文化和旅游高质量发展举行发布会[EB/OL].（2023-12-14）[2024-02-05]. https://www.gov.cn/lianbo/fabu/202312/content_6920451.htm.

③ 1.3亿人次参与2023年全国“村晚”示范展示活动[EB/OL].（2023-12-14）[2024-02-05]. https://www.gov.cn/lianbo/bumen/202312/content_6920301.htm.

④ 数据来源：文化和旅游部全国公共文化发展中心发布的2023年1—4季度国家公共文化云网络直录播名单。

地"[①]；城市夜校异军突起，彰显了人民群众对美好生活的文化新需求，它不仅开辟了全民美育素养提升的新赛道，还成为文化馆高质量发展的新抓手；中央民族乐团、中国儿童艺术剧院等高水平国家院团依托基层文化馆设立普及推广阵地扎实推进工作，拓宽了高雅艺术向基层延伸的新通道；全国首个园林式、地标性文化馆——广州市文化馆建成开馆，这成为我国文化馆设施建设的里程碑。典型事例不胜枚举，标志着2023年成为我国文化馆事业高质量发展的新起点。

二、新时代文化新使命与文化馆高质量发展

2023年6月，习近平总书记在文化传承发展座谈会上发表重要讲话，提出"在新的起点上继续推动文化繁荣、建设文化强国、建设中华民族现代文明，是我们在新时代新的文化使命"这一重大命题，全国各级文化馆对此反响热烈，迅速掀起学习贯彻热潮。文化和旅游部全国公共文化发展中心和中国文化馆协会主办的辑刊《中国文化馆（第三辑）》，特别策划推出了"新时代文化新使命：文化馆的担当与愿景"专题笔谈，邀请全国业界专家和实践工作者撰文，探讨文化馆在新的历史起点上的文化使命担当。全国公共文化发展中心主任白雪华指出，文化馆（站）是具有中国特色的公共文化机构，要增强文化馆（站）全民艺术普及的责任担当，推动社会主义文化繁荣；增强文化馆（站）优秀传统文化传承的责任担当，推动"第二个结合"持续创新；凝聚文化馆（站）行业力量，共同描绘开放融合创新的新愿景[②]。北京大学教授李国新认为，面对新时代文化新使命，文化馆界应从理论上研究和阐述以全民艺术普及带动群众性文化活动深入开展，进而推动文化繁荣的原理、机制和实现方式，构建起文化馆以独特方式推动文化繁荣、最终为建设中华民族现代文明贡献力量的理论阐释支撑[③]。武汉大学教授傅才

① 2023年中国宋庆龄基金会"全国青少年美育示范基地"首批示范项目落定[EB/OL].（2023-12-12）[2024-02-05]. https://news.ccmapp.cn/news/detail?id=be4badca-927d-4cbd-b4fa-e612dc896c31&categoryname=%E6%9C%80%E6%96%B0%E8%B5%84%E8%AE%AF.

② 白雪华.增强精神力量 担当新时代文化新使命——深入学习领会习近平总书记在文化传承发展座谈会上重要讲话精神[J].中国文化馆，2023（1）：1-2.

③ 李国新.新时代文化新使命的文化馆担当[J].中国文化馆，2023（1）：3.

武从建设中华民族现代文明的视角，提出文化馆要通过大众文化生活方式的传承发展，从内涵上强化中华文明的连续性特征；通过搭建文化与科技融合的桥梁，推动中华文化创造性转化和创新性发展；通过搭建全民艺术普及平台，参与到国民精神塑造的进程中①。华东师范大学教授金武刚论述了文化馆在文化强国建设进程中的重要贡献与未来发展，提出文化馆要以全球化视野、现代化方式，组织开展全民艺术普及活动，传承发展中华优秀传统文化，推动我国从文化大国向文化强国迈进②。中国传媒大学教授卜希霆等认为，文化馆肩负推进文化强国建设的时代责任，是繁荣群众文化生活的主要阵地之一，应不断满足人民对美好生活的向往与追求，使优秀文化成果惠及全体人民③。

文化馆业界对新时代文化新使命下的文化馆服务创新进行了思考与展望。北京市文化馆馆长王维波探讨广场舞普及推广④，浙江省文化馆馆长阮静探讨文化馆优秀传统文化保护与传承⑤，福建省艺术馆馆长陈秀梅探讨非遗保护⑥，湖南省文化馆馆长叶伟平探讨文化馆参与“村晚”活动举办⑦，中国群众文化学会副秘书长李亚男探讨加强文化馆和群众文化国际交流，增进中华文化传播与现代文明互鉴⑧。新时代新的文化使命，为进一步推进我国文化馆事业高质量发展指明了前进方向。

---

① 傅才武.承担中华文化传承创新使命，文化馆要发挥更大作用[J].中国文化馆，2023(1):4-6.

② 金武刚.文化馆在文化强国建设进程中的重要贡献与未来发展[J].中国文化馆，2023(1):6-7.

③ 卜希霆，梅兰妮.新使命·新起点·新愿景——新的历史起点上文化馆的责任与担当[J].中国文化馆，2023(1):8-9.

④ 王维波.更好担负起新的文化使命，以推广广场舞活动落实“一推动两建设”[J].中国文化馆，2023(1):10-11.

⑤ 阮静.整体保护 创新发展 绽放中华优秀传统文化时代之光[J].中国文化馆，2023(1):11-12.

⑥ 陈秀梅.守正创新奋发作为 全力推进文化繁荣——新时代文化馆开展非遗保护工作的几点思考[J].中国文化馆，2023(1):13-15.

⑦ 叶伟平.增强乡村文化自信，为乡村文旅赋能[J].中国文化馆，2023(1):15-16.

⑧ 李亚男.加强文化馆和群众文化国际交流，增进中华文化传播与现代文明互鉴[J].中国文化馆，2023(1):16-18.

三、文化馆全民艺术普及创新发展扎实推进

"十四五"以来，全国各级文化馆把工作重心进一步向全民艺术普及聚焦，持续推动全民艺术普及拓展深化、创新发展。2021 年 3 月，文化和旅游部、国家发展改革委、财政部印发《关于推动公共文化服务高质量发展的意见》，要求"做大做强全民艺术普及品牌"，使各级文化馆成为"城乡居民的终身美育学校"，明确提出了文化馆在经济社会发展中的目标定位。同年 6 月，文化和旅游部印发《"十四五"公共文化服务体系建设规划》，进一步提出"实施全民艺术普及工程，把文化馆打造成为城乡居民的终身美育学校"，全民艺术普及项目、"大家唱"群众歌咏活动、"村晚"项目、广场舞活动、"百姓大舞台"网络群众文化品牌活动等一批重点项目（活动）被列入该规划专栏。

新冠疫情防控期间，文化馆全民艺术普及云端发力，"云上文化馆"取得重要突破，充分显示我国大力推动数字文化馆建设的成效。疫情之后，各级文化馆线上线下活动齐发力，服务和活动的内容与形式不断创新。2023 年 5 月，文化和旅游部以"新时代文化馆：开放·融合·创新"为主题，启动首次全国"文化馆服务宣传周"活动。全国各地各级文化馆积极响应、广泛联动，推出了各具特色、丰富多彩的线上线下活动。多地实施地方性全民艺术普及日 / 周 / 月 / 季项目。北京市连年举办"艺术让生活更美好"全民艺术普及月活动，2022 年全市各级文化馆（站）共计开展培训、展览展示、节日主题活动等线上线下公益文化活动 4300 多项、7100 多场，总服务人次 1600 多万。广西于 2022 年将"全民艺术普及日"升级为"全民艺术普及月"，全区各级文化馆、图书馆、博物馆等公共文化场馆携手联动，通过大平台、大展览、大展演、大讲坛、大服务，推动艺术普及融入群众日常生活。

"十四五"以来，全国各地文化馆立足新时代人民群众文化新需求，积极搭建群众自我展示和交流平台，群众喜闻乐见的文化活动蓬勃发展，呈现出线上线下联动、区域联动、城乡联动的多元联动格局，形式多样、内容丰富的市民文化节遍地开花。天津、吉林、上海、重庆、新疆等地积极组织市民（社区）艺术

节，黑龙江、吉林、四川等地结合地方特色，举办农民（乡村）文化节、少数民族艺术节等品牌活动，艺术普及的触角延伸至乡村基层。群众歌咏“大家唱”活动广泛开展。黑龙江“红色歌曲大合唱”、广东“百歌颂中华”、吉林“长白山合唱节”、四川“巴蜀合唱节”、陕西“歌从黄河来”合唱音乐会、安徽“农民歌会”、宁夏“劳动者之歌”等活动唱响神州大地，独具民族特色的青海、宁夏“花儿”会，陕北民歌展演，广西柳州“鱼峰歌圩”等活动持续开展。“广场舞”舞动大江南北。全国各地广场舞比赛、汇演轮番上演，城乡群众以广场舞跳出时代新风尚。2022 年广场舞拉开北京冬奥会开幕式序幕，在全球舞台上展现中国群众文化活动的风采。同年，第十九届群星奖首次将广场舞、群众合唱纳入评奖范围，标志着这种大众文化艺术形式获得了国家层面的强力支持和推动。2023 年文化和旅游部公共服务司联合文化和旅游部全国公共文化发展中心创新举办全国广场舞大会，以“启动仪式 + 区域示范展演 + 广场舞之夜”分区域、分阶段开展，打造群众文化活动的中国品牌。

“十四五”期间，各地还积极开展了具有地方特色的全民艺术普及项目。2022 年浙江省创新推出“文艺赋美”工程，组织动员艺术院校、公共文化机构等各界文化艺术志愿者，采取多点、高频、流动的公益性文艺展演形式，在社区街头、广场公园开展常态化艺术展演和推广活动，实现优质文艺资源的基层下沉和全民共享。上海市以“全民、全龄、全域、全时”为美育目标，全力打造“周末美育大课堂”“上海市民艺术夜校”“社会大美育计划”等全民艺术普及项目。其中“上海市民艺术夜校”采用延时开放、公益性收费模式，面向 18—55 岁人群开设艺术入门课程，紧密切合了新时代城市中青年群体对文化艺术多元化、个性化、特色化的需求。2022 年“上海市民艺术夜校”拓展至全市 16 个区，“1+16+X”（1 所总校 +16 个区分校 +X 个教学点）的总分校全民艺术普及网络体系初步形成[①]。继上海之后，北京、杭州、广州、成都等地文化馆相继探索开办市民夜校，市民夜校项目成为文化馆全民艺术普及创新发展新的突破口和风向标。深圳、上海等地的“草坪音乐会”，成都、深圳、哈尔滨、株洲等地的“街头艺术表演”“街头

① 方世忠.关于完善公共文化服务体系工作情况的报告[EB/OL].（2024-01-05）[2024-02-06]. https://www.shrd.gov.cn/n8347/n8407/n9703/u1ai260623.html.

艺术站”“阳台音乐会”，以“我们的节日”统领的地方特色节事活动等，都成为各地独具特色的全民艺术普及项目。

在“双减”政策实施的背景下，全国各级文化馆紧抓机遇，创新开展青少年美育教育。2021 年 7 月，中国文化馆协会青少年美育委员会成立。该委员会充分发挥行业协会桥梁纽带作用，搭建起全方位、多层次的青少年美育交流发展平台，着力构建覆盖全国、种类多样、品质精良的具有中国文化馆特色的现代化青少年美育体系。2022 年 11 月 9 日，文化和旅游部全国公共文化发展中心与中国儿童艺术剧院签署战略合作协议，共建中国儿童青少年戏剧艺术普及推广中心，推动中国儿艺精品剧目依托全国各级文化馆（站）全民艺术普及服务体系向基层延伸[①]。2023 年 8 月，文化和旅游部全国公共文化发展中心联合中国宋庆龄基金会、北京师范大学，共同推进“全国青少年美育示范基地”创建计划，首批挂牌建设 30 家青少年美育示范基地。同时，各地广泛整合社会各界艺术普及优质资源，积极探索面向青少年群体的全民艺术普及项目。如浙江省面向中小学生打造“百姓百艺”工作坊，设立 1000 个艺术普及点，全省普及率达 74.4%[②]。上海市群众艺术馆全新打造青少年品牌美育项目“周末美育大课堂”，联合专业院团、专业院校、少年宫、优质艺术团体及机构的艺术师资，共同为青少年及其家长提供艺术启蒙和美育提升服务。

总体上看，“十四五”以来，全民艺术普及作为全国各级文化馆的核心功能定位更加明确，在文化馆工作部署中的地位进一步提升；伴随着公共文化服务城乡一体化建设的推进，全民艺术普及服务和活动开始向农村延伸；一些传统的群众性文化活动如广场舞、“大家唱”、“村晚”、民俗节事等，成为全民艺术普及的重要载体；数字化服务、新媒体传播极大地提升了全民艺术普及的触达率和覆盖面；市民夜校、青少年美育项目等开创了全民艺术普及的新渠道。文化馆全民

① 文化和旅游部全国公共文化发展中心与中国儿童艺术剧院签署战略合作协议[EB/OL].（2022-11-10）[2024-02-06]. https://www.mct.gov.cn/preview/whzx/zsdw/qggwhfzzx/202211/t20221110_937362.html.

② 浙江：以高品质公共文化服务促进人民群众精神生活共同富裕[EB/OL].（2023-02-17）[2024-02-06]. https://www.mct.gov.cn/whzx/qgwhxxlb/zj/202302/t20230217_939168.htm.

艺术普及创新发展扎实推进。

四、新型公共文化空间建设促进文化馆设施和服务体系进一步完善

“十四五”以来，创新拓展城乡公共文化空间取得突出进展。截至2023年9月，全国已建成各类新型公共文化空间33500多个。其中，从建设主体上看，政府投资新建或改扩建的有27600多个，约占83%，社会力量参与建设的有5800多个，约占17%。在政府建设的新型公共文化空间中，依托基层文化馆（站）、公共图书馆、村（社区）文化中心改扩建的有16300多个，约占全国总数的49%，政府新建的有11200多个，约占全国总数的34%①。文化馆总分馆制建设和新型公共文化空间建设相互促进，一批文化馆分馆按照新型公共文化空间的理念进行创意性改造，一批新建、改扩建的文化驿站类新空间被纳入文化馆总分馆体系。截至2022年6月，全国有2674个县（市、区）建成文化馆总分馆制，占全国县（市、区）级区划总数的94%，建成文化馆分馆38000多个②。

一批以艺术展示、艺术分享、艺术交流为主要内容的“小而美”的文化驿站类新空间的出现，在完善文化馆设施体系、健全文化馆服务体系方面发挥了重要作用。浙江省已建成文化驿站751家③、文化礼堂20511家，实现了500人以上行政村全覆盖④，温州市已经建成“文化驿站”240家以上，构建起了“1+10+N+X”覆盖城乡的公共文化服务网络⑤。广东省东莞市与社会力量合作，建成160个“共

---

① 李国新，李斯．我国新型公共文化空间发展现状与前瞻[J]．中国图书馆学报，2023（6）：4-14．

② 李国新，李斯，苗美娟．我国图书馆文化馆总分馆制建设的现状、问题与发展建议[J]．文化和旅游决策参考，2022（10）：26-33．

③ 此部分内容来自浙江省文化和旅游厅《关于“创新拓展城乡公共文化空间”建设的情况总结》。

④ 遍布浙江农村的2万余个文化礼堂越办越火[EB/OL]．（2024-01-11）[2024-02-06]．https://news.hangzhou.com.cn/zjnews/content/2024-01/11/content_8673643.htm．

⑤ 温州发布《文化驿站服务规范》地方标准[EB/OL]．（2022-01-07）[2024-02-06]．https://wl.wenzhou.gov.cn/art/2022/1/7/art_1642045_58897370.html．

享文化空间"[1]。深圳市福田区面向社会征集并认定100个嵌入式新型公共文化空间[2]。上海市嘉定区在全区12个街镇建成并开通了59个"我嘉·秀空间"[3]。

新型公共文化空间建设关注以"人"为中心的参与和体验。生活美学已经成为人民群众的普遍追求，与传统的文化馆设施相比，新型公共文化空间除了满足全民艺术普及的功能性需求外，更加关注以"人"为中心的参与和体验，营造优雅舒适的环境，彰显生活之美。

新型公共文化空间积极探索多样化的运营管理机制改革。如为数不少的新空间被纳入了总分馆体系，总馆承担分馆资源和服务的指导、保障和援助职能，促进了总馆优质资源和服务的下沉以及分馆之间的资源共享，提升了总分馆体系的整体效能。在运营机制上，新型公共文化空间较多地采用社会化运营管理方式，由政府制定和完善相关制度，鼓励和引导文化企业、社会组织和文化志愿者等社会力量具体实施运营管理，目前已经发展出了连锁式运营管理、整体运营管理和部分运营管理等不同模式。优惠收费的普惠性非基本公共文化服务也在新型公共文化空间中率先试行。北京市东城区出台了《公共文化设施优惠收费服务指南》，在"美后肆时"（景山街道市民文化中心）开展了优惠收费服务实践[4]。

新型公共文化空间的建设和服务走向规范化。2022年2月，浙江省出台的《浙江省文化驿站建设指南》界定了文化驿站范畴，从建设目标、建设要求、服务要求等方面对文化驿站建设进行规范。温州市于2022年1月实施《文化驿站服务规范》，该规范对文化驿站的分类、服务的总体原则和要求、布局、设施设备、人员、服务内容、服务要求、服务监督与评价等做出规范，成为全国首个文化驿站类空间的地方标准。这些标准和指南的出台，固化了新型公共文化空间的

---

① 莞城六大"共享文化空间"入选[EB/OL].（2023-06-09）[2024-02-06]. https://static.nfapp.southcn.com/content/202306/09/c7772880.html.

② 来福田探索100个嵌入式空间[EB/OL].（2023-09-21）[2024-02-06]. https://new.qq.com/rain/a/20230921A05BCS00.

③ "我嘉"有看点 文化入人心——"我们的舞台"2023年嘉定区我嘉·艺荟系列文化活动颁奖展演暨总分馆成果展示成功举办[EB/OL].（2023-12-25）[2024-02-06]. http://www.jiading.gov.cn/wenlv/jdwhg/jwzx/content_866482.

④ 李国新，李斯.我国新型公共文化空间发展现状与前瞻[J].中国图书馆学报，2023，49（6）：4-14.

建设经验，促进了先进模式的复制推广。

五、文化馆数字化建设跃上新台阶

2022 年 5 月，中共中央办公厅、国务院办公厅印发的《关于推进实施国家文化数字化战略的意见》（以下简称《意见》），要求统筹推进国家文化大数据体系、全国智慧图书馆体系和公共文化云建设，增强公共文化数字内容的供给能力，提升公共文化服务数字化水平。《中国文化馆（第二辑）》特别策划组织了“数字化赋能文化馆事业高质量发展——《关于推进实施国家文化数字化战略的意见》笔谈”，邀请业界专家学者和一线工作者畅谈对《意见》的理解和认识，总结文化馆数字化服务的创新实践，展望文化馆数字化建设跃上新台阶的发展前景。

公共文化云项目是“十四五”中央财政支持的两大公共数字文化建设项目之一。2022 年 3 月，文化和旅游部全国公共文化发展中心发布《公共文化云建设项目“十四五”建设指南》，明确各地年度建设内容和任务指标。国家公共文化云改版升级，优化形成汇资讯、看直播、享活动、订场馆、读好书、赶大集六大板块。国家公共文化云、地方公共文化数字平台、市县级文化馆数字服务对接数量创历史新高。以不同层级公共文化云平台的有效对接为标志，我国全民艺术普及云服务“一张网”格局初步形成。

文化馆沉浸式空间建设起步。2023 年 2 月，中国文化馆协会成立沉浸式文化委员会，推动和引领各地文化馆开展沉浸式空间建设和服务。如文化和旅游部全国公共文化发展中心指导建设的北京市大兴区黄村镇三间房村公共文化驿站，配备了数字古琴台、智慧钢琴、舞蹈体验室、数字书法台、有声书、数字文化艺术远程协作等模块，能够实现实时人流监测、用户兴趣数据分析、内容发布灵活控制，展厅环境 AI 控制等功能，打造出了适应农村的数字沉浸空间模板[①]。

文化馆数字服务方式和内容不断创新。各地文化馆适应不同群体的互联网使用习惯，构建起了全媒体、全方位的服务体系，充分运用网络直播、短视频、微

---

① 罗云川. 构建新时期文化馆数字化应用场景[EB/OL].（2023-09-25）[2024-02-06]. https://mp.weixin.qq.com/s/dRJ0HO1nYwv4opcFE5CA_Q.

信等渠道，开展不同类型的全民艺术普及服务。有的文化馆运用智能算法技术，基于用户的行为数据提供推荐服务；有的文化馆推出了“文化超市”“文化有约”等点单式服务，实现服务精准投送；有的文化馆开展基于社群的线上服务，以兴趣爱好聚集人群，通过社群关系运营，让服务更具黏性；有的文化馆开发制作艺术普及慕课，实现艺术普及培训线上线下阶梯式衔接推进。

总的来看，2021—2023年，新冠疫情倒逼文化馆线上服务实现了跨越式发展，大量依托互联网的新服务、新产品、新方式涌现出来。公共文化云项目带动全民艺术普及全国“一张网格局”初步形成，全国各级文化馆数字服务能力显著提升。中共中央办公厅、国务院办公厅《关于推进实施国家文化数字化战略的意见》为文化馆数字服务跃上新台阶指明了方向。

六、文化馆助力乡村文化建设展现新亮点

乡村振兴，乡村文化建设既是重要内容，又是重要保障。“十四五”以来，全国各级文化馆以高度的责任感、使命感，充分发挥自身职能和优势，积极组织、参与、指导乡村“村晚”和民间文化艺术之乡创新发展，成为全国各级文化馆助力乡村文化建设的突出亮点。

乡村“村晚”已经发展成为中国农民文化创造、文化表现、文化享有的常态化特色活动。2021年春节期间，由文化和旅游部公共服务司、全国公共文化发展中心、中央广播电视总台央视频联合举办的“欢乐过大年·迈向新征程”——我们的小康生活2021年全国“村晚”示范展示活动持续近两月，精选全国18个省（区、市）27场“村晚”的400多个节目进行网络直录播，同时推介乡村好物美景百余种，线上参与人次达7700万①。2023年，文化和旅游部、农业农村部、国家乡村振兴局联合启动“大地欢歌”全国乡村文化活动年，部署全国农村开展“四季村晚”活动，以320多个活动示范点带动全国农村“村晚”常态化开展。据统计，全年举办“四季村晚”展演2万场次以上，惠及1.3亿人次以上。

---

① 2021年全国“村晚”示范展示活动精彩节目大盘点[EB/OL].（2021-03-01）[2024-02-06]. https://www.mct.gov.cn/whzx/zsdw/qgggwhfzzx/202103/t20210301_922343.htm.

全国各级文化馆在广泛开展的“四季村晚”活动中，普遍承担了展演活动的策划与组织、节目创作和表演的指导与辅导、乡村文艺队伍的培训与孵化、服装道具的支持与援助等工作。如贵州省文化馆组织并指导了独具特色的“慢火车上的村晚”，以串联乡村的绿皮火车为舞台，将“村晚”车厢新春故事会、“村晚”车厢新春喜乐汇、“村晚”车厢新春年货铺搬上了移动的火车，被国家公共文化云和央视频现场直播①。湖南省岳阳市君山区创新开展“村民导村晚，馆长来圆梦”活动，村（社区）申报举办“村晚”，区文化馆提供舞台、音响等设备和专业指导支持②，既提升了节目的质量，又体现了文化馆服务由“送文化”到“种文化”的转变。

国家级和省级的民间文化艺术之乡，既是乡村特色文化资源，又是乡村开展文化活动、建设美丽乡村、发展乡村旅游和特色文化产业的重要载体。目前我国已经累计命名了1000个左右的中国民间文化艺术之乡，由各省命名的省级民间文化艺术之乡数量更多。《“十四五”公共文化服务体系建设规划》将“中国民间文化艺术之乡项目”列为“城乡文化惠民工程”专栏项目，提出将中国民间文化艺术之乡建设作为新时期乡村公共文化服务创新发展和乡村优秀传统文化保护与传承的重要抓手，打造“一乡”“一品”“一艺”“一店”“一景”的乡村文化事业产业融合发展新模式。“十四五”以来，全国各级文化馆（站）积极介入民间文化艺术之乡常态化建设。浙江省文化馆2023年实施推动民间文化艺术之乡创新发展“十大行动”，包括印发《“浙江省民间文化艺术之乡”命名和管理办法》、调研服务百个浙江省民间文化艺术之乡、举办百名民间文化艺术之乡建设者培训班、推出百名摄影家拍摄百个民间文化艺术之乡、建设浙江省民间文化艺术之乡数字资源库、撰写百个“浙江省民间文化艺术之乡”创新案例、打造评选百个民间文化艺术新型空间、举办“浙江省民间文化艺术之乡”成果展、召开民间文化艺术之乡学术研讨会以及编辑出版《浙江省民间文化艺术之乡创新案例》等，形成了

① “慢火车”上的“村晚”[EB/OL].（2024-01-30）[2024-02-06]. http://www.xinhuanet.com/mrdx/2024-01/30/c_1310762840.htm.

② 村民导村晚 馆长来圆梦[EB/OL].（2023-11-10）[2024-02-06]. https://www.803.com.cn/2023/11/10/wap_991355715.html.

推动民间文化艺术之乡创新发展的“浙江经验”①。“十四五”以来，区域性的民间文化艺术之乡示范性交流展示活动多点开花。四川省崇州市、广东省佛山市、河北省沧州市、广西壮族自治区来宾市、山东省滨州市等地先后都举办了民间文化艺术之乡示范性交流展示活动。广东、辽宁、新疆、云南、湖南、陕西、四川、重庆、贵州等省（市、区）也都开展了本省的民间文化艺术之乡创新发展推进工作。各地文化馆成为民间文化艺术之乡示范性交流展示活动的主要策划者、组织者和实施者。近年来，民间文化艺术之乡赋能乡村振兴展现了新路径、新方式。四川省推出民间文化艺术之乡旅游线路 20 条，山东省发起黄河流域民间文化艺术之乡交流联动，陕西省对民间文化艺术之乡活动的场所建设、传承人才培养、展示交流活动等给予扶持，2023 年首届中国群众文化品牌发展大会发布了 186 个“中国民间文化艺术之乡”高质量发展机会清单，为民间文化艺术之乡资源更好地应用于乡村公共文化服务、乡村特色文化产业发展提供信息、对接供需。

七、文化馆社会化发展持续拓展深化

国家“十四五”规划为公共文化服务社会化发展指明了方向：“创新公共文化服务运行机制，鼓励社会力量参与公共文化服务供给和设施建设运营”②。《“十四五”文化发展规划》《“十四五”文化和旅游发展规划》《关于推动公共文化服务高质量发展的意见》《“十四五”公共文化服务体系建设规划》等顶层设计文件，着重对政府购买公共文化服务、社会力量参与公共文化设施运营管理、“文采会”、文化类社会组织培育、文旅志愿服务品牌建设、社会承接主体资质评价机制、社会力量参与方式、政府监管责任等作出部署。

“十四五”以来，政府购买公共文化服务制度、社会化承接主体资质评价与

① 三问浙江民间文化艺术之乡建设——为“在建设中华民族现代文明上积极探索”增添精彩注脚[EB/OL].（2023-11-09）[2024-02-06]. https://zyk.ccmapp.cn/short/0vxLk2x1Qa?1=1&siteId=2.

② 中华人民共和国国民经济和社会发展第十四个五年规划和2035年远景目标纲要[EB/OL].（2021-03-13）[2024-02-06]. https://www.gov.cn/xinwen/2021-03/13/content_5592681.htm.

退出机制、购买经费测算机制、社会化运营全流程管理模式不断完善。北京市东城区、海淀区，广东省广州市，四川省成都市都以政府文件的形式，对社会组织承接公共文化服务设置了基本条件。北京市海淀区提出了覆盖“空间—服务—人员—管理”四个维度的政府购买经费测算模型。北京市东城区围绕社会化运营“选—用—管—培”全过程闭环管理建立了“1+6”制度体系。政策和制度的建立与完善，为文化馆社会化发展提供了遵循。

社会力量全要素、全链条深度参与文化馆（站）建设，社会化管理运营规模不断扩大、类型多样化、模式多元化，参与内容涉及了从设施布局设计到具体项目供给、从服务机制创新到文创产品开发、从建立联盟到成立共同体等诸多方面。浙江省龙游县构建“三百联盟”运作新机制，嘉兴市秀洲区探索秀洲区图书馆、农民画艺术馆、非遗馆“三馆”融合社会化运营，深圳市福田区实施“星罗棋布”计划，充分利用社会资源，采用嵌入方式，快速布局新型公共文化空间体系，织密基层设施和服务网络。创新服务机制、提升服务效能成为社会化发展新常态。各地文化馆创办市民夜校，推广延时服务，吸纳社会资源，丰富服务内涵，如浙江省杭州市萧山区的“文化管家”、湖南省株洲市的“街头艺术站”等。

文化志愿服务向专业化、纵深化发展。志愿服务范围继续拓展、方式多样，专业化水平持续提升。文化和旅游部逐年发布《文化和旅游志愿服务工作方案》，对当年的重点工作进行部署，统筹推进全国文化和旅游志愿服务工作，各地通过地方立法和专门管理办法加强对文化志愿服务的管理。文化馆志愿服务团队规模日益扩大，志愿服务网络体系愈加健全。截至 2021 年 12 月，全国县级以上文化馆有志愿服务团队 2790 多个，志愿者人数达到 75 万多人①。很多省份逐步建立并完善了“总队—支队—分队”三级联动志愿服务网络，以及“省—市—县—乡—村”五级文化和旅游志愿服务组织体系，推动文化和旅游志愿服务纵向到底、横向到边。全国及地方性的文化和旅游志愿服务品牌项目不断涌现。2021—2023 年，全国各级文化馆围绕建党百年、北京冬奥会和冬残奥会、杭州亚运会等重大活动开展了大量文化志愿服务。志愿服务管理数字化、专业化水平进一步提升，

① 良警宇. 文化志愿服务蓝皮书 · 中国文化志愿服务发展报告（2019—2022）[M]. 北京：社会科学文献出版社，2022：8.

广东、四川、重庆、山西、新疆等省（区、市）建立并完善了文化志愿服务数字平台，提升志愿服务管理效率。“春雨工程”“阳光工程”“圆梦计划”扎实推进，实现方式创新。2023 年，“春雨工程”——文化和旅游志愿服务边疆行项目创新实施“结对项目清单”，形成供需紧密对接的合作项目 364 个[①]。文化馆志愿服务行业组织建设有新进展。2021 年 5 月，中国文化馆协会成立文化志愿服务委员会，推动、引领全国文化馆志愿服务发展。

文化馆与社会组织合作开发文创产品，盘活了文化资源。2022 年，全国公共文化发展中心牵头探索了符合文化馆特点和事业发展规律的文创产品社会合作开发机制，并与深圳文化产权交易所合作，组建全民艺术普及文创中心，打造文创产品开发及推广运营体系。全国各地文化馆结合本地资源优势，与社会组织联合进行文创产品创意设计、人才培养、技术应用、资金运作、产品营销等，为文化馆（站）文创产品开发增添了新动力。

全国公共文化和旅游产品采购大会持续推进，“1+N”机制聚合作用明显，“朋友圈”范围不断扩大。2023 年，江苏、宁夏、云南等地举办了本省（市、区）首届“文采会”。常年不落幕的“云采会”成为“文采会”的重要形式，线上线下相结合使“文采会”覆盖面大为提升，交易空间大为拓展。“文采会”与群众文化活动路演、展示、体验紧密结合，也成为群众文化活动嘉年华。

普惠性非基本公共文化服务优惠收费在一些文化馆开始试水。北京市东城区、上海市、四川省成都市和广东省广州市先后出台文件，探索建立社会力量管理运营的基层公共文化设施普惠性非基本公共文化服务优惠收费制度，对优惠收费的条件、范围、服务类型、定价方法、收费所得处置及约束措施做出规范，为高品质、特色化、个性化公共文化服务可持续发展提供保障。

全国首个面向全社会的全民艺术普及专项基金正式成立。2022 年 10 月，中国宋庆龄基金会与中国文化馆协会合作设立“中国宋庆龄基金会全民艺术普及专项基金”，这是我国公共文化领域第一个面向全社会的开放性、包容性、普惠性基金，以社会性资金来源、创新性运作机制支持全民艺术普及。2023 年，基金重

① 高质量、有效率、更公平、可持续——推进新时代公共文化服务高质量发展[N]. 中国文化报，2024-01-01（1）.

点打造了“全国青少年美育示范基地”项目，广泛融合社会各界艺术普及资源，构建多主体共同参与的青少年美育协作体系。

八、文化馆理论体系构建取得新突破

高度重视并持续拓展和深化理论研究，是近十几年我国文化馆领域突出的变化之一，也是取得成效明显的方面之一。2021—2023年，理论研究的良好发展态势在延续，文化馆理论体系构建取得了新突破。

行业首刊《中国文化馆》辑刊问世。长期以来，我国文化馆领域一直缺乏权威性、学术性、专业性、公开出版发行的期刊类出版物，2021年，由文化和旅游部全国公共文化发展中心、中国文化馆协会主办的《中国文化馆》辑刊问世，彻底改变了这一现象，成为我国文化馆事业发展进程中的里程碑式事件。《中国文化馆》辑刊致力于建设我国文化馆事业发展新理念、新思想、新政策的策源地和传播基地，成为文化馆（站）领域学术探索、学术创新、学术交流的重要阵地，架起理论与实践紧密结合的桥梁，为构建中国特色文化馆理论体系、学术体系、学科体系、话语体系作出贡献[①]。截至2023年底，《中国文化馆》辑刊已出版三辑，开辟了“理论研究”“工作探索”“地方实践”“他山之石”等常设专栏，策划推出了“新时代文化新使命：文化馆的担当与愿景”“数字化赋能文化馆事业高质量发展——《关于推进国家文化数字化战略的意见》笔谈”“国家公共文化服务体系示范区创新实践”“十年回眸：中国特色文化馆事业”等有特色、有引领的特别栏目，刊发研究论文近百篇。

中国文化馆发展史研究取得突破。2023年中国文化馆年会期间，由文化和旅游部全国公共文化发展中心和中国文化馆协会主办、中国文化馆协会摄影委员会和东莞市文化馆承办、北京大学国家现代公共文化研究中心提供学术支持的“赓续历史 勇毅前行——中国文化馆发展历程展（1949—2023）”隆重推出，这是首次以图文并茂的展览形式系统性呈现我国文化馆事业70多年发展历程的编年史，其内容划清了我国文化馆发展的历史分期，梳理总结了70多年来我国文化馆事

① 《中国文化馆》编委会.写在《中国文化馆》诞生之际[J].中国文化馆，2021（1）：1.

业发展进程中的重要政策、重大事件、重点活动，全面系统地展现了党的十八大以来我国文化馆事业创新发展取得的突出成就，首次披露了许多鲜为人知的历史文献、照片、统计数据等。近年来，文化和旅游部全国公共文化发展中心文化馆发展研究院、中国文化馆协会会同北京大学国家现代公共文化研究中心，组织力量对中国文化馆发展史进行了系统研究，该展览是中国文化馆发展史研究最新成果的集中展示、标志性成果。

“三大研究院”持续推进高水平课题研究。近年来，文化和旅游部全国公共文化发展中心先后组建了文化馆发展研究院、乡村公共文化服务研究院和基层公共数字文化服务研究院三个虚体研究机构。2021—2023 年，“三大研究院”通过面向全社会的竞争性申报，共资助或批准 54 项研究课题，吸引了一大批来自高等院校、科研机构、文化馆（站）等公共文化机构的研究人员参与课题研究，对扩大研究队伍、提高研究质量起到了示范引领作用。

推动文化馆事业高质量发展的重要理论和实践问题研究不断拓展深化。2021—2023 年，有关文化馆事业发展的研究性、概述性著述出版了近 20 种，高等院校以文化馆（站）及相关问题为研究对象的博士、硕士学位论文出现了 20 多篇，专业性和学术性期刊上公开发表、CNKI 检索可得的研究论文有近 2000 篇。研究涉及的内容主要包括公共文化服务体系建设与文化馆（站）高质量发展、基层文化馆（站）建设、文化馆数字化、文化馆全民艺术普及、文化馆非遗保护与传承、文化馆群众文艺培训辅导、文化馆群众文化活动策划组织、文化馆服务效能等。问题是时代的声音，回答并指导解决问题是理论研究的根本任务。近三年文化馆领域理论研究的重点、热点问题体现了问题导向、实践牵引、理论和实践紧密结合的特点，围绕着推动文化馆（站）事业高质量发展，理论研究的广度和深度不断拓展和深化。

九、存在问题与未来展望

2021—2023 年，新冠疫情对文化馆事业发展产生了很大影响，除了这一特殊情况外，文化馆领域还存在一些需要持续推动、久久为功的问题。一是发展不平衡。既有东中西部的区域发展不平衡，又有省、市、县不同层级文化馆的发展不平衡，还有文化馆与公共图书馆、博物馆等公共文化机构横向比较的发展不平衡。二是基础性、常态化、广覆盖服务项目不健全，社会认知度相对不足。总体上看，各级文化馆存在日常服务单一“活动化”倾向，全民艺术知识普及、欣赏普及的项目和方法不足，缺乏像公共图书馆、博物馆那样能吸引公众走进文化馆、利用文化馆的空间、项目和场景。三是文化馆总分馆制优势发挥不充分。目前，文化馆总分馆制已经在全国县域基本普及，但县级文化馆大多还缺乏“总馆”意识，没有找到有效联结总馆和分馆的路径与方法，没有真正形成县域文化馆服务体系，存在一定数量的“翻牌式”总分馆。四是文化馆数字服务能力和理论调研能力相对滞后。时至今日，不少文化馆尚未设立专门的数字化部门和团队，数字化也未全面纳入常态化工作范畴，理论调研部门和专业力量在基层文化馆更是缺乏，这不利于文化馆在当地公共文化服务体系建设中地位和作用的提升。

2024 年是实现“十四五”规划目标任务的关键一年。结合“十四五”推动公共文化服务高质量发展的目标任务，当前文化馆（站）应抢抓机遇、扛起责任、乘势而上，推动文化馆（站）高质量创新发展实现新的突破。

为建设中华民族现代文明作出文化馆事业的时代贡献。中华民族现代文明是在中国式现代化进程中创造的具有鲜明中国特色的文明形态，文化强国是中华民族现代文明的有效载体，文化繁荣是文化强国的重要标志。要深刻理解和认识文化馆事业高质量发展对建设文化强国以及建设中华民族现代文明的意义和作用，聚焦全民艺术普及、优秀传统文化传承的职业使命和核心功能，以广泛深入开展群众性文化活动、提升全体人民文化艺术素养和审美水平的实际成效，回应新时代对文化馆的新期待、新要求。

抓住大力推进新型公共文化空间建设的契机，拓展文化馆服务阵地。与公共图书馆、博物馆等公共文化设施相比，目前各级文化馆的馆舍空间严重不足。统计显示，全国省级文化馆的馆舍总面积只相当于省级公共图书馆的 15%、省级博物馆的 10%，全国地市级文化馆的馆舍总面积只相当于地市级公共图书馆的

45%、地市级博物馆的27%[1]。各级文化馆应抓住当前各地政府大力推进新型公共文化空间建设的契机，积极拓展“小而美”的文化驿站类新空间建设，布局构建星罗棋布、开放共享、便捷实用的文化馆设施体系，弥补各级文化馆馆舍空间严重滞后的短板。

深化文化馆总分馆制改革，健全文化馆服务体系。相比于图书馆总分馆制，文化馆总分馆制建设呈现建成比例较高但实际效果不够明显的特点，关键是尚未形成联结总馆和分馆的有效机制，尚未形成体系化发展的格局。深化文化馆总分馆制改革，一是县级总馆要充分认识和理解“总馆”的新功能，真正在服务体系中发挥出统筹、协调、指导、援助的功能。二是借鉴已有的文化馆总分馆“两员制度”经验，通过总馆设置文化下派员、分馆设置文化管理员，以“人”为纽带建立起总馆和分馆之间紧密联系的机制。三是借鉴图书馆总分馆制的经验，有条件的地方探索建立“垂直型”总分馆制，适当上移管理权限，实行人财物的集中统一管理。

建设基础性、常态化、广覆盖的服务项目，吸引公众走进文化馆、利用文化馆，彰显文化馆阵地服务功能。公众走进文化馆往往无事可做、无服务可享，这是当前我国各级文化馆普遍存在的服务短板。各级文化馆应以馆舍空间的创意性改造为突破口，以“品质化空间＋数字化资源和设备”为建设内容，在文化馆开辟古今中外经典文化艺术作品的收藏中心、流通窗口、欣赏学习阵地，为走进文化馆的公众提供全民艺术知识和欣赏普及服务，同时倒逼文化馆资源建设、设备配置、运营管理理念和方式的变革，促使各级文化馆把数字化服务纳入经常性工作范畴。

结合实际，打造文化馆创新发展新亮点。高质量创新发展，需要有标志性、显示度、传播力，需要把握事业发展大势、结合当地实际，打造出有特色的亮点，从而推动、引领事业的高质量发展。新空间建设、总分馆制深化、乡村“村晚”、广场舞、“大家唱”、青少年美育、民间文化艺术之乡创新发展、乡村网红培育、公共文化云建设等工作，是目前全国各级文化馆普遍的重点工作，以新思

① 中华人民共和国文化和旅游部.中国文化文物和旅游统计年鉴（2021）[M].北京：国家图书馆出版社，2021.

路、新方法推动共同性、常态化工作出新，对推动高质量发展具有重要意义。以文化馆领域大力推动的青少年美育为例，目前重点难点在农村，创造出文化馆发挥自身优势结对帮扶农村学校美育的新做法、新经验，既切入了青少年美育的主战场，又是全民艺术普及专项基金目前资助的重点。近年来，文化馆创造的街头艺术表演、艺术快闪、“午间一小时”、“晚间黄金三小时”等创新性服务方式广受欢迎，应进一步在丰富内容、突出特色、形成品牌、持续发展等方面打造亮点。2023 年以来，城市夜校“异军突起”，成为文化馆服务走进大众生活、吸引年轻人参与的新方式，代表城市文化馆高质量发展的新突破。全国各级文化馆应抓住这一风口机遇，做大做强城市夜校，让城市夜校成为人民群众美好生活新的风景线。

文化馆是我国公共文化服务领域体系最完善、内容最丰富、服务最广泛的公共文化服务载体和平台。文化馆的发展历程深刻体现了中国特色社会主义文化建设的本质属性和内在特点，是波澜壮阔的中国式现代化进程在公共文化领域的一个缩影[①]。站在新的历史起点，文化馆不忘初心、砥砺前行，为继续推动文化繁荣、建设文化强国、建设中华民族现代文明作出应有贡献。

① 2023年文化馆工作交流活动在内蒙古包头举行[EB/OL].（2023-09-12）[2023-09-13]. https://wlt.nmg.gov.cn/zwxx/gzdt/202309/t20230912_2377981.html.

行业观察

新时代中国文化馆发展的守正与创新

郑崇选　冯　佳*

党的十八大以来，以习近平同志为核心的党中央高度重视文化建设，紧紧围绕社会主义文化强国建设目标，围绕举旗帜、聚民心、育新人、兴文化、展形象的使命任务，推动文化建设取得历史性成就、发生历史性变革，充分彰显了中国特色社会主义文化发展道路的独特优势。2023年10月，习近平文化思想在全国宣传思想文化工作会议上首次提出，标志着我们党对文化建设发展规律的认识达到了一个新高度，为当代中国文化建设提供了认识论和方法论的根本遵循。文化馆的建设和发展作为中国特色社会主义文化建设的重要组成部分，无论是从文化体制的构建、文化阵地的建设以及文化内容的供给层面，都发挥了重要的功能。文化馆在其发展历程中，伴随着我国文化建设不同时期的发展特点，虽然经历了几次比较大的功能转型，但其作为社会主义文化建设的重要阵地的整体定位一直是被确认和不断巩固的。党的十八大以来，中国文化馆建设被纳入到现代公共文化服务体系的系统安排中，不断满足人民群众日益增长的精神文化需要，巩固中国文化主体性，以文化自觉彰显文化自信，成为中国特色社会主义文化建设的重要标识。

* 郑崇选，上海社会科学院文学研究所副所长，研究员，文化馆发展研究院学术委员。
冯佳，上海社会科学院文学研究所公共文化研究室主任，副研究员，文化馆发展研究院学术委员。

一、中国文化馆建设的时代意义

2023年6月2日，习近平总书记在文化传承座谈会上明确提出了我们在新时代所应担负的新的文化使命，那就是“在新的起点上继续推动文化繁荣、建设文化强国、建设中华民族现代文明”。文化馆建设在担负新时代新的文化使命过程中发挥着重要的作用。主要表现在以下几个方面：一是文化馆建设凸显了中国特色文化发展的优越性。中国特色的文化馆作为政府主导之下的公益性文化事业单位，其建设、运行和功能发挥从根本上区别于西方资本主义的文化机构，并以人民群众精神文化需求的满足作为主要的目标，代表了社会主义先进文化的前进方向，保障了全体公民的基本文化权益。二是文化馆建设是构建现代公共文化服务体系的重要组成部分。现代公共文化服务体系实现了文化事业运行机制的现代转型，同时也激活了文化馆自身功能的全新建构，使其成为公共文化服务体系构建过程中的重要枢纽型机构。文化馆在原有群文模式下有更多功能上的开拓，通过平台的开放性不断丰富公共文化服务内容的供给。三是文化馆建设充分彰显了中国特色社会主义文化以人民为中心的价值取向。党的十八大以来，中国文化馆的功能定位发生了很大的转变，更加强调为广大人民群众提供丰富多样的文化服务，满足人民群众不断增长的精神文化需求。文化馆已经全面地参与到人民群众的精神文化生活当中，成为人民群众提升审美素养和文化素养的重要文化阵地。四是新时代的中国文化馆建设为中国式现代化提供坚实的文化动力。中国式现代化开创人类文明新形态，其中一个重要特质就是要实现物质文明和精神文明相协调的现代化。新时代的中国文化馆建设，其重要公共文化机构的定位逐渐明确，在保障广大人民群众享受到基本文化权益的前提下，大力推动中华优秀传统文化创造性转化和创新性发展，以“第二个结合”为根本方法论，以良好公共文化生活的构建充分彰显中国式现代化的文化特质，不断巩固中国文化主体性，不断增强人民群众对中华文化的认同感、归属感、自豪感。

二、中国文化馆发展的基本阶段和主要特征

文化馆（站）是具有中国特色的公共文化机构，经过70多年发展，逐步成为公共文化服务领域体系最完善、内容最丰富、服务最广泛的载体和平台。其发展历程深刻体现了中国特色社会主义文化建设的本质属性和内在特点，也是波澜壮阔的中国式现代化进程在公共文化领域的缩影。中华人民共和国成立后，文化馆（站）的建设发展主要经历了四个阶段：

第一阶段（1949年—1978年）。文化馆（站）工作体系基本建立。该时期文化馆（站）工作的主要特征是：强调文化为政治和中心工作服务，用文艺形式宣传党的方针、政策。

第二阶段（1979年—2003年）。文化馆（站）建设进入一个新的发展阶段，县县建立文化馆，乡乡都有文化站。该时期文化馆（站）工作的主要特征是：围绕经济建设中心，强调文化为市场经济发展服务，“文化搭台，经济唱戏”。

第三阶段（2004年—2014年）。作为公共文化服务体系建设的重要组成部分，文化馆（站）建设掀起新一轮高潮。该时期文化馆（站）工作的主要特征是：强调以保障公众的基本文化权益为出发点和落脚点，提供群众文化产品和服务，发展文化生产力，努力实践“文化惠民”[①]。

第四阶段（2015年—）：2015年初，中共中央办公厅、国务院办公厅印发的《关于加快构建现代公共文化服务体系的意见》中正式提出全民艺术普及。2017年3月1日正式实施的《中华人民共和国公共文化服务保障法》中提出的“全民阅读”“全民普法”“全民健身”“全民科普”“全民艺术普及”“优秀传统文化传承”，文化馆（站）主要对应的是全民艺术普及和优秀传统文化传承，文化馆（站）在新时代的核心功能得以法定化。该时期的文化馆（站）工作的主要特征是：以全民艺术普及的方式传承中华优秀传统文化，全面提升全民艺术素养。

① 于群，冯守仁. 文化馆（站）业务培训指导纲要[M]. 北京：北京师范大学出版社，2012：176.

三、新时代中国文化馆发展的功能重构

党的十八大以来，随着现代公共文化服务建设的不断完善，文化馆的功能定位也得到进一步明确。无论是在理论支撑还是在实践探索层面，文化馆的发展都走出了一条新时代中国特色公共文化机构的现代转型之路。

（一）守正：坚守中国特色公共文化机构的根本方向

文化馆（站）在开展各类文化活动和文化服务的过程中，始终将社会主义核心价值观贯穿全过程，牢牢把握社会主义先进文化前进方向，强化政治担当和价值引领，努力担使命、强责任，充分发挥文化引领风尚、教育人民、服务社会、推动发展的作用，大力提升全社会的文明程度和文化素养。作为保障人民群众基本文化权益、丰富人民群众精神文化生活而存在的公共文化机构，文化馆（站）自诞生之日起，就以满足人民群众的精神文化生活为根本出发点和立足点，聚焦群众新需求，贯彻新发展理念，促进公共文化服务全域覆盖、全人群覆盖，切实保障人民群众基本文化权益。文化馆（站）广泛开展的“村晚”、广场舞、“大家唱”、百姓大舞台等群众喜闻乐见的文化活动，成为人民自我创造、自我表现、自我服务的舞台，满足了人民对美好生活的新期待。多年来，文化馆领域大力推进基层文化设施建设，不断夯实公共文化服务的基础设施建设，逐步完善公共文化服务体系，着力培养勤于奉献、素质优良的基层文化工作队伍。推动群众文化活动深入基层、遍地开花，让群众在家门口就能享受到便捷的公共文化服务，让文化逐渐融入普通群众的生活。各级文化馆（站），作为保护和传承以非物质文化遗产为代表的中华优秀传统文化的主要机构，始终坚持创造性转化，创新型发展。通过与当下精神文化需求相结合的全民艺术普及活动，充分发挥人民群众的主体作用，用优秀文化作品体现中华优秀传统文化的精髓，满足人民群众日益增长的精神文化需求，并在潜移默化中对群众进行熏陶，营造有利于传承与弘扬中华优秀传统文化的良好社会氛围。

（二）创新：探索新时代文化馆建设理念和机制的现代转化

文化的生命力在创新。党的十八大以来，在文化事业建设运行机制整体重构的前提下，中国文化馆建设也经历了不断转型发展的过程。无论是基本理念，还是功能定位，都有很多创新的探索与深化的拓展。

1. 扩大社会参与

文化馆（站）等机构持续贯彻落实开放共享的新发展理念，不断强化大文化发展理念，推动公共文化服务的社会化和专业化，推动公共文化服务跨部门、跨领域、跨区域协同共进。充分发挥人民群众的主体作用，打破体制内外融合的瓶颈，充分与社会力量结合，动员更广泛的社会力量参与其中。着力把分散的、优质的社会力量整合起来，并通过项目外包、委托管理、引入社会资本等方式，放大了服务效能，形成了政府、市场、社会良性互动的发展局面，实现了全民艺术普及的覆盖面和可及性。

2. 加强融合共享

融合共享是文化馆（站）在共享发展新理念中的具体体现。一方面，在文旅融合背景下，文化和旅游公共服务机构功能融合试点正稳步推进，这一过程不仅催生了一大批有推广价值的案例，还通过引入央视频、抖音等新媒体平台，借用手机这一终端展现了各地的本土风情。这些举措不仅有效传承和发扬了地方文化，还极大地推动了乡村文旅融合，提升了乡村旅游品质。另一方面，伴随近几年公共文化领域重点改革任务的推进，集宣传文化、党员教育、科学普及、普法教育、体育健身等功能于一体的基层综合性文化服务中心建设，已经基本实现了全国乡镇（街道）村（社区）全覆盖。在基层公共文化服务与党群服务、新时代文明实践等融合发展的要求背景下，文化馆（站）有效拓展了服务范围，提高了资源和服务共享水平。

与此同时，“双减”政策促进文化馆（站）强化面向中小学生的素质教育、艺术培养、校外基地建设，文化馆（站）和学校教育的融合发展呈现新局面。文化和旅游部全国公共文化发展中心（以下简称“发展中心”）联合宋庆龄基金会、北京师范大学共同推进“青少年美育示范基地”的创建。随着《关于利用文化和旅游资源、文物资源提升青少年精神素养的通知》出台，文化馆（站）在艺术进校园方面开始发挥更为重要的作用，成为中小学生校外艺术培训的主阵地。2022年，依托发展中心牵头建立的“1+N”全国及区域性文采会联动机制，在原有各地区、各种形式的文采会基础上，重点支持包括粤港澳大湾区、京津冀、长三角、成渝及西南六省等区域性文采会举办线下活动[①]。此外，以“中国民间文化艺术之乡”建设为抓手，积极推动文化馆（站）服务与乡村振兴的融合[②]，也成为近年来传承中华优秀传统文化的重要渠道。

3. 推动数字化能级提升

公共文化服务的数字化转型为文化馆能级的全面提升提供了重大机遇。进入“十四五”时期，在创新实施文化惠民工程背景下，中央财政支持启动智慧图书馆体系建设和公共文化云建设项目。2022 年 5 月，《关于推进实施国家文化数字化战略的意见》提出了公共文化数字化建设跃上新台阶的总要求。近年来，文化馆（站）公共文化服务更是把服务搬到网上、送到手上，实现“线上开花”，催生出了一大批新样态、新方式、新场景。特别是党的二十大报告指出要“实施国家文化数字化战略”。

在国家文化数字化战略的推动下，全国文化馆（站）自觉履行优秀传统文化保护、传承和弘扬职能的重大举措[③]，积极探索数字化发展路径，深入实施文化数字化战略，推动文化馆（站）业务和服务与互联网结合，赋能中华优秀传统文化的创造性转化和创新性发展。一是在中央层面，推动“全民艺术普及国家资源中心”建设，发展中心搭建国家资源中心的总框架；将资源总库打造成为适用新媒体矩阵，提供丰富数字资源内容和链接各类宣推渠道的“中央厨房”；开展资源的深度加工和再创作，形成适用于不同收看群体的传播途径，推出特色鲜明的数字文化文创产品；重点通过建设全国文化站数字监管和服务平台、开展乡村公共

① 白雪华:《文化和旅游部全国公共文化发展中心 2022 年重点工作》[EB/OL].（2022-05-11）[2023-12-26]. http://www.bhwh.gov.cn/home/content/detail/id/23465.html.

② 李国新:从比较中看清文化馆高质量发展方向与路径[EB/OL].（2021-04-03）[2023-12-28]. https://wh.ankang.gov.cn/Content-2356149.html.

③ 傅才武.承担中华文化传承创新使命,文化馆要发挥更大作用[J].中国文化馆,2023（1):4-6.

文化空间设计展示活动，促进乡村文化设施提档升级[①]。二是在地方层面，各地文化馆（站）充分利用公共文化云平台打造“文化淘宝”，推动中华优秀文化、地方传统文化的传承与发展，让服务无时不有，让内容更丰富多彩。

4. 强化均衡发展

聚焦群众新需求，贯彻新发展理念，促进公共文化服务全域覆盖、全人群覆盖，是新时代对文化馆（站）提出的更高要求。在新时代新起点，全国各级文化馆（站）在城乡协同发展进程中取得了重大突破。

全国各地文化馆（站）依托“文化驿站”“一人一艺”“午间一小时”“市民艺术夜校”“乡村村晚”等创新项目，不仅服务的规模性、覆盖面、知晓度与日俱增，而且社会公众的参与度、感受度、满意度也日益提升，从而显著提升了全民艺术普及和优秀传统文化传承的品质。与此同时，为延续乡村文化根脉，推动民族民间文化繁荣发展，文化馆（站）继续以非物质文化遗产保护为抓手，持续做好中国民间文化艺术之乡的后续建设和管理，让中华优秀传统文化为广大基层群众所认知、所理解、所感受，助力乡村全面振兴。

四、文化强国背景下中国文化馆发展的未来展望

文化兴则国运兴，文化强则民族强。要进一步理解新时代文化强国背景下文化馆的未来发展，需要首先明确其在新时期的总体定位。

（一）总体定位

“十四五”以来，高质量发展成为新时期公共文化服务体系建设的主旋律。发展中心作为代行国家文化馆职能的机构，在引领文化馆（站）行业建设方面，明确了重点任务[②]，推动文化馆（站）逐步实现以全民艺术普及为核心任务的转型

① 白雪华：推动文化馆行业全面融入国家文化数字化战略[EB/OL].（2022-07-14）[2023-12-27]. http://www.xinhuanet.com/culture/20220714/45664398e47b479c8da91b4e19323ebe/c.html.

② 白雪华：《文化和旅游部全国公共文化发展中心2022年重点工作》[EB/OL].（2022-05-11）[2023-12-26]. http://www.bhwh.gov.cn/home/content/detail/id/23465.html.

升级，成为繁荣发展社会主义文艺和构建现代公共文化服务体系的主力军。

新时代新起点的文化馆（站）应着眼人民群众多样化、个性化的文化需求，构建起覆盖城乡的全民艺术普及推广服务体系；要实现文化馆总分馆服务体系；要完善全民艺术普及推广人养成与评价机制，建立全民艺术普及推广人派遣制度；要发展优惠收费的普惠性非基本公共文化服务；要积极搭建区域性的公共文化和旅游产品交易平台，持续举办全国公共文化和旅游产品采购大会；要将数字化、理论调研纳入经常性工作范畴；要培育高黏性的线上线下相结合的文化艺术“社群”；要探索文化馆文创产品体系建设；要提升广场舞、“大家唱”、乡村“村晚”、乡村网红、市民文化节、艺术夜校等品牌活动的品质；要持续推动各地设立全民艺术普及月；要在国际上传递中国声音，讲好中国故事。最终将文化馆打造成为古今中外文化艺术作品的收藏中心、流通窗口、欣赏和学习基地。

（二）中国文化馆发展的新方向

塑造新时代中国文化馆的时代特质，关键要以习近平文化思想为基本遵循和主要指引，以创造性转化、创新性发展和“第二个结合”为根本方法论，不断深化文化馆（站）改革创新。推动文化馆（站）系统创新、整体创新，提升数字化服务水平，建立现代化、专业化的行业发展模式，推动文化馆事业发展不断开创新局面、迈上新台阶。

1. 以全民艺术普及推动新时代中国文化馆的形态重塑

文化馆（站）作为具有中国特色的公共文化机构，在新的历史起点上，全国文化馆（站）要继续坚持社会主义先进文化的前进方向，坚持以人民为中心的工作导向，坚持以社会主义核心价值观为引领，坚持创造性转化和创新性发展，坚定文化自信，以创作生产优秀作品为中心环节，以丰富人民群众精神文化生活、保障人民群众基本文化权益为出发点和落脚点，激发人民创造活力，繁荣群众文艺，不断提升国民素质和社会文明程度，为完善现代公共文化服务体系和建设社会主义文化强国提供有力支撑①。

---

① 白雪华.增强精神力量 担当新时代文化新使命——深入学习领会习近平总书记在文化传承发展座谈会上重要讲话精神[J].中国文化馆,2023(1):1-2.

首先，文化馆应发挥专业优势，研究制定全民艺术普及能力标准，完善全民艺术普及推广人养成和评价机制，建立全民艺术普及推广人深入农村基层开展推广服务的派遣和保障制度，以文化馆（站）服务激发农村基层文化活力[①]。其次，做大做强各地全民艺术普及品牌，使艺术融入日常生活，使生活更具审美品位。使各级文化馆（站）成为城乡居民的终身美育学校，是推动公共文化服务高质量发展的应有之义。文化馆（站）需要在丰富全民艺术普及内容和形式、完善路径与方式、提升服务效能等方面进一步着力。再次，满足人民群众多样化、多层次、多方面的文化需求，并重点加强青少年美育建设。以国家明确规定关于社会艺术培训机构管理由教育部门划归文化和旅游部门这一新变化为契机，文化馆（站）等文化和旅游部门要承担更多青少年美育工作职能。在发展中心带动下，推动文化馆（站）加入青少年美育工作，发挥文化馆（站）在课程设置、师资输出、空间场地提供等方面的优势，满足"三点半"之后的青少年美育服务需求，使之成为今后文化馆（站）一个重要的新业务服务增长点[②]。

2. 以"第二个结合"大力推动中华优秀传统文化传承创新

坚持和发展马克思主义，必须同中国具体实际相结合、同中华优秀传统文化相结合。这一论断深刻揭示了马克思主义在中国创新发展的实现路径和内在规律。特别是"第二个结合"为探索中国式现代化进程中的文化馆（站）发展提供了支撑。文化馆（站）要继续阐发和弘扬中华优秀传统文化，在群众文艺创作中，要深挖非遗的优秀传统文化思想、艺术价值，并与时代特点相结合，创作一批群众文艺精品；在非遗的保护和传承中，要充分发挥文化馆（站）的文化宣传阵地作用，以传承为重点，并依托中国民间文化艺术之乡建设、传统节庆节日主题活动开展、非遗文创产品和服务项目开发、乡村公共文化空间建设等项目，着

① 李国新.让文化馆成为终身美育学校（新语）[EB/OL].（2023-05-25）[2024-01-02]. https://paper.people.com.cn/rmrbwap/html/2023-05/25/nw.D110000renmrb_20230525_2-13.htm.

② 白雪华:《文化和旅游部全国公共文化发展中心2022年重点工作》[EB/OL].（2022-05-11）[2023-12-26]. http://www.bhwh.gov.cn/home/content/detail/id/23465.html.

力挖掘地方优秀传统元素，开展系列惠民服务①，切实承担起文化馆（站）优秀传统文化传承责任与担当。

3. 以新空间建设推动创新协作新格局

文化馆（站）要坚持以群众需求为导向，并秉承开放包容的理念，深入推进文化馆（站）跨界合作。文化馆（站）空间持续提档升级，并先后推出一批规模适当、布局科学，有特色、有品位、小而美、舒适化、嵌入式、数字化、智能化，业态多元、主题功能多样且深受群众喜爱的公共文化新空间，引导广大社会参与者共同点亮文化普惠新场景，构建起政府主导、社会力量参与的发展新格局。文化馆（站）要逐步将新空间纳入文化馆总分馆服务体系；着力推广艺术沙龙、手工艺作坊、创意市集、街区展览、街头艺人、街舞、小剧场话剧、草根明星大赛、嘉年华活动、沉浸式数字公共文化场景建设等，吸引越来越多年轻人参与其中；开辟全民艺术知识普及、欣赏普及数字空间，把新空间建成古今中外经典文化艺术作品的又一阵地；推广“文化驿站”模式，实现文化馆服务向社区、向百姓生活圈延伸，使之真正融入百姓生活，全社会共同绘制开放、融合、创新的新愿景。

4. 以数字化变革推动文化馆功能形态的深度转型

深入实施文化数字化战略，赋能中华优秀传统文化的创新性发展和创造性转化，是新时代文化馆（站）的职责使命。发展中心为充分发挥全民艺术普及中心的作用，依托国家公共文化云平台，打造了一个全民艺术普及的总平台，着力打造云端美育；搭建全国公共文化和旅游产品交易平台，在云端打造“永不落幕”的“文采会”；依托深圳文交所等单位搭建的“数据超市”，将文化馆行业开发的文创产品纳入产权交易体系；发挥中国文化馆协会行业协调、自律作用，探索建立文化馆数字化发展评价机制，提升文化馆行业数字化治理水平②。

在此基础上，全国各地文化馆（站）应建立专门部门、专门队伍，采取专项

---

① 白雪华.增强精神力量 担当新时代文化新使命——深入学习领会习近平总书记在文化传承发展座谈会上重要讲话精神[J].中国文化馆，2023（1）：1-2.

② 白雪华：推动文化馆行业全面融入国家文化数字化战略[EB/OL].（2022-07-14）[2023-12-27]. http://www.xinhuanet.com/culture/20220714/45664398e47b479c8da91b4e19323ebe/c.html.

保障措施，以数字化发展变革服务方式、服务手段，用数字化手段打造可及的、覆盖面最广的全民艺术普及体系①。实现“小活动，大传播”，充分满足移动互联网时代广大群众的文化新需求，即共同构建“全民艺术普及国家资源中心”，并上传到国家公共文化云，形成文化馆（站）全国文化资源总库，并为全民艺术普及资源数据汇入中华文化数据库打通通道。各级文化馆（站）应改造现有数字资源，适应移动互联环境下的新媒体利用；推动文化馆（站）开展线上线下的各类培训服务；试点建设数字文化体验厅，并结合新空间建设，运用全息呈现、数字孪生、多语言交互、高逼真、跨时空等新型体验技术，打造数字化的全民艺术知识普及和欣赏普及空间，让服务“上网入云”，增强全民艺术普及服务的吸引力与体验感；创新探索适应大众化服务数字场景的支撑系统、装备设备、技术应用和呈现方式，促进文化馆（站）实现数字化服务迭代升级②；加强文化、艺术、非遗数字产品的文创产品开放。

5. 以普惠性非基本公共文化服务推动形成内容供给新内涵

新时期发展高质量的公共文化服务，要求聚焦于我国社会的主要矛盾已转化为满足人民日益增长的精神文化需要，并将其作为文化馆（站）需要重点突破的方向。普惠性非基本公共文化服务作为满足人民群众多样化、多层次、多方面的文化需求所必需，市场自发供给不足，由政府通过支持公共文化机构或市场主体提供的公共文化服务的方式，近年来被提上日程。新时期，发展普惠性非基本公共文化服务，需要坚持守正创新原则，划清界限，确保公共文化服务社会化发展沿着正确的方向推进③。

各地文化馆（站）要探索个性化、多样化的文化服务供给，统筹考虑社会公众的基本文化需求和多样化文化需求，探索成本收费机制，开展普惠性非基本公共文化服务。加强文化创意产品研发，培育促进与文化馆（站）业务相关的教育

① 白雪华：全民艺术普及创新发展[EB/OL].（2023-05-24）[2023-12-28]. https://mp.weixin.qq.com/s/mTmK3UhvnhGDptpOBdg5Ig.

② 李国新．让文化馆成为终身美育学校（新语）[EB/OL].（2023-05-25）[2024-01-02]. https://paper.people.com.cn/rmrbwap/html/2023-05/25/nw.D110000renmrb_20230525_2-13.htm.

③ 李国新．推动普惠性非基本公共文化服务发展[J].图书情报知识，2022，39（5）：6-11.

培训、体育健身、演艺会展、旅游休闲等产业发展[①]。其中，文化馆（站）要发展普惠性非基本公共文化服务，需要划清的几条界限：一是划清基本公共文化服务和普惠性非基本公共文化服务的界限，二是划清普惠性非基本公共文化服务和市场化文化服务的界限，三是划清公共文化服务社会化发展与政府公共文化服务事权责任履行不到位的界限。

6. 以系统化、学理化的理论研究推动文化馆自主知识体系构建

理论是实践的先导，思想是行动的指南。建设中华民族现代文明是我国文化建设的宏伟目标。实现新时代文化新使命，需要深刻理解推动文化繁荣、建设文化强国、建设中华民族现代文明之间的内在逻辑关系和相辅相成的发展脉络，要把新发展理念贯穿文化馆（站）事业发展的各领域和相关理论研究的全过程。其中，理论研究能够超前性地贡献出思想支撑，为建设文化强国的创新实践作出历史贡献，这也是文化馆（站）回应新时代文化新使命和时代要求应作出的历史担当[②]。文化馆（站）未来发展应进一步加强理论研究，提升文化馆（站）理论体系的学理化程度，全面系统梳理中国特色社会主义文化馆建设的发展历程和基本特征，讲清楚中国特色文化馆发展的“道”与“理”，以问题为导向，以实践为基础，提炼新概念、新论断和新理念，努力构建具有中国特色的文化馆自主知识体系。

7. 以国际交流合作推动讲好中国文化新故事

当今世界正处于大发展大调整的关键时期，经济全球化的程度越来越深，文化多元化在世界发展进程中深入发展，世界发展既充满希望，也面临挑战。拥有上下五千年优秀传统文化的中国，能够为世界的发展提供中国智慧。文化馆（站）作为承载优秀传统文化的有效载体，也要用中国方式讲好中国故事，向世界传播好中国声音，诠释中华优秀传统文化理念，贡献中华优秀传统文化智慧，用事实、用行动体现文化自信。

中国文化在长期的发展历程中，形成和积淀了大量丰富的历史细节和时代印

---

① 金武刚.文化馆在文化强国建设进程中的重要贡献与未来发展[J].中国文化馆，2023(1):6-7.

② 李国新.新时代文化新使命的文化馆担当[J].中国文化馆，2023(1):3.

记，这些都是非常优质的叙事资源。文化馆（站）要充分挖掘中国新故事的文化叙事，深化文化交流中心建设，增强文化要素资源配置能力，通过文化创意、创新、创造，让老故事焕发新生机[①]。与此同时，文化馆（站）要以实施国家战略为牵引，采用贴近不同区域、不同受众的精准传播方式，推进新时代中国文化故事的全球化表达、区域化表达、分众化表达，增强中国文化传播的亲和力和实效性。在此基础上，加强传播话语的现代转化、传播形式的创新、传播主体的体制创新、传播内涵的重新阐释，进而打造中国故事的新叙事、新表述、新内涵，更加鲜明地彰显中国故事的思想力量和精神力量，并将其作为提升中华优秀传统文化国际传播能力，提升国家软实力和增强文化自信的重要任务，提高中国文化的知晓度。

① 郑崇选.倡扬“最上海”文化意象与符号体系[N].解放日报,2022-03-22.

文化馆全民艺术普及创新发展（2021—2023 年）

金武刚　解延瑀　陈诗颖　段佳涵*

习近平总书记指出，美育对塑造美好心灵具有重要作用，“做好美育工作，要坚持立德树人，扎根时代生活，遵循美育特点，弘扬中华美育精神”。文化馆行业始终将全民艺术普及和优秀文化传承作为职业使命，落实总书记指示，做好美育工作。2021—2023 年，从顶层部署到落地实践，文化馆行业持续推进全民艺术普及创新发展，在提高公众审美水平、培养审美能力，陶冶高尚情操、塑造美好心灵方面，作出诸多努力，砥砺前行，成效显著。

一、顶层部署定位：实施全民艺术普及工程，把文化馆打造成为“城乡居民的终身美育学校”

党和政府高度重视全民艺术普及工作。由中共中央办公厅、国务院办公厅印发的《“十四五”文化发展规划》指出，要发挥文化馆（站）的积极作用，扶持引导业余文艺社团、民营剧团、演出队、老年大学及青少年文艺群体、社区和企业文艺骨干等广泛开展创作活动；开展全民艺术普及，深化“结对子、种文化”，拓展群众文化参与度；鼓励举办农民丰收节、农民文化艺术节、农民歌会、农民

* 金武刚，华东师范大学信息管理系教授。
解延瑀，华东师范大学信息管理系硕士研究生。
陈诗颖，华东师范大学信息管理系硕士研究生。
段佳涵，华东师范大学信息管理系硕士研究生。

剧团演出、广场舞、“村晚”、“快闪”、“心连心”演出、大众歌咏、书画摄影创作等活动。在全面推进乡村振兴重点工作的中央一号文件中，都有艺术普及的工作部署。如2022年中央一号文件要求“整合文化惠民活动资源，支持农民自发组织开展村歌、‘村晚’、广场舞、趣味运动会等体现农耕农趣农味的文化体育活动”；2023年中央一号文件要求“支持乡村自办群众性文化活动”。满足人民日益增长的美好生活需要，促进人的全面发展，文化是重要因素。党和国家对全民艺术普及工作的顶层部署，旨在扩大优质文化供给，让城乡居民享有更加充实、更为丰富、更高质量的精神文化生活。

国家文化主管部门高度重视文化馆的全民艺术普及工作。2021年3月，由文化和旅游部、国家发展改革委、财政部联合印发的《关于推动公共文化服务高质量发展的意见》要求“做大做强全民艺术普及品牌”，诸如设立全民艺术普及月，举办全民艺术节，推动群众文艺精品创作，广泛开展广场舞展演、大众合唱节，等等。该意见还要求进一步加强群众文化艺术培训，使各级文化馆成为“城乡居民的终身美育学校”，从而明确了文化馆的全民艺术普及工作重心和地位。2021年6月，由文化和旅游部印发的《“十四五”公共文化服务体系建设规划》明确提出“实施全民艺术普及工程”：一是将全民艺术普及作为公共文化服务的重要品牌，推动各地设立全民艺术普及周、举办全民艺术节；二是以群众基本文化艺术需求为导向，推进全民艺术知识普及、欣赏普及、技能普及和活动普及，把文化馆打造成为城乡居民的终身美育学校；三是要求各级文化馆（站）要将全民艺术普及作为免费开放的重要内容，常年举办公益性文化艺术讲座、展演、展览、展示和培训活动；四是培育全民艺术普及推广人；五是搭建艺术普及推广平台，统筹组织社会培训机构开展艺术公益培训和展演展示活动，加强社会艺术普及服务；六是依托国家公共文化云平台，建立全民艺术普及云，实现全民艺术普及的线上线下有效联动；等等。创新开展“群星奖”评奖工作，加强获奖作品展示推广，带动优秀群众文艺作品创作；重点做好“大家唱”群众歌咏、“村晚”、广场舞、“百姓大舞台”网络展示等群众文化品牌活动。

二、全国联袂推广：创新开展“文化馆服务宣传周”活动，显著增强文化馆全民艺术普及社会影响力

为了进一步提高文化馆全民艺术普及工作的公众知晓度、参与度和美誉度，提升公共文化服务效能，文化和旅游部在2023年5月以“新时代文化馆：开放·融合·创新”为主题，首次组织开展全国性“文化馆服务宣传周”活动（5月22日至5月28日）。该主题活动以全国文化馆行业联动方式，通过一周内高密度举办音乐、舞蹈、曲艺、绘画等各门类辅导与培训，组织广场舞、“大家唱”、“村晚”、市民文化节等群众文化活动，开展文艺理论、艺术知识等公益讲座，引进专业艺术院团的公益性惠民展览、演出服务，策划地方民间文化艺术展览、展演，拓展行走研学、手工艺作坊、慕课教学、沉浸式体验活动，等等，让广大民众沉浸在浓浓的文艺氛围之中，让文化馆全民艺术普及品牌家喻户晓、深入人心。

（一）覆盖各类群众，开展分众精准推广

全国各地组织开展“文化馆服务宣传周”活动时，根据不同群体特点细分受众类型，做好精准服务工作。面对不同年龄段群体，“文化馆服务宣传周”活动不仅关注老年人群体，也关注青少年和中青年群体，确保覆盖全年龄段；在职业上，尤其贴近工人、农民、学生、白领等职业群体需求，提供多层次、多元化项目和活动；面向其他社会群体，如残障人士、少数民族、边远地区居民群体，满足其特殊需求，组织开发个性化、定制化活动。

北京市文化馆与中央民族歌舞团、北京京剧院等单位签订战略合作，以文化馆为平台，组织音乐工作者参与，为青少年提供专业艺术教育，丰富青少年的文化生活[①]。广东省文化馆发起“欢‘粤’同行”活动，针对老年人、异地务工人员

① 中华人民共和国国家民族事务委员会. 中央民族歌舞团与北京市文化馆签订战略意向合作书[EB/OL].（2023-06-02）[2024-01-03]. https://www.neac.gov.cn/seac/xwzx/202306/1164622.shtml.

等特殊群体，提供定制化文化服务[①]。山东省滨州市文化馆的“花开心田·手留余香”志愿服务项目通过为加油员送去花香和敬意，体现了文化志愿服务的积极影响，增强了群众的文化归属感[②]。

（二）贴合本地特色，推动地方文化传播

“文化馆服务宣传周”活动期间，全国各地文化馆根据自身地域特点，充分挖掘、展示当地独有的文化遗产和艺术形式；加强“双创”工作，传承、传播地方优秀文化，通过将传统艺术与现代技术结合，使传统文化以更加生动的形式呈现；举办讲座、教育等活动，推广地方特色文化，培养民众的本土文化认同感和自豪感。

甘肃省张掖市文化馆通过“百馆联动”活动，展现了戈壁水城的独特文化，强化了地方特色与丝路文化的结合[③]。山西省沁源县文化馆通过“沁源秧歌进校园”等传统文化活动，以积极向上的校园文化艺术为载体弘扬传统文化[④]。江西省龙南市文化馆开展“传唱儿歌童谣·传承客家文化”客家山歌进校园活动，以客家地区具有悠久历史的儿歌童谣作为载体，在传唱中弘扬和传承客家文化，增强青少年儿童的责任心和自豪感[⑤]。河北省群众艺术馆的《丝丝入梦》原创舞蹈作品，以国家级非遗项目定州缂丝为创作蓝本，展现了中华民族非物质文化遗产的

---

① 中华人民共和国文化和旅游部. 2023年广东“文化馆服务宣传月”跑出新时代文化惠民“加速度”[EB/OL].（2023-07-27）[2024-01-03]. https://www.mct.gov.cn/whzx/qgwhxxlb/gd/202307/t20230727_946232.htm.

② 滨州市文化馆. 文化馆服务宣传周 | 花开心田，滨州市文化馆志愿服务在行动！[EB/OL].（2023-05-26）[2024-01-17]. https://www.bzswhg.com/portal/category/read/?id=1946.

③ 中华人民共和国文化和旅游部. 全国文化馆服务宣传周在甘肃张掖启动[EB/OL].（2023-05-26）[2024-01-03]. https://www.mct.gov.cn/whzx/zsdw/qgggwhfzzx/202305/t20230526_944051.html.

④ 长治市人民政府. 沁源县开展“文化馆服务宣传周”活动[EB/OL].（2023-06-08）[2024-01-03]. https://www.changzhi.gov.cn/xwzx/jrzz/202306/t20230608_2758547.shtml.

⑤ 龙南市人民政府. 龙南市文化馆开展“传唱儿歌童谣·传承客家文化”客家山歌进校园活动[EB/OL].（2023-05-26）[2024-01-03]. http://www.jxln.gov.cn/lnzf/ldxx/202305/36474e810c13451ca0aa0a1445301d4d.shtml.

魅力和文化自信①。

（三）适应时代发展，善用新媒体宣传

“文化馆服务宣传周”活动期间，全国各地文化馆积极运用微信、微博、抖音、B 站等多种新媒体社交平台广泛宣传，覆盖到传统媒体较少触及的年轻一代。新媒体平台允许用户参与讨论、分享和反馈的互动性，增强了文化活动的参与感和吸引力，有利于公众的积极参与。

广东省文化馆通过加强场馆宣传和利用新媒体平台，为“文化馆服务宣传月”营造了浓厚氛围。其中“文化馆老友记”活动，为参与者定制形象海报，并在新媒体平台展播，有效提升了活动的参与度和影响力②。东莞市文化馆举办了“我和文化馆的故事”系列短视频活动，选取了 70 位文化馆人讲述自己的亲身经历，推出“馆长说馆”，这样个人化的故事讲述增强了文化馆的亲民感③。福建省艺术馆开展的“雪域之光 山海交响——闽藏唐卡漆画精品创作系列活动”，通过跨地区艺术家合作和全媒体直播，全网观看量达到 203.7 万次，点赞、转发、社群互动量达 3.6 万次，展现了民族文化融合的魅力，提供了独特的文化艺术教育体验④。

三、城市艺术普及：创新开展高品质文化艺术活动，提升城市发展软实力

进入新时代，城市艺术普及活动迈向高质量发展阶段，呈现方式、内容组织日趋多样化。有的以草坪音乐会为代表推动高雅艺术普及，有的以社区舞台为载

① 近千项活动高能来袭！河北省文化馆服务宣传周活动正式启动[EB/OL].（2023-05-22）[2024-03-07]. https://travel.hebnews.cn/2023-05/22/content_9005638.htm.

② 广东省文化和旅游厅.“与文化馆一起向未来”——广东省 2022 年“文化馆宣传服务月”精彩绽放[EB/OL].（2022-06-20）[2024-01-02]. https://whly.gd.gov.cn/gkmlpt/content/3/3953/post_3953162.html#2628.

③ 章倩倩.文化馆服务宣传周 | “馆长说馆”上线，看遍东莞所有文化馆[EB/OL].（2022-05-22）[2024-01-02]. https://static.nfapp.southcn.com/content/202305/22/c7710730.html.

④ 福建省艺术馆.福建非遗遇上雪域之光，超 200 万人观看！[EB/OL].（2022-05-10）[2024-01-02]. https://www.fjysg.net/portal/category/read?id=12071.

体下沉优质文艺资源，有的以“街头艺术”表演为路径推进文旅融合发展，有的以“艺术夜校”课堂形式对接城市青年群体艺术需求。

（一）草坪音乐节：助力高雅艺术普惠普通民众

近三年来，特别是新冠疫情结束后的 2023 年，草坪音乐会在各大城市开展得如火如荼。草坪音乐会这一形式让高雅音乐演奏走出殿堂，走进民众日常生活场景，有效推动了全民艺术普及工作。

上海城市草坪音乐会，将上海音乐厅西侧的 5400 平方米芳草地打造成演艺广场，坚持“高雅、公益、大众”的演出理念，与专业演出机构和艺术团体合作，把专业艺术资源转化为“社会大美育”资源。2023 年全年完成有关四季演出 32 场，吸引线上线下观众 716.2 万人次，得到学习强国、文汇报社、新华社等媒体原创性报道 75 次。通过创新宣传方式，观演群体有了明显转变，年轻观众数量显著增多，演出关注度持续提升①。深圳莲花山草地音乐节坚持古典、惠民、国际化三大基调，以“坐在草地赏古典”为核心，不断提升自身规模和品质。作为中国规模最大的户外古典音乐盛事，莲花山草地音乐节从最初的 2 天 3 场演出到 4 天 5 场演出，从著名艺术家郎朗、吕思清的热情助阵到五大洲知名乐团带来的视听盛宴。40 多场音乐会、20 余万人次的现场观众、每年上亿级的传播量，使这一音乐盛事成为深圳最闪亮的文化名片之一②。

（二）“文艺赋美”工程：推进优质文艺资源下沉

不同于专业、高雅、集中举办的草坪音乐会，浙江推出的“文艺赋美”工程采取多点、高频、流动的公益性文艺展演形式，实现省市优质文艺资源下沉和全社会资源激活。自 2022 年 9 月起实施的“文艺赋美”工程以各界文艺志愿者为参与主体，选择城市社区、商业街坊、文博场馆、公园景区以及乡村等适宜空

---

① 上海黄浦. 打造“没有穹顶的大剧院”，下一个十年更精彩！[EB/OL].（2023-12-31）[2024-01-06]. https://new.qq.com/rain/a/20231231A05H4K00.

② 粤政.2023 年第九届莲花山草地音乐节——中国规模最大户外古典音乐节全面升级来袭！[EB/OL].（2023-10-30）[2024-01-16]. https://new.qq.com/rain/a/20231030A04YGC00.

间，开展常态化艺术展演活动[①]，让文艺走出剧场和围墙，走到街头巷尾的百姓身边。

“文艺赋美”采取全省联动、全员参与新模式，构建城市文艺新生态。截至2023年7月19日，由浙江省内各艺术院校、文化馆（站）、演艺业协会及社会艺人等文艺工作者组成的在册文艺志愿者达7.4万名，省市县三级联动的文艺志愿者梯队初具规模。演出场地也从首批的50个试点增加到4300多个。2023年1月至5月，全省累计开展演出2.5万多场，演出时长达36870小时，发布演出作品22875个[②]。

（三）街头艺术表演：促进文化和旅游深度融合

街头艺术在公共场所进行展示的形式突破了传统艺术的规范和约束，更富有创造力和个性化。其不限场地、不拘一格的表达方式让艺术变得更加可触可感，使艺术得以融入城市生活的方方面面，吸引更多人参与和欣赏艺术。

成都市文化馆每逢重大事项或节日，便招募街头艺人、专业院团成员或艺术院校师生作为城市志愿者，在绿道公园、文博场馆、重点景区等点位开展有地域特色的街头艺术表演。自2018年启动至2023年8月，成都街头艺术项目已招录艺人13批，共计464组621人，开展街头演出1万余场，累计时长超1.8万小时。街头艺术表演成为成都的文化符号和城市旅游名片[③]。

2023年初，株洲市首批5个“街头艺术站”一经亮相，便吸引了众多市民与游客的参与。街头艺术站设立在城市公共空间，将城市现有的街头文化资源进行整合、包装再推广，日常开展文艺展演和常态化管理，同时鼓励大众报名参与演出和互动。2023年全市16个站点总计完成常态化演出1100余场次，主题活动近

① 文化和旅游部.文化和旅游部关于印发浙江文化和旅游赋能高质量发展建设共同富裕示范区第一批典型经验的通知[EB/OL].（2023-11-07）[2024-09-26]. https://zwgk.mct.gov.cn/zfxxgkml/qt/202311/t20231107_949574.html.

② 徐继宏.浙江：文艺“星火”点亮“滋味”生活[N].中国文化报，2023-07-19（1）.

③ 王雪娟.千余场街头表演掀起成都“大运音浪”[N].中国文化报，2023-08-08（1）.

200场次，惠及群众15万余人次[①]。街头艺术站已成为民间高手“出圈”地、网红潮人聚集地、市民游客打卡地[②]。

黑龙江举办首届中俄地方文化艺术季期间，街头艺术是一大亮点活动和创新之举。该活动邀请了各艺术院团、院校以及国外街头艺术家，每日在城市地标、景区广场、交通枢纽等公共空间进行街头路演，涵盖器乐、杂技、绘画等8大类别16个项目，共演出600场，受到广大市民、游客以及网友的欢迎和广泛参与，单日参观线下客流达10多万人次[③]。相关短视频作品在线上广泛传播，并多次登上热榜，在抖音、快手、微博、微信视频号等平台总播放量超9000万次[④]。

（四）市民艺术夜校：满足城市青年艺术“深造”需求

市民艺术夜校是上海市面向18—55岁中青年群体提供文化艺术普及课程的创新组织方式，建立了由市区文旅局、文化馆组成的联动机制，整合了专业艺术院团、院校、行业协会、培训机构等优质师资，采用延时开放、公益性收费模式，在工作日晚间七点至八点半时段组织开课。从2016年项目开办至2023年底，共推出1206期课程，线上线下受众约45万人次。

2023年市民艺术夜校秋季班，在开放招生日吸引了65万人同时在线“抢课”，143个教学点位、382门课程的9117个线下学员名额在半小时内抢光。“80后”“90后”学员共逾80%。全市开设143个市民艺术夜校服务点，全年总计线上线下开设660门课程，惠及近1.5万个市民。课程丰富多彩，其中非遗类、传统文化类项目受到学员“追捧”。2023年市民艺术夜校秋季班课程中新增围棋、桥牌等棋牌类课程，为志愿者量身定制了手语学习课程，还开设了针对外籍人士可报名的

---

① 郑海鸥，李卓尔．城市文化馆成为人们陶冶身心、结交朋友的重要场所——让更多人享受文化艺术滋养的美好时光[EB/OL].（2024-02-25）[2024-03-04]. http://ent.people.com.cn/n1/2024/0225/c1012-40182755.html.

② 张咪．株洲五个街头艺术站亮相[EB/OL].（2023-02-07）[2024-01-06]. https://hnrb.voc.com.cn/hnrb_epaper/html/2023-02/08/content_1615284.htm.

③ 张建友．艺术的绽放 百姓的欢乐[N]．中国文化报，2023-09-19（5）.

④ 生活报．中俄地方文化艺术季街头路演嗨爆冰城街头，游客夸赞：“哈尔滨，‘哈拉少’！”[EB/OL].（2023-08-17）[2024-01-06]. https://new.qq.com/rain/a/20230817A07PD300.

中式点心、戏曲班等，引发学员良好反响。此外，夜校在上海数字文化馆上开通40门免费云体验课程，同步推出音乐、舞蹈、戏剧、美术、非遗等门类的线上课程，让市民足不出户就能感受到具有各地特色的传统文化及非遗项目的魅力。

2023年上海市民艺术夜校火爆“出圈”后，市民潜藏的追求文艺素养提升的巨大需求浮现，全国各地紧跟着涌现出大批相似模式的“夜校”。浙江、北京、山东、重庆等地纷纷采取增加夜间课程培训，或专门开设艺术夜校的行动，并将重心放在了中青年身上。

浙江省文化馆自2023年开设了“文艺赋美”全民艺术学堂春、夏、秋三季度培训课程，共计3107课时，培训9万余人次。其中秋季公益课程囊括大提琴、拉丁舞、杭州话普及、整理收纳、盘扣技艺等69门课程，开设时间主要集中在晚上，因此也被称为“夜校”，年轻人和上班族群体比例较大，参与“夜校”的学员大多是“90后”[①]。杭州市文化馆针对青年群体拓展课程班次，增加了工作日晚间和周末班次。此外，温州、台州等地文化馆也陆续开设了针对中青年的“艺术夜校”相关课程。

“夜校”在北京成为一股潮流后涌现了大量艺术夜校，其中很多是商业性质。北京市文化馆系统相继推出“晚间课堂”“周末课堂”等一系列适合上班族参加的课程。一些区级文化馆也开始探索“夜校”模式，年轻人身影明显多了起来。

济南市各个社区、图书馆也纷纷开设艺术夜校。济南洪家楼街道福润社区在2023年10月设立社区艺术夜校，免费提供尤克里里、葫芦丝、瑜伽、舞蹈、裁艺课程，开课一个月即吸引了上百人次参与。

许多地区还专门创办了面向女性的“巾帼夜校”。重庆市丰都县依托县文化馆以及全县29个镇乡（街道）文化服务中心创办的“巾帼夜校”，通过妇女群众点单、“巾帼夜校”接单的方式，常年开设合唱、绘画、语言与形体等课程[②]。山

① 浙江省文化馆.省文化和旅游厅党组成员、副厅长李新芳莅临“文艺赋美”全民艺术学堂培训成果展参观并指导工作[EB/OL].（2023-12-28）[2024-03-07]. https://www.zjart.com/zjspc/news_detail/586347.

② 张凌漪.都市青年在课堂里感受另类“夜的美”[EB/OL].（2024-02-21）[2024-03-03]. https://epaper.cnwomen.com.cn/html/2024-02/21/nw.D110000zgfnb_20240221_1-4.htm.

东淄博在各区县普遍开设了女子夜校，设置了品位生活类、亲子关系类、生活保健类等 7 大类课程，已累计送课 1000 余场次，惠及 5 万余人[①]。

四、乡村艺术普及：创新开展群众性文化活动，助力乡村振兴

乡村“村晚”、广场舞、群众歌咏等乡村人民喜闻乐见的群众性文化活动，承载着丰富的文化内涵和社会价值。近年来，这些群众性文化活动经历了一系列组织方式变革，从传统发展到现代化、从地方升级到全国，如今已成为文化馆在乡村开展全民艺术普及活动的重要载体和平台。

2023 年，全国“村晚”示范展示活动举办了 2 万余场，吸引了约 1.3 亿人次参与，产生了广泛影响。同年，“大地欢歌”全年乡村文化活动年启动，不仅使“村晚”四季常态化开展，而且推动了广场舞等群众文化活动全面开展。广场舞参与者已超过 1.2 亿人次，是中国参与人数最多的文化活动之一。2023 年成功举办的全国广场舞大会，在各地汇演的基础上设有全国 6 个片区展演，并在贵州贵阳举办了广场舞之夜活动，带动全国举办广场舞活动超过 2.4 万场，线上线下参与超过 1.1 亿人次[②]。

（一）“村晚”：乡村文化的现代复兴

“村晚”即“乡村春晚”的简称，是从每年央视春晚节目中衍生出的具备农村乡土特色的文娱活动。“春晚”演化为“村晚”，也将春节期间举办的这一群体性文化活动延展到全年，成为乡村特色文化活动。

国家文化主管部门高度重视乡村文化振兴。2023 年 3 月，文化和旅游部发布《关于开展“四季村晚”活动的通知》，要求在全国联动，组织开展春、夏、秋、冬一年四季的“村晚”活动。每个季节的“村晚”聚焦不同主题，突出不同地区

① 夜校上课“火出圈”细数年轻人爱上它的N个理由[EB/OL].（2023-12-23）[2024-03-03]. http://news.cctv.com/2023/12/23/ARTIy4nrjePMKZi3WpDlYzuC231223.shtml.

② 中华人民共和国文化和旅游部.国新办举行“权威部门话开局”系列主题新闻发布会[EB/OL].（2023-12-19）[2024-02-18]. https://www.mct.gov.cn/vipchat/home/site/2/429/.

的文化特色，并利用网络平台进行直播或录播，通过现场互动、观众投票等方式增强观众参与感，使“村晚”内容获得大范围传播。全面创新“村晚”组织方式后，“村晚”成为展示祖国各地乡村丰富多彩群众文化活动的平台，反映农民精神新风貌、乡村振兴新气象的载体①。

“村晚”为农村居民提供了接触和挖掘本地文化的机会，符合终身美育的理念，使每个人都能在日常生活中享受文化艺术、亲身体验和传播本地文化，促进了文化的持续发展和传承。“村晚”通过展示本地文化成果，增强了村民的文化自信，也为地方经济和文化旅游的发展提供新动力。

春季“村晚”示范展示活动于 2023 年 4 月 20 日在四川宜宾市兴文县举行，通过苗族文化、红色文化、僰人文化及民俗文化的融合，创新举办了兴文苗族花山节、西部民歌大赛等活动，展示了该县“文旅富县”战略成果，成为群众性文化活动和非遗传承发展的重要基地②。夏季“村晚”主会场活动于 2023 年 8 月 12 日在云南丽江市举行，以“有一种叫云南的生活 · 舍不得的丽江”为主题，全面展示了云南省各州（市）的非遗项目、农特产品和文创产品，通过展销和互动活动，促进了文化和旅游产品的推广③。秋季“村晚”主会场活动于 2023 年 10 月 15 日在江西庐山市举行，共同唱响了新时代乡村振兴的最强音，展现了新时代乡村振兴的活力，网络直播共吸引了 485 万人次观看④。冬季“村晚”主会场活动于 2023 年 12 月 22 日在浙江丽水市举办，以行进式演艺《画乡渡》等形式

① 中华人民共和国中央人民政府. 文化和旅游部办公厅关于开展“四季村晚”活动的通知[EB/OL].（2023-03-15）[2024-01-02]. https://www.gov.cn/zhengce/zhengceku/2023-03/21/content_5747641.htm.

② 中华人民共和国文化和旅游部. 全国“四季村晚”春季示范展示暨2023四川省乡村文化活动年启动[EB/OL].（2023-04-23）[2024-01-02]. https://www.mct.gov.cn/whzx/qgwhxxlb/sc/202304/t20230423_943311.htm.

③ 中华人民共和国文化和旅游部.“四季村晚”之夏季“村晚”主会场活动举办[EB/OL].（2023-08-15）[2024-01-02]. https://www.mct.gov.cn/whzx/qgwhxxlb/yn/202308/t20230815_946644.htm.

④ 中华人民共和国文化和旅游部. 落实国务院“十四五”旅游业发展规划在行动“四季村晚”之秋季“村晚”在庐山开演[EB/OL].（2023-10-19）[2024-01-18]. https://www.mct.gov.cn/whzx/qgwhxxlb/jx/202310/t20231019_949210.htm.

展示了丽水的水韵文化和"艺术乡建"成果，融合国风、宋韵等元素，吸引了大量观众，实现了"村晚"和"村玩"的无缝衔接，展示了当地文化与旅游的融合发展[①]。

（二）广场舞和群众歌咏：日渐提升的社会地位

第十九届群星奖首次将广场舞、群众合唱纳入评奖范围，是文化领域的一大创新，标志着大众文化形式在国家艺术层面获得认可。这一举措不仅鼓励了更多的群众参与到文化创造中来，也促进了这些活动向艺术性、专业性发展，为全民艺术普及和终身美育教育的发展奠定了坚实的基础，更好地将艺术融入公众生活，利于提高公众对于民间艺术的认知和尊重，提升国民的整体文化素养和生活质量，增强民族文化自信[②]。

获奖作品体现了群众文化在艺术层面的发展潜力，也成为激励创新、创作更多优秀表演的标杆。例如，获奖作品《塞上儿女心向党》利用国家级非遗"黄羊钱鞭"及宁夏民间音乐、歌舞，展现了新时代塞上人民乐观、团结的精神，通过轻快旋律和独特的钱鞭声彰显了地方文化与时代精神的融合；《人说山西好风光》对经典山西民歌进行现代改编，加入说唱内容，将秧歌舞蹈和流行元素如刘畊宏毽子操相结合，展示了山西人新时代的精神风貌和时尚气息，满足了观众对广场舞的新审美；《一起向未来》伴以耳熟能详的同名歌曲旋律，旨在推广全民健身，创作了适合各年龄层的简单易学的广场舞，体现了广场舞作为健身活动的普及性和亲民的特点[③]。

此外，广场舞与体育跨界合作，成为乡村文旅体融合发展的样板。2022 年 8 月，贵州省黔东南州台盘乡举办的"村 BA"是一种乡村文化旅游与体育融合发展的新模式。它超越了传统篮球比赛的范畴，转化为综合体育、文化和社区活动

---

① 浙江省丽水市人民政府."村晚"回家[EB/OL].（2023-12-25）[2024-01-07]. http://www.lishui.gov.cn/art/2023/12/25/art_1229268111_57353445.html.

② 中华人民共和国文化和旅游部.第十九届群星奖首次将广场舞、群众合唱纳入评奖范围 呈现群众文化的勃勃生机[EB/OL].（2022-09-15）[2024-01-04]. https://zhuanti.mct.gov.cn/ssjyyj_new_detail/2305.html.

③ 李欣然，彭澳丽.群星璀璨为人民幸福绽放新时代[N].中国文化报，2022-09-16（2）.

的全民节庆。“村 BA”不仅举办了篮球赛事，还融入了苗族等当地民族文化的展示，展现了文化与体育的完美结合。这种创新模式为地方文化旅游与体育发展提供了新的思路和范例。

从地方小舞台到全国性赛事，广场舞的发展轨迹实现了从草根到专业的转变。广场舞的全国展演不仅扩大了活动的影响力，还成为连接不同地域文化的桥梁。近年来，广场舞在各个城市的公共空间流行，并通过诸如“第六届茅台王子杯全国广场舞大赛”“2022 年‘舞动中国梦’中国广场舞大赛”“2023 年中国广场舞大赛”等大型赛事的举办，成为一种全民参与的体育文化活动。广场舞更是跨越了国际舞台，作为中国文化代表之一，登上了 2022 年北京冬奥会开幕式。这场 35 分钟的表演由 1365 名普通群众参与，年龄跨度从 5 岁到 74 岁，成为开幕式中人数最多、年龄跨度最大的节目，展示了中国大众文化的活力和多样性。广场舞作为一种易学、易参与的文化形式，在全球舞台上展现的不仅是中国传统文化，也反映了政府推广全民健身和体育文化普及的政策导向。这种融合传统与现代、大众与专业的表演形式，向世界展示了中国文化的包容性和创新精神①。

将群众合唱纳入群星奖，是对群众歌咏这一传统活动的肯定，表彰了基层艺术的价值，它不仅提高了群众参与的积极性，还推动了音乐文化的多样化发展。从地区性的活动到全国性的展演，群众歌咏活动在规模和影响力上有了显著提升。如 2021 年“唱支山歌给党听”大家唱群众歌咏活动，带动各地开展歌咏活动约 4.4 万场，参与人次超 1.77 亿，形成了此起彼伏的群众歌咏活动热潮。创新开展的线上大家唱活动，参与人群年龄覆盖面广。国家公共文化云征集展示了 300 多部“最美歌声”短视频以及约 300 首群众创作的主题歌曲，实现了线上线下联动②。群众歌咏吸收了不同地区的文化特点，在传承中又融合了更多现代元素，产生了跨年龄、跨地域的广泛影响。

---

① 王彬. 广场舞：跳上冬奥舞台 绽放中国风采[N]. 中国文化报，2022-02-17（6）.

② 中华人民共和国文化和旅游部. 第八届中国农民歌会在滁州唱响[EB/OL].（2021-09-27）[2024-01-04]. https://www.mct.gov.cn/whzx/qgwhxxlb/ah/202109/t20210927_928023.htm.

（三）乡村网红：数字时代的乡村文化传承

近年来，凭借全国“乡村网红”培育计划暨央视频《村里有个宝》大型融媒体活动[①]、全国“乡村网红”培育计划暨“汇文采”文化惠民行动计划[②]等的全力推动，“乡村网红”这一创新举措脱颖而出。“乡村网红”作为乡村文化的代言人，在网络平台讲述乡村故事，展示乡村的自然风光、文化遗产和社会发展，成为乡村与外界交流的桥梁。他们既展现了乡村的发展成果和文化魅力，提升了乡村的知名度，又促进了乡村经济的发展，为乡村振兴注入新的活力。

作为传统群众性文化活动在数字时代的创新组织方式，“乡村网红”通过吸引公众的关注和兴趣，加强了传统文化的传播和普及，并有效促进了公众对文化艺术的理解和欣赏，是全民艺术普及和终身美育的重要组成部分。“乡村网红”通过现代传播方式，营造了更加活跃和包容的文化交流环境，有效融合了传统文化和现代社会，促进了文化多样性发展和社会和谐，已经成为推动乡村振兴和文化传承的一支重要的新兴力量。

五、节庆平台载体：创新开展“我们的节日”文化艺术节庆活动，深化全民艺术普及工作

节日不仅是庆祝的时刻，也是城乡民众生活中艺术氛围提升的重要机遇。主题式的文化艺术节庆活动让公众在参与节日庆典的同时接触和欣赏艺术，让生活艺术化、艺术生活化。结合百姓喜爱的节日主题，在热情的节日氛围中开展艺术普及活动，营造出充满浓厚文化气息和活力的环境，提升艺术普及的覆盖面和影响力，深化全民艺术普及工作。

---

① 中华人民共和国文化和旅游部. 火热呈现乡村振兴壮美图景 推优“乡村网红”助力小康腾飞[EB/OL].（2021-12-06）[2024-01-04]. https://www.mct.gov.cn/whzx/zsdw/qgggwhfzzx/202112/t20211206_929582.html.

② 中华人民共和国文化和旅游部.培育乡村网红 聚力文化惠民 全国“乡村网红”培育计划暨“汇文采”文化惠民行动计划首站在黑龙江启动[EB/OL].（2023-01-09）[2024-01-04]. https://www.mct.gov.cn/whzx/zsdw/qgggwhfzzx/202301/t20230109_938503.html.

（一）历史传统节日活动

全国各地文化馆开展了各式各样的以传统节日为主题的文化艺术节庆活动，借助百姓熟悉的节日，传承中华文化、打造艺术盛宴。

各地文化馆在传统节日期间推出了系列文化活动。每逢正月十五元宵佳节，文化馆组织策划赏花灯、猜灯谜、逛展览、看演出等丰富多彩的活动。2023年吉林省文化馆开展了“我们的中国梦”——文化进万家元宵佳节灯谜会；长春市举办的“幸福长春 欢乐元宵”专场展演，作为“迎新春”系列群众文化活动的压轴项目，演出团队的规模接近400人[①]。

有些地方将这些节日群众文化活动升级打造成大规模的文化节，塑造成知名品牌项目。“2023中国（开封）清明文化节”设置了经贸推介、文化交流、体育赛事等6大系列活动，开展各类主题活动百余场[②]。开封市各县区组织开展了丰富多彩的文化文艺活动，让百姓可以在家门口观看高水平的文艺活动、品鉴高品位的文化产品[③]。清明文化节以更加丰厚深邃的文化内涵，更具时代魅力的文化形式，向海内外展现了中国清明文化的传承与创新，全方位展示古都开封积淀的深厚的清明文化，扩大开封作为清明文化传承基地的影响力。

（二）自创自办节庆活动

聚焦当地民俗和特色文化，以当地自豪的文化符号为主题组织开展节庆活动。利用这种节日类的群众性活动，节日的内涵往往能更容易走进百姓内心。

“中国·内蒙古草原文化节”于每年水草丰美的夏季举办，通过打造主题突出、精品丰富、群众认可、文化共享的盛会，不断满足人民群众多样化的文化需求。近年来，“中国·内蒙古草原文化节”规格不断提高，阵容不断加强。活动

---

① 费菲．多彩文旅活动庆元宵佳节[N]．中国文化报，2023-02-07（6）．

② 开封市人民政府．最美人间四月天 清明盛景满汴梁——2023中国（开封）清明文化节活动圆满结束[EB/OL]．（2023-04-17）[2024-01-06]．https://www.henan.gov.cn/2023/04-17/2726546.html．

③ 开封市人民政府．开封：一个节提升一座城[EB/OL]．（2023-04-11）[2024-01-06]．https://www.henan.gov.cn/2023/04-11/2723243.html．

不仅邀请了内蒙古知名歌手和乐队、全国中华戏曲名家，开展区内优秀剧目展演，还引进了国家直属院团、各省区院团创作的经典剧目、保留剧目，并策划推出了内蒙古特色艺术展览和艺术博览会……内容丰富、类型多样的展演展览营造出浓郁的文化艺术氛围，增强观众沉浸式体验，使民众共享中华民族悠久灿烂的文化，进一步推进了区域间文化交流交融、互学互鉴[①]。

（三）全民艺术普及月

2022 年 5 月，广西将“全民艺术普及日”升级为“全民艺术普及月”。广西各级文化馆（站）不断创新全民艺术普及内容、方式和活动载体，成功打造“百姓歌圩”“百花艺校”“非遗学堂”“童绘美梦”“民歌进校园”等一批特色课堂。课堂进社区、进学校、进机关、进村寨、进景区，活跃了基层群众文化生活，让艺术普及覆盖城乡、惠及全民[②]。2023 年，广西将全民艺术普及月活动与“大地欢歌”广西乡村文化活动年结合举办，以乡村文化年为工作抓手，以“四季村晚”“戏曲进乡村”“农业文化遗产里的广西”文化展示活动等全区活动为引导，聚合乡村资源，激发振兴活力，积极组织开展具有本地特色的惠民文化活动，把优质文化资源和服务延伸到基层[③]。

2023 年 1 月 1 日起施行的《北京市公共文化服务保障条例》规定：“各级人民政府及其有关部门支持公益性文化单位在中华传统节日、重要节假日、文化纪念日开展主题文化活动，在每年八月以文化馆为主体集中组织开展群众文化活动。”2023 年 8 月，北京市第五届全民艺术普及月与首届文化馆服务宣传月结合举办。全市各级文化馆开展首都市民系列文化活动 872 项，共 5245 场，涵盖了舞蹈、曲艺、美术、书法、摄影、钢琴、打击乐、戏剧等多种艺术形式，既有线上

① 内蒙古自治区党委宣传部.第十九届中国 · 内蒙古草原文化节新闻发布会[EB/OL].（2022-07-29）[2024-03-04]. https://www.nmg.gov.cn/zwgk/xwfb/fbh/qtxwfbh/202207/t20220729_2095564.html.

② 秦雯，陆珏尹.艺术之美 赋彩生活[N].广西日报，2022-11-16（14）.

③ 陈永霜.大地欢歌千山过 艺术普及惠民生——广西乡村文化活动年暨5·23广西全民艺术普及月活动在南宁启动[EB/OL].（2023-05-24）[2024-01-06]. http://wlt.gxzf.gov.cn/zwdt/gzdt/t16544682.shtml.

展示，又有线下互动，为首都市民提供了丰富多彩的文化艺术盛宴。市、区、街乡、社村四级公共文化服务体系协力配合。活动以每周为节点，通过公益演出、培训、展览、电影等多种服务形式，围绕“抹不去的记忆”“唱不够的心声”“画不尽的情感”“舞不完的幸福”四大板块，邀请市民沉浸式体验公共文化服务。其间，“歌唱北京”“舞动北京”“艺韵北京”“戏聚北京”“影像北京”五大市级品牌活动及各区特色品牌项目纷纷登场，文化馆奇妙夜、中国经典民歌展演、首届“群星杯”钢琴大赛、全民艺术普及合拍大赛等活动纷纷开展[①]。

六、特殊群体聚焦：创新开展青少年美育工作，夯实全民艺术普及工作基石

在全民艺术普及逐渐向终身美育升级过渡的进程中，推动青少年美育工作至关重要，这不仅是文化传承的重要途径，也是青少年全面发展的基础。近年来，文化馆行业在开展青少年美育方面取得了显著进展。多样的艺术活动和教育项目，不仅满足了青少年的艺术需求，提升艺术素养和创新能力，也在培养社会责任感和集体意识方面发挥了重要作用。美育工作还深入乡村和边远地区，确保了美育的普及和公平。

（一）青少年美育委员会成立：全面提升青少年美育水平

2021 年 7 月 24 日，中国文化馆协会青少年美育委员会在杭州成立，标志着国家对青少年美育工作的高度重视和支持。该委员会的目标是融合理论与实践，搭建起全方位、多层次的青少年美育交流发展平台。同时该委员会发挥行业协会桥梁纽带作用，构建文化馆系统美育体系，引进社会力量，强化艺术普及功能的机制创新[②]，使美育不仅仅局限于学校教育，而是深入到社会的各个层面，在青少年成长过程中无处不在。

---

① 李洋. 北京启动首届文化馆服务宣传月[N]. 北京日报，2023-08-06（1）.

② 中国文化馆协会. 中国文化馆协会青少年美育委员会在杭州成立[EB/OL].（2021-07-30）[2024-01-06]. https://mp.weixin.qq.com/s/fv2e-O-f7KhiPdZHrBJG1Q.

（二）中国儿童青少年戏剧艺术普及推广中心：深化艺术教育融合

2022 年 11 月，中国儿童艺术剧院与文化和旅游部全国公共文化发展中心达成战略合作，整合优势资源，以全国各级文化馆（站）为主要阵地，以国家公共文化云为平台支撑，推动中国儿童青少年戏剧艺术创造性转化、创新性发展，合力共建普及推广中心。这标志着公共文化服务体系与儿童青少年艺术教育的深度融合，为基层提供更广泛的戏剧艺术资源[①]。

（三）“学才艺”与“云端美育”：数字化转型下的美育教育

2022 年 12 月，“学才艺”交流展示与“云端美育”发布会的召开，是公共文化服务向数字化转型的重要一步。它提供了一个全新的艺术学习平台，使青少年能够在任何时间、任何地点学习艺术，其灵活性和便利性对于促进艺术教育的普及和深入人心具有重要意义。截至 2022 年 5 月，国家公共文化云“学才艺”栏目共有 32 个省、377 家文化馆，推荐师资 2502 名、课程 2034 门共 6830 个视频，累计访问量达 994.7 万人次。2022 年 5 月 31 日，“云端美育”APP 正式上线，首批发布 480 位艺术家等师资、827 门艺术教学课程，开启试运行服务[②]。

（四）全民艺术普及专项基金：平衡城乡美育资源

2023 年 4 月 17 日，中国宋庆龄基金会全民艺术普及专项基金在贵州毕节启动，通过资助全国各级文化馆（站）和其他公共文化服务机构，提升青少年美育素养，加强基层公共文化服务。2023 年 8 月，该基金会联合文化和旅游部等单位启动创建“全国青少年美育示范基地”项目，计划设立 17 个示范基地，优化文化馆服务、推广艺术教育进校园和支持社会团体提供艺术普及服务。该专项基金是整合社会资源的创新性举措，有利于进一步促进城乡美育资源平衡发展，加强

---

① 王彬. 首批中国儿童青少年戏剧艺术普及推广中心启动[N]. 中国文化报，2023-03-21（1）.

② 中华人民共和国文化和旅游部. 国家公共文化云“学才艺”子平台“云端美育”上线试运行[EB/OL].（2022-06-07）[2024-01-04]. https://www.mct.gov.cn/whzx/zsdw/qgggwhfzzx/202206/t20220607_933377.html.

基层文化服务，推动青少年美育工作开展[①]。2023 年 11 月，基金管理委员会在北京评选出首批 30 个示范项目，为青少年美育系统架构的建设奠定了扎实基础[②]。

（五）公共文化机构与高校融合：提升高校美育质量

2023 年 4 月 20 日，文化和旅游部全国公共文化发展中心与北京市高等教育学会美育研究分会签署战略合作协议，旨在推动全国高等院校美育工作的高质量发展。这标志着高等教育与国家公共文化发展的深度融合。该协议聚焦四大领域：构建高校艺术资源直录播品牌，开展师生文化志愿服务，支持乡村振兴，以及打造文化活动品牌。协议通过国家公共文化云等平台提升大学生艺术文化素养，促进美育工作理论创新与实践的结合[③]。

七、结语：文化馆全民艺术普及工作新进展与新突破

经过 2021—2023 年这一阶段的深耕细作，文化馆行业在全民艺术普及方面取得了显著成果。这一时期，全民艺术普及工作不仅注重顶层设计与战略规划，更在实践中不断探索创新，让艺术真正走进千家万户，深入人心。通过丰富多样的艺术活动，公众的审美水平得到了提升，审美能力得到了培养，情操得到了陶冶，心灵得到了美化。文化馆全民艺术普及工作的持续推进，不仅丰富了老百姓的精神文化生活，更为社会的和谐与进步注入了强大动力。

---

① 中华人民共和国文化和旅游部. 中国宋庆龄基金会全民艺术普及专项基金 2023 年“全国青少年美育示范基地”创建项目正式启动[EB/OL].（2023-08-29）[2024-01-04]. https://www.mct.gov.cn/whzx/zsdw/qgggwhfzzx/202308/t20230829_946877.html.

② 中华人民共和国文化和旅游部. 吹响美育冲锋号：2023 年中国宋庆龄基金会“全国青少年美育示范基地”项目评审会在京举办[EB/OL].（2023-11-16）[2024-02-18]. https://www.mct.gov.cn/whzx/zsdw/qgggwhfzzx/202311/t20231116_949732.html.

③ 中华人民共和国文化和旅游部. 文化和旅游部全国公共文化发展中心与北京市高等教育学会美育研究分会签署战略合作协议[EB/OL].（2023-04-21）[2024-01-04]. https://www.mct.gov.cn/whzx/zsdw/qgggwhfzzx/202304/t20230421_943276.html.

（一）全民艺术普及纲举目张：政策指引发展方向

近三年来，国家非常重视全民艺术普及工作的开展，从各个层次出台了相关政策文件对全民艺术普及做了全方位的指引。在此期间，全民艺术普及被摆在国家各项政策文件中的突出位置，文件中对全民艺术普及工作的发展方向和重点任务进行了部署。其中，各级文化馆成为“城乡居民的终身美育学校”，明确了文化馆的全民艺术普及工作的重心和地位。文化馆在全民艺术普及工作中扮演着不可或缺的角色，通过文化馆这一重要的载体，全民艺术普及工作得以深入开展，向美育教育转变，让艺术真正走进千家万户，丰富人们的文化生活，提升艺术欣赏能力，提高公众的审美水平。“美育”并不仅限于学校，而是贯穿于每个人的生活和成长过程中。

在全民艺术普及的基础上，美育能够为人们提供更加系统和深入的艺术教育，深入挖掘艺术作品的文化内涵，彰显其教育价值。通过这种转变，能够更好地培养人们的审美情感和创造力，帮助人们建立正确的价值观和人生观。这不仅有助于提升个人的综合素质，还能促进社会公共文化高质量发展。美育强调对人民群众的全面性和终身性的教育，注重审美情感和创造力的培养，全民艺术普及向终身美育的转变是大势所趋。

（二）全民艺术普及均衡发展：城乡全域一体推进

近三年全民艺术普及活动展现出显著的全面性，城乡一体化推进且在城市和农村地区呈现出不同的特点，这些差异反映了各自的文化背景和需求。在城市，艺术普及倾向于多元化和专业化；在农村，则更加注重本土文化的展现和居民的参与。

在城市地区，文化馆和其他机构积极开展各类文化艺术活动，如音乐会、戏剧表演、美术展览等。这些活动往往具有较高的专业性和艺术性，吸引了广泛的市民参与。城市文化馆在推广艺术普及方面发挥了核心作用，通过组织各种公共艺术教育活动和展览，极大丰富了市民的文化生活，提升了公众的艺术欣赏能力。

与此同时，农村地区的艺术普及也得到了前所未有的重视。政府和文化部门将艺术普及延伸至农村，通过举办乡村艺术节、“村晚”、民间艺术工作坊等活动，让农村居民也能享受到丰富的文化艺术资源。这不仅提升了农村居民的文化生活水平，还有助于促进乡村文化的振兴和发展。

城市与乡村艺术普及呈现出明显的变化趋势：艺术活动不再局限于某一特定阶层或区域，逐渐成为全民共享的文化财富。这种全面覆盖性的艺术普及，无疑增强了社会的文化凝聚力，促进了文化多样性和包容性的发展。

（三）全民艺术普及扎根群众：群文活动焕新发展

传统群众性文化活动（简称“群文活动”），如广场舞、群众歌咏、“村晚”等，作为中国丰富多彩的民间艺术形式，深深植根于人们的日常生活中，承载着丰富的文化内涵和社会价值。传统群文活动凭借其接地气、会创新的特点，从传统到现代、从地方到全国转变，成为全民艺术普及的重要载体，推动全民艺术普及发展。同时，群文活动的水平也凭借全民艺术普及得到显著提升。全民艺术普及为群文活动提供了一个广阔的平台，使得更多的优秀作品和精彩表演得以展示。

全民艺术普及在相当程度上也反过来促进了群文活动的创新，使其更加贴近人民群众的生活，更加符合时代的发展潮流。例如，在全民艺术普及工程的推动下，“村晚”转型升级为“四季村晚”，广场舞、群众合唱纳入群星奖评奖范围，传统群文活动得以常态化、高质量开展。总的来说，传统群众文化活动作为中国民间艺术的重要组成部分，在全民艺术普及中发挥着重要的作用。它们不仅是传承和弘扬传统文化的重要途径，更是提高全民族艺术素养和文化素质的重要手段。随着全民艺术普及的不断深入推进，传统群文活动将会发挥更加重要的作用，实现终身美育的目标。

（四）全民艺术普及成效跃升：技术赋能创新应用

技术的进步，尤其是互联网和移动互联网的普及，为全民艺术普及带来了更多的机会和便利，极大地促进了艺术的传播和大众参与，拓宽了美育的渠道。特别是新冠疫情期间，人们对线上艺术活动的需求激增，推动了全民艺术普及的数字化转型，也让线上开展的活动更具效能。多种新媒体平台如微信、微博、抖音和 B 站等成为文化馆等公共文化服务机构宣传的主阵地。通过对这些平台的广泛应用，文化馆服务深入人心，提升了行业的辨识度和影响力。

同时，艺术普及活动采取线上线下相结合的形式，不仅扩大了触达受众的范围，还提高了参与的便捷性和体验的全面性。数字化服务向精准化方向发展，针对不同群体的需求，利用直播、短视频、社交媒体等多种渠道提供个性化的艺术普及服务，增强了服务的覆盖面和实用性。

全国层面上，互联互通的全民艺术普及平台体系逐步构建，国家公共文化云与地方公共文化云相互对接，实现资源的共享和一站式服务，有效推动了全民艺术普及的发展。这些举措不仅提升了公众的艺术欣赏和参与能力，还为文化艺术的传承与发展打开了新的可能。

（五）全民艺术普及重点人群：高度重视青少年美育

在全民艺术普及到终身美育的推进过程中，对青少年美育的日渐重视是一个关键转折点。近三年来，青少年美育方面的举措表明，无论是在政策层面还是实际执行中，对青少年艺术教育的重视程度都显著提升。

首先，政策层面的支持为青少年美育创造了有利的环境。特别是“双减”政策的实施，减轻了学生的学业负担，使得青少年有更多的时间和精力投入艺术活动中。国家艺术基金资助的青少年艺术教育项目的推广，更是将艺术教育的触角延伸到了城市以外的农村和边远地区，确保了美育资源的均衡分配和普及。

其次，文化馆在青少年美育方面展现出了前所未有的积极性和创新性。文化馆与学校合作的模式日益增强，通过组织艺术课程、工作坊、夏令营等多元化的活动，有效地激发了青少年的艺术潜力和创造力。

此外，数字化教育平台建设为青少年美育开辟了新的途径。通过这些综合性的努力，我国在青少年美育领域已经取得了显著的进展，为全民艺术普及和终身美育工作的推进奠定了坚实的基础。

“文化驿站”类新空间建设的现状、特点与未来展望

李　斯*

新型公共文化空间建设是“十四五”时期促进公共文化服务高质量发展的重要任务，对此，全国各地因地制宜，大力推进，取得了显著成效。新型公共文化空间（以下简称“新空间”）主要有三种形态：一是以“城市书房”为代表的新型公共阅读空间，主要提供图书借阅、数字阅读、图书交流推介以及其他全民阅读活动；二是以“文化驿站”为代表的新型艺术普及空间，主要提供艺术体验和分享、小型文艺展览和演出、非遗传承以及讲座培训等；三是综合性的新型公共文化空间，兼具图书阅读和艺术普及等功能，并结合自身实际，打造特色服务品牌，在基层，这类新空间更为普遍，数量更多。

“文化驿站”类新空间形态丰富，城市“文化驿站”“共享文化空间”“一人一艺新空间”，农村“文化礼堂”等都属于“文化驿站”类新空间的范畴。这些新空间在健全文化馆服务体系、促进文化馆服务高质量发展方面发挥了重要作用，以其“小而美”的形态、高品质的服务内容、多元的服务业态、灵活的运营管理机制迸发出文化馆服务的生机与活力，成为文化馆向基层提供高质量服务的重要阵地，不断提升文化馆的社会可视度和影响力。

* 李斯，南开大学商学院信息资源管理系副教授。

一、中央和地方出台政策推动“文化驿站”类新空间建设

“十四五”推动公共文化服务高质量发展的国家层面三个顶层设计文件——文化和旅游部、国家发展改革委、财政部《关于推动公共文化服务高质量发展的意见》，文化和旅游部《“十四五”公共文化服务体系建设规划》以及文化和旅游部《“十四五”文化和旅游发展规划》，都明确把新型公共文化空间建设作为重要任务加以部署。

在落实新型公共文化空间建设任务中，各地重点以“文化驿站”类新空间作为主要类型加以推动，打造“文化驿站”类新空间品牌。浙江省于 2022 年 2 月专门出台的《浙江省文化驿站建设指南》，界定了文化驿站范畴，从建设目标、建设要求、服务要求等方面对文化驿站建设进行规范。温州市于 2022 年 1 月实施地方标准《文化驿站服务规范》，这是全国首个文化驿站服务规范类地方标准，对文化驿站的分类、服务的总体原则和要求、布局、设施设备、人员、服务内容、服务要求、服务监督与评价等做出规范。这些指南和规范的出台固化了文化驿站的建设经验，促进了先进模式的复制推广。2022 年 6 月，广东省文化和旅游厅印发了《广东省“粤文坊”建设指引》，探索打造以全民艺术普及为主要功能的“粤文坊”新空间。深圳市福田区将有关“文化驿站”类新空间建设的“星罗棋布”计划作为 2023 年度福田区委区政府“一榜三令”任务榜单，出台《福田区公共文体设施“星罗棋布”计划五年规划（2023—2027）》，推进嵌入式“文化驿站”类新空间建设。湖南省株洲市打造“株洲街头艺术站”开放式空间，将此项工作写入市政府工作报告中，从全市层面推进。

二、“文化驿站”类新空间建设现状

（一）“文化驿站”类新空间建设总体情况

截止到 2023 年 9 月，全国已建成各类新空间 33500 多个。从建设主体上看，政府投资新建或改扩建的有 27600 多个，约占 82%；社会力量参与建设的有 5800

多个，约占 17%①。文化馆总分馆制建设持续推进。据统计，截至 2022 年 6 月，全国有 2674 个县（市、区）建成文化馆总分馆制，占全国县级区划总数的 94%，建成文化馆分馆 38000 多个②。

新型公共文化空间建设和文化馆总分馆制的推进，带动一批以艺术培训、艺术展示和艺术交流为主要内容的“小而美”的“文化驿站”类空间的建设。城乡基层的文化馆设施数量不断增长，完善了文化馆的设施体系和服务体系。截至 2023 年 8 月，浙江省已建成文化驿站 751 家③；截至 2024 年 1 月，建成文化礼堂 20511 家，实现了 500 人以上行政村全覆盖④。截至 2021 年底，温州市已经建成文化驿站 240 家以上，构建起了“1+10+N+X”覆盖城乡的文化馆服务网络⑤。广东省东莞市与社会力量合作，评选出 160 个“共享文化空间”⑥。深圳市福田区已面向社会征集并认定 100 个嵌入式空间⑦。上海市嘉定区已在全区 12 个街镇建成并开放 59 个“我嘉・秀空间”⑧。我国对沉浸式文化馆空间开展了初步探索，沉浸式文化馆空间形成样板空间。在北京市大兴区黄村镇三间房村落地的公共文化驿站，结合乡村居民需要，配置了数字古琴台、智慧钢琴、舞蹈体验室、数字书法

---

① 李国新，李斯.我国新型公共文化空间发展现状与前瞻[J].中国图书馆学报，2023，49(6):4-14.

② 李国新，李斯，苗美娟.我国图书馆文化馆总分馆制建设的现状、问题与发展建议[J].文化和旅游决策参考，2022(10):26-33.

③ 此部分内容来自浙江省文化和旅游厅《关于“创新拓展城乡公共文化空间”建设的情况总结》。

④ 遍布浙江农村的2万余个文化礼堂越办越火 这个礼堂，农民放下筷子就想去[EB/OL].(2024-01-11)[2024-02-06]. https://news.hangzhou.com.cn/zjnews/content/2024-01/11/content_8673643.htm.

⑤ 温州发布《文化驿站服务规范》地方标准[EB/OL].(2022-01-07)[2024-02-06]. https://wl.wenzhou.gov.cn/art/2022/1/7/art_1642045_58897370.html.

⑥ 莞城六大“共享文化空间”入选，本周末精彩活动“上新”[EB/OL].(2023-06-09)[2024-02-06]. https://static.nfapp.southcn.com/content/202306/09/c7772880.html.

⑦ 这款服务全国独有！来福田探索100个嵌入式空间[EB/OL].(2023-09-21)[2024-02-06]. https://new.qq.com/rain/a/20230921A05BCS00.

⑧ “我嘉”有看点 文化入人心——“我们的舞台”2023年嘉定区我嘉・艺荟系列文化活动颁奖展演暨总分馆成果展示成功举办[EB/OL].(2023-12-25)[2024-02-06]. http://www.jiading.gov.cn/wenlv/jdwhg/jwzx/content_866482.

台、有声书、数字文化艺术远程协作等模块，通过搭建沉浸式空间，让居民直接体验来自不同文化机构的文艺内容[①]。

（二）“文化驿站”类新空间的类型

总体来看，各地在“文化驿站”类新空间建设中主要从盘活存量和嵌入增量上入手，建成的“文化驿站”类新空间形态不一、各有特色。按照建设主体划分，可分为政府主导建设和政府与多元主体合作建设两大类。

1. 政府主导建设

政府主导建设的“文化驿站”类新空间旨在实现乡镇（街道）层级的文化馆设施的提档升级，完善村（社区）层级的文化馆设施体系，强化基层文化馆设施的服务能力，创新服务方式。

（1）提升改造乡镇（街道）综合文化站

在全国基本实现乡镇（街道）综合文化站全覆盖的基础上，各地以提升服务能力，充分发挥乡镇（街道）综合文化站的作用为目标，普遍对乡镇（街道）综合文化站进行提档升级，优化服务功能，提升服务质量，构建环境幽雅舒适的服务场景。浙江省龙泉市对照乡镇（街道）综合文化站一级站建设标准，提升全市乡镇（街道）的办站条件，着力提高场馆环境的精致度和群众体验的舒适感[②]；安徽省长丰县罗塘乡投入260万元用于文化站转型升级，通过转内容、转方式、转机制，升能力、升质量、升效能，形成了集理论宣讲、文艺娱乐、科普培训、体育健身、志愿服务等于一体的多功能综合文化服务中心[③]；成都市每年新打造46个基层综合性文化服务中心示范点，已完成846个示范点建设[④]。2023年9月，文

---

① 罗云川.构建新时期文化馆数字化应用场景[EB/OL].（2023-09-25）[2024-02-06]. https://mp.weixin.qq.com/s/dRJ0HO1nYwv4opcFE5CA_Q.

② 龙泉市文化和广电旅游体育局关于印发《龙泉市乡镇（街道）综合文化站提档升级建设实施方案》（2022—2023）的通知[EB/OL].（2022-05-16）[2024-02-06]. http://www.longquan.gov.cn/art/2022/5/16/art_1229426761_2404026.html.

③ 长丰县：聚焦“三转三升”，助推乡镇综合文化站转型升级[EB/OL].（2024-01-03）[2024-02-06]. https://new.qq.com/rain/a/20240103A02XRJ00.

④ 此部分内容来自四川省文化和旅游厅《关于“创新拓展城乡公共文化空间”工作开展情况的报告》。

化和旅游部印发《关于持之以恒推动乡镇综合文化站创新发展的实施方案》，将创新拓展乡村公共文化空间作为充分发挥乡镇综合文化站阵地作用的首要任务，鼓励有条件的地方因地制宜对老旧乡镇综合文化站进行更新改造，完善功能布局，提升服务品质，打造具有当地文化风貌和现代内涵，集阅读、文艺活动、社交和教育等功能于一体，“小而美”的乡村公共文化新空间。这一政策的出台，将推动全国乡镇综合文化站打造出更多高品质的服务空间。

（2）村（社区）新建“文化驿站”类新空间

近年来，村（社区）兴建“小而美”的“文化驿站”类新空间成为趋势。政府采用新的建设理念，高标准主导兴建了诸多规模较小、具有美学品位的“文化驿站”类新空间。浙江省近年来在农村地区开展了大规模的文化礼堂建设，已实现了 500 人以上行政村全覆盖。如 2022 年建成的淳安县乌龙村文化礼堂，投资 260 余万元，总建筑面积 933 平方米，总体设计为现代简约风格，该礼堂的建成让该村的文化活动、文化宣传及便民服务有了新阵地[①]。

（3）开放式“文化驿站”类新空间

开放式“文化驿站”类新空间，是指政府在公共广场、公园、城市街角融入文化馆服务的元素，开辟的文化活动阵地。这些阵地具有人民群众自我展示、沟通交流、文化娱乐等功能，对提升城市空间活力，营造城市文化氛围具有促进作用。湖南省株洲市开展“街头艺术站”建设，在湘江两岸、重要商圈等地搭建露天开放式小舞台，实行主理人负责制，由地方文艺爱好者定期开展演出。截至 2023 年 11 月，“株洲街头艺术站”共开展活动 1200 余场次，惠及群众 12 万余人次，成为民间高手的“出圈”地、网红潮人的聚集地、市民游客的打卡地[②]。宜昌市秭归县发展出“六小”开放式文化馆空间建设模式，即建设小广场、搭建小平台（舞台）、配套小设施、组建小队伍、举办小活动、创建小品牌[③]。

---

① 淳安安阳首个新乡贤捐建的“四星级文化礼堂”揭牌[EB/OL].（2022-11-28）[2024-02-06]. https://cs.zjol.com.cn/kzl/202211/t20221128_25118235.shtml.

② 市文旅广体局打造“街头艺术站”增强人民群众文化获得感幸福感[EB/OL].（2023-11-02）[2024-02-06]. https://www.zznews.gov.cn/zzjg/2023/1102/429207.shtml.

③ 此部分内容来自湖北省文化和旅游厅《关于创新拓展城乡公共文化空间情况的报告》。

2. 政府与多元主体合作建设

政府与多元主体合作建设的“文化驿站”类新空间旨在共享优质资源，实现空间的快速布局、多点布局，主要包含三种类型。

（1）场地嵌入式“文化驿站”类新空间

场地嵌入式“文化驿站”类新空间是指与社会力量或其他机构合作，在其场地开辟文化馆服务场景。典型案例如：上海市嘉定区将“我嘉·秀空间”嵌入到了社区邻里中心等场地中，专门开辟文化馆服务空间。根据当地居民的“点单”，采用政府购买或文化馆组织的方式开展演出、讲座、培训、展览等不同的文化活动。浙江省龙游县将文化驿站嵌入到县博物馆中，专门开辟集艺术普及、艺术展演、文创集合店、非遗手作、咖啡茶饮等多元功能于一体的服务空间①。场地嵌入式是近年来城市“文化驿站”类新空间的主要发展模式，具有一定优势。一是可以共享场地人流量，带来集聚效应；二是利用已有场地和资源，节省建设经费；三是将文化馆服务空间布局到老百姓生活场景中，提升服务可及性。

（2）服务嵌入式“文化驿站”类新空间

服务嵌入式“文化驿站”类新空间，是指文化馆通过政府购买等方式，将符合条件的艺术培训机构和文化企业场地等空间认证为文化馆服务点。由场地负责人向公众提供服务。典型案例如：广东省深圳市福田区 2023 年实施的“星罗棋布”计划，由专家组认定 100 个分布在商业楼宇、交通枢纽、社区园区、公园景点等人流密集区域的空间。政府对这些空间提出服务基本要求并提供经费扶持，按要求提供服务②。浙江省宁波市于 2022 年 9 月开展“一人一艺新空间”建设，其认定基本标准要求空间具有明确的文旅特色，拥有良好的师资条件，可以有效开展艺术普及活动。被认定为“一人一艺新空间”后，需开展文艺类演出、讲

① 下好公共文化服务“三步棋” 龙游：全力推进山区26县的“先行实践”[EB/OL].（2023-08-16）[2024-02-06]. https://new.qq.com/rain/a/20230816A034NM00.

② 这款服务全国独有！来福田探索100个嵌入式空间[EB/OL].（2023-09-21）[2024-02-06]. https://new.qq.com/rain/a/20230921A05BCS00.

座、培训、展览等活动。截至2023年底该计划已分两批建成45家[①②]。

（3）闲置和腾退空间的改造利用

闲置和腾退空间的改造利用是指将符合条件的闲置和腾退空间进行创意性改造，使其融入文化馆服务的功能，构建彰显空间文化特色的“文化驿站”类新空间。在农村地区，传统祠堂的功能在逐渐消解，许多处于闲置状态或成为村民打牌娱乐的场所。广东等地将祠堂改造成为村文化活动中心，深入挖掘乡村传统文化，并融入现代元素，实现创造性转化与创新性发展。在城市里，老城区的更新改造是当前许多城市的重要任务，北京等地抓住城市更新契机，活化利用腾退空间，建成了北京“寺锦·回龙观城市会客厅”等“文化驿站”类新空间。

三、“文化驿站”类新空间建设的特点

与传统的文化馆设施相比，“文化驿站”类新空间建设体现出了鲜明的时代特点，满足了人民群众因追求美好生活而对文化馆服务提出的新要求。

（一）以“文化驿站”类新空间建设完善文化馆服务体系，增强服务能力

健全现代公共文化服务体系的前提在于健全城乡公共文化服务设施体系。当前，按照行政层级建成的文化馆设施数量有限，存在无法全面覆盖辖区居民的问题。“文化驿站”类新空间建设在遵循纵向行政层级布局之外，还注重横向发展，采用新建、嵌入等方式，将“文化驿站”类新空间布局到人民群众生活的场景中，增加了文化馆设施数量，完善了文化馆服务体系，提升了文化馆服务的可及性。同时，“文化驿站”类新空间整合了更多社会优质资源，提高了服务品质，增强了文化馆服务能力，以空间建设变革带动了服务供给变革。

① 加快推进15分钟品质文化生活圈，宁波积极探索打造“一人一艺新空间”[EB/OL].（2022-09-29）[2024-02-06]. https://www.sohu.com/a/739757516_121687414.

② 新增21家入选！宁波两批共45家优质社会空间获“一人一艺新空间”授牌[EB/OL].（2023-12-23）[2024-02-06]. https://new.qq.com/rain/a/20231223A04XM200.

（二）空间建设关注以“人”为中心的参与和体验

生活美学已经成为人民群众的普遍追求。与传统的文化馆设施相比，“文化驿站”类新空间建设除了满足全民艺术普及的功能性需求外，更加关注以“人”为中心的参与感和体验度，彰显生活之美。“文化驿站”类新空间外观设计新颖，大面积的落地玻璃窗是重要的设计元素，凸显开放性与公共性；空间内部设计融入美学元素，书画、插花、非遗摆件是常见陈设，营造出了幽雅舒适的场景氛围。一些空间设计还彰显当地文化特色，通过用好用活特色文化元素、文化符号，使“文化驿站”类新空间成为展示当地人文内涵的载体，在引起当地居民情感共鸣与归属感的同时，也助力全域旅游，成为主客共享的新空间①。

（三）拓展传统文化馆服务边界，促进文化馆服务创新

当前的文化馆服务以全民艺术技能普及和全民艺术活动普及为主，知识普及和欣赏普及等常态化活动开展相对不足。“文化驿站”类新空间依托社会力量运营主体资源开辟了艺术展览、非遗手作体验等空间，全民艺术技能普及、艺术知识普及和欣赏普及有了更多的载体。街头艺术站等开放式空间的建设，为人民群众搭建了自我展示的舞台，实现了活动普及的常态化开展。“文化驿站”类新空间还融入咖啡、简餐、文创等多元业态，以多功能、综合性、一站式服务满足人民群众多样化的需求。

“文化驿站”类新空间还成为文化馆服务创新突破的阵地。2023 年以来，市民艺术夜校在“文化驿站”类新空间中广泛开展，引入社会师资力量开展美妆、剪纸、烘焙、插花艺术、茶艺、手机摄影、汉服展示等课程，扩展了文化馆服务的边界。社会力量管理运营也使得优惠收费的普惠性非基本公共文化服务在“文化驿站”类新空间中形成突破，北京市东城区在“美后肆时”景山街道市民文化中心已开展了优惠收费服务的实践，上海市嘉定区通过众筹方式在“我嘉·秀空间”中也开展了此类实践。

---

① 李国新，李斯. 我国新型公共文化空间发展现状与前瞻[J]. 中国图书馆学报，2023（6）：4-14.

（四）纳入文化馆总分馆体系，实现优质资源下沉

在组织形式上，各地普遍将“文化驿站”类新空间纳入到文化馆总分馆体系中。中心馆和县级总馆对“文化驿站”类新空间承担指导、管理、援助和保障功能。“文化驿站”类新空间也接入到公共文化云等统一的数字管理平台上，共享所在区域的数字资源。浙江省针对农村文化礼堂开发了“礼堂家”数字服务平台，实现了线上资源的共享①，还将文化驿站等设施（场馆）纳入“浙江智慧文化云”统一管理，建立服务指数监测体系，提供省、市、县、乡、村五级联动的一体化、模块化服务②。将“文化驿站”类新空间纳入文化馆总分馆体系的做法，将分散存在的“文化驿站”类新空间连接成紧密的组织体系，有效对接了上层优质资源，也拓展了文化馆总分馆体系，提升了文化馆总分馆体系的总体服务效能。

（五）引入社会力量运营管理，增强可持续发展动力

面对数量庞大且增长迅速的“文化驿站”类新空间，由政府“包办”的传统运营管理模式难以满足需求，其可持续发展能力有限。引入社会力量成为“文化驿站”类新空间运营管理的重要方式，依托社会力量自身的资源和产业背景，能够实现优质资源的导入，并增强了可持续发展动力。引入社会力量的两类主要模式如下：一类是通过采用政府购买方式，引入文化企业、社会组织实施运营管理，并发展出了连锁式运营管理、整体运营管理和部分运营管理等不同模式。另一类是“主理人”模式，通过开展创意大赛等形式招募地方具有文化和文艺专长的主理人，认领“文化驿站”类新空间，让他们发挥各自专长，引入资源，组织开展丰富多彩的文化活动。浙江省杭州市萧山区的“文化管家”、广东省东莞市的“品质文化”创投大赛、湖南省株洲市的街头艺术站主理人、浙江省龙游县的“文化村长”等均为此种模式。

---

① 遍布浙江农村的2万余个文化礼堂越办越火 这个礼堂，农民放下筷子就想去[EB/OL].（2024-01-11）[2024-02-06]. https://news.hangzhou.com.cn/zjnews/content/2024-01/11/content_8673643.htm.

② 此部分内容来自浙江省文化和旅游厅《关于“创新拓展城乡公共文化空间”建设的情况总结》。

四、“文化驿站”类新空间未来展望

以新时代新的文化使命为指引，“文化驿站”类新空间在推动文化馆高质量发展，健全现代公共文化服务体系中将发挥更大的作用，未来发展需要在以下几个方面进一步扎实推进。

（一）抓住新型公共文化空间建设契机，拓展文化馆服务阵地

与公共图书馆、博物馆等公共文化设施相比，目前各级文化馆的馆舍空间严重滞后。统计显示：全国省级文化馆的馆舍总面积只相当于省级公共图书馆的15%、省级博物馆的10%，全国地市级文化馆的馆舍总面积只相当于地市级公共图书馆的45%、地市级博物馆的27%[①]。而新建大型文化馆设施的成本较高，落地缓慢，难以在短时期内赶上其他公共文化设施。各级文化馆应抓住当前各地政府大力推进新型公共文化空间建设的契机，积极拓展“小而美”的“文化驿站”类新空间，拓展文化馆服务阵地。同时，注重布局的科学性与均衡性，以形成文化馆服务圈为目标，建立起文化馆设施与常住人口、服务半径挂钩的制度，科学布局“文化驿站”类新空间，提升文化馆服务的可及性与覆盖面。

（二）推动嵌入式、开放式“文化驿站”类新空间建设

实现“文化驿站”类新空间的快速布局，完善文化馆的基层服务体系，持续推动嵌入式“文化驿站”类新空间建设是高效可行的路径。通过将文化馆服务场地嵌入商圈、社区服务中心等空间中，或是通过政府支持将文化企业、培训机构的空间认定为文化馆的服务点，都可以将文化馆服务嵌入到人民群众生活的场景中，营造无处不在、无时不有的文化馆服务氛围，提升文化馆服务的社会可视度。

文化馆的全民艺术普及服务需要搭建展览展示舞台，人民群众自我创造、自我服务也需要自我展示的空间。而现有的文化馆设施体系中艺术展示和活动的空

① 中华人民共和国文化和旅游部.中国文化文物和旅游统计年鉴（2021）[M].北京：国家图书馆出版社，2021：44-278.

间较少，还需要大力推动开放式“文化驿站”类新空间建设。在广场、公园、街角等场景中创造出开放式、包容性、融入生活的“文化驿站”类新空间与场景；搭建露天小舞台，让人民群众拥有常态化自我展示的空间，也让文化馆的全民艺术普及服务形成价值闭环，活跃城市文化氛围。

（三）完善社会力量参与“文化驿站”类新空间运营管理的机制

“文化驿站”类新空间建好以后，随着政策红利的消失，如何实现高质量的可持续发展成为主要问题。其中，如何激发社会力量参与积极性、确保服务专业性、增强可持续发展能力都是需要解决的问题。各级政府应不断完善“文化驿站”类新空间运营管理机制，营造有利于社会力量积极参与、创新服务、打造品牌的发展环境。一方面应明确社会力量承接主体的准入资质条件，建立退出机制；另一方面，应构建“文化驿站”类新空间社会化运营管理的政府购买基本公共文化服务的经费测算机制，建立起社会化运营管理的政府托底机制；同时还应探索建立普惠性非基本公共文化服务优惠收费机制，形成对社会力量运营管理的激励机制[①]。

（四）推动服务创新，提升服务效能

当前，一些“文化驿站”类新空间以其新颖的形态和幽雅的环境成为网红打卡点，带来人流量的同时，文化馆的服务效能并没有得到实质性提升。原因在于“文化驿站”类新空间的服务内容不够充实、丰富，或是不能有效满足人民群众的需求。“文化驿站”类新空间应以人民群众多样化、多层次和多方面的需求为核心，创新服务内容与服务方式，让“文化驿站”类新空间成为开展市民艺术夜校服务的重要阵地，并根据用户社群特征培育服务品牌，组织文化活动。要加强服务融合发展，强化“文化驿站”类新空间的全民艺术普及、优秀传统文化传承功能与公共阅读以及乡村旅游、产业、政务等公共服务功能上的融合，让“文化驿站”类新空间呈现出全新的服务业态。

---

① 李国新，李斯．我国新型公共文化空间发展现状与前瞻[J].中国图书馆学报，2023（6）：4-14.

国家文化数字化战略指引下的文化馆（站）数字化跃上新台阶

罗云川　张　楠　焦延杰*

“十四五”时期，中央和有关部委先后出台了一系列支持和推进公共文化数字化和文化馆（站）数字化建设的重要文件，对相关工作提出了明确要求。中共中央办公厅、国务院办公厅印发的《关于推进实施国家文化数字化战略的意见》明确了统筹推进国家文化大数据体系、全国智慧图书馆体系和公共文化云建设，增强公共文化数字内容的供给能力，提升公共文化服务数字化水平等重要任务，为文化馆（站）数字化建设提供了方向指引①②。结合《“十四五”文化和旅游发展规划》《“十四五”公共文化服务体系建设规划》《关于推动公共文化服务高质量发展的意见》等文件在目标定位和推进措施方面的相关要求，文化馆（站）数字

---

* 本章为国家社科基金艺术学重大项目“国家文化数字化发展现状及策略研究”（项目编号:23ZD16）阶段性成果。

罗云川,文化和旅游部全国公共文化发展中心副主任,中国群众文化学会副会长兼秘书长,公共文化服务大数据应用文化和旅游部重点实验室主任。

张楠,清华大学计算社会科学与国家治理实验室副主任、教授。

焦延杰,文化和旅游部全国公共文化发展中心信息技术处处长,基层公共数字文化服务研究院副院长。

① 白雪华.依托公共文化云落实国家文化数字化战略[J].中国图书馆学报,2022,48(4):10—14.

② 李洪晨,许可,张闯,等.元宇宙图书馆 一座看得见的天堂——“天堂的具象:图书馆元宇宙的理想”论坛综述[J].图书馆论坛,2022,42(7):1—6.

化在国家文化数字化战略中的重要作用和实施路径逐渐清晰[①]。

在此背景下，近三年（若未特别说明，均指2021—2023年）全国文化馆（站）数字化建设不断取得重要进展。国家公共文化云整体框架日渐成熟，平台建设发展迅速，公共数字文化内容更丰富、方式更便利、服务可选择，发展成为全民艺术普及的总平台；地方公共文化云作为公共文化服务体系的重要组成部分[②]，汇聚地方群众文艺演出等各类数字资源，有效提升了基层公共文化服务效能。依托新一代信息技术，各地文化馆（站）积极探索人工智能、元宇宙、区块链、AR/VR沉浸式体验等技术在基层文化服务供给中的创新应用和交互体验，呈现出线上线下融合发展、立体式服务供给的新形态。同时，有关公共文化数字化的相关研究和标准化工作也有序推进，取得了显著进展。

一、不断优化国家公共文化云技术体系，打造全民艺术普及总平台

三年来，国家公共文化云突出用户导向，运用5G、区块链、人工智能、云计算、大数据等信息技术，联合地方文化云，建设以“看直播”“享活动”“学才艺”“订场馆”“读好书”“赶大集”六大功能为核心的，覆盖全国的安全、便捷、权威、丰富、开放的全民艺术普及公共服务总平台、全民艺术普及资源总库、公共文化和旅游产品交易中心。

在技术层面，国家公共文化云平台坚持以优化升级移动端服务为核心，打通核心服务栏目底层技术，以资源池、用户池、数据池为枢纽开展系统重构和优化。国家公共文化云不断迭代升级、提质增效，强化了对全民艺术普及总平台的技术支撑能力。

① 中华人民共和国文化和旅游部2022年文化和旅游发展统计公报[N].中国文化报，2023-07-17（4）.

② 文化部公共文化司，国家公共文化服务体系建设专家委员会.2013中国公共文化发展报告：国家公共文化服务体系制度设计研究[M].北京：北京师范大学出版社，2013：96.

（一）国家公共文化云基本功能

在用户访问入口层，国家公共文化云平台为全国互联网用户提供全面适配电脑端和移动端的访问渠道，见图 1、图 2；并在已有 PC 端和微信 H5 服务界面的

图 1　国家公共文化云 PC 端服务界面

基础上，分别于2022年和2023年拓展了微信小程序、抖音小程序访问渠道，进一步方便了广大群众通过手机端访问国家公共文化云。

国家公共文化云PC端主要包括“汇资讯”“看直播”“享活动”“学才艺”“订场馆”“读好书”“赶大集”“聚行业”“汇文采”九大服务板块。“汇资讯”主要发布最新的文化行业动态、文化活动通知和相关行业最新政策等资讯内容；“看直播”主要支持各地公共文化机构和艺术院团开展全国性和地方性品牌群众文化活动的直录播服务；“享活动”板块汇聚全国性、区域性、地方性群众文化活动，支持用户以线上线下相结合的方式参与活动，展示活动成果；“学才艺”板块以全民艺术普及师资总库建设为核心，展示各地文化（群艺）馆文艺骨干、文化志愿者、艺术院校及培训机构艺术人才等文艺师资信息，面向广大群众开展全

微信H5端　　APP端　　抖音小程序端

图2　国家公共文化云手机端服务界面

民艺术普及定位导航、教师推介、课程定制、线上线下教学和知识普及等服务；“订场馆”板块汇聚全国省、市、县文化场馆信息，向广大群众展示所在区域文化场馆的位置信息和预订动态，方便用户就近到文化场馆参加活动；“读好书”板块汇聚文化艺术相关的书籍资源，以电子书和有声音频方式为用户提供良好的在线阅读体验；“赶大集”板块主要对各地优秀的特色文化产品进行推介，供用户以赶集方式了解各地不同的文化风俗和文化精粹；“聚行业”板块主要面向各地文化馆（站）提供行业在线培训、基层端服务、全国文化馆年报查阅、行业规范查询、各类应用下载等服务；“汇文采”板块主要承担公共文化和旅游产品交易中心功能，汇聚了文化内容、科技融合、设施运营、文创产品等相关内容及交易信息的发布。

（二）国家公共文化云应用情况

截至 2023 年 12 月 31 日，国家公共文化云累计被访问 14.38 亿次，各类资源合计 47 万余条，平台累计注册个人用户 305 万余人，注册机构用户 3893 家；国家公共文化云微信公众号关注者累计 13 万余人。国家公共文化云板块中，“汇资讯”板块累计发布新闻资讯 6931 条，“看直播”板块累计直播资源 10319 条，“享活动”板块累计发布活动资源 20366 条，“学才艺”板块累计发布课程类资源 7470 条，“订场馆”板块累计发布场馆信息 20318 条，“读好书”板块累计发布书刊资源 912 条。国家公共文化云用户主要通过微信端观看直录播活动，2023 年微信端直播观看量 7315 万人次，贡献率约为 49%；PC 端观看量 2412 万人次，占比 16%；APP 应用安卓端观看量 2878 万人次，占比 19%；APP 应用 iOS 端观看量 612 万人次，占比 4%；小程序端观看量 1732 万人次，占比 12%。

近三年来，国家公共文化云的数据增长情况如图 3、图 4 所示。

近三年来，国家公共文化云直播观众人数持续增长，增长比对情况如图 5 所示。

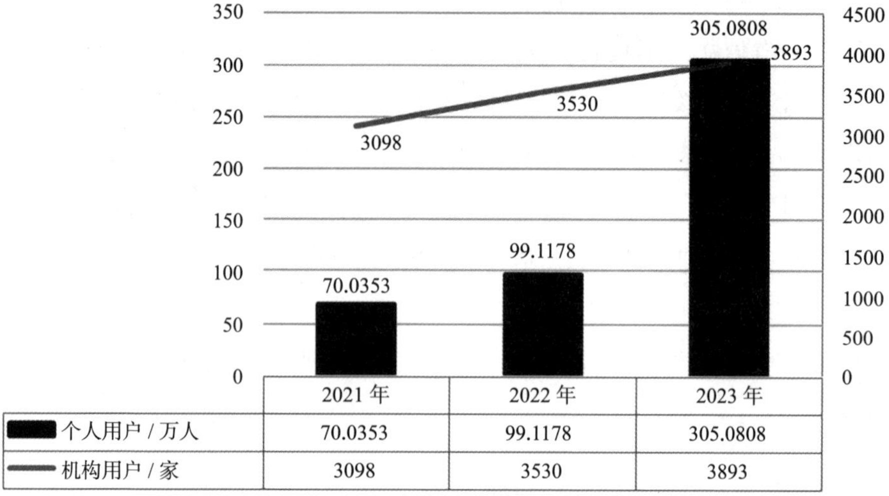

图 3　近三年国家公共文化云用户增长趋势

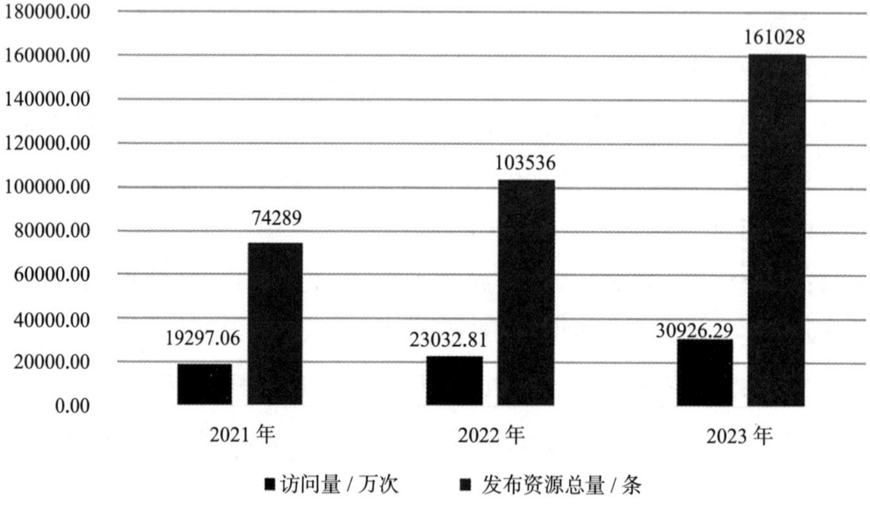

图 4　近三年国家公共文化云访问量和发布资源总量情况

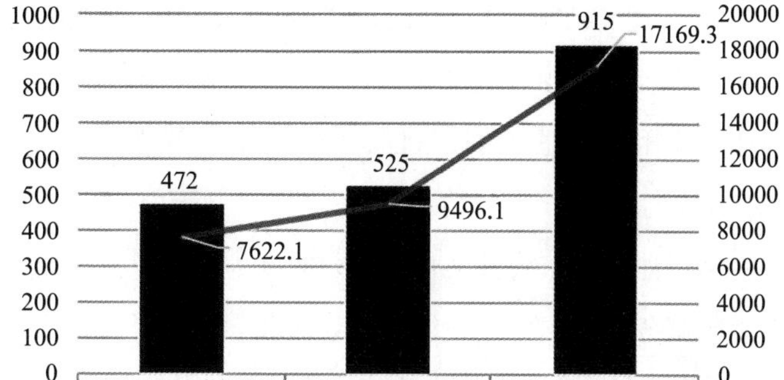

	2021 年	2022 年	2023 年
年度直播场次 / 场	472	525	915
年度直播访问量 / 万次	7622.1	9496.1	17169.3

图 5　近三年国家公共文化云直播数据情况

（三）国家公共文化云技术体系

自 2021 年起，文化和旅游部全国公共文化发展中心（以下简称“发展中心”）在保障平台安全性的基础上，对国家公共文化云的技术架构进行了深入的优化与升级，增强国家公共文化云平台的整体稳定性，致力于打造一个更为安全、稳固和高效的全民艺术普及公共服务总平台。国家公共文化云平台技术架构如图 6 所示。

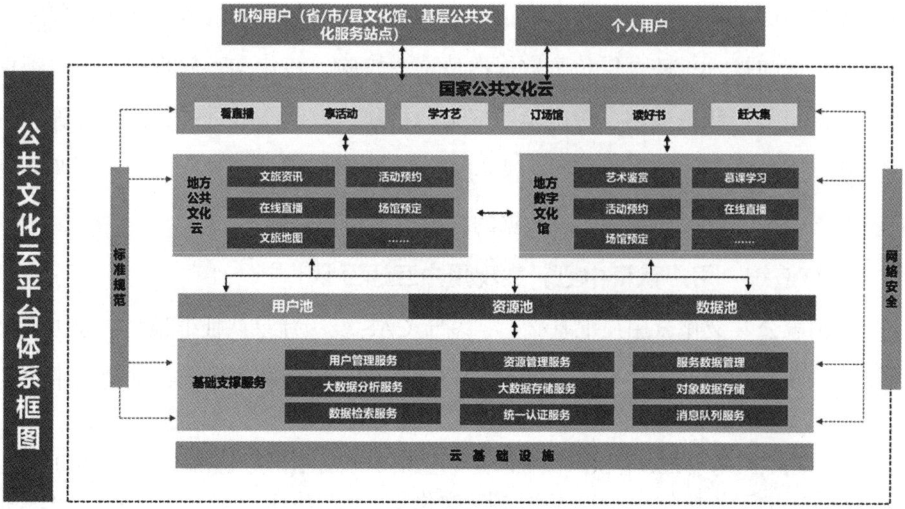

图 6　国家公共文化云平台技术架构

1. 构建“三大池”，打造国家公共文化云技术底座

2022 年，国家公共文化云打造了用户池、资源池、数据池三大池为主的技术底座，为用户管理与对接认证、资源分级分类管理、服务数据的分级管理提供基础技术支撑。

用户池以国家公共文化云用户数据为基础，提供用户管理、权限管理、角色管理等服务功能，并建设统一登录认证中心，对外提供统一用户登录认证与授权 API、数据存储等服务。允许多个应用系统使用统一的登录与认证，用户在访问多个系统平台时，只需要登录一次，就可以免登录访问其他实现了统一认证服务的应用系统。

资源池主要实现国家公共文化云和地方公共文化云的数字文化资源的分级分类管理和高效存储。资源池系统设计主要分为终端设备层、资源消费层、应用层、基础业务层、基础服务层、基础数据库层、基础环境层①，通过分层设计，支持各个公共文化机构实现本地资源的对外共享和外部资源的高效获取。

数据池是基于大数据平台建设标准构建的国家公共文化云的服务数据底座。重点对国家公共文化云及地方公共文化云平台的各类数据源进行数据整合、数据清洗、数据存储和数据挖掘等，推动不同层级、不同地域公共文化机构之间的数据共建共享②。数据池由源数据层、获取层、整合层、分析层、服务层、业务层构成。源数据层是不同数据的来源通道；获取层负责对接不同的数据来源，并完成数据的集成与接入；整合层负责数据的清洗、校验、转化和存储管理、资源管理等；分析层负责数据模型、深度学习框架的搭建以及围绕数据进行并行计算、流式处理、图计算等；服务层提供搜索与查询、数据分析、可视化服务等；业务层负责基于数据的业务应用，实现数据的智能落地与服务输出。

2. 打造统一用户认证中心，实现用户互通互认

在国家公共文化云用户池基础上，基于 CAS 统一登录认证框架，搭建国家公共文化云统一用户认证中心。打通地方公共文化云平台和国家公共文化云平台的

---

① 糜德吉.基于ESB的SOA架构研究与应用[D].南京：南京航空航天大学，2019.

② 白雪华.依托公共文化云落实国家文化数字化战略[J].中国图书馆学报，2022，48（4）：10-14.

用户接口，实现用户统一登录认证与一键跳转，提升用户服务体验。

2023 年，公共文化云用户统一认证工作取得显著进展，江苏、浙江、云南、重庆、上海、辽宁等省级公共文化云平台已经实现与国家公共文化云平台的用户统一认证。通过用户互通互认和运营推广，2023 年国家公共文化云用户数实现了 192.2 万人的增长。

3. 引入实时剪辑等技术，提升资源加工生产能力

在资源生产方面，为提升直播回看时效性，引入音视频实时剪辑技术，实现了直播节目边播边剪，可快速生成直播精彩花絮，及时生成直播回看，提高直播节目时效性，增加直录播内容丰富性。

在资源标签加工方面，针对不同资源类型采用不同的提取技术，实现资源标签的自动化提取，大幅度提升资源标签丰富程度和加工效率。针对视频类资源，应用公有云智能视觉 API（应用程序编程接口），对视频文件进行关键帧抽取与识别，结合模型算法进行标签提取；针对音频类资源，采用自动 ASR（语音识别）和 NLP（自然语义处理）技术进行音频标签提取；针对文本类资讯资源，采用 NLP 技术进行标签提取；针对图片类资源，基于 OCR（光学字符识别）对图片资源关键信息进行识别和提取。

在资源检索方面，国家公共文化云资源池采用 Elasticsearch 全文检索技术对资源库检索进行优化升级。通过对资源名称、内容信息等多维度字段进行分词检索，提升资源数据的检索速度和准确度。

在资源内容安全性方面，引入内容自动化机审技术，紧跟实时舆情，杜绝非健康内容，有效防范和提升内容安全。在资源文件保护方面，采用 Referer 防盗链技术实现对全域资源的防盗链保护。在音视频资源点播场景，采用实时加密切片和分片播放技术实现音视频文件的防下载和防拖拽下载功能。

在个人用户上传资源版权保护方面，引入区块链确权技术对个人用户上传的资源生成电子数据确认证书，用于保护个人用户作品的版权。区块链技术以去中心、难篡改、可溯源、开放透明的优点，有助于实现高效、可信的数字内容版权登记确权存证机制，从而增强对个人用户上传资源的版权保护。

4. 丰富用户画像，提升用户服务精准性

通过丰富国家公共文化云平台前端页面的数据埋点，对用户行为数据进行多方位采集，并对用户行为进行分析，从而不断丰富用户画像描述。同时，结合资源池实现对数字资源的标签管理，结合用户池实现对注册用户的标签管理，打造国家公共文化云资源标签体系和用户标签体系。基于数据池中记录的用户行为数据，通过自研算法配合植入的第三方推荐算法，对资源标签、用户静态和动态行为进行复合计算，针对不同用户推荐符合用户个性化需求的资源和活动内容，实现"千人千面"的服务效果，提升国家公共文化云对用户服务的精准性，增强用户黏性。

二、强化互联互通与因地制宜，实现地方公共文化云特色发展

在国家公共文化云带动下，依托中央财政支持的公共文化云建设项目，在"十三五"数字文化馆建设基础上，各地纷纷结合各自的区域特色，基于国家公共文化云六大核心功能建设了"6+X"的地方公共文化云平台或数字文化馆平台，并发展成为公共文化云集群的重要组成部分。省级、市级公共文化云积极发挥窗口和集成汇聚作用，加强本地资源整合，为国家公共文化云平台贡献了相当丰富的文化活动、直录播等内容资源。此外，各地也探索利用新兴技术，加强文化馆（站）个性化发展，形成了一批特色鲜明的数字化服务品牌。

（一）地方公共文化云总体发展情况

地方公共文化云平台以国家公共文化云为枢纽实现互联互通。依托公共文化云建设项目，各地不断提升本地公共文化云建设与服务水平，公共数字文化服务成效显著。截至2022年4月，全国各省、自治区、直辖市和新疆生产建设兵团均已开通省级公共文化云或数字文化馆平台，并与国家公共文化云平台实现联通[①]；共有182个地方公共文化云平台与国家公共文化云平台开展对接，其中省级平台

① 李阳.公共文化服务和旅游公共服务智慧平台融合发展路径研究[J].图书馆学研究，2022(5):26-34.

56 个，包含省级文化馆平台 35 个、省级图书馆平台 12 个、省级厅（局）单位平台 7 个、其他单位平台 2 个；共对接资源 399 万余条[①]。

文化服务内容不断丰富。据不完全统计，通过 2021 年和 2022 年公共文化云项目建设，全国已累计开展全民艺术普及相关直录播 1181 场，开展区域性、地方性活动 140 场，举办学才艺培训 442.5 场，采集 25.2 万条场馆及其活动信息，开展区域性及地方性“文采会”活动 64 场，原创定制、优化加工微视频、慕课、动画等资源 5368 小时，2021 和 2022 年全国各省公共数字文化服务人次分别达 12.65 亿和 15.63 亿[②]。

平台服务功能逐步形成统一框架。在立足本地特色的基础上，各地公共文化云平台对照国家公共文化云的六个核心板块，逐步形成既相对统一又各具特色的服务功能体系。目前地方公共文化云平台的服务功能主要包括六大类：信息发布（公共通知、政策法律、文化动态、志愿服务信息等）、文化资源（文化艺术培训资源、视听影音资源、非遗资源、数字图书馆资源、在线直播、在线培训 / 慕课等）、场馆导览（设施地图、机构链接等）、活动预约（活动报名、场地预约、互动交流等）、文化消费（文化超市、优惠购票、文创产品等）、旅游服务（旅游景点推荐、旅游线路规划等）[③]。省级公共文化云平台不断加强对本省公共文化服务资源的全面整合，包括对线上数字资源的整合、线下实体资源的信息整合、服务需求的整合和社会文化资源的整合等。各市县级文化云平台则立足于本地特色文化，配合文化和旅游公共服务事业发展，在平台上开设地方特色文化服务活动板块，充分体现特色性、时代性和惠民性。

服务渠道日益多元化。在服务渠道方面，多个省级公共文化云平台都拥有 PC 端、APP、微信公众号和微信小程序等多种信息发布渠道，以更加多元化的方式为公众服务，提升公众使用便捷性。一些地市级的公共文化云平台对公共文化

---

① 罗云川.从数字化走向网络化与智能化,寓普及性于交互性与独特性——“十四五”文化馆数字化建设与服务的若干思考[J].中国文化馆,2021(1):12-19.

② 白雪华.依托国家公共文化云推进全民艺术普及高质量发展[N].中国文化报,2023-01-18(2).

③ 李阳.公共文化服务和旅游公共服务智慧平台融合发展路径研究[J].图书馆学研究,2022(5):26-34.

服务机构分散的、相对独立的数字对象进行类聚、融合和重组，以方便公众通过“一站式”平台，更加方便快捷地获取文化和信息服务[①]。

（二）部分地区公共文化云实践做法

1.“浙里文化圈”一站式服务，推动高品质文化内容“触手可及”

2022 年 10 月，为实现浙江省文化资源、文化服务、文化信息一体化建设、一体化部署，“品质文化惠享 · 浙里文化圈”应用上线。“浙里文化圈”设计了“1+4+3+N”的整体架构，以“平台 + 大脑”为支撑，全面梳理公共文化领域的线上、线下文化资源，设计整体架构、梳理业务逻辑、深化数据共享、推进业务协同，打造面向领导的决策屏（数字驾驶舱）、面向管理人员的业务端（“浙政钉”手机客户端及小程序）、面向群众的服务端（“浙里办”手机客户端及小程序）“一屏两端”，构建“看书、观展、演出、艺培、文脉、雅集、知礼”等服务场景。“浙里文化圈”形成了分布存储、分级管理的全省一体化公共文化资源库，对公共文化空间、文化活动、展览、阅读、数字资源等数据资源进行分类入库，面向各类应用需求，提供文化业务数据服务，进行统一呈现和可视化管理。

截至 2023 年 10 月底，“浙里文化圈”已整合文化设施（空间）9.18 万个，平均每个文化圈拥有设施 8.5 个；拥有文化骨干近 4.7 万人；开展文化活动 100 多万场次；入库图书资源近 400 万册；慕课视频资源 2 万多个。它能根据用户所在位置，以用户为中心覆盖周围三公里，15 分钟内为用户提供文化服务。它以用户视角整合全省文化设施、文化空间、文化活动，深受用户喜欢，用户数据实现了快速增长。

2. 江苏公共文化云以便民惠民为宗旨，形成文化馆（站）公共数字文化服务一体化

江苏公共文化云是 2016 年发展中心确定的第二批全国数字文化馆建设试点项目。截至 2023 年底，江苏公共文化云共有 540 余万微信关注用户和 360 余万注册用户，全省 13 个设区市、95 个县（市、区）文化馆及 1300 余个乡镇（街道）

① 马晓磊. 重庆市公共数字文化服务平台建设问题及对策研究[D]. 重庆：西南大学，2018.

综合文化站、2300 多个村综合文化中心入驻，发布活动 15 万余场，发布资源 6 万余个，开展直播 4100 余场，累计服务人次超 10 亿。江苏公共文化云平台已成为江苏全省文化馆（站）公共文化数字化服务的主平台、主阵地。

江苏公共文化云在联动百馆千站的基础上，对各类文化资源进行整合、优化和呈现，实现资源共享。同时，江苏公共文化云与多平台开展数据互联互通，率先与国家公共文化云实现全量数据对接，并与“苏服办”“我苏网”“苏心游”等平台对接，将全省文化馆（站）的活动及资源在多个平台实时呈现。为提高服务效能，江苏公共文化云通过收集和分析用户的行为数据，了解用户文化需求和兴趣偏好，形成用户画像，为用户提供更加精准的文化内容和服务，逐步实现公共文化服务的“所需即所得”。

3. 重庆群众文化云打造立体化宣传矩阵，公共文化服务不打烊

重庆群众文化云通过自建慕课、统筹区县文化馆合作共建普及课程等方式，创建重庆艺术普及师资库以不断满足广大群众的需求。开发个性化功能板块，如音乐天地、艺创空间等，不断吸引群众自发参与，激发群众创作热情。深度挖掘重庆区县优秀特色资源，购买第三方公司优质视频资源，通过专业人员将资源整合成完整的课程体系。

重庆群众文化云以“互联网 + 文化馆”为抓手，通过国家、省区市、区县联动的方式，充分运用网络直播和短视频等新媒体手段，推动文化馆服务模式创新转型。结合新媒体宣传项目，整合活动展览，进行多维度的宣传推广，2023 年在人民网、中新网、国际在线等媒体上共发布 370 余条新闻报道。通过国家公共文化云、重庆群众文化云以及 24 个省市文化馆数字服务平台全程网络直播联动，2023 年完成直录播场次达 255 场，其中，本地直录播 80 场，联动为其他省市推流直录播 175 场，网络观看人数总计达 10387 万人次。

依托公共数字文化服务网络体系，重庆群众文化云对接群众文化需求，深入开展线上线下相结合的互动式、订单式、菜单式、预约式服务。截至 2023 年底，平台文化志愿者总数 3.4 万余人、文化志愿者团队 2322 个，完成文化配送 11.0 万次，惠及群众 2968 万人次。平台“享活动”“看直播”“订场馆”“学才艺”等 24 个板块完成功能升级上线运行。截至 2023 年底，重庆群众文化云累计访问量 3.2

亿次，用户数 120.1 万，提供文化资讯 3.9 万条，活动预约 17.2 万人次，培训报名 25.5 万人次，场馆预约 59.0 万人次。

4. 云南公共文化云打造“出发趣云南”文旅元宇宙品牌，持续提升影响力

云南公共文化云持续挖掘网络语态下的新群众文化，视听形态里的新公共服务。强有力的视听语言、广博高效的网络语态、贴近群众的创新服务供给等深受年轻人的喜欢。2023 年，云南公共文化云平台总浏览量 3123.89 万次，同比增长 20.67%；文化资讯、视频资源、在线展览图片等资源数量持续增加；志愿者招募 165 场，文化活动 3027 场，文化直播 611 场；截至 2023 年末，累计注册用户数 54.37 万人，同比增长 142.72%；累计入驻机构 3134 家，同比增长 150.72%。在全国率先推出“基层公共文化服务业务绩效管理系统”，该项目是《云南省推进乡村建设行动实施方案》中文旅领域唯一重点项目。

推出全国首个面向用户开源的文旅元宇宙平台——“出发趣云南”文旅元宇宙。原创公共数字网络视听栏目《出发趣云南》，全年主流新媒体平台播放量超 6000 万次，新媒体栏目全网触达数量超 1.8 亿次。云南公共文化云获各类国际和国家赛事奖项及推优共计 20 项，省级推优、表彰 4 项。全省 15 场“村晚”活动入选全国“四季村晚”示范展示点，以全省主要民族节庆 IP 为内容举办的“村晚”活动近 30 场，其中入选国家公共文化云直播 10 场，线下参与人数近 50 万人次，线上直播观看人数近 500 万人次。

三、以智慧化为引领，积极探索基层公共文化服务新场景、新形态

为增强公共文化服务实效性，各地积极应用新型适用信息技术，推动数字化新场景在公共文化领域加速落地，线上线下沉浸式体验场景、智慧服务、供给配送等各种类型的应用不断涌现。

（一）新型公共文化驿站建设

为贯彻落实《“十四五”公共文化服务体系建设规划》以及《关于推动公共文化服务高质量发展的意见》中关于“拓展公共文化服务智慧应用场景”“探索

发展数字文化大众化实体体验空间”的有关要求[①②]，2023年下半年以来，发展中心联合清华大学、华为、联通、超星等高校和企业，探索应用最新信息技术手段和装备，打造以数字化为主要手段、以自助式文旅资源服务为基本形态、以24小时无人值守为突出特征的新型公共文化驿站。公共文化驿站依托国家公共文化云及地方文化云的各类数字资源，以灵活的配置方式、智能化控制管理系统、新颖互动的科技手段，将丰富的文化艺术资源和公共文化服务体验引入社区、城镇、乡村、景区等场所，实现公共文化资源和服务在基层的普及和创新应用，助力公共文化服务均等化目标的实现，提升人民群众文化获得感、幸福感。文化驿站包括嵌入式公共文化驿站和移动式公共文化驿站两种形态。

1. 嵌入式公共文化驿站

2023 年 9 月，通过对原有文化空间进行数字化改造，北京市大兴区黄村镇三间房村公共文化驿站示范点初步建成并开始试运行，且于 2024 年 2 月 2 日正式揭牌开放。该公共文化驿站作为嵌入式文化驿站示范点，结合当地居民的文化需要，主要配置了数字古琴台、智慧钢琴、舞蹈体验室、数字书法台、有声书、数字文化艺术远程协作等模块，并通过沉浸式空间搭建，让当地居民能够直观享受到全民艺术普及服务。驿站试运行以来，发展中心持续与各家机构进行沟通，并多次前往三间房村实地调研，向当地村民了解需求和建议，根据村民需求增设了健身、阅读等相关设备，完善了驿站服务功能，受到当地群众的欢迎。

2. 移动式公共文化驿站

2024 年 3 月，移动式公共文化驿站的首家样板间在中央文化和旅游管理干部学院落地。根据中央文化和旅游管理干部学院的实际需要，主要配置了智慧钢琴体验（教学）空间，唱吧，舞蹈体验空间，数字绘画、书法体验空间，听书机，智能书柜，机房，旅游资讯推送区，公共文化云重点资源推送区，健康个人体测区，声音体验空间，沉浸体验空间，智能售卖机等功能区。该驿站采取模块化组

---

① 《中华人民共和国文化和旅游部2022年文化和旅游发展统计公报》发布[J].国家图书馆学刊,2023(4):14.

② 罗云川.从数字化走向网络化与智能化,寓普及性于交互性与独特性——“十四五”文化馆数字化建设与服务的若干思考[J].中国文化馆,2021(1):12-19.

装模式，在模块研发阶段就考虑将各个区的数字终端进行内嵌，后期模块组装的同时，数字终端也能完成安装，不仅大大节省建造成本，还缩短了建设周期。设立独立机房，将所有硬件、软件以及内容推送通过智能化管理系统进行管理，并通过监控系统监控人流量、设备运行情况以及数字内容推送和服务情况等。驿站的开放引起了广泛关注，在增强社区互动以及提升文化艺术普及等方面取得了显著的效果。

根据各地实际应用需求的不同，“公共文化驿站”可以通过调整功能配置，实现不同特色的功能分区。通过网络设备和系统集成将各个硬件集成在一起，成为一个物联网设备集群，同时通过智能摄像头对驿站的所有区域进行监控覆盖，实现智能安防和客流统计、游客兴趣分析、游客互动分析等运行数据的监测，为内容管理和推送提供支撑。图 7 为 108 平方米移动式公共文化驿站功能布局图。

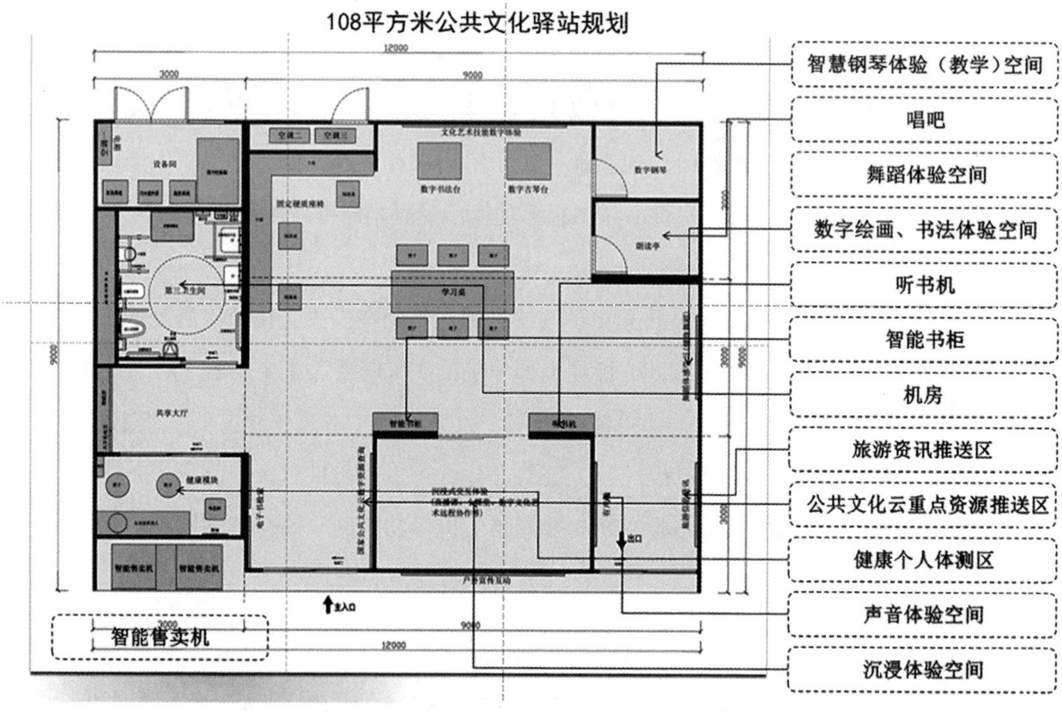

图 7　108 平方米移动式公共文化驿站功能布局图

（二）部分地区创新实践做法

1. 上海市市民艺术夜校数字化应用

上海数字文化馆平台于2019年3月正式启动建设，2020年1月正式投入运行，截至2023年末累计注册用户49.7万人。平台充分利用互联网技术，紧密结合文化馆线下群众文化活动，打造全开放文化馆体验空间。通过建立公共数字文化资源库群，形成全市“1+16”文化馆数字化管理体系。在平台建设过程中，根据市民实际使用体验及需求，重点打造公共数字文化资源库的“有声视界”板块及“市民艺术夜校数字化应用服务”板块。“有声视界”板块汇集全市各类视频、音频、展览、资讯等优质数字文化资源，围绕“社会大美育”计划，充分发挥全市各文化馆、博物馆、美术馆、剧场等场馆的专业艺术资源优势，合作开展各类线上艺术课程、微纪录片、AR全景展览制作，并通过该板块发布。同时，根据内容特点、受众人群及各视频平台特性，在上海市群众艺术馆视频号、抖音、B站、小红书等官方账号分门别类发布相应数字资源，共同加强宣传效益。

覆盖全市的“市民艺术夜校”作为上海市文化和旅游局成立以来的首个上海市为民办实事项目，旨在提升市民艺术修养和人文素养，提高大众审美能力。为了更好地为广大市民提供在线服务，上海数字文化馆“市民艺术夜校数字化应用服务”板块提供了一站式的全面数字化支持。该板块通过对学校、机构、讲师、区域及项目等基础服务资源细致地管理与整合，实现了与核心工作流程的无缝对接，覆盖课程规划、班级组织、在线报名、订单处理、教学过程监管、参与者互动以及全面的数据分析与报告功能，为全市夜校开展提供了全周期的数字化支持。

此外，为保障上海数字文化馆信息的安全性及稳定性，平台采用全面的信息安全措施，并做好相应等保工作，确保了服务与数据的安全性和可靠性。同时，平台基于大数据技术构建混合型数据库架构，并综合运用微服务等多样化技术策略，能够在处理超高并发请求时，保持毫秒级的快速业务响应能力。这一能力更好地支持了“秒杀预约”这种独特的公共文化资源分配方式。

2. 湖南省智慧场馆

湖南省文化馆打造了“智慧文化馆”系统，运用云计算、3D 数字地图等现代信息技术，打造集大数据采集分析、人流监控、车辆管理、安全管控、设备管理、辅助演出、智慧展览、氛围营造等系统于一体的智慧场馆系统。综合运用云计算、物联网、大数据、3D 建模、室内智能导航定位等技术，精准把握群众需求，优化文化服务内容；运用 3D 数字地图技术，对场馆的各个楼层进行空间建模，在馆内公共开放区域安装智慧门牌，与线上预约平台对接，形成线上预约、线下核销服务模式，实现群众有序参馆，让场馆服务更精准、高质；通过辅助演出系统，演职人员能实时掌握演出动态；通过智慧展览系统实现了用户“深度看展”“沉浸式观展”；通过数字技术营造文化馆艺术氛围，让群众对文化馆 IP 定位更精准。

除了文化活动主体外，湖南省文化馆还将车辆管理、文化设施监控与控制等周边服务纳入设计范围，形成综合、立体的智慧场馆。通过“线上 + 线下”“在线 + 在场”相结合的模式，对场馆活动进行智慧化运营，有效缓解场馆工作人员的压力，提升文化馆服务水平。智慧化运营让人民群众参与更便捷、文化馆服务更精准、文化设施管理更科学，实现了文化馆智能化、体系化、标准化、流程化、精细化管理，提升了湖南省文化馆服务效能、服务水平，提升群众文化参与感、体验感、幸福感。

3. 广州越秀区元宇宙街区

2022 年 6 月，广州市越秀区依托北京路作为广州两千多年不变的城市发展原点，对该区域骑楼建筑进行活化利用，并以此为原型首创元宇宙非遗街区，打造线上线下融合驱动的创新应用。广州元宇宙非遗街区深度融合 UE4 三维建模、云渲染、数字人、5G、VR 互动等技术，高度还原北京路骑楼景观，对广彩、广绣、榄雕等非遗代表作品进行 3D 超高清新数字建模，线下推出 VR 眼镜、“联通 5G+北斗”无人零售车等多种交互体验。融合民俗文化活动打造广府庙会元宇宙，结合 AR 技术以城市穿梭、解密寻宝等打造沉浸式、轻剧本游，累计访问 200 万人次；同时整合社会力量，为参与者共派发过万份合计价值超过 50 万元的新春礼品，在新浪微博、抖音等平台参与该话题讨论的用户累计超过 3.4 亿人次。越秀区创新打造公共数字文化服务“元宇宙”，整合了多种数字科技与新媒体形式，破解了新形势下公共文化参与的时空限制，拓展了数字文化服务应用场景，为公共数字文化服务的创新实践提供了探索方向。

四、加强科研和标准化工作，推动行业科研能力与标准化水平持续提升

（一）依托科研项目推动文化馆（站）发展创新

通过结合国家级、部级科研项目研究，积极引导相关文化馆参与相关科研项目，为其提升行业创新素养和服务能力打下工作基础。

1. 国家级科研项目引领行业奠定创新基础

由发展中心会同中国艺术科技研究所、中国科学院自动化所、国家图书馆、西安工程大学等单位共同承担的国家重点研发计划项目“公共文化资源智能共建共享与管理平台关键技术研究”，经过 3 年多的研究攻关，于 2023 年 9 月通过科技部组织的验收，并取得 84 分的较好成绩。整个项目形成了 9 项关键技术、4 个系统、5 项标准规范、5 项授权发明专利、17 项软件著作权、6 部专著、8 个应用示范点，为公共文化资源的智能化建设与服务提供了丰富的技术储备与实验样本。

项目组提出了多元主体共建共享智能服务的公共文化全生命周期的服务新模式。多元主体参与资源建设，引入区块链技术解决了版权问题，个人用户也能成为共享资源提供者。以智能标签与版权管理为要素实现公共文化资源全生命周期管理。基于语义分析和多价值维度模型的智能推荐为用户提供更加有针对性的服务内容。平台通过对资源和机构进行效能评估与激励优化，不断提升公共文化服务水平。

为了解决公共数字文化服务中资源采集交换缺少统一标准的问题，项目组制定了 3 项标准，并具体应用到国家公共文化云和 200 多个地方公共文化云的总计 1530TB 数据资源的对接中。同时，将语义分析、智能精准推荐等关键技术引入国家公共文化云平台，实现公共文化资源的共建共享和精准推送，提高了平台的

智能化服务能力。

2. 部级科研项目带动行业提升大数据分析能力

“文化大数据采集、分析和应用研究”课题是文化和旅游部 2021 年度国家文化和旅游科技创新工程项目，主要探讨大数据分析在文化馆管理与服务工作中的应用场景。通过统计分析、聚类分析等方法对全国文化馆数据进行分析与挖掘，揭示全国文化馆业务活动的发展现状与最新动态①。发展中心和江苏省文化馆、四川省文化馆、浙江省群众文化学会三家文化单位开展合作研究，完成了 28 个文化馆累计 180 万条数据的文化馆大数据采集分析工作，形成了《2022—2023 年度全国文化馆大数据分析报告》。

（二）依托标准建设提高文化馆行业标准化水平

发展中心通过牵头或参与国家标准、文化和旅游行业标准以及团体标准的研制工作，积极引导相关文化馆实施，提高文化馆行业的标准化、科学化发展水平。

截至 2023 年底，《数字文化馆资源与技术基本要求》这一国家推荐标准已完成研制、修订及送审工作，等待国家标准化管理委员会的正式发布。该标准针对当前各地数字文化馆建设缺少资源和技术规范的问题，对数字文化馆数字资源建设、分类及版权，技术平台建设与运行保障，数据采集、分析和应用等内容提出基本要求，为全国各级文化馆的数字化建设和服务提供基本遵循②。

同时，发展中心联合各文化馆和科研院所共同申报的三项文化和旅游行业标准《文化馆服务数据采集要求》《公共文化云平台资源共享操作导则》《文化馆数字资源标签和用户标签通用要求》的研制工作深入推进，进入征求意见阶段。这三项标准在数据的规范采集和加工、平台资源共享等方面作出要求，以提升文化馆数字资源面向服务的针对性和有效性。下一步拟将标准在部分文化馆中进行落

---

① 白雪华.依托公共文化云落实国家文化数字化战略[J].中国图书馆学报,2022(4):10-14.

② 陈移兵.《数字文化馆资源与技术基本要求》列入国家标准计划[N].中国文化报,2019-04-19(2).

地应用。

此外，发展中心参与国家文化大数据体系团体标准《新时代文明实践中心建设标准》和《基于区块链的文化数字内容跨域共享技术要求》的编制工作，2023年这两项标准已顺利完成并正式发布。

（三）发布公共数字文化课题提升公共文化服务水平

为了推动行业服务水平，从2021年起，基层公共数字文化研究院和公共文化服务大数据应用文化和旅游部重点实验室（以下简称“大数据重点实验室”），持续开展公共数字文化服务课题研究项目的申报、评审和结项工作（见表1）。

表1　2021、2022、2024年度公共数字文化服务课题研究项目

年度	立项情况	研究方向	优秀课题
2021年度	重点项目1个 一般项目5个 自筹项目4个	国家公共文化云与地方云对接优化研究	辽宁省文化艺术研究院《国家公共文化云、地方云对接优化研究》
		公共文化云平台提升基层公共文化服务效能应用场景研究	安徽省文化馆《公共文化云平台提升基层公共文化服务效能研究》 浙江省文化馆《浙江全民艺术普及在线上平台与线下空间融合的基层应用场景实践》
		公共文化云平台统计指标及服务数据提升研究	中国文化管理协会《公共文化云平台统计指标及服务数据提升研究》
		基于区块链的基层公共数字文化资源版权管理研究	无
2022年度	重点项目4个 一般项目4个 自筹项目9个	推进文化馆在国家文化数字化战略中的作用发挥研究	北京师范大学《文化馆在国家文化数字化战略中的作用发挥研究》
		数字技术赋能乡村振兴	无
		新技术赋能基层文化服务应用研究	联通沃悦读科技文化有限公司《5G消息公共文化云助力城乡公共文化服务体系一体化发展》 西安工程大学《新技术赋能基层文化服务应用研究》 云南省图书馆《云南省民族文化知识图谱的构建与基层服务应用研究》

续表

年度	立项情况	研究方向	优秀课题
2022年度	重点项目4个 一般项目4个 自筹项目9个	基层数字文化服务在新媒体平台的联动研究	南京大学《我国基层公共数字文化服务在新媒体平台的联动研究》 湖北省群众艺术馆（湖北省非物质文化遗产保护中心）《打造群众文化多终端传播共享生态圈——文化馆服务新媒体传播矩阵建设策略研究》
		依托国家文化大数据体系的基层公共文化机构实体体验空间建设和服务场景研究	清华大学《依托国家文化大数据体系的基层公共文化机构实体体验空间建设和服务场景研究》
2024年度	重点项目3个 一般项目5个 自筹项目13个	新技术在公共数字文化服务中的转化应用研究	
		助力数字文化馆提档升级研究	
		公共数字文化服务应用场景研究	
		新技术赋能乡村、边疆等地区公共文化服务研究	

开放课题得到了全国各高校、科研院所的热烈响应，申报项目数量连年增加。此外，基层公共数字文化研究院和大数据重点实验室针对开放课题设立了专家指导机制，为每个课题分配指导专家以提供有关指导和帮助。已验收课题的研究成果内容翔实、创新性强，具有较强的理论意义和使用价值，对于推动行业数字化服务水平不断提升有重要价值。

（四）创意活动激发公共文化新活力

在中国文化馆协会理事会领导下，数字文化委员会（以下简称“专委会”）于2021年成立，专委会深入扎根数字文化发展，在数字文化理论研究、承办论坛开展交流研讨、搭建最美空间展示平台等方面开展了多项工作。2022年，专委会创新性推出了利用数字化拓展城乡公共文化空间的活动，并在2022年全国文采会中打造“最受欢迎公共文化空间”并进行互动展示。来自19个省（自治区、直辖市）和新疆生产建设兵团百余个极富内涵的公共文化空间报名参选，这些空间广泛分布于城市和乡村之中。此次展示，还通过视频、AR 全景等方式，全方位向观众展示空间的特点。在为期一周的线上互动活动，共有 106 万人次参与及点赞，最终确定 50 个“最受欢迎公共文化空间”。该项活动的成功举办，进一步彰显数字文化发展的成果，也让更多偏远地区通过此类活动，持续释放文化建设潜力。2023 年，专委会参与承办了于内蒙古包头市举办的中国文化馆年会，组织了“新技术 新空间 新体验——构建新时代文化馆数字化应用场景”分论坛。会上邀请部分文化馆代表就数字化应用场景案例进行分享，现场展示数字创意产品，给参会人员带来沉浸式体验。

五、未来展望

数字文化馆建设是公共文化服务数字化的重要工作内容，是新时代提升公共文化服务水平的重要阵地。数字文化馆建设一方面要求不断应用新技术以完善公共文化服务的技术支撑体系，推动公共文化服务的网络化、智能化、均等化；另一方面还要求持续关注公众在新时代对公共文化服务需求的变化，打造具有吸引力、受欢迎的数字文化服务新模式和新场景。在新时代背景下，如何不断提升文化馆的智能化服务水平，如何依托互联网优势开展线上线下融合的创新服务，以及如何打造新型文化互动体验空间等新场景新业态，成为未来数字文化馆建设的工作重心。未来工作将呈现以下三方面趋势。

（一）以前沿数智技术应用为引领，抓住大模型发展新契机，着力提升数字公共文化服务智能化水平

顺应以大模型为代表的生成式人工智能发展浪潮，进一步加强数据挖掘和智能交互技术在公共文化服务领域和在文化馆（站）的应用研究势在必行。各地文化馆在开展数字文化馆建设的过程中，应在以下方面发力：一是通过智能算法应用，构建全国公共数字文化资源精准推荐系统，实现文化资源深度挖掘、资源分配优化、个性化推荐、提升用户体验、促进社区互动等功能。基于用户兴趣模型

和文化资源的语义信息，实现个性化的文化活动推荐，让每个用户能够找到最符合自己兴趣和需求的文化体验，满足人们多样化的文化需求，提升文化服务效能。二是通过分析用户参与情况、活动热度等数据，为基层文化管理部门提供决策支持，实现文化资源的精准分配和活动策划。三是通过文字生成视频技术，提高用户对文化活动的理解和接受度，增强用户的参与感和满意度。四是通过文本交互技术，建立用户互动平台，鼓励用户分享活动、参与体验，增强用户之间的互动与交流，提升社区凝聚力。五是通过语义分析和数据挖掘技术，发现文化资源之间的关联规律，挖掘用户潜在的兴趣和偏好，推动文化资源服务的创新和发展。借助智能算法，推动数字文化资源的应用和传播。

（二）以多维技术融合为手段，突破单一技术方案的局限性，着力打造智慧场馆

未来智慧场馆的打造并非单一技术方案能够支撑，需要融合多维度的最新技术，通过技术融合强优势、补短板，提升用户的体验感与交互性。借助环境和人群监测及传感设备，感知用户在接受公共文化服务过程中的行为特征和关注热点，智能识别用户位置、姿态、手势、语音等；配合多媒体、虚拟现实等方式在实体馆内搭建智能化的数字体验空间，在推动线上线下文化资源融合传播、展示、教育等功能实现的同时，提升用户在实体文化空间的体验感。虚拟现实技术为高逼真、互动式、沉浸式、体验式文旅体验活动奠定了良好的技术基础；同时公众对沉浸感的需求也促使公共文化空间不断革新，深刻改变了公共文化服务的理念、载体、技术与方法①。文化场馆、旅游景点、特色街区可以通过探索开发虚拟现实数字化体验产品，打造沉浸式文旅空间，打破传统空间的感知界限，赋予了传统文化更为年轻化、时尚化的体验样态，让优秀传统文化和旅游资源借助虚拟现实技术“活起来”；还可以利用虚拟现实技术实现场景漫游，改变传统的观演关系，通过增加感官维度的情感触动，提升用户的代入感和参与感。

---

① 李国新. 掀开构建现代公共文化服务体系新篇章[N]. 中国文化报，2017-10-11（3）.

（三）以典型场景打造为目标，迭代优化新型文化互动空间，不断赋能公共文化服务

基于新型公共文化驿站的现有成果，进一步丰富“24 小时无人值守”情景下的全民艺术普及服务内容，满足不同场景中用户的文化体验需求。依托国家公共文化云及地方文化云的各类数字资源，以灵活的配置方式、智能化控制管理系统、新颖的互动科技手段，将丰富的文化艺术资源和公共文化服务体验引入社区、城镇、乡村、景区等场所。通过模块化组合技术、物联网技术、实时监控技术、数字内容动态推送技术等四类技术，实现公共文化资源和服务在基层的普及和创新应用，助力公共文化服务均等化目标的实现，提升人民群众文化获得感、幸福感。模块化组装技术可以根据用户场地大小、数字内容类型需求、使用特点等，提供不同功能内容的公共文化驿站配置方式。物联网技术可以将公共文化驿站配置的文化内容展示、数字查询、电子互动、数字交互、环境监测、数据监测等功能的电子设备，全部接入物联网控制系统，帮助实现对驿站内各种设备的远程监控、数据采集与分析、智能化管理。数字内容动态推送技术基于网络通信和信息处理技术的信息传递方式，根据用户的需求和行为，将数字内容自动推送到指定的终端设备上，通过自助式交互、设备的动态更新等推动公共文化领域的新质生产力发展，助力基层形成新型服务业态。

文化馆（站）社会化发展新进展（2021—2023年）

张广钦*

“十四五”开局以来，文化馆（站）社会化在“十三五”时期取得成就的基础上持续推进，不断拓展社会化合作范围，完善健全社会化发展要素，推动社会化高质量发展。近三年来（2021—2023年）文化馆（站）社会化发展呈现的主要特点是：政府主体责任更加明晰，各类社会组织全要素、全链条深度参与文化馆事业发展，文化志愿服务专业化纵深持续推进，全国公共文化和旅游产品采购大会规模与影响不断扩大，普惠性非基本公共文化服务优惠收费开始试水，全民艺术普及基金助力社会大美育正式启动。

一、政策演进

社会化作为文化馆（站）全民艺术普及持续深化发展的重要动力，在建设社会主义现代化文化强国的进程中扮演着越来越重要的角色。“十四五”以来出台的文化发展政策均对此有重要表述。

《中华人民共和国国民经济和社会发展第十四个五年规划和2035年远景目标纲要》中指出，创新公共文化服务运行机制，鼓励社会力量参与公共文化服务供给和设施建设运营。这个纲领性文件为后续的公共文化专门性政策指明了方向。

* 张广钦，北京大学信息管理系副教授，北京大学国家现代公共文化研究中心副主任。

中共中央办公厅、国务院办公厅印发的《“十四五”文化发展规划》更加具体地指出，要“深入推进政府购买服务，推动公共文化服务社会化发展、专业化运营”，在公共文化服务社会化方式以及社会化的专业化发展方向上做出更加明确的引导。

文化和旅游部、国家发展改革委、财政部等三部门发布的《关于推动公共文化服务高质量发展的意见》，则从三个方面详细指导了公共文化服务社会化高质量发展的路径，即“加大政府购买公共文化服务力度”“推动社会力量参与公共文化设施运营、活动项目打造、服务资源配送等”“稳妥推动基层文化设施社会化运营”，这一文件更加具体地为公共文化社会化发展指明了范围与发展重点。特别是在解决当前我国基层公共文化设施服务效能不高问题的思路方面，提出了稳妥推进基层文化设施社会化运营的方法，希望通过社会力量来破解基层公共文化发展的难题。

文化和旅游部出台的《“十四五”公共文化服务体系建设规划》，则要求“深入推进政府购买公共文化服务……建立健全承接主体资质评价机制”“创新社会力量参与公共文化服务方式。稳妥推进县以下基层公共文化设施社会化管理运营……鼓励通过服务外包、项目授权、财政补贴等方式，引入符合条件的企业和社会组织进行运行或连锁运行……加强政治导向审核和质量监管”“提升文化志愿服务水平。构建广泛参与、形式多样、机制健全、灵活高效的文化志愿服务体系”。该规划更加详细地从社会化手段以及政府监管责任角度提出新要求。从政府层面说，要大力推动政府采购，并加强政治监督以及质量监管，体现政府的主体责任；从基层设施运营管理角度来看，将实践中实施效果良好的社会化方式及手段提升成为国家政策；从志愿服务角度来看，则致力于在数量、形式、机制、效果上做好文章。

从这几年的政策演进来看，社会化发展被认为是创新公共文化服务运行机制、增强公共文化服务的新动力，这明显提高了对它本质认识的层次。同时，社会化方式得到了扩展，从以前以“捐资助文”为主拓展到政府购买、基层设施运营管理，并从实践中的新问题出发，提出了健全承接主体资质评价机制，加强政治与质量监管的新任务。

政策为文化馆（站）社会化深入发展保驾护航，保障了全国各级文化馆（站）在社会化发展道路上大胆开拓、勇于创新，推动了全民艺术普及工作的高质量发展。

二、主要进展

（一）政府购买文化馆（站）服务制度进一步完善

政府购买推进快速、形式多样，成为我国公共文化服务社会化发展最主要的实现方式。政府购买文化馆（站）服务的内容包括群众文化项目、活动策划与咨询、文化馆（站）管理运营、服务效能评估、服务岗位等，购买资金占政府投入比重稳步提高。2021 年以来，政府购买文化馆服务不断深化与拓展，将政府购买与培育社会力量相结合，探索社会化主体资质评价与退出机制、购买经费测算以及社会化运营全流程管理的新模式。

1. 完善社会化承接主体资质评价与退出机制

北京市东城区、海淀区以及广州市、成都市等都制定了包括文化馆在内的公共文化设施社会化运营承接主体资质条件，落实了《关于推动公共文化服务高质量发展的意见》《“十四五”公共文化服务体系建设规划》中对“符合条件”的企业和社会组织的要求，为遴选合格的承接主体提供了指引。2021 年，北京市东城区出台的《东城区公共文化设施社会化管理运营承接主体资质条件》，从文化安全、团队主要负责人技能水平、团队成员人才构成、文化服务和活动提供能力、场馆运营管理能力、既往业绩等方面，构建起包含“基本条件—专业条件—优先条件”三位一体的承接主体资质要求，为后续街道、社区遴选承接主体提供依据。2023 年，北京市海淀区制定的《海淀区北部文化中心社会化管理运营承接主体“入围—遴选”条件与退出机制》，从入围条件和遴选标准两个维度构建起优质运营主体参与公共文化设施运营的资质要求，制定了开放性与专业性有机统一的社会化运营承接主体入围条件和遴选条件，并将遴选条件进一步划分为专业条件和优选条件。广州市在《广州市公共文化设施社会化运营指导意见》中，要求承接主体应当具备健全的内部治理结构、财务会计和资产管理制度，具有良好的社会和商业信誉，具有依法缴纳税金和社会保险的良好记录，具备提供公共文化服务所必需的人员和专业技术能力等 7 条基本条件。

北京市海淀区建立了社会化运营管理承接主体动态调整和退出机制，将承接主体的退出分为两类情形，即承接主体主动退出或因违反相关规定、服务效能不佳而被动退出。针对这两种情形，北京市海淀区分别制定了相应的退出标准和退出流程。成都市在《关于推进基层公共文化体育设施社会化管理工作的指导意见》中规定，与承接主体签订的合约应明确警告惩戒及退出条款，将意识形态责任制落实不力、发生重大安全生产事故、负面舆情处置不当造成严重影响、绩效考评不达标并经整改不合格等情况列为合同解除条款，并要求承接主体对国有资产的安全完整、维护保养等负有责任与义务。

2. 建立政府购买经费测算机制

科学合理的政府购买经费测算机制是公共文化设施社会化运营管理可持续发展的关键因素。然而，目前公共文化设施社会化运营管理的购买经费测算机制尚不健全，呈现出购买经费测算标准单一、标准较低、不切合实际等问题，阻碍了社会化运营管理的可持续发展。北京市海淀区综合考虑工作人员数量、馆舍面积、服务内容等因素，从“空间—服务—人员—管理”四个维度构建起文化馆和图书馆两馆社会化运营管理的政府购买经费测算机制，形成《海淀区北部文化中心社会化运营管理政府购买经费测算指引》。

3. 探索社会化运营全流程管理模式

2022 年，北京市东城区围绕社会化运营“选—用—管—培”全流程管理闭环的构建及亟待突破的核心问题，不断完善制度框架，丰富制度内容，建立了以《东城区公共文化设施社会化运营全过程管理办法》为统领，以社会化运营招投标技术文件、公共文化设施服务内容标准文件、公共文化设施基本公共文化服务成本测算文件、延伸类公共文化服务管理及优惠收费服务文件、社会化运营绩效评价方案、社会化运营主体培育扶持办法为支撑性文件的社会化运营“1+6”制度体系。

（二）社会力量全要素深度参与文化馆（站）建设

文化馆（站）设施社会化管理运营的规模持续扩大，数量不断增多，不少地区实现了文化馆（站）设施体系社会化运营的区域全覆盖。如北京市，到 2023 年 3 月，全市 337 个乡镇（街道）综合文化中心超过 1/3 已实现社会化运营，其中石景山区全域 9 个街道全部实现社会化运营管理。社会化运营设施类型也不断扩大，包括街道（乡镇）综合文化中心、文化馆分馆、新型公共文化空间、腾退空间、公建配套空间等。运营模式逐渐多元化，如整体运营、项目运营、连锁运营、融合运营等。顺应公共文化体制机制改革、国家重大项目以及群众文化事业发展重点的需要，社会组织积极参与其中，有效提升了建设效率与质量水平，提高了服务效能。

1. 因地制宜打造特色运营模式，实现特色化、差异化发展

近年来，很多地区结合自身实际，因地制宜打造了文化馆（站）整体运营和项目运营，政府购买运营和政社合作运营，单馆运营、连锁运营与多馆融合运营的多元融合模式，促进公共文化服务社会化运营的特色化、差异化发展。

浙江省龙游县搭建了以百家站堂共建、百村赛事活动、百师千场培训为主要载体的“三百联盟”运作新体系，迭代基层文化阵地建管用育新模式。在乡镇（街道）综合文化站社会化运作基础上，进一步拓展社会化服务范围，开展农村文化礼堂“站堂联盟”社会化管理，各文化公司选拔、村组织评议、文化体育部门公示一名“文化村长”，把文艺培训、活动策划、文艺队伍组建等工作做出亮点，探索出一条“花钱少、方法巧、效能高、服务广”的工作路径。

在多馆融合社会化运营模式上，嘉兴市秀洲区进行了有益的探索。2021 年 9 月，秀洲区公共图书馆、秀洲区农民画艺术馆、秀洲区非遗馆（以下简称“三馆”）建成开放，并引入社会专业机构对“三馆”实施社会化运营，开启了全国多个公共文化场馆共建共享融合运营的首次尝试。2021 年 12 月，秀洲区“三馆”社会化运营项目列入浙江省首批公共文化服务现代化领航项目创建名单。截至 2023 年 4 月底，秀洲区“三馆”累计到馆近 60 万人次，图书累计外借 67.73 万册次，注册电子读书证近 5 万张，为全国县区级公共文化场馆社会化运营领航示范。

2. 全面参与新型公共文化空间建设及运营管理

新型公共文化空间建设是公共文化服务高质量发展的重要体现，也是新时期满足人民高品质文化生活需求的重大举措。各地采取原有文化馆（站）提档升级、新建“小而美”的文化驿站、依托社会资源嵌入式发展新型文化空间等多种形式，大力推动新型公共文化空间建设步伐。截至2023年9月，我国已建成各类新型公共文化空间33500多个，其中由政府出资建设的27600多个，社会力量参与建设的5800多个，约占总数的17%。

社会力量在新空间建设和服务过程中发挥了重要作用，其参与方式主要体现为三个方面：

一是社会力量独立建设的文化空间纳入政府主导的公共文化新空间体系之中，弥补新空间体系的空白点。

二是以“嵌入”社会机构的方式提供公共文化服务。深圳市福田区于2023年实施“星罗棋布计划”，认定100个嵌入式新型公共文化空间，创新打造出一批融合图书阅读、艺术展览、文化沙龙、轻食餐饮等服务的“城市书房”“文化驿站”等新型文化业态。

三是社会化运营管理成为新空间常态。截至2022年底，云南省建设文化驿站等艺术普及类空间120个，委托社会力量运营管理的达55个。

3. 创新服务机制、提升服务效能成为新常态

社会化运营主体积极探索服务创新，涌现出了借助社会力量提供延时服务、开设市民夜校，利用志愿资源、激活基层文化活动，纳入总分馆体系、填补服务网络空白等创新实践，切实提升公共文化服务整体效能。

（1）推广延时服务：创办市民夜校

近年来，由文化馆创办的市民文化艺术夜校受到广大群众的欢迎，各地均出现“一座难求”的现象，这是文化馆系统响应延时服务、活跃夜间经济、贴合年轻人工作时间特点、满足百姓对高品质文化生活追求的应对之举。在经费有限、师资力量不足的情况下，各地文化馆纷纷与文化艺术类社会组织合作，免费或优惠提供诸如美妆、收纳、手作、非遗等高品位、个性化、多样化的文化产品。上海市群艺馆于2016年创办“上海市民艺术夜校”，依托总分馆制形成“总分校”

模式，推出新潮有料的特色文化品牌。同时，引入社会力量，联动部分社会专业机构在提供课程的同时，专门组建管理小组，招募专业程度高的文化志愿者在线上线下服务群众，以高效管理赢得好评。2023年，广西南宁市群众艺术馆联合社会培训机构和企事业单位等社会资源，组建南宁市公益培训联盟，与唐人文化园等企业牵手，建立邕城市民艺术夜校，开展公益培训进社区、进商圈、进景区、进农村，在服务力度、深度、广度上不断自我革新。开设的东方舞、中国舞、服装表演、合唱、小提琴等多个门类，覆盖各年龄层从6—12岁的少年儿童，到18—65岁的成年人，丰富的文艺培训课程受到广泛欢迎。结合上班白领需求，利用晚间时段开设公益培训班，夜间课堂吸引了更多的中青年群体加入，使群艺馆摆脱了“老老少少”“蹦蹦跳跳”的固有印象，以更具活力和吸引力的姿态呈现在公众面前。

（2）吸纳社会资源：激活基层文化潜能

提升基层文化设施效能是公共文化服务的重大攻坚任务之一，利用社会力量激活基层群众文化热情、丰富活动内涵是解决这一问题的有效路径。杭州市萧山区创新推出了“文化管家”托管服务模式，按照“政府出资购买服务，社会文化机构按照服务清单、以基层综合文化中心为阵地，向基层群众提供一揽子公共文化服务”的方式，实现镇镇有文化管家，村村文化活起来，以社会化的形式搞活乡村公共文化服务。区级人民政府每年投入500万元采购“文化管家”区级服务，通过文化馆总分馆体系向镇、街道派送专业人员和服务，社会文化机构每年为每个乡镇提供标准化的清单服务，包括80课时文化培训课，为每个乡镇建立起“三团三社”（即艺术团、民乐团、合唱团、摄影社、文学社、书画社）六支队伍。各乡镇街道可在此标准清单基础上，利用自有经费购买额外服务。如戴村镇每年额外投入30万元，在80课时之外，再购买50课时艺术培训课，并要求社会文化机构为其量身打造一两个本土精品文艺节目，挖掘乡村非遗文化等。文化管家提供的“菜单式”服务，适应了基层文化需求和群众个性需要，在“文化管家”提供的专业指导下，基层群众的文化意识和文化需求被极大唤醒，让村民从家中“灶台”走向公益“舞台”，从“素人”变身“达人”。萧山的“文化管家”模式还被写进《浙江高质量发展建设共同富裕示范区实施方案》予以推广。2021年起，四川省简阳市文化广电体育和旅游局通过购买服务的形式，积极探索和实践“超市式”供应、“菜单化”点文化的“文化管家”服务模式，推出了14大项44小项专业化服务定制“菜单”，把过去的“送戏下乡”转为“群众点戏”，变“送文化”为“选文化”，提高公共文化服务的有效性、针对性，让群众真正喜欢文化、参与文化、创造文化。

湖南省株洲市在全市推行“街头艺术站”建设，凝聚有艺术特长、喜欢表达自我的群众参与“艺术站”内容供给，丰富群众“家门口”的文化生活。首批站点在湘江两岸和重要商圈进行布局，让市民出门就能看歌舞、赏展览。同时，实行“主理人负责制”，在报名艺人中遴选“主理人”负责站点的运营和管理，主理人包含工程师、教师、企业家、设计师、自由职业者等等，以“自治”的模式深度激发群众的自主性。由主理人牵头组织的“我有花·你有故事：三八女神节花漾相约”“大咖来了”“刘果楠户外魔术秀”等多个活动，受到了老百姓的热烈欢迎。到2023年底，全市已建成站点16个，推出了“0733站点”“神农湖水秀站点”等一批示范性站点。同时，在文旅系统内部选派40多名青年干部下沉联系街头艺术站，为各站点解难题谋实策，拓宽市场渠道，链接文化资源。

（3）纳入总分馆制：织密服务网络

大力推进总分馆制的社会化建设，扩大总分馆制的服务覆盖范围，提高总分馆的管理水平。各地通过运用社会力量，建设了大量文化馆分馆，有效地推进了以文化馆（站）为依托的社会大美育体系的完善，特别是公共文化新空间建设热潮带来了社会力量参与建设的热情。文化馆将这些新空间纳入总分馆体系，一方面丰富了体系内容、填补了服务网络薄弱点；另一方面也保证了社会力量建设的分馆、新空间的专业化、可持续运转。据统计，到2022年6月，全国有2674个县（市、区）建成文化馆总分馆制，占全国县级区划总数的94.02%，建成文化馆分馆3.8万多个，其中社会力量参与建设、管理的文化馆分馆5400多个，约占总数的14%。

4. 合作开发文创产品，盘活文化资源

文化馆为文创产业提供了深厚的文化资源与创意来源，同时，文创产业也优化了文化馆的服务环境，促进了文化产品供给水平提升，激发了文化馆服务的内在活力。2021 年 8 月文化和旅游部等 8 部门下发《关于进一步推动文化文物单位文化创意产品开发的若干措施》，针对机制、主体、政策、科技、产权等问题，提出了明确的部署要求，为文化馆文化创意产品开发明确了方向和思路。

（1）探索符合文化馆特点的文创产品社会合作开发机制，营造消费环境

2022 年，全国公共文化发展中心开始牵头探索符合文化馆（站）特点和事业发展规律的文创产品社会合作开发机制，带动各地文化馆（站）全民艺术普及资源开发利用，并征集试点。同年，全国公共文化发展中心与深圳文化产权交易所签署了战略合作协议，合作组建全民艺术普及文创中心，共同打造以数字资源、艺术培训、非遗文创为重点的全民艺术普及文创产品开发及推广运营体系。以国家公共文化云“学才艺”和“赶大集”板块为线上平台，打造“文化淘宝”线上集市和全民艺术普及服务体系，丰富公共文化和旅游服务产品供给，创新文化消费业态，为文创产品交易提供了良好的环境与平台。

（2）社会合作是公共文化机构文创发展的重要基础

与社会力量合作开发文创产品已经成为文化馆文创发展的重要方式。文化馆（站）开发文创产品的最大优势在于丰厚的资源，而社会力量则在创意思维、专业人才、技术应用、资金运作、产品营销等方面占据优势，两者的联合，提高文化馆文创开发的品质，提高市场接受度，取得较好的社会效果。2021 年，烟台市文化馆、烟台市非物质文化遗产保护中心与北京科技大学烟台科技园共同成立“胶东非遗国潮文创公益设计基地”，以烟台市非遗文化馆为活动空间和平台载体，依托北京科技大学烟台科技园牵头首都平台资源、人才资源，以胶东非遗文化为定向主题开展非遗文创设计和传承活动，定期举办主题展览、沙龙、公益讲座等，讲好烟台非遗故事。2023 年 12 月，成都市文化馆联合各区（市）县文化馆共同举办“‘文化物语’——2023 成都市公共文化文创设计和产品交流展”。该交流展围绕文旅融合、文创设计、产品开发等核心驱动，向全市各区（市）县文化馆、相关社会机构、艺术院校及个人通过线上线下广泛征集文创设计和产品 130 余件，充分体现了文创作品原创性、艺术性、实用性、经济性的特点，示范性展示了公共文化创意设计成果转化，培育打造了具有成都文化特色的优秀文创 IP，搭建起文创的文化馆平台、为文化超市品牌注入了活力。

5. 联盟凝聚更广泛的社会资源，增强文化馆社会辐射力

2021 年以来，各省市纷纷联合社会力量，建立公益性全民艺术普及联盟或发展共同体，着力推动构建布点科学、覆盖广泛、触角灵敏的全民艺术普及服务网络体系，扩大公益性公共文化服务供给（见表 1）。2021 年 5 月，四川省首家公益性全民艺术普及联盟在泸州成立，联盟采取“文化馆 + 艺术培训机构”模式开展工作，主要服务项目为牵头做好全民艺术普及宣传、艺术培训、艺术考级和文化活动开展等工作。2023 年 7 月，东莞市文化馆联合 50 家社会艺术培训机构成立东莞市全民艺术普及联盟，旨在挖掘社会化资源“富矿”，织密文化馆服务网络，拓宽惠民圈层，着力构建培训体系、带动体系、考评体系，打造具有“潮流东莞”特色的优质全民艺术普及社会化服务样板。

表 1　近年成立的代表性全民艺术普及联盟

地市 / 区	成立时间	联盟名称	介绍
林州市	2021 年 1 月	林州市文化馆全民艺术普及公益培训联盟	以打造“百姓艺术课堂”项目为主要内容，吸引社会机构、学校、企业、社区等公共文化资源主体，开展公益性各门类艺术普及培训活动，并纳入林州市文化馆总分馆制建设体系。2021 年初发展联盟成员单位 16 家，计划两年内吸收成员单位 100 家，实现全市辖区文化艺术培训服务全覆盖
佛山市	2021 年 12 月	佛山市文艺社团联盟	集合全市重点群众文艺协会、文艺学会或团体、优秀文艺社团或文艺工作室、艺术院校、文化艺术培训机构等组成的公益性文艺联合体
泸州市	2021 年 5 月	泸州市公益性全民艺术普及联盟	四川省首家公益性全民艺术普及联盟。通过“文化馆 + 艺术培训机构”的优质资源整合链接、优质合作、挖掘潜在价值，建立优质圈层，更好地推进全民艺术普及
株洲市	2022 年 4 月	幸福邻里文体学院	引入协会组织、社会团体、艺培机构，开设课程 569 门，组织课程（活动）3877 次，直接受益群众 40.8 万人次
柳州市	2022 年 5 月	全民艺术普及“百花艺校”联盟	以群众艺术馆为中心、社会共同参与的模式，打造一个资源共享、开放和谐的合作体系，扩大公益性公共文化服务供给

续表

地市 / 区	成立时间	联盟名称	介绍
嘉峪关市	2022 年 5 月	嘉峪关市全民艺术普及联盟	首批 6 家成员单位进行了授牌仪式，标志着“嘉峪关市全民艺术普及联盟”正式成立
大渡口区	2022 年 10 月	大渡口区全民艺术普及联盟	以文化馆为主导，联合社会艺术培训机构，组建全民艺术普及联盟，搭建推广平台，做大做强全民艺术普及品牌。海天艺校等 6 家社会艺术培训机构成为联盟首批成员单位
顺德区	2023 年 4 月	顺德区公益性艺术普及联盟	以顺德区文化艺术发展中心（顺德区文化馆）为主导，文艺机构及综合型文艺人才为主体，整合分散、优质的社会文艺资源，引入和培育更多有资质、有实力的社会文化机构及文艺人才，搭建开放合作和共建共享的艺术普及推广平台，广泛深入开展全民艺术普及
广州市	2023 年 5 月	广州市全民文化艺术普及联盟（成立咨询会）	广州市公益培训联盟（2018）的升级版，旨在将文化馆系统内部的公益联盟拓展为多种类型社会力量参与的全民文化艺术普及联盟，搭建共建共治共享的公共文化服务平台，推动各种资源的优化配置，提升我市公共文化服务的效能
广州市	2023 年 6 月	广州公共文化共同体	“公共文化共同体”建设多项标杆项目，包括致力于横向整合的公共文化设施联盟、花城市民文化空间建设、全民艺术普及联盟等
东莞市	2023 年 7 月	东莞市全民艺术普及联盟	首次入选 50 个社会艺术培训机构。东莞市文化馆结合镇街文化分馆、共享文化空间等阵地，构建布点科学、覆盖广泛、触角灵敏的全民艺术普及服务网络

6. 探索建立社会化运营管理主体行业组织

2023 年 6 月，北京市海淀区文化和旅游局联合广东、四川、安徽、江苏、湖南、山西等 10 家公共文化设施社会化运营管理主体，成立了“全国公共文化设施社会化运营管理主体联盟”。该联盟旨在搭建公共文化设施社会化运营管理信息交流、资源共享、互学互鉴、行业凝聚、人才培养、标准建设、行业自律的平台，凝聚行业合力，促进公共文化设施社会化运营管理高质量发展。

（三）文化志愿服务向专业化纵深推进

文化志愿服务成为当代中国公共文化服务的重要资源，也是实现公共文化服务的一种重要方式，深刻改变了公共文化服务的供给生态。2021 年以来，文化志愿服务制度化、品牌化以及组织网络化方面不断完善，志愿服务范围继续拓展、方式多样，专业化水平持续提升，各项工作稳步推进。以“春雨工程”为代表的文化志愿服务“三大工程”向纵深迈进，经典创新案例年年推陈出新。

1. 文化志愿服务制度化建设不断完善

政策推动文化馆志愿服务向高质量方向大步迈进。2021 年 3 月，文化和旅游部、国家发展改革委、财政部三部委联合印发《关于推动公共文化服务高质量发展的意见》，提出“促进文化志愿服务特色化发展”的任务，以特色化、专业化作为文化馆志愿服务高质量发展的标志与抓手。同年，文化和旅游部出台《“十四五”文化和旅游发展规划》，提出“实施‘春雨工程’‘阳光工程’‘圆梦工程’，形成一批文化和旅游志愿服务品牌”。《“十四五”公共文化服务体系建设规划》从提升文化志愿服务水平角度，在志愿服务制度建设、持续推进“三大工程”、创新志愿服务工作模式和服务方式、加强志愿服务评价与激励、形成志愿服务品牌、壮大志愿服务队伍等方面提出要求；同时在 22 个专栏项目中，专门列出了“文化志愿服务建设项目”和“特殊群体服务项目”两个专项。文化和旅游部每年发布年度性《文化和旅游志愿服务工作方案》，对全国文化和旅游志愿服务的当年重点工作进行部署，统筹推进全国文化和旅游志愿服务工作展开。各地也通过地方立法和专门管理办法的形式，加强对文化志愿服务的管理，鼓励在社会中大力弘扬志愿服务精神。2021—2023 年，西藏、江西、四川、甘肃、云南、宁夏、北京、河南、吉林等九省（区、市）出台了地区的“公共文化服务保障（促进）条例”，均对文化志愿服务从法律层面进行规范。一部分地区出台了地方性文化和旅游志愿服务管理办法，加强制度化建设，如《内蒙古自治区文化和旅游志愿服务管理办法》（2021 年）、《深圳市文化志愿服务管理办法》（2022 年）、《广州市文化和旅游志愿服务管理办法》（2022 年）等。

2. 文化馆志愿服务团队规模日益壮大，志愿服务网络体系逐步丰满

截至 2021 年底，全国 2796 个县级以上文化馆组建了志愿服务团队，占文化馆总数的 84.03%，文化馆志愿者人数达到 75 万人以上。其中，20 个省区 90% 以上的文化馆建有志愿服务团队，文化馆（站）志愿服务人数超过 1 万人的省份有 23 个，超过 3 万人的省份有 9 个[①]。

在志愿服务网络体系建设方面，很多省份逐步建立并完善了“总队—支队—队”三级联动志愿服务网络，以及“省—市—县—乡—村”五级文化和旅游志愿服务网络组织体系，推动文化和旅游志愿服务纵向到底、横向到边。云南省文化馆建立了省文化和旅游志愿服务总队，全省 16 州（市）文化馆为支队，129 个县（市、区）文化馆为分队的三级联动志愿服务网络。2021 年 3 月，由浙江省文化馆负责的省文化和旅游志愿者总队成立，由 1 个省总队、15 个厅属单位支队、11 个地市支队、90 个县区大队以及若干个基层文化和旅游志愿服务队构成。志愿者总队采取“职能部门牵头、业务单位指导、社会力量参与”的模式，构建了“纵向到底”打通省、市、县、乡镇（街道）、村（社区）5 个层级，“横向到边”涵盖文化和旅游全系统业务单位的志愿服务组织体系。

3. 文化志愿服务数字平台提升管理与服务效能

目前，广东、四川、重庆、山西、新疆等地都建立并完善了文化志愿服务数字平台，志愿服务管理数字化、专业化水平进一步提升。2021 年 3 月，陕西省文化和旅游厅开发建设的全省文化和旅游志愿服务平台正式上线，印发《陕西省文化和旅游厅关于在全省推广使用文化和旅游志愿服务平台的通知》。该通知要求各市级文化和旅游行政部门依托平台科学统筹谋划，由上至下建立本行政区域内完整的文化和旅游志愿服务组织体系架构，平台为所有实名注册的志愿者提供最高 20 万元的志愿服务保险，为开展志愿服务活动提供保障。新疆兵团依托“兵团文化云”平台设置志愿服务项目和志愿服务组织注册登记模块，整合兵师团三级公共文化服务资源，统筹管理兵团文化和旅游志愿服务队伍。天津市群众艺术馆 2021 年完成全市 181 支优秀文化志愿服务分队和 3520 名优秀公共文化志愿者

---

① 良警宇.2019—2022年中国文化志愿服务事业的回顾与展望[M]//良警宇.中国文化志愿服务发展报告（2019—2022）.北京：社会科学文献出版社，2022：8.

的电子信息化注册。

数字平台不但是志愿者管理的平台，更是志愿服务资源、项目开发的平台。很多文化馆专门通过开发微信小程序、公众号等便捷应用手段，如北京市文化馆的“文化志愿者”小程序、广东省文化馆的“i 志愿”平台等，提供了开展志愿者招募、管理、服务和活动展示的综合性管理与服务平台，加强了对人员、机构、活动、服务等资源的管理与协调，提高了志愿服务效率，推动了志愿服务活动的开展。

4. 文化志愿服务品牌项目成效显著，围绕重大活动树立志愿服务新形象

全国及地方性的文化和旅游志愿服务项目不断涌现，各省市针对不同群体、不同区域的不同需求，建立了一批内容丰富、特色鲜明，以城乡基层、民族地区、特殊群体等为重点的特色化、品牌化文旅志愿服务品牌。四川省文化馆的“文化明心、志愿为您”，湖南省文化馆以“到群众最需要的地方去”为主题的文化志愿服务活动，辽宁省联合黑龙江省、吉林省、内蒙古自治区文化馆开展的“三省一区”红色文艺轻骑兵文化志愿者边疆万里行公益惠民服务，广东省文化馆的“志愿童行”文化艺术公益夏令营等，都是各具特色，或面向边远地区，或面向特定群体，提高了全民艺术普及活动的覆盖面和实效性。2022 年 5 月，广州市打造“繁星行动”文旅志愿服务品牌项目，计划到 2025 年，在全市培育建立包含 100 名基层文化志愿服务组织者、100 支文旅志愿服务示范队伍、100 个基层文旅志愿服务项目的“三个 100”基层文化志愿服务网络，助推广州市文化和旅游志愿服务规范化、专业化、特色化发展[①]。到 2023 年 5 月底，山东省有成效和示范性的文化志愿服务品牌项目达到 190 余个。

各级文化馆围绕建党百年、北京冬奥会和冬残奥会、杭州亚运会等重大活动广泛开展文化志愿服务。文化馆以其丰富多彩的群众文化活动迎接建党百年，通过组织文化演出、书法绘画作品展览、音乐会、演唱会、歌舞比赛展演、群众大合唱、非遗创作、小戏小品等形式，庆祝党的百年华诞。2021 年挂靠于北京市文化馆的全市公共文化机构志愿者分指挥部成立，建立起了遍布全市的 49 个志

① 繁华盛世 星聚文旅：“繁星行动”开启广州文旅志愿服务高质量发展[EB/OL].（2022-03-07）[2024-09-22]. http://wglj.gz.gov.cn/xxgk/gzdt/zwxx/content/post_8134272.html.

愿服务站点，招募了4700多名文化志愿者，开展丰富多彩的文化志愿活动。北京市文化馆共发布服务项目111个，累计参与服务8600多人次，服务时长35800多小时，服务群众26万多人①。2022年北京市文化馆组织实施了北京冬奥会、冬残奥会城市文化志愿服务活动，全市16个冬奥文化广场设立城市志愿服务站点，招募了1100多名文化志愿者，发布服务项目37个，累计参与服务22700多人次，服务时长14万小时以上，服务群众96万多人②。为了迎接亚运会在杭州的盛大举办，浙江省文化广电和旅游厅鼓励全省的300多万文化和旅游志愿者参与亚运服务，派出大量志愿者协助做好场馆服务工作，同时在会场、景区等场所植入亚运元素，实现文旅活动和亚运的互动。浙江省文化馆以30余个“一带一路”沿线国家留学生为主的“丝路心语爱心桥”文化和旅游国际志愿者小分队与其他志愿服务品牌联合共建“亚运志愿服务联盟”，共同服务杭州亚运会，同时利用“亚运V站”、抖音等平台宣传讲述他们在中国的美好生活，宣传亚运，宣传中国文化。

5. 文化志愿服务行业组织建设有新进展，提供专业化培训

行业组织建设是文化志愿服务可持续、高质量发展的标准与保证，推动了志愿服务组织的交流与合作，促进了文化志愿服务的专业化发展。2021年5月，中国文化馆协会成立了文化志愿服务委员会，进一步推动全国文化志愿服务的标准化、规范化发展，进一步强化全国文化志愿服务经验交流学习，提升全国文化志愿服务的质量和水平。

为了提升文化志愿服务的规范化、专业化水平，文化和旅游部公共服务司、中国文化馆协会等部门采用线上线下的方式持续开展文化志愿服务培训。2021年5月11日至13日，由中国文化馆协会、广东省文化和旅游厅主办，广东省文化馆、深圳市罗湖区文化广电旅游体育局承办的“2021年全国文化志愿服务数字化建设业务骨干培训班”开班，来自全国各地的文化志愿服务骨干、广东省各地级以上市文化广电旅游体育局分管领导及相关业务骨干共120人参加培训，活

① 北京文化艺术活动中心.建党百年庆祝活动北京市公共文化机构城市志愿服务工作总结报告[R].北京:北京文化艺术活动中心,2021-07-09.

② 北京市文化馆.北京文化志愿者“2022年元旦春节期间广泛开展志愿服务关爱行动”的报告[R].北京:北京市文化馆,2022-03-15.

动内容包括政策分析、理论研讨、案例分享、现场参观、交流展演等。2021 年 6 月，文化和旅游部公共服务司在四川省绵竹市举办文化和旅游志愿服务工作培训班，围绕文化和旅游志愿服务实践、公共文化服务助力乡村振兴、文化和旅游系统老年大学建设等工作，对省级文化和旅游行政部门及文化馆负责同志进行培训。2023 年 9 月 11 日至 14 日，由文化和旅游部公共服务司指导，中国文化馆协会、广东省文化和旅游厅主办，中国文化馆协会文化志愿服务委员会、广东省文化馆、四川省文化馆共同承办的“2023 年全国文化志愿服务工作骨干培训班”在成都举办，中国文化馆协会文化志愿服务委员会全体委员及 80 余位来自全国各级文化馆的文化志愿服务工作骨干参加了培训。

全国各省、地、县也常态化开展文化和旅游志愿服务培训工作，并注重与社会力量合作建立培训基地、形成培训体系。如广州市文化馆引入志愿服务专业组织机构，建立覆盖不同发展阶段及服务过程的系统化、阶梯式培训体系，并与广州市志愿者协会共建文化志愿者培训基地，以每月常态化、特色化、专业化的培训，将优质培训资源辐射至全市范围。

6. 文化志愿服务“三大工程”机制建设日渐加强，专业水准明显提高

“春雨工程”“阳光工程”“圆梦计划”三大工程的志愿服务项目数量不断增多，品牌示范项目不断增加，内容涵盖范围日渐深化。以“春雨工程”为例，文化和旅游部、国家民族事务委员会每年都印发“春雨工程”实施方案，部署当年的工作重点任务，实施示范性项目制管理，提升工程实施的效果。2021 年“春雨工程”累计开展示范性项目 102 个，参与志愿者达到 12300 多人，服务人数达 51 万余人次[①]。2023 年，“实施方案”创新“结对项目清单”制度，促进志愿服务供需精准对接。全国各地、各单位与民族地区经线上线下对接，策划形成“春雨工程”结对合作项目 364 个，内容包括文化惠民志愿行（北京市、天津市等）、艺术创作志愿行（黑龙江省）、文艺活动志愿行（广东省、辽宁省等）、文化传承志愿行（上海市、福建省等）、产业共创志愿行（河南省、上海市等）等。通过“结对子”“请进来 + 走出去”，逐步完成从“送文化”“种文化”到“兴文化”的

① 良警宇.2019—2022年中国文化志愿服务事业的回顾与展望[M]// 良警宇.中国文化志愿服务发展报告(2019—2022).北京:社会科学文献出版社,2022:13.

转变，发挥文化铸魂、文化赋能作用，推进树立休戚与共、荣辱与共、生死与共、命运与共的共同体理念。

建立“三大工程”国家级奖励激励机制，发挥引领示范作用，并以“三大工程”为抓手，引导全国文化馆的文化志愿服务活动树立品牌意识、掌握志愿服务专业潜力、提升服务水平与效能，推动志愿服务高质量发展。文化和旅游部与中央文明办等相关部门合作，从 2021 年开始，每年对“春雨工程”全国示范性志愿服务项目及“阳光工程”“圆梦工程”优秀志愿者开展优秀评选。2022 年 1 月，评选出 2021 年“春雨工程”全国示范性志愿服务项目 49 个和“阳光工程”“圆梦工程”优秀志愿者各 30 人。如北京市文化馆的“‘北京文化志愿者边疆行’走进春晖市”和浙江省文化馆的“浙江西藏两地‘走亲天路’文化和旅游志愿活动”等 22 个由文化馆实施的项目被评优秀。2022 年的文化和旅游志愿服务典型案例，在公共文化设施学雷锋志愿服务、特殊群体关爱志愿服务、社会力量参与志愿服务、边疆民族地区志愿服务、旅游志愿服务、“互联网 + 志愿服务”等领域共遴选出 50 个，其中文化馆领域共有 15 项。2023 年 12 月，文化和旅游部表彰 2023 年度“春雨工程”优秀项目，“春雨工程”北京文化志愿者边疆行活动走进新疆等 50 个项目榜上有名。

全国文化和旅游志愿服务项目大赛及组织“四个 100”先进典型宣传推选活动深入开展，各省市也积极培育和发掘地方志愿服务优秀案例，组织开展地方优秀案例评选及推广活动，发挥品牌项目示范引领作用，推动文化和旅游志愿服务高质量发展。2021 年文化和旅游部公布的文化和旅游领域学雷锋志愿服务先进典型名单，包括最美志愿者 20 位、最佳志愿服务组织 30 个、最佳志愿服务项目 30 个、最美志愿服务社区 20 个。中央宣传部、中央文明办等部门和单位当年开展了全国学雷锋志愿服务“四个 100”先进典型宣传推选活动，遴选出 100 个最美志愿者、100 个最佳志愿服务组织、100 个最佳志愿服务项目和 100 个最美志愿服务社区。2022 年文化和旅游部、中央文明办评选出公共文化设施学雷锋志愿服务、特殊群体关爱志愿服务、社会力量参与志愿服务、边疆民族地区志愿服务、旅游志愿服务、“互联网 + 志愿服务”等领域的 50 个典型案例。

文化馆还积极组织参加全国其他系统志愿服务大赛，并成功出圈，如参与

2021 年第十三届中国青年志愿者优秀项目奖评选、2022 年第六届中国青年志愿服务项目大赛等。广东省汕头市文化馆打造的“携手绣未来”文化志愿服务项目荣获第六届中国青年志愿服务项目大赛金奖。

各地也积极开展文化和旅游志愿服务优秀评选和案例推广，在社会中大力弘扬志愿精神，为人民提供更加丰富的精神文化生活。浙江省文化广电和旅游厅 2023 年 5 月举办浙江省文化和旅游志愿服务优秀案例现场分享会，表彰浙江省文化和旅游最美志愿者 100 名、最美志愿工作者 20 名、优秀志愿服务项目 20 个、优秀志愿服务组织 20 个、最美志愿服务社区 10 个。浙江省文化馆每年进行“圆梦青苗 · 以艺育美”浙江省乡村未成年人美育课堂志愿服务活动、“点亮童心”浙江省乡村未成年人艺术普及项目进行评选，重点表彰面向乡村未成年人的美育志愿服务工作。四川省文化和旅游厅每年开展全省文旅志愿服务“四个一批”推荐展示活动，评选一批有特色、有影响、惠民生的最美志愿者、志愿服务项目、志愿服务团队、志愿服务机构，持续擦亮“巴蜀春风”文旅志愿服务品牌。

（四）全国公共文化和旅游产品采购大会持续发展

全国公共文化和旅游产品采购大会（以下简称“文采会”）是推进供给侧结构性改革的平台，构建起政府、市场与社会共同参与公共文化服务体系建设的新格局，为文化馆建设、运营、管理、活动、服务、技术等提供社会化资源。近三年来（2021—2023 年），文采会作用彰显，影响力不断扩大。

1.“1+N”机制聚合作用明显，“朋友圈”不断扩大

全国公共文化发展中心依托国家公共文化云，将原来分散的区域性“文采会”协调成全国统一品牌，重点加强“全国公共文化和旅游产品采购大会”的分站建设，使其各具地方特色，立足本地区的同时，向全国辐射。2022 全国公共文化产品云上采购大会通过线下线上相结合的形式，进行了“长沙站”“上海站”“四川站”“东莞站”“张掖站”五大分会场的活动推介，发挥了信息交流、产品展示、交易对接作用，有效促进了区域公共文化服务资源优化配置。其中“张掖站”会场于 2023 年 5 月 20 日至 26 日与第十届全国地市级文化馆“百馆联动”套开。2023 年全国公共文化和旅游产品采购大会于 8 月 29 日至 30 日在包头

正式拉开序幕，“上海站”“四川站”“东莞站”活动也成功举办。在“1+N”机制的影响下，江苏省、宁夏回族自治区、云南省亦于2023年举办了本省首届公共文化产品和服务采购大会，提供更具地方特色的公共文化和旅游产品的供需对接服务。

2. 地域特色愈发明显，展示推介地方文化资源

文化馆全民艺术普及资源及社会力量提供的服务都具有一定的地域性，所以区域性公共文化和旅游资源采购大会均以本地区特色资源与服务的推介采购为主，通过公共文化云平台向全国辐射。历年举办的“文采会”都推出特色专区，2023年的文采会专设“非遗文创类”“艺普服务类”产品和服务专区，为充满地方特色的产品和服务提供展览展示空间。2023年云南省“文采会”结合旅游大省特点，推出了首个文旅元宇宙产品“出发趣云南”。2022年长三角和部分地级市文化和旅游公共服务产品采购大会推出了“文化微游”项目，以深入挖掘上海红色文化、海派文化、江南文化底蕴，探索传统历史文化更富创意的“打开方式”，将“建筑可阅读、街区可漫步、城市有温度”转化为看得见、摸得着的公共文化创新服务。

3. 依托云平台，打造“永不落幕”的交易空间

受疫情影响，2020年首次举办云上采购大会，建立了全国公共文化和旅游产品采购云平台，更好地推动了采购大会线上线下相结合的交易模式发展，且线上受众群体数量越来越多，远远超过了线下参与人群。2023年长三角文采会（嘉定）线下吸引2000多人互动洽谈、观展观演，线上吸引216.85万人次观展点赞。2023年1月起，依托国家公共文化云“汇文采”、全国公共文化发展中心的新媒体矩阵以及全国知名的新媒体平台，持续开展优质供应商产品服务案例的推广展示，为供需双方打造了一个“永不落幕”的文采会，通过“汇文采”随时都可以提出需求、寻找商机。

4. 利用全媒体传播矩阵，多渠道提高知名度

全国及区域性文采会通过线上线下相结合的方式，采用会前宣传、联动直播、沉浸路演等方式，借助于自媒体、文化云、大众媒体平台等，以直播、短视频推流等方式，在业内和社会上加大宣传力度，提高文采会的群众知晓度，吸引公众也参与文采会，不断提高“文采会”的社会知名度。如粤港澳大湾区文采会采取“线上 + 线下”“馆内 + 馆外”“展会 + 活动”“传播 + 服务”的多元化、灵活式、长效性办会传播方式，吸引了重要的文旅企业（机构）和非遗项目线下布展，力求以丰富新颖的文化体验，打造成为区域特色文化的综合展示平台和群众踊跃参与的公共文化盛会。2022 年湖南省公共文化产品和服务线上推介会、湖南省公共文化产品和服务线下竞卖会通过国家公共文化云、湖南数字文化馆、湖南公共文旅云平台全网直播推送，全国 21 个省市的数字文化云平台（馆际网络直播联盟）联动直播，吸引了 50 多万人次观看。

5. 借用“文采会”契机，打造行业交流平台

文采会不仅仅是一次大规模的公共文化和旅游产品交易大会，也是一场探讨行业发展、展示事业成就的盛会。借助于“文采会”平台聚焦人气的特点，同期召开馆长论坛、开展行业人才培训等活动，为文化馆持续发展提供交流的渠道。2023 年在全国文采会东莞站召开之际，配套举办了多场高质量行业活动，包括中国文化馆之夜、中国文化馆发展历程展、全国特殊群体文化权益保障暨文化和旅游志愿服务培训班。2023 年云南文化和旅游公共产品采购大会举办了“围炉煮茶”活动，邀请专家就全民美育、新型公共文化空间等专题进行研讨。第九届（2021 年）、第十届（2023 年）全国地市级文化馆“百馆联动”活动分别与长三角公共文化和旅游产品采购大会、全国文采会张掖站同期举办。

6. 汇聚群文资源，助推产业事业比翼齐飞

各地举办的文采会在推动文化产业发展的同时，更加注重对文化馆事业发展的推动作用，将文采会办成一次群众文化活动的盛会，在产品与服务推介、销售的同时，向当地群众进行活动的展演参与、技术的沉浸体验、资源的展示宣介、特色的表达推广，极大地丰富了当地的群众文化活动，提升了文化馆服务的品质与群众知晓度。据统计，长三角文化和旅游公共服务产品采购大会、2023 粤港澳大湾区公共文化和旅游产品采购大会，为社会力量参与搭建平台、开辟渠道，共吸引 2000 余家文化企业和机构参与，展出产品超过 2 万个，达成意向成交金额约 1.6 亿元。2023 年粤港澳大湾区（东莞）文采会期间，9 个分会场全城联动，超 150 场公益艺术活动展现既传统又潮流的东莞城市特质。东莞市文化馆协调东莞全民艺术普及联盟 51 个培训机构，郎朗口才、朱丽叶芭蕾舞等机构让利 600 多万元，提供 9987 个优惠艺术培训名额，欢迎市民“抢学位”。

（五）普惠性非基本公共文化服务优惠收费探索起步

2021 年是“十四五”开局之年，文化馆事业发展也进入高质量发展阶段，人们的公共文化需求向着个性化、品质化方向发展。在满足人民群众基本公共文化服务需求的基础上，创新服务手段、完善服务机制成为破解文化馆服务新时代难题的必然要求。《中华人民共和国公共文化服务保障法》确立的公共文化服务产品与服务优惠提供制度为回答这个问题提供了可能。三年来（2021—2023 年），非基本公共文化服务优惠收费制度开始在文化馆领域实践探索，客观上丰富了高品质文化馆服务与产品体系，激发了文化馆的创新活力。但是因为政策的限制，作为公益一类事业单位的文化馆目前开展优惠收费服务还存在障碍，导致很多地方从社会力量承接管理运营的基层文化馆（站）、新型文化空间入手，探索通过优惠收费提供个性化、品质化、多样化的文化艺术服务。从全国范围来看，近三年来开展优惠收费探索实践的地区已有北京市东城区、上海市、四川省成都市和广东省广州市等。

2021 年 3 月，北京市东城区推出《东城区公共文化设施社会化运营全过程管理办法》“1+6”政策文件，对优惠收费的服务内容与类型、收费所得的处置方法以及优惠收费的限制性条件等进行了规范。第一，明确了非基本公共文化服务的范围；第二，规范了社会承接组织的收费行为，从时间、数量、面积三个方面限定了“三个 1/3”，即高峰时段不超过同时段服务项目的 1/3，数量上不高于全部服务项目总数的 1/3，咖啡、简餐、文创销售等占用服务场地面积不超过总面积 1/3；第三，对收费项目或服务的定价进行了原则性规定；第四，对优惠服务所获资金的使用方向与方法进行了规范。

2022 年 7 月，上海市发展和改革委员会、上海文化和旅游局等 7 个部门出台了《上海市公共文化设施收费管理办法》。一是明确文化馆提供免费服务的基本原则，收费项目应当报批；二是明确公共文化设施收费的管理模式，以公共文化设施是否以财政性资金支撑为主确定收费定价原则；三是规定公共文化设施收费的定价方法，对实行政府指导价管理的公共文化设施，明确按照成本法或比价法制定收费标准；四是规定了公共文化设施收费的申报及核定程序；五是明确公共文化设施收费管理及使用相关规定。

2022 年 12 月，广州市文化广电旅游局、广州市发展和改革委员会、广州市财政局印发《广州市公共文化设施社会化运营指导意见（试行）》，将社会化承接主体的收费活动分为非基本公共文化服务及限定性经营服务两类。超出基本公共文化服务内容以外的个性化、特色化项目为非基本公共文化服务，以“补偿合理运营成本”为原则采用成本法确定收费标准，收取费用的普惠性非基本公共文化服务不得超过总服务项目的 1/3。而限定性经营服务主要是针对餐饮、导览等辅助性服务，或销售文创产品、体育用品等商品的商业性经营活动，采用市场比价法。开展限定性经营服务的设施面积不超过总面积的 10%（建筑面积超过 3 万平方米的部分，应按照不高于建筑面积 5% 的比例上限配置经营性功能）。

2023 年 2 月，成都市文化广电旅游局、市委宣传部等 9 部门印发《关于推进基层公共文化体育设施社会化管理工作的指导意见》，内容与广州市的相关规定类似，分为非基本公共文化体育服务和融合型惠民服务两类，规定优惠收费的非基本公共文化服务项目每周平均开放时间原则上不超过免费开放时间的 1/3，周末、节假日保证正常开放。在收费标准方面，由委托方和承接方共同综合考虑设施运行分摊成本和服务活动成本进行测算确定，应不高于同期同等服务项目市场价格的 70%。在收费所得费用的处置上，规定设立双方共同监管的账户，收费所得扣除成本用于弥补文化体育设施社会化管理运行资金缺口，支持可持续发展，提升服务质量等方面。

（六）全民艺术普及基金助力社会大美育

1. 全国首个面向全社会的全民艺术普及基金成立

2022 年 10 月，在文化和旅游部全国公共文化发展中心倡议下，中国宋庆龄基金会与中国文化馆协会合作设立“中国宋庆龄基金会全民艺术普及专项基金”。这是我国公共文化领域第一个面向全社会的开放性、包容性、普惠性基金，以社会性资金来源、创新性运作机制支持全民艺术普及。基金资助对象为全国各级文化馆（站），以及致力于全民艺术普及创新发展的其他公共文化机构、企业、社会团体、高校和科研机构，主要用于支持城乡居民开展以全民艺术普及为目的的群众文化活动，加强城乡基层公共文化服务，促进青少年美育，推动文化馆（站）及相关行业机构事业发展，支持其他公共文化和旅游服务创新项目，满足人民群众多元化、多层次、高质量的精神文化需求，为建设社会主义文化强国作出积极贡献。全民艺术普及专项基金的设立为创新实施文化惠民工程开辟了新路径、为公共文化服务社会化发展创造了新成果、为引导和鼓励全社会积极参与公益事业搭建了新平台、为公共文化服务高质量发展增添新动力，对在中国式现代化进程中健全现代公共文化服务体系、促进公益性全民艺术教育具有重要意义。

专项基金成立后，重点着手打造“全国青少年美育示范基地”项目，广泛融合社会各界艺术普及资源，构建多主体共同参与的青少年美育协作体系。2023 年 12 月，由中国宋庆龄基金会、文化和旅游部全国公共文化发展中心、北京师范大学联合主办的“全国青少年美育示范基地”项目遴选结果正式公布。从全国 26 个省区申报的 107 份项目中遴选出首批示范基地 30 个，北京市文化馆“大手拉小手”特色乐团孵化项目、河北省群众艺术馆青少年非遗传承示范基地、重庆市群众艺术馆“龙舞盛世·薪火永传”项目、浙江省文化馆“青少年美育示范省”项目、宁波文津美育文化发展中心和宁波市文化馆联合申报的“宁波市青少年美育实践中心”等项目入选。

2. 地方公共文化服务发展基金助力全民艺术普及

除了国家层面建立了面向全社会的全民艺术普及基金外，有些地方也以各种方式建立基金，推动当地文化艺术、文化事业、群众文化的发展。2022 年湖南省株洲市文化馆依托群众文化学会，设立“株洲市群文艺术发展资金”，审议通过《株洲市群文艺术发展资金管理办法》，实现社会引资设立公共文化服务基金“零”突破。岳阳市汨罗市积极鼓励社会力量参与公共文化服务供给和设施建设运营，发起筹建“汨罗市文化艺术基金”，通过资金扶持、指导培育有效激活民间社团开展基层文化活动的积极性。上海、深圳等地也积极依托早已成立的文化事业发展基金（如青浦区文化事业发展基金、深圳市宣传文化事业发展专项基金）资助群众文化事业发展。

中国民间文化艺术之乡创新发展实践（2021—2023年）

段小虎　陈移兵*

2021年，文化和旅游部印发《“十四五”公共文化服务体系建设规划》，对现阶段公共文化服务体系建设和高质量发展作出了战略安排。其中，将“中国民间文化艺术之乡”建设作为新时期乡村公共文化服务创新发展和乡村优秀传统文化保护传承的重要抓手，打造“一乡”“一品”“一艺”“一店”“一景”的乡村文化事业产业融合发展的新模式，成为以文化繁荣助力乡村振兴的重要举措。在文化和旅游部公共服务司、全国公共文化发展中心统筹指导下，各地政府、文化和旅游行政部门、文化馆（站），以高度的责任感、使命感和创新精神，在推动乡村优秀传统文化保护传承与创新发展、丰富乡村公共文化服务产品供给、带动乡村产业振兴和文旅融合等方面取得积极成效，展现出中国式现代化进程中“中国民间文化艺术之乡”建设的新形象、新作为、新价值。

一、中国民间文化艺术之乡（2021—2023年）建设概况

“中国民间文化艺术之乡”评审命名工作始于1987年，是指运用民间文化资源或某一特定艺术形式，通过创新发展，成为当地群众喜闻乐见并广泛参与的群

* 段小虎，西安文理学院研究馆员，陕西省公共文化服务体系建设专家委员会副主任，陕西省图书馆学会学术委员会主任。

陈移兵，文化和旅游部全国公共文化发展中心基层服务处处长。

众文化主要活动形式和表现形式，并对当地群众文化生活及经济社会发展产生积极影响的地理文化空间。此类地理文化空间通常以县（市、区）和乡镇（街道）行政区划为命名单元，目前已经成为具有重大影响力的全国公共文化品牌项目。

为推动“中国民间文化艺术之乡”建设与文化强国、乡村振兴等国家战略的有机衔接，2021年，文化和旅游部组织开展2021—2023年“中国民间文化艺术之乡”评选命名工作。此次工作要求各地聚焦当地最具特色、最有代表性和影响力的民间文化资源或艺术形式，进一步强化“中国民间文化艺术之乡”独特性、创新性、示范性和服务成效。同时，积极探索推进乡村振兴、美丽乡村建设、乡村文旅融合、乡村文化产业发展的新路径，以期形成一批具有典型示范作用和推广价值的经验做法。

经过申报、评审、公示和命名4个环节，全国31个省（区、市）共有183个县（市、区）或乡镇（街道）经过层层选拔，被命名为2021—2023年“中国民间文化艺术之乡”。

从评审结果的地域分布看，31个省（区、市）荣获“中国民间文化艺术之乡”的平均数为5.9个，高于平均数的有17个，其中最高的为江苏、广东两省，各11个；低于平均数的有14个，其中最低的为北京、西藏、青海、宁夏，各2个。这反映出评审结果受各地重视程度、材料质量和遴选标准等多种因素的影响。各省数量统计详见表1。

表1　2021—2023年“中国民间文化艺术之乡”各省数量统计

省份	数量	省份	数量	省份	数量
北京	2	上海	5	湖北	8
天津	3	江苏	11	湖南	9
河北	9	浙江	6	广东	11
山西	6	安徽	7	广西	8
内蒙古	5	福建	6	海南	3
辽宁	7	江西	6	重庆	5
吉林	4	山东	8	四川	10
黑龙江	3	河南	8	贵州	5

续表

省份	数量	省份	数量	省份	数量
云南	7	甘肃	3	新疆	5
西藏	2	青海	2		
陕西	7	宁夏	2		

从民间文化资源或艺术形式看，“传统类型”包括美术、书法、音乐、舞蹈、戏剧、曲艺、杂技、民俗、体育、游艺及其他，以国家或省级非物质文化遗产项目为主；“新型类型”包括摄影、当代农民画、版画、童话等。参照国家非物质文化遗产类别和项目的分类体系，183 个“中国民间文化艺术之乡”依托的民间文化资源或艺术形式，数量从高到低排列，顺序为美术、民俗、技艺、舞蹈、音乐、戏曲、曲艺、摄影、书法、体育、文学、杂技、武术。数量结构详见图 1。

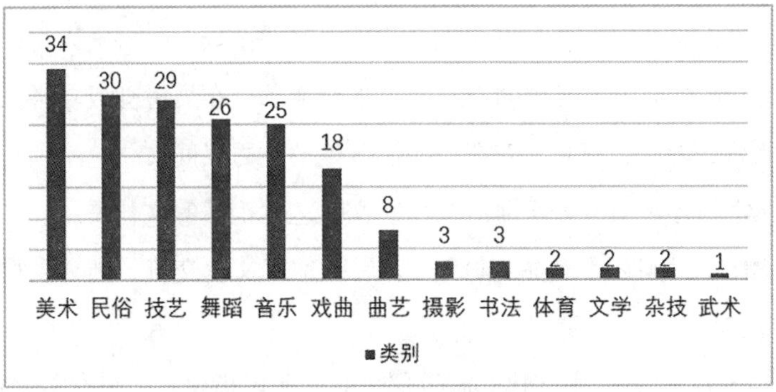

图 1　2021—2023 年度“中国民间文化艺术之乡”艺术形式

二、中国民间文化艺术之乡（2021—2023 年）典型实践

2021—2023 年“中国民间文化艺术之乡”建设，采取了一系列卓有成效的创新做法。

1. 主办全国性“中国民间文化艺术之乡”展示活动，发挥“以点带面”示范引领作用

2021 年 4 月 6 日至 9 日，由文化和旅游部公共服务司主办，文化和旅游部全

国公共文化发展中心、四川省文化和旅游厅承办，成都市文化广电旅游局、崇州市人民政府协办的“中国民间文化艺术之乡”工作推进现场会在崇州市召开。来自全国各省（区、市）文化和旅游厅（局）、新疆生产建设兵团文化体育广电和旅游局公共服务处负责人、部分“中国民间文化艺术之乡”代表等共计120余人参会。四川省成都市崇州市、浙江省温州市永嘉县、山东省日照市五莲县、江苏省苏州市张家港市、陕西省西安市鄠邑区、内蒙古自治区通辽市科尔沁左翼中旗等6个“中国民间文化艺术之乡”所在县（区、市）人民政府相关负责人介绍了本地民间文化艺术发展情况，并就典型经验做法、工作成效进行了分享。崇州市的道明竹编、张家港市的河阳山歌、鄠邑区的农民画和相关地方剪纸、刺绣、泥塑、木雕等的创作者或手艺人进行了精彩表演或示范性展示，会议圆满实现了展示成果、交流经验、推动创新的目标。

2021年10月24日至25日，由文化和旅游部公共服务司、河北省文化和旅游厅、沧州市人民政府主办，沧州市文化广电和旅游局、吴桥县人民政府承办的“民间艺术点亮乡村 传统文化助力发展”主题活动，在吴桥县成功举办。活动汇聚了来自北京、天津、河北、安徽、浙江等地的优秀民间文化艺术项目，举办了民间文化艺术精粹展演、大运河沿线民间文化艺术汇演等文化展示、艺术交流活动，对各地用“民间艺术点亮乡村”、开展跨地区文化交流、推动乡村文化振兴起到了示范引领作用。

2023年5月12日，由文化和旅游部公共服务司指导，山东省文化和旅游厅、滨州市人民政府主办，阳信县文化馆、洋湖乡文化站全程参与的首场“中国民间文化艺术之乡”文化惠民活动落地展演，在阳信县洋湖乡庙五庄村启动。这是一次直接深入农村最基层的文化惠民示范性活动，其中将民间文化艺术展演与非物质文化遗产展示相结合，举办民间艺术研讨会，发布“中国民间文化艺术之乡”合作发展倡议等创新做法，为民间文化艺术繁荣发展注入了新的动力。

2023年8月8日，由文化和旅游部公共服务司、广东省文化和旅游厅、佛山市人民政府主办，佛山市文化广电旅游体育局、禅城区人民政府承办，佛山美陶湾文化创意产业集聚区指挥部、禅城区文化广电旅游体育局、禅城区石湾镇街道办事处具体执行，佛山市文化馆、禅城区文化馆全程参与的佛山“中国民间文化艺术之乡”示范性交流展示活动，在美陶湾文化创意产业集聚区启动。活动集中展示了来自广东、广西、贵州、湖南、湖北五省（区）的民间文化艺术和“中国民间文化艺术之乡”建设典型案例，其中与地方企业合作，融入了湾区青年文创集市、City walk（城市漫步）、夜经济等创新元素，是促进文化与旅游深度融合的新探索。

2. 指导地方推动“民间文化艺术之乡”建设，形成“众艺同辉”的发展新格局

2023 年 9 月，文化和旅游部指导全国十多个省（区、市）、数十个“中国民间文化艺术之乡”所在地同时举办了民间文化艺术展示活动。北京、天津、河北、山西、内蒙古、安徽、福建、江西、山东、河南、湖北、湖南、广西、四川、云南、甘肃、西藏、新疆等地还邀请了著名民间艺术家和表演者，带来了民间舞蹈、传统手工艺等高水平精彩节目。江苏、浙江、广东等地，围绕民间文化艺术的传承与发展问题，组织了高水平的学术研讨会，推动了民间文化艺术理论研究的发展。

2023 年 11 月 8 日，由浙江省文化广电和旅游厅主办，浙江省文化馆、临海市人民政府承办的浙江临海“中国民间文化艺术之乡”展示活动，在浙江省临海市台州府城刺绣博物馆开幕。活动通过文艺演出、展览展示、互动交流等环节，展示了浙江“民间文化艺术之乡”赋能文旅融合、乡村振兴的建设成果。

2022 年，文化和旅游部公布 2021—2023 年度“中国民间文化艺术之乡”建设典型案例名单，全国共有 91 个案例入选，各省入选案例数量详见表 2。

表 2　2021—2023 年度“中国民间文化艺术之乡”建设典型案例全国各省分布（按数量由多到少排列）

省份	案例数量	省份	案例数量	省份	案例数量	省份	案例数量
新疆	6	辽宁	3	安徽	3	湖北	3
天津	3	黑龙江	3	福建	3	湖南	3
河北	3	上海	3	江西	3	广东	3
山西	3	江苏	3	山东	3	广西	3
内蒙古	3	浙江	3	河南	3	海南	3

续表

省份	案例数量	省份	案例数量	省份	案例数量	省份	案例数量
重庆	3	云南	3	青海	3	宁夏	2
四川	3	西藏	3	北京	2	甘肃	1
贵州	3	陕西	3	吉林	2		

从各省（区、市）入选典型案例的数量来看，新疆维吾尔自治区和新疆生产建设兵团共6个典型案例；除海南没有，甘肃1个，北京、宁夏、吉林各2个外，其他省（区、市）均为3个。91个典型案例主题分布详见图2。

图2　2021—2023年度“中国民间文化艺术之乡”建设典型案例主题分布

从91个典型案例词云图和案例内容分析来看，在文化和旅游部的统筹指导和全国示范性展示活动的引领下，各地对“中国民间文化艺术之乡”建设的政策要求、创新方向、目标任务均有精准把握，在保护、传承和发展地方民间文化艺术、赋能乡村振兴、健全现代公共文化服务体系和建设中华民族现代文明等方面取得了积极成效，培育出一大批地域特点鲜明、创新成效显著、影响力广泛的优秀典型案例。

3.发布“中国民间文化艺术之乡”高质量发展机会清单，促进社会资源向乡土地区聚集

为推动民间文化艺术的传承与创新，促进文化产业的发展，吸引商业资源、智力资源和文旅资源向广大乡土地区聚集，2023年9月13日，首届中国群众文化品牌发展大会在四川省成都市盛大开幕。大会由文化和旅游部公共服务司指导，四川省文化和旅游厅、成都市人民政府支持，中国群众文化学会、文化和旅游部全国公共文化发展中心、成都市文化广电旅游局、成都市成华区人民政府、成都市崇州市人民政府共同主办。会议期间，发布了全国首批186个“中国民间文化艺术之乡”高质量发展机会清单，其中公共文化服务类项目18个、文化产业类项目66个、旅游类项目25个以及其他类项目77个，涵盖政企合作、智力合作、技术合作、联合投资、整体运营、品牌入驻等多种方式。

“机会清单”的发布，不仅为地方政府提供了展示本地文化特色、整合各方资源、推动文化旅游产业发展的平台，而且也为企业、社会组织和个人提供了参与民间文化艺术保护传承的多元路径，推动了一大批项目建设。如崇州市道明镇将“中国民间文化艺术之乡”建设与产业发展相结合的“道明竹编·创客新村”建设项目，已经成为当地经济的支柱性产业，部分产品走向了国际市场。

三、中国民间文化艺术之乡（2021—2023年）建设突出成效

2021—2023年“中国民间文化艺术之乡”建设，在展现中国民间文化艺术独特魅力、推动优秀传统文化保护传承和创新发展、推动公共文化服务高质量发展、带动文化产业融合发展、赋能乡村全面振兴等方面，取得了突出成效。

1. 展现出各地乡土文化的独特魅力，推动优秀传统文化创造性转化和创新性发展

每个地方、每个民族都有自己独特的民间文化艺术，“中国民间文化艺术之乡”建设聚焦当地最具特色、最有代表性和影响力的民间文化资源或艺术形式，共同展现出中华民族非凡的文化创造能力和地域文化的丰富性、独特性。同时也使一些濒危的民间艺术或传统技艺得到了有效保护和传承，而注重引入现代元素和技术手段，对传统艺术形式进行改造提升，使其更加符合当代审美需求，也推动了民间文化艺术的创造性转化和创新性发展。如河北省吴桥杂技起源于春秋战国，兴盛于汉唐时期，宋朝开始走向民间，20世纪50年代以后，老艺人、教练

逐渐减少，一度面临失传风险。吴桥县依托“中国民间文化艺术之乡”建设，实施“杂技兴县”战略，建成杂技传承基地20个，认证挂牌杂技专业村17个，组建杂技演出团体111家，杂技学校3所并为全国各地输送优秀杂技人才3000多名，带动了杂技魔术道具、服装及相关产品开发的企业100多家，以杂技为主题的文学、戏曲、影视作品大量涌现。又如天津市杨柳青镇年画是京杭大运河上一朵艺术奇葩，杨柳青镇依托“中国魅力文化传承名镇”“中国历史文化名镇”和“中国民间文化艺术之乡”文化资源禀赋，聚焦年画文化、年画产业，探索出以年画衍生品开发为重点、“跳出年画 发展年画”的独特道路，使传统文化不断焕发新的生命力、创造力。

2. 各地文化馆（站）积极参与“中国民间文化艺术之乡”建设，推动公共文化服务高质量发展

“中国民间文化艺术之乡”建设，为各地文化馆（站）开展全民艺术普及、全民美育教育，策划组织文化活动，培养文化艺术人才、组建民间文艺社团、发展文化志愿者带来了新的契机，极大地丰富了现代公共文化服务产品供给，提高了当地群众文化艺术素养。山西省应县是地方剧种“要孩儿”的发源地，应县文化馆采取“辅导 + 演出 +N”模式，由老艺人、骨干演员、志愿者对热爱“要孩儿”艺术的城乡群众，特别是年轻人手把手地辅导，夯实了“要孩儿”戏曲的群众基础。安徽省凤阳县以“花鼓之乡”“曲艺之乡”享誉全国，为配合“中国民间文化艺术之乡”建设，凤阳县文化馆建立起覆盖16个乡镇的综合文化站、中小学、老年大学等30个凤阳花鼓传习基地，累计培训学员约5万人次，并编创凤阳花鼓精品节目，开展戏曲“三进”展演活动。广东省梅县区文化馆与客家山歌传承保护中心、梅县区山歌剧团演艺公司、松口山歌协会合作，创编客家山歌艺术精品，开展客家山歌学唱培训和“六进”活动，为客家山歌传承发展奠定了坚实基础。另外，各地还充分结合自身特色文化资源，以社会合作的方式，积极引入数字化科技手段，打造出一批主题鲜明、科技含量高、业态丰富的新型公共文化空间。如陕西榆林市榆阳区的陕北民歌博物馆，融入大量数字技术和实景体验，成为4A级旅游景区、陕西民间文化艺术之乡建设新地标。上海市宝山区罗店镇坚持将龙船文化作为推进新型城镇化建设与乡村振兴的战略引擎，探索形成了以龙船文化为核心的“春有花神秋有画，夏有龙船冬有灯”的四季文化，并将花神、龙船、彩灯等民俗文化纳入罗店镇总体发展规划，极大地丰富了当地群众文化生活。

3. 推动文化事业、文化产业融合发展，让文化“活”起来、旅游“热”起来、村民富起来

将民间文化艺术活动与当地旅游产业发展相结合，通过文化活动进景区、建设文化景点、打造旅游线路、开展非遗研学旅游等，打造出一批具有地域特色的文化旅游产品。云南省澜沧拉祜族自治县酒井乡，是国家级非遗项目“牡帕密帕”和“拉祜族芦笙舞”的传承基地之一，酒井乡将拉祜族摆舞、拉祜族芦笙舞、牡帕密帕等文化资源，与乡村旅游、文创艺术相融合开展活动。民间文化艺术成为当地文旅融合、乡村振兴的新亮点，村民增收致富的主要来源。湖南省衡阳市常宁市把版画和印章艺术相结合，打造出全国独一无二的“中国印山”，被评为4A级旅游景区。为了打造具有常宁特色的版画“产业链”，常宁市在“中国印山”、水口山工人运动纪念馆等景区设立版画交易中心，在全市乡村旅游点设立“常宁版画”销售专柜，重点创作一批以常宁茶油、茶叶、湘黄鸡等特色农产品为主题的版画作品，在艺术赋能乡村振兴、产业发展等领域形成了一批具有示范作用的经验做法。山西省泽州县大阳镇是“中国历史文化名镇”，大阳镇综合文化站作为晋城环太行一号旅游公路沿线文化旅游功能融合试点单位，在基础设施覆盖整个大阳古镇景区的基础上，组织文化志愿者在景区常态化开展“阳阿奏奇舞”演出活动，实现了文化旅游从空间融合到功能融合的提升。

4. 把世代相传的“指尖技艺”变为促进乡村振兴的“指尖经济”，创出“非遗技艺＋扶贫产业＋乡村振兴”新路径

河北省丰宁满族自治县通过挖掘满族剪纸技艺潜能，带动500多农户年均增收4200多元，相关做法受到联合国教科文组织高度评价。河北省曲阳县依托国家级非遗项目和“中国民间文化艺术之乡”建设，先后建成100余所非遗工坊、12公里的“雕刻走廊”，培训石雕艺人12000余人次，组织协调16家雕刻企业带动73个村的2895户剩余劳动力就近就业，实现了“石雕＋艺术”的当代演绎，激活了“石雕＋文创”的时尚消费。四川省崇州市通过财政支持、编制产业发展规划、数字赋能产业发展、强化品牌建设等举措，不断延伸竹编技艺传承路径、壮大竹编产业集群，竹编产业产值较“十三五”末增长近百倍，竹艺村入选四川十大文旅产业地标，总计接待游客 51.03 万人次，带动旅游综合收入 4.51 亿元。为保护传承华州皮影这一优秀非物质文化遗产，渭南市华州区依托国家 4A 级景区少华山国家森林公园，先后打造出柳枝镇梁堡村皮影艺术专业村、少华山国际皮影博览园和 205 库群文化创意产业园三大保护传承基地。形成了以“一村两园”为主体、特色鲜明的华州皮影保护传承新格局，皮影产业年产值 2 亿多元，带动周边富余劳动力数百人。将华州皮影艺术“产业链”延伸到演艺、动漫、文创、电影等领域，推动了当地文化事业和文化旅游产业的繁荣发展。

总体而言，自 1987 年始创以来，“中国民间文化艺术之乡”已经成为推动民间文化艺术繁荣发展、丰富活跃基层群众文化生活、赋能乡村振兴最重要的公共文化品牌项目之一，是展示民间文化艺术发展成果、探索文化旅游科技融合、培育创新发展新动能的重要地理文化空间。2021—2023 年度“中国民间文化艺术之乡”建设，以习近平新时代中国特色社会主义思想为指导，坚持以人民为中心的工作导向，坚持以社会主义核心价值观为引领，保护传承和发展了各地优秀传统文化，推进了现代公共文化服务高质量发展，极大地丰富了农村群众文化生活，也带动了当地文化旅游产业发展，为加快乡村振兴和文化强国建设作出了积极贡献，展现出中国式现代化进程中民间文化艺术的蓬勃伟力和中国人民在文化自信、文化自强方面的坚定信念和不懈追求。

“大地欢歌”：以文化繁荣助力乡村振兴

尹　莉　杨九龙*

“十四五”时期是我国全面建成小康社会、实现第一个百年奋斗目标之后，乘势而上，开启全面建设社会主义现代化国家新征程、向第二个百年奋斗目标奋进的第一个五年。建设社会主义文化强国、推动乡村振兴、实现中华民族伟大复兴等国家重大战略部署，对各级各类公共文化机构提出了新目标、新任务。文化馆（站）作为公共文化服务领域一支重要力量，与其他公共文化机构共同承担着传承中华优秀传统文化、构建现代公共文化服务体系、发展社会主义先进文化、建设中华民族现代文明和满足人民群众日益增长的精神文化需求等重要时代使命。特别是2023年“大地欢歌”全国乡村文化活动年启动后，全国各地文化馆（站）聚焦文化服务赋能乡村振兴的时代使命，在文化和旅游部公共服务司、全国公共文化发展中心精心部署和统筹指导下，积极配合地方文旅行政部门参与“大地欢歌”全国乡村文化活动年，在健全乡村公共文化服务体系，提升基层综合性文化服务中心功能，组织开展乡村“村晚”文化活动，以文化繁荣助力乡村振兴等方面，取得一系列积极成效，展现出中国式现代化进程中文化馆（站）的新形象、新作为、新价值。

---

* 尹莉，长安大学研究馆员，陕西省文化和旅游厅专家库成员，陕西省图书馆学会编辑出版委员会副主任。

杨九龙，西北大学公共管理学院教授，陕西省公共文化服务体系建设专家委员会委员，陕西省图书馆学会副理事长、编辑出版委员会主任。

一、“大地欢歌”全国乡村文化活动年基本情况

乡村文化建设作为社会主义文化强国建设和乡村精神文明建设的重要内容，既是事关民生事业、发展基业、复兴伟业的重大问题，也是公共文化机构为农村群众提供更高质量、更高效率、更加公平、更可持续公共文化服务的重大使命和重点任务。2023 年 2 月，文化和旅游部联合农业农村部办公厅、国家乡村振兴局综合司印发了《“大地欢歌”全国乡村文化活动年工作方案》，计划在全国举办“四季村晚”等 12 项主体活动和 80 多项示范活动，其主要目的，就是以丰富多彩的乡村文化活动，展示近年来群众文艺创作、文化遗产保护、乡村旅游发展等丰硕成果，活跃农民群众文化生活，焕发农民群众精神风貌，呈现乡村文明新气象。

2023 年 2 月 12 日下午，“大地欢歌”全国乡村文化活动年在武汉市蔡甸区花博汇园区启动。时任文化和旅游部党组书记、部长胡和平，湖北省委副书记、省长王忠林，中央农村工作领导小组办公室副主任、农业农村部党组成员、国家乡村振兴局局长刘焕鑫出席活动并致辞。文化和旅游部副部长饶权主持，湖北省副省长邵新宇、武汉市市长程用文参加活动。

本次活动年采取“主体活动＋系列活动”形式，组织举办“四季村晚”、“农业文化遗产里的中国”文化展示、“一县一品”特色文化典型案例征集、全国广场舞展演、全国优秀群众文艺作品巡演、“乡村四时好风光”全国乡村旅游精品线路遴选推广、“我们的中国梦——文化进万家”、“文化和自然遗产日”非遗宣传展示、“中国民间文化艺术之乡”交流展示、“新生活·新风尚·新年画”美术创作征集展示、网络书香乡村阅读推广和“乡村网红”培育计划等 12 项主体活动，以及第九届中国农民歌会、湖北省“乡村文化旅游节”、山东省群众性小戏小剧“大擂台”展演、广东省“粤美乡村——文化新舞台”文化惠民活动、四川省乡村艺术节等 80 项示范性系列活动。

在“大地欢歌”全国乡村文化活动年示范性项目引领下，各地根据《“大地欢歌”全国乡村文化活动年工作方案》并结合本地文化资源禀赋，采取“主体活

动+系列活动”形式，陆续启动本地“大地欢歌”乡村文化活动年，形成了以农民为主体，以热在乡村、乐在群众为宗旨，以推动乡村文化振兴为己任，以满足人民文化需求、增强人民精神力量为着力点的活动体系。在丰富乡村公共文化产品和服务供给，保护好、传承好、弘扬好乡村优秀传统文化，创新实施文化惠民工程，培育打造群众喜闻乐见的文化活动品牌，全面推进乡村振兴等方面，谱写出和美乡村文化建设新篇章，为共推乡村文化振兴注入澎湃动能，为共铸社会主义文化新辉煌、奋进中国式现代化新征程汇聚磅礴力量。

二、文化馆（站）在“大地欢歌”活动年中的新作为

“大地欢歌”全国乡村文化活动，突出文化活动主线，让农民做主角，为乡村搭舞台，充分释放各地文化创新创造和发展活力，极大活跃了农村群众文化生活，形成了一系列文化赋能乡村振兴的新特色、新亮点，奏响了一曲真正的“大地欢歌”。其中，各地文化馆（站）以“大地欢歌”全国示范性活动为引领，积极配合当地文旅行政部门，参与活动策划、组织、实施，围绕乡村文化振兴主题，创新服务形式，拓展服务内容，组织开展全民艺术普及、全民美育教育和丰富多彩的系列群众文化活动，不断丰富乡村公共文化服务和产品供给，彰显出新时代文化馆（站）新风貌、新作为、新价值。

一是充分发挥公共文化服务主阵地的积极作用。在“大地欢歌”全国乡村文化活动年的12个主体活动中，各地文化馆（站）充分发挥自身优势，以主办、承办、协办、合办等方式，重点参与了“四季村晚”、“一县一品”特色文化典型案例征集、“我们的中国梦——文化进万家”、全国广场舞展演、全国优秀群众文艺作品巡演、“中国民间文化艺术之乡”交流展示等活动。各地文化馆（站）通过创新实施文化惠民工程，健全农村现代公共文化服务体系，传承弘扬中华优秀传统文化，丰富乡村公共文化服务供给，深化农村精神文明建设，激发新时代乡村振兴的文化活力，充分发挥公共文化服务主阵地的积极作用。

二是推动了乡村艺术普及、美育教育。通过创新全民艺术普及、全民美育教育，结合“中国民间文化艺术之乡”交流展示等，提升农村群众文化艺术素养，

实现节目季季演、才艺人人秀，提升了文化惠民工作实效，夯实了农村文化服务基础，强化了基层文化人才队伍建设，让“乌兰牧骑”精神绽放在乡村文化振兴最前沿，充分发挥文化培根铸魂、凝心聚力作用。

三是丰富了农村公共文化服务与产品供给。在文化和旅游部公共服务司、全国公共文化发展中心统筹领导下，各地文化馆（站）围绕本级文化行政部门工作部署，活动开展在农村、舞台搭建在农村、演员派送到农村，把优质文化资源和服务延伸到农村基层。还通过建设线上数字馆、线下体验馆、移动文化馆，推动乡村特色文化和历史文化数字化等举措，让农村群众足不出户就能享受到与城市居民同样的文化盛宴。

四是调动了农民群众参与文化建设的积极性、主动性和创造性。各地文化馆（站）以发展群众性文艺团队为抓手，大力培育基层群众首创精神，支持农民开展具有地方特色的文化活动，鼓励引导农民自办文化活动，因而涌现出一批农民自主策划、自主组织、自主创新和热在乡村、乐在群众的文化活动品牌。这极大地提高了农村群众文化创新、创造能力，也为农村地区培养出大批群众性文艺团队和文化志愿者组织，目前全国登记在册的群众文艺团队已经超过 46 万个，而且此数量还在不断增长。

三、各地“大地欢歌”乡村文化活动年创新实践

“大地欢歌”全国乡村文化活动年开展以来，各地按照文化和旅游部关于精心策划组织实施，突出热在基层、乐在乡村，注重运用新媒体传播推广，配合国家公共文化云做好“村晚”直录播工作，展现乡村新风貌，倡树文明新风尚，助力乡村文化振兴等统一要求的基础上，结合自身文化资源禀赋和具体实际，组织策划实施了一系列具有地方特色的创新实践，形成了一批创新性强、影响力大的新文化活动品牌。

为统筹推动“四季村晚”示范活动，文化和旅游部公共服务司出台《关于公布 2023 年“四季村晚”主会场和示范展示点名单的通知》，春季“村晚”主会场设在四川省宜宾市，示范展示点 74 个；夏季“村晚”主会场设在云南省丽江

市，示范展示点 81 个；秋季“村晚”主会场设在江西省九江市，示范展示点 83 个；冬季“村晚”主会场设在浙江省丽水市和广西壮族自治区柳州市，示范展示点 84 个。

四川省紧紧围绕“天府乡村大舞台”这一核心品牌，成功策划并开展了 100 多项重点乡村文化活动。为确保乡村文化活动能够真正惠及广大农民群众，四川省还通过推动乡村“四季村晚”时间空间全覆盖和建立常态化惠民活动，通过统一的标识、口号和形象设计，提升活动品牌化建设和知名度、影响力等，让更多的农民群众能够参与活动，共同享受文化发展新成果，推动四川省乡村文化建设迈上新的台阶，为乡村振兴贡献更大的力量。

云南作为一个多民族的省份，一直致力于推动民族团结和进步。在此背景下，云南省将“民族团结进步大舞台系列活动”暨“大地欢歌”乡村文化活动，覆盖到全省 16 个州市。结合现代元素和新技术，组织开展了 10 场主题文艺活动和 9 场“文化六进”惠民演出，涵盖民族歌舞表演、传统手工艺展示、民族美食品鉴和阅读、广场舞、合唱、才艺展示等，为当地群众和游客提供了一场场精彩的文化盛宴。以各民族群众为主体，以丰富多彩的文化活动为载体，云南省陆续开展了“彩云之南等你来”广场舞展演展示、云南省“第七届农民工文化艺术节”暨专场演出、合唱艺术周、网络书香乡村阅读推广等系列文化惠民活动。通过丰富多彩的文化活动，加强各民族之间的交流与理解，促进民族团结，展现云南乡村文化的独特魅力。

江西省通过“千乡万村闹新年”“四季村晚”“最美基层文化人”等 14 项主题活动，带动各地因地制宜组织开展内容丰富、形式多样的系列群众文化活动。在春节期间，全省各地举办“千乡万村闹新年”庆祝活动，组织开展传统民俗表演、新年庙会等，营造出浓厚的节日氛围；“四季村晚”则根据四季变化，由各地乡村轮流举办文艺晚会、露天电影放映、乡村音乐会等活动；“最美基层文化人”通过评选和表彰在基层文化工作中做出突出贡献的个人和团队，激励更多人投身乡村文化建设。此外，还有其他 11 项主题活动，如“乡村文化大集”“非遗进乡村”“农民画展”等，都取得了良好的效果。

甘肃省文化馆积极响应“大地欢歌”全国乡村文化活动年的号召，结合本省丰富的乡村文化资源，组织“百馆联动”并结合当地实际，策划实施了地方戏曲表演、民间艺术展示、农民画展、乡村音乐会、群文影像巡展、“美丽中国张掖行”摄影作品展、“笔耕新时代·墨舞新征程”群文系统原创诗文书法作品展和文化讲座、培训等，农民群众在参与活动的过程中，不仅享受到了文化的乐趣，还增强了对本土文化的认同感和自豪感。甘肃省嘉峪关市文化和旅游局、市公安局主办，市文化馆、文殊镇分馆承办的“大地欢歌”乡村“村晚”在文殊镇文殊村热闹上演，村民们自编自导自演的节目精彩纷呈，既有歌舞、小品、戏曲等传统艺术形式，也有非遗技艺展示、民俗体验等互动环节。这些节目以“唱身边事，演身边人，道家乡美，赞新生活”为主要内容，生动展现了乡村生活的点点滴滴和人民群众对美好生活的向往。

宁夏回族自治区为响应国家关于推动乡村文化振兴的号召，将“大地欢歌”全国乡村文化活动年与本地特色的“清凉宁夏”广场文化示范演出相结合，策划并实施了“欢乐宁夏”巡演、“塞上金秋·美酒飘香”“乡村村晚”“丰收看宁夏·农旅到西夏”等一系列丰富多彩的活动。其中，“欢乐宁夏”巡演组织区内优秀文艺团队深入乡村进行巡回演出，将歌舞、戏曲、杂技等艺术形式送到农民群众家门口；“塞上金秋·美酒飘香”结合宁夏葡萄酒产业的特色，举办葡萄酒品鉴会、葡萄酒文化讲座等活动，在普及葡萄酒文化知识的同时，推动葡萄产业发展；“丰收看宁夏·农旅到西夏”结合宁夏农业和旅游资源，组织农民群众和游客参与农耕文化体验、农产品采摘、乡村旅游等活动，促进农业与旅游融合发展。

陕西省在“大地欢歌”乡村文化活动年期间，各地举办了乡村文艺演出、民间艺术展示、传统手工艺制作、乡村美食节、农民运动会等形式多样的文化活动。为充分展示陕西乡村文化的多样性、独特性和“大地欢歌”乡村文化活动年成果，2023 年 8 月陕西省文化和旅游厅在神木市举办了黄河流域公共文化服务高质量发展论坛暨“大地欢歌”陕西省乡村公共文化服务创新大赛，全省文化馆、图书馆系统分别组织基层 33 个创新案例参加决赛。渭南市临渭区连续 7 年举办“临渭村晚”，吸引数十万群众参与，2023 年入选全国“村晚”示范展演名录，登录国家公共文化云“村晚云展播”栏目。

山西省利用“大地欢歌”乡村文化活动年，举办农民工歌手大赛、农民画优秀作品巡演、乡土文化能人技艺大赛等活动，并联合高校表演团体通过戏曲、话剧、舞蹈、书画等多种艺术形式，举办大学生乡村文化艺术季，免费送戏下乡，让乡村充满艺术气息。

河北省在“大地欢歌”乡村文化活动年中，重点打造出“春季热启动”“夏季大联欢”“秋季庆丰收”“冬季暖回顾”等“四季村晚”活动品牌。“春季热启动”以“春耕、春播、春游”为主题，通过歌舞、戏曲、民间艺术等形式，展现了春季乡村生机与活力；“夏季大联欢”利用乡村文化活动旺季，举办乡村音乐会、农民运动会、民间艺术展示、露天电影放映、纳凉晚会等活动；“秋季庆丰收”结合秋季农事特点，开展农耕文化讲座、传统手工艺制作、农民丰收节、农产品采摘节等活动；在“冬季暖回顾”中，河北省注重活动的回顾和总结，通过举办乡村文化成果展、农民才艺大赛等活动，展示了全年乡村文化活动的成果和农民群众的才艺风采。

海南省作为中国最南端的热带省份，拥有丰富的自然资源和独特的乡村文化。为了深入挖掘和展示海南乡村的文化魅力，推动乡村文化振兴，海南省在举办“大地欢歌”乡村文化活动年期间，共策划实施了 105 项主题活动，其中省级 11 项，县级以上 94 项，从“春风村雨”文化惠民等省级群众文化活动到“红色文艺轻骑兵”进基层等活动，涵盖了文艺演出、民俗展示、文化讲座、体育竞技等多个方面，展现海南乡村的传统文化、民俗风情和现代发展成果。

总体而言，2023 年全国各地纷纷响应“大地欢歌”乡村文化活动年的号召，在活动内容和形式上不断创新，乡村文化传承得到有效推动，农民群众文化素养得到提升，乡村旅游发展得到促进，社会参与热情不断高涨，充分展示了乡村文化的魅力，有效推动了乡村文化振兴。

四、总结与概况

乡村兴则国家兴，乡村衰则国家衰。“大地欢歌”全国乡村文化活动年，充分聚焦乡村文化振兴，具有形式丰富、规模宏大、覆盖面广等特点，特别是让农民做主角，为乡村搭舞台，做到了空间全覆盖、季节全覆盖、内容全覆盖，为实现乡村全面振兴贡献了文化力量。

各地文化馆（站）通过举办丰富多彩的地方戏曲表演、民间艺术展示、乡村音乐会、农民画展览、艺术普及讲座等活动，推动了乡村文化的传承和发展，提高了各地农民群众的文化素养和审美能力，让广大农民群众共享文化发展成果，起到了弘扬中华优秀传统文化，提升乡村社会文明程度，焕发乡村社会文明新气象等积极成效。

“大地欢歌”全国乡村文化活动年形成了以下基本经验：一是组织领导和统筹协调的加强，尊重农民群众的主体地位，能更充分发挥他们的积极性和创造力；二是注重活动的针对性和实效性，根据乡村地区的实际情况和农民群众的需求，提高了活动的策划、组织能力，提高了活动的吸引力和感染力；三是乡村文化人才的培养，提高了乡村地区的文化创造力和传承能力；四是对乡村文化活动投入和支持力度的加大，有助于加强与相关部门的合作与联动机制建设，形成了推动乡村文化发展的合力；五是树立品牌意识，加强品牌活动的宣传和推广工作，有助于提高品牌活动的知名度和影响力。

群众文化国际合作与交流的成就、问题与展望

李亚男[*]

党的二十大报告提出，以中国式现代化全面推进中华民族伟大复兴，推进文化自信自强，铸就社会主义文化新辉煌，增强中华文明传播力影响力，坚持中华文化立场，深化文明交流互鉴，推动中华文化更好走向世界。我国文化馆等群众文化机构立足职能，全面融入中国特色现代公共文化服务体系建设、中国特色大国外交战略大局，通过参与中央和地方多层次、官方和民间多途径、成果展示和人员往来多方位、走出去和请进来相结合的国际合作与交流，为推动中华优秀文化在世界舞台进一步传播、交流与推广，助力讲好中国故事、展现中国形象，增进与各国和地区间的民相亲心相通、文明互学互鉴，做出了贡献。

一、群众文化国际合作与交流的发展背景

（一）中国特色大国外交为对外文化工作开创新格局

2014年11月，习近平总书记在中央外事工作会议上明确提出推进中国特色大国外交的战略思想，倡导构建人类命运共同体，实施共建“一带一路”倡议，深入布局各领域外交工作，积极促进全球治理体系变革，参与贡献人类共同价

* 李亚男，文化和旅游部全国公共文化发展中心群文活动处副处长、文化馆发展研究院秘书长、副研究馆员，中国群众文化学会副秘书长。

值[①]。2016年11月、12月，中央全面深化改革领导小组会议审议通过《关于进一步加强和改进中华文化走出去工作的指导意见》《关于加强“一带一路”软力量建设的指导意见》，分别对大力推动中华文化走向世界的重要意义、重点任务、方式举措和“一带一路”建设的理论支持、舆论支持、文化条件进行深入阐释和具体部署[②③]。

十八大以来，党中央统筹中华民族伟大复兴战略全局和世界百年未有之大变局，深刻把握国内国外两个大局，始终把文化建设摆在全局工作的重要位置，推动中华优秀传统文化创造性转化、创新性发展，全面推进中国特色大国外交，推动创造人类文明新形态，我国国际影响力、感召力、塑造力显著提升。2017年3月，《中华人民共和国公共文化服务保障法》实施，对鼓励和支持在公共文化服务领域开展国际合作与交流做出规定、给予保障，从国家法律层面进一步完善我国对外文化交流格局[④]。2018年3月，国务院组建文化和旅游部，原文化部下设对外文化联络局（港澳台办公室）更名为文化和旅游部国际交流与合作局（港澳台办公室），名称的调整反映了新时期国家文化外交发展战略，体现了新时期我国对外文化工作强调双向互动和有来有往的发展方向。

进入“十四五”，百年奋斗目标迈向新阶段。2021年3月发布的《中华人民共和国国民经济和社会发展第十四个五年规划和2035年远景目标纲要》提出，加快构建新发展格局，着力推动高质量发展，繁荣发展文化事业和文化产业，提高国家文化软实力，以讲好中国故事为着力点，创新推进国际传播，加强对外文化

---

① 中央外事工作会议在京举行[EB/OL].（2014-11-30）[2023-01-10]. http://politics.people.com.cn/n/2014/1130/c1024-26118788.html.

② 习近平主持召开中央全面深化改革领导小组第二十九次会议[EB/OL].（2016-11-01）[2024-01-10]. https://www.gov.cn/xinwen/2016-11/01/content_5127202.htm.

③ 习近平主持召开中央全面深化改革领导小组第三十次会议[EB/OL].（2016-12-05）[2024-01-10]. https://www.gov.cn/xinwen/2016-12/05/content_5143552.htm.

④ 柳斌杰，雒树刚，袁曙宏．中华人民共和国公共文化服务保障法解读[M].北京：中国法制出版社，2017：54.

交流和多层次文明对话[①]。2022 年 10 月，在党的二十大报告中，明确了新时期党和国家的中心任务，提出到本世纪中叶，把我国建设成为综合国力和国际影响力领先的社会主义现代化强国，促进世界和平与发展[②]。2023年6月，习近平总书记在文化传承发展座谈会上发表重要讲话，提出在新的起点上继续推动文化繁荣、建设文化强国、建设中华民族现代文明，是我们在新时代新的文化使命[③]。

新时期党和国家对文化建设、对外文化工作的统筹部署以及文化管理体制的深化改革，为群众文化领域国际合作与交流夯实了政策基础、创造了发展环境。2021 年 3 月，文化和旅游部、国家发展改革委、财政部印发《关于推动公共文化服务高质量发展的意见》，指出做大做强全民艺术普及品牌，充分发挥群众文艺在国际文化交流中的作用，创造条件组织国际艺术院团到基层开展公益性演出，在“欢乐春节”、海外中国文化旅游年、国际艺术节、多边或双边文化交流中更多地植入群众文化活动、项目，展现中国形象，讲好中国故事，以民相亲促进心相通[④]。2021年4月、7月，文化和旅游部印发的《“十四五”文化和旅游发展规划》《“十四五”“一带一路”文化和旅游发展行动计划》等文件，围绕提高国家文化软实力、建设对外和对港澳台文化交流和旅游推广体系、推进“一带一路”沿线文化和旅游高质量发展、推动我国逐步从国际文化发展的贡献者向引领者转变等发展目标，从大力推动文化外交、开展多层次对外交流、提高国际传播能力、深化对港澳台交流以及通过文化和旅游交流与合作展示真实、立体、全面的中国，为构建民心相通新格局、提供新动力等方面提出具体任务，为群众文化领域服务

---

① 中华人民共和国国民经济和社会发展第十四个五年规划和2035年远景目标纲要[EB/OL].（2021-03-13）[2024-01-10]. https://www.gov.cn/xinwen/2021-03/13/content_5592681.htm.

② 习近平：高举中国特色社会主义伟大旗帜，为全面建设社会主义现代化国家而团结奋斗——在中国共产党第二十次全国代表大会上的报告[EB/OL].（2022-10-25）[2024-01-10]. https://www.gov.cn/xinwen/2022-10/25/content_5721685.htm.

③ 习近平出席文化传承发展座谈会并发表重要讲话[EB/OL].（2023-06-02）[2024-01-10]. https://www.gov.cn/yaowen/tupian/202306/content_6884331.htm.

④ 文化和旅游部，国家发展改革委，财政部. 关于推动公共文化服务高质量发展的意见[EB/OL].（2023-06-02）[2024-01-10]. https://zwgk.mct.gov.cn/zfxxgkml/ggfw/202103/t20210323_923230.html.

于党和国家文化和旅游对外工作整体布局指明了方向[①②]。

（二）民间文化交流在对外文化工作中发挥重要作用

民间外交是中国特色大国外交的重要组成部分。新时代对外文化工作汇聚了政府和民间合力，政府组织文化部门开展的文化交流体现集中资源办大事的效能，民间开展的文化交流具有灵活广泛多元、有助激发社会活力、增进民众理解互信的特点，两者结合、优势互补、共促民心相通。改革开放以来，大量民间文化机构应运而生，全面参与世界各国和地区组织的民间多边国际交流活动，成为我国对外文化交流的活跃主体。

以中国群众文化学会为代表的群众文化社会组织，积极响应不同时期国家文化外交战略，搭建起联系各国人民、开展民间文化交流的重要桥梁和纽带。中国群众文化学会成立于 1985 年 10 月，于 1993 年 2 月代表中国加入国际民间艺术节组织理事会（International Council of Organizations of Folklore Festivals and Folk Arts，英文简称“CIOFF”，中文译名“西奥夫”），成为其国家会员，对外以“CIOFF CHINA”（西奥夫中国委员会）名义开展国际组织活动。多年来中国群众文化学会联合各地政府、文化和旅游部门、文化馆系统，承办多届 CIOFF 世界年会、亚太分会会议、亚洲民间艺术节、亚洲儿童艺术节；举办 30 多次国际民间艺术交流活动，邀请 100 多个国家和地区的民间艺术团队来访，选派 90 多个国内优秀民间艺术团参加 30 多个国家和地区举办的各类国际民间艺术节，成为推动我国群众文化对外文化交流的窗口，为推动群众文化走向世界、向各国展示中国民间文化艺术，促进海峡两岸及香港、澳门的文化交流、文化认同和同胞感情，发挥了举足轻重的作用[③]。

CIOFF 成立于 1970 年，是与联合国教科文组织缔结官方合作伙伴关系并为

① 文化和旅游部印发《“十四五”文化和旅游发展规划》的通知[EB/OL].（2021-04-29）[2024-01-10]. https://zwgk.mct.gov.cn/zfxxgkml/ghjh/202106/t20210602_924956.html.

② 明确三大任务，促进高质量发展，《“十四五”“一带一路”文化和旅游发展行动计划》制定印发[EB/OL].（2021-07-19）[2024-01-10]. https://www.mct.gov.cn/whzx/whyw/202107/t20210719_926507.htm.

③ 李亚男. 中国群众文化学会历史沿革与前景展望[J]. 大众文艺，2022（23）：6-10.

其发展目标服务的国际性非政府文化组织，旨在通过开展民间文化艺术交流，保护、促进和传播各国和地区间的传统文化艺术、非物质文化遗产，增进各国人民之间的了解和友谊。截至 2023 年，CIOFF 拥有涵盖 110 个国家和地区的会员，包含 61 个国家和地区会员（正式会员，设立委员会）、32 个准会员、4 个合作会员和 13 个通讯会员。通过其会员体系，CIOFF 与全球 3 万多个民间艺术团体建立了联系，每年在各国轮流举办国际性民间艺术节[①]。

CIOFF 的宗旨理念、重点活动与我国文化馆的相关职能业务高度契合，与 CIOFF 建立紧密的联系与合作，是推动群众文化对外交流取得新突破的重要抓手[②]。中国群众文化学会于 2021 年挂靠到文化和旅游部全国公共文化发展中心，并于 2022 年 6 月换届组建第六届理事会以来，将西奥夫中国委员会作为工作重点，积极与 CIOFF 各方加强沟通联系，参与 CIOFF 重要会议和活动，着力完善机制，畅通网络渠道，依托该组织体系，联合各级文化馆（站）、文化馆协会、群众文化学会、民间文艺团体、企事业单位、高校研究机构等，共同探索群众文化国际合作与交流的新思路与新路径。

二、群众文化国际合作与交流的实践进展

近年来，在中央和国家有关部委的政策指导下，在各级党委政府、宣传部门、文化和旅游主管部门的领导下，在与驻外文化和旅游机构、海外中国文化中心的积极合作下，以全国文化馆（站）系统为主体的群众文化领域，持续参与国家“一带一路”文化和旅游发展行动计划、“欢乐春节”、“你好！中国”等综合性文化品牌活动，北京冬奥会、杭州亚运会、成都大运会等世界级体育竞技盛会，以及中国与友好国家的建交庆祝活动及双边、多边文化和旅游节（年、月、周），国内外举办的国际性与区域性文化艺术交流节事、会议论坛，以展览、展示、展演为主要载体，推动我国与世界各国和地区间传统非遗技艺、优秀文艺作品、文化创意活动的传播、交流与推广。我国文化馆通过加强公共文化、群众文

① 数据来自 CIOFF 官网：http://www.cioff.org/index.cfm.

② 李国新. 论文化馆及其主要职能[J]. 中国文化馆，2021（1）：4-11.

化建设，在“东亚文化之都”国际区域文化品牌创建、联合国教科文组织世界文化遗产申请等工作中发挥积极作用。浙江、四川等地文化馆，在参与开展国家和地方统筹的对外文化工作中，逐步培育打造出独具特色的文化交流品牌活动，并通过争取国家和地方艺术基金支持，入选驻外文化和旅游机构项目资源库，保障相关工作可持续开展。

2021 至 2022 年，面对全球新冠疫情（以下简称“疫情”）阻隔，中国与世界各国的文化交流和人文往来从未中断，跨国、跨地区的线上文化和旅游交流活动异彩纷呈。群众文化对外交流坚持围绕中心服务大局，通过创新形式、依托数字文化在“云端”绽放，并在做好疫情防控的同时，紧抓时机开展线下交流活动。2023 年，随着疫情管控政策放开，各地率先重启国家级、省级统筹的综合性活动，整合各类资源，创新多样形态，“走出去”与“请进来”并举，线上与线下相结合，取得较好成效。

（一）参与“一带一路”文化合作交流

“丝绸之路经济带”和“21 世纪海上丝绸之路”（“一带一路”）的重大倡议，于 2013 年秋由习近平总书记在出访中亚和东南亚国家期间先后提出。十年间，已有 150 多个国家和 30 多个国际组织加入共建，其中有 144 个国家与中国签署了文化和旅游合作文件[①]。随着“一带一路”对外文化交流不断深化，“文化丝路”计划启动实施，我国区域之间以及与相关共建国家和地区之间举办的文化艺术节事紧密开展，各级文化馆也积极参与相关工作。

在文化和旅游部、陕西省人民政府、陕西省文化和旅游厅的共同推动下，为落实共建“一带一路”倡议而打造的国家级综合性国际艺术节“丝绸之路国际艺术节”，每年举办一届并落户西安。自 2014 年创建以来已吸引 120 余个国家和地区的 236 部精品剧目、2600 余件各类艺术和非遗作品展演展出[②]。陕西各地文

① 共建“一带一路”，文旅成绩单来啦[EB/OL].（2023-10-16）[2024-01-18]. https://mp.weixin.qq.com/s/UJF_ZTc1RFApXQgAj2thXA.

② 第九届丝绸之路国际艺术节开幕在即，80余场活动将亮相[EB/OL].（2023-10-10）[2024-01-18]. https://www.shx.chinanews.com.cn/news/2023/1010/94553.html.

化馆充分利用群众文化精品、非遗文化资源，全面加强与丝绸之路沿线国家和地区的文化交流。2023 年 10 月，第九届丝绸之路国际艺术节在陕西开幕，“旷古遗音・和合之美”丝绸之路非遗器乐精品展、“华彩非遗 寻味丝路”非遗美食周等重要板块在陕西省文化馆曲江馆区启动，众多从丝绸之路上走来的乐器和美食，带着各自的文化记忆，共奏丝绸之路沿线非遗文化交流展示的和美乐章[①]。

2023 年 12 月，由文化和旅游部、福建省人民政府主办，福建省文化和旅游厅、泉州市人民政府承办的第五届海上丝绸之路国际艺术节在泉州举行。43 个国家和地区的 52 个文化团体、1600 多名艺术家、80 多位专家学者参与，线上线下展示 118 个中外非遗项目，12 个省内精选街头艺术项目在城市街道沉浸式展演，38 个海内外南音社团同唱百代乡音，30 多场木偶剧目在文化广场、主要旅游景区、学校、乡村、百姓大舞台上演[②]。该艺术节是推进海上丝绸之路核心区建设、传承弘扬“丝路精神”的国家级对外文化交流平台，自 2014 年创建起每两年举办一届并永久落户泉州[③]，是福建省各地文化馆参与并展示优秀群众文化艺术、非遗文化精品的重要舞台。第五届艺术节期间还配套开展了由泉州市艺术馆执行、中国群众文化学会街舞艺术推广委员会支持的“海上丝绸之路国际街舞邀请展演”活动，邀请 12 个国家的知名舞者担任评委、嘉宾，国内 16 个地区近 2000 名选手参加竞演，通过街舞艺术形式传播中华优秀文化价值观、讲述现代中国故事、展示新时代中国青年积极向上的精神面貌[④]。

2023 年 10 月，由海上丝绸之路保护和联合申报世界文化遗产城市联盟办公室、广州市文化广电旅游局主办，广州市文化馆、郑和文化馆等海上丝绸之路联盟各相关单位参与承办的“丝路花语——海上丝绸之路文化之旅”推介活动，赴

---

① 第九届丝绸之路国际艺术节：促进文明交流互鉴，奏响民心相通的“丝路华章”[EB/OL].（2023-10-19）[2024-01-18]. https://mp.weixin.qq.com/s/TgaygfI_BNjfXKcCDHkSeQ.

② 丝路连接世界 文明交流互鉴——第五届海上丝绸之路国际艺术节综述[EB/OL].（2023-12-14）[2024-01-18]. http://www.quanzhou.gov.cn/zfb/xxgk/zfxxgkzl/qzdt/qzyw/202312/t20231214_2980948.htm.

③ 第五届海上丝绸之路国际艺术节在福建泉州开幕[EB/OL].（2023-12-08）[2024-01-18]. http://fj.people.com.cn/n2/2023/1208/c181466-40670927.html.

④ 当传统文化遇上嘻哈律动 古城刮起国际街舞展演欢乐风[EB/OL].（2023-12-11）[2024-01-18]. http://www.mnw.cn/quanzhou/news/2867656.html.

新加坡、马来西亚马六甲和印度尼西亚井里汶开展宣传和推广活动。该活动与当地政府部门代表、专家学者等通过沙龙交流会深入交流，举办海上丝绸之路图片展和“流动博物馆”等展览，签署了《海上丝绸之路文化遗产合作保护和遗产地旅游资源开发共享的合作备忘录》，搭建与国外海上丝绸之路城市文化交流平台，进一步深化文化与旅游融合发展，在资源互享、客源互往等方面展开全面合作①。

2022 年 10 月，文化和旅游部全国公共文化发展中心与文化和旅游部国际交流与合作局联合开启了“云上看中国”——“一带一路”数字文化产品推送服务项目，联合中国交通建设集团等大型中资企业，运用数字化、网络化、智能化手段，整合发展中心和各地文化馆建设的云游中国、传统文化、群众文化、现代艺术、丝路文化、节庆习俗、民族节日、云上村晚、舌尖美食、影视剧、动画片、纪录片和文化节目等多个专题共计 1441 集优质资源，定制 150 套中英双语数字文化产品，配送至“一带一路”指定国家和地区进行文化传播推广。

（二）参与打造“欢乐春节”等国家级文化交流品牌

春节是中华民族的重要传统节日，凝结着中华文明的精神标识和文化精粹，其丰富的文化内涵与全人类的共同价值高度契合。由文化和旅游部主办的“欢乐春节”系列活动自 2001 年起已连续举办 22 年，覆盖全球 100 多个国家和地区，并根据不同国家和地区的情况，将中国风情与当地文化充分结合，在活动整体框架下发展出多个本土化子品牌，推动更多互动式年俗文化体验活动进入当地公共文化场所、学校、社区，逐步成为世界各地共庆共享的文化嘉年华。“欢度春节”活动成为助力民心相通、增进交流的桥梁和中华文化走向世界、世界人民读懂中国的窗口。

2021 年、2022 年“欢乐春节”活动联合中央广播电视总台，由驻外文化和旅游机构总部（筹）携手部直属单位、各省文化和旅游厅（局），整合各种文化资源，将富含春节特色、体现中华文化内涵的民俗和非遗活动，丰富多彩的文化和旅游体验活动，以及中外名家荟萃的精品文艺演出等，通过线上方式与全球民

---

① 续写“山海情”2023年“丝路花语——海上丝绸之路文化之旅”完美收官[Z/OL].（2023-10-30）[2024-01-18]. https://mp.weixin.qq.com/s/fu8ZkM5L7cwrDNRpa5oKlg.

众见面。2023 年“欢乐春节”全球启动仪式在郑州举行，文化和旅游部在 100 多个国家和地区举办了音乐会、庙会、展览、美食等 10 多个门类的 500 多项文化和旅游活动，并组织、策划、生产、制作多元化数字产品，涵盖“云”演出、线上展览、交互体验等形式，吸引全世界超过 10 亿人次民众参与①。

2021 年“欢乐春节”推出 18 个线上精品项目，各类媒体平台播放量超过 7200 万次，网络社交媒体覆盖 230 余个国家和地区，总观看量超 4.5 亿次②；2022 年“欢乐春节”策划“经典文化”“魅力冰雪”“乐享生活”3 个版块 14 个文化和旅游精品线上项目，境外浏览量超过 6261 万人次③。其中，由中外文化交流中心联合文化和旅游部全国公共文化发展中心共同策划，选取辽宁、山西、福建、四川、浙江等地民间传统年俗、春节美食、乡村春晚等优质内容打造的“美丽中国——微春晚”系列短视频，在海外中国文化中心网站等各端上线，让海外观众领略到有趣的中国民俗、感受地道的“中国年味儿”。浙江省文化广电和旅游厅组织省内文化馆、美术馆、民间文化艺术之乡和院校的品牌资源，策划打造了一批适合海外中国文化中心等传播使用的“诗画浙江”专栏、非遗民俗“云课堂”、主题“云展”、优秀节目“云演出”等数字内容，涵盖文化和旅游资源推介、民俗体验互动、综合展览、戏曲音乐以及话剧演出、美食文化影片等内涵丰富、元素多样的 13 项线上活动，旨在呈现给海内外观众，并重点与瑞典斯德哥尔摩、罗马尼亚布加勒斯特、保加利亚索非亚等地的海外中国文化中心推动交流合作④。山东省文化和旅游厅组织拍摄录制文化馆非遗教学课程和院团杂技、歌舞、民乐表演等视频，翻译不同语言版本传送比利时、卢森堡等海外中国文化中心，向当地

---

① 世界亮起“中国红”，文旅交流心相通[EB/OL].（2023-02-21）[2024-01-18]. https://travel.gmw.cn/2023-02/21/content_36379343.htm.

② 中华人民共和国文化和旅游部2021年文化和旅游发展统计公报[EB/OL].（2022-06-29）[2024-01-18]. https://zwgk.mct.gov.cn/zfxxgkml/tjxx/202206/t20220629_934328.html.

③ 中华人民共和国文化和旅游部2022年文化和旅游发展统计公报[EB/OL].（2023-07-13）[2024-01-18]. https://zwgk.mct.gov.cn/zfxxgkml/tjxx/202307/t20230713_945922.html.

④ 浙江云上“欢乐春节”启幕[EB/OL].（2021-02-04）[2024-01-18]. https://zjnews.zjol.com.cn/xnlm/zjxw_sy/zjxw_sy_tpqh/202102/t20210204_22071361.shtml.

民众赠送文创产品并鼓励其在社交媒体积极转发分享宣传片和文艺表演[①]。

2023 年“欢乐春节”注重协同服务地方发展，助推地方开展宽领域、多层次、机制化的对外交流合作。辽宁、江苏、四川、山东、贵州等地文化和旅游厅携手合作的部省海外中国文化中心，将“江山如画”中国山水画体验展、“美丽中国之友城绘”暨“水韵江苏·与世界的对话”中马青少年绘画展、《大国芬芳》大型诗乐舞、山东菏泽龙狮表演、多彩贵州新年音乐会等精彩活动送到老挝万象、马来西亚吉隆坡、哥伦比亚波哥大、塞尔维亚、毛里求斯等地，让国外民众了解喜爱中华文化；2023 年“欢乐春节”积极创新活动形式，引入文化新业态，将产业、旅游、体育等主题与文化活动深度融合，文创产品、文化装备成为新亮点[②]。

（三）参与世界级竞技盛会文化交流

2022 年 2—3 月，北京举办第 24 届冬季奥林匹克运动会、第 13 届冬季残疾人奥林匹克运动会；2023 年 7—8 月，成都举办第 31 届世界大学生夏季运动会；9—10 月，杭州举办第 19 届亚洲运动会。赛事举办期间，各地文化和旅游部门组织文化馆等单位开展的广场舞、传统非遗展示、街头艺术表演等，向世界展示了中华传统文化魅力，展现了中国式现代化文化建设成果。

2022 年 2 月，在北京冬奥会开幕式上，来自北京、河北文化馆馆办团队和社区队伍的千余位群众来到国家体育馆，以一场质朴而火热的“行进式广场舞”表演为盛会开场，让世界感受到中国人民的热情好客和健康活力，展现了中华民族奋斗不息的力量和文化自信[③]。为助力 2022 年北京冬奥会和冬残奥会，北京市文化馆联合全区各级文化馆编创推广《一起向未来》广场舞，全国 3300 多个文化馆共同响应，6000 多万群众一起学跳，为冬奥会、冬残奥会的举办营造积极向上

① 齐鲁对外文化交流突破疫情之隔“云上开花”[EB/OL].（2021-01-18）[2024-01-18]. https://www.chinaqw.com/zhwh/2021/01-18/283330.shtml.

② 2023“欢乐春节”：五洲同庆中国年，文旅交流“开门红”[EB/OL].（2023-02-01）[2024-01-18]. https://mp.weixin.qq.com/s/Jee0SYzaYE4pPkOBJ3qo1A.

③ 广场舞：跳上冬奥舞台，绽放中国风采[N]. 中国文化报，2022-02-17（6）.

的文化氛围，向八方宾客展示了我国公共文化、群众文化的蓬勃生机[①]。

2021年4月，杭州亚运会期间，浙江省文化馆策划举办“携手浙里·喜迎亚运”浙江省文化和旅游国际志愿服务暨临浦镇“迎亚运·逛庙会”活动，邀请来自亚非拉16个国家近20位国际留学生志愿者，参观即将竣工的亚运会场馆，参加萧山临浦镇“三月三庙会”活动，并将活动过程拍摄剪辑制作成宣传视频助力亚运会[②]。2023年9月，杭州市文化馆为亚奥理事会大家庭饭店举办了“西湖中秋赏月雅集”活动，向亚奥理事会嘉宾及亚洲友人献上了具有江南水乡韵味的沉浸式文化盛宴。在亚运会开幕式上，浙江各地文化馆国家级、省级非遗项目精彩亮相，向世界展示我国独具特色的江南文化[③]。

2022年7月至8月，为迎接成都大运会，由成都市文化馆组织招募的200余名成都街头艺人、专业院团乐员和艺术院校师生，以“点面结合”的方式，在成都市绿道公园、文博场馆、重点景区、古镇古街、文化地标、特色街区等16个大运会重点点位和24个常规点位，串联成11条城市文化体验观光线路产品，开展了1000余场具有成都地域特色的主题街头艺术表演，与各国代表团互动交流，传递成都独有的文化符号和民族特色的文化艺术[④]。

（四）参与多边、双边文化交流

1.“东亚文化之都”创建发挥作用

“东亚文化之都”是2012年由中日韩三国携手打造创建的国际城市文化新名片和国际区域文化合作新品牌。2021年3月，文化和旅游部牵头设计“东亚文化

---

① 聚焦“十三艺节” | 擘画蓝图启新程，乘势奋进谱新篇[EB/OL].（2022-09-24）[2024-01-18]. https://mp.weixin.qq.com/s/CB4ZMmcxVJ9lii8FN0hwoA.

② “携手浙里·喜迎亚运”浙江省文化和旅游志愿服务暨临浦镇“迎亚运·逛庙会”活动举办[Z/OL].（2021-04-15）[2024-01-18]. https://mp.weixin.qq.com/s/zL2JGLwre-Oj6muRDHB35A.

③ “日出东方 月圆亚运”——2023西湖中秋赏月雅集活动圆满举办[Z/OL].（2023-09-30）[2024-01-18]. https://mp.weixin.qq.com/s/wLpADT2cpnnLfL5cmfx3vg.

④ 天府融媒看大运 | 成都大运会代表团成员打卡街头 一边走一边“听懂”成都[EB/OL].（2023-08-03）[2024-01-18]. https://www.thecover.cn/news/FWsQJcoyOIuH90qSdq8Jkw==.

之都”工作机制，推动三国历年当选城市为主要成员构成“东亚文化之都联盟”，加强三国“东亚文化之都”城市之间的交往，推进“东亚文化之都”品牌建设①。十一年来，我国有泉州、青岛、宁波、长沙、哈尔滨、西安、扬州、绍兴、敦煌、温州、济南、成都、梅州、大连等城市当选。在“东亚文化之都”总体框架下，地方政府、文化和旅游部门统筹联合相关机构，通过举办城市当选年的“活动年”系列文化活动、实施“东亚文化之都”标准化发展战略，开展以区域为导向的品牌化发展，不断加强对外文化交流、非物质文化遗产与传承、公共文化服务体系建设、文物保护利用、城市规划经验共享、旅游推广等，当地文化馆等群众文化机构积极参与，充分融入东亚区域文化和旅游交流与合作工作。

2. 参与文化和旅游年（周）活动

中国与友好国家开展的文化和旅游年，是为加强两国文化交流互鉴、推动互利合作、密切人员往来、促进民心相通，为新时代两国建立全面战略伙伴关系奠定更加坚实的民意基础的重要合作与交流平台。2021 年中国希腊文化和旅游年、2022 年中国意大利文化和旅游年、2023 年中国西班牙文化和旅游年等活动的举办，通过两国共同开展涵盖文化遗产、表演艺术、视觉艺术、创意设计和旅游等一系列贯穿全年的文化交流活动，进一步深化友好合作。各地文化和旅游部门组织的各类文化艺术活动，为文化和旅游年增光添彩。“海外中国旅游文化周”是由中国文化和旅游部指导，中外文化交流中心、海外中国文化中心和驻外旅游办事处共同举办的全球统一品牌活动，2016 年开始每年在多国联动开展，成为传播中华文化、推广中国旅游的重要平台。2022 年 9 月举办的“2022 年海外中国旅游文化周”，整合全国公共文化、群众文化、乡村文化等文化和旅游数字资源，围绕“非遗减贫”“乡村振兴”“城市建设”“黄河文化”“丝路文旅”五大主题板块，推出专题展览、视频展映、研讨交流等线上线下活动，讲述我国中华优秀传统文化保护传承、文化和旅游助力脱贫攻坚和乡村振兴、当代中国创新发展的生

---

① 中国建立“东亚文化之都”工作机制[EB/OL].（2021-03-31）[2024-01-21]. https://www.gov.cn/xinwen/2021-03/31/content_5597142.htm.

动故事，加深了海外民众对中国文化和现代中国的解读[①]。

（五）开展对非洲等国家的文化交流

为响应各国对共享发展机遇的诉求，不断加强与非洲、中东欧、中亚、东南亚国家的文化交流，全国文化和旅游系统积极开展相关培训，广泛凝聚构建人类命运共同体的国际共识。浙江省文化馆是文化和旅游部命名的全国4家“对非培训基地”之一，近年来共完成110余项、涉及40余个国家和地区的国际人文交流项目[②]。为落实《中非合作论坛—达喀尔行动计划（2022—2024）》文化领域工作，进一步加强中非人文交流与合作、为中非文化交流拓宽渠道和内容。浙江省文化馆依托自主打造的海外推广“中央厨房”资源整合优势，有效发挥“浙江省国际人文交流基地”示范引领作用，成功举办了“巧倕坊—— 2023中国和非洲木雕艺术家创作交流”项目，邀请来自布隆迪、刚果（金）、吉布提、中非等国家的7名艺术家赴浙江进行为期30天的木雕创作交流，并在2023中国（浙江）中非经贸论坛暨中非文化合作交流月期间进行成果展示，为中国和非洲的艺术家们提供交流的机会与平台[③]。

（六）开展海峡两岸暨港澳地区的文化交流活动

近年来，文化和旅游系统深化对港澳台工作，稳步推进粤港澳大湾区人文湾区建设，举办湾区各类文化艺术和志愿交流活动，推动国内重要文艺比赛（节庆）向台湾同胞开放，支持福建省评定台湾籍省级非遗传承人。2021年至2023年，由广东省文化和旅游厅组织、广东省文化馆等具体实施的2023年粤港澳大湾区非物质文化遗产交流大会、首届粤港澳流行音乐唱作大会、“湾区共此

---

① 2022年海外“中国旅游文化周”全球联动——共赏“美丽中国”，同享“诗和远方”[EB/OL].（2022-10-19）[2024-01-21]. https://feiyi.gmw.cn/2022-10/19/content_36097798.htm.

② 数据来自浙江省文化馆。

③ “巧倕坊——2023中国和非洲木雕艺术家创作交流”成果展在2023中非文化合作交流月期间举办[EB/OL].（2023-11-09）[2024-01-21]. https://ct.zj.gov.cn/art/2023/11/9/art_1229564593_59018588.html.

诗·2023年粤港澳大湾区小学生诗歌季颁奖典礼暨2024年大湾区少儿迎新诗会”、“志愿童行”文化艺术公益夏令营、香港“高中公民与社会发展科”内地考研活动，以及香港康文署邀请赴香港参加的2023年香港中秋彩灯会等活动陆续开展，进一步推动粤港澳三地的非遗传承保护、文化艺术普及和青少年人文交流①。

（七）参与民间文化艺术交流节事

2021年9月，由文化和旅游部联合河北省人民政府主办的2021“一带一路”·长城国际民间文化艺术节在河北省廊坊市和秦皇岛市两地共同举办。艺术节由40多个文旅系统单位和部门承办，20多家企业和文艺团体共同参与，20多个国家的政府官员、驻华使节、艺术家、非遗大师受邀参加，50多家国内外媒体宣传报道，其中，汇聚10余国经典艺术作品以及“一带一路”沿线5个国家、我国“一带一路”沿线18个省份和京津冀三地非遗传统手工技艺的民间文化艺术展，采取线上与线下方式，通过丰富的民间艺术展演、民间工艺市集、艺术沙龙、艺术公益活动等形式，深入挖掘丝绸之路与万里长城共同承载的世界文化遗产价值以及和平、包容、合作精神，发挥国际民间文化艺术跨越国界、沟通心灵、传递美好的功能作用，讲好丝路故事、长城故事、中国故事，促进民心相通②。2023年4月，南宁市群众艺术馆策划和实施的第24届南宁国际民歌艺术节“绿城歌台”群众文化活动，近20个歌台、20多场本土民族的特色节目和国外不同民族文艺团体的精品节目同台联袂演出，让观众享受中西优秀民族民间文化的激情与魅力，为中外艺术家搭建交流交往的友谊桥梁③。2023年10月，第12届中国国际民间艺术节在福建省泉州市安溪县开幕，来自哈萨克斯坦、菲律宾、印度等12个国家的8个艺术团携手中国港澳台地区和内地西藏、青海等地文化馆组织的多个艺术团同台献艺；中国国际民间艺术节自1990年创办以来，已有来自五

① 资料来自广东省文化馆。

② 2021“一带一路”·长城国际民间文化艺术节9月15日启幕[EB/OL].（2021-09-13）[2024-01-21]. http://he.people.com.cn/n2/2021/0913/c192235-34911184.html.

③ 南宁国际民歌艺术节“绿城歌台”群众文化活动[EB/OL].（2022-12-26）[2024-01-21]. https://www.culturedc.cn/web2.1/news-detail.html?resId=10433586.

大洲 68 个国家 170 多个艺术团 3700 余位艺术家来华参演，观众累计达百万人[①]。

中国群众文化学会自 2022 年换届后，积极参与 CIOFF 线上线下重要会议和活动。2023 年，先后赴韩国、克罗地亚参加 CIOFF 亚太分会春季会议、CIOFF 第 52 届世界大会，参与 CIOFF 组织区域重要工作事项的讨论；率龙灯龙舞委员会旗下重庆铜梁龙艺术团，赴马来西亚参加首届 CIOFF 亚太区青少年民间艺术节；选派学会基础理论与创新实践研究委员会青年学者，赴韩国参加 2023 年永同郡传统音乐与艺术国际研讨会等。联合北京、重庆、云南等地文化馆，推选国内 10 余支优秀青少年艺术团，加入 CIOFF 世界青少年民间文化艺术交流合作网络。为有意向参与 CIOFF 国际交流的群众文化机构整合相应资源，梳理形成涉及 59 个国家和地区共 426 个国际性艺术节目录，其中包含 192 个具有一定规模且多年连续举办的活动。与各国委员会积极联系合作，征选优秀民间艺术团队，启动 2024 年赴希腊、土耳其、俄罗斯、西班牙等各国艺术节的工作。同时，联合广州市文化广电旅游局和广州市文化馆在广州市文化馆设立西奥夫中国委员会湾区文化交流（广州）中心，充分发挥粤港澳大湾区群众文化影响力，为打造群众文化对外文化交流窗口奠定基础。

（八）加强外籍人员群体工作

近年来，来中国学习、生活的外国人大幅增多。据国家统计局数据，在我国 31 个省、自治区、直辖市（不含港澳台）接受人口普查登记的港澳台居民和外籍人员已超过 143 万人，其中外籍人员近 85 万人[②]。为加强外籍人员对中国文化的了解和认同，丰富其文化生活，帮助其融入和爱上所在城市。广东、浙江等地推出创新实践，组建外籍人员艺术团，以艺术为纽带，参与讲述中国故事，并融合多国文化，使外籍人员成为传播中国文化的使者。

---

① 第12届中国国际民间艺术节在福建安溪开幕[EB/OL].（2023-10-13）[2024-01-21]. https://www.chinanews.com.cn/cul/2023/10-13/10093801.shtml.

② 第七次全国人口普查公报（第八号）——接受普查登记的港澳台居民和外籍人员情况[EB/OL].（2021-05-11）[2024-01-21]. https://www.gov.cn/xinwen/2021-05/11/content_5605792.htm.

起源于温州市文化馆的温州市五洲文艺志愿者艺术团，自2019年成立以来创排了一系列精品节目，先后在浙江省“梦行浙江”外国留学生中华才艺展演、温州市民文化节、温州春晚等演出；2023年6月，该团《宋韵瓯风》《妈妈的酒》等文艺作品在中国外文局、中共浙江省委宣传部主办的“讲好中国故事”创意传播大赛启动仪式上演出，并通过网络直播向世界带去温州本土的人文温暖、中华文明的“家文化”和开放包容的社会氛围①。活跃于深圳市群众文艺舞台，参加过2022冬奥会深圳分会场和2019央视春晚深圳分会场在内的400多场国家级、省级、市级重要活动的深圳市丝路新语艺术团，汇集了在深圳生活多年、19个国家的300余名成员，制作了世界流行音乐与中国文化元素相结合的众多优秀作品，向世界讲述粤港澳大湾区和改革开放后新时代中国的故事；2019年7月，该团创作的歌曲《我们的春天》，请百名外籍艺术家翻译成各自国家的语言，由10个扎根深圳的国际家庭用多国语言和中国方言领衔演唱，歌曲英文版MV宣发到数十个国家及城市；2023年2月，该团艺术家们来到龙岗区坂田街道亮相“国际艺术人才进社区”活动，外籍舞者们演绎舞剧《永不消逝的电波》中的经典舞段，外籍歌者们用中文演唱经典民谣《映山红》，友谊之情深入人心②。

三、群众文化国际合作与交流的主要特点及存在的问题

（一）主要特点

从参与渠道上，政府发挥主导引导、统筹协调作用。我国群众文化国际合作与交流紧紧围绕服务新时期党和国家中心工作，以参与各级人民政府、文化和旅游主管部门主导的综合性项目为主，建立部省（市）跨部门合作联动机制，“走出去”后依托我国驻外文化和旅游机构进行“在地化”传播。尤其在参与“一带

① 五洲艺术团精彩亮相“讲好中国故事”启动仪式，唱响温州好声音[EB/OL].（2023-06-16）[2024-01-21]. http://wz.china.com.cn/2023-06/16/content_42412810.html.

② “来了就是深圳人，这里住着全世界”深圳市丝路新语艺术团多国语种唱响深圳故事[EB/OL].（2023-01-31）[2024-01-21]. https://www.sznews.com/news/content/2023-01/31/content_30054053.htm.

一路”建设、“欢乐春节”全球活动、多边和双边文化和旅游年、国际性文化艺术节事、城市文化外交活动中政府牵头主办，把握整体方向、集中整合资源、保障经费人员、统筹管理实施，实现群众文化的参与程度、参与效果总体提升。如2023年5月，陕西省文化馆组建的70人陕北秧歌乐队方阵，在机场为参加“中国—中亚峰会”的来宾献上了一场热情洋溢、富有陕西地域特色的优秀传统民间舞蹈表演，受到了国内外新闻媒体的广泛关注和参会嘉宾的高度赞誉①。

在参与内容和形式上，多以展览、展演为主，突出非遗文化资源。有关调研结果表明，在各地文化馆用于开展国际交流的不同类型优秀传统文化资源中，非遗资源占比较高，并注重以不同的形式展示地方非遗品牌特色成果。如上海群众艺术馆借助“欢乐春节”、“天涯共此时”、传统工艺展、演出交流等形式活动，在比利时、法国、意大利、阿联酋、韩国、日本等国家和地区，举办了各类非遗展示展演；2021年9月，组团携13项非遗项目，参与中国驻比利时大使馆开放日，在布鲁塞尔中国文化中心举办“海上清辉”上海非遗精品展暨“江南丝韵”中秋音乐会，在巴黎中国文化中心举办“国风华彩——上海非遗日”活动等；2020—2022年期间通过非遗专题片、微纪录片、各类展览资源的数字化整合，在比利时布鲁塞尔、丹麦哥本哈根和科威特的中国文化中心上线非遗云客厅、蛋雕艺术展、绒绣艺术展等专题内容，多渠道推广中国传统文化；依托中国国际进口博览会，建设运营“上海非遗客厅”迎接各国各地媒体，5年来共展示100多个非遗项目的数百件（套）传统精品、文创产品等，邀请了近百位项目代表性传承人与媒体观众现场互动交流；在2021—2023年期间持续举办“国际（上海）非物质文化遗产保护论坛”，邀请来自十余个国家的专家学者，围绕非遗相关议题进行探讨，深化文明交流互鉴②。

从实践成果上，积极探索出了若干展现传统文化与现代文化、中国文化与西方文化互动交融的创意举措。群众文化国际合作与交流注重传承和创新，借助网络化、数字化、多媒体手段，打造了具有鲜明中国文化特色、较好国际传播力和

① 陕西省文化馆圆满完成中国—中亚峰会机场迎宾演出[EB/OL].（2023-05-23）[2023-12-27]. https://mp.weixin.qq.com/s/rTMWhmAFe8H448FpxF4Vjw.

② 资料来自上海市群众艺术馆。

产业化发展潜力的品牌。如四川省文化馆面向全球开展以中国大熊猫彩绘艺术创作形象为载体的视觉创意艺术活动“HELLO，WORLD！——中国彩绘熊猫艺术展”，涵盖了现当代艺术、四川藏羌彝文化、熊猫生态环境文化、中国传统文化、各国不同文化等多个主题。自 2019 年巡展以来，通过艺术展览、公益讲座、高峰论坛、涂鸦等形式的文化活动和文创产品，走进了泰国曼谷、俄罗斯莫斯科、柬埔寨金边、斯里兰卡、以色列特拉维夫等国家和地区，从亚洲到欧洲、线下与线上，让各国人民了解到极具亲和力的中国文化魅力，为各国的彩绘艺术交流提供了专业、开放、多元的交流平台①。2023 年 4 月，海南省群众艺术馆承办的中国海南黎族文化展示交流活动走进米兰设计周，通过对黎族传统纺染织绣技艺、服饰、民歌、竹木器乐等展演展示，从视觉、听觉、触觉等不同角度，采取数字化技术和沉浸式体验方式，传统与时尚相结合，让海外观众体验丰富立体的中国黎族文化②。2023 年 8 月，浙江省文化馆承办的“镜中江南——当浙江民间传说遇见安徒生童话”展演在丹麦奥登塞第十届安徒生国际艺术节亮相，《白蛇传》《梁祝传说》等东方民间传说，以戏剧、舞蹈、绘画等多种形式，展示纸伞、米塑、木偶、皮影、拓印、刺绣服饰等江南文化，与安徒生童话世界相连，并与上线哥本哈根中国文化中心的“一枕江南梦”——浙江民间传说云展一起联动，给国外民众带去了中西共通互融的独特文化感受③。

（二）存在问题

尽管群众文化在参与国家、区域、城市层面等国际合作与交流中发挥了重要作用，但其自身国际化发展仍未形成组织化、体系化、规模化网络，参与非政府组织、民间性质的活动较少，渠道不够畅通，联动性不强，尚未形成合力，还未在全国范围内产生集群效应，在全球文化治理体系建设中凸显影响力。区域间发

---

① 资料来自四川省文化馆。

② 2023年米兰设计周中国海南黎族文化展示交流活动举办[EB/OL].（2023-04-18）[2023-12-27]. http://lwt.hainan.gov.cn/ywdt/zwdt/202304/t20230418_3400763.html.

③ 浙江民间传说遇见安徒生童话[EB/OL].（2023-09-20）[2023-12-27]. https://mp.weixin.qq.com/s/VO82I6O29u-ptKknCB4ksg.

展不平衡、差距较大，活动大多集中在综合实力较强的东部地区，以省市层级开展为主，保障能力不均衡。“走出去”的重点区域集中在欧美国家和部分东亚、东南亚邻近国家，且基本分布在首都城市，其他地区鲜有涉及，交流范围有待拓展。参与交流的群众文化内容多元性、针对性、精准性不足，未能全面展现我国群众文化的丰富性、多样性，对应国外不同受众需求的资源设计不够充分，缺乏及时的评价反馈。政府、市场、社会各类主体之间的协同制度尚未建立，项目培育孵化、运营管理缺乏长效机制，现有活动主要为公益性活动，虽有朝阳区文化馆“漂亮的兵马俑”等活动走出国门并初试商业化形式，但整体模式还未探索成熟，社会力量参与度和资金投入度不高。宣传推广手段和渠道较为单一、传播面较窄，尤其是在国外开展的活动，大多通过传统媒体并局限于国内报道，仅有较少机构比如浙江省文化馆、上海群众艺术馆等，将活动通过脸书（Facebook）官方账号直接面向海外民众开展宣传或借助海外合作寻求当地媒体宣传。大部分群众文化机构内部缺乏相应的职能部门，具有外事专业经验、具备外语尤其是小语种能力的专业人才队伍建设薄弱，对政府部门和第三方机构的支持依赖性较强。总体上，我国群众文化领域开展的国际合作与交流实践，对应国家文化战略的现实需要、文化和旅游高质量发展的目标要求还有较大的提升空间。

四、群众文化国际合作与交流的未来展望

为推动群众文化在建设社会主义文化强国和中华民族现代文明中发挥应有的作用，担当起新时代的文化使命，各级各类群众文化对外交流主体应进一步提高思想认识、全面深入贯彻落实中央外事工作会议精神。守正创新，强化政府主导、引导作用，用好党和国家政策，做好顶层设计，建立健全制度，统筹重点任务，增强保障力度，提升综合治理，开展成效评价，完善产权保护，促进群众文化对外工作组织化、体系化、多元化、有效化开展；充分调动群众文化企事业单位、社会组织（包括基金会）、民间文艺团体等自身动力，积极依托重大项目、重要活动，借力海外中国文化中心、国际文化组织，协调推进官方、民间文化交流，不断提升国际文化软实力。

一是加强理论指导实践，交流推广优秀成果。聚合业界学界研究力量，及时总结推广各地成熟经验、特色实践，借鉴国内外类似机构、社会各界有益做法，为高质量开展群众文化对外工作提供智力支撑。通过课题项目、征文活动以及举办研讨、论坛等，引导和支持群众文化从业人员深度参与相关研究，促进成果发表，加强学术出版，为推动群众文化国际化发展营造研究氛围。依托国内外学术交流平台，向各国展现中国式现代化进程中我国各族人民丰富多彩的文化生活，构建融通中外的中国叙事体系。

二是完善机制畅通渠道，统筹优化资源配置。创新管理运行的总体思路，制定科学高效的执行系统[①]。加强文化馆等群众文化机构广泛参与官方统筹工作的机制建设，理顺整合各类主体力量，协调好跨部门、横纵向的沟通和配合。针对不同区域、不同机构的发展基础、资源优势和对外能力水平，优化任务侧重和保障力度。协同中国群众文化学会、中国文化馆协会等行业组织，畅通与 CIOFF 等国际组织的合作渠道，联络各方资源，搭建群众文化民间交流窗口。争取对外重点项目支持，将品牌活动积极立项国家和地方艺术基金传播交流项目、纳入海外中国文化中心项目资源库。通过政府购买或财政补贴，在文化产品与服务采购平台开设相应供需类目等方式，培育和加大专业社会力量参与建设和运营[②]。

三是创新内容和形式，做好国际传播推广。梳理汇聚涵盖群众文化各领域、各类型的国内外活动资源，对接各地各机构“请进来”“走出去”需求。注重优秀传统文化的创造性转化和创新性发展，打造具有中国特色、体现中国精神、蕴藏中国智慧、彰显地方标识、反映世界人民共同追求和共同需要的品牌项目[③]。借助数字化、智能化技术和大数据、融媒体等手段，提升品牌的创意性、互动性和吸引力。运用先进的国际传播理念，针对不同文化背景和语境下的受众，采用不同方式和途径，聚合国内外传统媒体和新兴媒体，做好展示交流和推广，在各民

① 李智.文化外交：一种传播学的解读[M].北京：北京大学出版社，2006：182.

② 张皓珏.公共文化国际合作与交流的中国实践[M].北京：国家图书馆出版社，2021：205.

③ 李亚男.加强文化馆和群众文化国际交流，增进中华文化传播与现代文明互鉴[J].中国文化馆，2023（1）：16-18.

族间凝聚人心、链接情感、增进共识，促进不同文明的文化认同、价值共享、和谐共处。

四是注重培养专门人才，多元整合队伍体系。加强文化馆等群众文化领域对外交流队伍建设，招收相关专业人才匹配到有关岗位和活动项目中工作，面向社会组建志愿服务人才。依托群众文化机构、行业组织、研究基地和国内外高校，为专业人才提供培训、进修。与学术机构合作设立研究课题，带动和促进专业人才培养壮大。支持中青年骨干到我国驻外文化机构、政府对外文化事务部门学习提升，参加相关学术活动、科研项目等，全方位塑造具备优秀政治素养和业务能力的复合型人才，在群众文化国际合作与交流中发挥中坚作用。

文化馆理论研究进展与特点（2021—2023年）

李秀敏*

2021年以来，在《“十四五”公共文化服务体系建设规划》《关于推动公共文化服务高质量发展的意见》引领下，文化馆事业迈入高质量发展的新阶段，文化馆理论研究也取得了明显进展。研究者们通过图书、学位论文、期刊和会议论文等多种形式，围绕公共文化服务体系建设背景下文化馆事业高质量发展、基层文化馆（站）建设、文化馆数字化、业务与管理等进行了广泛探讨。随着文化馆领域首个学术类、专业类公开出版物《中国文化馆》正式刊行，由行业协会、专门性研究机构、高水平科研项目、引领性专业学术刊物构筑的学术交流平台逐渐健全，对文化馆理论研究和事业发展都具有重要意义。

一、研究成果发表概况

2023年12月31日，笔者以“文化馆”“文化站”“群众艺术馆”“群艺馆”为关键词，分别搜索2021年至2023年间公开出版和发表、以文化馆（站）作为主要研究对象的图书、学位论文、期刊和会议论文，并基于所得结果进行计量统计和内容分析，以期揭示三年来文化馆理论研究的进展与特点。

* 李秀敏，北京大学管理学博士，嘉兴南湖学院讲师。

（一）图书

基于国家图书馆和上海图书馆的书目检索系统，共筛选出以文化馆为研究对象的书籍 18 本。在公共文化服务体系数字化、智慧化发展背景下，赵敬峰[①]探讨了智慧型文化馆的现实需求、发展趋势、管理和空间建设及其在全民艺术普及、非物质文化遗产保护和管理、新时期乡镇建设中的作用；张勇[②]探讨了基于用户体验的数字文化资源及模式、数字文化服务营销策略以及网络平台和实体空间建设；宋丽[③]基于对数字文化馆研究背景、运行模式现状与转型发展、国外相关经验的梳理，剖析其未来建设发展。随着全民艺术普及关注度的不断提升，唐薇薇[④]从文化馆开展全民艺术普及的意义、内容、功能定位、存在的问题、实践与创新、评价等方面，探讨了文化馆全民艺术普及发展路径。宋朝丽[⑤]和叶涛[⑥]面向博物馆、图书馆、文化馆等公共文化场馆，分别探讨了公共文化机构如何激发社会力量参与传统文化资源开发的积极性，实现中华优秀传统文化资源的创造性转化和创新性发展，以及公共文化场馆开展公共服务和群众文化活动的策略。金文妍[⑦]等则基于济南工人文化宫历史建筑的系统性价值和保护、再利用，从建筑更新的角度切入进行研究。

记录事业发展概况的《文化馆蓝皮书：文化馆改革与服务创新发展报告（2019—2020）》和《贵州文化馆事业发展报告：2019—2020 年》相继出版，沁阳市文化馆、原州区文化馆、滨州市文化馆、定襄县文化馆分别出版了馆志类成果。在行业内形成广泛影响力的是以“文化馆事业发展的思考与讨论（第二季）”

---

① 赵敬峰.智慧型文化馆的数字化与智能化建设研究[M].北京:中国国际广播出版社,2021.

② 张勇.基于用户体验下数字文化馆发展研究[M].长春:吉林出版集团股份有限公司,2022.

③ 宋丽.数字文化馆运行模式与职能探索[M].长春:吉林出版集团股份有限公司,2023.

④ 唐薇薇.文化馆全民艺术普及发展路径探索[M].北京:中国国际广播出版社，2021.

⑤ 宋朝丽.擦亮传统文化IP:如何激发文化场馆活力[M].北京:知识产权出版社,2023.

⑥ 叶涛.公共文化发展和文化场馆建设[M].哈尔滨:哈尔滨工业大学出版社,2023.

⑦ 金文妍,董先锐,肖衡.工人记忆与遗产新生:济南工人文化宫历史建筑改造更新实录[M].济南:山东人民出版社,2022.

讲座实录汇编而成的《文化馆发展十一讲（第二季）》，该书记录了业界对文化馆事业发展重大问题的思考与讨论。同时，2020 中国文化馆年会征文作品集、第二届全国文化馆理论体系构建研讨会获奖论文集、第四届全国文化馆理论体系构建研讨活动征文作品集等汇编文献的出版，集中反映了文化馆理论研究的优秀成果、主要进展。

（二）学位论文

基于中国博士学位论文全文数据库和中国优秀硕士学位论文全文数据库进行检索，2021—2023 年，没有出现以文化馆（站）为主要研究对象的博士学位论文，但检索到硕士学位论文 20 余篇，主要研究内容为：① 县级文化馆服务供给和人才队伍建设，乡镇文化站社会化发展、服务供给、效能提升和评价，传统村落文化馆建设；② 文化馆建筑空间设计中对地方文化基因、地域特色、传统建筑元素的应用；③ 结合内蒙古自治区文化馆、黑龙江省数字文化馆建设探讨文化馆数字化建设路径及优化策略，结合社会化发展趋势探讨公众参与数字文化馆服务资源众筹众创的影响因素；④ 民族地区文化馆服务效能提升、文化馆内部控制优化、地区文化馆发展历程回顾、特色文化馆的营销策略等。

（三）期刊和会议论文

在中国知网、万方等数据库检索、整理、剔除后，共得到 1700 多篇以文化馆（站）为主要研究对象的期刊论文。其中，发表文章数量较多的刊物分别是《参花》《文化月刊》《中国文化馆》《文化产业》《大众文艺》《中国民族博览》《中国文艺家》《戏剧之家》《民族音乐》《艺术品鉴》《群众文化论丛》等；发表文章较多的单位有文化和旅游部全国公共文化发展中心、甘肃省文化馆、济南市文化馆、广州市文化馆、成都市文化馆、长春市群众艺术馆、安康市群众艺术馆、江苏省文化馆、南京市文化馆、深圳市文化馆、天津市群众艺术馆等。

就会议论文而言，除了中国文化馆年会征文之外，相关征文还出现在 2023 文学与文化发展研讨会、2023 年文化艺术创新国际学术论坛、2022 社会发展理论研讨会等会议中。

对期刊论文和会议论文的关键词进行统计，剔除作用、问题、对策等无专指主题的关键词，合并意义相近的关键词后，可得出 2021—2023 年的研究热点关键词（表 1），并制作出关键词共现图（图 1）。

表 1　2021—2023 年文化馆理论研究热点关键词

序号	关键词	序号	关键词	序号	关键词
1	文化馆	11	数字化	21	免费开放
2	公共文化服务	12	数字文化馆	22	编排创作
3	群众文化	13	服务效能	23	传统文化
4	基层文化馆	14	高质量发展	24	慕课
5	乡镇综合文化站	15	美术辅导	25	群众文艺创作
6	群众文化活动	16	新媒体	26	大数据
7	全民艺术普及	17	文化传承	27	地域文化
8	乡村振兴	18	群众舞蹈	28	融合发展
9	非物质文化遗产	19	互联网	29	社会力量
10	文旅融合	20	总分馆	30	文化治理

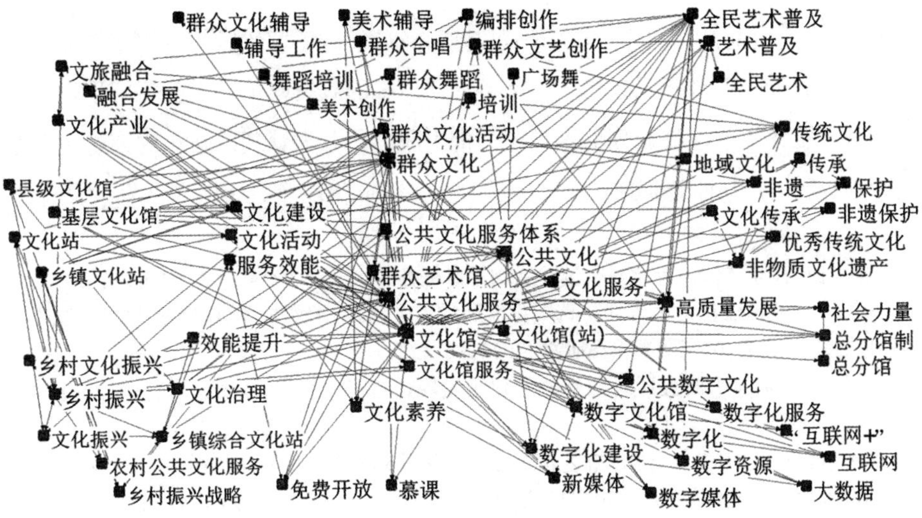

图 1　2021—2023 年文化馆理论研究关键词共现图

相较于 2019—2020 年的研究，2021—2023 年期间，大数据和“互联网 +”在文化馆的应用、全民艺术普及、非物质文化遗产、公共文化服务背景下文化馆（站）建设和效能提升、基层文化馆（站）建设，以及群众文艺创作、群众文艺活动和辅导培训等仍是主要的研究内容。同时，近三年来，文旅融合、融合发展、文化馆的文化治理功能、乡村振兴背景下文化馆的建设发展等受到关注。

二、主要研究内容

（一）公共文化服务体系建设与文化馆事业高质量发展

在公共文化服务高质量发展背景下，文化馆事业的高质量发展是备受关注的主题。研究者从数字化、社会化、融合发展、文化综合体建设、全民艺术普及等不同角度切入，分析高质量发展的方向、任务、优化策略等。例如，白雪华①剖析了文化馆行业高质量发展的重点任务；李国新②基于文化馆与公共图书馆、博物馆、国外相关机构的比较，分析了文化馆行业发展现状以及高质量发展的方向和任务，即均衡发展、品质发展、开放发展和融合发展。徐佳晶③分析了“十四五”时期文化馆发展的方向，即标准化、社会化、数字化和融合发展。黄凤等④结合文化馆经费投入和产出探讨其服务效率。黄蕴翘等⑤面向普惠性非基本公共文化服务，针对各级文化馆（站）普遍面临的收费政策分类指导、平衡基本和非基本服务关系、收益分配等难题，提出应细化分类管理、强化约束机制、健全激励机制、加强监督管理。

---

① 白雪华.文化馆行业高质量发展的重点任务[J].中国文化馆,2021(1):1-3.

② 李国新.推动文化馆事业高质量发展的思考[M]//白雪华,李国新.文化馆发展十一讲(第二季).北京:国家图书馆出版社,2022:15-42.

③ 徐佳晶.“十四五”时期构建文化馆发展新格局的思考[J].中国文化馆,2021(1):46-53.

④ 黄凤,欧阳样.文化馆(群艺馆)公共文化服务效率评价研究(2014—2018年)[M]//傅才武,陈庚.中国公共文化政策研究实验基地观察报告(2020—2021).武汉:武汉大学出版社,2021:56.

⑤ 黄蕴翘,杨得芊.关于完善文化馆(站)普惠性非基本公共文化服务优惠收费政策的思考[J].中国文化馆,2023(1):65-71.

（二）基层文化馆（站）建设

基层文化馆（站）建设发展向来是理论研究的重要主题。2021—2023 年，对基层文化馆（站）的理论研究涵盖服务供给和服务效能、在群众文化建设中的作用发挥、非物质文化遗产保护、非遗扶贫、数字化发展、人员队伍建设，以及群众舞蹈创作、基层文艺创作、美术辅导等具体业务相关的众多内容。例如陈娟[①]基于对南宁市辖内 5 个县级文化馆人才队伍建设状况的调查，探讨了人才队伍建设存在的主要问题，主要是人才队伍结构不合理、队伍建设经费不足、培养机制不健全等，并提出对策。李立群[②]结合张家港市文化馆老年大学在制度体系、教学管理、平台载体建设等方面的实践经验，提出基层文化馆老年大学规范化、制度化建设应突出文化引领、注重创新发展、坚持常态长效。廖秀芬[③]通过对四川基层文化馆戏曲资源现状的调查，梳理存在的问题并提出解决和发展对策。程江华[④]基于成都市县级文化馆服务供给现状，探讨当前存在的问题及成因，并从经费保障、供需对接、制度设计、人才激励等方面提出优化策略。

在乡村振兴背景下，乡镇文化站和村级文化室的建设也受到关注。例如，刘宇等[⑤]以乡镇文化站为研究对象，基于 2015—2019 年省级面板数据，测算乡镇文化站运行效率、空间差异及其影响因素，发现投入增加、产出减少的“效率困境”现象在省域尺度表现不明显，而更多地体现在乡镇文化站的服务效果上，且农村文化事业经费投入对乡镇文化站运行效率产生边际递减效应。靳福松等[⑥]基

---

① 陈娟.广西南宁市县级文化馆人才队伍建设研究[D].武汉:华中师范大学,2022.

② 李立群.张家港市文化馆老年大学建设研究[J].中国文化馆,2023(1):132-135.

③ 廖秀芬.四川基层文化馆戏曲资源现状及发展的思考[J].四川戏剧,2023(4):135-137.

④ 程江华.成都市县级文化馆公共文化服务供给中的问题及对策研究[D].成都:四川大学,2021.

⑤ 刘宇,何小芊.农村公共文化服务的“效率困境”问题剖析——基于乡镇文化站的考察[J].地域研究与开发,2022(2):127-132.

⑥ 靳福松,苗美娟,文章,等.乡村公共文化设施效能提升研究——基于北京市乡镇综合文化站的实证分析[J].中国文化馆,2023(1):86-96.

于典型案例和数据分析，提出了乡镇文化站效能提升的路径。吴燕铭等[①]分析乡镇文化站人员队伍结构存在的问题，并提出建设高素质专业化人才队伍的策略。王一梦[②]、陈思[③]则结合美丽乡村建设、民族特色工艺和文化保护传承的现实需求，探讨村落文化馆的设计。

（三）文化馆数字化

2022 年 5 月，《关于推进实施国家文化数字化战略的意见》印发后，数字化、智慧化建设在事业发展中的地位愈发凸显。数字化建设一直是文化馆理论研究中广受关注的话题，三年来有众多围绕数字化、智慧化展开的研究，并涌现出众多突出成果。例如，赵敬峰[④]、张勇[⑤]、宋丽[⑥]等人以专著形式，较为集中、全面地探讨了智慧文化馆、数字文化馆建设。白雪华[⑦]从全民艺术普及资源库、公共文化云、数字文化体验厅、乡村文化建设、标准化建设等方面分析了文化馆行业融入国家数字文化战略的主要路径。罗云川[⑧]在总结“十三五”时期文化馆数字化建设进展的基础上，分析了“十四五”时期在打造三个池、引入六大技术、加强跨层级公共文化云对接、构建全民艺术普及大数据体系等方面的任务和数字化

---

① 吴燕铭，金才汉．浙江省绍兴市文化站人才队伍结构分析及优化策略[J]．中国文化馆，2023（1）：127-131.

② 王一梦．“美丽乡村”建设背景下传统村落的文化馆建设研究[D]．黄石：湖北师范大学，2021.

③ 陈思．传统村落同乐村文化馆设计研究[D]．昆明：云南大学，2022.

④ 赵敬峰．智慧型文化馆的数字化与智能化建设研究[M]．北京：中国国际广播出版社，2021.

⑤ 张勇．基于用户体验下数字文化馆发展研究[M]．长春：吉林出版集团股份有限公司，2022.

⑥ 宋丽．数字文化馆运行模式与职能探索[M]．长春：吉林出版集团股份有限公司，2023.

⑦ 白雪华．推动文化馆行业全面融入国家文化数字化战略[J]．中国文化馆，2022（1）：1-3.

⑧ 罗云川．从数字化走向网络化与智能化，寓普及性于交互性与独特性——“十四五”文化馆数字化建设与服务的若干思考[J]．中国文化馆，2021（1）：12-19.

服务的建设方向。梁兴堃[①]构建了公共文化机构数字化转型的理论框架，并利用全国2561家文化馆的数据和地方年鉴数据进行验证。肖鹏等[②]将2012年以来的文化馆数字化建设分为探索酝酿阶段、试点建设阶段和高质量发展阶段，总结了10年间的主要成就，即数字化工作渐成常态业务、资源与平台建设日益完善、数字化服务创新卓有成效、数字化研究工作逐渐起步，并提出未来的行动空间与发展路径。

（四）文化馆业务与管理

其一，全民艺术普及。2021—2023年，全民艺术普及的研究热度有增无减。研究者围绕文化馆推进全民艺术普及的功能定位、实施路径、创新举措和成效，结合区域文化馆建设、具体文化馆实践经验、培训辅导和青少年美育等业务工作、慕课等数字化手段的运用、艺术普及联盟构建进行了广泛探讨。例如，李国新[③]提出，基于广泛的研究和实践，我国文化馆聚焦于全民艺术普及核心功能，已经构建起了主要由知识普及、欣赏普及、技能普及和活动普及构成的全民艺术普及内容体系。闫毅等[④]通过对全民艺术普及时代使命、概念体系、创新体系三个维度的再认识，阐述了"全民艺术普及"认知体系、概念体系、方法体系。马艳等[⑤]通过调研了解家长群体对文化馆开展幼儿早期美育服务的主要诉求，从而设计出文化馆幼儿早期美育服务模式。孟浣女[⑥]基于对浙江省文化馆全民艺术普及培训联盟建

① 梁兴堃.公共文化机构的数字化转型研究——基于全国2561家文化馆的实证分析[J].中国文化馆,2022(1):50-59.

② 肖鹏,刘心冉,王先智.文化馆数字化建设的十年回顾与未来展望[J].中国文化馆,2023(1):27-35.

③ 李国新.摹画未来指引方向明确任务促进发展——《"十四五"公共文化服务体系建设规划》解读[J].图书馆论坛,2021(8):1-6.

④ 闫毅,白栓锁,段小虎.高质量发展阶段全民艺术普及的再认识[J].中国文化馆,2022(1):26-29.

⑤ 马艳,杨兵,谢丹丹.文化馆开展幼儿早期美育服务研究——基于西安及周边地区的问卷调查[J].中国文化馆,2022(1):117-125.

⑥ 孟浣女.浙江省文化馆全民艺术普及培训联盟研究[J].中国文化馆,2023(1):136-139.

设概况、服务机制的分析，提出文化馆培训联盟应引导社会力量参与、提升艺术普及精准度并通过品牌化建设扩大影响力。唐薇薇[①]则以专著的形式，围绕全民艺术普及的内容、定位、实施路径、与教育机构的协作等问题进行了深入剖析。

其二，探讨文化馆促进非物质文化遗产和优秀传统文化保护、传承、创新、活化、传播的整体策略，或聚焦书法、舞蹈、农民画、鼓乐、皮影戏、漆艺、剪纸等具体类别探讨非遗保护传承，或探讨地域性传统文化的调查与保护、推广，以及传统文化融入教育的路径等内容。例如傅才武[②]提出文化馆应从融入大众文化生活、文化与科技结合、搭建全民艺术普及平台等方面着手，承担起中华文化传承创新的使命。怀念[③]分析了我国文化馆民间文化艺术保护概况，认为当前存在人才断层、保障机制和长效机制不健全、工作效能低、创新意识不足等问题，并提出展望。也有研究者聚焦非物质文化遗产保护，提出文化馆可以通过“非遗+旅游”的方式促进文旅融合[④]，将非遗保护与精准扶贫结合，在解决就业问题、拓展覆盖范围、搭建展示平台的同时促进非遗的可持续发展[⑤][⑥]。

其三，探讨群众文艺辅导培训、群众文艺活动组织、群众艺术创作及慕课在相关业务中的应用，广场舞等特色群众文化活动品牌建设，以及群众文化国际交流等内容。例如，尹寿松[⑦]基于群众文化活动社会化、多样化、网络化、品牌化的特点，结合“群英汇”、云上群星奖、百姓大舞台、全国“村晚”展示活动分

① 唐薇薇.文化馆全民艺术普及发展路径探索[M].北京：中国国际广播出版社，2021.

② 傅才武.承担中华文化传承创新使命，文化馆要发挥更大作用[J].中国文化馆，2023（1）：4-6.

③ 怀念.文化馆与民间文化艺术保护传承[J].中国文化馆，2021（1）：54-60.

④ 董帅.全域旅游视野下的文化馆职能拓展探索——以广州市文化馆“非遗+旅游”为例[C]//中国文化馆协会，东莞市文化馆.新时代文化馆事业高质量发展：第二届全国文化馆理论体系构建研讨会获奖论文集.广州：广东经济出版社，2021：75.

⑤ 崔洁，王桂香.非遗保护与精准扶贫——以潍坊刺绣为例[C]//中国文化馆协会，东莞市文化馆.新时代文化馆事业高质量发展：第二届全国文化馆理论体系构建研讨会获奖论文集.广州：广东经济出版社，2021：80.

⑥ 谭雪刚，江上韵，陈丰.“漆艺+”模式——福建省艺术馆非遗保护创新实践与思考[J].中国文化馆，2021（1）：147-153.

⑦ 尹寿松.群众文化活动创新发展的思考与实践[M]// 白雪华，李国新.文化馆发展十一讲（第二季）.北京：国家图书馆出版社，2022：65-86.

析了群众文化活动创新发展的路径。王全吉[①]梳理了我国群众文化品牌建设的现状、特点和发展趋势；杨健[②]认为文化馆品牌建设的必要条件是加强政府主导、坚持连续性、提高覆盖率、让老百姓喜欢、满足唯一性、“新”字当头。曹锦扬等[③]分析了广场舞的发展态势和作用，提出了文化馆推动、引导、服务广场舞的路径。朱腾等[④]结合实际案例分析了中小文化馆慕课服务的优化路径，即增加在场关怀、提升传播力度、注重沉浸体验、延伸线下活动、突出本土内容、数据赋能提效、招募线下机构等。张皓珏[⑤]梳理了文化馆国际交流的实践特色与存在问题，提出了文化馆与国际民间艺术节组织理事会合作的途径；庄建萍[⑥]结合泉州市的实践，总结了对外文化交流的经验与启示；李亚男[⑦]、李珊珊[⑧]探讨了文化馆推动中华文化“走出去”，增进中华优秀文化传播与文明互鉴的路径。

其四，以提升公共文化服务覆盖面和实效性为导向，从总分馆建设、社会化发展、标准化、年报编制、协同发展、融合发展等不同角度切入，探讨文化馆提升管理水平和创新发展的路径。例如，金武刚[⑨]剖析了文化馆总分馆制建设的目

---

① 王全吉.群众文化活动品牌建设[M]//白雪华,李国新.文化馆蓝皮书:文化馆改革与服务创新发展报告(2019—2020).北京:国家图书馆出版社,2022:54-65.

② 杨健.抓住品牌建设的六个必要条件[C]//中国文化馆协会,东莞市文化馆.新时代文化馆事业高质量发展:第二届全国文化馆理论体系构建研讨会获奖论文集.广州:广东经济出版社,2021:153-156.

③ 曹锦扬,金武刚.广场舞活动现状、使命担当与高质量发展——兼谈文化馆(站)对广场舞“有组织创新”[J].中国文化馆,2023(1):77-85.

④ 朱腾,林博伟.中小文化馆慕课服务的优化路径研究——以惠州市文化馆慕课服务“6+N”模式为例[J].中国文化馆,2021(1):154-158.

⑤ 张皓珏.文化馆国际交流与CIOFF合作机制研究[J].中国文化馆,2021(1):127-134.

⑥ 庄建萍.“一带一路”建设背景下文化馆的对外文化交流——以泉州市艺术馆为例[J].文化月刊,2022(1):106-108.

⑦ 李亚男.加强文化馆和群众文化国际交流,增进中华文化传播与现代文明互鉴[J].中国文化馆,2023(1):16-18.

⑧ 李珊珊.“一带一路”背景下文化馆实现中外文化交流路径分析[J].侨园,2021(4):94.

⑨ 金武刚.文化馆总分馆制建设:目标设定、组织架构与科学运行[J].中国文化馆,2021(1):25-31.

标，从管理层级、人员纽带、社会统筹三方面分析其组织架构，结合各地实践的典型案例，探讨了文化馆科学运行的机制和重点任务。王全吉[①]全面梳理了2012年以来文化志愿服务发展的成就和特点，提出未来文化志愿服务应向数字化推进、向新型公共文化空间延伸，需提升专业化水平并在文旅融合方面积极作为。徐凯程等[②]分析了文化馆服务标准化建设现状及问题，构建了标准体系结构及框架并提出标准化建设的建议。毛凌文等[③]分析了文化馆年报编制的作用、意义，结合成都市文化馆、深圳市福田区公共文化体育中心、江苏省文化馆、北京市石景山区文化馆等典型案例，探讨了文化馆年报编制的原则、内容、方法及公开机制。张嫚嫚[④]基于对文旅融合历史语境、发展逻辑的梳理，分析文化馆服务与旅游公共服务融合的可及性与实施路径。麦旭辉[⑤]基于对“图文博美”四馆协同服务必要性和可行性的分析，探讨了四馆协同服务的保障机制、实现过程及广东省江门地区的实践经验。

三、研究的主要特点

（一）基础理论研究关注度逐渐提升

纵观近十年（2014—2023年）文化馆理论研究，从论文发表数量来看，更偏重应用性内容的研究，即从实际工作出发，着重探讨文化馆的建设、管理、运行以及各项业务工作的开展，对文化馆性质、定位、基本特征、社会功能、职业精神、发展理念等内容的探究相对较少。近年来，随着专题征文、课题立项的引

① 王全吉.我国文化馆志愿服务发展历程、特点与未来展望（2012—2022）[J].中国文化馆,2023(1):36-42.

② 徐凯程,张艳琦,王双.文化馆服务标准体系建设研究[J].中国文化馆,2021(1):87-93.

③ 毛凌文,王全集,李立群.文化馆年报编制与公开工作[C]//白雪华,李国新.文化馆发展十一讲(第二季).北京:国家图书馆出版社,2022:87-108.

④ 张嫚嫚.文化馆与旅游公共服务融合发展的开拓与创新[J].中国文化馆,2022(1):44-49.

⑤ 麦旭辉.“图文博美”四馆协同服务之研究[J].图书馆理论与实践,2021(2):19-23.

领和学位论文对文化馆关注度的增加，逐渐有研究者对地区文化馆发展历史开展了回顾、总结性研究，从文化馆学的角度出发探讨研究范式、学术理性、职业伦理等问题。2021—2023年，对相关内容的关注度继续增加。例如，李国新①围绕促进人的全面发展、保障人的文化权利、传播普及社会主义核心价值观等方面剖析了文化馆的社会功能，并梳理了文化馆职业使命的历史演进和当代表达。同时，李国新②提出基于对文化馆概念、主要特征的分析，提出了文化馆的主要职能，即宣传党和政府的方针政策、组织开展群众文化艺术活动、组织实施群众文化艺术培训与辅导、提供文化艺术作品鉴赏与学习服务、组织指导群众文艺创作、保护传承民族民间文化艺术、组织开展群众文化调查研究、组织开展国内外群众文化交流。赵靓靓等③探讨新时代文化馆平台化功能转型的内涵、意义，并提出“一核三中心”推动文化馆功能转型升级的思路。舒彦④基于对当前文化馆存在的问题剖析了新型文化馆的功能定位。常研菲⑤梳理了1949年之前文化馆的发展历程；张广钦⑥通过对美国类文化馆“联邦—州—社区”三级治理结构的梳理，分析其治理体系及特点。刘海丽⑦分析了国外“类文化馆”的管理模式、服务供给及其特点。这些研究的开展，有助于厘清文化馆的本质、功能定位，探索国内外文化馆及相关机构的发展规律、建设模式，为理论研究和事业发展提供重要支撑。

（二）全民艺术普及成为研究的重要方向

2015年《关于加快构建现代公共文化服务体系的意见》提出“全民艺术普及”后，即受到文化馆领域的高度关注——2015年举办的中国文化馆年会以“全

① 李国新.论文化馆的社会功能与职业使命[J].中国文化馆,2023(1):52-59.

② 李国新.论文化馆及其主要职能[J].中国文化馆,2021(1):4-11.

③ 赵靓靓,唐元玲.平台化发展趋势下文化馆的功能转型升级[J].中国文化馆,2021(1):83-86.

④ 舒彦.关于现代新型文化馆功能定位和服务创新的思考[J].中国文化馆,2021(1):139-142.

⑤ 常研菲.文化馆史溯源:1949年前的发展脉络[J].中国文化馆,2022(1):30-36.

⑥ 张广钦.美国类文化馆服务及其治理体系研究[J].中国文化馆,2023(1):144-154.

⑦ 刘海丽.国外“类文化馆”的管理模式与服务供给[J].中国文化馆,2022(1):140-147.

民艺术普及：文化馆的责任与使命”为主题，2023年举办的中国文化馆年会以“文化馆：人民的终身美育学校”为主题，足见业内对该主题的关注度。李斯[①]梳理了近十年文化馆全民艺术普及工作的主要进展，提出近十年来文化馆所打造的全民艺术普及品牌丰富多彩、数字化实现跨越式发展、社会化进展明显，全民艺术普及正逐渐成为文化馆的核心职能。

从研究数据来看，2021—2023年对全民艺术普及的关注度也在持续提升。2017—2018年，“全民艺术普及”虽位于热点关键词之列，排名却相对靠后[②]；2019—2020年，“全民艺术普及”关键词的热度有所提升，但仍逊于数字化、群众文化辅导、文艺培训等。2021—2023年，“全民艺术普及”关注度有增无减，并超越数字化等热门主题，涌现出专著、期刊论文、会议论文等众多成果，受到领域内的广泛关注。

（三）学术交流平台逐渐健全

由于缺乏学科引领，我国文化馆理论研究长期缺乏专业学术交流平台的支撑，直至2014年中国文化馆协会成立，通过组织年会、举办全国文化馆理论体系构建研讨会等方式推动学术研究与理论体系建设，承担起学术交流引导者、协调者的角色。此后，2020年9月成立的文化馆发展研究院凝聚起高校和研究机构的专家学者、行政部门管理者和各级文化馆馆长力量，为全局性、战略性、前瞻性的理论和实践问题的研究提供了重要支撑；同年实施的“文化馆事业高质量发展研究计划”，通过择优资助科研项目，推动关乎事业发展重大现实性理论和实践问题的研究。

2021年，由文化和旅游部全国公共文化发展中心、中国文化馆协会主办的学术类、专业类公开出版物《中国文化馆》正式刊行，彻底改变了文化馆领域缺乏有影响力的专业学术刊物引领的局面。在此之前，虽然全国各级文化馆创办的期刊多达2500多种，但公开出版发行的却只有11种，且内容学术性不强，行业影

① 李斯.全民艺术普及十年进展、特点与展望[J].中国文化馆，2023（1）：19-26.

② 刘晓东，李阳，李秀敏，等.文化馆基础理论研究现状与特点[C]//李宏，魏大威.文化馆蓝皮书：新时代文化馆创新发展（2017—2018）.北京：国家图书馆出版社，2019：131-147.

响力不大[1]。《中国文化馆》的发布搭建了文化馆界高水平、高质量学术研究成果的展示和交流平台，至此，由行业协会、专门性研究机构、高水平科研项目、引领性专业学术刊物构筑的学术交流平台逐渐健全，为文化馆领域理论研究、学术交流、思想碰撞提供了重要支撑。

① 赵保颖.文化馆期刊建设与发展趋势[J].中国文化馆,2022(1):60-66.

中国文化馆协会十年专题

十年耕耘同奋进　履践行远共可期

——中国文化馆协会十年记

赵保颖　琚存华　赵睿钰 *

十年征帆栉风沐雨，文化浪潮奔涌不息。十八大以来，党中央、国务院对文化事业的发展高度重视，将公共文化服务体系建设摆在突出位置。2014 年 9 月 11 日，为贯彻落实党的十八届三中全会精神，全面深化文化体制改革、推进政府职能转变，在民政部、文化和旅游部（原文化部）的全力推动下，中国文化馆协会应运而生。

纵观十年发展历程，中国文化馆协会（以下简称“文化馆协会”）在上级部门的正确领导下，充分发挥行业代表、行业指导、行业自律、行业协调作用，服务文化馆（站）行业发展，积极搭建行业交流平台，成为党和政府联系文化馆（站）及其工作者、其他社会机构的桥梁和纽带。

一、加强党建引领，把握正确发展方向

文化馆协会成立十年来，全面贯彻落实党的十八大、十九大、二十大精神，认真学习贯彻习近平新时代中国特色社会主义思想，坚持党的领导与社会组织依

---

* 赵保颖，文化和旅游部全国公共文化发展中心总工程师，中国文化馆协会秘书长。琚存华，文化和旅游部全国公共文化发展中心文化馆处（中国文化馆协会秘书处）处长。赵睿钰，文化和旅游部全国公共文化发展中心文化馆处（中国文化馆协会秘书处）干部。

法自治相统一，把党建工作融入文化馆协会运行和发展过程，更好地组织、引导、团结文化馆（站）从业者，增强组织创造力、凝聚力、战斗力。一是保证政治方向，面向文化馆协会会员、各级文化馆（站）宣传党的路线、方针、政策，宣传和执行党中央、上级党组织和本组织的决议，引导党员干部增强“四个意识”，坚定“四个自信”，做到“两个维护”，勇于担当作为，以求真务实作风把党中央决策部署落到实处。二是团结凝聚人才，做好宣传思想工作，引导广大从业者和基层群众增强政治认同，汇聚推进行业发展的正能量。服务人才成长，不断提高从业者的思想和业务素质，支持和保障文化馆行业各类人才干事创业。三是推动事业发展，激发从业者工作热情和主人翁意识，发挥文化馆协会参与社会治理、提供公共文化服务、承担社会责任的积极作用，坚持用社会主义核心价值观引领行业建设，组织丰富多彩的群众文化活动，营造积极向上的文化氛围。四是加强自身建设，依托文化和旅游部全国公共文化发展中心（以下简称“发展中心”）党建工作，健全工作机制，严格执行组织生活各项制度，监督党员切实履行义务，抓好党风廉政建设工作，积极开展工会、共青团、妇联等群团基层组织工作。

二、立足文化馆（站）系统，大力推动组织体系建设

文化馆协会自成立以来，积极联络各级文化和旅游行政主管部门、各级文化馆（站）、高校、科研机构、社会组织和企事业单位，逐步构建起主体突出、覆盖广泛的行业组织体系。

文化馆协会秘书处挂靠发展中心，对标“文化馆行业代表”职能开展工作。截至 2023 年底，文化馆协会共发展会员 954 个，其中包括：省级文化馆 32 个、副省级文化馆 16 个、市县级文化馆 858 个、乡镇（街道）文化站和基层综合性文化中心 32 个、企业会员 16 个。

在秘书处统筹指导下，文化馆协会按照不同专业领域和业务方向设立专业委员会（见表 1）。第一届理事会期间先后设立了 10 个专业委员会，第二届理事会期间先后设立了 15 个专业委员会。专业委员会通过举办业务交流活动和培

训班，开展专题调查或学术课题研究，举办中国文化馆年会相关论坛，承办文化馆协会委托的专项工作，促进各级文化馆的横向交流，增强从业者业务能力建设[①]。

表 1　中国文化馆协会专业委员会设立情况

序号	专业委员会名称	成立时间	秘书处挂靠单位
中国文化馆协会第一届理事会专业委员会设立情况			
1	理论研究委员会	2015 年 1 月	北京大学信息管理系（2016 年 11 月前秘书处挂靠重庆市群众艺术馆）
2	数字文化委员会	2015 年 3 月	苏州市公共文化中心
3	音乐创作委员会	2015 年 3 月	湖北省群众艺术馆
4	国际民间艺术交流委员会	2015 年 4 月	中央文化和旅游管理干部学院（原中央文化管理干部学院）
5	书画委员会	2015 年 7 月	陕西省文化馆（原陕西省群众艺术馆）
6	文化会展委员会	2015 年 8 月	宁波市文化馆
7	舞蹈委员会	2015 年 10 月	南通市文化馆
8	培训委员会	2016 年 6 月	中央文化和旅游管理干部学院（原中央文化管理干部学院）
9	文化志愿服务委员会	2016 年 7 月	广东省文化馆
10	合唱委员会	2016 年 11 月	武汉市群众艺术馆
中国文化馆协会第二届理事会专业委员会设立情况			
1	合唱委员会	2021 年 4 月	北京市石景山区文化馆
2	小戏小品委员会	2021 年 5 月	张家港市文化馆
3	广场舞委员会	2021 年 5 月	南通市文化馆
4	文化志愿服务委员会	2021 年 5 月	广东省文化馆
5	摄影委员会	2021 年 5 月	东莞市文化馆
6	曲艺委员会	2021 年 5 月	山东省文化馆

① 中国文化馆协会专业委员会开展的各项工作，详见本书“中国文化馆十年回顾”各专业委员会综述相关篇章。

续表

序号	专业委员会名称	成立时间	秘书处挂靠单位
7	基层文化馆（站）建设委员会	2021 年 5 月	重庆市大渡口区文化馆
8	音乐创作委员会	2021 年 5 月	湖北省群众艺术馆
9	期刊与知识服务委员会	2021 年 6 月	天津市群众艺术馆
10	数字文化委员会	2021 年 7 月	上海市群众艺术馆
11	青少年美育委员会	2021 年 7 月	合肥市文化馆
12	设计与展陈委员会	2022 年 8 月	中国建筑设计装饰协会设计分会
13	书法委员会	2022 年 11 月	四川省文化馆
14	沉浸式文化委员会	2023 年 2 月	成都市文化馆
15	会展委员会	2023 年 9 月	北京会聚社会组织能力建设发展中心

文化馆协会的成立改变了文化馆行业长期以来缺乏凝聚力、整体合力疲弱的局面。在各级行政主管部门大力支持下，各级文化馆（站）积极配合、踊跃参与，协调整合文化馆行业力量，用群众喜闻乐见的文化艺术形式，向基层传递党和政府的路线、方针、政策，构建社会主义核心价值观，弘扬社会主义先进文化，传承中华优秀传统文化，努力将文化馆行业建设成为现代公共文化服务体系的主力军[①]。文化馆协会构建的团结、协作、共建、共赢的行业大家庭，赢得政府、行业及社会各界的广泛好评。

三、举办“四会一展”，搭建全行业交流展示平台

为进一步健全行业交流机制，文化馆协会、发展中心与地方行政主管部门、地方人民政府合作，共同推动全国、省、市、县四级文化馆联动机制建设。各级联动坚持正确政治导向，以理论指导实践，以交流促进互鉴，以展示促进供需对

① 李国新，金武刚，我国文化馆事业的现状与前瞻[M]//李宏，魏大威．文化馆蓝皮书：新时代文化馆创新发展（2017—2018）．北京：国家图书馆出版社，2019.

接，共同探索行业发展之路[①]。

（一）中国文化馆年会

2014 年，在文化部指导下，文化馆协会于浙江宁波成功举办了首届中国文化馆年会（以下简称“文化馆年会”），这是当年由政府、社会、市场三方力量共同推动的规模最大、最具影响力的全国性文化馆行业盛会。自此，全国文化馆（站）同人们拥有了能够聚在一起交流研讨的空间和平台（见表 2）。

十年来，文化馆年会始终坚持“政府主导、社会参与”原则，集政府政策发布和工作部署、文化馆（站）业内信息交流、相关企业和社会组织产品展示于一会，持续聚焦文化馆（站）高质量发展，致力于展示创新成果、研讨重大问题、举办交流展演、开展公共文化产品和服务供需对接活动、探讨文化领域“热、重、难”问题，切实回应行业发展诉求和人民群众对美好生活的新期待。不仅如此，文化馆年会在发展过程中还紧跟时代步伐，抓紧文化改革重点，不断探索创新办会方式，积极引入云服务、“互联网 +”等新理念、新技术，助推文化事业供给侧结构性改革，为文化艺术与科技搭建起融合的桥梁，促进文化馆行业向着数字化、规范化、专业化、科学化、社会化阔步迈进。

浙江、重庆、宁夏、安徽、四川、山东、内蒙古、广东，文化馆年会足迹遍布大江南北，被称为“行业的盛会，人民的节日”。迄今，文化馆年会线下累计服务各级行政主管部门有关同志、各级文化馆（站）从业者、高校和科研机构专家学者超 1.5 万人次；培育长期跟进文化馆行业发展的公共文化产品和服务供应商 2000 余家，线下参展商近 480 家，线上线下参展产品和服务项目约 2 万件；年会配套文化活动覆盖 8 个省 11 个城市，约 1600 万基层群众通过线上线下方式参与活动。

① 关于开展2023年、2024年度“四会一展”全国文化馆行业交流展示活动申办工作的通知[EB/OL].（2023-03-10）[2024-09-24]. https://mp.weixin.qq.com/s/PI7DlgUXA4Erpy7r4bEgtQ.

表2 历届中国文化馆年会主题及论坛（交流活动）目录

年度（举办地）	论坛及交流活动内容（按日程排序）
2014年（宁波）	年会主题：引领风尚 美好生活 1. 开幕式：2014 中国文化馆榜样人物、全国优秀文化馆（站）颁奖典礼 2. 主题演讲：于丹——“观乎人文以化成天下” 3. 工作会议：全国公共文化服务体系建设 4. 分论坛： ● 数字文化馆建设论坛 ● 国家公共文化服务体系建设示范区论坛 ● 雅俗共赏的群众文化艺术——书法、曲艺和舞蹈专场论坛 ● 优秀传统文化传承与文化馆建设论坛 ● “扎根沃土 腾飞世界”——中国农民画发展论坛 ● 现代公共文化服务体系中的文化馆建设论坛
2015年（重庆）	年会主题：全民艺术普及——文化馆的责任与使命 1. 开幕式：2015 中国文化馆榜样人物、全国优秀文化馆（站）颁奖典礼 2. 主题演讲：王蒙——传统文化与价值建设 3. 工作会议：推进基层综合性文化服务中心建设 4. 分论坛： ● 中华优秀文化数字化建设与传承计划——戏曲动漫推广专题论坛 ● “沃土新花”——群众文化艺术精品创作论坛 ● 文化馆期刊发展专题论坛 ● 国家公共文化服务体系示范区建设论坛 ● “彰显文化 提升审美 舞出健康”——百姓广场舞发展专题研讨活动 ● 科技引领：“互联网＋文化馆”建设论坛 5. 闭幕论坛：全民艺术普及——“十三五”时期文化馆发展论坛
2016年（银川）	年会主题：文化馆——创新发展，服务基层 1. 开幕式：2016 中国文化馆榜样人物、全国优秀文化馆（站）风采展示 2. 主题演讲：阿来——自信，首先是文化人自信 3. 工作会议：国家公共文化服务体系示范区建设 4. 分论坛： ● 广场舞的创作与推广 ● 文化馆＋互联网：助力全民艺术普及 ● 非遗故事——文化馆与民族民间文化保护 ● 深圳市文化馆联盟：“市、区联盟”共创文化馆行业发展新模式 ● 城市文化馆服务创新与实践探索 ● 雅俗共赏的群众书法艺术创作

续表

年度（举办地）	论坛及交流活动内容（按日程排序）
2016 年（银川）	● 乡村春晚——乡村文化品牌与乡村公共文化服务供给侧设计 ● 实践与前瞻：公共文化服务的社会化、专业化 ● 从评价机制改革，看群众文艺创作走向 ● 文化馆改革与发展：从群众文化到公共文化 ● 艺术让生活更美好——全民艺术普及的创新实践 ● 国家基本公共文化服务标准体系建设
2017 年（马鞍山）	年会主题：繁荣群众文艺 畅想文化中国梦 1. 开幕式：2017 全国文化馆（站）优秀群众文化品牌风采展示 2. 工作论坛：公共文化机构法人治理结构建设 3. 交流活动：文化馆文化志愿服务项目展示活动 4. 主题论坛： ● 国家公共文化云服务与大数据应用 ● 全民艺术普及与均等化——公共文化服务中特殊群体工作探索与实践 ● 乡村文化艺术普及体系（乡村春晚联盟）设计与创新 ● 文化艺术扶贫：思路、方法与途径——中国农民漆画座谈会暨创作分享会 ● 创新实践 提升效能——文化馆总分馆制建设 ● 创新与责任——全国文化馆培训工作论坛 ● 繁荣群众文艺，广场舞普及推广在行动 ● 创新服务，提升效能——乡镇（街道）综合文化站在构建现代公共文化服务体系的作用 ● 互联网时代文化馆业务形态变革——全民艺术普及慕课建设的实践与前瞻 5. 闭幕演讲： ● 徐伟——朝阳区文化馆从脚下走向天下 ● 彭敏——诗词之美，点亮人生
2018 年（成都）	年会主题：增强基层文化馆（站）活力，提升公共文化服务效能 1. 工作论坛： ● 文化馆（站）服务效能建设 ● 2018 年全国文化馆文化志愿服务 2. 主题论坛： ● “欢跃四季”百姓广场舞普及推广优秀案例交流 ● 互联网 + 文化馆——大数据与文旅融合 ● 文化馆总分馆制的探索创新 ● 乡村振兴和文化小康

续表

年度（举办地）	论坛及交流活动内容（按日程排序）
2019 年（烟台）	年会主题：文化馆：改革 · 融合 · 创新 1. 开幕论坛——新时代文化馆：改革 融合 创新 2. 交流展示："文聚民心，艺兴乡村"——中国民间文化艺术之乡分享活动 3. 分论坛： ● "放歌新时代 群星耀中华"——群众文艺创作经验交流 ● 公共数字文化融合发展背景下的数字文化馆建设与发展 ● "青年说 · 新力量"——新时代青年文化馆人的使命与担当 4. 闭幕论坛：文化馆全民艺术普及社会化发展模式
2023 年（包头）	年会主题：文化馆：人民的终身美育学校 1. 工作交流：2023 年文化馆工作交流活动 2. 主题演讲：郁钧剑——民族声乐的自觉、自信、自强 3. 专题研讨： ● 打造群众文化活动品牌，实现"破圈"发展 ● 文化滋养创新实践 ● 新时代文化馆全民艺术普及创新——儿童戏剧教育普及与发展 ● "新技术 新空间 新体验"——构建新时代文化馆数字化应用场景 ● "全民美育"青少年艺术普及与推广 ● 沉浸城市故事会——创新打造公共文化服务新业态 ● 推动乡村公共文化建设高质量发展 ● 新时代文化馆全民艺术普及创新——数字化赋能，打造文化馆生动美育课堂 4. 闭幕研讨：完善机制打造"村晚"品牌 创新模式促进共同富裕
2024 年（广州）	2024 年中国文化馆年会

* 受新冠疫情影响，2021—2022 年未举办线下活动。

（二）公共文化产品和服务采购大会

举办全国和区域性公共文化产品和服务采购大会（以下简称"文采会"）是文化和旅游部"十四五"规划重点任务，也是提升公共文化服务水平，创新公共文化服务运行机制，鼓励社会力量参与公共文化服务供给和设施建设运营的重要举措。

为推动面向文化馆行业的社会各类供应主体的最新产品和最前沿服务的展

示，自 2014 年开始，中国文化馆年会均配套举办文化艺术博览会。2018 年中国文化馆年会首次提出“公共文化产品超市”概念。

在文化和旅游部公共服务司（以下简称“公共服务司”）的推动下，2020 年以来，发展中心联合文化馆协会，与长三角、粤港澳大湾区、西南和成渝双城经济圈三个区域文采会建立协调联动机制，并依托国家公共文化云建设“汇文采”专题，打造公共文化产品和服务线上交流展示平台。2020 年文化馆协会与广东省联合举办了“首届全国公共文化和旅游产品云上采购大会”，国家公共文化云“汇文采”专题总访问量 776 万人次，参展单位 9029 家，为推动后疫情时期公共文化事业及相关产业复工复产、促进公共文化和旅游产品供需对接发挥了积极作用。2022 年，发展中心、文化馆协会与湖南省文化和旅游厅合作，再次举办全国公共文化产品云上采购大会暨湖南省公共文化产品和服务竞卖会，湖南长沙站主会场连同上海站、四川站、东莞站、张掖站四大分会场，吸引了来自全国的千余种产品参展，全国 21 个省市的数字文化云平台联动直播。公共文化产品和服务采购大会参展产品和服务品类见表 3。

表 3　公共文化产品和服务采购大会（含云上文采会）参展产品和服务品类表

一级类目	二级类目
信息化服务类	艺术普及信息化设备、沉浸式互动体验装备、互联网和新媒体应用、大数据和云计算平台建设及软件开发等
艺普服务类	文艺演出、艺术培训、展览展示、非物质文化遗产保护与传承、文化志愿服务、对外文化交流、其他全民艺术普及公益服务等
设计展陈类	公共建筑设计与装饰规划咨询，建筑及空间建设服务，展览展示项目策划、活动实施，设计与展陈相关材料、装备器材，其他建筑装饰服务等
运营服务类	委托管理（剧场院线投资运营、文化基础设施投资运营、文化场馆劳务代理、文化场馆物业服务）、设施租赁（设备、器材、附加设施租赁）等
决策咨询类	政策咨询、活动策划、课题研究等
旅游公共服务类	智慧景区软硬件设施、旅游服务监管监测、智慧旅游厕所等
非遗文创类	家居用品、文具用品、百工制品、创意潮玩、益智手工等
其他类	其他公共文化装备、产品和服务，以及防疫装备与产品、应急灾备物资等

2023 年中国文化馆年会期间，发展中心、内蒙古自治区文化和旅游厅、文化馆协会联合举办首届线下文采会。文采会坚持“政府主导、社会参与、机制创新、共建共享”的办展理念，展区面积 2 万平方米，分为公共文化成果展区、公共文化和旅游公共服务优质供应商展区、信息化服务类展区、艺普服务类展区、非遗文创类展区等，共计 120 余家文旅企事业单位参展，推出产品和服务项目近 500 项。这次文采会突出四大看点：一是“中国文化馆发展历程展”，展示了 1949 年以来，一代代文化馆人赓续历史、勇毅前行，历经社会主义革命和建设时期的启航发展，改革开放和社会主义现代化建设新时期的探索转型，以及党的十八大以来中国特色社会主义新时代的砥砺奋进与踔厉奋发光辉历程，展览呈现了大量珍贵的历史图片，全面梳理行业发展各阶段的特点、重大历史时间节点和取得的关键性成就。二是“我和草原有个约定”——内蒙古自治区主题展，围绕内蒙古自治区公共文化服务、文化和旅游等方面展示主要成就和代表性成果，共分为公共文化服务、艺术服务创作成果和四季旅游三大版块。三是“包你心动”——包头文旅推介展，全面展示美景包头、美食包头、悦游包头、乐购包头，体现包头风土民俗、优美景色、特色美食的魅力。四是公共文化和旅游产品、服务与装备展，重点展示一批长期致力于公共文化服务体系建设的科学技术、文化艺术、演艺装备企业的产品与服务，粤港澳大湾区、长三角地区、成渝地区等区域文采会推荐的优质厂商参展。国家公共文化云平台同期推出“云上文采会”专题，推送参展商信息、发布路演直播活动。

（三）省、市、县三级交流活动

全国省级、副省级文化（群艺）馆馆长联席会，由发展中心、文化馆协会联合主办，2014 年在广州市首次举办，随后每年举办一次（2022 年停办 1 次）。会议汇集副省级以上文化馆馆长、协会常务理事、各专业委员会负责人、省级联络员、文化馆发展研究院学术委员等，共同总结文化馆全国性年度重点项目，同时部署、商讨下一年度重点工作。

全国地市级文化馆“百馆联动”，从 2013 年川甘陕三省八市文化馆群众文艺创作交流展演活动起步，每年举办一次并逐步壮大。发展中心、文化馆协会于

2019 年开始参与举办，2020 年发展成为以地市级文化馆为主要参与单位、以集“演展论”于一体的全国性综合交流活动。

县级文化馆“百馆论坛”，由发展中心和文化馆协会发起，旨在通过专家演讲、专题研讨、案例分享等形式，围绕基层文化馆（站）建设过程中遇到的政策理论及实践创新问题进行研讨。

全国省、市、县三级文化馆交流活动见表 4。

表 4　省、市、县三级文化馆联动事年表

时间	活动名称	举办地点
2014 年	第一届全国省、自治区、直辖市、较大城市文化（群艺）馆馆长联席会议	广东广州
2015 年	第二届全国省、自治区、直辖市、较大城市文化（群艺）馆馆长联席会议暨中国文化馆协会一届二次常务理事会	陕西西安
2016 年	第三届全国省、自治区、直辖市、较大城市文化（群艺）馆馆长联席会议暨中国文化馆协会一届三次常务理事会	湖南长沙
2017 年	第四届全国省、自治区、直辖市、较大城市文化（群艺）馆馆长联席会议暨中国文化馆协会一届五次常务理事会	吉林长春
2018 年	第五届全国省、自治区、直辖市、副省级城市文化（群艺）馆馆长联席会议暨中国文化馆协会一届七次常务理事会	山东济南
2019 年	第六届全国省、自治区、直辖市、副省级城市文化（群艺）馆馆长联席会议暨中国文化馆协会一届九次常务理事会	北京
	第七届全国部分省市文化馆“百馆联动”系列嘉年华活动	重庆北碚区
2020 年	第七届全国省、自治区、直辖市、副省级城市文化（群艺）馆馆长联席会议暨中国文化馆协会二届一次常务理事会	浙江宁波
	第八届全国部分文化馆“百馆联动”系列活动	贵州遵义
	首届百县（市区）文化馆馆长论坛	杭州富阳区
2021 年	第八届全国省级、副省级文化（群艺）馆馆长联席会议暨中国文化馆协会二届二次常务理事会	新疆乌鲁木齐
	第九届全国文化馆地市级“百馆联动”文旅嘉年华暨 2022 长三角和部分地级市文化和旅游公共服务产品采购大会	上海奉贤区
2023 年	第九届全国省级、副省级城市文化（群艺）馆馆长联席会议暨中国文化馆协会二届五次常务理事会	贵州毕节

续表

时间	活动名称	举办地点
2023 年	群星聚张掖·丝路耀彩虹——第十届全国地市级文化馆“百馆联动”活动	甘肃张掖
	2023 年县级文化馆“百馆联动”暨馆长培训班	重庆大渡口区
2024 年	第十届全国省级、副省级城市文化（群艺）馆馆长联席会议暨中国文化馆协会二届六次常务理事会	浙江杭州
	第十一届全国地市级文化馆“百馆联动”活动	内蒙古鄂尔多斯
	2024 年县级文化馆“百馆联动”	湖北咸宁

* 受新冠疫情影响，2022 年未举办相关活动。

四、打造全国性群众文化活动品牌，扩大文化馆全民艺术普及覆盖面和影响力

文化馆协会紧抓主业和发挥优势，以全国性群众文化活动为抓手，以做强做大全民艺术普及品牌为目标，以广大基层群众文化需求为导向，充分调动全国各地优秀群众文化品牌资源以及社会各界力量，创建了一系列脍炙人口的活动品牌；同时也带动了一批地方特色品牌活动向更大范围辐射，不断提升群众文化活动的覆盖面和适用性，满足人民群众的文化需求。

（一）全国广场舞展演活动

为贯彻落实文化部、体育总局、民政部、住房城乡建设部《关于引导广场舞活动健康开展的通知》要求，发挥行业组织引领作用，引导广场文化活动健康、规范、有序开展。2015 年至 2018 年，文化馆协会依托发展中心中国文化网络电视平台，举办了“欢跃四季”——全国百姓广场舞活动。2016 年，该活动还被纳入第十一届中国艺术节公共文化展演项目。4 年间，“欢跃四季”带动各地文化馆创作出大量具有地方文化特色和时代特点的广场舞作品。广大广场舞爱好者积极响应，踊跃参与，全国 1500 余支团队报名参加，活动充分运用信息网络和新媒

体手段，创新活动方式，借助中国文化网络电视、国家数字文化网、国家公共文化云等新媒体平台取得“互联网＋广场舞”群众文化活动模式新突破[①]。

文化馆广场舞活动的蓬勃发展，得到行政主管部门关注与支持。2019年，由文化和旅游部公共服务司、天津市文化和旅游局指导，发展中心、文化馆协会和天津市滨海新区人民政府主办的“我和我的祖国”——文化新生活全国广场舞成果汇报展演成功举办。《“十四五”文化和旅游发展规划》对组织全国广场舞、乡村“村晚”和“大家唱”合唱节等活动做出明确部署。文化馆协会配合公共服务司、发展中心在组织发动、作品征集、技能培训等方面发挥协调作用。

2021年以来，发展中心、文化馆协会策划实施了“舞出中国红”全国广场舞活动，依托国家公共文化云，联合地方云和有影响力的新媒体，将以往广场舞线下比赛、展演与线上展示向线上线下融合联动、多渠道互动参与、全媒体呈现转变，着力丰富活动形式和内容、提升互动性，带动各地广泛开展广场舞活动，线上参与人次9242.9万。其中，发展中心在国家公共文化云开设“舞出中国红”全国广场舞展演活动专题，专题内容还包括：直录播各地优选广场舞活动、征集广场舞创编作品、“一城一舞”短视频。2022年北京冬奥会期间，发展中心、文化馆协会指导北京市文化馆，以《一起向未来》歌曲创编主题广场舞，组织开展线上线下培训推广并开办“一起向未来·大家舞起来”全国网络广场舞大赛，活动吸引各地4900余支队伍、14.7余万人参与，网络点击量4322万。发展中心、文化馆协会指导北京、湖北、四川举办2021年全国广场舞活动启动仪式、优秀团队展演、成果展示三场重点线下活动；鼓励多地广场舞进景区、进社区、进乡村、进校园，线下参演团队6000余支、参与人数120余万。2023年，配合公共服务司探索开展广场舞抖音话题挑战，策划广场舞大会，通过多种手段吸引群众参与、展示各地广场舞风采。

（二）全国“村晚”示范展示活动、“四季村晚”

2016至2019年，发展中心、文化馆协会、丽水市人民政府、全国乡村春晚百县联盟，在全国连续举办了4届“乡村春晚”网络联动活动。2021年，“乡村

① 颜芳，赵保颖．政府引导 社会参与 全国广场舞普及推广在行动[M]//赵保颖，曹锦扬．广场舞文化发展报告（2017）．北京：九州出版社，2018.

春晚”又上新台阶，着力向“村晚”转变，不局限于春节期间开展，而将目标定位于成为农村地区全年广泛开展的节庆活动，集群众文艺展示、特色文化传承、好物美景推介于一体，线上线下融合联动，生动展现乡村群众昂扬向上的精神风貌。

2021 至 2023 年，公共服务司、发展中心和文化馆协会连续 3 年在元旦至春节期间举办全国“村晚”示范展示活动，全年开展春夏秋冬“四季村晚”。这三年“村晚”示范展示活动分别以“欢乐过大年·迈向新征程——我们的小康生活”“欢乐过大年·喜迎冬奥会——我们的美好生活”“启航新征程 幸福中国年”为主题，鼓励和引导各地举办“村晚”3.6 万余场，引导支持具备条件的“村晚”通过国家公共文化云、央视频进行网络联动，从区域“小欢喜”走向全国“大联欢”，累计参与人次超 4.1 亿。通过“村晚”，展现了各地浓厚的乡土气息、朴素的民风民俗、丰厚的人文底蕴。此外，发展中心在国家公共文化云开设“村晚”专题，联合地方云、央视频、新华网，直录播各地精选“村晚”350 余场，推出启动仪式、接力直播、资讯周报、互动活动等创新举措，线上参与人次 2.56 亿。

2023 年 12 月 31 日，国家主席习近平在 2024 年新年贺词中指出“村超”“村晚”活力四射。此外，“村晚”先后被写入中共中央办公厅、国务院办公厅《关于做好 2024 年元旦春节期间有关工作的通知》《关于学习运用“千村示范、万村整治”工程经验有力有效推进乡村全面振兴的意见》等文件。部党组一直高度重视“村晚”，部领导连续四年出席全国“村晚”示范展示活动启动仪式并致辞，多次询问、指导工作。2024 年，公共服务司、发展中心、总台视听新媒体中心和文化馆协会举办 2024 年春节“村晚”示范展示活动，活动以“大地欢歌迎新春 五谷丰登庆丰年”为主题，联合各地文化和旅游部门、文化馆（站）和相关网络平台，开展云上看“村晚”专题、各地“村晚”直录播、南北小年接力直播、乡村好物推荐、云上年画展、“我要办村晚”活动等重点工作。

文化馆协会按照工作部署，配合公共服务司、发展中心开展相关工作，举办了全国“村晚”骨干培训班。2024 年，文化馆协会和抖音直播联合发起的“我要办村晚”乡村文化能人抖音直播扶持计划，挖掘活跃在广大农村基层的乡村文艺能人和团体，通过新媒体流量扶持及宣传报道支持，培育一批优秀“村晚”主播，推出一批优质“村晚”直播，探索引导支持群众自办“村晚”的有效路径，推进乡风文明建设，助力乡村文化振兴。此外，“我要办村晚”将在 2024 年整年推出[①]。

（三）大家唱群众歌咏活动

2020 年 8 月，文化和旅游部领导提出“将中国少儿合唱节、中国老年合唱节等各类合唱节、合唱活动向‘大家唱’转型，拓展合唱以外的各类歌咏活动，创新活动形式，吸引各类群众参加”的重要指示。发展中心、文化馆协会落实文化和旅游部党组指示精神，于 2021 年按照文化和旅游部总体安排，在国家公共文化云和央视频开设“唱支山歌给党听”大家唱群众歌咏活动专题，直录播各地优选群众歌咏活动，征集、展播“最美歌声”短视频并发动群众投票，推出线上合唱培训课程。此外，联合上海市文化和旅游局组织开展庆祝中国共产党成立 100 周年全国群众歌曲创作征集展示活动，推选优秀原创群众歌曲 100 首。通过多种手段，广泛发动各级文化馆（站）、机关和企事业单位、群众文艺团体及个人，唱响爱国歌曲、传颂红歌故事、表达爱党爱国之情，参与人次 3342.8 万。

（四）群众文化品牌项目

为加快推动文化馆行业“互联网＋群众文化”服务创新，发展中心和文化馆协会于 2017 年共同打造了“百姓大舞台”网络群众文化品牌项目，引领各级文化馆（站）以网络直播、数字资源动态生产、线上线下互动服务为特色创新群众文化服务模式。该项目于 2018 年被纳入公共数字文化工程中央转移支付支持项目。通过该项目的实施探索出一条互联网和新媒体技术背景下，符合文化馆行业特点的数字化服务创新发展之路。

2023 年，新华网依托发展中心多年来群众文化活动工作基础和自身传播渠道及社会影响力，于 9 月面向文化馆界和社会重磅发布了“全民艺术 +”全国群众文化活动品牌计划。该计划由新华网、发展中心和文化馆协会联合主办，面向社

① “我要办村晚”：小而美 大潜能[EB/OL].（2024-02-23）[2024-09-24]. https://baijiahao.baidu.com/s?id=1791644453173963864&wfr=spider&for=pc.

会各界和文化（群艺）馆发布群众文化活动品牌征集，2024 年，入围品牌将在新华网和国家公共文化云开展品牌推广，并通过品牌培育、品牌评选、品牌发布、品牌推广、线下展演、年度盛典、组团出海等，推出一批群众基础深厚、活动特色鲜明、勇于探索创新的优秀群众文化活动品牌，实现群众文化活动“破圈”发展。

（五）新春农民画贺岁展

2024 年，发展中心和文化馆协会联合推出了“新春农民画创作征集展示活动”，以农民画为载体，以全国文化馆（站）群众美术业务骨干，民间艺术之乡、农民画乡民间美术创作者以及农民画爱好者为作品征集对象。通过农民画创作与传播，弘扬传承中华优秀传统文化，推动创造性转化、创新性发展，丰富节日文化内涵，促进乡村振兴和文旅融合。全国 30 个省（区、市）有 200 余幅优秀农民画作品进京参加“2024 新春农民画贺岁展”，同期参展的还有“绘美创艺”系列新春文创作品。国家公共文化云举办“云上农民画展”，通过寻、讲、乐、送四大板块为网友呈现不一样的“年画”[①]。

（六）青少年美育系列活动

为创新践行“文化馆：人民的终身美育学校”，发挥文化馆社会美育功能，助力国家双减政策落实，发展中心与文化馆协会共同推动青少年美育高质量发展：联合宋庆龄基金会、北京师范大学，实施“全国青少年美育示范基地”创建计划；在公共服务司、艺术司指导下，打造全国青少年美育示范展演——“全民美育”青少年系列展演展示活动品牌；建设国家公共文化云“学才艺”和“云端美育”APP，通过互联网向青少年提供多品类、多层次、更多元、更便捷的艺术普及课程；探索“公益 + 市场”相结合、“艺术普及 + 研学旅行”的新模式，打造集历史之美、艺术之美、非遗之美、乡村之美、建筑之美、生活之美、科技之美、自然之美为一体的“八美”特色校外实践研学项目；与中央广播电视总台银

① “新生活 · 新风尚 · 新年画”——我们的小康生活主题美术创作征集展示活动组委会. 新生活 · 新风尚 · 新年画[M]. 北京：东方出版社，2021.

河少儿艺术团合作，建设覆盖全国的顶尖少儿艺术演出团体，为各地优秀节目提供国家级媒体展示平台。

（七）地方群众文化活动品牌提升

文化馆协会大力支持各地群众文化品牌建设，十年间，先后参与举办了四川省的“中国（南充）嘉陵江合唱艺术节”，第十届巴人文化艺术节，陕西省的“中国西部民间刺绣艺术精品联展”，陕西及长征沿线 11 个省的“红星闪耀——纪念红军长征胜利 80 周年群众美术书法作品联展”，武汉市的琴台音乐节“唱响中国梦”合唱艺术周活动，西南、西北七省的“天籁之音 · 石海之约”西南民歌展演系列活动，福建省的“中国农民画创作群体漆画技艺实验班”，河北省的“激情冰雪 相约冬奥”全国群众美术作品展，青海省的第十届青海省群文干部业务技能比赛，浙江省“锦绣华章”2022 长三角民间艺术文创大展等特色品牌活动。此外，文化馆协会与农民书画研究会合作举办了“在希望的田野上——中国农民画精品展”，并纳入第十一届中国艺术节；与中国动画学会合作举办了“运用农民画和动画宣传社会主义核心价值观”系列活动；与中华文化促进会共同主办了“中华新民艺 · 时尚生活周”活动。

五、推动文化馆理论研究体系构建，带动行业研究能力提升

文化馆协会始终把加强文化馆理论研究和学科体系建设作为掌握行业发展规律、指导行业创新实践、加强业务建设的重要抓手，并通过聚拢专家人才、开展研讨与征文活动、推动学术出版、创办行业刊物、设立研究项目等多种方式全方位推进。

（一）设立文化馆发展研究院

2020 年，发展中心和文化馆协会合力推动文化馆发展研究院的成立，旨在广泛调动和凝聚全国文化馆以及相关研究机构、专家学者的研究力量，围绕文化馆领域的重大战略和重点改革任务，深入探索文化馆的政策理论和制度设计，助推

文化馆体制机制改革和理论体系构建，进而促进文化馆事业的高质量发展，为现代公共文化服务体系建设提供理论支撑和智力支持。

文化馆发展研究院成立以来，积极参与文化馆事业发展中的全局性、战略性、前瞻性理论和实践问题调查研究，组织、指导、协调全国各级文化馆及相关机构开展文化馆事业理论与实践的调查研究，承接政府、行业协会及相关机构委托的战略研究和咨询评估等相关工作；根据发展中心和文化馆协会的行业性工作部署，组织、指导、实施文化馆领域的学术研讨、发展调研等活动，编辑、出版、发行反映文化馆事业发展的有关书刊和资料，编辑发布反映工作进展的动态信息，在推动和引领文化馆理论研究和学科体系建设方面发挥了至关重要的作用。

（二）发布《文化馆蓝皮书》

为充分发挥行业龙头作用，积极推动和落实全国文化馆行业工作开展，系统梳理阶段性成就和经验，介绍、分析各地开展全民艺术普及和优秀传统文化传承工作的举措、案例，展望行业发展方向和路径，发展中心和文化馆协会联合北京大学启动了“文化馆蓝皮书”的编制工作。从2016年以来先后出版了《文化馆蓝皮书：中国文化馆全民艺术普及发展报告（2015—2016）》《文化馆蓝皮书：新时代文化馆创新发展（2017—2018）》《文化馆蓝皮书：文化馆改革与服务创新发展报告（2019—2020）》，以及将于2024年正式出版的《文化馆蓝皮书：建设人民终身美育学校（2021—2023）》。

“文化馆蓝皮书”中包含了专家学者、行业管理者、建设者研究撰写的阶段性行业发展情况总报告、行业观察分报告、地方创新案例以及具有较高学术价值的行业调研报告，为文化馆发展的分析、决策、预判提供依据。

（三）举办全国文化馆理论体系构建学术研讨会

为推动文化馆改革创新，加强行业理论研究，促进从业者学术交流，文化馆协会于2018年创建了“全国文化馆理论体系构建学术研讨会”理论交流活动品牌，旨在汇集文化馆行业理论研究骨干，共同探讨文化馆基础理论研究重点问题，搭建全国性文化馆理论研讨交流平台（见表5）。

为唤醒业界同人理论意识、启发理论思考，鼓励从业者广泛、深入、扎实地开展理论研究，研讨会采用主旨报告、开放式研讨、课题成果分享及专家案例点评等多种形式，并同步出版论文集。

表5　全国文化馆理论体系构建学术研讨会事年表

时间	活动名称	举办地点
2018年	首届“新时代文化馆理论体系构建”学术研讨会	浙江绍兴
2019年	第二届全国文化馆理论体系构建研讨会	广东东莞
2020年	第三届全国文化馆理论体系构建研讨活动	浙江台州
2023年	第四届全国文化馆理论体系构建研讨活动	深圳福田
2024年	2024年全国文化馆理论体系构建与创新实践交流活动	陕西安康

注：受新冠疫情影响，2021—2022年未举办相关活动。

（四）设立“文化馆事业高质量发展研究计划”

为贯彻落实文化馆行业建设重点任务，强化理论指导实践，提升文化馆馆员的学术素养和学术能力，鼓励社会各界积极参与文化馆理论研究，进一步推进文化馆高质量发展，发展中心和文化馆协会于2020年启动了“文化馆事业高质量发展研究计划”，资助相关单位围绕文化馆事业发展中的重大现实性理论和实践问题开展课题研究。

“文化馆事业高质量发展研究计划”每两年发布一次，得到社会各界高度关注和积极响应。2020—2022年两个申报周期共收到来自各级文化馆（站）、高等院校、研究机构等单位的申报书238份，选题方向覆盖广泛。结合行业建设需要，专家最终评定13个项目为重点项目，29个项目为一般项目（含青年项目）。

（五）创办《中国文化馆》期刊

为进一步推动文化馆理论研究，弥补行业建设空白，发展中心和文化馆协会联合推动创办的《中国文化馆》辑刊于2021年底正式出版发行。

《中国文化馆》的办刊宗旨是“坚持以社会主义核心价值观为指导，坚定文化自信和中国特色，坚持百花齐放、百家争鸣的方针，理论与实践结合，普及与提高并重，发表有关促进文化馆事业发展、推动全民艺术普及和优秀传统文化传承的研究成果，引领研究方向，展现研究水平，讲好中国故事，发现和培育研究人才，促进我国公共文化服务体系建设和文化馆事业高质量发展”，力争成为我国文化馆领域最高层次、最高水平、最具权威性的非营利学术型期刊。

截至2023年底，《中国文化馆》发表了公共文化领域顶尖专家、各大高校师生、文化馆从业者高水平研究论文100余篇。文化馆协会正在积极推动《中国文化馆》进入中国学术类核心期刊或重要期刊行列，让期刊在高层次学术评价中得到广泛认可，改变文化馆领域学术期刊在我国学术期刊阵营中空缺的现状。2024年，文化馆协会出版发行第四、五辑《中国文化馆》，并启动“《中国文化馆》通联网络”建设工作，与全国各级文化馆（站）紧密互动，形成常态合作机制，构建适应新形势要求的文化馆学术研究和事业发展传播体系，增强全行业的研究和传播能力。

（六）推动重大课题研究

文化馆协会组建专家团队围绕文化馆事业发展的重大现实性问题和重大理论问题设立专项课题、承接委托课题，共计21项，为政府决策和行业咨询提供智力支持（见表6）。

表6　文化馆协会承接、参与研究性的课题汇总表

启动时间	课题名称	立项方式
2015年	《“十三五”时期文化馆事业发展规划》草案研编	政府委托项目
	《国家基本公共文化服务标准体系建设研究》子课题“基本公共文化服务评价标准研究”	国家社科基金项目
2016年	《省、市、县文化馆业务规范》研究	政府委托项目
2017年	《全民艺术普及慕课建设指南》研编	自立项目
2018年	《文化系统老年大学数字文化平台建设可行性研究》	政府委托项目
	《县域文化馆总分馆制调研》	政府委托项目

续表

启动时间	课题名称	立项方式
2019 年	“数字文化馆建设”系列课题	横向课题
	《文化建设军民融合发展研究》	政府委托项目
	《公共数字文化领域已有标准及其体系建设情况调研》	自立项目
	《公共文化机构公共数字文化标准应用现状及需求调研》	自立项目
	《关于文化和旅游志愿服务工作调研报告》	自立项目
2020 年	《公共文化装备产品现状与发展对策研究》	政府委托项目
2022 年	《文化馆专业术语体系调研》	自立项目
	《文化馆（站）业务培训课程体系调研》	自立项目
	《〈文化馆管理办法〉修订前期调研》	政府委托项目
	《社会主义文化强国建设背景下的文化馆发展战略研究》	政府委托项目
2023 年	《文化馆非基本公共服务现状与发展趋势研究》	政府委托项目
	《我国文化馆（站）标准化建设研究》	自立项目
	《中国文化馆员职业道德准则》研编 《文化馆服务宣言》研编	自立项目
	“全国公共文化服务供应主体综合指数评价”研究	自立项目
	公共文化服务领域青少年美育质量评价标准研制	自立项目

注：自立项目为发展中心或文化馆协会自行立项，并联合开展研究的项目。

（七）开展全国性征文活动

开展征文活动是文化馆协会广泛发动业内同人分享研究成果和实践经验的重要方式。2014 年文化馆协会开展了首个征文活动“中国文化馆年会征文活动”，此后每年举办一次，参与稿件重点瞄准理论研究型文章。2018 年，配合全国文化馆理论体系构建学术研讨会的举办，同期开展了专项征文活动，此后每年举办一次，参与稿件重点聚焦各地文化馆（站）服务创新案例。

截至 2023 年，文化馆协会两个系列征文活动经各省推荐，共有来自 2581 个文化馆、文化站以及社会机构的作者参与，投稿总量累计 5100 余篇，近 1100 篇入围论文、案例集。长期坚持开展的征文活动，促进了文化馆（站）从业者研究型文章撰写、案例提炼和经验总结的水平，有效提升了理论研究的能力。

（八）支持其他学术出版活动

为进一步促进文化馆行业学术交流与互鉴，文化馆协会与发展中心合作着力推动学术出版工作（见表 7），并以出版物为载体，广泛向业内同行、相关领域科研工作者和社会公众传播行业研究成果和创新见解。

表 7　文化馆协会参与编纂出版的书籍和期刊汇总表

序号	出版物名称 / 总类	出版频次	数量（种）
1	中国文化馆年会征文作品集	按年会届次	8
2	全国文化馆理论体系构建学术研讨会征文作品集	按研讨会届次	3
3	文化馆蓝皮书	每两至三年一次	3
4	中国文化馆	每年一至两次	3
5	文化馆十一讲	不定期	2
6	广场舞发展蓝皮书	不定期	2
7	社区合唱实用教程	不定期	1
8	文化大视野	不定期	3
合　计			25

注：该资料统计截止时间为 2023 年 12 月。

六、促进文化馆标准化建设，提高行业规范化水平

文化馆协会于 2018 年开始承担全国文化馆标准化技术委员会（SAC/TC390，以下简称“文标委”）秘书处工作。六年来，文标委紧扣新时期公共文化服务体系建设重点任务，高质量推动文化馆（站）标准化建设，在国家标准和行业标准制修订、关键性专题研究、制度建设、培训宣贯等各方面成效显著（见图 1）。

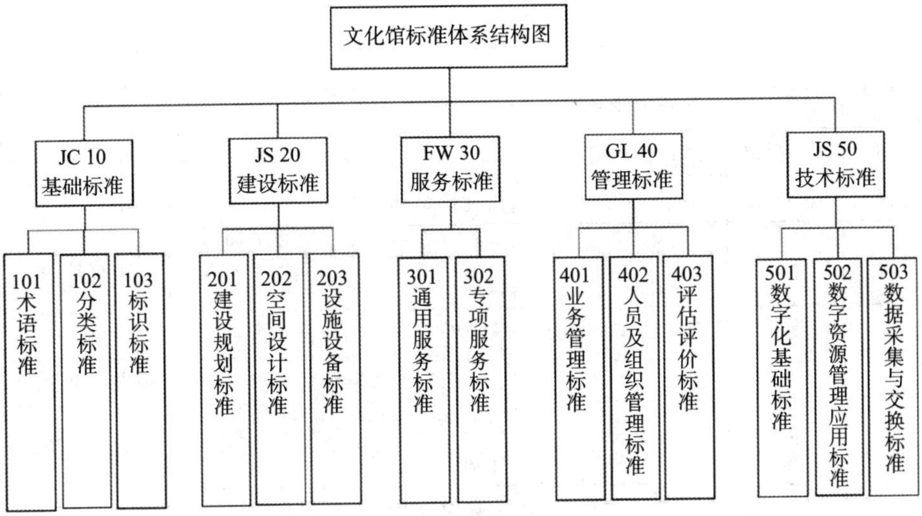

图 1　文化馆标准体系结构图

（一）大力推动标准制修订工作

在国家标准制定、修订方面，推动标准化与科技创新互动发展，优先开展文化馆信息化建设国家标准制定；顺应文化馆（站）规范管理以及服务效能提升需要，推动《文化馆服务规范》《乡镇综合文化站服务规范》《文化馆 基本术语》制修订工作，夯实文化馆标准体系底层支撑。在行业标准研究、制定方面，聚焦文化馆（站）行业建设重点任务，加强先导性研究；围绕行业发展现实需求及核心业务，推动行业标准的预研和制订（见表 8）。持续强化标准基础性研究，为完善和深化标准化体系建设积蓄力量。

表 8　文化馆（站）领域已发布及在研标准一览表

序号	类型	编号 （按立项顺序）	标准名称	标准状态
全国文化馆标准化技术委员会归口管理标准情况				
1	国家标准	GB/T 32939—2016	文化馆服务标准	发布实施 正在申请修订
2	国家标准	GB/T 32940—2016	乡镇综合文化站服务标准	发布实施 正在申请修订

续表

序号	类型	编号 （按立项顺序）	标准名称	标准状态
3	国家标准	20191089-T-357	数字文化馆资源和技术基本要求	出版阶段
4	国家标准	—	文化馆基本术语	申报阶段
5	行业标准	—	文化馆全民艺术普及线上课程建设要求	审查阶段
6	行业标准	WH/T 103—2024	文化馆年报编制与公开指南	发布实施
7	行业标准	—	文化馆服务数据采集要求	征求意见阶段
8	行业标准	—	公共文化云平台资源共享操作导则	征求意见阶段
9	行业标准	—	文化馆数字资源标签和用户标签通用要求	征求意见阶段
10	行业标准	—	文化驿站建设与服务管理规范	起草阶段
11	行业标准	—	文化馆业务规范	审查阶段
12	行业标准	—	群众文化指导员能力评价通用要求	起草阶段
13	行业标准	—	文化馆公共信息导向系统设置指南	起草阶段
其他归口管理标准				
1	行业标准	JGJ 156—2008	镇（乡）村文化中心建筑设计规范	发布实施
2	行业标准	JGJ/T 41—2014	文化馆建筑设计规范	发布实施
3	工程标准	建标 128—2008	文化馆建设用地标准	发布实施
4	工程标准	建标 136—2010	文化馆建设标准	发布实施
5	工程标准	建标 160—2012	乡镇综合文化站建设标准	发布实施

注：该资料统计截止时间为 2024 年 9 月。

（二）积极开展标准预研工作

申报立项了文化和旅游部科技司标准化研究项目 4 项，依托发展中心和文化馆协会设立的“文化馆事业高质量发展研究计划”支持开展标准化课题研究项目

6 项（见表 9）。这些标准预研项目为文化馆领域国家标准和行业标准制修订工作打下了坚实的研究基础，也建立和培养了标准化研究队伍。

表 9　文化馆（站）领域标准预研项目一览表

序号	项目名称	牵头单位
1	文化馆行业标准体系研究	北京大学信息管理系
2	文化馆总分馆建设和与服务标准研究	成都市文化馆
3	文化馆总分馆建设指标体系研究	张家港市文化广电新闻出版局
4	数字文化馆虚拟技术规范研究	武汉理工大学
5	文化馆服务标准体系建设研究	中国标准化研究院
6	文化馆年报编制与公开制度	广东省文化馆、中山大学
7	文化馆全民艺术普及慕课建设研究	深圳市文化馆
8	文化馆“老年文化艺术大学”建设机制与服务规范研究	北京大学
9	文化馆场馆服务公示及标识导向研究	广东省文化馆
10	文化馆文艺辅导培训发展趋势及提升路径	佛山市文化馆

（三）加速推进标准宣贯工作

文化馆协会以文标委为引擎，以培训为抓手，着力加强文化馆行业标准化工作的骨干队伍建设，通过系统化和普及性培训，引导各级文化馆馆员认识标准、了解标准，提升标准申报编制数量和质量，强化标准对文化馆业务的基础支撑作用。2018 年以来，全国参加线上线下培训的人数累计达到 15.4 万人次，参与文化馆标准化工作的各级文化馆（站）、高校和科研机构数量，从 2018 年时的不到 10 家，发展到现在的 47 家。与此同时，借助文化馆协会的各类学术出版物、网站、微信公众号等媒介以及举办年会、论坛、研讨活动契机，宣传文化馆标准化工作，开展标准化知识、成果的宣介。配合《文化馆年报编制与公开指南》行业标准宣贯，文化馆协会联合发展中心共同启动全国文化馆年报展示平台建设，以展示、交流、遴选优秀年报来促进标准的实施。

七、加强文化馆（站）从业者培训，推动人才队伍建设

为有效推动文化馆（站）从业者专业素养、业务水平和服务能力的全面提升，为文化馆行业建设提供人才支撑，文化馆协会与各专业委员会、各级文化馆合作，着力打造“全民艺术普及技能提升计划”“文化馆（站）高质量发展培训计划”及“文化馆事业发展的思考与讨论”网络培训等系列培训项目，满足多层次、多元化、多形式人才培养需求。此外，文化馆协会还积极对接各会员单位举办的业务培训，为其提供师资、课程支持。截至 2023 年底，已建成专业化师资库、体系化课程库、线上线下相结合的培训平台，累计覆盖培训人次超 500 万。

（一）全民艺术普及技能提升计划

该计划由文化馆协会和发展中心联合创建于 2017 年，旨在提升基层群众专、兼骨干人才专业能力，促进艺术普及创作、辅导、培训、活动组织等专业技能和服务水平提高。2017 年—2023 年，该计划已成功举办了 26 期专题培训，覆盖音乐（含合唱）、舞蹈（含广场舞）、戏剧（含小戏小品）、曲艺、美术、书法、摄影等各艺术门类以及数字化建设、活动组织（含乡村村晚）、志愿服务等各专项工作，线下参训数量近 1500 人次，线上参训数量近 40.4 万人次。

（二）文化馆（站）高质量发展培训计划

该计划旨在提升文化馆（站）从业者政策理论知识和管理水平，针对学习贯彻党的历届全会精神、习近平新时代中国特色社会主义思想、党中央国务院关于文化和旅游重大决策文件、公共文化领域体制改革政策等内容开展培训。2022 年至 2024 年该计划共开展专题培训班 3 次，线上线下覆盖培训人次近 3.8 万。

（三）“文化馆事业发展的思考与讨论”网络培训

该培训是新冠疫情三年特殊时期，发展中心和文化馆协会抓住因疫情防控各

级公共文化场馆关闭、阵地服务暂停的窗口期，顺时应势、精心组织推出的系列网络直播互动式培训。培训讲授和交流内容紧扣事业发展的重大现实性问题，理念传播与创新实践紧密结合，选题新颖、内容充实、回应关切、引发思考。2020年至2022年，该培训连续推出3季，邀请专家和对话人38位，培训课程选题覆盖文化馆机制改革与服务创新的方方面面。3季35场讲座和互动交流，网上专题主页浏览量和直播收看量累计突破460万人次。

八、创建全民艺术普及专项基金，开辟行业建设社会化新路径

为探索“政府主导、社会参与、共建共享”的公共文化服务社会化发展道路，充分发挥文化馆（站）公共文化服务主阵地的引领作用，在保障人民群众基本文化需求的基础上，广泛吸引社会力量参与公共文化服务，鼓励全民艺术普及服务多元化、多样化、品质化发展，促进公共文化服务从保基本、促均等向高质量、高效能方向迈进。文化馆协会与中国宋庆龄基金会于2023年合作设立了“中国宋庆龄基金会全民艺术普及专项基金”（以下简称“专项基金”），专项基金管理委员会办公室设在文化馆协会秘书处。

专项基金遵循公开透明、尊重捐方意愿、体现资助效益的基本原则，面向全国各级政府及有关部门、企业、社会团体、其他社会组织和个人公开募集；面向全国各级文化馆（站），为致力于全民艺术普及工作及公共文化和旅游服务创新发展的其他公共文化机构、企业、社会团体、高校及科研机构等提供资助；用于支持城乡居民开展以全民艺术普及为目的的群众文化活动，加强城乡基层公共文化服务，促进青少年美育，推动文化馆（站）及相关行业机构事业发展，支持其他公共文化和旅游服务创新项目[①]。具体资助方向见表10。

---

① 中国宋庆龄基金会全民艺术普及专项基金正式设立[EB/OL].（2024-02-23）[2024-09-24]. https://www.sclf.org/gysy/gyzx/202304/t20230421_23240.htm.

表 10　中国宋庆龄基金会全民艺术普及专项基金资助方向目录

序号	资助方向
1	开展以艺术知识普及、欣赏普及、技能普及和活动普及为主要目标的文化艺术讲座、展演、展览、展示和培训
2	举办广场舞、合唱、村晚等百姓喜闻乐见的群众文化活动，创建参与度高、覆盖面广、影响力强的文化活动特色品牌
3	挖掘、提炼、培育文化艺术普及、优秀传统文化保护与传承相关 IP，推动文创体系建设和产品研发、宣传推广
4	推动乡村艺术普及，结合中国民间文化艺术之乡建设、民俗民族旅游示范区创建、新型乡村公共文化空间建设以及“乡村网红”培育计划等项目实施，策划开展民间艺术普及活动
5	面向老少边穷地区基层群众和老年人、残疾人、农民工等特殊群体开展全民艺术普及服务
6	扶持青少年美育项目，支持“双减”背景下开展艺术普及进校园
7	推动“互联网 + 全民艺术普及”，基于大数据、云计算、物联网、新媒体技术，开展平台建设和线上线下相结合的群众文化活动
8	支持全民艺术普及理论研究、学术体系建设、标准化以及人才培训工作

为全面贯彻落实“十四五”公共文化高质量发展工作目标，推动文化与教育融合发展，按照文化和旅游部、教育部共同推动“双减”后青少年美育工作总体部署，专项基金将“全国青少年美育示范基地”创建计划作为首个资助项目。该项目旨在围绕新形势下文化馆（站）全民艺术普及、优秀传统文化传承社会职能，广泛整合社会各界艺术普及资源，对接中小学艺术普及教育教学需求，构建文化馆（站）、中小学、其他社会力量共同参与的青少年美育协作体系。专项基金在全国遴选符合创建条件的 10 个文化馆（站）、17 个中小学、3 个社会主体，挂牌创建青少年美育示范基地，服务青少年美育事业创新发展，打造全国样板。

九、积极承接政府委托项目，发挥好参谋助手作用

作为文化和旅游部业务主管的行业组织，文化馆协会积极发挥政府与行业之

间的桥梁纽带作用，按照文化体制改革“管办分离”的工作部署，在文化和旅游部的领导下，积极承建政府委托项目，高质量履行“办文化”的职能。

自2014年成立以来的10年间，文化馆协会承接了中宣部及相关司局、文化和旅游部及相关司局、部直属事业单位等委托的行业培训、课题研究、全国性大型群众文化活动、行业交流活动、效能评估等项目35项，包括大型群众文化活动11个，行业培训8次，行业交流活动3次，课题研究9项，效能评价项目4项，具体见表11。在上级部门的正确领导和大力支持下，一系列政府委托项目的实施，使文化馆协会在业内树立起良好的口碑，影响力和权威性不断提高，成为凝聚行业、带动发展的重要力量。

表11 政府委托项目汇总表

启动时间	项目名称	类型
2014年	2014年中国文化馆年会	大型活动
2015年	第四次全国文化馆评估定级	效能评估
	《“十三五”时期文化馆事业发展规划》草案研编	课题研究
2016年	《省、市、县文化馆业务规范》研究	课题研究
2017年	全国文化馆志愿服务项目风采展示	行业交流
2018年	优秀舞台艺术作品移植改编计划	行业交流
	“歌声伴着我成长”第五批全国新创少儿歌曲征集推广工作	大型活动
	《文化系统老年大学数字文化平台建设可行性研究》	课题研究
	《县域文化馆总分馆制调研》	课题研究
2019年	“文聚民心，艺兴乡村” ——中国民间文化艺术之乡分享活动	行业交流
	“我和我的祖国”全国广场舞活动	大型活动
	文化馆“文化暖心”惠民演出季	大型活动
	《文化建设军民融合发展研究》	课题研究
2020年	“新生活·新风尚·新年画” ——我们的小康生活主题美术创作征集展示活动	大型活动
	第五次全国文化馆评估定级	效能评估

续表

启动时间	项目名称	类型
2020 年	“2020 年基层文化和旅游公共服务队伍线上培训”系列培训 ——全国乡村文旅融合发展师资培育线上培训班	行业培训
	“2020 年基层文化和旅游公共服务队伍线上培训”系列培训 ——群众文艺创作与普及推广人才培育线上培训班	行业培训
	《公共文化装备产品现状与发展对策研究》	课题研究
2021 年	“新生活·新风尚·新年画” ——我们的小康生活主题美术创作征集展示活动	大型活动
	国家公共文化服务体系示范区创新发展复核	效能评估
	“2021 年全国基层文化和旅游公共服务队伍培训” ——全国县级文化馆馆长培训班	行业培训
2022 年	“新生活·新风尚·新年画” ——我们的小康生活主题美术创作征集展示活动	大型活动
	“2022 年全国基层文化和旅游公共服务队伍培训计划” ——全国县级文化馆馆长培训班	行业培训
	2022 年全国特殊群体文化权益保障线上培训班	行业培训
	2022 年民族地区公共文化服务体系建设线上培训班	行业培训
	2022 年群星奖作品创作与解析暨群众文艺创作能力提升培训班	行业培训
	《〈文化馆管理办法〉修订前期调研》	课题研究
	《社会主义文化强国建设背景下的文化馆发展战略研究》	课题研究
2023 年	全国文化馆服务宣传周启动仪式	大型活动
	“2023 年全国基层文化和旅游公共服务队伍培训计划” ——全国县级文化馆长培训班	行业培训
	《文化馆非基本公共服务现状与发展趋势研究》	课题研究
2024 年	全国广场舞展演活动	大型活动
	2024 年“四季村晚”活动	大型活动
	全国文化馆服务宣传周	大型活动
	第六次全国文化馆评估定级	效能评估

（一）“新生活·新风尚·新年画”——我们的小康生活主题美术创作征集展示活动

2021 年至 2023 年，文化馆协会连续三年执行实施了由中宣部文艺局、文化和旅游部公共服务司、中央文明办二局、中国美术家协会、中国民间文艺家协会主办，发展中心承办的“新生活·新风尚·新年画”——我们的小康生活主题美术创作征集展示活动。全国范围征稿总量 5200 多件，推出优秀作品近 900 件，全国 15 个省举办巡展、联展活动。国家公共文化云“赏年画 过大年”专题累计发布年画作品、赏析课程、互动游戏、短视频资源等信息 1200 余条，总点击量过千万，44 家海外中国文化中心和旅游办事处举办了线上展，总浏览量 124 万次。向基层群众印送年历、福字、对联、数字红包封面等年画衍生品 180 万份。

（二）文化馆服务宣传周

文化和旅游部公共服务司于 2023 年发起“文化馆服务宣传周”活动。为进一步提高文化馆的社会认知度、影响力、参与度和美誉度，提升文化馆公共文化服务效能，文化馆协会面向全行业发布《文化馆服务宣传周倡议书》，承办了首届全国文化馆服务宣传周启动仪式，策划推出了《新时代文化馆》行业宣传片，带动全国各级文化馆紧扣“新时代文化馆：开放·融合·创新”主题推出了丰富多彩的线上线下活动共计 14000 余场次。2024 年，协会举办文化馆服务宣传周主场活动，带动各级文化馆开展系列服务活动 28789 余项，推出“中国文化馆协会 10 年”全国巡讲活动、全国文化馆服务宣传活动联展、“我与文化馆”主题短视频创作征集以及“我们的歌”群文风采歌曲征集活动，文化馆行业影响力进一步扩大。

（三）全国文化馆评估定级工作

文化馆协会先后承办了第四、五、六次全国文化馆评估定级工作，配合公共服务司组织专家研究制定文化馆评估定级指标体系、评估细则，举办全国文化馆评估定级培训班，搭建评估定级指标数据填报系统，完成数据填报监督和信息采集，组织开展省级、副省级线下评估及基层文化馆评估定级抽查工作，研编全国文化馆评估定级数据分析报告。

（四）国家公共文化服务体系示范区创新发展复核工作

文化馆协会先后承办了第一、二、三、四批国家公共文化服务体系示范区创新发展复核相关工作，配合公共服务司研究制定国家公共文化服务体系示范区创新发展绩效评价指标体系、评价细则，搭建绩效评价指标数据填报系统，完成数据填报监督和信息采集，研编国家公共文化服务体系示范区创新发展绩效评价数据分析报告。

2024 年，文化馆协会进入十年发展的关键节点。总结过往，文化馆协会与全国各级文化馆共同经历了十年探索、十年奋进，取得了十年积累、十年收获。下一步，在习近平文化思想的指引下，在文化和旅游部、民政部的正确领导下，文化馆协会将吹响全新十年的嘹亮号角，鼓满锐意进取的劲韧航帆，为构建现代公共文化服务体系、推动公共文化服务体系高质量发展作出新的更大的贡献！

【中国文化馆协会各专业委员会是协会组织体系的重要组成部分，十年来开展了大量卓有成效的工作。因篇幅及内容组织需要，为更加全面有序地呈现十年发展成就，协会各专业委员会工作将在本章中独立成篇。敬请阅读后续文章。】

中国文化馆协会数字文化委员会：数字赋能全民艺术，创新赓续文化传承

孙 骏 吴鹏宏 张 霖*

2015 年，在中国文化馆协会理事会领导下，第一届数字文化委员会于苏州成立，通过 5 年的探索和实践，委员会举办系列成果展示、推广及研讨活动，为公共文化数字化创新发展奠定了良好的基础。2021 年 7 月，协会下属的新一届数字文化委员会（以下简称“专委会”）在上海成立，专委会以探索“文化 + 科技”创新驱动、树立高质量引领标杆为宗旨。其目标是进一步建立公共数字文化服务管理体系，提升公共文化服务数字化、智能化水平，推动公共数字文化活动规范化、专业化、社会化发展。通过线上数字文化平台挖掘并激发公共文化新活力，为市民提供开放、不打烊、高品质的公共数字文化服务。

一、工作回顾与总结

建设数字中国是数字时代推进中国式现代化的重要引擎，是构筑国家竞争新

* 孙骏，上海市群众艺术馆原数字资源与信息部副主任、馆员。

吴鹏宏，中国文化馆协会数字文化委员会主任委员，上海市群众艺术馆党总支书记、馆长。

张霖，中国文化馆协会数字文化委员会秘书长、副研究馆员、上海市群众艺术馆数字资源与信息部主任。

优势的有力支撑。近年来，中共中央办公厅、国务院办公厅先后印发了《数字中国建设整体布局规划》《关于推进实施国家文化数字化战略的意见》，提出增强公共文化数字内容的供给能力，提升公共文化服务数字化水平。专委会在文化馆协会指导和各成员单位的大力支持下，以党的二十大精神为指引，深刻把握信息时代社会主义文化建设的特点和规律，紧紧围绕人民群众精神文化需求，加快推进文化服务和数字技术深度融合，深入扎根数字文化发展。从抓好数字文化理论研究、创新实践促进发展、搭建交流展示平台等方面着手，专委会主要开展了以下工作。

（一）强化专业理论研究，开展数字专题调研

专委会始终将扎实强化理论研究和推进各地调研工作放在首要位置。一方面，坚持做好文化场馆数字化引领示范，着力推出一批具有代表性的场馆、平台；另一方面，紧贴数字中国、国家文化数字化战略要求，促进公共文化服务高质量发展，以数字文化助力乡村振兴。

1. 做好数字文化理论研究工作

通过充分挖掘公共数字文化典型案例，专委会推出一批紧扣效能效益，突出特色经验和实效性，具有可借鉴性和示范意义的品牌项目。例如，上海市浦东新区东明路街道数字化转型工作试点，为广大群众提供数字化沉浸式文旅服务，推动优质公共文化服务深入社区；浙江省“浙里文化圈”的“指尖艺术导师”版块，线上集成全省文化馆资源，建成全省艺术普及培训资源总库，线下依托省、市、县三级文化阵地，联动形成全省文化艺术资源一体化培训业务联盟。从数据上看，东明路街道此次试点扩大了文化的传播力和影响力，服务覆盖人群超过了街道总人口的四分之一；浙江省“指尖艺术导师”项目全年已服务超过 400 万人次。这些案例作为数字赋能课题也为各地在实际转型过程中提供了重要的参考意义。

2. 开展数字文化转型调研工作

随着传统业态数字化转型提档加速，新型业态活力跃动，数字文化产业已呈现高质量发展新局面。根据中国文化馆协会的统一安排和要求，专委会分别于上

海市浦东新区三林社区文化活动中心及贵州省毕节市黔西市锦绣社区进行实地调研。三林社区文化活动中心运用大数据分析，精准掌握使用者的需求，实现了资源建设与用户需求的有机对接，提供互动式、菜单式服务；多彩贵州文化云驿站通过获取线上资源，并结合数字化技术在线下空间实现交互体验，在30平方米的空间实现可移动、24小时无人值守等功能。

（二）创新实践促进发展，推动数字文化引领

为健全现代公共文化服务体系，推动文化馆数字化高质量发展，展示数字文化发展成果，近年来，专委会在文化和旅游部全国公共文化发展中心及中国文化馆协会指导支持下，创新推出了联动各成员单位开展利用数字化拓展城乡公共文化空间的活动，以满足城乡居民对高品质文化生活的期待。

2022年全国公共文化产品和服务采购大会（以下简称“文采会”）系列活动中，“最受欢迎公共文化空间”互动展示受到社会各界的关注，19个省、自治区、直辖市内的百余个设计精美、极富内涵的公共文化空间映入眼帘，范围遍布城市和乡村。此次展示，不仅有传统图片文字介绍，还通过视频、AR全景等方式，全方位向观众展示空间的特点。为期一周的线上互动活动，共有106万人次参与及点赞，最终确定50个“最受欢迎公共文化空间”。入选空间来自各地，它们入选的原因既有建筑设计带来的视觉美学冲击，也有内部功能带来的公共文化数字化的全新体验。

该项活动的成功举办，不仅展示了数字文化发展的成果，还成为创新公共文化发展的典型实践案例。在文化大发展大繁荣的背景下，文化馆依靠数字新兴技术驱动文化产业的跨越式发展，通过以点带面的方式，给予更多地方展示数字化转型成果的机会，也让更多偏远地区通过此类活动，持续释放文化建设潜力，有效促进了地区和谐、稳定与发展。

（三）搭建交流展示平台，紧抓数字发展机遇

为响应国家文化大数据建设战略，增强公共文化数字内容的供给能力，提升公共文化服务数字化水平，多年来，专委会紧握时代脉搏，充分利用协会大平

台，挖掘各地数字化转型经验，用理论指导实践，不断搭建沟通桥梁，探索新技术背景下构建文化馆数字化应用场景的新体验空间。

2023 年于内蒙古自治区包头市举办的文化馆年会，由数字专委会负责承办的“新技术 新空间 新体验——构建新时代文化馆数字化应用场景”分论坛如期举行。会上邀请部分文化馆代表就数字化应用场景案例进行了分享，并现场展示了数字创意产品所带来的沉浸式体验。与会专家就公共文化线上平台、数字文化新空间等内容进行了精彩点评，他们立足当下，展望未来，共同讨论文化馆数字化建设的方向。

专委会通过搭建交流展示平台，聚焦数字化产业发展，充分展示各地数字文化发展取得的丰硕成果，紧紧抓住数字文化产业发展的机遇，不断满足人民对美好生活的向往；同时也进一步推动了资源、技术和人才等各要素的融通与合作，促进区域要素流通，实现数字文化协同发展。

二、工作展望与设想

当前，文化馆的数字文化正处于高速迭代状态，提供数字化服务已成为满足人民美好生活需要的重要途径。面对新形势，专委会将以“卓尔独特、越而胜己”为理念，重点做好以下三个方面工作。

（一）建立制度和体系，推进数字化转型

专委会以“十四五”规划为指导思想，以“加快数字社会建设步伐”为行动指南，立足“互联网＋公共服务”，强化工作统筹、系统安排和协调推动，科学制定数字化建设的计划和制度，有效推动了数字化转型发展。

（二）扶持人才和队伍，共筑数字化高地

数字文化发展的关键驱动力是人才的输送。专委会在协会的支持下，开展数字文化培训，挖掘数字人才并激发其工作活力，引导更多相关领域领军人才投入数字文化建设中，培养出一批数字化专业人才，为数字化发展构筑了重要基础。

（三）注重实践和对话，畅享数字化未来

专委会联合协会各成员单位，以区域数字化转型探索为背景，聚焦数字化转型带来的意义及实践经验，多频次开展互动交流，广泛吸纳更多科技企业共同参与数字赋能全民艺术，共同推动数字化在公共文化服务体系建设中发挥驱动和引领未来的作用。

中国文化馆协会音乐创作委员会：发挥专业职能，助推群文音乐事业发展

刘 娅 田 莹*

湖北武汉是“俞伯牙抚琴遇知音”的地方，位于汉江与长江交汇之处，同时也是中国文化馆协会音乐创作委员会成立的地方。多年来，音乐创作委员会立足湖北，辐射全国，成为了推动群众文化（以下简称“群文”）音乐创作发展的重要纽带与桥梁。

一、围绕中心，服务大局，充实行业发展新力量

为提升全国群文音乐创作人才的音乐理论素养和艺术创作水平，充分发挥好音乐对群众文化凝心聚力、引领示范的作用，中国文化馆协会音乐创作委员会应运而生。音乐创作委员会旨在团结和组织全国文化馆系统，围绕出人才、出作品的根本任务，加强与全国会员馆联络，为各地音乐创作人才提供更广阔的发展空间和展示平台，努力推动行业发展。

2015 年 3 月，由湖北、河北、黑龙江、湖南、江西、安徽、重庆等 7 家省（市）群艺（文化）馆联合发起，成立了中国文化馆协会音乐创作委员会（以下简称“专委会”），湖北省群众艺术馆为专委会挂靠单位。2021 年 5 月 24 日，第

* 刘娅，湖北省群众艺术馆研究馆员。
田莹，湖北省群众艺术馆馆员。

二届中国文化馆协会音乐创作委员会成立大会在武汉召开，大会选举产生了专委会主任委员 1 名、副主任委员 4 名、秘书长 1 名，特聘 6 名全国知名专家为专委会特聘顾问。

二、互联互动，全面开花，展现专业领域新作为

多年来，专委会紧紧围绕文化和旅游部全国公共文化发展中心战略部署，在中国文化馆协会的领导下有效开展工作，是推动群文音乐创作、专业指导、理论研究、业务发展的重要纽带与桥梁。

（一）交流合作，业务素养不断提升

一是组织参与专业学术交流。2015 年至 2019 年，专委会先后参与 2015 年中国文化馆年会“彰显文化 提升审美 舞出健康”——百姓广场舞发展专题研讨活动，就湖北省群众广场舞及其音乐创作等方面的情况作典型发言；2016 年组织深度解读文化部第十七届“群星奖”音乐类决赛作品和创作经验交流系列活动；2019 年举办“放歌新时代 群星耀中华”——群众文艺创作经验交流论坛，邀请从事群众音乐、舞蹈、戏剧、曲艺创作的一线专家学者和从业者交流创作心得、剖析技艺、品味经典，使思想在碰撞中升华，共识在交流中凝聚。

二是组织参与群众性文化活动。2015 年 3 月，专委会举办“湖北原创歌曲赏析”，集中展示了《群星耀中华》《月照黄鹤楼》等群众文化音乐作品；同年 10 月，遴选《敲起琴鼓劲逮逮》《楚天歌谣》等 8 件作品参加第二届湖北艺术节群众文艺展演音乐专场演出；同年 12 月，组织参与“我们的中国梦——全省优秀节目深入基层”巡演活动。2017 年 10 月，专委会参与策划并组织了由湖北省文化和旅游厅主办的“湖北省音乐创作 131 工程”优秀作品展演，引导行业服务向偏远地区、向乡镇基层延伸。

（二）基层采风，理论研究扎实有效

专委会结合行业发展需要，组织专家学者及理论研究骨干，深入基层开展调

查研究，分析解决当前群众文化音乐创作难题，为行业发展提供决策参考和研究支撑。2015 年至 2023 年，组织专家学者深入湖北省宜昌市长阳土家族自治县，收集整理《长阳山歌》《五句子山歌》等乡村音乐，于 2016 年参与文化部国家文化创新工程“村落文化传承模式创新与实践”的实施，圆满完成验收工作；收集民间文化艺术传承与发展有关数据、资料和案例，于 2019 年参与文化旅游部第二批全国基层文化队伍培训教材《民间文化艺术的传承与发展》筹备；组织全国音乐创作骨干，赴新疆维吾尔自治区乌鲁木齐市、博尔塔拉蒙古自治州等地开展“春雨工程”原创音乐创作采风。

（三）培训辅导，人才队伍持续优化

2018 年 6 月，专委会举办全国群文音乐干部创作与辅导技能培训活动，交流赏析了《楚天歌谣》《背月亮》等音乐精品，以及湖北编钟音乐艺术。2017 年、2022 年在武汉，2023 年在咸宁等地承办全国群文音乐干部创作培训班，通过课堂教学、作品点评、观摩剧目、实地参观和学员交流等方式，展开音乐创作教学，提升学员专业理论水平和创作实践能力。新冠疫情期间，积极配合其他专委会大力推行网络远程化培训辅导。2021 年 10 月，协助中国文化馆协会合唱委员会录制 2021 年文化馆（站）行业网络培训——全民艺术普及合唱技能提升培训课程，并推荐湖北省优秀合唱团队参加“2021 首届社区合唱汇演活动”。

（四）以艺会友，对外交流大放光彩

民族的才是世界的，通过音乐，中华优秀传统文化走出国门，走向世界，让更多人认识中国，了解中国文化。2018 年，由湖北省群众艺术馆创作及出品的音乐剧《福大命大的蛋宝宝》应邀参加了西班牙“巴塞罗那中国文化节”的演出，深受当地民众喜爱，《欧洲时报》等多家媒体给予积极报道。专委会还主办了“中国·湖北锯琴艺术交流展演”国际交流活动，组织艺术家前往英国等地开展民间（锯琴）艺术交流。湖北省群众艺术馆知名锯琴演奏家受德国汉堡交响乐团邀请，与乐团深度合作，在武汉共同上演新春音乐会。

三、改革创新，踔厉奋发，再启群文音乐新篇章

面对新时代新使命新任务，专委会将以问题和需求为导向，积极创新，勇于探索，在服务理念、服务方式、服务产品和对象上进一步深化和拓展。一是打造品牌活动，形成具有鲜明专业特色、有创造性和社会影响力的活动。二是打造专家团队，为专委会做好参谋工作。三是整合各类资源，准确利用人工智能、新媒体技术等前沿科技，实现艺术与科技有机融合。四是搭建共同发展平台，构建一支立足湖北、辐射全国，极具示范引领作用的组织，把专委会办成文化馆行业音乐创作领域联络交流的桥梁纽带，办成繁荣群众文化创作生产的展示舞台，共同推动全国公共文化事业蓬勃发展。

中国文化馆协会书法委员会：推动群文书法艺术事业繁荣发展，助力全民艺术普及深入开展

吕骑铧　张嫚嫚*

一、成立背景及使命愿景

为深入学习贯彻党的二十大精神和习近平文化思想，坚持以人民为中心的创作导向，加大全民艺术普及力度，传承中华优秀传统文化，促进群众文艺创造性转化、创新性发展，推动文化馆事业高质量发展，经中国文化馆协会二届三次理事会审议通过，批准由四川省文化馆牵头并作为秘书处挂靠单位，筹备成立中国文化馆协会书法委员会（以下简称“书法委员会”）。

书法委员会坚持以习近平新时代中国特色社会主义思想为指导，认真贯彻落实习近平文化思想和党的文艺路线、方针、政策，在中国文化馆协会理事会领导下，以全民艺术普及和中华优秀传统文化传承为己任。书法委员会接续第一届中国文化馆协会书画委员会工作，搭建全国各级文化馆（站）等公共文化服务机构的书法专业人员和群众文化（以下简称“群文”）战线书法爱好者的交流平台，引导各级文化馆（站）等公共文化服务机构探索地域行业的文化普及模式，探索群文书法艺术服务和共建共享机制，推动全国各级文化馆（站）等公共文化服务

* 吕骑铧，中国文化馆协会副理事长、书法委员会主任，四川省文化馆馆长、研究馆员。

张嫚嫚，四川省文化馆视觉艺术中心副主任、中国文化馆协会书法委员会副秘书长、副研究馆员。

机构及其工作者，开展传统书法艺术研究与创新实践，推动群文书法艺术事业繁荣发展，助力全民艺术普及深入开展。

二、发展历程及工作实效

2015 年 7 月，第一届中国文化馆协会书画委员会由陕西省文化馆牵头成立，先后举办了“全国群众美术书法艺术培训班暨以人民为中心的群众美术创作工作座谈会”“全国群文美术干部（副研）创作写生研修班”“全民艺术普及技能提升计划——文化馆书画干部创作辅导技能培训班”和“红星闪耀——纪念红军长征胜利 80 周年群众美术书法作品联展”等活动。

为适应新形势新任务和新时代文化馆高质量发展的要求，积极推进全民艺术普及和中华优秀传统文化传承，更有效有序助力群文书法艺术活动和书法艺术教育蓬勃发展，经中国文化馆协会二届三次理事会审议通过，决定成立新一届书法委员会。由四川省文化馆牵头，广东省文化馆、北京市文化馆、成都市文化馆、重庆市大渡口区文化馆、江苏省镇江市文化馆等共同作为主要发起单位。2022 年 11 月 17 日，书法委员会筹备组在四川成都召开选举大会和成立大会，新一届书法委员会正式成立。截至 2024 年，书法委员会共有委员 27 名，其中主任委员 1 名、副主任委员 4 名、秘书长 1 名、副秘书长 1 名、顾问 7 名。

自成立以来，书法委员会组织开展了一系列活动，以推动群文书法事业的发展和学术交流。

（一）举办品牌活动

2022 年 11 月 17 日至 2023 年 1 月 31 日，在四川省成都市举办的“群星向党·翰墨铸魂”——全国群文书法作品展，共征集到作品 1000 余件，展出作品 200 余件，观看人数达 2 万人次，是一场全国群文系统的书法盛会。

2023 年 1 月至 3 月，在国家公共文化云平台举办了“笔耕新时代·墨舞新征程”首届全国群文系统原创诗文书法作品线上大展，该展先后推出 10 期，共展出作品 500 余件，浏览次数达 40 余万次。

2023 年 5 月，在第十届全国文化馆地市级“百馆联动”活动中举办“笔耕新时代·墨舞新征程”首届全国群文系统原创诗文书法作品展（张掖）巡展。

2023 年 8 月，在南京举办“笔耕新时代·墨舞新征程”首届全国群文系统原创诗文书法作品展（江苏省）巡展。

2023 年 9 月，在中国文化馆年会期间，举办“笔耕新时代·墨舞新征程”首届全国群文系统原创诗文书法作品展（包头）巡展。

2023 年 10 月，举办“江韵文风”长江流域群文书法名家作品巡展活动。

2023 年 11 月，举办“笔耕新时代·墨舞新征程”首届全国群文系统原创诗文书法作品展（重庆）巡展。

（二）召开工作会议

2023年8月15日至17日，书法委员会在江苏省南京市组织召开第二次（2023年度）全体委员会议，会议增补了委员、改选了负责人、增聘了顾问，并就书法委员会下一步工作规划进行了讨论。会议同期，在江苏省文化馆举办“笔耕新时代·墨舞新征程”首届全国群文系统原创诗文书法作品展江苏省巡展开幕式。

（三）举办系列培训

2023 年 11 月，书法委员会举办“群星大讲堂”“成渝地·巴蜀情”全民艺术普及核心功能服务“学才艺”川渝两地书法培训班。

2023 年 12 月，书法委员会支持基层馆（站）建设委员会承办的 2023 年县级文化馆“百馆联动”暨馆长培训班。

通过以上活动，不断展示了群文书法艺术的最新成果和风采，扩展了群文书法艺术人才培训的范围和深度。与此同时，书法委员会注重加强内部管理和组织建设，立足完善专委会机构和管理体系。通过组织各类会议、座谈和交流活动，加强会员之间的联系与合作，形成了良好的工作氛围。通过开展与文化馆、学校等机构的合作，推动了书法艺术的普及与推广。书法专委会会员的作品多次获得国内外书法比赛奖项，展现了中国书法的优秀传统和创新力量。书法专委会组织的学术研讨会和培训班不仅提升了会员的自身水平，也为书法事业的发展和传承作出了积极贡献，受到群文行业和社会尤其是基层群众的广泛关注和好评。

三、未来展望

书法委员会将继续把握群众文化工作的规律和特征，立足“风从原野来”的基层视野，为推进更高质量、更接地气、更具特色的书法艺术普及服务做出更积极的贡献。

（一）加强组织建设

科学制定发展规划和工作计划，书法委员会定期组织（线上线下）学习党和国家的文艺方针政策，提升委员会组织、策划、协调、实施等方面的工作能力。建立年度工作会议制度，每年 12 月底前组织召开委员会工作会议，审议当年工作计划、交流工作经验、总结工作实际。

（二）加强理论研究及专业培训

书法委员会为探索建立书法委员会框架内的文化馆系统群文书法艺术理论研究交流沙龙式平台，在书法技法研究、史论梳理、创作实践、群文书法教育教学、书法艺术推广普及等多个方面设置目标课题，引导理论研究，推动有质有量的研究成果的形成。拟每 2 年举办 1 次全国规模的新时代群文书法与社会美育研讨会，该研讨会将从全国群文系统中从事书法创作和书法理论研究的专家、学者以及书法艺术工作者、爱好者的研究成果中，遴选有创见、有新认知的论文进行研讨交流；探索书法艺术在数字化时代的发展路径，以及适应技术时代生活的当代艺术语境。

（三）加强专业实践交流

书法委员会以推动书法艺术普及与提高为遵循，积极推动书法艺术创作，创新探索以“联展”“互展”“个展”“交流展”等不同形式为载体的书法艺术实践交流路径。开拓适合现代人审美理念、接地气、大众喜爱的书法艺术传播模式，创建有深度、有特色、有风度、有影响的群文书法展览品牌，不断推出创新性强、有感染力、思想深刻、技术精湛的力作精品。

（四）推进传承发展

书法委员会着重加强对会员的培养和引导，扩大书法艺术的受众群体，推动书法艺术在“群众观”“人民性”意义上的传承普及。整合资源，利用数字媒体传播方式，邀请书法专家线上授课，为广大群文书法爱好者提供更多学习机会。通过组织专题讲座、艺术家分享会等活动，提供学习交流平台，激发会众创作潜力。利用线上线下等模式，组织“书法进校园”“书法进社区”等书法普及性培训教学活动，培养青少年对传统文化的兴趣与热爱，促进书法艺术在学校教育中的普及与传承。

（五）探索国内国际交流合作

书法委员会积极探索群众书法艺术活动在中国文化馆协会框架内“资源共享”的合作方法和模式。通过交流借鉴各地基层文化馆（站）建设中形成的书法艺术普及先进做法、典型案例、有效模式等，实践馆际间联合发展、多维发展的新范式。此外，加强与国外相关机构的合作与交流，风物长宜放眼量，让中国群文书法艺术“走出去”。

立足现实，面向未来，中国文化馆协会书法委员会将会在第一届中国文化馆协会书画委员会开创的良好工作局面下，更加团结全国广大文化馆（站）、群文机构以及群文战线的同人朋友们，共同开启文化馆书法事业的新篇章，为传承中华优秀书法文化不懈努力！

中国文化馆协会广场舞委员会：引领新风尚，舞动新时代

曹锦扬*

一、舞出自信，丰富新时代群众舞蹈新内涵

为进一步贯彻落实党的十八大精神，丰富人民精神文化生活，引导群众在文化建设中自我表现、自我教育、自我服务，同时进一步推动文化馆（站）在群众舞蹈领域的创作、培训、普及、理论研究和文化惠民服务等方面发挥引导性作用，2015 年 10 月 10 日，江苏省南通市文化馆联合河北省唐山市丰南区文化馆、山西省长治市襄垣县文化馆、上海市宝山区文化馆、浙江省宁波市文化馆、福建省厦门市文化馆、湖北省武汉市江汉区文化馆、广东省广州市文化馆、重庆市北碚区文化馆、宁夏回族自治区吴忠市文化馆等 10 家荣获“2014 全国优秀文化馆”称号的单位，在江苏省南通市共同发起成立了中国文化馆协会舞蹈委员会（以下简称“舞蹈委员会”）。

随着广场舞活动的蓬勃发展以及越来越受到广大群众的喜爱，为积极响应落实文化和旅游部的工作总体部署，更好地满足人民群众文化需求，使中国文化馆协会专业委员会的工作开展更具针对性和适用性，按照《中国文化馆协会章程》及《中国文化馆协会专业委员会管理办法》有关要求，在中国文化馆协会舞蹈委

* 曹锦扬，中国文化馆协会广场舞委员会主任委员，南通市文化馆名誉馆长、三级研究员。

员会5年任期结束后，2021年5月8日，江苏省南通市文化馆扬帆再起航，联合北京文化艺术活动中心（现北京市文化馆）、重庆市群众艺术馆、海南省群众艺术馆、河南省文化馆5家文化馆单位，共同发起成立了中国文化馆协会广场舞委员会（以下简称“广场舞委员会”），旨在推进文化馆界舞蹈事业的创新与发展。

二、跳出精彩，谱写新时代群众舞蹈新篇章

近十年来，在文化和旅游部全国公共文化发展中心的关心支持下，在中国文化馆协会的直接领导下，舞蹈委员会与广场舞委员会服务于文化馆（站）等公共文化服务机构及其工作者，团结和组织全国文化馆系统舞蹈干部，围绕出人才、出作品的根本任务，积极开展舞蹈活动的探索实践和舞蹈理论的探讨研究。同时，为舞蹈编创人员提供发展的空间及展示的平台，推动群众舞蹈事业发展，为进一步完善现代公共文化服务体系，更好地满足人民群众对美好生活的新期待作出了积极的贡献。

（一）融合资源，培训辅导并举，持续推进全国群众舞蹈的艺术普及

舞蹈委员会和广场舞委员会先后整合全国优秀舞蹈专家、评论家的资源，组建舞蹈（广场舞）创作、辅导、评论专家团，为各地级市以上文化部门举办的舞蹈培训调配师资。先后参与组织“全国文化馆广场舞创作与普及技能提升培训班”“全国广场舞编导培训班”“全国广场舞组织策划培训班”“全国原创广场舞作品研讨班”“全国广场舞创作推广培训班”等活动，有效促进全国文化馆舞蹈专业人员业务技能、艺术欣赏、公益培训等能力的提升，推动文化馆全民艺术普及师资队伍建设，促进不同领域间、区域间群众文艺人才、演出、活动的交流与共享。

承担广场舞类培训课程的视频录制。受文化和旅游部全国公共文化发展中心委托，广场舞委员会参与2022年、2023年“文化馆（站）行业网络培训——全民艺术普及示范网络培训”的广场舞类课程的设计、课件录制和后期制作，并通过国家公共文化云“聚行业”版块播出。

（二）共享资源，创作展演齐抓，整体提升全国群众舞蹈的艺术内涵

推动区域文化联动，促进资源共建共享，加强省、市、县地区间文化馆广场舞交流。舞蹈委员会和广场舞委员会紧紧依托国家公共文化云和地方文化云平台，做好新作品的推广，发挥全体委员的作用，推出一批具有地方特色、时代特点的舞蹈作品，整体提升了全国群众舞蹈的文化内涵和艺术品位。舞蹈委员会和广场舞委员会主办、承办了各类各层次的展演活动，同时较早开创了“互联网＋群众文化活动”的新模式。

积极参与承办全国性舞蹈（广场舞）展演活动，舞蹈委员会与广场舞委员会先后参与承办“欢跃四季”全国百姓广场舞展演活动、“我和我的祖国”文化新生活全国广场舞展演活动、“舞出中国红”全国广场舞展演活动、“舞动新时代”2023年优秀广场舞队城市（重庆、南通）巡演等。承办“全国优秀广场舞教学片征集”、“欢跃四季”百姓广场舞普及推广活动案例征集、“我和我的祖国”文化新生活全国广场舞展演活动新创编作品专家推荐会等。开展的“欢跃四季”全国百姓广场舞推广活动，有10支团队被邀请荣登第十一届中国艺术节公共文化活动大舞台。积极参与全国广场舞展演——广场舞大会的方案制定和全程业务指导。

（三）优化资源，规范扶持同行，积极探索全国广场舞的科学发展

为进一步落实好文化部等4部委联合印发的《关于引导广场舞活动健康开展的通知》精神，舞蹈委员会和广场舞委员会在工作中不断探索，一方面为广场舞发展尽量创造良好条件，另一方面对广场舞规范管理进行实践与研究，特别在“培育一批具有导向性、示范性的广场舞品牌活动，实现城乡基层广场舞活动健康、文明、有序开展”方面做了积极探索。

先后组织举办“舞在江海”全国优秀文化馆舞蹈作品交流展演、“舞在江海”长三角城市优秀广场舞展演、“群星耀江海”全国群众文艺优秀作品展演、京杭大运河沿线城市广场舞展演、“永远跟党走”长三角百姓广场舞展演、“逐梦百年，舞在江海”2021优秀广场舞展演活动等。在开展展演活动的同时，积极下

沉基层，将优秀的节目与辅导送到农村、社区和企业，送到人民群众的身边、家门口。

广场舞源于群众，扎根于群众。广场舞的普及与推广，离不开一支扎根基层、综合素质较高、专兼职结合的广场舞工作队伍。为培养这支工作队伍，舞蹈委员会和广场舞委员会带领全国文化馆一起行动，2022 年组织开展《一起向未来》冬奥主题曲广场舞作品推广，联合北京市文化馆，以冬奥主题曲《一起向未来》为舞曲，组织全体委员带头编创和表演广场舞；同时向中国文化馆协会会员单位发出倡议，动员文化馆（站）舞蹈骨干打造易于普及推广且有特色的广场舞新作品，并通过线上和线下两种方式广泛宣传展示。央视新闻对此进行了 3 次报道。

三、厘清思路，推动新时代群众舞蹈新发展

2017 年、2018 年两届中国文化馆年会期间，舞蹈委员会先后承办“繁荣群众文艺，广场舞普及推广在行动”主题论坛、全国广场舞展演活动——“欢跃四季”百姓广场舞普及推广优秀案例交流论坛等。2020 年，舞蹈委员会完成文化和旅游部公共服务司委托的《广场舞覆盖人群与群众最喜爱广场舞课题研究》。论文《广场舞的理论提升与实践进展》收入《文化馆蓝皮书：文化馆改革与服务创新发展报告（2019—2020）》一书，论文《广场舞活动现状、使命担当与高质量发展——兼谈群星奖指引下文化馆（站）对广场舞“有组织创新”》发表于《中国文化馆（第三辑）》。2023 年 4 月 17 日至 18 日，文化和旅游部全国公共文化发展中心、中国文化馆协会在贵州省毕节市召开全国文化馆群众文艺创作交流研讨会暨第十届全国省级、副省级文化（群艺）馆馆长联席会。其中，广场舞委员会分别主持了广场舞创作案例分享与点评、舞蹈创作案例分享与点评两个环节的交流研讨。2018 年、2023 年，舞蹈委员会和广场舞委员会先后出版了有关我国广场舞文化发展的蓝皮书——《广场舞文化发展报告（2017）》《广场舞文化发展报告（2018—2022）》，两书总计 70 万字，详细介绍了 2015 年以来全国各地认真贯彻落实有关文件精神，促进广场舞活动健康、文明、有序开展的做法；梳理

总结了广场舞的主要特征、艺术优势、美学特色、研究走向；回答了广场舞理论问题等。

2022 年，第十九届群星奖增设广场舞奖项，广场舞委员会动员全体委员围绕“‘群星奖’带动下的广场舞普及与创新”的话题开展调查研究，提出“群星奖”广场舞类优秀作品评定办法，完成“第十九届群星奖作品创作与解析暨群众文艺创作能力提升培训班”有关“群星奖”广场舞类优秀作品导赏的主题视频讲座。课题《广场舞推广与新型乡村公共文化空间的构建研究》入选文化和旅游部全国公共文化发展中心乡村公共文化服务研究院 2022 年度课题研究项目，并于 2023 年顺利结项。

面向未来，广场舞委员会要认真学习贯彻党的二十大精神，在学思践悟中深刻领会习近平文化思想的精髓要义。新时代广场舞发展要“坚持以人民为中心的创作导向，推出更多增强人民精神力量的优秀作品”，提升活动品牌、拓宽服务领域、繁荣精品创作、加强理论研究。持续开展“群星奖”引领下的广场舞普及与推广巡回培训，举办全国广场舞“百名推广大使、百支示范团队、百件人气作品”推荐活动。要不断提升公共文化服务水平，注重与其他专业委员会、其他社会组织之间的横向合作，努力为人民群众提供丰富多彩、健康向上的优质文化产品和服务，不断增强人民群众的文化体验感、参与感、获得感和认同感，引导百姓舞出新生活的美丽，舞出新时代的幸福。

中国文化馆协会文化志愿服务委员会：搭建研究与交流平台，推动文化志愿服务长效发展

李劭侹　邓芸芸*

一、成立背景及使命愿景

近年来，作为志愿服务和现代公共文化服务体系的重要组成部分，全国文化志愿服务事业蓬勃发展。为更好地推动全国文化馆（站）等公共文化机构及其工作者开展文化志愿服务研究与探索实践，搭建行业文化志愿服务工作交流平台，打造文化志愿服务品牌活动，引导探索具有地方或行业特色的文化志愿服务模式，助力文化志愿服务队伍建设、制度建设，促进文化志愿服务规范化、专业化、社会化发展，2016 年首届文化志愿服务委员会正式成立。

在中国文化馆协会的领导和协会各会员单位的支持下，文化志愿服务委员会积极从文化志愿服务工作领域探索文化馆职能的突破和向社会化拓展的发展路径，强化理论研究，推动文化志愿服务长效发展，并搭建交流平台，打造文化志愿服务资源共建共享机制。

---

* 李劭侹，广东省文化馆事业发展部主任、副研究馆员，中国文化馆协会文化志愿服务委员会秘书长。

邓芸芸，广东省文化馆事业发展部副主任、副研究馆员，中国文化馆协会文化志愿服务委员会委员。

二、发展历程及取得成效

首届中国文化馆协会文化志愿服务委员会（以下简称“专委会”）于2016年11月29日成立，以广东省文化馆作为挂靠单位，由时任广东省文化馆馆长王惠君担任主任委员，原广东省文化和旅游厅公共服务处调研员匡志刚、原上海市文化和旅游局公共服务处处长萧烨璎担任副主任委员，原广东省文化馆团队部副主任邓芸芸担任秘书长，专委会委员共16位，主要是来自高校、公共文化机构等志愿服务研究领域的专业人才。2021年5月10日，第二届中国文化馆协会文化志愿服务委员会成立，此届专委会由广东省文化馆、天津市群众艺术馆、上海市群众艺术馆、湖南省文化馆和四川省文化馆等5家单位共同发起，专委会秘书处挂靠在广东省文化馆，时任广东省文化馆馆长毛凌文担任主任委员，其他单位各选派1位馆领导担任副主任委员，广东省文化馆事业发展部主任李劭侹担任秘书长，四川省文化馆文旅志愿服务中心主任刘蔚、湖南省文化馆艺术活动部副主任姚娟担任副秘书长，专委会委员共18位，这其中既有在国内文化志愿服务研究领域有较高水平的学科带头人及专家学者，也有长期在一线从事文化志愿服务实践工作的管理者。

自成立以来，在中国文化馆协会的有力领导和正确指导下，专委会大力弘扬志愿服务精神，着力推进文化志愿服务发展。在加强行业沟通、打造服务品牌、强化培训指导、深化理论研究等方面均取得了良好成效。

（一）深化理论研究，努力促进文化志愿服务事业发展

近年来，专委会在深化文化志愿服务理论研究方面取得了较好成绩。一是参与行业规范起草。2017年，受原文化部公共文化司委托，起草《文化部关于推进文化志愿服务工作的意见（讨论稿）》，组织协调国家博物馆、中国美术馆、辽宁省图书馆、浙江省文化馆4家单位编制博物馆、美术馆、公共图书馆、文化馆通用的《文化志愿服务工作规范》。二是参与行业蓝皮书编撰。完成《文化馆蓝皮书：中国文化馆全民艺术普及发展报告（2015—2016）》中有关“全民艺术

普及志愿者活动”内容的组稿，撰写的《我国文化馆（群艺馆）志愿服务发展报告》入选《文化志愿服务蓝皮书：中国文化志愿服务发展报告（2018）》，《文化志愿服务发展与创新》入选《文化馆蓝皮书：文化馆改革与服务创新发展报告（2019—2020）》，《广东省文化和旅游志愿服务发展报告》和《面向特殊群体的文化志愿服务——基于广东省实践研究》入选《文化志愿服务蓝皮书：中国文化志愿服务发展报告（2019—2022）》。三是完成文化志愿服务相关课题研究。2019 年，受文化和旅游部公共服务司委托，组织开展“面向特殊群体的文化志愿服务机制建设”的课题研究，并于 2020 年顺利结题；2020 年组织开展“基层文化志愿服务规范化与标准化”课题研究，于 2021 年顺利结题，并被广东省文化和旅游厅评定为优秀等级。四是牵头申报文化志愿服务行业标准。2021 年 5 月，广东省文化馆联合中山大学、四川省文化馆、广州市文化馆、深圳市文化馆、张家港市文化馆等委员单位组成项目组，向全国文化馆标准化技术委员会提交了制定行业标准《文化馆文化志愿服务指南》的申请。该申请成功通过了全国文化馆标准化技术委员会专家评审，被文化和旅游部科技教育司列入项目库项目，这标志着专委会在探索全国文化志愿服务事业标准化发展的道路上迈出重要的第一步。

（二）强化培训指导，提升文化志愿服务人才队伍水平

为进一步促进文化馆（站）系统文化志愿服务专业化发展，专委会组织开展了文化志愿服务系列培训。一是举办 4 期全国文化志愿服务培训班。专委会分别于 2017 年 10 月 23 日至 26 日、2021 年 5 月 11 日至 13 日、2022 年 11 月 28 日至 12 月 11 日、2023 年 9 月 11 日至 14 日为全国省级以上文化馆及广东省 21 个地级以上市的文化志愿服务业务干部开展专题培训。每期培训均注重理论与实践相结合，通过政策解读、理论分析、案例交流、现场教学等多种形式开展。二是受中国文化馆协会委托，专委会和广东省文化馆共同承办了 2022 年全国文化馆（站）文化志愿服务专题网络培训班。通过系列培训，既有效提升了全国文化志愿服务工作者政策理论水平和组织管理能力，同时也促进了全国同行间的交流学习，对加强文化志愿服务队伍建设，打造具有地方特色的文化志愿服务品牌项目等具有积极的指导意义。

（三）打造服务品牌，开展全国性文化志愿服务活动

为加强行业示范引领，促进区域联动交流，推动文化志愿服务蓬勃发展，打造具有影响力的文化志愿服务品牌，专委会策划举办了多项全国性文化志愿服务活动。一是“乐龄无忧：智能手机生活应用培训”活动。该活动精准把握老年群体学习使用智能手机的需求，根据志愿服务工作实际和老年群体学习特点，开发了培训课程，制作了包括教学 PPT 及短视频材料在内的集成工具包，供各级文化馆（站）按需使用；各地通过组建文化志愿者讲师团、科学策划课程内容、提供一对一指导和答疑服务、拓展网络服务渠道等多种形式开展培训，有效帮助老年人跨越数字鸿沟。二是“‘到群众需要的地方去’文化志愿服务在行动”品牌展示活动。活动分展演和展览两个部分，集中展出了“十四五”以来文化馆行业一批优秀的志愿服务项目，既推广了具有影响力的优秀文化志愿服务品牌，也展现了文化馆关于文化志愿服务工作的新成效，对推动各地培育更多有特色、有影响、惠民生的文化志愿服务项目起到了引领示范作用。三是“文旅志愿服务让生活更美好”——文化和旅游志愿服务项目展示活动。活动包括展览展示、品牌推广、交流培训和四川特色志愿服务进景区等内容，如组织了四川省内特色文旅志愿服务项目、惠民演出节目等走进剑门关、翠云廊等景区进行展览展示和互动体验的活动；组织来自上海、安徽、湖北以及成都、张家港等省市具有示范性、引领性的优秀文旅志愿服务项目代表，在四川省广元市进行了现场经验交流；通过集中展示优秀文旅志愿服务项目，让文旅志愿服务人人“可享受”，通过组织千余名志愿者齐聚四川广元，让文旅志愿服务人人“可参与”，通过文旅融合的创新形式，让文旅志愿服务“被看见”“可推广”。

（四）加强行业沟通，搭建文化志愿服务展示交流平台

为促进文化志愿服务协同发展，专委会积极搭建平台，加强全国文化馆行业文化志愿服务工作的沟通交流。一是编印《全国文化志愿服务信息简报》。2021年起，专委会面向全国各省级文化馆征稿，通过建立联络机制，定期征集文化志愿服务优秀案例及重要活动信息，并专门编印了《全国文化志愿服务信息简报》。

该简报主要包括文化志愿服务在行动、文化志愿服务培训、文化志愿服务组织建设、文化志愿者风采等内容版块。二是筹办中国文化馆年会主题论坛。专委会分别于2017年年会、2018年年会期间承办了“创新服务，提升效能——乡镇（街道）综合文化站在构建现代公共文化服务体系的作用”和“2018年全国文化馆文化志愿服务工作”的主题论坛；2021年申办了“开放与多元的文化志愿服务”主题论坛，但因受新冠疫情影响，年会取消，专委会将论坛优秀案例、《文化馆文化志愿服务倡议》等内容与“到群众需要的地方去”文化志愿服务在行动品牌展示活动相结合，在“到群众需要的地方去”文化志愿服务品牌展演晚会中进行了展示。三是积极配合文化和旅游部全国公共文化发展中心和中国文化馆协会，协办全国文化和旅游志愿服务展示活动。

三、未来展望

未来，专委会将继续深入学习习近平总书记关于志愿服务的重要指示精神，全面贯彻党的二十大精神，探索新时代志愿服务的创新模式，完善志愿服务的组织体系，加强志愿者队伍建设，进一步提升文化志愿服务标准化、规范化、专业化水平，不断推进文化和旅游志愿服务深入基层、志愿精神温暖人心，为助力公共文化服务提质增效贡献志愿力量。

中国文化馆协会合唱委员会：群众合唱普及推广与高质量发展的路径探索

李　明*

一、成立背景及使命愿景

中国文化馆协会合唱委员会（以下简称“合唱委员会”）以践行习近平新时代中国特色社会主义思想为指导，充分发挥文化馆行业在群众文化活动中的引领示范和普及推广的作用。通过创新理念和路径，合唱委员会为全国群众合唱团队、艺术人才、爱好者提供标准化服务，搭建展示和提升平台，旨在推动我国民族合唱的普及推广与高质量发展。

二、发展历程及取得成绩

（一）第一届合唱委员会

第一届合唱委员会由武汉市群众艺术馆发起，经中国文化馆协会一届二次常务理事会审议通过、协会秘书处批复，于 2015 年 11 月正式成立。合唱委员会共有委员 7 人，时任武汉市群众艺术馆馆长的王志武担任主任委员。合唱委员会依托武汉市所开展的各类合唱演出、交流活动和培训资源，着力打造并提升了“琴

* 李明，中国文化馆协会合唱委员会秘书长。

台音乐节”群众合唱周服务品牌，同时举办了全国合唱艺术研讨与培训活动，为日后在全国范围内积极推行和开展的合唱活动奠定了坚实的基础。

（二）第二届合唱委员会

2020 年 11 月 10 日，北京市石景山区文化馆联合山西省文化馆等 11 家单位发起成立中国文化馆协会合唱委员会的申请，该申请于 2021 年 4 月 20 日获得批准，合唱委员会随后正式成立。为使合唱委员会在各级文化（群艺）馆中更具代表性，截至 2023 年底，先后有来自 26 家省、市、县文化（群艺）馆的馆长、书记及业务骨干担任委员，同时，原中国合唱协会理事长李培智等 9 位权威专家担任顾问。

1. 三本专著为社区合唱夯实理论基础并提供实践指导

（1）《唱响中国——社区合唱的探索与创新》

作为我国第一部社区合唱方面的专业学术著作，该书由北京大学向勇教授主编，陈光辉、阎伯政、杨乘虎、贾乃鼎等国家级专家与 13 个省市文化馆的一线业务干部共同参与创编。本书围绕社区合唱进行理论论述与实践案例分析，第一次提出公共文化概念下的社区合唱定义。本书被列入 2021 年度文化和旅游部开展合唱工作的学术成果。

（2）《社区合唱实用教程》《社区合唱曲集》

于 2021 年至 2022 年相继出版的《社区合唱实用教材》《社区合唱曲集》，是我国第一套适用于各地文化（群艺）馆专业人员、街乡社区文化干部、合唱团长及指挥等开展群众合唱活动的工具书。这两册教材将理论方法与艺术实践参照结合，是中国文化馆协会和中国合唱协会唯一联合推荐的实用性群众合唱教材。

2. 三大培训为群众合唱的可持续发展蓄力

（1）全国社区合唱标准化培训试点

2020 年 10 月 20 日，由文化和旅游部全国公共文化发展中心、中共北京市委宣传部共同指导，中国文化馆协会、中国合唱协会、中共北京市石景山区委宣传部主办的首个“全国社区合唱标准化培训试点”成功启动。石景山区 9 个街道的试点合唱团及石景山区基层合唱骨干，连续 3 年使用《社区合唱实用教程》《社区合唱曲集》（含试用版）开展培训，不仅提升了合唱团队的艺术水平，也为全国群众合唱开展系统、科学、持续的标准化培训提供了示范和参考。

（2）全国文化馆（站）合唱指挥骨干培训

2022 年至 2023 年，全国文化馆（站）合唱指挥骨干培训连续 2 年聚焦培养长期扎根基层的群众合唱指挥人才，通过文化和旅游部全国公共文化发展中心、中国文化馆协会与各省（市）文化和旅游厅（局）联合主办，合唱委员会与各地省市级文化（群艺）馆共同承办，县（市）级文化（群艺）馆具体执行的创新模式，使用《社区合唱实用教程》《社区合唱曲集》作为统一教材，由专家针对不同基础的学员开展实用型培训。截至 2023 年 11 月，合唱指挥骨干培训已经在浙江湖州、江西宜春、黑龙江哈尔滨、浙江宁波 4 地成功举办，累计近 600 人次参与培训。

（3）文化馆（站）行业网络培训

2021 年至 2022 年，文化馆（站）行业网络培训连续 2 年邀请国内合唱专家陈国权、陈光辉、文思隆、阎伯政、李初建等老师，参与"文化馆（站）行业网络培训——全民艺术普及合唱技能提升培训课程"的录制，并通过国家公共文化云平台播出，完成全民艺术普及合唱技能提升工作。

3. 两大合唱活动打造全国合唱文化名片

（1）首届全国社区合唱汇演线上展演

2021 年，合唱委员会承担文化和旅游部为庆祝中国共产党成立 100 周年，开展的"唱支山歌给党听"大家唱群众歌咏活动网络联动暨首届全国社区合唱汇演线上展演品牌活动的组织工作。来自全国 15 个省、33 个城市的 130 余首作品在央视频、国家公共文化云双平台展播，并获得广泛关注。

（2）《流淌心底的歌》百城百场大型群众歌会

2023 年，合唱委员会以"大家唱，唱给大家听"为特色，采用"以演带训，文旅融合"创新模式，联合各地文化（群艺）馆组织推出《流淌心底的歌》百城百场大型群众歌会活动，为各地群众合唱团及其指挥、作曲等人才搭建展示和交流平台。北京、上海、广州、深圳、长春、大庆、济南、大连、厦门、成都等 20 余个城市共有 200 余支合唱团队参与，收到良好的示范效果。2024 年，百城百场歌会以“唱响冰雪黑土地，欢歌乐动贺新春”——东三省联动合唱歌会为起点再次出发，将庆祝中华人民共和国成立 75 周年华诞的歌唱祖国之声，传遍大江南北。

三、未来发展展望

未来工作中，合唱委员会将继续做好学术建设、骨干培训、活动组织这三大基础工作，以推动群众合唱实现品牌化高质量发展。

第一，创编有关群众合唱团队的创建管理与品牌建设、合唱的声音训练、群众合唱指挥实用教程等内容的专著。其中，重中之重是创编《新时代中国民歌合唱曲集》，旨在引领探索中国民族合唱的创新发展方向。

第二，以《流淌心底的歌》百城百场大型群众歌会为引领，打造一系列合唱品牌活动，尤其是“全国社区合唱汇演”“民歌合唱盛典”以及“东三省省会联动新春歌会”等具有区域性、主题性的合唱活动，形成能够满足不同合唱爱好者需求的品牌矩阵。

第三，在全国文化馆（站）合唱指挥骨干培训活动逐渐形成良好口碑和品牌的基础上，结合系列实用教材，将试点范围拓展到各委员单位及合唱发展突出的省份，进一步细化全国文化馆（站）合唱骨干培训的专业和等级划分。

中国文化馆协会小戏小品委员会：精准定位，科学创新，推动文化馆小戏小品事业高质量发展

夏 雪 于天泊 吕至峰*

自2021年5月成立以来，中国文化馆协会小戏小品委员会（以下简称“小戏小品委员会”）在中国文化馆协会的关心和领导下，在全国兄弟文化馆（站）的支持和帮助下，深入探索创作机制，积极发掘并培养人才，持续推进活动常态化，努力推动全国小戏小品事业实现高质量发展。

一、精准发力，开启全国小戏小品事业新篇章

小戏小品委员会是全国唯一一个由县级文化馆牵头成立的中国文化馆协会专业委员会。2021年5月7日，以张家港市文化馆作为牵头和秘书处挂靠单位，以上海市虹口区文化馆、湖南省文化馆、广东省深圳市罗湖区文化馆、广东省东莞市文化馆为委员单位的小戏小品委员会正式成立。

为更好地推动全国小戏小品事业的发展，创作更多反映时代精神、传递主流价值的精品力作，委员会全面试行小戏小品创作常态化、规范化和专业化，遵循

* 夏雪，张家港市文化馆精品工作室员工，群众文化馆员。
于天泊，张家港市文化馆党支部书记、馆长。
吕至峰，张家港市文化馆东方艺术团副团长，群众文化馆员。

艺术创作规律，并合理安排全年活动。小戏小品委员会每年开展交流展演活动，由发起单位和委员单位轮流承办。该活动面向全国征集优秀剧目，筛选组成1—3台精品节目进行交流演出，并从中选出优秀剧目，推荐其参加“全国小戏小品展演”，以期全面提升全国群众文化领域小戏小品的创作和演出水平。

二、科学谋划，推动小戏小品创作步入快车道

小戏小品委员会汇聚了国内文化馆小戏小品领域的知名学者、专家，委员会采取多元、立体的领导和组织方式，融汇理论与实践，搭建起全方位、多层次的小戏小品交流发展平台，旨在推动文化馆小戏小品各项工作进入快车道，开启加速度。

（一）艺术生产成果丰硕

为提升小戏小品作品质量，小戏小品委员会联动各委员单位、成员单位交流研究，悉心向各委员会专家请教，形成了一套合理、高效的艺术生产机制，推出了一批思想精深、艺术精湛、制作精良的戏剧艺术精品。

张家港市文化馆常态化合理安排春季研修班、夏季题材规划会、秋季剧本改稿会、冬季培训班等活动，培育一批优良的小戏小品“种子”，并将其浇灌成为艺术精品。东莞市常平镇文化服务中心通过广东省文化和旅游厅的扶持，孵化优秀戏剧作品参加各类展演，并根据专家指导意见将作品打磨成精品。湖南省文化馆通过建立“题材库”“人才（团队）库”“专家库”“作品库”，优化全省群众文化创作资源，强化全省群文创作力量。深圳市罗湖区文化馆连续多年深耕“深派小品”，通过“脱口秀＋戏剧小品”的模式，打造《军哥剧说》品牌，现已成为具有特区特色的文化现象。盐城市文化馆组织专家团队对已有作品进行跟踪辅导，提出深度加工的具体措施，全面提升现有节目的含金量。

在这些机制的推动下，小戏小品委员会各委员单位、成员单位创作的小戏小品作品获誉频频。张家港市文化馆小品《打折》、深圳市罗湖区文化馆小品《烟》摘得第十九届中国文化艺术政府奖——群星奖。重庆市大渡口区文化馆小品《爷

爷的奖杯》、张家港市文化馆小品《打折》荣获第九届全国优秀小戏小品展演“组委会特别推荐剧目”，并受央视邀请参加“2023中国小品相声大会”的录制。东莞市常平镇文化服务中心话剧《倒不过的时差》荣获2023年粤港澳大湾区（深圳）青年戏剧月最佳剧目、最佳编剧、最佳导演、优秀表演等7项大奖。张家港市文化馆小品《这赞点不点》入围第十二届中国曲艺牡丹奖全国曲艺大赛。

（二）品牌活动持续优化

1. 小戏小品剧目展演

2023年11月，“2023年小戏小品剧目展演活动”在上海市虹口区拉开帷幕，来自全国7家文化馆的4个小品和3个小戏参加本次展演，与会专家针对每个作品进行了集中评议，并为作品的提升出谋划策。同期，小戏小品委员会召开了2023年度工作会议暨第二届全体委员会，增聘江苏省文化馆原副馆长李萍为顾问，并就新时代小戏小品创作题材的选择与拓展等内容进行了专题研讨。

2. “戏剧中国”全国小戏小品优秀作品线上展演评选

作为承办单位，小戏小品委员会积极配合中国戏剧文学学会开展“戏剧中国”2022全国小戏小品优秀作品线上展演评选活动。本次活动共收到来自全国艺术院团、院校、群文系统、民营剧团等单位报送的260件作品。小戏小品委员会组织相关专家对报送作品进行评选，共有15件小戏作品、15件小品作品被评选为优秀剧目。“戏剧中国”首届全国小戏小品优秀作品展演颁发典礼于2022年12月30日晚通过国家公共文化云等平台进行线上直播，观看直播人次高达164006人次。

三、创新发展，推动小戏小品事业迈上新台阶

小戏小品委员会将继续贯彻落实习近平新时代中国特色社会主义思想和党的二十大精神，悉心规划年度活动，做优做强品牌项目，促进互鉴交流，发掘培育精品力作，助力全国文化馆小戏小品队伍发展壮大，更好满足人民群众的精神文化需求。

（一）当好参谋，推动小戏小品艺术生产

小戏小品委员会将通过举办四季活动，邀请资深戏剧专家，对委员单位、成员单位报送的题材和剧本进行点评、论证、完善和提升，从而培育和打造一批小戏小品精品剧目。

（二）搞好培训，提高文艺人才专业水平

小戏小品委员会将通过举办小戏小品编导演研修班、培训班等课程，邀请资深戏剧专家、知名艺术家进行授课，不断提升编导演人才的专业水平和综合素质。

（三）搭好桥梁，促进小戏小品交流推广

小戏小品委员会将团结并带领广大小戏小品工作者，深入生活、扎根人民，广泛开展文艺演出和交流活动，让观众的掌声和笑声传遍祖国大江南北。

（四）做好示范，提升自身公信力和战斗力

小戏小品委员会将进一步强化自身建设，充分发挥模范带头作用，不断提升委员会的公信力和战斗力，为加强全国文化馆（站）小戏小品队伍建设提供坚实的组织保证。

中国文化馆协会摄影委员会：以影像力量，展时代风采

黄晓丽*

为推动新时代文化馆高质量发展，促进全国文化馆摄影艺术发展，东莞市文化馆联合广东省文化馆、厦门市文化馆、广州市文化馆、成都市文化馆、上海市浦东新区文化艺术指导中心共同发起筹备的中国文化馆协会摄影委员会（以下简称“摄影委员会”），于2021年5月正式成立，旨在担负起推动文化馆群众摄影事业高质量发展的职责使命。

一、以弘扬社会主义核心价值观为导向，全力推进文化馆摄影事业繁荣发展

摄影委员会始终坚持以人民为中心的创作方向，推进文化馆摄影事业奋进新征程，为全国文化馆摄影事业发展开好新局。

（一）规划文化馆摄影事业发展方向

摄影委员会全面贯彻习近平新时代中国特色社会主义思想，坚定文化自信，坚持守正创新，以社会主义核心价值观引领摄影文化建设，团结全国各级文化馆

---

* 黄晓丽，中国文化馆协会摄影委员会主任委员，东莞市文化馆馆长。

的摄影骨干，担负起举旗帜、聚民心、育新人、兴文化、展形象的使命。成立仪式结束后，摄影委员会迅速召开第一次全体委员会议，讨论并审议通过了《中国文化馆协会摄影委员会业务发展规划（2021—2025）》和《首届群文影像大展方案》，确定了摄影委员会的主要业务，规划了摄影委员会未来重点工作。

（二）组建高水平专家委员会

为充分发挥专家人才的引领示范作用，汇聚行业合力，推动群众摄影跨越式发展，摄影委员会组建起专业委员会团队，共吸纳26名行业专家，包括3名特聘顾问和23名委员。其中，中国艺术研究院副院长兼摄影与数字艺术研究所所长李树峰、中国女摄影家协会主席吕静波、广东省非物质文化遗产促进会会长杜佐祥等行业顶尖专家的加入，为摄影委员会的发展注入了强大的人才支撑力量。

二、以全国性文化馆摄影活动为平台，全面开展群众文化摄影普及推广工作

自2021年成立以来，摄影委员会在中国文化馆协会的领导和支持下，充分发挥平台作用，大力推动行业影像展览和交流合作。

（一）举办“时代·文化·传承”首届群文影像大展

2021年9月摄影委员会开始面向全国广泛征稿，共收到来自全国的1.8万余幅影像作品，并最终精选200件摄影作品和10个视频入展。2022年4月，首届群文影像大展首展在东莞市文化馆举行，同步出版精美画册，并推出系列品牌活动。首展结束后，先后赴杭州、广州、成都等13地开启全国巡展。本次大展填补了群文影像展览国家级权威平台的空白，以生动、惠民的方式实现了一次覆盖全国的群文摄影水平大检阅。

（二）推出“镜头里的乡村振兴”第二届群文影像大展

2023年5月，聚焦全面推进乡村振兴工作提出的新要求，第二届群文影像大

展以“镜头里的乡村振兴”为主题，重点征集围绕国家乡村振兴战略实施以来取得的丰硕成果的相关作品，共收到由全国各级文化馆（站）推荐的6000余幅作品，最终评审出200幅作品入展。该展于2024年9月在东莞市文化馆举办首展，并同步启动本阶段的全国巡展。

（三）承办“赓续历史、勇毅前行——中国文化馆发展历程展”

2023年9月3日—5日，“赓续历史、勇毅前行——中国文化馆发展历程展”在中国文化馆年会现场正式亮相。该展首次系统梳理了1949年以来中国文化馆行业发展的脉络，全面梳理了行业发展重大历史时间节点、各阶段事业发展特点和重要成就，立体展现了中国文化馆发展的历史与创新发展成果，勾画了新时代文化馆的总体形象，有效提升了全行业的社会影响力。展览得到文化和旅游部、全国公共文化发展中心等领导的充分肯定，备受全国同行的关注和点赞。

三、以推进全民艺术普及为目标，抓好文化馆摄影人才培养工作

摄影委员会高度重视人才培养，注重发挥摄影在全民艺术普及工作中的优势，助力公共文化服务高质量发展。

（一）开设群众文化摄影骨干培训班

通过举办摄影高研班、专题培训等活动，摄影委员会采用“理论＋实操”的形式，邀请摄影名家对群众摄影骨干手把手教学，组织开展各项实地摄影采风活动，全面提升全国群文系统摄影理论与实践素养。例如，2021年举办了全国群文摄影高研班，多名摄影名家现场指导教学，并组织了东莞龙舟月系列采风拍摄实践活动。2024年举办了全国文化馆摄影骨干高级研修班，以“镜头里的乡村振兴——第二届群文影像大展”首展活动为契机，4天共安排4场专家授课，组织学员观摩了首展开幕式，并走进道滘、石碣、厚街开展摄影采风创作。

（二）线上线下开展惠民公益讲座

摄影委员会配合两届群文影像巡展活动，邀请知名专家面向当地摄影骨干、摄影爱好者开展专题培训，共计在全国各地举办惠民公益大讲堂20场。充分利用国家公共文化云、“文化莞家”等线上平台，录制并推出系列线上摄影专题讲座，截至2023年12月已邀请专家录制5期摄影专题讲座，在粤港澳摄影季系列活动期间正式播出。

下一步，摄影委员会将深入贯彻落实习近平文化思想，组织创作新时代优秀文艺作品，进一步推动摄影事业繁荣发展。将从三个方面重点发力：一是擦亮群文摄影品牌。以全国性群文影像大展为抓手，联合各级文化馆策划开展相关主题活动，整合资源推出群文摄影名家系列展览，创新思路孵化新活动品牌。二是强化摄影委员会组织建设。通过更新补充有区域代表性的群文摄影骨干，开展摄影委员会委员增补及业务发展规划等工作，逐步实现全国各地区全覆盖，优化摄影委员会队伍，提升摄影委员会的行业影响力。三是搭建行业摄影艺术交流平台。进一步加强与摄影委员会各成员单位、全国各级文化馆的交流与合作，搭建全国群文摄影培训分站点网络平台，继续通过举办高研班、大讲堂、采风等培训活动，提升群文摄影骨干水平，加强群文摄影队伍建设，让摄影委员会成为群文摄影“加油站”“大学堂”，成为群众文化摄影人才培养的摇篮。

中国文化馆协会曲艺委员会：曲传四方，艺风正劲

赵新天 *

一、成立背景及愿景使命

为进一步加强对中华优秀传统文化的保护、传承和创新发展，适应新时代文化馆的高质量发展要求，不断满足人民群众对文化艺术的需求，培养更多更优秀的文化馆曲艺专业干部，创作更多接地气、受欢迎的曲艺作品，立足文化馆行业为曲艺艺术的传承和发展搭建更广阔的平台，推动曲艺艺术的创新和发展，增强曲艺艺术的吸引力和影响力，经过中国文化馆协会第二届三次常务理事会审议通过，并由协会秘书处复函确认，山东省文化馆牵头筹备成立中国文化馆协会曲艺委员会（以下简称“曲艺委员会”）。

（一）曲艺委员会成立工作

按照《中国文化馆协会章程》《中国文化馆协会专业委员会管理办法》相关规定和工作要求，2021 年 5 月 21 日，中国文化馆协会曲艺委员会成立大会暨第一次全体委员会议在山东省济南市举办。会议应到委员 25 人，实到 19 人（实到委员 17 人，授权代表 2 人）。大会经全体到会委员（含授权）一致同意，形成决议如下：

---

* 赵新天，山东省文化馆党总支书记、馆长，山东省非物质文化遗产保护中心主任，研究馆员。

经中国文化馆协会批准，由山东省文化馆作为牵头及秘书处挂靠单位，联合北京文化艺术活动中心（现北京市文化馆）、天津市群众艺术馆、江苏省文化馆、江西省文化馆、重庆市群众艺术馆六家委员单位向中国文化馆协会申请发起成立曲艺委员会。

经全体参会委员投票，选举王衍良任主任委员，张巍、刘文艳、江丽君、李萍、赵新天、王茵任副主任委员，李俊华任秘书长，并报中国文化馆协会审批。聘请吴文科作为专家组组长，聘请刘兰芳、向云驹、籍薇、高洪胜、陈玲玉、孙立生等作为专家组成员。

与会委员审议通过《中国文化馆协会曲艺委员会任期业务发展规划》。

（二）愿景使命

曲艺委员会成立后，制定了为期五年的工作计划，该计划对曲艺人才的发掘、曲艺作品质量的提升以及非物质文化遗产的保护进行了全面布局。这一举措显著提高了全国各地文化馆对于曲艺传承与发展的热情和积极性，成功打造出一批兼具思想性和艺术性的优秀曲艺作品。曲艺委员会将继续发扬积极认真的工作态度，为传承和发扬中华优秀传统文化作出更大的贡献。

二、发展历程及取得成绩

曲艺委员会自成立以来，始终为曲艺发展谋思路、开新局。在中国文化馆协会的领导下，曲艺委员会不断推出系列活动，着重聚焦曲艺人才培养、曲艺资源整合以及理论调研等方面，为新时代群文艺术创作提供了有力支持。

（一）举办两次文化馆（站）曲艺新人新作交流活动

根据中国文化馆协会专委会的业务发展规划，曲艺委员会按照每两年举办一届活动的原则，成功举办了“2021 年文化馆（站）曲艺新人新作交流展示”活动和“2023 年文化馆（站）曲艺新人新作交流展示”活动。在各单位的推荐下，共收到 300 多部作品，经过专家审核遴选，自来近 20 个省（自治区、直辖市）的作品在线上进行了推广展示，展示期间点击量超过三百万。

为鼓励作品创编表演单位、个人以及作品组织报送单位的积极参与，曲艺委员会向中国文化馆协会申请核发了参展证书和活动组织证书。此外，还出版了电子图书与纸质作品集，并赠予作者、推荐组织单位等。其中优秀作品经过委员会专家组的提升打造后入围“群星奖”的选拔。

随着该项活动影响力的不断扩大，“文化馆（站）曲艺新人新作交流活动”已经成为曲艺委员会的品牌项目之一。

（二）2022 年黄河流域地方曲种调研活动

为贯彻落实中共中央、国务院《黄河流域生态保护和高质量发展规划纲要》，深入贯彻新发展理念，服务构建新发展格局，更好服从服务国家战略，推动黄河流域文化馆（站）的协同合作、协调发展，多角度反映黄河流域地区曲艺艺术传承弘扬、创新发展和艺术普及成果。曲艺委员会于 2022 年 11 月开展“2022 年黄河流域地方曲种调研”活动，通过科学的调研分析，深入理论研讨，汇总黄河流域省（区）曲种研究，努力提升曲艺理论评论质量和学术研究水平，发掘传承与创新典型，为文化馆行业曲艺事业发展提供借鉴和参考。调研活动采取现场调研、创作采风、区域性展演观摩、书面函调结合的方式开展调研活动，并在调研活动结束后撰写了《中国文化馆协会黄河流域地方曲种调研报告》和《中国文化馆协会黄河流域地方传统曲种曲目汇编》。

（三）2023 年黄河流域地方曲种展演系列活动

为深入学习贯彻习近平新时代中国特色社会主义思想和党的二十大精神，贯彻落实习近平总书记关于文艺工作系列重要讲话精神，推动黄河流域文化馆（站）的协同合作、协调发展，多角度反映沿黄九省（区）曲艺艺术传承弘扬、创新发展和艺术普及成果，提升文化馆曲艺骨干业务水平，曲艺委员会于 2023 年 6 月 28 日至 30 日在山东省滨州市举办了“2023 年黄河流域地方曲艺展演及现场交流”活动。

活动包含三部分内容：首先是“全民艺术普及技能提升计划”——2023 年

文化馆（站）曲艺骨干培训班暨2023年黄河流域文化馆（站）曲艺业务骨干培训班，该培训班邀请曲艺专家授课，共计56位学员参加培训，极大地促进了文化馆行业曲艺创作、理论和表演水平的提升。其次是2023年黄河流域地方曲艺现场交流”活动。滨州市作为黄河流域地方曲艺发展代表地市作现场经验交流发言。再次是2023年黄河流域地方曲艺展演，共有14部作品参加展演，活动现场气氛热烈，后期还在基层文化社区开展了公益性惠民专场演出。

三、未来发展展望

今后曲艺委员会将以更加充满活力的方式，开展曲艺作品展演展示活动，不断挖掘曲艺新人，为中华优秀传统曲艺文化的传承和发展注入新鲜活力。加强交流与调研，不定期组织曲艺专家与文化馆行业专家进行研讨，围绕“群星奖”探讨群文曲艺精品创作之路，打造一批经得起时代考验、深受老百姓欢迎的优秀作品。曲艺委员会始终坚定文化自信，担当使命、奋发有为，在中国文化馆协会领导下，与全国文化馆同人携手共进，共同促进曲艺艺术发展繁荣，努力创造属于我们这个时代的新文化，为建设中华民族现代文明作出贡献。

中国文化馆协会基层文化馆（站）建设委员会：推动基层文化馆（站）建设繁荣发展

郑启超 *

一、基本情况

经中国文化馆协会批准，由重庆市大渡口区文化馆牵头筹备成立中国文化馆协会基层文化馆（站）建设委员会，四川省广元市文化馆、广东省东莞市文化馆、浙江省嘉兴市文化馆、江苏省张家港市文化馆共同作为主要发起单位参与筹备。2021 年 5 月 19 日，在重庆市大渡口区召开中国文化馆协会基层文化馆（站）建设委员会成立大会。截至 2023 年底，共有委员 29 名，其中主任委员 1 名、副主任委员 4 名，秘书长 1 名、副秘书长 4 名，名誉主任 1 名、顾问 7 名。

基层文化馆（站）建设委员会旨在发挥协调联络和辐射带动作用，推进基层文化馆（站）建设，提升文化馆（站）服务效能，激发其发展活力，从而促进文化馆（站）高质量发展。

二、工作成绩

自成立以来，基层文化馆（站）建设委员会以推动文化馆（站）事业高质量

* 郑启超，重庆市大渡口区文化馆馆长，中国文化馆协会基层文化馆（站）建设委员会主任委员，群众文化研究馆员。

发展和促进学术研究为目标，开展了一系列工作，成绩显著。

（一）举办系列培训

2021 年 12 月 8 日—18 日，在国家公共文化云 PC 端举办“2021 文化馆（站）行业网络培训——全民艺术普及新年画创作技能提升”网络培训。

2023 年 6 月 25 日—30 日，在江西省宜春市与合唱委员会共同承办 2023 年文化馆（站）合唱指挥骨干培训班暨江西省基层业务干部合唱指挥培训班。

2023 年 8 月 20 日—25 日，在黑龙江省哈尔滨市与合唱委员会共同承办 2023 年文化馆（站）合唱指挥骨干培训班暨哈尔滨基层业务干部合唱指挥培训班。

2023 年 11 月 27 日—12 月 1 日，在重庆市大渡口区文化馆承办“群星大讲堂”“成渝地 · 巴蜀情”全民艺术普及核心功能服务“学才艺”川渝两地书法培训班。

2023 年 11 月 12 日—17 日，在浙江省宁波市文化馆与合唱委员会共同承办 2023 年文化馆（站）合唱指挥骨干培训班暨浙江省基层业务干部合唱指挥培训班。

（二）召开工作会议

2023 年 6 月 1 日—3 日，在重庆市大渡口区文化馆召开 2023 年中国文化馆协会基层馆（站）建设委员会工作会议暨成渝区域文化馆联盟活动，与会者共话基层文化馆（站）建设高质量发展。

2023 年 10 月 19 日—22 日，在江苏省张家港市主办 2023 年基层文化馆（站）公共文化空间建设服务圆桌会议，会议围绕乡村振兴战略下的基层文化馆（站）阵地设施建设发展、服务创新和效能提升，以及推进“公共文化新空间”行动计划实施等方面进行交流探讨。

（三）举办品牌活动

2022 年 1 月 25 日—3 月 15 日，在重庆市大渡口区美术馆承办“成渝地 · 巴蜀情”川渝十地书画摄影作品展。

2023 年 2 月 23 日—3 月 15 日，在重庆市大渡口区美术馆承办“时代文化传承”首届全国群文影像大展·大渡口巡展。

2023 年 9 月 4 日，在内蒙古包头市承办中国文化馆年会分论坛——推动乡村公共文化建设高质量发展专题研讨活动。

2023 年 11 月 11 日—30 日，在重庆市大渡口区美术馆承办“笔耕新时代·墨舞新征程”首届全国群文系统原创诗文书法作品展大渡口区巡展。

2023 年 12 月 4 日—8 日，在重庆市大渡口区文化馆承办 2023 年县级文化馆“百馆联动”暨文化馆站长培训班。邀请文化和旅游部全国公共文化发展中心主任白雪华、北京大学教授李国新等专家学者，聚焦全民艺术普及、新型公共文化空间建设、群众文艺创作、青少年美育等内容，以“咖说”“例赏”“馆学”“探考”相结合的方式，提升文化馆负责人的政治理论素养和行业治理能力。同时举办全国最美乡村公共文化空间设计展示等活动。

（四）编辑出版刊物

基层文化馆（站）建设委员会联合广场舞委员会共同主编《广场舞文化发展报告（2018—2022）》。

三、未来展望

基层文化馆（站）建设委员会将持续整合公共文化资源，推动基层文化馆（站）高质量发展，提升公共文化产品质量和服务效能，为乡村文化振兴、城乡公共文化服务一体化发展提供有力支撑。总结提炼全国基层文化馆（站）建设过程中涌现出的先进经验、成功案例、典型事迹，供全国基层文化馆（站）借鉴学习。

（一）加强组织建设

科学制定发展规划和工作计划，制定和健全内部管理制度，组织学习党和国家有关方针、政策，整体提升委员会组织、策划、协调、实施能力。

（二）探索机制体制

探索新时代基层文化馆（站）建设新思路、新策略、新标准、新规范。引导基层文化馆因地制宜创新管理体制、运行机制、评价机制、服务模式，将优质文化资源延伸到乡镇、村和社区。

（三）开展业务活动

（1）策划举办品牌活动。每年联合各地策划举办全国县级文化馆“百馆联动”暨馆长培训班。

（2）组织业务交流活动。策划举办“全国基层文化馆（站）长沙龙雅集”活动。分享各地在基层文化馆（站）建设中形成的先进做法、典型案例、有效模式等，展示各地文化馆（站）在全民艺术普及、大型品牌活动、精品文艺创作、青少年美育等方面的突出成果。

（3）开展专题培训工作。联合书法委员会、合唱委员会等专委会共同举办各类专题培训班，提升基层文化馆（站）从业人员综合素养和专业能力。

（4）开展专题调查研究。深入相关市县文化馆（站）开展“新时代基层文化馆（站）建设在实施乡村振兴战略中的地位和作用”“基层文化馆（站）建设中资源整合途径、资源延伸路径”等方面的专题调研，形成专题报告。

（5）开展学术研讨活动。围绕新时代基层文化馆（站）建设在全民艺术普及、青少年美育、乡村文化振兴等方面课题，开展“基层文化馆（站）助力新时代城乡一体化发展策略的研究”等专题学术研讨活动；同时组织编写《新时代基层文化馆（站）建设创新案例》等。

（四）注重宣传推介

通过多渠道、多方式宣传委员会工作开展情况，把各地在基层文化馆（站）建设方面的先进经验、突出成果、典型案例、有效模式在全国各地宣传推介，扩大基层文化馆（站）建设的影响力。

中国文化馆协会期刊与知识服务委员会：探究群文理论前沿，创新知识服务模式

刘文艳*

中国文化馆协会期刊与知识服务委员会（以下简称“期刊专委会”）的成立，标志着中国文化馆理论建设、传播与知识服务推广创新开启了新篇章。自2021年6月18日成立以来，期刊专委会坚持着眼大局、面向全国，服务行业、促进发展，以群文理论的前沿研究和知识服务的模式创新引领文化馆行业向专业化、学术化发展，以群文期刊的高质量赋能群文事业高质量发展。

一、聚焦新时代群文事业发展，牵头成立专委会，搭建全国群文期刊交流研究新平台

在群众文化事业发展的历史进程中，群文期刊在引领方向、展示成果、凝聚队伍、促进繁荣等方面发挥了重要作用，为展示地域文化特色、传播先进文化、弘扬时代主旋律作出了积极贡献。群文期刊是当地政府发布文化政策信息的重要平台，是弘扬中华优秀传统文化的重要载体，是发现培养文学爱好者的重要阵地，是一个地区群众文化繁荣发展的重要标志。

新时代文化馆事业的高质量发展需要更广阔的理论研究平台来支撑和引领。

---

* 刘文艳，天津市群众艺术馆党总支书记、馆长、研究馆员。

期刊专委会的成立恰逢其时，改变了过去各自为战的局面，实现了全国一盘棋，最大程度集结了全国群文期刊的力量与智慧，为全国文化馆行业打造了一个集学术研究、创作交流和知识服务于一体的专业化平台，全面服务于文化（群艺）馆相关机构和工作者，服务于广大基层群众。2021 年，经中国文化馆协会批准，由天津市群众艺术馆作为牵头单位，同方知网（北京）技术有限公司作为秘书处挂靠单位，联合北京市文化馆、上海市群众艺术馆、重庆市群众艺术馆、四川省文化馆等 6 家委员单位成立了中国文化馆协会期刊与知识服务委员会。期刊专委会还得到了 14 家成员单位的积极响应，选举产生了主任委员 1 人、副主任委员 5 人、秘书长 1 人。

期刊专委会制定并讨论通过了《中国文化馆协会期刊与知识服务委员会五年发展规划》等目标规划，以文化馆行业期刊和知识服务体系建设为抓手，充分发挥其基础性、前瞻性、引领性作用，为各地群文工作者提供专业性的知识服务，引导文化馆行业向专业化、学术化方向发展。期刊专委会围绕“十四五”时期文化馆行业有关创新与发展、数字文化馆、公共文化云、云上文采会建设的思考与建议等前瞻主题开展深入广泛的理论探讨，为新时期群众文化的发展总结了许多成功实践经验，推广了许多理论创新成果。

二、聚焦公共文化服务能力建设，多方联动多点发力，推动全国文化馆行业取得新发展

期刊专委会的成立有力推动了文化馆行业期刊和知识服务体系建设，促进了文化馆理论研究交流与互动，全国文化（群艺）馆期刊进入了创新发展的快轨道，呈现出蓬勃发展、百花齐放之势。

（一）成功举办全国性行业活动，引领行业发展方向

期刊专委会积极践行国家“十四五”文化发展规划要求，致力于培育打造群文期刊交流学习平台。在上级部门的大力支持下，2021 年，期刊专委会作为承办单位之一，成功举办了第四届全国文化（群艺）馆期刊交流展示活动，通过设置

优秀期刊、优秀编辑、优秀装帧设计等专项荣誉并进行成果展示，促进群文期刊不断提高办刊质量、丰富刊物内容、打造特色品牌。2022 年 12 月，承办了文化馆知识服务创新发展论坛，旨在分享办刊经验及创新理念，探讨面向文化馆行业的知识服务体系创新与服务模式建设，以此引导文化馆行业专业化建设和创新性发展，并通过国家公共文化云进行分享交流，活动获得广泛关注，在线观看量达 15.6 万余人次。

（二）编辑出版专业出版物，有力促进行业理论建设

由文化和旅游部全国公共文化发展中心、中国文化馆协会主办，《中国学术期刊（光盘版）》电子杂志社有限公司出版的文化馆行业学术类、专业类公开出版物《中国文化馆》已连续出版三辑。出版物凝聚了行业顶尖专家学者、资深从业人员的智慧，致力于挖掘集萃我国文化馆（站）领域高水平理论与实践研究成果，对推动新时期文化馆（站）高质量发展具有借鉴意义，对公共文化从业人员和研究者具有参考价值。

（三）举办面向全行业的培训班，全面提升文化馆人的理论素养和业务水平

2021 年 9 月 22 日至 10 月 26 日，期刊专委会举办了面向全国各级文化（群艺）馆工作人员及相关群文工作者的“文化馆业务能力与理论素养提升”网络培训班；2021 年和 2022 年先后承办了“文化馆事业发展的思考与讨论”第二季和第三季的开放性网络培训，培训贯穿全年，围绕行业发展面临的重点、热点、难点问题，加强了文化馆行业的交流互鉴，提高了对文化馆事业发展的思想认识，助力提升文化馆公共文化服务能力水平，培训累计观看 22.4 万余人次。

三、担负新时代新的文化使命，以文化馆期刊的高质量赋能群众文化高质量发展

征程万里风正劲，重任千钧再出发。面向“十四五”，期刊专委会坚持以

习近平文化思想为指导，致力于文化馆行业期刊和知识服务体系建设，着眼全国大局，找准职责定位，立足新起点、顺应新要求、探索新思路，努力构建与新时代相适应的群文期刊交流发展新模式，以群文期刊的高质量发展更好地服务现代公共文化服务体系建设。期刊专委会将继续做中国文化馆协会的好助手，切实担负起新的文化使命，坚定文化自信，凝聚奋进力量，不断激发创新创作活力，赋能群众文化高质量发展，与全国群文同行一道，书写好新时代文化强国建设的群文新篇章。

中国文化馆协会青少年美育委员会：以美育人，向美而行，构建文化馆系统美育体系

孙　瑄　杨倩云*

为了让美育真正走进青少年一代，文化馆行业在推动青少年美育高质量发展的浪潮中，承担起新时期的新职能、新使命，高度重视并切实抓好青少年美育工作。中国文化馆协会青少年美育委员会由合肥市文化馆作为牵头单位，浙江艺高文化创意有限公司担任秘书处，联合上海市群众艺术馆、浙江省文化馆、四川省文化馆、宁夏回族自治区文化馆等30多家省、市、县（区）级文化馆单位共同发起。该委员会经中国文化馆协会二届三次理事会审议通过，于2021年4月1日正式获准成立，致力于开启青少年美育的新时代篇章。

一、开启新时代，青少年美育事业的崭新篇章

2021年7月24日，中国文化馆协会青少年美育委员会成立大会成功举办。大会围绕青少年美育委员会负责人选举、成立仪式、第一次全体委员会会议等议程开展。会议强调，委员会要充分发挥文化馆作为公共文化场馆在美育方面的独特优势，以创新推出覆盖全国、种类多样、品质卓越的具有中国文化馆特色的现代化青少年美育体系为发展目标，坚持遵循美育规律，大力弘扬中华美育精神，让中华美育精神为文化自信筑基，为当代美育领路。

---

* 孙瑄，中国文化馆协会青少年美育委员会秘书长。
杨倩云，《青少年美育世界》主编。

中国文化馆协会青少年美育委员会的成立，汇聚了国内文化馆与社会各界艺术领域的知名学者与专家该委员会采取多元、立体的领导和组织方式，融汇理论与实践，旨在搭建全方位、多层次的青少年美育交流发展平台，同时，发挥行业协会桥梁纽带作用，构建文化馆系统美育体系，引进社会力量，强化艺术普及功能的机制创新。它的成立不仅是青少年美育事业发展的里程碑，更是文化事业联动发展的新动能。

二、官方微信公众号上线，打造美育工作新阵地

中国文化馆协会青少年美育委员会的官方微信公众号——“青少年美育世界”于2022年11月正式上线。公众号设有三个常规栏目：创新录、美育谈、少年秀。此外，它还与国家公共文化云、中国文化馆协会等公众号联动转载，旨在总结和推广鲜活的青少年美育工作经验，展示最新成果，并提升青少年精神文化素养。

自公众号上线以来，全国各地文化馆积极响应，纷纷投稿，目前已推出近百篇推文。短短几周内，阅读量就迅速突破万次大关。其中，浙江省文化馆、辽宁省文化馆、天津市群众艺术馆、上海市群众艺术馆、湖北省群众艺术馆等单位提供的出色美育创新案例，都取得了良好的传播效果，并赢得了文化馆同人们的广泛好评。

三、“云端美育”正式上线，共建美育服务体系

“云端美育”平台是文化和旅游部全国公共文化发展中心联合浙江艺高文化创意有限公司打造的全民艺术普及暨国家级数字化美育平台。该平台围绕在线直播、公益课程、志愿服务、名师好课、线上点评、线下面授、美育团队、艺术活动等核心功能，运用地理位置信息服务（LBS）模式绘制美育地图，为全国老百姓提供线上与线下相结合的艺术普及和美育教育服务，使百姓能够就近享受多元化、高品质、便捷化的艺术普及和美育教育服务。同时，“云端美育”还为青少年提供百余门适合线上学习的美育课程，如《“带你看世界”少儿美术课堂》《中

国传统读书法——吟诵》《陕西皮影——皮影戏》等。

新华网、国家公共文化云对“云端美育”平台的上线进行了首发报道。截至2024年9月“云端美育”已入驻来自全国各省市的3408个文化馆、1655名艺术领域的教师及志愿者。平台开设音乐、舞蹈、绘画、书法、摄影、新媒体应用等艺术类目，并上线了约70个细分门类的艺术课程，具体包括3338门公益课程、1137门精品名师课程。其中，音乐、美术、舞蹈类目相关课程较受欢迎，累计下载量超过500万次，线上学习、访问量超过了1700万人次。

四、全民美育，推进青少年美育协同创新发展

“全民美育”青少年艺术普及推广项目是由文化和旅游部全国公共文化发展中心和中国文化馆协会共同策划，与地方文化行政部门、各级文化馆合作开展，以青少年为参与主体的专注于艺术技能提升与创作成果展示交流的品牌活动。面向青少年全面开展各艺术门类知识普及、欣赏普及、技能普及和活动普及服务，同时调动社会艺术培训机构参与青少年美育和文艺创作积极性，展现各地青少年美育工作的丰硕成果。2023年8月，该项目以一场由文化和旅游部全国公共文化发展中心、浙江省文化和旅游厅主办，中国文化馆协会、浙江省文化馆、宁波市文化广电旅游局承办，宁波市文化馆、青少年美育委员会执行的青少年声乐展演展示活动为起点正式启动，将在全国以各艺术门类形式逐步推开。此次声乐展演活动共收到31个省（自治区、直辖市）推荐的优秀作品近300个，其中283个作品通过国家公共文化云和“云端美育”进行了线上展示，36个优秀作品参加现场展演，直播观看人数超150万。活动中“美育新苗”“美育新秀”“美育之星”“优秀组织单位”等荣誉称号脱颖而出。活动充分发挥了文化馆“全民艺术普及”阵地作用，共同推进青少年美育协同创新发展。新华网、中国周刊、文旅中国、中国青年网、潮新闻等多家权威媒体对活动进行了报道。

2023年9月5日，在中国文化馆年会期间，由浙江省文化馆、中国文化馆协会青少年美育委员会主办的“全民美育”青少年艺术普及与推广专题研讨活动成功举办，来自文化和旅游部全国公共文化发展中心、中国文化馆协会、中央广

播电视总台、北京师范大学及全国各地约 150 名参会代表参加了本次研讨会。此次活动由中国文化馆协会青少年美育专业委员会秘书长孙瑄主持，聚焦青少年美育领域重要议题，围绕云端美育、资源建设、服务创新、基础教育、新媒体推广等方面进行深入探讨，彰显当下青少年美育创新涌流、欣欣向荣的发展势头，为“全民美育”青少年艺术普及与推广指明了发展方向。

五、打造精品节目《馆长说》，助力美育高质发展

为充分发挥各级文化馆在弘扬社会主义核心价值观中的主阵地作用，由文化和旅游部全国公共文化发展中心、青少年美育委员会组织制作的青少年美育《馆长说》系列节目，已在国家公共文化云、云端美育、青少年美育世界公众号及全国各级文化馆等平台上线播出。该系列节目的第一季由全国 12 位文化馆馆长分享心得、交流经验。

节目聚焦青少年美育工作，关注那些具有示范性、引领性的青少年美育实践案例，分享关于青少年美育的深度思考与见解，旨在为业内提供前瞻性、指导性的专业意见，让观众及时、深入地了解我国当下青少年美育的创新成果和进展。

六、多措并举精准施策，凝聚青少年美育工作合力

为贯彻落实“双减”政策，推进社会主义文化强国建设背景下的青少年美育工作，中国宋庆龄基金会全民艺术普及专项基金资助并支持创建了全国性首批 30 个示范基地。青少年美育委员会也将协同整合社会各界的艺术普及资源，构建一个多主体共同参与的青少年美育协作体系。

2023 年 8 月，青少年美育委员会组织召开了《美育传习实践基地标准》及试点工作专题座谈会，关注青少年美育校外实践基地建设，涉及示范点的设立、合作证书发放、质量规范的制定等内容。与会者深入探讨全国范围内美育工作的质量提升和标准制定，强调对青少年美育的可持续性、普适性服务。

中国文化馆协会青少年美育委员会在文化和旅游部全国公共文化发展中心和

各级文化馆的积极参与和支持下，通过多维度的工作，构建了全国性的交流平台，推动了美育项目的创新，引领了全国范围内的青少年美育协同创新。未来，青少年美育委员会将不懈努力，进一步整合资源、分享经验，形成合力，不断提升服务水平，竭力做好各项工作，充分发挥桥梁和纽带的作用，推动青少年美育事业高质量发展。

中国文化馆协会设计与展陈委员会：强强联合，助力文化馆空间建设

孙晓勇 *

一、成立背景及愿景使命

公共文化服务是实现、维护、发展人民群众基本文化权益的主要途径。为此，文化和旅游部发布《“十四五”文化和旅游发展规划》《“十四五”公共文化服务体系建设规划》，同时，文化和旅游部、国家发展改革委、财政部联合印发《关于推动公共文化服务高质量发展的意见》，将“创新拓展城乡公共文化空间”列入“十四五”时期推动公共文化服务体系高质量发展的重要举措。

为贯彻落实文化和旅游部总体部署，以构建公共文化新型空间为抓手，发挥社会组织在行业引领、资源整合、管理自律等方面的重要作用，在建设主体、建设标准、设施布局、功能设置、空间设计等方面进一步拓展和创新服务领域，积极推动文化馆（站）美丽空间建设，增强人民群众的获得感、幸福感、参与感、安全感，提升公共文化服务水平。经过中国文化馆协会第二届四次理事会的审议通过，并由协会秘书处复函确认，由中国文化馆协会与中国建筑装饰协会共同筹备成立中国文化馆协会设计与展陈委员会。

* 孙晓勇，中国建筑装饰协会设计分会秘书长、乡村公共文化服务研究院副院长、中国文化馆协会设计与展陈委员会主任委员兼秘书长。

（一）设计与展陈委员会成立工作

按照《中国文化馆协会章程》《中国文化馆协会专业委员会管理办法》相关规定和工作要求，2022 年 8 月 25 日在杭州市成功召开了中国文化馆协会设计与展陈委员会成立大会。会议应到委员 31 人，实到 22 人（实到委员 21 人，授权代表 1 人），第一次全体委员会会议（网络）应到委员 31 人，实到 27 人。大会经全体到会委员（含授权）一致同意，形成决议如下：

（1）经中国文化馆协会批准，由中国文化馆协会与中国建筑装饰协会共同牵头，联合城市组设计集团有限公司、华中科技大学建筑与城市规划学院、中国美术学院风景建筑设计研究总院有限公司、上海市建筑装饰工程集团有限公司、苏州和氏设计营造股份有限公司 5 家协会企业会员单位共同成立中国文化馆协会设计与展陈委员会，秘书处设立在中国建筑装饰协会设计分会，同时挂靠城市组设计集团有限公司。

（2）经全体参会委员投票，选举孙晓勇任主任委员兼秘书长，蔡新元、潘向东、徐兢晶、张郁、杨震、陈继华任副主任委员，聘任杨蕊荷为副秘书长，报中国文化馆协会审批。聘请杭间、董宝厚、姜忠鼎、任卓、怀念、杨晓华为委员会顾问。

（3）与会委员审议通过《中国文化馆协会设计与展陈委员会任期业务发展规划》。

（二）愿景使命

中国文化馆协会邀请中国建筑装饰协会强强联合，实现资源整合，搭建供需对接平台，推动建筑装饰行业与文化馆行业的深度合作，共同为提升公共文化设施空间设计与展陈服务水平而奋斗。中国文化馆协会设计与展陈委员会汇集了国内知名设计及展陈企业代表、知名高校教授专家和文化馆行业代表，是由文化馆行业骨干精英和优秀设计师共同组成。它采取多元立体的组织架构，融合理论和实践，搭建起全方位、多层次的专业领域交流平台，调动和整合跨行业资源助力文化馆空间建设策划、空间环境设计规划、文化馆及公共文化空间建设。

二、发展历程及取得成绩

（一）2023 年文化馆（站）空间设计与应用场景专题网络培训班

根据中国文化馆协会专委会的业务发展规划，中国文化馆协会设计与展陈委员会举办“2023 年文化馆（站）空间设计与应用场景专题网络培训班”，开设有关数字媒体艺术与文化空间营造、文化地标建筑的空间塑造、新时代下的文化馆功能定义、文化馆场景定义与转型思考等课程。本次培训班开辟了行业学习的全新领域，课程内容充实、形式丰富。参与者在培训中不仅开阔了视野，增长了见识，还启发了思维，这将有助于深刻思考当前文化馆展陈的数字化转型，以及文化馆公共文化空间的创新和提升。

（二）2023 年首批文化空间设计施工一体化水平等级评定

由中国文化馆协会牵头，中国文化馆协会设计与展陈委员会具体执行，开展首批文化空间设计施工一体化水平等级评定。以构建公共文化新型空间为抓手，发挥社会组织在行业引领、资源整合、管理自律等方面的重要作用，提升文化空间设计施工一体化水平，进一步规范中国文化馆协会相关专业领域企业会员的业务管理，提升其参与文化馆设计规划、建筑工程、策划服务等方面的质量水平，促进文化馆行业高质量发展，搭建会员单位间供需精准对接服务平台。中国文化馆协会设计与展陈委员会于 2022 年 12 月启动了文化空间设计施工一体化水平等级评定工作，并面向协会企业会员开放自愿申报。根据《中国文化馆协会文化空间设计施工一体化水平等级评定管理办法（试行）》有关规定，经组织专题培训、申报受理、专家评审，共有 6 家企业会员成为首批“中国文化馆协会文化空间设计施工一体化水平等级评定”的上等级单位。

（三）2023 年度最美乡村公共文化空间交流展示活动

2023 年 9 月 18 日，由文化和旅游部全国公共文化发展中心、中国群众文化学会、中国建筑装饰协会、新华网联合主办，乡村公共文化服务研究院、中国建筑装饰协会设计分会、中国文化馆协会设计与展陈委员会承办了“2023年度最美乡村公共文化空间交流展示活动”，活动分设2021—2023年度“中国民间文化艺术之乡”空间、基层公共文化空间、乡村文化和旅游融合空间、基层闲置空间创意设计4个类别，分类征集已完成建设并投入运营的创新案例或正在建设中的设计方案。该活动受到广泛关注，各省、自治区、直辖市文化和旅游厅（局），新疆生产建设兵团文化体育广电和旅游局，各省、自治区、直辖市文化（群艺）馆，新疆生产建设兵团文化中心都积极组织申报项目。该活动旨在引领新时代乡村公共文化空间建构，引导和鼓励社会各方力量，提升基层公共文化服务设施建设、运营和服务效能，推动乡村公共文化服务高质量发展，在更广范围、更深层次、更高水平上推动文旅融合，助力乡村振兴，增强基层群众获得感和幸福感。

（四）2023年参与公共文化和旅游产品采购大会

2023年9月组织全国优秀空间设计、展陈、施工及设备单位参与公共文化和旅游产品采购大会，实现资源整合，搭建供需对接平台，为文化馆行业提供设计、策划、展陈建设等多方面服务，定期组织专业类活动，落实全国文化馆建设需求。

（五）2023年全国“乡村网红”培育计划之“和美乡村推介官”交流展示活动

2023年7月，全国“乡村网红”培育计划之“和美乡村推介官”交流展示活动由文化和旅游部全国公共文化发展中心与中央广播电视总台农业农村节目中心联合主办，乡村公共文化服务研究院、“乡村网红”培育计划办公室、中国文化馆协会设计与展陈委员会承办。中国文化馆协会设计与展陈委员会积极发挥专业优势和行业影响力，助力乡村公共文化空间建设。

三、未来发展计划和展望

今后，在中国文化馆协会领导和协会各会员单位的支持下，中国文化馆协会设计与展陈委员会将积极推动文化馆行业高质量发展，引导和组织全国优秀的公共文化设施设计、建设单位及社会力量参与文化馆行业建设，助力文化馆展陈数字化，组织开展文化空间设计与展陈相关培训，逐步完善文化馆设计和展陈服务体系，促进文化馆领域设计与展陈队伍的规范和高技能人才队伍建设，促进设计与展陈规范化、专业化、社会化发展，满足文化馆建设发展需要，协助创建高品质文化空间示范项目。

（1）开展基于文化馆建设需求的交流活动，围绕文化馆建设、空间规划、数字化空间以及人工智能创作等，邀请行业知名专家和学者以及领军企业代表分享趋势和经验。

（2）为农民画作者与设计师互动合作搭建平台，实现农民画的市场化，提升农民画从创作到销售的市场价值，推动农民画走向酒店空间、商业空间、餐饮空间等。

（3）继续开展好以往工作，更好地提升设计与展陈委员会服务行业和会员的能力。

（4）联合四川美术学院、清华美术学院等艺术高校，开展文化馆艺术设计美术创作交流培训，包括基于人工智能艺术设计的培训和交流。

（5）建立文化馆设计与展陈供应链服务体系，从设备器材到专项服务，更好地为文化馆行业服务。

（6）继续开展文化空间设计施工一体化水平等级评定工作，为行业建立优秀设计展陈建设企业库。

中国文化馆协会沉浸式文化委员会：搭建专业、立体、多元的沉浸文化创新发展平台

唐元玲[*]

一、背景与使命

“沉浸式”文化体验近年来蓬勃兴起，推动了很多新兴文化业态和传统文化业态的升级，并成为当下公共文化旅游行业最具融合性、创新性的新型文化形态。文化馆作为公共文化服务的重要组成部分，敏锐把握到社会文化发展的新潮流和新需求，2023 年 2 月 23 日，在中国文化馆协会的指导下，按照《中国文化馆协会章程》和《中国文化馆协会专业委员会管理办法》有关要求，中国文化馆协会沉浸式文化委员会（以下简称“专委会”）在成都市文化馆成立。

专委会由成都市文化馆牵头，联合上海市群众艺术馆、张家港市文化馆、珠海市金湾区文化馆、画境在线（北京）文化服务有限公司以及中国建筑装饰协会设计分会 5 家单位共同发起申请成立，设置有主任委员 1 名、副主任委员 6 名（其中一人兼秘书长），以及委员 15 名，聘请高校和研究院的 5 名专家为顾问团队。专委会成员涵盖广泛，除了 11 家文化馆单位，还汇集了光影技术、内容生产、空间设计等多家行业机构和企业，结构比例科学合理。

中国文化馆协会沉浸式文化委员会的成立，将推动文化馆行业积极拥抱新型文化业态、创新服务模式、打造优质产品、拓展服务群体以及实施社会美育等职

---

* 唐元玲，中国文化馆协会沉浸式文化委员会副秘书长，成都市文化馆调研宣传部主任。

能工作，进一步引领文化馆在沉浸式文化领域积极探索新时代文化馆高质量发展的新内容、新路径。

二、经验与成绩

（一）协会指导，开展沉浸式文化研讨及内容创作

在中国文化馆协会的指导下，专委会将开展文化馆沉浸式文化相关理论研讨作为一项重要工作。2023 年，由专委会主办、成都市文化馆承办开展了“沉浸式文化主题研讨交流会”和 2023 年中国文化馆年会“沉浸城市故事会——创新打造公共文化服务新业态”专题研讨会。在两场行业盛会上，学术顾问专家、沉浸类行业领军人物和部分优秀文化馆（站）负责人齐聚一堂，共商互鉴，对文化馆开展沉浸式文化路径、特点、内容、形式等开展研讨交流，进一步提升行业认知与共识。2023 年 11 月，珠海市金湾区文化馆开展“沉浸城市故事会——沉浸式体验空间建设创新探索”专题研讨会，全国 20 家试点单位与专家们共同探讨沉浸式体验空间试点建设，成果显著。

此外，成都市文化馆作为主任委员单位，立足于本馆群文理论刊物《成都群众文化》，结合行业专家专访或学术交流，开展以“沉浸式文化”为专题的学术思考，撰写《沉浸式公共文化服务的创新：以成都市文化馆为例》相关学术论文；开展“沉浸文化・馆藏体验”沉浸式剧本征集评选，激发群众文艺在新领域的繁荣与创新，为文化馆开展沉浸式文化活动提供剧本研发和优质内容。

（二）专家支撑，加强文化馆沉浸式文化人才队伍建设

专委会在顾问专家团队的支持下，联动委员单位积极加强文化馆沉浸式文化人才队伍建设。2023 年，作为专委会副主任委员单位，张家港市文化馆承办开展了“沉浸城市故事会”专题培训班，来自创新产业、高校和研究机构的多位专家学者围绕沉浸式文化融媒体技术应用、体验创新与 IP 挖掘、沉浸式公共空间的数实重构以及人才队伍建设等内容进行专题培训，并对国家艺术基金沉浸式体验资助项目申报给予专项指导。来自各省区市文化馆 60 余名有关负责同志参加培

训，参训学员进行了热烈讨论，分享各自的经验做法，对沉浸式工作的开展建言献策。

成都市文化馆在 2023 年 9 月开展了“沉浸新体验，塑造新动能”——成都市沉浸式文化和小戏小品青年人才培训，来自专委会的全体文化馆委员代表以及川渝两地文化馆馆长、业务骨干等共 50 名学员参加了培训。该培训的课程设计全方位围绕沉浸式文化的空间营造、剧本创作、活动策划、沉浸表演、技术支持、馆企合作等多维度展开，为进一步给人民群众提供更多具有创新性、前沿性、丰富性的公共文化服务产品做好人才培养建设。

（三）委员示范，推动文化馆沉浸式文化活动品牌建设

自成立以来，专委会充分发挥主任委员及副主任委员单位的引领示范作用，加强社会力量引入，统筹推动沉浸式文化活动品牌建设。2023 年 11 月，由专委会主办，成都市文化馆和珠海金湾区文化馆共同承办的沉浸城市故事会——“川粤千里・汇聚美好”主题沉浸式交流展演成功举办，两地歌手同台献艺，采用“沉浸式 +”的方法，引入深度艺术体验，现场气氛热烈。成都市文化馆在 2023 年继续推出了沉浸式戏剧艺术体验季，开展“狂飙汉‘潮’——全国首场文化馆沉浸式戏剧游园会”、主旋律剧本杀游园、“雏鹰展翅”沉浸式优秀传统文化研学等活动。上海市群众艺术馆推出《爱丽丝梦游记》《糖果公司》等沉浸魔幻儿童剧；依托数字地图和 VR 小程序，开展“上海非遗展馆学子行”沉浸式非遗文化体验活动。珠海市金湾区文化馆进一步深化社会力量合作机制，以丰富多彩的沉浸式文化活动带领市民深度体验岭南文化魅力。张家港市文化馆以小戏小品为载体，积极探索沉浸式戏剧小品的新类型。2023 年在专委会统筹下，各会员单位持续在沉浸式文化领域发力，在创新文化内容与手段上精彩纷呈，充分发挥了引领示范作用。

三、发展与展望

未来，在中国文化馆协会领导和协会各会员单位的支持下，专委会将进一步

落实《中国文化馆协会沉浸式文化委员会任期业务发展规划（2023—2027）》相关内容和要求，一是引导和组织全国优秀的沉浸式文化产业资源、社会力量、师资学者等参与到文化馆行业建设中，助力文化馆各类沉浸式文化内容和设施的打造，创新打造一批沉浸文化活动品牌与项目；二是在专家智囊团指导下，继续推进文化馆领域沉浸式文化人才队伍的规范和高技能人才队伍的建设；三是开展文化馆优质沉浸式内容的学习调研工作，加强各会员单位成员之间的联动，以及全国文化馆优秀品牌与案例之间的互动与交流，搭建起专业、立体、多元的沉浸文化创新发展平台，以满足人民群众对沉浸式文化体验的需求。

中国文化馆协会会展委员会：以会展为抓手，推动公共文化供需有效对接

吴道兴*

一、成立背景及组织机构

为加快推进公共文化供给侧结构性改革，发挥文化馆行业公共文化供需资源的集聚作用，促进公共文化和相关产业体系有效衔接，健康、有序推动公共文化领域的会展活动蓬勃发展，中国文化馆协会第一届理事会批准设立文化会展委员会。“十四五”时期为适应新形势下文化馆行业大型会展的规范化、高质量发展，第二届理事会批准设立会展委员会。

2015 年 10 月成立的文化会展委员会，秘书处挂靠宁波市文化馆，由 17 名委员组成，汇聚了国内公共文化服务领域专家、学者，会展行业策展人，职业经理人和文化馆馆长代表，时任宁波市文化馆馆长的林红担任主任委员。

2023 年 9 月 10 日，经中国文化馆协会第二届四次理事会审议通过、协会秘书处复函确认，会展委员会成立大会在包头召开。会展委员会由北京会聚社会组织能力建设发展中心作为牵头及秘书处挂靠单位，河北省群众艺术馆、上海市群众艺术馆、成都市文化馆、东莞市文化馆联合发起，委员会成员 19 人。主任委员由北京会聚社会组织能力建设发展中心理事长吴道兴担任。

* 吴道兴，北京会聚社会组织能力建设发展中心理事长。

二、发展目标与工作规划

（一）发展目标

会展委员会将以社会主义核心价值观为引领，以弘扬和传承中华优秀传统文化为目标，坚持正确导向；坚持政府主导、社会参与、共建共享、改革创新原则，推动公共文化领域供需对接；在中国文化馆协会领导下，探索会展与文化馆（站）事业发展的融合之路，建立公共文化产品和服务交流、服务平台，策划、开展具有创新意识、惠民为民的展示、展览活动，推动公共文化会展规范发展，加快数字化发展进程；促进公共文化事业与相关产业融合，为构建现代公共文化服务体系提供强有力的项目支撑。

（二）工作规划

（1）紧扣文化馆行业发展的责任和使命，全面服务中国文化馆年会、公共文化和旅游产品采购大会，为全国性行业交流、展示、展览活动提供高质量服务。

（2）积极参与文化馆行业会展、培训等活动品牌打造，为提升专业化、规范化和精准化水平提供业务和智力支持。

（3）与全国各级文化馆、中国文化馆协会各专业委员会交流，促进公共文化领域服务者、公共文化产品供给者、公共文化服务参与者之间互通互惠，积极推动建立事业与产业链接。

（4）广泛联系文化馆、展览馆、关联行业协会，举办会展沙龙活动，围绕公共文化相关会展活动现状、问题及趋势，开展专题研究。

（5）不断壮大会展委员会组织力量，完善工作机制，形成规范、高效的管理方式，提高专委会运营水平。

会展委员会将按照中国文化馆协会总体部署，坚定文化自信，担当使命、奋发有为，在中国文化馆协会领导下，与全国文化馆同人携手共进，以更加充满活力的方式，推动公共文化事业与相关产业融合发展，为公共文化高质量发展作出贡献。

中国文化馆协会理论研究委员会：推动文化馆理论体系建设迈出坚定步伐

中国文化馆协会理论研究委员会*

一、成立背景和组织机构

构建现代公共文化服务体系，推进文化馆行业科学化发展，理论依据是基础。中国文化馆协会设立理论研究委员会是加强文化馆事业发展的理论研究，探索研究新形势下文化馆事业发展的规律特点，着力推进文化馆事业发展的理论建设，有效发挥理论研究在文化馆事业发展中的引领作用的重要举措。

2015年1月，在重庆市文化委员会的支持下，重庆市群众艺术馆首次发起并成立了中国文化馆协会理论研究委员会，时任重庆市文化委员会公共文化处处长的彭泽明担任主任委员。理论研究委员会在承办中国文化馆年会、开展文化馆业务标准化研究以及数字文化馆探索实践等方面，均取得了卓有成效的工作效果。

2016年10月，经中国文化馆协会一届三次常务理事会审议通过、协会秘书处批复，北京大学国家现代公共文化研究中心成为理论研究委员会新的挂靠单位，并牵头召开重组大会。理论研究委员会共有委员19人，由从事公共文化研究的高校、科研机构的专家学者以及各级文化馆馆长、理论调研工作骨干组成。北京大学国家现代公共文化研究中心主任李国新担任主任委员。

理论研究委员会致力于组织全国文化馆理论研究力量，开展具有中国特色的

* 中国文化馆协会理论研究委员会为中国文化馆协会第一届理事会期间设立。

文化馆基础理论研究工作，推动我国文化馆行业的职业理念、职业使命及职业伦理的建立与规范，为促进我国公共文化服务高质量发展而努力。

二、业务工作总结

（一）完成两部文化馆行业蓝皮书编纂任务

理论研究委员会承担并完成了《中国文化馆全民艺术普及发展报告（2015—2016）》和《新时代文化馆创新发展（2017—2018）》两部文化馆蓝皮书的编纂工作。这两部行业蓝皮书分别于 2017 年 11 月和 2019 年 11 月公开出版。

《中国文化馆全民艺术普及发展报告（2015—2016）》梳理总结了我国文化馆全民艺术普及的成就、经验，介绍分析了各地文化馆开展全民艺术普及的举措、案例，展望引领了我国全民艺术普及发展的方向、路径，展现了我国现代公共文化服务体系建设的成就，记录了我国开展全民艺术普及活动的历史进程，反映了全国文化馆公共文化服务的主要贡献。全书 34 万字。《新时代文化馆创新发展（2017—2018）》，紧扣“新时代”，系统梳理了十九大以来文化馆行业创新发展总体情况，从不同角度、不同层面探究我国新时代文化馆创新发展脉络。全书 30 万字。两部文化馆蓝皮书都附有统计数据，汇总了我国文化馆事业发展的基础数据及相关比较指标，为相关研究提供资料线索。

（二）组织召开两届全国文化馆理论体系构建研讨会

理论研究委员会积极策划并筹备召开全国性文化馆理论研讨会，推动文化馆改革创新，加强行业理论研究，促进从业人员学术交流。2018 年 7 月、2019 年 9 月，分别在浙江绍兴、广东东莞组织召开了首届、第二届全国文化馆理论体系构建研讨会，每届会议规模控制在 120 人左右。两届研讨会都开展了主题征文活动，并将优秀论文结集出版。

第一届研讨会主题为“新时代文化馆理论体系构建”，重点围绕构建有中国特色的文化馆基础理论支撑体系展开，探索符合新时代特点的现代文化馆定位、功能，推动学科建设。第二届研讨会主题为“新时代文化馆事业高质量发展”，设有“提升文化馆服务覆盖面和适应性”“数字文化馆建设”“文化馆服务社会化发展和志愿服务”“文化馆总分馆制建设”等议题，体现了鲜明的时代性。

（三）研究编写《全民艺术普及慕课建设指南》

慕课特别适合以互联网形式面向广大公众进行大规模艺术培训，是文化馆推进全民艺术普及的重要手段和方式。理论研究委员会组织全国专家，就艺术慕课建设指南编制的重大意义、内容框架、编撰形式等进行了充分探讨阐释，并在全国各省区市遴选了 9 家单位，以开展艺术慕课示范项目的建设试点工作。2017 年 11 月，由理论研究委员会负责研究编写的《全民艺术普及慕课建设指南》，在马鞍山中国文化馆年会上公开发布。

（四）承担完成文化馆评估定级标准、文化馆管理办法修订等研制工作

2019 年 2 月，理论研究委员会组织召开文化馆评估定级指标修订座谈会，邀请东部、中部、西部地区的省、市、县文化馆馆长代表进行专题论证。其后经过多次专家论证、修改，在广泛征集意见的基础上，形成了科学可行的文化馆评估定级标准体系，并提交文化和旅游部批准。2020 年 4 月，理论研究委员会利用云端会议系统，组织全国文化馆领域的专家学者、馆长、文化事务主管官员等共同参与研讨《文化馆管理办法》修订工作。其后又经过多次会议，并广泛征求各方意见，形成了《文化馆管理办法（修订建议稿）》和支撑研究报告提交文化和旅游部有关部门。

（五）启动文化馆基础理论教材编写工作

理论研究委员会针对我国文化馆领域理论研究氛围淡薄、支撑职业发展的基础理论尚不健全、理论体系建设落后于实践的现状，提出组织全国研究力量，编写一部体现时代特色、具有一定权威性、水平较高的文化馆基础理论教材。2018 年 7 月，理论研究委员会牵头成立文化馆基础理论教材编纂小组，启动此项工作。教材暂名《文化馆学概论》，编写思路以“学科入门书”为定位，以文化馆从业人员为主要受众，结合中国实际，拓展国际视野，充分吸收当前研究成果。目前

已经敲定教材写作大纲。后续将加速推进教材编写工作。

（六）其他工作

理论研究委员会还积极参与文化和旅游部部署的全国公共文化巡讲工作、国家公共文化服务示范区创建指导、督查、验收等工作，参与全国基层文化干部培训教材编写工作，参与历届中国文化馆年会有关论坛的策划、组织及承办等工作，完成中国文化馆协会交办的各项工作等。

中国文化馆协会国际民间艺术交流委员会：积极搭建平台，促进文化馆行业“走出去”

中国文化馆协会国际民间艺术交流委员会*

一、成立背景和组织机构

文化馆行业以国际民间艺术节组织为渠道，以民间艺术和群众文化为主要形式参与对外文化交流，是文化馆“走出去”，面向国际讲好中国故事的重要途径。

经中国文化馆协会一届二次常务理事会审议通过、协会秘书处批复，由中央文化管理干部学院依托其下设的国际合作处，联合北京、山东、广西、陕西、四川五个省级文化馆，发起并成立中国文化馆协会国际民间艺术交流委员会。2015年4月14日，国际民间艺术交流委员会召开成立大会，时任中央文化管理干部学院副院长的段周武担任主任委员。2018年，因机构职能调整（国际民间艺术节组织中国委员会不再挂靠中央文化管理干部学院），国际民间艺术交流委员会撤销。

国际民间艺术交流委员会：立足文化馆行业对外文化交流工作的需要，依托国际民间艺术节组织中国委员会（挂靠中央文化管理干部学院），推动文化馆（站）及其相关群众文艺团队“走出去”。

---

* 中国文化馆协会国际民间艺术交流委员会为中国文化馆协会第一届理事会期间设立。

二、业务工作总结

（一）以国际民间艺术节组织（CIOFF）中国委员会为通道，“走出去”取得进展

1. 派代表团出席国际会议，交流民间文艺工作经验

2015 年 4 月，由 CIOFF 副主席、中国文化馆协会常务副理事长李宏为团长的中国代表团，出席在土耳其伊斯坦布尔潘迪克市的 CIOFF 亚大分会。10 月，CIOFF 副主席、中国文化馆协会副理事长张旭率团参加在秘鲁举办的 CIOFF 第 45 届年会。

2018 年 9 月，中国文化馆协会代表作为 CIOFF 中国代表团的成员，参加了在俄罗斯乌法召开的 CIOFF 第 48 届世界年会，借助国际舞台展现中国文化馆（站）整体形象，促进对外交流合作。

2. 组团参加国际民间艺术节交流活动

与各级行政部门和文化馆合作，派出艺术团（共 80 人次）参加了俄罗斯、英国和葡萄牙的国际民间艺术节。

3. 为文化馆搭建“走出去”的平台

将福建省艺术馆漆画展览推荐进入文化和旅游部对外文化交流项目库，推动文化馆进行对外文化交流。

（二）撬动地方政府和文化资源，把国际民间艺术“请进来”

与兰州市和常熟市政府合作举办国际民间艺术周。2015 年 7 月，与甘肃兰州市人民政府合作举办“中国（兰州）第三届国际鼓文化艺术周暨第四届兰州国际民间艺术周”。邀请来自捷克、波兰、乌兹别克斯坦、斯里兰卡、印度尼西亚、埃及、马其顿、俄罗斯 8 个国外民间舞蹈艺术团，共计 203 人参加了兰州艺术周的活动。2015 年 9 月，与江苏常熟市人民政府合作举办“常熟第 5 届国际民间艺术周”。邀请来自波兰、塞尔维亚、斯洛伐克、俄罗斯、罗马尼亚、以色列、泰国、印度尼西亚 8 支国外民间艺术团参加演出，共计 209 名外国民间艺术家参加

了常熟艺术周的活动。

（三）以文干院国际人才培养项目为契机，加大中国文化馆协会宣传

国际民间艺术交流委员会充分利用中央文化管理干部学院培训的平台，向国内和国外学员宣传中国文化馆协会，与国外的相关机构建立联系；邀请中国文化馆协会和其他专业委员会的领导来学院为中外学员授课；特别安排外国学员参观各地的文化（群艺）馆，把中央文化管理干部学院涉外培训与 CIOFF 中国委员会和中国文化馆协会国际民间艺术交流委员会的工作有机结合起来。

中国文化馆协会培训委员会：推动人才队伍建设，促进全民艺术普及专业化发展

中国文化馆协会培训委员会*

一、成立背景和组织机构

2015年，中共中央办公厅、国务院办公厅印发《关于加快构建现代公共文化服务体系的意见》，对加快构建现代公共文化服务体系，推进基本公共文化服务标准化、均等化，保障人民群众基本文化权益作了全面部署。构建现代公共文化服务体系，人才队伍建设是关键，尤其是基层文化工作者，是公共文化服务体系建设的基础和关键力量。加大对基层文化工作者的培训，是提高其管理能力和业务素质的关键，是构建现代公共文化体系的有效支撑。

为更好地服务于文化馆（站）等公共文化服务机构及其工作者，切实有效发挥省、市、县、乡四级文化馆（站）培训职能，促进全国各级文化馆培训交流，提高全国文化馆管理人员和业务干部的素质，中央文化管理干部学院（以下简称"文干院"）依托下设艺术学院，联合文化部全国公共文化发展中心，北京、天津、宁夏、广东、广西等省级文化馆及其他有关单位向中国文化馆协会发起申请设立培训委员会。经中国文化馆协会一届四次常务理事会审议通过、协会秘书处批复，2016年6月28日在北京召开成立大会。培训委员会共有委员15人，时任中央文化管理干部学院艺术学院副院长隋吉林任主任委员，后由王战萍接任。

---

* 中国文化馆协会培训委员会为中国文化馆协会第一届理事会期间设立。

培训委员会的工作目标是：在中国文化馆协会理事会领导下，更好地服务于文化馆（站）等公共文化服务机构及其工作者，开展全国文化馆（站）从业人员培训工作，提升职业道德、执业标准和队伍整体素质，促进人才培养模式的改革创新，为文化馆（站）等公共文化服务机构搭建培训工作服务和交流的平台，成为中国文化馆协会联系文化馆（站）等公共文化服务机构、艺术团体的桥梁和纽带。

二、业务工作总结

（一）整合中国文化馆协会及学院平台优势，持续开展各类培训工作

在文化部统一领导下，培训委员会面向公共文化行业，举办示范性培训、专题性培训及艺术技能培训在内的30余个系列培训，培训千余人。中国文化馆协会全民艺术普及技能提升计划班成功申报全国文化干部素质能力提升工程并被给予补贴，举办了系列专题培训，涉及词曲创作、合唱指挥、舞蹈编导、书法创作、国画创作、摄影人才、群文创作、舞台美术与舞台管理等。在联合办训方面，文干院先后联合广州市文广新局、甘肃省文化和旅游厅、天津市群艺馆、北京市东城区文委、新疆维吾尔自治区文化和旅游厅、宁夏回族自治区文化馆、内蒙古自治区文化和旅游厅、广东省文化和旅游厅等相关单位以委托办训、联合办训等方式开展了相关专题培训工作。

（二）发挥引领示范作用，举办全国文化馆培训工作论坛

培训委员会联合协会和文干院在2017年中国文化馆年会期间共同举办了全国文化馆培训工作论坛，论坛以党的十九大精神为指引，紧紧围绕中央关于繁荣发展社会主义文艺和构建现代公共文化服务体系的战略部署，以“创新与责任”为主题，通过结构化的形式从理念与实践两个层面展开对话，不仅深入贯彻了党的十九大精神，还为文化馆培训工作确立了新方向和新目标。部分省、市、县文化馆负责人和业界同人参加了论坛，累计497人次。

年会期间，培训委员会和文干院领导召集了部分参会的贫困县文化馆负责人，召开了“精准扶贫”“对口帮扶”工作座谈会，贯彻落实中央有关脱贫攻坚

工作的文件精神和文化部文化扶贫工作部署，将培训工作与国家“精准扶贫战略”相衔接，做好“扶贫、扶智、扶志”工作，将培训工作有计划、有步骤地向贫困地区文化干部倾斜。

（三）聚焦行业培训热点问题，架构全国文化馆人才队伍培训网络

2018 年组织召开了全国副省级以上文化馆培训工作研修班，培训委员会以学习贯彻党的十九大精神为主线，以推进现代公共文化服务体系建设为主要内容，重点针对教育培训在公共文化服务发展中的主要内容、培训方式创新以及各地培训工作进行了学习和交流。期间还召开了全国文化馆培训工作座谈会，协会秘书处、培训委员会以及文干院相关处室负责同志与学员们就 2018 年培训委员会工作计划、培训合作意向及合作方式、各地开展培训工作情况等进行了座谈交流。研修班搭建了一个互动交流的平台，并在全国范围内统筹规划、共享经验和供需对接，进一步推动文化馆行业培训工作新发展。

（四）借助学院平台作用，着力推进培训体系建设

在课程体系建设方面，培训委员会以中央文化管理干部学院的课程体系为依托，根据文化馆专业人才培养多样性的特点，不断丰富教学内容，突出建设以文化政策、业务知识、专业能力、人文精神为主要类别的课程体系。在教学体系建设方面，广泛借鉴文干院在管理干部培训和艺术专业培训成功经验，以学员为主体，突出培训工作的实践性、实用性和实效性，以理论讲授、业务交流、实践教学“三位一体”模式为基础，加大创新力度，不断提高科学化水平。在教材体系建设方面，通过分析培训项目、课程及其培训对象的特点，分析并把握教材应具备的特点，为学员准备了《习近平总书记在文艺工作座谈会上的重要讲话学习读本》、中央文化管理干部学院《学员交流》《公共文化服务保障法》等培训教材。这些培训课程教材，既紧跟国家政策，又符合专业培养和学员实际工作需要，具有较强的针对性和实用价值。在师资体系建设方面，在学院师资库基础上，依托文化和旅游部系统与行业优势，逐步建立以政府官员为核心，科研机构与高校知名专家、学者和行业权威人士为重点的公共文化领域专兼职教师队伍。

地方案例

上海：以“社会大美育”为引领，打造公共文化服务新样本

上海市群众艺术馆

习近平总书记在给中央美术学院老教授的回信中指出：“做好美育工作，要坚持立德树人，扎根时代生活，遵循美育特点，弘扬中华美育精神，让祖国青年一代身心都健康成长。”以美育引领文化繁荣与发展，开创新局面，已成为新时代国家文化发展的重要战略。为深入践行“人民城市”重要理念，全力打造城市美好生活，不断满足人民对美好生活的新期盼，上海市启动“社会大美育”计划。“打造50处‘市民艺术夜校’服务点”和“打造100个‘社会大美育’课堂，推出5000场艺术普及教育活动”分别被列入2022、2023年上海市为民办实事项目。上海市群众艺术馆（以下简称“市群艺馆”）作为上海公共文化服务体系的重要组成部分和全市文化馆系统的指挥部，同时也是这两项为民办实事项目的主要实施单位。市群艺馆以办好实事项目为抓手，以“社会大美育”为引领，全力打造“全民、全龄、全域、全时”的新时代公共文化服务，努力提升广大人民群众的美育素养，着力推进全民艺术普及和弘扬中华优秀传统文化，有序推进了公共文化服务高质量发展，助推上海在中国式现代化进程中不断提升城市文化软实力。

一、主要做法

（一）升级上海市民文化节优质平台，拓展美育展示新舞台

上海市民文化节自 2013 年 3 月 23 日开启以来，共开展各类活动 40 多万项，惠及近 2 亿人次，先后被评为全国文化馆优秀活动品牌、第二届上海十大社会治理创新项目、上海十大文化活动品牌，成为“五个人人”最为生动的实践。2023 年，在上海市民文化节迎来十周年之时，将“文化服务日”正式更名为“城市美育日”，旨在通过城市美育日，使专业文化和群众文化相互赋能，不仅提高市民审美素养和能力，同时也为专业文化艺术机构找到未来潜在的观众群。2023 年，上海市民文化节开展了 8 项市级赛事，7 项专项赛事，全市约 4 万项活动，吸引 2000 万人次参与。市民合唱大赛、市民舞蹈大赛等连续举办多年的经典赛事吸引了广大爱好者和众多群文团队的积极参与，成为上海市民展现自我风采、追求文化品质、享受艺术魅力的平台，见证了市民文化艺术素养的不断提升；最美公共文化空间大赛在市区强强联手的共同推动中不断扩大影响力，从立足上海到逐步辐射长三角，再到走向全国，通过树立典范、集聚资源、赋能驱动，推动基层公共文化空间向“品质高、美感强、体验好”跃升，回应了人民对美好生活的新期待，充分彰显了上海这座城市对美的追求；2023 年首次举办的上海市民数字艺术创意大赛，发掘了一批创意创新达人，呈现了一批涵盖数字绘画、数字影像、数字设计在内的数字艺术作品，作品主题包括科技赋能、未来畅想、城市魅力、艺术万象等，鼓励市民以现代科技的全新形式谱写时代篇章、展现文化自信、描绘美好未来。上海市民文化节紧紧围绕“社会大美育”，充分发挥开放融合的优质平台作用，将更多的专业艺术资源转化为社会美育资源，为广大市民提供高品质的公共文化服务。

（二）扩容上海市民艺术夜校等项目，打造美育品牌新矩阵

“上海市民艺术夜校”（以下简称“市民夜校”）创办于 2016 年，以延时开放、公益收费为特色，在每周一至周五晚间时段（19 点至 20 点 30 分），为 18—

55 岁中青年提供文化艺术普及课程。市民夜校获得了受众的高度认可，每学期的报名火到“秒杀”，其成效获得《人民日报》头版关注点赞，并一度登上热搜。市群艺馆作为市民夜校项目的主要执行单位，凝心聚力、开拓创新，在增设服务点、丰富课程内容的同时，实现点位和课程的双倍增，建构了线上线下“两条腿”教学的格局。开办至今，市民夜校共推出 1206 期课程，线上线下受众约 45 万人次。2023 年全年开设市民夜校点位 143 个，课程 686 期（含 40 门云课堂），服务受众 3.3 万人（含线上 1.8 万人）。2023 年的市民夜校秋季班，在开放招生日吸引了 65 万人同时在线“抢课”，382 门课程的 9117 个线下学员名额在半小时内几乎“秒空”。同时，随着“双减”后学生和家长对美育的需求增加，市群艺馆还启动了一系列美育项目，包括覆盖放学后时段的“330 美育课堂”，周末进行的“周末美育课堂”，以及寒暑假的“走进艺术之门”品牌活动，形成了面向中小学生全时段、全年龄、连贯性的美育系列品牌。

（三）深化公共文化内容供给侧结构性改革，精准对接美育新需求

2023 年，上海市公共文化内容配送持续深化供给侧结构性改革。全年市、区两级配送文艺指导超过 7 万课时，文艺演出超 7800 场，特色活动、展览展示、艺术导赏等超 2 万场。市群艺馆以“社会大美育”计划为核心，以市民需求为导向，推动公共文化内容的精准配送：围绕“社会大美育”，牵头全市四级公共文化阵地共同开展“5.20 爱上文化馆”服务宣传周，通过惠民演出季、“送戏下乡”专题等活动，做好精准配送；把牢配送质量关，推进标准化建设，提升双主体质量，提高公众满意率；不断深化改革，实施文艺指导提升，结合主题教育基层调研，完善并落实文艺指导改革的各项措施；推动数字转型，探索在线配送，首推云资源线下共欣赏活动，完成在线配送采购，升级改版市配送平台网站和手机端云资源板块；拓展服务平台，创新采购大会，建立并共享首个优质在线文旅公共服务产品供给主体名录及资源库，首邀采购主体入驻长三角文采会，首次全面排摸全市公共文化服务需求清单，促进供需深度融合。

（四）汇聚全市专业力量，创建美育资源共享新体系

“打造100个‘社会大美育’课堂，推出5000场艺术普及教育活动”实事项目共推出113个“社会大美育”课堂，包括博物馆34家、美术馆26家、剧场22家、院团13家、图书馆9家、非遗场馆7家，以及2个其他类别机构。截至2023年12月，这113个“社会大美育”课堂围绕文博展览、艺术演出、全民阅读、非遗活动等专业资源，共举办7000余场艺术普及教育活动，完成率分别达到113%和148.7%，提前超额完成年度任务目标。市群艺馆作为实事项目的牵头单位，通过广泛发动、凝心聚力、分层推进，强化了“社会大美育”课堂的引领作用，汇聚融合起文化馆与专业场馆的合力。随着实事项目的推进，社会美育的共识正在形成，越来越多的专业文化场馆和机构把社会美育作为其重要的工作内容。一些重量级演出、大展相继举办，一批国有旗舰机构策划了一系列大咖云集、形式丰富、各具特色的导赏活动，引发高度关注和热情参与。

二、取得成效

（一）全过程的美育新格局让美无处不在

以“社会大美育”为引领，以市民文化节、市民夜校、配送平台、“社会大美育”课堂等项目为支柱，构建起“全民、全龄、全域、全时”的美育新格局，实现了美育服务在时间、空间、人群、门类等多方面的全方位覆盖，极大地延展了公共文化服务的广度。

以市民夜校为例，其创办的初心即是直面城市中青年群体较难获得高品质、公益性艺术普及教育的“痛点”，破解以往公共文化服务在均衡性、覆盖面上的“难点”，解决了原有开放时间、活动内容等与中青年需求不相吻合的矛盾，满足了中青年在工作之余的时间段能体验艺术、享受文化服务的渴求。从2023年市民夜校秋季班的学员年龄分布来看，80后、90后的数量逾80%；从市民夜校课程门类分析，2023年秋季班课程中新增围棋、桥牌等棋牌类课程，还有为志愿者量身定制的手语学习课程，并开设了外籍人士可报名的中式点心、戏曲班等，这

些课程收到学员良好的反响。市民夜校构建了“总校＋分校＋教学点”的体系，教学点不仅覆盖全市文化馆分馆、街镇社区文化活动中心等点位，还全新打造了美术馆、图书馆、博物馆、公服中心、党群服务站、专业院团、民办专业机构、商圈楼宇、企业园区等教学点，为市民提供就近文化艺术服务场所。市民夜校还在上海数字文化馆上开通40门免费云体验课程，并同步推出音乐、舞蹈、戏剧、曲艺、美术、书法、国学、非遗等门类的线上课程，让市民足不出户就能享受美育服务。

（二）多元无界的美育新体系让美触手可及

市群艺馆以“社会大美育”为引领，打破了专业领域和群文领域的分割线，推动了一大批专业艺术场馆和专业机构参与，共同承担美育的责任，通过请市民“走进”艺术殿堂和美育服务“下沉”到社区、校园、楼宇、商圈、企业等多种途径，让市民享受到高品质的美育服务，极大地提升了公共文化服务的高度。

以“社会大美育”课堂实事项目为例，全市博物馆、美术馆、公共图书馆、剧场院团、非遗场馆等专业场馆、机构通力协作，将海量的专业资源、市场资源转化为社会美育资源，实现了群众文化和专业文化的双向奔赴，从而让更多的市民走得进场馆、看得见艺术、与大师对话、提升艺术欣赏能力。例如，上海国际舞蹈中心在剧场开放日举办“舞蹈影像放映”“舞蹈游戏”等多样化的活动，为市民提供由浅入深的舞蹈艺术体验；又如，上海交响乐团，推出“全城古典”美育项目，通过线上线下同步推进的方式，把交响乐带到城市的各个角落，使社会大众能享受高质量的艺术资源。再以市民夜校为例，通过不断创新突破，引入上海评弹团、上海淮剧团等专业院团以及世博会博物馆、沪东工人文化宫等文博场馆的专业课程，满足市民进阶的美育需求。

（三）创意多彩的美育新项目让美滋润人心

市群艺馆以“社会大美育”为引领，持续推出跨界融合、创新创意、内容丰富、形式多彩的美育品牌项目，在各领域、各群体中形成审美教育的自觉，潜移默化地滋润人心，营造了浓郁的人文艺术氛围，赋能上海城市美好生活，极大地拓展了公共文化服务的深度。

以“社会大美育”课堂实事项目为例，通过不断推出高品质的公共艺术教育普及活动，让市民与大师名家面对面交流、与精品佳作近距离对话，发现美、感受美、创造美，推动整座城市向心而生、与美同行。例如，上海图书馆与上海歌剧院共同探索阅读与音乐的融合，推出“诗乐书画”艺术沙龙系列活动。这一系列活动涵盖了艺术歌曲的诗乐传情、音乐与绘画主题的器乐演出、“舞语 雅韵”的系列表演，同时，活动讲师团以专业的讲解和高水平的艺术呈现，与演出融为一体，打造“零距离”的艺术现场，与观众一起探讨有关人生、社会、世界的理念，让观众以沉浸式体验的新颖方式享受到高雅艺术的魅力。又如中共一大纪念馆结合专业资源，打造新颖的艺术课程，设计了“古法造纸”“纸张装订”“纸张做旧”“纸浆艺术”四大主题课程，其中的“古法造纸——一纸千金”主题活动，参与者可以自由使用干花、颜料等材料亲手创作作品，以创意动手的体验方式，领略中国古代造纸的奥秘，感受千年文化的沉淀。

三、经验启示

（一）优化联动机制，从顶层设计上确保美育工作持续深入

“社会大美育”是一项联动全市的系统工程，市群艺馆作为全市文化馆系统的指挥部，只有在运作机制上不断探索创新，才能更好地统筹、推进全市各级各类专业文化场馆共同开展社会大美育工作。例如，市民夜校以市区联动机制为主，探索“1+X”总分校模式，构建“总校 + 分校 + 教学点”的体系，在市群艺馆总校外，教学点还分布在文化馆分馆、街镇社区文化活动中心、美术馆、图书馆、博物馆、公服中心、党群服务站、专业院团、民办专业机构、商圈楼宇、企业园区、五星级酒店等场所，在范围上实现 15 分钟生活圈的覆盖；“社会大美育”课堂，则是根据全市文化场馆（机构）在门类和空间上的布局，形成纵向上以市文化和旅游局公服处、博物馆处、艺术处、市场处、非遗处等重点业务处室为业务指导，横向上联合 16 个区总体落实推进的双重联动推进机制。市群艺馆还牵头组建了跨单位和部门的“社会大美育工作专班”，搭建数字化管理工作平台，对

全市 300 余家场馆全年开展的美育活动信息进行汇总、梳理，通过局、馆联动的方式，实现对活动开展情况的跟踪、管理、指导。结合实地走访、专题调研、满意度测评等形式，不断总结项目经验，汇编案例集，在树立典型、凝聚共识的同时及时发现问题和不足，不断优化顶层设计和工作机制，以推动“社会大美育”工作持续深入开展。

（二）主推示范项目，激活全市文化场馆机构的美育服务动能

在“社会大美育”实事项目的推进过程中，市群艺馆根据各艺术场馆、机构的特点和优势，发掘独具个性的品牌美育项目，重视活动的内容引导，鼓励各单位依托自身美育资源推出各类导赏导览、名家讲座、剧院开放、公益性惠民演出、沉浸式美育体验等活动，充分发挥示范效应，因此一批重磅的示范性美育项目纷纷推出，社会效应突出。如中华艺术宫“美术馆现场教学课”、上海博物馆现象级热展“从波提切利到梵高：英国国家美术馆珍藏展”系列公共教育活动、上海交响乐团“上交室内乐”大美育项目、上海京剧院的“走进上海京剧传习馆”开放日、上海大剧院“艺术体验之旅”、上海少年儿童图书馆的美育系列课程“艺术小行家”、笔墨宫坊（周虎臣曹素功国家级非遗生产性保护示范基地）非遗体验活动、震旦博物馆的“白领之夜”、杨浦区图书馆的“悦音书画”等活动。这些活动为市民带来了更为丰富和高品质的美育新体验，引领了大众精神文化生活的新风尚、新追求。

（三）注重宣传推广，营造全社会高度关注的美育氛围

为了使“社会大美育”理念更深入人心，让更多市民参与和了解社会大美育，市群艺馆采用点面结合的方式对“社会大美育”实事项目进行重点宣推。文汇报、解放日报、青年报、旅游时报等各大媒体多次刊发对“社会大美育”的深度宣传报道。市群艺馆对各场馆根据自身资源特点开展的多元特色美育活动都广泛进行了宣推；设计制作“社会大美育”Logo 标识，提高美育品牌辨识度。为方便市民掌握活动信息，每月还通过“乐游上海”公众号面向公众发布“社会大美育课堂”月度全表和重点活动推荐。

未来的“社会大美育”行动将深耕重点美育项目，继续开发创新的美育项目，拓展更细分的受众群体，策划更多成系统的美育项目，塑造有辨识度的美育品牌；充分发挥平台作用，建立艺术专家库，实现跨场馆资源互换，加大跨场馆联动、合作，充分利用已有资源，在有限投入的基础上，取得更大的效能；设计专业艺术场馆微游线路、美育卡，让深度文艺场馆行、去专业艺术场馆参与美育活动成为潮流，让社会美育资源惠及更多人群。

“全民美艺生活圈”：文化馆总分馆制的石景山路径

吴建波*

石景山区是北京市6个中心城区之一，下辖9个街道办事处。自2018年起，石景山区以创建第四批国家公共文化服务体系示范区为契机，将文化馆总分馆制建设与基层综合文化服务中心建设两项公共文化领域中央重点改革任务要求有机结合，探索将社会化运营作为推动文化馆总分馆制建设提质增效、实现地区文化馆（站）全面高质量发展的重要抓手，在全区9个街道综合文化中心（文化馆分馆）全面推行社会化运营，打造了具有石景山特色的文化馆总分馆制建设模式。在此基础上，石景山区文化馆结合新形势下文化馆全民艺术普及、弘扬中华美育精神、传承中华优秀传统文化等社会职能，于2023年起创新推动“全民美艺生活圈”文化品牌建设，持续推动文化馆总分馆制建设高质量发展。

一、主要做法

（一）机制先行，构建“全民美艺生活圈”体系

石景山区文化馆深入推动总分馆制工作规范，编制《石景山区文化馆总分馆制标准化工作手册》，明确了“统一设施布局”“统一服务配送”“统一队伍配备”“统一管理流程”“统一考核评价”的总分馆“五统一”管理模式，构建了互

* 吴建波，北京市石景山区文化馆副馆长。

联互通、高效运行的“文化馆群”。在此基础上，石景山区文化馆以“全域、全时、全龄”的“三全”覆盖理念，从设施建设、品牌建设、队伍建设、机制建设、影响力打造五大方面构建“全民美艺生活圈”体系。

（二）广联互通，建设“一主一辅多空间”总分馆设施体系

石景山区文化馆按照“资源整合、要素集成、互联互通、共建共享”思路举措，推动系列高品质文化活动由区文化馆主阵地向“一主（区文化馆）一辅（分馆）多空间（特色文化空间、艺术广场、美艺空间、艺术街角等）”多阵地联动扩展，形成京西文化艺术阵地综合体。通过设施合力建设，使文化场景更加丰富多元、充满创意，打造更多群众家门口的“好去处”。结合全区文旅融合战略，设计推出“全民美艺生活圈”沉浸式体验路线，打造更多近悦远来的“文化走读”打卡地，推动石景山区成为“文化可体验、街区可漫步”的浪漫艺术之区。

（三）总分一体，以品牌建设丰富高质量服务供给体系

石景山区文化馆围绕“全民美艺生活圈”建设，打造了常态、长效、高品质的品牌活动体系。区文化馆因地制宜、因圈施策，以“收获知识、感知艺术、遇见美好”为目标，以总馆为中心，联动分馆和服务点，开展高质量阵地培训，同时着力打造“青悦时光”“艺术夜校”等品牌服务项目。2023 年“青悦时光”围绕“琴棋书画诗酒花，歌舞茶乐秀年华”的现代演绎，推出 10 个系列 50 场青年沙龙特色活动。“艺术夜校”以“‘美艺生活 +’——做生活的艺术家”为核心理念，面向爱好文化艺术的上班族、学生党等青年群体，提供多元化、高品质的公共文化艺术课程。

（四）总分合力，构建“专业 + 志愿”人才体系

全区通过“专业 + 志愿”双轮驱动，形成强有力的人才队伍体系。专业力量方面，整合各场馆现有师资，联动国内知名艺术院校、院团等师资队伍，联合辖区社会艺术培训机构，构建石景山区“全民美艺生活圈”师资库。总馆注重对文化指导工作人员的能力评价与培养，强化各分馆业务骨干师资人才建设。志愿服

务方面，充分利用"'美艺生活+'计划"服务队伍、各场馆文化志愿服务队伍、各街道文化志愿服务队伍等，推出"美好生活主理人"计划，引导文化志愿者发挥专业优势及文化特长，深入9个街道文化馆分馆开展活动策划、提供服务及产品，带动身边的人一起自创及共创活动。

（五）因地制宜，总馆指导分馆"各展所能"

石景山区文化馆发挥总馆职能，结合各街道社会化运营工作，不仅开展"全民美艺生活圈"文化活动配送，而且指导各街道文化馆分馆发挥各自资源优势，为广大群众提供各具特色的公共文化服务。如八宝山街道分馆依托"文化活动空间""文化创意空间""传统文化空间""红色文化空间""文化欣赏空间"5个空间，为市民提供"全龄化"的公共文化服务；老山街道分馆围绕"和美老山"打造包括"午憩时光""亲子时光""休闲时光""科普课堂"等项目在内的"时光"品牌系列活动；鲁谷街道分馆培育"城市主理人"，激发居民参与文化活动热情；五里坨街道分馆组织开展"坨里有戏"品牌活动，掀起辖区青少年学戏曲、品传统的热潮。

二、取得成效

（一）优化设施布局，让品质文化生活触手可及

石景山区文化馆扎实推进总分馆制工作，"链接"各类文化设施，使其连点成线、聚线成面，赋能"全民美艺生活圈"建设，形成覆盖全区的阵地服务网络。这些阵地包括由区文化馆"主阵地"，9个街道综合文化中心（文化馆分馆）和153个社区文化室（服务点）等组成"居民日常活动阵地"；由11个冬奥公共文化设施、2个文旅综合体等组成"文旅共享阵地"；由新型公共文化空间和彩虹阶梯、星空穹顶等网红景点组成"特色文化阵地"。依托总分馆体系建设身边化、品质化的便民阵地网络，为全区层面擘画"艺术之区"发展蓝图奠定了坚实基础。

（二）强化品牌建设，实现公共文化服务量质齐升

石景山区文化馆“全民美艺生活圈”品牌活动“量”“质”双升，深入人心。一是从“量”上实现了突破。仅区文化馆 2023 年开展的高质量阵地培训就超过 1200 课时，参与人数超过 3 万人次。阵地培训结合“诗艺石景山”“六聚石景山”“‘古城之春’艺术节”等上百场区级品牌活动的开展，极大提升了“全民美艺生活圈”群众覆盖率。二是从“质”上超出了群众预期。“青悦时光”“艺术夜校”等品牌项目以创意引流、靠品质说话，获得《人民日报》《中国文化报》《北京日报》、央视新闻、新华网、人民网等多家媒体报道。“青悦时光”10 个系列 50 场青年沙龙特色活动，场场爆满，好评不断。“艺术夜校”五花八门的趣味“潮”课充满了吸引力，舞蹈声乐、即兴戏剧、美妆健身、非遗手作等热门课程被要求追加课时，“艺术夜校”让市民在工作之余有了生活“充电站”。

（三）高效对接配送，丰富供给提升分馆服务效能

石景山区文化馆通过“全民美艺生活圈”建设，高效地完成了总馆对分馆的统一配送、统一培训、统一服务、统一管理，切实破解了总馆对分馆服务能力有限、可及性不够的难题，实现了总分馆一体化建设目标。高质量品牌活动配送，如源头活水般提高了分馆服务的数量和品质，让更多群众乐于参与，基层群众文化素养得到极大提升。优质服务下沉改善了分馆和服务点“有空间、缺内容、少人流”的“冷落”状态。石景山区文化馆总分馆真正呈现了“上下联通、服务优质、有效覆盖”的良好格局。辖区群众享受的文化服务内容更加丰富，途径更加便捷，服务质量显著提升，均等化水平稳步提高，群众满意度超过了 90%。

三、主要经验

（一）推动资源下沉，精准对接群众文化需求

石景山区文化馆集中整合文化资源，通过总馆调度统筹、组织安排，实现总分馆资源“自上而下、由总向分”。通过资源体系的有效下沉，建立常态化的总

分馆服务供给机制。一是通过政府供给端和基层需求端“两端”发力，实现供需平衡。政府供给端由区文化和旅游局牵头，统筹、整合公共文化服务经费，通过配送机制“打通”基层需求端服务数量、服务内容、服务品质等层级配送通道，实现经费与采购资源的整合。二是坚持问需于民，实施“点单式”服务。通过民意调查等方式，结合群众需求设计文化服务项目，做到有效供给，真正为群众送上有温度、有鲜度、受欢迎的文化服务。

（二）发动社会力量，合力丰富优质服务供给

在全区9个文化馆分馆全部实现社会化运营的基础上，石景山区文化馆坚持总馆规划引领，做好资源整合。吸纳整合优秀社会艺术培训机构、个人工作室、文化志愿者等社会资源，结合总分馆师资力量，推出了多元化、有创意的服务内容，提升了服务供给的丰富度和专业性。通过激活社会力量，实现“馆内馆外”资源融合，提升了“全民美艺生活圈”资源整合力和配置力，更好地回应、满足了市民对美好生活的新需求新期待，为“全民美艺生活圈”建设带来有益循环和创新突破。

（三）加强绩效考核，推动总分馆服务高质量发展

政府主导建立文化馆分馆社会化运营监管评价机制。构建了由区文化和旅游局、文化馆统筹实施，街道日常监管，区属相关部门协同管理的“三位一体”治理体系，有效解决政府多元管理主体与运营主体之间的角色定位和职责分工不清晰的问题，做到放手而不甩手。依托“大数据智慧监管+线下日常监测”等方式，对服务人流、开展活动等情况实时采集分析，辅以第三方线下对管理流程、服务状态的日常监测，形成综合效能指数排名并向社会发布。利用绩效结果与奖励扶持、退出机制挂钩，引导分馆运营主体优胜劣汰、有序竞争。

（四）创新宣传模式，提升公众知晓率和品牌美誉度

石景山区文化馆将总馆、分馆、服务点、特色空间等开展的活动内容、宣推信息进行整合、提炼，总结出文化馆总分馆制在传播方面的创新模式。一是通过

建立覆盖国家、市、区等各级主流媒体以及行业媒体、自媒体资源的全媒体传播矩阵，精准宣推，扩大“全民美艺生活圈”品牌传播力与影响力。二是以“预告+展示”的形式引领宣推。活动前发布预告，预热引流；活动后及时总结，展示成果。全年高频次、高密度宣推，做到周周动态不断，不限制平台、不限制发布者，鼓励市民积极参与宣传，赢得“广”声量和“好”口碑。

宁波市文化馆："全民美育"青少年声乐展演创新实践

郑志玥　胡睿娟*

以美铸魂，启智润心。2023年8月，2023"全民美育"青少年声乐展演展示活动（以下简称"展演活动"）在宁波成功举办。作为文化馆界首个全国性青少年美育活动，其具有覆盖全国、联动全省、行业首创的重要意义，成功为全国文化馆青少年美育工作打开了新格局、创设了新模式、绘就了新蓝图。宁波市文化馆在本次展演活动中，积极发挥"一人一艺"全民艺术普及广覆盖、强联动特色，以4+2体系中的青少年美育专项为抓手，在搭建高效协作平台、赋能美育特色品牌、促进全域美育提升等方面，探索出一条具有示范引领作用的美育创新发展之路。

一、主要做法

（一）精准布局，搭建高效协作平台

宁波市文化馆以全民艺术普及深化提升为宗旨，牢牢抓住美育展演的创新引擎，主动谋篇布局，全面组织发动，以高效协作的工作机制，在全国率先搭建起青少年美育成果展示新平台。一是高起点谋篇布局。2023"全民美育"青少年声乐展演展示活动在策划之初，就确立了由文化和旅游部全国公共文化发展中心、

* 郑志玥，宁波市文化馆副馆长，副研究馆员。
胡睿娟，宁波市文化馆助理馆员。

浙江省文化广电和旅游厅联合主办，中国文化馆协会、浙江省文化馆、宁波市文化广电旅游局共同承办的组织构架。这一高起点的布局为展演活动的全国组织发动、省域形象推出奠定了坚实基础。二是全方位优势联动。展演活动充分发挥中国文化馆协会青少年美育委员会的专业引领，宁波市文化馆的活动组织能力，以及社会组织机构的运营推广等各方优势，形成了一整套分工明确、联动推进的工作机制，有效保证了活动各阶段的顺利开展和完美衔接。三是强协作工作机制。得益于组织架构的精准定位和工作任务的有效分解，这场首创的全国性展演活动在 20 天内完成了从组织发动，到海选推荐，再到专业遴选的全套推选流程。宁波市文化馆也在全国各省、市文化馆的积极配合下，仅用两周的策划排练时间，就成功举办了青少年声乐现场展演和童星闪耀展演盛典两场重量级演出，也向全国文化馆展示了美育活动的“宁波速度”。

（二）落地实施，赋能美育特色品牌

全国性组织发动，高水准专业遴选，这场标志着全国青少年美育声乐最高水平的展演活动，通过精准落地、精彩实施，实现了为文化馆美育特色品牌的高品质赋能。一是专业选拔显水准。本次展演活动通过省域海选推荐、专业复审遴选两大环节推动进行，活动邀请到了来自全国各音乐学院、专业院团的 5 位声乐专家担任评委，有效保证了选手们的演出水准。最终，全国 31 个省、市文化馆选送的 283 个节目入选复审名单，经过专家评议，共计 36 个节目在宁波参加了现场展演，并集体亮相“全民美育”青少年艺术普及推广项目启动仪式暨童星闪耀声乐展演盛典。二是配套活动显品质。本次展演活动除了两场演出外，还策划实施了青少年声乐公益大师班和青少年美育成果展两项配套活动。青少年声乐公益大师班由全国少儿流行演唱的先行者和推广人马良老师主讲，他为参加展演的选手和带队老师以及宁波声乐骨干教师等 150 余人进行了现场授课和示范表演。在展演活动举办地宁波大剧院内，青少年美育成果展同步举办，该成果展不仅以图文、视频等方式展示了浙江省宁波市青少年美育的突出成绩和最新成果，还为来自全国的文化馆同人提供了沟通交流的渠道与空间。三是宣传推广显实效。展演活动同步在央视频、抖音、快手、微博、bilibili、小红书、文旅中国、新华网、腾讯网、新浪新闻、中国网、爱艺术+、青少年美育世界等平台进行了广泛宣传，吸引了全国各省、自治区、直辖市的广泛关注，总点击量超500万人次。

（三）多元联动，促进全域美育提升

宁波市以2023“全民美育”青少年声乐展演展示活动举办的良好契机，多元联动扩大美育辐射力度，推动国家级、省级青少年美育活动落地实施，助力“双减”、美育援建创新项目结出硕果，开启全域“青少年美育之都”创建之旅。一是赛事作品创佳绩。2023年7月，第十二届“小荷风采”全国少儿舞蹈展演在宁波开幕，“浙艺少年”首届浙江省青少年艺术普及系列活动舞蹈专场和综合展演在宁波举行，这凸显宁波青少年美育的骄人成果。在国家级和省级赛事助推下，宁波市文化馆《咯咯哒与喔喔啼》等4支原创青少年舞蹈，获全国少儿舞蹈展演“小荷之星”奖，这是有史以来宁波获奖最多的一次。二是美育成果惠城乡。2023年宁波全市多场美育艺术展轮番登场，其中大地拾遗·青少年社会美育艺术装置展由中国美术学院社会美育学院发起，以别开生面的装置艺术形式引发观展热潮。宁波市文化馆推出的“一人一艺”助力“双减”、公益候鸟振飞计划、合唱赋能乡村、美育乡村援建等特色项目，惠及1000余名外来务工子女，培育了多支乡村学生合唱团，并为对口援建的青海天峻县民族小学组建鼓号乐队。三是美育之都启征程。宁波充分发挥政府主导、社会联动的作用，策划推出“青春·美遇”青少年八美研学等创新项目。宁波市文化馆入选首批“全国青少年美育示范基地”，将以此为契机，进一步探索以“全民美育”青少年品牌活动为抓手，以“青少年美育示范基地”样板打造为延伸的新路径，全面推进“青少年美育之都”创建工作，努力形成区域化青少年美育成长链，打造国际化青少年美育生态圈，构建多元化青少年美育新格局，为全国青少年美育实践提供示范参考。

二、主要成效

（一）平台增效，美育活动从“区域谋划”到“全国布局”

青少年美育作为全民艺术普及的关键环节，对文化强国建设有着深远的影

响。“全民美育”青少年声乐展演展示活动以平台增效为核心，以顶层设计为突破口，通过“展演＋盛典＋培育”的创新办法，打通了全国联动渠道，高效构建了一个共享共创平台，实现了青少年美育工作从“区域谋划”到“全国布局”的转变。

（二）品牌赋能，美育项目从“地区发展”到“走向全国”

“全民美育”青少年声乐展演展示活动为美育品牌项目提供了有效的赋能路径。通过组织遴选，打破美育成果的区域限制，实现全国统筹与均衡发展。创新“优中选优＋联创交流＋培育提升”的品牌模型，实现了各省域美育成果的全国性交流与共享，探索了一条美育人才与作品从地区走向全国的发展路径。

（三）全域提升，美育成果从“各美其美”到“美美与共”

“全民美育”青少年声乐展演展示活动，以创新青少年美育成果，促进青少年美育事业发展为目标，打破单项活动局限，达到了全域美育水平提升的效果。同时，充分发挥政府主导作用，联动教育局、共青团、关工委、妇联、总工会等部门，对“青少年美育之都”建设进行全局谋划，实现从各美其美到、美美与共的发展目标。

三、经验启示

（一）平台思维与整体谋划的青少年美育品质提升

展演活动开辟了以平台思维提升青少年美育品质的创新路径。一是在活动布局上，整体化、统筹化进行活动内容策划，让活动在全国范围内全面铺展，让线下多种活动与青少年美育事业深度关联。二是在整体氛围上，关注活动氛围营造，聚焦青少年的互动与链接，有机串联各项活动，有效增加参与的层次感和活动的丰富感。三是在活动内容设置上，更加注重活动与活动之间的协调性，强化参与者在参与期间的顺畅感和获得感，从而有效促进青少年美育活动由单一到复合的品质提升。

（二）育人理念与大师培养的青少年美育服务解码

展演活动开辟了以大师培养理念提升青少年美育服务的全新思路。通过“大师班”精准聚焦高品质培训，搭建艺术人才与名师名家的交流互动平台，强化美育培养求精品、重质量、强教学的特性，有效调动活动参与者的互动积极性，实现活动品质、服务效能的双提升。

（三）品牌培植与顶层规划的青少年艺术成长模式

展演活动探索了顶层规划促进青少年艺术成长的全新模式。一是整体规划了区域作品和本土作品的叠加赋能，形成了全国艺术融合交流的良好态势。二是采用孵化机制培育带动人才输出，为青少年艺术团队及个人搭建了高水平展示平台，助力他们走向更高层次的舞台。三是以品牌培植为媒介，发掘新锐力量、打造原创作品，建立人才库和作品库，为全国青少年美育提升提供了内容供给和价值叠加效应。

成都市文化馆：沉浸塑造新动能

李 汩 唐元玲*

作为历史文化名城与新兴文化业态蓬勃发展的城市，成都文化一直展现出深厚与奔流同在、历史与潮流交融的特质。成都市文化馆坐落于这样一个群众文化极为发达的城市之中，始终引领着公共文化服务的创新方向。2022年，围绕沉浸式文化的新业态，成都市文化馆着手实施“沉浸式文化培育计划”，开展了一系列丰富多彩的沉浸式文化活动，并在2023年中国文化馆年会上成功入选“沉浸城市故事会”国家级试点，这充分展现了沉浸式业态在赋能文化馆行业方面的创新成果，也是文化馆以“满足人民美好生活需求”为旨归，深入推动全民美育、展示公共文化服务风采的生动见证。

一、以沉浸式特色，打造场馆空间

以馆舍为基础，着力打造多场景的沉浸美学体验空间。成都市文化馆配备有沉浸式体验厅、“黑匣子”微剧场、剧本娱乐活动室、沉浸式生活区、国潮文化体验区、青少年美育基地等。这些空间可以通过声、光、电效果及舞台成像、场景布置等，为观众营造场景交互的沉浸体验；也可以通过灵活的戏剧互动表演，塑造不同场景、上演不同故事，打破观演距离，让观众身临其境。

* 李汩，成都市文化馆馆长，中国文化馆协会沉浸式文化委员会主任委员。
唐元玲，成都市文化馆调研宣传部主任，中国文化馆协会沉浸式文化委员会副秘书长。

以实物为载体，打造公共文化领域的历史及知识体验空间。目前成都市文化馆建设有群众文化博物馆、录音棚、摄影棚、民族音乐陈列厅、创意文创区、沉浸阅读体验厅等，通过实物展示、照片回顾、音视频播放、知识小游戏等多种形式，充分满足市民的知识学习需求和沉浸互动的音乐视听体验。市民能在创意文创区寻溯天府文明，激发文化创意，在下沉式设计的沉浸阅读书房中享受360度书香环绕。

以技术为手段，打造全场景的数字智慧场馆。成都市文化馆整个场馆采用大数据、人工智能等技术，打造可触感、可互动、可管控“智能＋惠民”场馆服务模式，让民众享受更便利、智能的场馆服务；目前成都市文化馆正积极与第三方科技公司合作，共同建设成都市文化馆元宇宙文化体验中心，该中心将以沉浸式设备和元宇宙技术相关设备，建立与用户更紧密的数字互动体验关系。

二、以沉浸式氛围，打破“次元壁垒”

这两年成都市文化馆秉持活力、共创的理念，将年轻的业态融入多元化场馆与活动的氛围营造中，加强对年轻人健康价值观的塑造和美学精神的培养，吸引到更多的青年群体，有效打破了“次元壁垒”。

利用场馆优势，开展文化馆沉浸式游园活动。2023年元宵节，成都市文化馆开展了狂飙汉“潮”——全国首场文化馆沉浸式戏剧游园会，该活动受到了市民的热烈欢迎。这场活动利用场馆特点，设置出处处有好戏、步步有惊喜的空间氛围，让参与者成为剧中人，亲历剧中事。游园会还设计了许多互动环节，如逛市集、做灯笼、写福字、画扇面以及学诗书礼乐舞等，这些活动共同构筑了一个穿越时空、触摸历史的梦想之境，让观众仿佛置身汉朝。

利用沉浸空间，创新“剧本杀＋文化馆”模式。2022年“成都文化四季风·民俗闹春”之剧本杀游园活动将成都特色的文艺表演、传统工艺、民间故事、历史遗迹等融入活动的氛围和情节之中，满足了年轻人表达自我、探索世界、人际交往的需求。

利用活动开展，拓新中华优秀传统文化传承方式。最近两年，成都市文化馆在暑期专门为青少年儿童开展传统文化研学活动，每场都有特定的沉浸式场景设置，利用场馆打造出具有历史感的古代生活氛围，串联起民族音乐、古诗词、民俗文化等主题，以故事化代入、角色式融入、演绎式教育激发出孩子们的想象力与创造力。

三、以沉浸式互动，构建“趣缘社群”

互动性强的沉浸式文化活动，让具有相同趣味的群体因爱好相聚，让文化馆不仅是一个文化空间，还是一个学习空间，一个社交空间。2022 年，成都市文化馆特别推出街舞 Battle 专场活动，现场的街舞爱好者以 Battle 秀和即兴表演让在场观众在节奏中感受到青春的快乐律动。同时，成都市文化馆还联合 AUV 喜剧厂牌、芥末喜剧等社会力量，开展“沉浸式脱口秀训练营”，市民通过互动体验、团队融合、语言训练共同享受沉浸表演的乐趣。

2022 年，成都市文化馆开展了 19 场为期 5 个月的戏剧艺术体验季，活动采用戏剧游戏的形式，通过情境互动，角色代入，让参与的市民在活动中深受启发和感动，甚至有市民带着孩子连续参加了 8 场体验活动，并分享了真挚的体验感受，无论大人还是孩子，都在活动中得到精神的洗礼。2023 年开展的戏剧艺术体验季依旧保持了沉浸感、互动性的特点，开展了 8 场精品戏剧艺术体验活动。经过两年的戏剧艺术体验季活动，成都市文化馆已经构建了一个由 200 多人组成的稳定趣缘社群，这个社群围绕戏剧开展互动交流，以共同的兴趣爱好建立起社群化互动体验，实现了人与人之间的文化聚合。

四、以街头为阵地，丰富沉浸场景

从 2018 年就启动的街头艺术表演一直是成都街头最有浸润感、互动感和丰富性的沉浸文化场景。成都街头艺术表演聚集了以流行音乐演唱为主，涵盖器乐、曲艺、杂技等多个表演类型的艺术人才，目前设有常态化表演点位 40 个，开展了街头演出 8000 余场以及大型街头演出 10 余场，吸引 600 万余群众现场观看。热闹的人群、浪漫的音乐、沉浸式的艺术体验，为市民以及来自全国和世界各地的游客呈现了充满成都元素的文化盛宴，让人们充分感受到成都的活力与魅力，在成都街头生动上演着“中国式现代化的气象万千”。

2024年成都市文化馆还将重点在街头构建2个沉浸式音乐体验点位，优化演艺场景，增强艺人辨识度。这两个点位将串联起文创、街区、美食等多个元素，通过丰富的展示形式、定制化的装置设计、多元的互动体验，让市民游客可听、可购、乐享城市文化，打造城市的沉浸艺术空间。

五、以专家为支撑，加强人才培养

沉浸式文化可以包罗万象，其跨专业、跨学科的特质使其具有强大的包容性和整合能力，但同时也对能够掌握和运营好这方面工作的人员提出了更高的要求。近年来，随着沉浸式文化服务需求的呈井喷式增长，人才储备和培养相对滞后，公共文化服务亟待加强沉浸式文化领域人才队伍的培养和建设。2023年，在中国文化馆协会沉浸式文化委员会顾问专家团队的支撑下，成都市文化馆开展了“沉浸新体验，塑造新动能”——成都市沉浸式文化和小戏小品青年人才培训，来自全国50多名文化馆馆长或业务骨干参加了培训，课程设计全方位围绕沉浸式文化的空间营造、剧本创作、活动策划、沉浸表演、技术支持、馆企合作等多维度展开，为文化馆开展沉浸式文化活动培养高素质青年人才，为进一步给人民群众提供更多具有创新性、前沿性、丰富性的优质公共文化服务产品做好人才培养建设。

六、以沉浸式项目，链接优质资源

围绕沉浸式文化培育计划，成都市文化馆不但吸引了大量媒体的关注与报道，同时链接了如中国传媒大学、华中科技大学、四川大学、中央戏剧学院等高等院校的专家资源，也积极加强了与优质沉浸类文化企业如环球魔力有限责任公司、大庸戏剧文化艺术有限公司、芥末喜剧、四川省沉浸式文艺剧本创作协会等的交流与合作。此外，成都市文化馆发挥作为沉浸式文化专委会主任委员单位和“沉浸城市故事会”国家级试点的引领示范作用，不断加强文化馆行业在沉浸式文化领域的合作与交流，逐步构建起行业资源平台和形成聚集效应。

从成都市文化馆的案例可以看到，沉浸文化指向的不只是美的物质空间、美的场景氛围，更是由美的活动内容激发出公众向往美、走进美的历程，是对人民群众更高维度“美商”的培育和塑造。成都市文化馆在沉浸式文化领域的探索只是近年来中国整个文化馆行业立足于新时代发展和要求积极开拓创新的一个缩影。随着中国文化馆协会沉浸式文化委员会的成立以及“沉浸城市故事会”首批20家国家级试点的推出，未来，文化馆行业将围绕“沉浸”探索和开发更多形式和高品质内容的文化活动，从群众的幸福感与获得感出发，让丰富的沉浸式文化活动成为诠释传统文化之美、讲述城市人文故事的重要载体，让人民群众享有更丰沛、更多彩的精神文化生活。

株洲街头艺术站：打造文旅公共服务新场景

株洲市文化馆

株洲街头艺术站（以下简称“街头艺术站”）是株洲市在公共文化服务体系高质量建设时期，立足“培育制造名城，建设幸福株洲”的城市定位，扎实推进文旅深度融合发展，全力打造的兼具公共文化服务和文旅融合双重属性的品牌项目。街头艺术站运营以来，通过“户外魔术秀”“街头达人秀”“向上吧株洲”暑期活动等一系列精彩活动的开展，取得了良好的社会反响，把公共文化延伸服务到了株洲的大街小巷，形成了城区有“街头艺术站”、农村有“门前三小”的城乡公共文化一体化发展新格局。同时“融情入景、增色添景”，将街头艺术站与城市造景有机融合，彰显株洲活力和治理温度，展现城市文化形象，提升城市文化品位，培育文旅消费新业态。

一、主要做法及成效

（一）注重群众需求，探索街头艺术站的工作机制

1. 制定主理人招募和管理制度

一是建立以“主理人”为核心的工作机制。主理人参与街头艺术站从创意到建成的全过程，并且负责街头艺术站正式运营后的日常管理，其职责包括安排活动日程、协调各项事宜、指导参与者、解决现场问题等。

二是建立与“主理人”相对应的“助理人”机制。株洲市发动文旅系统35

岁以下干部担任驻点“助理人”，每个站点均委派3名干部。市文化旅游广电体育局（以下简称“市文旅广体局”）定期组织全体驻点干部召开座谈会，讲目标、谈问题、提建议。

三是建立街头艺术站人才联盟。将主理人、街头艺人等作为主要艺术人才纳入人才库，同时吸纳艺培机构、群文队伍作为支持与合作组织，并最大限度释放主理人的自治能量。

2. 构建街头艺术站常态化运营模式

一是根据各站点资源特点，开展常态化运营。街头艺术站可供有才艺的市民、团队进行各艺术门类的表演，艺人可通过“株洲街头艺术站”微信小程序申报节目、预约站点，从而带动株洲的艺培机构、群文团队、艺术商家、百货公司、知名艺人等机构和个人参与到活动当中。例如，株洲市芒果现代培训艺术学校将机构的年度会演搬到了街头艺术站的站点舞台，为市民们带来了架子鼓表演。

二是在传统节日和重要节假日期间，策划多站点联动的系列主题文化活动。街头艺术站除了常态化的运营外，在传统节假日，主理人还会牵头组织多站点联合的大型特色活动或演出。例如，三八节组织了“我有花你有故事三八女神节花漾相约”活动，五一期间组织了首次联名活动“大咖来了”刘果楠户外魔术秀，端午期间开展了“微笑计划”活动等。

据统计，截至2023年12月底，全市16个站点共计完成常态化演出1000余场次，主题活动257场次，服务人数15万余人次。

（二）注重品牌树立，打造街头艺术站的多维宣传矩阵

1. 创建品牌视觉形象，建立搜索词条

街头艺术站项目小组聘请专业团队设计了紫色调、涂鸦感、潮流感的品牌Logo，将“株洲街头艺术站”纳入百度百科词条，统一各站点在百度地图、腾讯地图的名称格式，方便通过单一名称搜索全部站点。

2. 打造街头艺术站数字服务平台

开发“株洲街头艺术站”微信小程序数字服务平台，设有项目介绍、发布活

动、站点预约、签到活动、积分排行等功能版块。市民、艺人可在站点扫描二维码进入小程序，浏览站点介绍、活动签到打卡、预约站点演出等。

3. 构筑“政府媒体 + 私域流量”的品牌传播策略

一是通过市级、省级报纸、网站、公众号、微博号、抖音号等媒体，报道街头艺术站建设过程、大型活动，形成广而告之的效应，将品牌快速宣传到各受众人群。街头艺术站工作已被学习强国、中国网等国家级媒体和湖南日报、株洲日报等省市级媒体刊登宣传。

二是鼓励站点主理人开设抖音、小红书、火山、快手、微博等自媒体账号，通过发布表演和有细节、有故事的个人讲述，感染人心、激发共情，形成对主理人（团队）的情感认同，继而认可街头艺术站品牌，形成对株洲的城市认同。

（三）注重谋划布局，推动“街头艺术站”长效稳步发展

1. 高位引领

已出台的《建设株洲街头艺术站的实施方案》，明确了项目实施目标、工作内容、实施要求。此外，正在研讨、编制的《株洲街头艺术站运营管理办法》《株洲市城市艺人管理规范大纲》，将有效推动街头艺术站标准化、规范化、精细化建设。

2. 协同推进

株洲成立街头艺术站项目执行小组，由市文旅广体局统筹推进街头艺术站项目落地。项目执行小组办公室设在市文化馆。建立联席会议制度，文旅、城管、交警、市政等部门各司其职，协同推进街头艺术站工作。

3. 强化保障

将街头艺术站纳入政策性支持，纳入市政府报告、纳入民生 100 工程。项目启动至今，政府投入专项资金 120 万余元用于建设站点、购置设备、举办活动等；实施鼓励性奖补，每年开展评选活动，推出一批活动效果好、社会影响力大、效能发挥突出的站点作为示范站点，并给予音响、数字文化设备等奖励；评选一批优秀主理人，给予表彰授牌和学习培训等机会，进一步提高站点示范效应。

二、主要经验

（一）融情添景，攻略文旅共享新空间

街头艺术站整合了株洲街头艺人、群众文艺骨干、专业文化机构等文艺力量，集街头文化展演舞台、艺术普及场所、群众才艺展示平台功能于一身，营建了体验式、沉浸式、互动式的微型文旅融合场景。

街头艺术站将青年亚文化、当代潮流文化、传统民间艺术纳入城市多样性文化的框架内，它如同散布在株洲城市间的艺术港湾，融入了城市景观，令城市处处听得见旋律、看得见美景。街头艺术站一方面给予了街头艺人、文艺爱好者、在校艺术生、艺术商家展现的舞台，提升了市民的文化活动参与度，以及对文化生活的满意度；另一方面，成为城市观光体系中象征文化开放和文化繁荣的部分，立体展现城市魅力，串联城市景点，吸引了外来游客到访参观，提升了游客文化体验感。

（二）前店后厂，培育文化循环供给新生态

株洲公共文化服务“前店后厂”新模式已现雏形。“前店”，即把公共文化资源下沉至基层一线，将更多文艺舞台搭在田间地头和街头巷尾，打造城有“街头艺术站”、乡有“门前三小”的公共文化服务“微场景”“微舞台”，鼓励群众走上舞台。“后厂”，即让群众欣赏高水平文艺节目、接受高质量文艺培训。近年来，株洲通过“幸福邻里社区学院文体分院”“幸福株洲·一起来”“我们的节日”等一系列新活动、新举措、新品牌，开展全民艺术普及活动。

全民艺术普及活动培养了群众的文艺能力，街头艺术站呼应了群众的表达欲、舞台欲，共同为株洲文艺爱好者打造了“艺术欣赏、艺术训练、艺术展现”的循环供给闭环，让越来越多的群众加入街头艺术站的展演序列，积蓄站点可持续发展的内生力量，形成欣欣向荣的自足型文化生态系统。

（三）敢为人先，开创社会力量参与公共文化新模式

不同于其他国内城市为街头表演者颁发表演许可证、在一定区域内流动表演的方式，株洲布局固定站点，引入“主理人”概念，让主理人参与街头艺术站设计、建设、运营的全过程。这种主理人先行的运作模式，一方面使政府部门处于相对靠后的引领、协调、监督等辅助位置，真正践行了从“管理者”向“服务者”的职能转变；另一方面赋予了多元社会力量以多种模式参与街头艺术站建设的广阔可能性，即公众、个人小团体、企业、社会组织、公益单位等多种社会力量，可以运用自身的文艺才能、经营经验、空间场地等优势，与政府资源进行匹配重组，达到互补双赢的效果。例如，“0733 巨楽部”是一支尚在探索职业道路、颇具实力的年轻乐团，乐团团长作为主理人加入街头艺术站项目，他们在河东一桥桥底的演出，每晚吸引众多路人围坐欣赏，积累了一众粉丝。

（四）吐故纳新，铸就公共文化服务新引力

在街头艺术站主理人和艺人群体中，80% 以上都是 25—45 岁的中青年，他们带来了街舞、弹唱、非洲鼓、涂鸦等潮流艺术形式，以及户外音乐会、篝火晚会、烟火表演、机车派对、后备箱文化、文创市集等新奇的活动内容，加之宽敞的户外空间、易入镜的景观、时尚的舞台设计、互动交流的氛围，共同呼应了年轻群体的文化需求和审美旨趣，吸引他们驻足欣赏、报名参与。例如，每晚在“0733 巨楽部”听歌的观众中，年轻观众可以达到 90% 以上，其中很多人表示，因为音乐他们更爱株洲了。

（五）自我造血，探索公益服务与优惠服务新边界

增强主理人和街头艺人的自身造血能力是维系街头艺术站项目健康、持续发展的关键动力。与公共文化场馆不同，“街头”自古就是表演者和手工艺者的谋生场域，尽管大众为街头艺术付费的意识仍需培养，但是在这个场合的收费行为是被广泛认可的，这为公共文化优惠服务的开展和边界的探索提供了新的机遇。

接下来，株洲市将每年举办一届街头艺术站艺术文化节，同其他城市街头艺

人展开交流活动，努力做到让文化艺术“无处不在、无时不有、无人不晓、触手可及”，将株洲街头艺术站打造成为市民文化活动的首选地，城市文化的独特名片，株洲文旅品牌出圈的引爆点，为“幸福株洲”建设增添一份力量。

“天籁声声传古韵　侗乡处处是歌堂”：柳州三江侗族大歌推广普及新实践

柳州市群众艺术馆*

一、基本情况

三江侗族自治县（以下简称“三江县”）隶属广西柳州市，位于黔桂湘三省（区）交界地，是全国七个侗族自治县中侗族人口最多的一个县，被誉为“中国楼桥之乡”“中国歌舞之乡”“中国民间文化艺术之乡”“中国百节之乡”“中国农民画之乡”。

侗族大歌，起源于春秋战国时期，是侗族地区的一种多声部、无指挥、无伴奏、自然和声的民间合唱形式，被誉为“天籁之音”，是侗族文化的直接表现，侗族人民的精神和灵魂，更是侗族社会结构、婚恋关系、文化传承和精神生活的重要组成部分，是维系侗族社会生存的精神支柱，为侗族地区社会安定、民族团结，丰富群众业余文化生活起到积极作用。2006 年 6 月，侗族大歌获批列入首批国家级非物质文化遗产代表性项目名录。侗族大歌保护发展成效显著，现有侗族

* 林　园　柳州市群众艺术馆馆长、副研究馆员。
郑红梅　柳州市群众艺术馆副馆长、副研究馆员。
张海君　柳州市群众艺术馆调研非遗部主任、副研究馆员。
柳玉雯　柳州市群众艺术馆调研非遗部副主任、群文馆员。
曹　璐　柳州市群众艺术馆调研非遗部干部、群文馆员。
石妮妮　三江侗族自治县文化馆馆长、副研究馆员。

大歌代表性传承人共19人，其中国家级2人、自治区级4人、市级5人、县级8人。三江县积极争取多方资源，特别是2016年起与柳州市群众艺术馆联合举办侗族大歌免费培训班，在三江县已持续6年不间断开展侗族大歌全民艺术普及。培训班既有普及性的推广学习，又有针对性的提高教学，既有展示性的演出交流，更有足不出户也能学唱大歌的线上培训。通过侗族大歌免费培训班让普通市民了解、欣赏侗族文化，让侗族群众得学、能唱侗族大歌，通过赏歌、学歌、唱歌，加深其对本民族文化的认同和保护。

侗族大歌免费培训班形成了具有鲜明特色的全民艺术普及模式和品牌，其组织管理水平完善，品牌项目活动知晓率、参与率、满意率非常高，侗族大歌全民艺术普及成效显著。截至2023年12月底，侗族大歌免费培训班共开设线下培训130期，线上培训23期，直接和间接惠及群众60万余人次。侗族大歌免费培训不仅丰富了三江县人民群众的文化生活，也为发展文化旅游振兴乡村提供了有力支撑。

二、主要做法及成效

（一）“订单式”送培接地气，人人学唱天籁

侗族大歌免费培训班打破传统课堂的“围栏”，从上课地点到课程内容，皆由群众“点单”，实现最大化的“开放式”办学和“定制化”服务。既有以文化馆、传习所为阵地的社会公开报名学习，又有面向文艺队、社区、校园、机关、企业和乡村等团体和机构的预约上门服务；既设置了面向普通群众的结合普及与展示的基础性培训，又设置了针对具备一定演唱水平的爱好者和团体的提高性培训。根据各群体的学习条件和需求开设不同教学时长、不同教学内容和不同教学方式的侗族大歌教学课程，真正做到把侗族大歌免费培训办成群众想学、爱学、要学的活动。值得一提的是2019年11月23日开始的第68期培训，持续时间长达40天之久。

（二）“传帮带”壮大队伍，古韵共同传承

侗族大歌免费培训班以三江县基层群众为培训对象，参训学员包括村寨群众、在校师生、机关和企事业单位员工、退休职工等。这些学员中有部分在学习了侗族大歌传统曲目、掌握了侗族大歌的基本唱法和表达方式后，积极到单位、社区、村屯和文艺队中传唱，成为侗族大歌传承保护发展中的骨干力量。如古宜镇中心小学老师王成现，在校主要从事语文和美术教学，参加侗族大歌培训后，将所学带进校园，兼做音乐老师，建立起校园侗族大歌队，组织展示展演，搭建起侗族大歌传承保护“校外—校园—课堂”的桥梁。通过这种“传帮带”的方式，在三江县形成了年长者教歌、年轻者唱歌、年幼者学歌的薪火相传的良好传承氛围。

（三）“人才库”迭代注活力，新人新曲唱新生

侗族大歌培训班多层次、多渠道、全覆盖的培训，不仅实现了三江侗族地区童叟皆会歌唱侗族大歌，还培养了一批年轻有活力、有思想、有能力的新生代传承人。以吴春月、石成、吴林鹏为代表的 80 后、90 后侗族大歌代表性传承人，在基层培训中不断提高技艺和经验，不断积累曲目和知识，从反复地翻唱到简单的改编，从无经验的教学到有显著的教学成果，从单纯的爱好到有意义的传承，让侗族大歌在继承的基础上有机地嫁接，壮大传承队伍，注入新鲜血液。

（四）“云服务”激活新途径，处处皆是歌堂

从个人报名到团体预约，从普及性教学到针对性提高，侗族大歌免费培训不断创新教学形式、拓展教学维度。新冠疫情防控常态化背景下，侗族大歌免费培训开展“云”课堂以激活线上服务，充分利用网络这一不受时空限制的“课堂”，为侗族大歌爱好者提供一个便利的学习与交流平台。2020 年 5 月，侗族大歌免费培训班启动线上培训直播，选择侗族大歌经典曲目进行网络教学，并通过三江县文化馆及柳州市群众艺术馆公众号实时推送。开启报名通道第一天，50 个名额全部报满。由于反响热烈，从第二期起将报名名额增至 100 个，仍是瞬间报满，同

时组建若干个侗族大歌交流微信群，利用音频在群里组织学习。截至 2023 年 12 月底，共开办侗族大歌免费培训线上直播课程及线上教学慕课 23 期，三江县老百姓生活犹如“天天都在歌里过”。

（五）“活利用”培训成果，文化助力三江振兴

侗族大歌免费培训既是一个非遗保护品牌项目，更是一个文化助力乡村振兴的项目，不仅振兴发展传统文化，丰富三江县群众的文化生活，还为三江发展文化旅游助力乡村振兴提供有力支撑。通过免费培训，成长起多支侗族大歌队，其中部分队伍在三江县旅游景区、特色旅游村寨进行民族文化展示、表演，从一门爱好发展为一项职业技能。越来越多的传承人、传唱人通过唱大歌实现了脱贫致富，更坚定了传承本民族文化的信心。三江县每年以侗族风情吸引数以百万计的游客前来参观旅游，唱侗族大歌、跳多耶舞、吃百家宴成为三江文化旅游的招牌项目，侗族大歌实现了文化支撑旅游、旅游反哺文化的良性循环，成为三江县一张亮丽的文化旅游名片。

（六）“走出去”歌会繁荣，侗乡幸福歌里过

通过侗族大歌免费培训班，三江县地区掀起学大歌唱大歌、建歌队培歌师的浓厚氛围，侗族大歌艺术普及全民迫切需要更高的展示交流平台。三江县通过组织传承人、大歌队前往贵州、湖南等地交流学习，借助展会、庆典、展演等交流活动“走出去”，侗族大歌走到了北京、上海、山东、台湾等地，将传承成果向外界展示。每年在三江县都要举办盛大的侗族大歌比赛，这时，村寨、学校、机关和企事业单位，处处摩拳擦掌、夜夜练歌备战。2019 年柳州市第二届文化旅游产业发展大会在三江县召开，侗族大歌作为侗族天籁之音的首选进入开幕式晚会，县文化馆轻松组织 1000 人的侗族大歌队伍参加开幕式开场的侗族大歌表演，节目震撼与会嘉宾及现场数万观众。2019 年 12 月，由中共中央宣传部、文化和旅游部等部门主办的 2020 年“我们的中国梦”——文化进万家活动在三江县启动，在时间紧任务重的情况下，县文化馆迅速组织 1500 人的侗族大歌队参加启动仪式，这让侗族大歌爱好者不仅有机会与明星同台，还登上了央视，进一步激发了

三江县侗族大歌队伍传承发展民族文化的动力，也鼓舞了侗乡人民建设美好三江的信心。

2021年4月27日，习近平总书记视察广西时，来到广西民族博物馆参加“壮族三月三”活动。参与活动演出的三江县燕茶村大歌队一行36人荣幸得到总书记接见，这是侗族大歌全民艺术普及成果的最高礼遇。由当地村民组成的三江县燕茶村“燕之声”文艺队正是在侗族大歌免费培训中组建、成长起来的一支队伍。近年来，多家媒体对燕茶村文艺队文化促脱贫的事迹进行报道，如人民日报《带着歌声去扶贫》、新华社《我带着侗族大歌去扶贫》等。2021年6月，由三江县燕茶村“燕之声”文艺队录制的节目《最后的音乐会》在中央电视台17频道“三农群英会”栏目播出，向全国观众展示侗族大歌的魅力。

三、经验总结

（一）地方政府重视，保护规划先行

2019年，三江县先后编制出台了《三江侗族自治县全域旅游规划》《三江侗族自治县文化体育广电旅游“十四五”发展规划》《三江侗族自治县非物质文化遗产五年保护规划（2021—2025）》等文件。2020年7月，三江县立法颁布《三江侗族自治县侗族百家宴保护条例》，以法律法规形式规范化管理非物质文化遗产。例如，以冠洞村为例的“侗族百家宴”，严格按照百家宴地方标准执行，向中外游客展示侗族饮食文化、侗族服饰、侗族刺绣以及侗族歌舞文化习俗，成为柳州文化旅游融合的新亮点。

（二）县市资源整合，联动打造品牌

三江县人民政府与柳州市群众艺术馆分别是国家级非遗项目——侗族大歌的责任主体和保护单位，通过“县政府—市馆”整合资源，以侗族大歌免费培训班为载体，县乡村全覆盖开展侗族大歌全民艺术普及。2016年至2023年7年间，参训人次超过60万。侗族大歌艺术普及还带动了多耶、侗戏等三江县特色文化遗产传承，侗族大歌不仅成为三江县一张靓丽的文化名片，更将“中国侗族在三

江”“千年侗寨·梦萦三江”品牌唱响全国、走向世界。

（三）线上线下结合，全民艺术普及

从2020年起，推出足不出户也能学唱大歌的线上直播培训课。课程既有普及性的推广学习，又有针对性地提高教学，更有展示性的演出交流。根据各群体和机构的学习条件和学习需求开设不同教学时长、不同教学内容和不同教学方式的侗族大歌教学课程，线上线下结合开展培训，真正做到办群众想学、爱学、要学的侗族大歌免费培训，进一步提高全民艺术普及。

（四）深度文旅融合，助推乡村振兴

以侗族大歌为切入点推进文旅融合，三江县积极开展侗族大歌比赛、侗族大歌迎宾等赛事和活动，让游客深度体验侗族文化；精心组织并推出精品，成功打造了以侗族文化为主要内容的大型实景演出《坐妹》《侗听三江》《侗恋程阳》等文旅演艺品牌，并荣获“2019年度广西特色旅游演艺项目”。2023年，三江县入选全国首批文化产业赋能乡村振兴试点名单，实现了文化支撑旅游、旅游反哺文化的良性循环，促进文旅融合发展，助推乡村振兴。

江苏公共文化云运营推广实践

赵彦国*

江苏公共文化云是2016年文化和旅游部全国公共文化发展中心确定的第二批全国数字文化馆建设试点项目。2018年初，江苏公共文化云正式对公众开放并提供服务。自建设以来，江苏公共文化云运营稳定、推广效果较好，已经成为江苏全省文化馆（站）公共文化数字化服务主阵地。截至2023年底，江苏公共文化云共有548万微信关注用户和362万注册用户，服务人次超9.6亿。

一、主要做法

（一）多方发力，赋能公共文化服务“数字之翼”

1. 明确参与主体，做好顶层设计

在文化和旅游部公共服务司、文化和旅游部全国公共文化发展中心的指导下，按照江苏省文化和旅游厅统一部署，由江苏省文化馆牵头建设并运营江苏公共文化云，具体负责江苏公共文化云的统筹建设、运营管理、优化升级、安全运维等工作。全省、市、县（区）、乡镇（街道）、村（社区）五级公共文化服务机构统一入驻江苏公共文化云平台。

---

* 赵彦国，江苏省文化馆党总支书记、馆长，江苏省非物质文化遗产保护中心主任，研究馆员。

2. 联动百馆千站，共谱发展新篇

江苏公共文化云凝聚全省 117 家文化馆及 1000 余家文化站力量，实现全省各地公共文化服务全面开花。省级层面，借助江苏公共文化云，以数字化手段赋能“送戏下乡”“乡村村晚”“最美公共文化空间”“优秀群众文化团队培育”“文化馆服务宣传周”等品牌活动或项目；市县级层面，助力各馆策划上线本地特色品牌活动，宣传推广本地优质资源；镇村级层面，丰富基层公共数字文化服务供给，提升云平台基层覆盖率。

3. 引入社会力量，参与资源共建

江苏公共文化云利用“互联网＋文旅”，对内实现各级公共文化服务机构数据的互联互通，率先与国家公共文化云实现全量数据对接，对外实现云平台与“苏服办”“我苏网”“美团”“我的南京”等第三方平台的信息对接。全省文化馆（站）的活动及场馆资源在多个平台实时呈现，为群众提供更加丰富、高效、便捷的公共数字文化服务。

（二）多措并举，推动公共文化服务“多点开花”

1. 搭建新媒体宣传矩阵

全省围绕江苏公共文化云搭建新媒体宣传矩阵，利用江苏公共文化云微信服务号、订阅号、视频号、抖音号、微博等多位一体的宣传途径，打好宣传推广“组合拳”，实现省内品牌活动及优质资源在新媒体平台上的迅捷高效传播。

2. 建设优质数字资源库

江苏公共文化云对全省文化馆系统在云平台发布的短视频、“学才艺”、在线直播等数字资源进行遴选，将优质资源通过新媒体矩阵进行大力宣传，精品资源广为人知。同时，江苏公共文化云上线的“二十四节气”原创短视频系列，以及打造的“带着大家看展览”等全民艺术普及数字资源，其社会反响热烈，视频号单个视频点赞量、转发量均达一千以上，微信推文单篇阅读量破万。

3. 开展个性化专题宣传

江苏公共文化云针对品牌特色活动，策划开展全流程宣传推广服务。通过江苏公共文化云全媒体传播矩阵，围绕活动预热、活动开展、活动回顾等环节，进

行专题页设计展示、短视频制作发布、推文编辑宣发等系列推广，并通过平台提供活动预约、活动签到、在线直播、活动评价等服务。同时设置线上满意度调查问卷功能，及时收集群众反馈，以精准供给惠及人民群众，满足群众对活动全方位、多层次的需求。

4. 构建文化馆数字化服务标准体系

江苏公共文化云坚持“规范引领、标准先行、数字赋能”的原则，建立健全江苏全省文化馆公共文化服务数字化应用标准体系，制定相关服务标准细则，配套标准化管理办法、标准化工作监管方案等，组织标准实施并进行宣传推广，引导江苏各地文化馆（站）完善公共文化服务数字化工作规范，推动全省公共文化服务标准化、均等化建设。

5. 激发乡村公共文化服务供给活力

依托江苏公共文化云，全省打造多个“文旅 e 乡村”特色应用样板村。通过“文旅 e 乡村”系统深度整合、挖掘乡村特色文旅资源及特色服务，打造“一村一景、一村一韵、一村一品”的乡村特色品牌，对公共文化数字化服务在基层快速落地应用起到示范引领作用，带动有条件的基层单位入驻，构建点、线、片协同发展的数字乡村新集群。截至 2023 年 12 月 31 日，全省 1237 个乡镇（街道）公共文化数字化服务全覆盖，2188 个村（社区）覆盖，累计服务人次约 5000 万。

二、建设成效

通过持续开展江苏公共文化云运营推广工作，推动江苏全省文化馆公共文化服务数字化转型升级，让江苏省文化馆公共文化数字化服务进入快车道。截至 2023 年 12 月，江苏公共文化云共有 548 万微信关注用户和 362 万注册用户，服务人次超 9.6 亿，全省 13 个设区市、95 个县（市、区）文化馆及 1300 余个乡镇（街道）综合文化站，2300 多个村综合文化中心入驻，发布活动 14.9 万余场，发布数字资源 5 万余个，开展直播 3900 余场。此外，江苏公共文化云与国家公共文化云、江苏智慧文旅平台、“苏服办”、“我的南京”、“我苏网”、“美团”等平台进行业务应用方面的对接，实现服务数据和资源的共享。

2019 年，江苏公共文化云被中共江苏省委网络安全和信息化委员会办公室（以下简称“省委网信办”）评选为“全省网信工作创新奖提名奖”；2022 年，江苏公共文化云平台全省乡村公共数字文化服务应用系统（文旅 e 乡村）被省委网信办、省发展改革委、省工业和信息化厅、省政务服务管理办公室、省通信管理局评选为“数字江苏建设优秀实践成果”；2023 年，“江苏公共文化云运营推广”荣获文化和旅游部文化和旅游数字化创新示范优秀案例。

三、主要经验

（一）创新用户服务方式，对接群众文化需求

江苏省依托江苏公共文化云创新开展“送戏下乡 · 群众点单”服务，以本地及周边群众需求作为出发点，有针对性地提供文化服务内容，把选择权交到广大群众手中，选出自己想看的戏。群众通过扫描“点单”二维码，在手机上勾选所喜爱的节（剧）目。演出组织单位根据点单结果，遴选演出剧团和具体节目，组织惠民演出。

此外，江苏省建立了文化馆公共文化服务大数据系统，通过对接采集江苏公共文化云平台、百度、阿里云、腾讯云等平台的用户、资源、服务等相关数据，对用户的年龄段特征、喜好、消费习惯等信息进行分析，形成用户画像，为用户提供精准推送服务，逐步实现公共文化服务的“所需即所得”。

（二）创新资源建设方式，丰富基层资源供给

一是让平台用户参与内容生产。江苏公共文化云紧扣当下互联网主流传播形态，引导群众发布乡村短视频，让用户既是平台使用者，也成为平台内容的生产者，进一步丰富了公共数字文化服务内容生产方式。通过开展“美丽乡村最美笑脸”乡村笑脸征集、“乡村达人”评选等活动，征集乡村作品 700 余幅，乡村短视频 300 多个，线上服务人次超 10 万。

二是依托平台模块丰富资源供给。利用云平台支撑的“江苏省最美公共文化空间申报与服务管理系统”“江苏省优秀群众文化团队申报及培育管理系统”“戏

曲进乡村”等业务系统的扩展，引导本地的优秀群众文艺团队、群众文化志愿者、“戏曲进乡村”演出团队、“最美公共文化空间”管理单位等发布资源，进一步丰富平台数字资源供给。

此外，江苏省通过合作共建及数据对接的方式，积极引入外部力量丰富平台资源供给。江苏公共文化云平台与国家公共文化云平台对接，利用数据批量加载、互开挂载链接等技术手段，整合了国家公共文化云的优质资源，提升了平台资源质量。

（三）创新平台运营模式，优化业务管理系统

一是建立全省文化馆（站）公共数字文化服务的统一平台，打通省、市、县（区）、乡镇（街道）、村（社区）五级公共文化服务资源和数据，实现资源共建共享，丰富基层公共数字文化服务供给。由江苏省文化馆统一提供技术支持、信息安全保障及运营支撑，解决了基层公共数字文化服务技术和资金瓶颈问题，各级公共文化服务机构只需申请管理员账号，即可使用云平台为群众提供公共文化服务。

二是坚持平台建设与业务工作相适配，依托江苏公共文化云平台建设“江苏省优秀群众文化团队申报及培育管理系统”“江苏省戏曲进乡村服务管理系统”等10余个业务管理系统，通过这些系统的开发，将公共文化服务与业务工作充分融合，为基层馆站建设提供信息化支撑。同时，系统也为文旅管理部门提供了业务监督功能，对基层工作随时跟踪指导，有效提升了基层工作质效。

广州市文化馆：文旅融合
——新阵地　新空间　新做法

董　敏　黄　燕　蔡思明*

坚持以文塑旅、以旅彰文，推进文化和旅游深度融合发展，是全面贯彻党的二十大精神，深入学习贯彻习近平文化思想的重要内容。广州市文化馆（广州市非物质文化遗产保护中心）新馆于 2023 年 1 月 18 日面向公众开放，2023 年共接待公众进馆超过 117 万人次，组织开展各类群文活动 3912 场（次），线上线下惠及群众 9981.98 万人次，2023 年多项全国重量级活动、基地及试点牌子落户文化馆。全新的阵地和空间带来全新的挑战，广州市文化馆坚持责任担当，充分发挥场馆优势，文化惠民品牌出圈、非遗保护守正创新、3A 级景区成功创建、社会化运营积极探索，以文旅深度融合为突破口推动文化馆高质量发展。

一、主要做法

（一）聚焦职能定位，秉持长远规划

广州市文化馆是广州市重大文化设施及重点民生工程，也是目前全国最大的文化馆，围绕服务对象多元、服务需求倍增、文旅融合趋势明显等实际情

*　董敏，广州市文化馆馆长、研究馆员。
黄燕，广州市文化馆副馆长、研究馆员。
蔡思明，广州市文化馆宣传与信息部专业干部、馆员。

况，广州市文化馆坚持以规划引领，结合未来几年的发展需求及目标，历经专项调研、行业内外专业意见征询、群众需求征询、专家咨询等环节，编制并发布了《2021—2025广州市文化馆发展规划》和《广州市文化馆高品质发展规划（2023—2025年）》。发展规划紧紧围绕文化馆核心职能，实施服务效能倍增、文旅深度融合、社会化参与示范等多项专项计划，以高质量的公共文化服务打造文旅融合示范样本，引领公共文化服务发展新潮流，展现新时代文化馆新风貌。

（二）深挖岭南底蕴，打造文旅新地标

2023年6月2日，习近平总书记在文化传承发展座谈会上强调要充分运用中华优秀传统文化的宝贵资源，探索面向未来的理论和制度创新。广州市文化馆新馆以“十里红云一湾水，八桥画舫十六亭”为设计理念，用传统建筑和园林空间的巧妙组合再现岭南水乡园林的佳境。围绕岭南优秀传统文化的传承与弘扬，充分发挥新空间的特色与魅力，广州市文化馆推出了具有鲜明广府文化特色、体现非遗传承保护的系列品牌活动。“‘一带一路’背景下的广作华章——从外贸商品到非遗保护”展入选由国家文物局、中央文明办、中央网信办共同组织的2023年“弘扬中华优秀传统文化、培育社会主义核心价值观”主题展览推介名单；创排的《听见一束光》《湾区时代》《英歌魂》等弘扬大湾区人文精神和传统文化的优秀作品在广东省鲁迅文学艺术奖评选、全国舞蹈展演等中屡获殊荣。广州“村晚”、广州非遗展、大湾区非遗研学等精彩活动纷纷举办。广州市文化馆迅速火爆“出圈”，一跃成为广州最受关注的文旅新地标和“网红”打卡点之一，2023年7月成功创建为“国家AAA级旅游景区”。

（三）坚持守正创新，惠民品牌出圈

高质量的文化和旅游体验是人民群众追求美好幸福生活的重要需求。广州市文化馆依托场馆优势，不再局限于传统文化馆的服务模式，积极参与打造高品质文旅融合项目。以打造沉浸式文旅空间为着力点，2023年推出“穿粤记之寻味中秋”大型沉浸式古风剧本游园活动、大型情景诗剧“走进李白”、岭南古琴园林实景音乐会“琴韵岭南”、“何以沙湾 何以非遗”沙湾古镇非遗实景解谜等多场

沉浸式文化活动。此外，2023 年推出“金色华章山河颂——陈金章捐赠美术作品展”“茶和天下兴——海上丝路茶文化展”“木石新征程——海派·南派雕刻工艺美术作品交流展”等高品质展览，举办“羊城之夏”市民文化季、省群众艺术花会等高水平群文赛事，多元文旅产品惠民乐民，点亮群众美好生活。

（四）扩大社会参与，打造多元供给体系

广州市在全市范围内开展以提升文化治理能力为核心的公共文化共同体建设，引入社会力量扩大公共文化服务供给。广州市文化馆积极响应，探索“社会化参与示范计划”，以新馆为核心阵地，联动各区文化馆、镇街文化站、社会培训机构、群众文艺团队、志愿服务组织组建“全民艺术普及联盟”，建立全市公共文化服务产品“开放式中央厨房”，推动“繁星行动”文旅志愿服务项目、“群星工程”群众文艺团队建设项目，开展新馆部分区域的社会化运营探索，培育高质量文化产品、优秀文艺团队和活跃的志愿服务力量，在惠民活动、文化交流、展演赛事、阵地运营中大放异彩，建成多个具有示范作用的公共文化标杆项目。

（五）强化理论武装，发挥智库作用

近年来，广州市文化馆坚持用党的创新理论武装自身，高度重视理论研究工作，在年报编制、年鉴出版、标准建设、课题研究、平台打造等方面做出了许多开创性的工作。牵头编撰的两本年报分别入选全国“2022 年度十佳年报”“2022 年度优秀年报”；出版了广州全市第一本文化馆行业统计读物《广州文化馆年鉴（2018—2020）》；发布广州市地方标准《全民艺术普及慕课建设规范》；连续两年承接文化和旅游部全国公共文化发展中心课题项目，其中《新时代文化和旅游志愿服务融合发展研究》课题结项获评“优秀”等级，多名专业干部撰写的论文或案例在全国全省论文案例评选活动中获奖；依托平台汇聚专家智库，提升理论研究水平，通过理论总结及思考推动实践工作进步与发展。

二、主要成效

（一）搭建共建共享新平台：促进文化馆转型升级

在推动公共文化服务高质量发展进程的引领下，广州市文化馆以新馆开放为契机，打造文化共建共享新平台，强化全民艺术普及和优秀传统文化传承两大核心职能。在不懈努力下，全国“公共文化空间品牌”优秀案例、“全国青少年美育示范基地”、国际民间艺术节组织理事会中国委员会湾区文化艺术交流（广州）中心、“沉浸城市故事会”国家级试点单位等全国重量级活动、基地或试点牌子落户文化馆，以更高远的格局和更宽阔的视野推动文化馆的转型升级。中国文化馆协会副理事长王全吉将“广州新地标‘广州市文化馆新馆’成为全国首个预约、限流、人气爆棚的文化馆”列为2023年我国文化馆领域热点事件之一[①]，他认为，广州市文化馆是文化馆领域一个很好的示范案例，广大市民走进文化场馆，不仅仅是打卡，还能得到有品质的文化分享。

（二）探索复合型运营模式：优化文旅产品供给

广州市文化馆打破单一运营模式，结合场馆空间特色和服务类型，同步推进五种模式：①以社会合作丰富公共文化服务供给，开展了一系列有特色、有品质的公益性群众文化活动；②以公开招募开展部分场馆的合作运营，积极开展香道、古典乐艺、古籍修复、植物拓染、鳌鱼灯和非遗美食制作等主题的公益文化展览和体验项目；③以公开招租开展公共文化辅助性服务，已陆续推出广式茶点、咖啡茶饮、快闪店、自助售卖、汉服租赁等多种经营业态，为群众提供轻餐饮、零售等服务；④以收取场地使用费优化部分场馆的使用，遴选部分场地进行科学评估，有条件地允许外单位利用这些场地开展高品质的、短期的非营利性文化活动；⑤以合作分成探索文化创意产品开发，探索“展览＋文创”服务模式，通过临展带动文创销售，为传统展览增添了新活力。通过以上多种模式相结合，

① 王全吉.年度盘点：2023年我国文化馆领域热点事件[EB/OL].（2024-01-10）[2024-01-26]. https://mp.weixin.qq.com/s/OG-HslPmli5NsHZdvks_JQ.

实现社会力量参与公共文化设施运营的系列化，目前合作的社会力量涵盖国企、社会组织、小微企业等多种类型，包括非遗传承人、艺术家、设计师、茶艺师、教育工作者、社区志愿者等人群，充分调动各类社会力量的优势与特长，探索公共文化服务与旅游公共服务的复合运营，推动多样化的文旅产品和服务供给

（三）建设新型文化综合体：推动文旅深融发展

广州市文化馆是集文化馆、景区于一体的文化综合体，融公益演出、培训辅导、展览展示、创作研究、文化交流、非遗保护、旅游休闲等功能于一体的现代化公共文化设施。新馆开放以来，广州市文化馆联合周边海珠湖公园、海珠湖湿地公园等自然人文生态景观，深挖广州非遗资源，打造具有历史底蕴和时代特色的文旅生态圈。“穿粤记”之寻味中秋游园会入选人民网2023年国民特色主题消费案例，广州市文化馆入选首批“沉浸城市故事会”国家级试点单位。国家文化和旅游公共服务专家委员会首席专家李国新认为广州市文化馆让业界内外“眼前一亮”，“把一个文化馆打造成景区，这就是文旅深度融合的典型案例，在全中国是独一份的……如今，中国社会经济高质量发展，老百姓的文化需求已经不是简单的读书、看报、看电视、看电影……人民群众文化需求多元化、个性化，而广州市文化馆的出现恰逢其时，正好跟这些需求相呼应。”[①] 中国文化馆协会副理事长戴珩认为“把一个文化馆建成一个文化园区，这是一个极其大胆、创新的构想”[②]。

三、经验总结

（一）政策支持与市场导向相结合，发挥政府与市场协同作用

广州市文化馆积极响应国家《关于进一步激发文化和旅游消费潜力的意见》

① 莫斯其格.闯出文化馆文旅深融新路[N].广州日报，2024-01-15（A10）.

② 戴珩.接待公众超117万人次，建成3A景区：由广州市文化馆2023年成绩单引发的感想[EB/OL].（2024-01-19）[2024-01-26]. https://mp.weixin.qq.com/s/vSF6zCsXg5raextjuNHZXQ.

《关于释放旅游消费潜力推动旅游业高质量发展的若干措施》的相关部署，把握社会主义文化繁荣发展的方向，将文化馆传统的演出、展览等活动与园区游览相结合，促进文旅业态健康发展，推进文化和旅游深度融合发展。在《关于在全市开展“公共文化共同体”建设的实施意见》《广州市关于推动社会力量参与公共文化设施运营的实施办法》等政策的引导下，广州市文化馆率先试点社会力量参与公共文化设施运营，深入参与公共文化共同体建设的长效运作机制。在满足基本公共文化服务需求的前提下，探索普惠性非基本公共文化服务和公共文化辅助性服务，创新社会力量参与路径，结合场馆特色和服务类型探索多种方式相结合的复合型运营模式。在全民艺术普及、公共文化产品配送、新型公共文化空间建设、群众文艺团队建设、文旅志愿服务等方面建设公共文化标杆项目，整合文旅资源，拓展文旅融合空间。通过有效的政策引导和明确的市场导向，发挥政府与市场的协同作用，提升文化治理效能。

（二）特色服务与公众需求相适应，提升文化馆服务效能

广州市文化馆以市民需求为导向，策划特色服务项目，举办“羊城之夏”广州市民文化季、百姓学堂、全民艺术普及公开课等惠民活动，推出多项普惠性非基本公共文化服务和公共文化辅助性服务。为提升服务效能，广州市文化馆建立健全以公众参与为基础、群众需求为导向的公共文化服务监督评价机制，委托第三方公司开展公共文化延伸服务绩效考核评价项目，每年开展公众满意度调查。如在社会化运营工作中，及时调整和暂停“叹茶听曲”等群众反馈不理想的项目，结合园区特色、分析群众需求，又相继推出岭南文化研学课程和临时动漫展览两个项目，以“游园”为突破点引导公众体验建筑之美和传统文化之美，不断根据公众反馈调整和改进服务策略。

（三）融合创新与持续改进相并进，实现文化馆可持续发展

依托场馆优势，广州市文化馆融合文化、科技、旅游等多种业态，将演出、展览、赛事等活动与园林游览相结合，探索“沉浸式”项目打造，提升公共文化产品吸引力；实施数字化转型提升计划，联合科技企业共同打造“数字文化体验

厅”，培育“文化 + 科技 + 旅游”融合发展新业态。与此同时，围绕场馆运营开展相关理论研究，广州市文化馆与武汉大学国家文化发展研究院共建“国家公共文化政策研究 · 新型文化综合体实验基地”，共同开展《新型文化综合体指标体系构建》的课题研究。通过理论研究，构建科学、系统的指标体系，衡量文化馆在文化传承、公共服务、社会影响等方面的作用和价值，综合评估文化综合体的运营效能以及对城市更新与变革的赋能作用，在此过程中持续改进运营管理策略。

张家港城南文体中心：打造城市精神地标

夏 雪 刘 琨 满佳鑫*

城南文体中心是张家港市主城区4大文体中心之一，历时5年打造，总投资1.27亿元，建筑面积21030平方米，集艺术生产、全民艺术普及、非遗传承保护、群文理论研究等多重功能于一体，致力于破解张家港公共文化服务空间覆盖人群单一、品牌影响力不足等难点，着力打造张家港的青年中心、城市中心、能量中心。自2023年5月正式运营以来，截至2024年9月底，城南文体中心人流量持续增长，共吸引60余万人次到馆，举办活动超百场，其作为张家港城市精神地标的效应日益凸显。

一、主要做法

（一）完善布局，大力加强硬件建设

一是建设一流设施。城南文体中心的群星剧场按照国家中等甲级剧场设计建设，通过剧场5G云技术可对演出活动进行实时采编录制，并对接中国网正在上演频道以及各媒体平台进行播放和推广；专题阅览区引入新技术设备，用于展现海量音、视、图数字资源；体育区整体升级为智慧化平台管理，为市民群众提

* 夏雪，张家港市文化馆精品工作室员工、群众文化馆员。
刘琨，张家港市文化馆副馆长。
满佳鑫，张家港市文化馆党支部副书记。

供“线上预约 + 线下体验”的服务模式，健身球馆通过科学规划，将篮球和羽毛球的场地功能融合，一场两用，提高使用率和便民性；户外 5 人制足球场地采用真草地皮，提升运动舒适性；服务大厅注重休闲空间的设计与利用，设置了咖啡厅、台阶大区以及小憩区。二是优化结构布局。城南文体中心利用户外空地建设 5 人制足球场，利用下沉空间打造市民展厅和百姓讲堂。一层设置文旅客厅、服务大厅、文献借阅区、24 小时图书馆驿站、体育超市等公共文化空间，满足全龄层文化需求；二层为传统文化艺术展厅、文创空间、美育空间等艺术体验空间，以及自修区、报刊阅览区、专题阅览区、多功能室和静音仓等图书馆各功能区；体育运动区主要分布在三楼、四楼和顶层，包括橙南健身房、健身球馆和露天球场；还拥有一个设有 475 个座位的专业小剧场。三是完善功能配置。城南文体中心集艺术性、观赏性、娱乐性、公益性于一体，馆内所有空间和阵地全年免费开放，满足市民从观看音乐会、戏剧、舞蹈、晚会等多种类型的演出到观影、观展、阅读、艺术培训、健身等的需求，同时探索线上线下联动互促，馆内馆外多元互补，充分发挥文化馆的各项功能。

（二）瞄准青年群体需求，创造新颖潮流的内容体验

一是用新环境、新模样吸引年轻人。通过前期对张家港约 50 万中青年群体需求进行抽样调研，张家港市文化馆发现青年群体基数大、精神文化需求多。基于此，张家港市文化馆从提升青年群体审美水平的角度出发，精心打造一方梦田 · 文化共享空间和一城繁花 · 艺术体验空间，这两个空间内部风格简约、现代、舒适，既契合青年人喜爱打卡拍照的直观体验需求，又为他们提供安静可独处思考的最美公共文化空间；同时以“体育让城市更时尚”为理念，注入“网红”元素，在露天球场定期开展球类社群活动，鼓励和欢迎更多年轻运动爱好者走进城南文体中心体育场馆。二是用新内容、新服务留住年轻人。张家港市文化馆以文化创意项目和文化创意产品孵化基地为目标，常年围绕特色手作、生活美学、戏剧艺术、沉浸式文化、流行音乐等开展形式多样的活动，打造青年社群集聚地和潮流文化体验场；面向 18—55 周岁群体打造市民文化艺术夜校，邀请专业师资力量，开设“咖啡时光”“工笔画艺”“茶味青春”“汉服舞蹈”“中国花

道”“尤克里里”“流行演唱”“戏剧表演”“美妆造型”等多门类艺术课程，受到青年人广泛欢迎。三是用新玩法、新场景黏住年轻人。每月定期开设的“城南好市”艺术生活市集，网罗艺术衍生品、生活美学产品、中古收藏品、茶咖美食等潮流文化元素，秉持时尚、新潮、热烈、包容、洒脱的理念，为青年群体打造文化体验新场景；橙南健身房面向青少年、白领女性等不同人群，开设智能交互、减脂塑形、青少年体适能、泰拳、瑜伽、普拉提等六大特色课程。

（三）动员社会主体参与，开辟公共文化服务新路径

一是拓宽社会力量参与渠道。依托城南文体中心群星剧场，张家港市文化馆与民营演出团体合作，带来除自身戏剧演出、活动外的其他类型演出，丰富演艺内容；整合艺术类社会培训机构、院校、专业艺术院团等优质师资资源，设计研发课程，形成阵容强大、品位高雅、服务优质的师资阵营，为市民艺术夜校的运营提供强大支撑；联合文旅集团，践行“体育生活 +”理念，打造集食、穿、用、练、购为一体的多元化集合店。二是构建张家港美育大资源平台。依托传统文化艺术展厅，开展展览、研学、文游、论坛等活动，全年围绕“二十四节气”、“我们的节日”、长江文化、地方特色文化等开展“我们的文化馆”市民美育系列活动；围绕书法、绘画、茶艺、香道、古琴、花艺等内容，提供丰富多彩的艺术技能普及和艺术活动普及服务，打造传承和弘扬优秀传统文化的美育空间。三是培育文化艺术类社会组织。张家港市文化馆联动全市文化类企业、社会组织等单位，让更多有艺术素养、喜欢艺术的老百姓和社会主体走进艺术殿堂，让公共文化空间成为百姓自己的展示舞台；以培育有潜力的市民艺术家为目标，邀请社会“文艺两新”群体进驻城南文体中心，共同开展文化艺术普及活动，策划文化创意项目，孵化文化创意产品，打造文化创意品牌；探索“公益 + 市场”的院线运营模式，鼓励扶持全市社会文艺团体加入群文院线。

（四）构建媒体矩阵体系，加强张家港文化传播

一是打造新媒体垂类账号。张家港市文化馆创新宣传理念，拓宽宣传渠道，推进传统媒体与新媒体深度融合发展，推出张家港市文化馆视频号、“一城繁

花”公共文化服务小程序等，构建微信公众号、小程序、视频号等于一体的多媒体宣传矩阵及公共文化数字化服务平台。二是拓展媒体合作渠道。与“张家港发布”“遇见张家港”“偶俚张家港”“五彩沙洲”等张家港主流大号、“江苏公共文化云”“水韵江苏有你会更美”等省级文化类大号，“国家公共文化云”“文化馆发展研究院”全国公共文化服务类大号，《中国文化报》《苏州日报》“文化强国”主流媒体类等媒体渠道保持紧密合作，扩大全市公共文化活动宣传覆盖面，实现文化馆整体传播力量质的提升。三是讲好张家港文化故事。将编故事、讲故事、演故事、传故事贯穿公共文化服务全过程，抓住关键节点，利用城南市文体中心开馆之际策划举办文化馆服务宣传周；加强主题宣传，制作《江水流长，文脉永续》《风物张家港·廿四节气》《大学生特种兵极限旅游吃遍城南好市》等主题宣传短视频，开展演出、讲座、论坛活动等直播。

二、取得成效

（一）公共文化服务效能不断提高

一是公共文化服务更加便捷高效。张家港市文化馆把优秀文艺成果送到百姓家门口，打通服务群众的“最后一公里”，每年组织近百场“村村演”“周周演”公益文艺巡演，惠及5余万人次；开展线上服务，把优秀活动送到百姓眼前，“一城繁花”小程序、全民艺术普及线上微课堂推出后，近10万文艺爱好者足不出户即可享受高质量文化服务；线上线下全覆盖扩大受惠面，城南文体中心群星剧场通过5G云技术对演出活动进行实时采编录制，对接中国网正在上演频道以及各媒体平台进行全球播放和推广；城南文体中心体育区整体升级为智慧化平台管理，为市民群众提供“线上预约＋线下体验”的服务模式。二是公共文化服务内容供给更加丰富多样。截至2023年底，开展书法、绘画、摄影等多种非舞台类展览展陈近10场；开设音乐、舞蹈、曲艺、书画等课程及各类文化主题讲座，年均受益2000余人次；戏剧、诗歌朗诵、歌会等小剧场演出超30场，接待观众约1万人；少儿公益艺术培训春季班、暑期班、秋季班累计培训7800余课时，惠及学员4.8万人次；老年大学开课600课时，累计受益800余人；“绽放在港城”公益艺术进校园项目年内开设江帆阮乐、东渡吹打、万红快板、世茂戏剧4个阵地6门课程，年授课超380课时，受益学员300余人；分馆馆长助理下基层辅导48次，惠及900余名文艺爱好者；“5+2”馆校研学课堂开展定制公共文化主题课程14次，服务学生近600人次。三是公共文化服务阵地作用进一步发挥。用公共文化更好地服务长三角一体化发展，增强与周边城市以及长三角地区非遗文化的交流互鉴，拓宽非遗朋友圈，提升非遗创新创造活力，借助长江文化节品牌优势，为推动长江流域文化事业的繁荣发展、推进长江国家文化公园江苏段建设作出更大贡献。

（二）百姓满意度进一步增强

一是文化与百姓生活融入更深了。城南文体中心开馆之际策划的宣传周，7大主题共计259项文化活动轮番登场，真正将“文化馆服务宣传周”办成了人民的节日。推出市民文化艺术夜校，丰富群众业余生活，全年开展了咖啡美学、美妆文化、中国花道、流行演唱等7个门类12门课程，服务学员230余人；“我们的文化馆”市民美育课堂每周六定期开展非遗手工、中医健康、烘焙美食、阅读分享等各类不同课程，2023年6月3日开课以来，已成功开设31次课程，惠及市民700余人次。二是百姓文化体验感更足了。为百姓带来看得见、摸得着的公共文化服务，打造“镜头里的家乡”摄影艺术导赏、传统文化沉浸式体验、叶兆言《思想改变世界》讲座、“为她幸福 为她增光”文化青年奋斗故事分享会、“你会迎向最美的你”张家港市全民艺术普及品牌项目展示交流活动、“说不尽，无穷好”新时代文化馆与美好生活专题研讨会、“城南好市”艺术生活市集等体验品牌。三是百姓的文化获得感更高了。馆内，沉浸式演出、文化沙龙、文艺夜校等主题文化活动“每日一更”；馆外，“城南好市”艺术生活市集人头攒动，草坪音乐会琴声悠扬。打通生活方式新渠道，从全龄参与、多元社交、邻里共融、精神生活等维度赋能文化馆价值，将城南文体中心打造成城市文旅观光地标、多元消费市场、文化传承场域；引导群众自主策划个展、多人联展，不断激活蕴藏在人民群众心中的文艺创造热情，引导市民有序参与。

（三）公共文化品牌影响力持续扩大

一是优秀传统文化品牌打造初见成效。三季“城南好市”艺术生活市集，日均人流达 8000 人次，江浙沪多家自媒体 KOL（Key Opinion Leader，关键意见领袖）现场打卡，全网点击量高达千万余次，以汉服为媒展示中华传统服饰文化元素，以沿江 13 省（区、市）和省内沿江 8 市具有地域特色的展示摊位集中展示长江流域的文化和特色民俗；“沙洲故事”张家港市传统文化艺术展，通过对张家港市非遗和传统手工技艺的艺术化呈现，展示了张家港优秀传统文化与现代生活紧密相连的迷人风采，开展以来观展市民超过 10000 人次，并受到《张家港新闻》《张家港日报》的采访报道。二是市民艺术家培育品牌特色鲜明。市民艺术夜校通过对青年学员的学习培训和考核，筛选出优秀学员，参与到文化志愿服务团队中，如汉服舞蹈的学员加入国风集市视频录制；戏剧表演优秀学员加入市文化馆基层文艺团队，与专业演员一起完成作品的创排和演出；流行演唱学员录制的视频在适合的节气、节日进行推送分享；创意手工课程学员的作品在市集进行义卖等。三是艺术生产能力持续提升。顺利完成繁星奖赛事，荣获金奖 4 个，银奖 4 个，铜奖 2 个。全力打造小剧场精品剧目，由多个获得“群星奖”“五星工程奖”的作品集合而成的原创沙龙剧《夕·席·喜·戏》顺利完成首演和交流演出；小剧场话剧《我要见市长》在紫金文化艺术节小剧场单元（第二届）中获最佳表演奖、最佳舞美设计奖、最佳导演奖和优秀剧目奖。

（四）助力港城城市能级不断提升

一是新空间在展示城市品格和形象中的显示度不断增强。将新空间作为展示张家港城市品牌和形象的窗口，自城南文体中心 2023 年 5 月启用以来，已基本成为张家港多元文化活动阵地并营造出一种全龄市民文化生活丰实充盈的良好生态，成为张家港现代化城区的重要标识。二是在助力城市发展中的功能进一步完善。传承和打造张家港文化特色、促进优秀传统文化对张家港发展的带动作用、营造具有张家港地域文化意境的公共文化空间，成为张家港市文化馆在文化赋能城市微更新中的实践探索。三是新空间日益成为张家港的知名精神文化地标。用新空间助力张家港文化软实力提升，城南文体中心等一些地标性文化设施品牌的标识度、知名度、美誉度进一步增强，在充满沉浸体验的空间中，让百姓真切触摸张家港城市文脉，感受张家港精神，与张家港城市文化交相辉映。

三、创新经验

（一）坚持以人为本

坚持以人民为中心的公共文化服务导向，在创作、全民艺术普及、传统文化传承等方面，自觉坚持以人民为中心的新空间发展导向，将人民性理念贯穿新空间发展各环节；用文化的方式，引导张家港市民树立正确的人生观、价值观，增强文化自信、民族自信。将人民性理念融入新空间建设全过程，在新空间硬件建设、软件配套、内容供给、项目拓展、跟踪服务、运营管理、队伍建设等方面，注重坚持人民性理念，凸显人民性宗旨，坚持用创新的表达满足大众审美、用创新的形式演绎让文化入眼入心、用创新的场景贴近百姓需求。

（二）坚持内容为王

努力创作一批精品力作，继续依托“繁花之舞”群文舞蹈创作研修活动、群文声乐沙龙、小戏小品四季研发模式以及“沙洲故事汇”故事讲演人才培育计划等，激发各个区镇的艺术生产积极性，充分挖掘地方特色题材，积极培育优秀文艺团队，项目化抓好各个门类的作品储备工作，同时选树精品，集结最优力量，以不断“折腾”的模式，抓好作品质量提升工程。深化全民艺术普及，推动少儿艺术公益培训、老年文化艺术大学、青年艺术家、艺术进校园等艺术普及项目课程内容、教学管理的规范化，以学期考核、学年评优、建立社团层层递进机制，着力培养一大批文艺爱好者，选拔一小批文艺志愿者，不断充实全市的文艺人才队伍，在全社会营造“以文化人，以美育人”的浓厚氛围。

（三）坚持融合发展

构建“文化馆 + 旅游”融合新模式，推出群文小剧场院线制，整合张家港非遗文化、文化创意产业、潮流元素等多种文化资源，以促进公共文化服务提质增效为目标，积极拓展社会化公益演艺空间，培育小剧场演艺市场，为港城文化发展注入新活力。搭建融合平台，突破文图博美界限，打通文旅资源，为市民带来一站式、多业态、分众化的文化消费体验，实现从“送文化”到“种文化”服务供给模式的转变。

（四）坚持创新驱动

持续培育骨干演员，通过人才交流、学习观摩、专家指导、专业特训、惠民演出等途径不断精进专业水平，针对个人特点制定差异化发展规划，充分挖掘人才潜力，不断夯实人才基础。通过全市各类群众文化活动发掘文艺新人，壮大人才队伍。创新优化服务计划，继续加强全年龄段公共文化服务，创新用好城南文体中心场地设施，围绕社会主义先进文化、革命文化、优秀传统文化，在实践成果基础上进一步推进青年文化地标打造计划、优秀传统文化厚植计划、市民艺术家培育计划、文化创意项目孵化计划、戏剧艺术全要素发展计划，打造张家港公共文化服务新 IP。

深圳福田：嵌入式新型公共文化空间建设

顾丹丹　匡　文　郑　超*

福田区位于深圳的核心区域，是全市的行政、金融、文化、商贸和国际交往中心。作为国家公共文化服务体系示范区，近年来福田区着力构建更具特色的都市型公共文化服务体系，推动公共文化服务迈上新台阶。然而，经过30余年的发展，城区人口密度极高、土地资源极稀缺、市民多元化的公共文化服务需求与高质量的文化供给不匹配等问题日益凸显。为此，作为超大城市中心城区，福田区向存量要空间，向社会要资源，开展嵌入式新型公共文化空间（以下简称“嵌入式空间”）建设，通过百花齐放的新型公共文化空间涵养中心城区的科学精神、人文精神、艺术精神，真正形成公共文化服务阵地“星罗棋布”格局。

一、嵌入式新型公共文化空间建设的内涵与意义

（一）概念内涵

嵌入式新型公共文化空间是指在辖区内，由社会力量等多元主体建设运营，嵌入商圈街区、园区楼宇、公园绿地、地铁、医院、城中村、会展场所等都市空

* 顾丹丹，深圳市福田区公共文化体育发展中心主任，中国群众文化学会第六届理事会理事。

匡文，深圳市福田区公共文化体育发展中心群众文体部部长，群众文化馆员。

郑超，深圳市福田区公共文化体育发展中心艺术专干，助理馆员。

间之中，具备公益性展示、表演、阅读、培训、交流等文化服务功能，配套场景体验、商业展演、文创销售、餐饮轻食等文化消费业态，同时展现出较高美学品质的实体文化服务和消费空间。

嵌入式空间采取准入制方式加快拓展速度，可通过申报、认定、挂牌、赋能、考核等闭环管理，撬动社会力量，拓展公共文化服务阵地。

嵌入式空间概念的提出经过多轮思考论证。2023 年 4 月，来自全国的专家学者为福田区文化事业发展“把脉定向”，结合实际情况“量身定制”，提出以“嵌入式”方式来开展新型公共文化空间建设，发掘一批由社会力量等多元主体建设运营的公共空间。该类公共空间嵌入在商圈街区、园区楼宇、社区小区等都市空间之中，配套场景体验、商业展演、餐饮轻食等文化消费业态，凸显多样化、公益性、便捷性的优势，真正实现公共文化服务阵地“星罗棋布”格局。这一做法与国家发展改革委发布的《城市社区嵌入式服务设施建设工程实施方案》在做法和目标上不谋而合。

（二）空间特点

嵌入式空间具有嵌入式优化、多元化参与、融合型发展、创新性供给、智慧化体验、高品质设计、专业化运营等特点。

（1）嵌入式优化。在高密度中心城区，大力发展嵌入式空间，让公共文化服务嵌入商圈、嵌入社区、嵌入公共场所、嵌入人流密集地，以空间场景的嵌入带动公共文化服务的泛在，让公共文化元素举目可见，让公共文化服务唾手可得。

（2）多元化参与。嵌入式空间鼓励企业、社会组织、民间文艺团体等多元主体参与建设运营，支持跨行业、跨部门共建、共享、共营，完善激励回报机制，激发文化参与动能，实现政府、企业、市民共赢。

（3）融合型发展。嵌入式空间以文化演出、展览、阅览、培训、讲座、游艺等公共文化服务为主题，积极拓展文化与科技、体育、旅游、商业、交通等融合发展新业态，打造业态融合、功能聚合的文化消费新载体。

（4）创新性供给。嵌入式空间建立以高品质都市文化消费引导社会力量主动参与公共文化供给新模式，提升专业化、标准化、品牌化运营水平，促进都市文化服务新业态高质量发展。

（5）智慧化体验。适应都市文化体验、休闲、消费和传播数字化转型新趋势，突出数字创意赋能空间营造，强化精准服务和社群推广，打造在线、在场融合交互的智慧服务体验。

（6）高品质设计。嵌入式空间具有高品质的空间生活美学价值，空间设计体现艺术、时尚、人文、科技、生态等主题元素，彰显在地与国际、传统与现代兼容并蓄的都市文化形象特质。

（7）专业化运营。按照空间主题、功能和规模要素，合理配备文化艺术专业人才或服务团队，支持空间运营主体与各类专业文化艺术人才或团队建立合作驻留服务机制。

二、福田区嵌入式新型公共文化空间探索及成效

2023 年 9 月，经过申报评选等一系列环节，福田区正式发布认定 100 个嵌入式空间，这些空间各美其美、美美与共，包含了产业双创场景、商业休闲场景、自然生态场景、城市服务场景四大类型，既有天空美术馆、COCO Park 下沉广场等人气爆棚的“网红打卡地”，也有市民花田、百姓书房等与群众生活息息相关的公共空间，它们嵌入在公园绿地、社区园区、交通枢纽、城市街区、商业楼宇、景区景点等都市场域，为市民带来全新的文化体验，与传统公共文化设施形成错位发展。

在开展嵌入式空间建设过程中，福田区主要做法如下：

（一）先行先试，强化公共文化建设机制保障

福田区制定发布了《深圳市福田区嵌入式新型公共文化空间认定管理办法（试行）》作为嵌入式空间认定、扶持和考核依据，对嵌入式空间的申报条件、认定环节、扶持方式、考核机制等进行了详细规定，以完善的制度加强空间建设、日常管理与考核监督，确保公共文化空间的规范化。

（二）社会共建，释放公共文化发展新动能

与空间紧密联动，探索建立社会力量共建共享机制，福田区通过签约挂牌、资金补贴、活动配送等多种途径，支持各嵌入式空间提供公共文化服务和产品，有效激发了嵌入式空间的公益属性，真正实现与传统公共文化设施功能形成错位发展，并为市民提供多样化的公共文化服务。自2023年10月至2024年1月期间，各新型文化空间举办展览、演出、沙龙、手工等活动共70多场，线上线下联动超10万人次。

（三）品牌引领，激发公共文化空间发展活力

福田区以嵌入式空间为阵地，打造文化品牌项目——“星罗棋布”全民创意艺术月，聘请空间负责人成为嵌入式空间“主理人”，发挥他们的专长，以“一空间一主理人”的形式，由主理人亲自策划开展趣味横生的创意艺术活动。从瓷器绘画到艺术疗愈、从唤醒创意多巴胺到挖掘音乐无限可能、从玩转箜篌到肆意跳舞、从学习风筝制作到体验点茶文化……全民创意艺术月活动集结了各种传统、时尚、前沿的艺术形式，包括绘画、音乐、舞蹈、手工制作等类型，深受市民群众的好评，让嵌入式空间“门常开、活动新、群众来”，掀起全民创意艺术的热潮。

（四）内外兼修，塑造公共文化微地标

聚合宣传热度和流量，与各级媒体联动，设计出最美书店、最in咖啡店、最潮商圈等10条嵌入式空间打卡线路，吸引广大市民群众积极参与这一文旅休闲新活动。上线了福田区“星罗棋布”文化地图，一图展示辖区内市区级文化地标13个，街区级文化客厅181个，嵌入式新型公共文化空间100个，让市民“一眼看尽”福田区小而精、多而全、星罗棋布的文体设施。

1. 案例一：让时尚艺术走进市民生活

嵌入式空间之一的时尚临风艺术空间，嵌入在深铁置业大厦内，占地面积3000平方米，是一个集时尚展览、艺术沙龙、美学讲座、艺术摄影、艺术生活方

式传播为一体的生活美学空间，由国内知名服装公司粉蓝时尚与时尚新媒体机构时尚临风共同打造，是国内首个时尚与文化链接平台。在认定成为嵌入式空间之后，其持续为市民输出时尚论坛、服饰手作、民族服饰艺术展览等与时尚紧密关联的文化艺术活动，深受欢迎。

2. 案例二：让艺术空间突破“圈层化”运营

嵌入在福田区梅林街道中康路卓越城的臻木堂艺术馆，是一家传统文化艺术馆，集传统家具及书画展览、文化交流、市场营销于一体。馆藏有百余件经典明式家具和名家书画作品，空间此前一直以固定艺术圈人群为主要受众，在认定为嵌入式空间之后，政府通过宣传指导，使空间内的展览活动和展品向市民公益开放，突破了“圈层化”的运营方式，也为市民带来了不一样的服务体验。

三、未来发展

目前福田区嵌入式新型公共文化空间建设已经开展了卓有成效的探索和实践，形成了一些创新性做法和经验，但仍存在一些问题亟待解决，如嵌入式空间公共服务仍需标准化规范化、社会效益与经济效益仍需寻找平衡、智慧化建设和内容供给仍需提升、规划引导仍需进一步发力等。未来，福田区将以“短期理顺机制、中期融合发展、长期打造‘中央文化区’”三步走为策略，以文化贯穿城市发展的全过程、全方位、全领域。

（一）短期策略：理顺机制聚拢空间

1. 建立“主理人联盟”，将空间“拢住”

在聘请空间负责人成为嵌入式空间“主理人”的基础上，进一步理顺机制，建立嵌入式空间主理人联盟，制定联盟章程和联席会议制度，强化空间的归属感，将空间紧紧“聚拢”在一起，群策群力带领嵌入式空间以跨界、融合、创新的方式参与公共文化服务。同时明确发展空间的长短期目标，深耕空间运营、资源挖掘、文化理念和建设路径，搭建嵌入式新型空间资源互通的新平台，进一步激发区域公共文化服务的活力。

2. 建立服务标准，将空间“管住”

社会力量建设或参与建设新型公共文化空间，不同程度地存在后续管理不到位、缺乏专职管理人员、服务不规范、服务质量不高等问题。针对这些问题，应强化政府的主体责任，不断完善新型公共文化空间的运营管理机制，一方面应继续完善《深圳市福田区嵌入式新型公共文化空间认定管理办法（试行）》，根据实际运营情况，完善嵌入式空间的准入和退出机制，对嵌入式空间进行优化；另一方面，制定与之相配套的经费补贴细则和空间服务标准，对空间开放时长、服务人次、公众满意度等进行量化，对新型公共文化空间的建设、管理和运营情况进行考核。

3. 设立专项扶持资金，让空间可持续

设立嵌入式新型公共文化空间运营补助专项资金，专款专用。补助资金主要用于提供优质公共文化产品和服务。鼓励空间自主策划执行公共文化服务产品，并要求其产品应符合社会主义核心价值观，以弘扬中华美育精神、传承中华优秀传统文化为目标，具有原创性，或内容来源合法合规，同时应为成熟产品，受到社会认可。根据申报审核标准，针对申报项目进行审核，筛选优秀项目进行合作共建。

（二）中期策略：布局优化融合发展

1. 以顶层设计统筹推动嵌入式空间建设

美国、法国、英国等国家都实施了“艺术百分比计划”，规定所有公共建筑建设成本的 0.5%—1.5% 用于艺术作品或公共艺术。福田区将通过完善顶层设计，将公共文化服务设施建设纳入城市更新行动内容，统筹规划，一体推进，明确城市更新中公共文化服务设施占比，借力城市更新，推动公共文化空间跳出固有形态，巧妙植入街区提档升级、传统文化街区打造、老旧小区改造等民生工程，不断补齐城市发展短板，增加公共服务供给，引入社会力量，合作建设更多主题鲜明、服务优质的嵌入式空间。

2. 以嵌入式空间促进公共文化设施布局优化

结合“星罗棋布”计划整体布局，系统梳理全区公共文化设施的现有分布情

况，让嵌入式空间成为福田区公共文化设施的有效补充。通过评估公共文化设施、资源和服务与常住人口、服务半径等，综合分析既有公共文化空间布局现状，通过优化嵌入式空间的数量和范围，统筹大、中、小不同体量文化设施，做好公共文化空间的“填空题”，消灭设施和服务覆盖的盲点，真正让福田市民生活圈中的公共文化设施达到“星罗棋布”，健全便捷高效的空间设施网络。

3. 以嵌入式空间推动社会参与融合发展

把握公共文化服务与相关领域的共生性、互补性与目标一致性，加强统筹协调，推动功能融合、服务融合、业态融合，积极嫁接政企双方“软件”和“硬件”资源，通过政企合作、政府购买服务、社会力量直接投入等方式，共同开展公共文化空间建设工作。除了发掘认定现有新型公共文化空间，还要以“城市领养”等方式，鼓励、撬动社会力量对城市更新中产生的空间，以及城市建筑里的闲置空间开展嵌入式空间建设，吸引企业参与公共文化服务，打造“公共文化+商业”的新形态和新业态，不断提高现代公共文化服务水平和质量。

（三）长期策略：打造“中央文化区”

中央文化区（Central Cultural District, CCD）是指随着经济发展到一定阶段，位于城市中心地带，具有城市一流生活素质、高尚人文内涵和完美生态环境的居住区域。中央文化区由若干功能区组成，可满足城市主流人群集中居住、文化、教育、娱乐、消费、旅游等需求。在全球发达国家，中央文化区已经存在和发展多年，如伦敦建立“文化区”；巴黎提出“再造塞纳河”，打造“世界首个艺术乌托邦”。

作为全国排名前 3 的超大城市的中心城区，未来，福田区将围绕建设“背靠香港，面向大湾区，辐射全中国”的“中央文化区”持续发力。聚焦“三大新引擎”和“三大产业”，宣、文、旅、商交互赋能，重点打造文化聚集区，找准定位，形成具有福田鲜明特点的文化“城设”，让“创意之美、人文之美、空间之美”无处不在，整个城区在文化艺术的滋养下向阳生长，充满勃勃生机。

“禾城艺”：赋美嘉兴公共文化新空间

黄　放　高昱佳*

2022年，嘉兴市文化广电旅游局联合嘉兴市住房和城乡建设局，在市级南湖区、秀洲区、经济开发区选定10个“温暖嘉”驿站作为首批试点，在不改变现有管理运行体制的前提下，依托“温暖嘉”驿站空间设施，植入市文化馆等公益场馆及其文化艺术资源，常态化开展公共文化服务，放大驿站空间社会效益，倾力打造一批特色鲜明、风格各异、服务多样的“禾城艺”公共文化服务品牌。2023年，按照《浙江省文化驿站建设指南》和嘉兴市《关于深入推进“禾城艺”新型公共文化空间建设的实施意见》（嘉文广旅〔2023〕15号），嘉兴市新建文化驿站（“禾城艺”站）20个，超额完成省政府规定8个文化驿站的建设任务。

一、主要做法

（一）围绕“五个艺普”矩阵，常态化开展嵌入式全民艺术普及

“禾城艺”站在不改变空间原有运行管理机制的前提下，围绕“五个艺普”矩阵，通过常态化开展嵌入式全民艺术普及服务，全方位提升“禾城艺”站空间的文化艺术氛围。“五个艺普”包括：开辟一块艺普空间。在驿站内开辟一块用于艺术普及的公共空间，统一悬挂“禾城艺”Logo标识，提供无线上网、展示展

* 黄放，浙江省嘉兴市文化馆创新研究中心副主任，副研究馆员。
高昱佳，浙江省嘉兴市文化馆数字服务中心馆员。

演、音视频播放、艺术鉴赏、传承传播、数字文化服务等功能。配置一批艺普图书。驿站内配置 500 册文化艺术类图书或相关听书资源，纳入图书馆总分馆流通服务体系，定期更换，方便市民自助取阅。入驻一支艺普团队。选择优秀业余文艺团队常态化入驻驿站并明确负责人，每周至少 1 次在驿站空间开展学习、培训、排练、排演等艺术普及活动，提升驿站文艺氛围，协助维护空间环境。制定一份艺普菜单。根据市民需求，依托辖区文化志愿者师资力量，以“基本 + 特色”为原则，设计时间相对固定、门类丰富、形式多样的艺术普及服务菜单，在驿站公示并定期更新，开通“文化有约”平台便于市民预约。培育一项艺普品牌。按照“一站一品”要求，挖掘驿站所在地特色文化艺术资源，吸纳社会力量支持参与，培育一项全民艺术普及品牌。

（二）按照“一站一品”要求，个性化完善“点对点”服务机制

“禾城艺”站以群众需求为导向，结合入驻空间的文化主题、服务需求和环境布局等实际，按照“一站一品”要求，深入挖掘“禾城艺”站所在街道、社区特色文化艺术资源。完善文化馆干部及优秀业余文艺团队与驿站“点对点”服务机制，充分发挥文化馆业务干部专业资源与优势，制定个性化服务菜单，以普惠型文化满足基本需求，以精品型文化提升生活品质，以创新型文化丰富产品体系，整合、盘活、优化全市公共文化服务资源配置，以高品质服务推动“禾城艺”空间高质量发展，不断丰富市民精神文化生活，增强市民文化获得感和满意度。

（三）依托“10 分钟品质文化生活圈”建设，精准化提升高品质服务供给

2022 年 3 月，嘉兴市根据《浙江省“15 分钟品质文化生活圈”建设指南》等相关文件要求，结合嘉兴市实际，提出高质量推进嘉兴市城乡一体“10 分钟品质文化生活圈”建设的实施意见。文件界定，嘉兴市城乡一体“10 分钟品质文化生活圈”是指嘉兴市城乡居民走出家门，在步行 10 分钟左右的范围内，即可到达 1 个必备的公共文化场馆和 3 个以上（含 3 个）其他公益性公共文化空间（设施总量不少于 4 个），公共文化场馆和公共文化空间提供高品质的基本公共文化服务。

市文化馆依托全市“10分钟品质文化生活圈”建设，参照相关要求制定相应的服务评价标准，将“禾城艺”站服务纳入文化馆总分馆服务体系资源供给保障范畴，通过走访调查周边市民及业余文艺团队，充分结合空间特色和群众需求调查结果，精准化提供高品质公共文化服务。

（四）增强“线上线下”互动，多样化推进全民参与共享共建

“禾城艺”站不仅通过嘉兴“文化有约”平台发布各类活动资讯和公告，还接入“浙里文化圈”“智慧文化云”等平台，在线提供活动预约、场馆预约、志愿服务等。“禾城艺”站高度重视推荐和吸纳社会力量和文化志愿者团队参与“禾城艺”站线上线下服务和示范性品牌的创建宣传，鼓励群众成为“禾城艺”公共文化服务的主要参与者和建设者，通过激发参与者的“主人翁”意识、建立健全“三员”队伍挂钩“禾城艺”工作制度、增配工作人员深入推广“禾城艺”、积极联合社会运营场馆开展合作共建等方式和渠道，多样化推进全民参与“禾城艺”站的共享共建。

二、取得成效

（一）内容优质，全民艺术普及氛围更浓厚

全民艺术普及是近年来文化馆工作的重中之重。“禾城艺”站全程以丰富优质的活动内容和形式多样的常态化艺普服务，深度链接、嵌入融合到市文化馆全民艺术普及的开展之中，既从空间层面拓展了文化馆全民艺术普及的覆盖面和普及度，也在提升社会效益层面推动了文化馆全民艺术普及项目切实融入市民日常文化生活场景，同时还在全市营造出浓厚的艺术普及氛围和浓郁的人文气息，使嘉兴市从城市文化生态至公共文化业态均实现了空间与空间、空间与人、人与人之间浑然一体的交互与交融。

（二）布局均衡，公共文化空间外延更广泛

在城市发展进程中，“那些发生在空间中的诸如此类的事物都是以‘功能性

平衡’的方式出现”[①]。可见，功能均衡的城市空间需要其中各个构成版块也以同样均衡的空间规划和功能布局相匹配。截至2023年底，“禾城艺”站在嘉兴包括五县二区、经济开发区、港区在内的9大区域实现全覆盖。“禾城艺”站的整体空间布局不仅使全市公共文化空间的分布更加均匀平衡，也在更广泛的意义上使文化馆社会化公共文化空间的内涵和外延均获得更大的拓展和延伸。此外，各个“禾城艺”站空间特色鲜明、功能迥异的文化活动和服务项目，也极大地丰富和拓展了市文化馆的功能定位和服务边界，为文化馆的蝶变跃升奠定了可行、可及的实践基础。

（三）形式迭代，公共文化服务供给更多元

市文化馆还通过“禾城艺”站的活动和服务产品、内容与形式的迭代升级，提升和完善了嘉兴公共文化服务体系，推动公共文化服务供给的体系更加多元，层级更加立体。这既归因于“禾城艺”站分布的广泛，也得益于空间所在县域、街道、社区各具优势、各具特色的文化资源，以及因此而产生的丰富的需求差异。在这些丰富的个性化需求与特色鲜明的差异性资源的共同作用和挑战下，市文化馆不断探索更加丰富多元的供给模式和服务形式，以高质量、高效能的公共文化服务供给体系与市民高水平、高标准的文化需求相适配、相契合。

三、主要经验

（一）强化多部门协作，促进多维度文化融合发展

1.“文旅＋住建”：多部门协作共建

一直以来，文化馆等公益性场馆受物理空间所限囿，不断寻求和探索公共文化空间的拓展路径。但文化馆公共空间的拓展不能仅仅通过大型新馆的建造或依靠一个部门的投入来实现。“禾城艺”通过文化广电旅游局、住房和城乡建设局、总工会等多个部门的联合协作与投入，探索出一条“共享、共建、共创、共赢”

① 马克·戈特迪纳.城市空间的社会生产[M].任晖译.2版.南京：江苏凤凰教育出版社，2014：247.

的拓展路径，为其他城市、其他领域、其他部门的合作提供了一个良好的范本与模式。

2.“艺术 + 民生”：多效能精准惠民

嘉兴市这些驿站的改造、整治和修建本是为了解决城市一线工作者的生活实难，利用城市的碎片空间而制定实施的一项民生品质提升工程。但因其布局打破原有行政区域限制，实现 2 公里范围内精准布点，城区面上全覆盖，这种布局与文化馆寻求的“小而美”“微改造”“盘活存量”“融入社区生活”等[①]新型公共文化空间的功能定位和建设诉求完美契合。因此，在市文化广电旅游局、住房和城乡建设局等部门的携手运作下，“禾城艺”站应运而生，市文化馆举办各类公益性文化艺术活动为民生助力，并根据各个空间的异质性分别制定多品类、多效能的文化艺术活动，精准惠民。

3.“文化 + 非遗 + 图书”：多场馆聚势联动

在嘉兴市文化广电旅游局全面推动下，市文化馆与市非遗中心、市歌舞团及市图书馆等多个场馆聚势联动，打破各个场馆物理空间限制和工作壁垒，携手在各个“禾城艺”站定期开展书画、摄影、曲艺表演、萨克斯、非遗传承及展览、音乐视听、舞蹈、图书阅读、手工制作等种类丰富、形式多样的高品质“菜单式”服务，为周边市民以及慕名而来的游客的文化、旅游和生活休闲等切实需求提供“一站式”服务。

（二）泛化多意象特征，构建多模态公共空间表达

1. 丰富艺术表达，赋能感知型空间

“禾城艺”站通过文化馆各类资源、各种活动、各种服务的注入，获得了物理空间之外的多重艺术及意象特征的丰富表达。这正如形式社会学创始人齐美尔所指出的，“正是人与人之间的相互作用，填充了空间，并赋予空间以意义。”[②]这些泛化的艺术意象，赋予“禾城艺”空间丰富而真切的体验感，身处其境的人们由感官而获得感受，由感受而获得感知，这些“小而美”的空间也由此而获得

① 王彬. 新型公共文化空间，新在哪儿？[N]. 中国文化报，2021-07-27（6）.

② 刘少杰. 西方空间社会学理论评析[M]. 北京：中国人民大学出版社，2020：41.

意义。

2. 增强数字设备，打造可及性空间

“禾城艺”站除了引入各类文化艺术活动，还根据文化馆开展全民艺术普及具体需要和市民休闲娱乐需求，在各个空间内增加了 WiFi 服务、音视频播放、数字文化服务等功能，增设了智能终端、综合显示屏等设备。数字化设施设备的增设与应用极大地延展了公共文化服务可达范围，增强了市民艺术场景体验，同时也使“禾城艺”站空间成为可触及、可感知、可交互、可体验的可及性空间。

3. 优化资源配置，布局结构化空间

对于城市而言，无论是其空间还是资源，都是有限甚至紧缺的。因此，资源的科学配置和空间结构的合理规划与布局，关系城市的发展前景与更多可能，而城市文化空间的结构化布局，则引导城市文化发展的脉络与方向。同时需要进一步深入思考的是，“城市又是一种‘活态化’的存在，城市文化空间是一个地理空间结构与文化意义系统相互作用、相互制衡的有机进化系统。”[①] 为此，嘉兴市在“禾城艺”站的全市布局上充分遵循统一规划、合理布局的原则，各部门在充分调研的基础上，做到一体化谋划，一盘棋推进，使资源配置最优化，空间布局结构合理且丰富多元。

（三）深化多层级创新，完善多体系公共文化服务

1. 架构创新，拓展大文化体系架构及外延

“禾城艺”站的创新性拓展不仅仅体现在外在表因上，更是从内在机理上大胆突破，蓄势谋事，应变求变。“禾城艺”打破原有的传统体系架构，以大文化概念和视角不断丰富、完善当下公共文化服务体系，从文化架构层面进行探索和创新，积极拓展大文化体系架构的内涵和外延。市文化馆主动谋变，以更广阔的视野、更开放的姿态构建更包容的公共文化服务体系，进一步推进体系的创新性融合发展。

---

① 傅才武.文化空间营造:突破城市主题文化与多元文化生态环境的“悖论”[J].山东社会科学,2021(2):71.

2. 制度创新，完善公共文化服务体制机制

两年来，市文化广电旅游局与市住房和城乡建设局联合印发了《关于打造“禾城艺”公共文化服务品牌的工作方案》（嘉文广旅〔2022〕31 号）、《关于深入推进“禾城艺”新型公共文化空间建设的实施意见》（嘉文广旅〔2023〕15 号）等文件，从制度层面有内容、有步骤、有秩序、有保障地给出了具有指导性、创新性的工作方案和实施意见，进一步完善了公共文化服务体制机制，深入思考如何“建立成功的场景并将它们整合到现有的规划中”①。制度的创新破除了市文化馆与其他场馆之间的场馆壁垒和孤岛模式，使原本服务功能定位各异的各大场馆冲破各自固定场馆的时空限制，充分利用分布广泛的、“小而美”的“禾城艺”空间，携手共建，联合发展，深刻诠释“开放・融合・创新”的丰富内涵。

3. 模式创新，提升公共文化服务体系效能

“禾城艺”站还通过管理和运行模式的不断创新，打破固化的运营方式，根据空间特点和需求，激发社会力量的参与活力与参与热情，积极探索社会化运营，通过与社会机构合作、吸纳有文化情怀的公益人士、招募文化志愿者参与管理等方式，整合和盘活社会各界的优势资源和潜在力量，在促进公共文化服务效能提档升级的同时，也为文化馆管理模式、运行模式、服务模式的创新提供了更多可能、可行、可期的选择。

---

① 西尔，克拉克．场景：空间品质如何塑造社会生活[M]．祁述裕，吴军，等译．北京：社会科学文献出版社，2019：329.

重庆铜梁生态分馆：建设主客共享的美好乡村文化空间

高晓涛　杨　俊　文　章*

铜梁，建县于公元703年（唐长安三年），位于重庆市西部，区域面积1340平方千米，辖5个街道、23个乡镇，是成渝地区双城经济圈中轴线上的关键节点，蕴藏着富集而独特的乡村文化资源。为探索西南地区乡村公共文化服务供需失调、乡村文脉的保护与传承不力、乡村文化市场发展滞后等问题的有效解决路径，铜梁区立足实际，在乡村文化中心的建设、运营、服务和发展等方面进行了大胆尝试，形成"铜梁式"生态分馆，推动铜梁区公共文化服务体系创新发展，走出一条带有铜梁印记的乡村文化"绿色"兴盛之路，孕育出西南地区乡村振兴的明珠。

一、主要做法

（一）布局·扎根：文化阵地入驻乡村美景

生态融合"文与景"，合理规划、科学布局。铜梁区立足乡村实情，制定了《铜梁区基层综合性文化服务中心建设规划（2016—2019年）》《推进基层综合性

* 高晓涛，重庆市铜梁区文化旅游委副主任，区文联副主席。
杨俊，重庆市铜梁区文化馆馆长。
文章，京华洞察文化旅游发展（重庆）有限公司研究总监。

文化服务中心建设实施方案》，以“文化中心＋乡村景区”的生态融合思路，以维护乡村原貌的低碳理念，将文化中心“种”进乡村景区，催化成为生态分馆。例如，“荷和原乡”原生态景区内的土桥镇六赢村生态分馆，将游客接待中心和文化中心进行综合创新与升级，为乡村空间设施赋予社会、文化内涵，形成聚合效应，使村民与游客主客共享美好乡村空间。除了“荷和原乡”，铜梁区还有西来村“玫瑰之约”、玉皇村“在希望的田野上”、河水村“追忆峥嵘岁月”、河东村“八月桂花香”等 8 个生态分馆。

馆内设置“主题式”厅室，拓展文化功能。生态分馆内设有书吧、健身房等基础文化功能室，可实现图书借阅、科普培训等基本公共文化服务，铜梁区还以文化浸润乡村建筑，将闲置厅室打造成“主题式”功能厅。例如：可进行国学体验、龙文化非遗体验的“国学教室”；乡土文化和传统文化服饰展示的“文化展厅”；设有卡拉 OK 等互动设备的“民歌体验馆”，循环展播铜梁籍音乐家作品，宣传推广铜梁音乐；展示有铜梁特色文创产品的“文创展厅”等。铜梁区还以各村文化底蕴和生态特色为设施“点睛”，如荷花渡、荷花廊、荷花栈道、荷花亭等。

（二）运营·供给：文化聚力活化乡村空间

创新形成“政府＋国企＋文化馆＋文化中心”的复合运营主体。铜梁区引入国企共同建设、携手运营生态分馆。由区文化和旅游发展委员会牵头总负责，制定专项实施方案并对生态分馆进行总监管和总指导；国企文旅开发公司对生态分馆设施进行管理与维护，参与运行监管；区文化馆提供服务与设备，面向乡村开展全民艺术普及活动；村综合文化服务中心做引导、镇级政府作协调，共同组织村民积极参与公共文化活动。通过汇集多方力量，形成分工细致、责任明确的复合运营主体，确保生态分馆的运营和服务能够落实到位。

专项方案保障免费服务供给。为保障生态分馆的服务效能，铜梁区制定了《铜梁区生态分馆运行管理办法》，明确要求区文化馆为生态分馆开展艺术培训、讲座、展览等艺术普及活动；开设书法、美术、龙舞等非遗课程且每年不少于 20 期；常年不定期举办优质书画摄影作品展览；年均举办广场舞、才艺秀等演出活动不少于10次。区文化馆还派遣专业骨干驻扎生态分馆办公，统筹开展各类活动，保障专项方案有效实施。

（三）融合·发展：文化精粹激发乡村活力

生态分馆串联本土产业。围绕乡村沃壤，铜梁区在生态分馆就近设置了农产品加工生产间，如六赢村是重庆市莲藕种植大村，铜梁区在“荷和原乡”生态分馆建起了“爱莲人家”农产品加工生产间，开发莲米、荷叶茶、莲荷文创工艺品等，在生态分馆内还设置了农产品展厅，为村民提供销售平台，形成完整的原生态农产品产业链，极大缩减成品的产出时间和营销成本，助推乡村产业高质量发展。

生态分馆添彩乡村文旅。铜梁区依托生态分馆，以“公共文化＋景区”的理念，形成“文化游、文化购、文化娱、文化餐、文化宿、文化行”的创新文旅模式。生态分馆直接参与并策划樱桃节、荷文化节等乡村旅游节会，借主题节会打造非遗展览、龙舞表演等公共文化进乡村系列活动，让本地村民受益的同时，也吸引游客深入体验。随着乡村旅游的快速发展，大批外出务工村民陆续回乡就业，在铜梁区委区政府的帮助下，开始自建自营精品民宿，如西郊雅社、原乡藕寓、月色雅筑等，节假期间这些民宿常常客满，2022年“五一”小长假，全区59家乡村民宿入住率100%。铜梁区借公共文化升华了景区属性，擦亮了有看点、有卖点、有热点的“周末到铜梁”乡村文旅品牌。

二、主要成效

（一）极大促进城乡均衡发展

依托生态分馆，铜梁区不仅面向乡村输送了区级品牌活动，还将“原生民歌进景区”、龙灯艺术节等国家级、市级品牌赛事和活动送进乡村，以优质文化资源灌溉乡村土壤；生态分馆的设备及衍生功能，使村民也能体验到城市化、先进化、品质化的公共文化服务，在硬件和环境上，极大地缩小了城乡差异；文化中心与景区的融合，使公共文化覆盖了全国各地的游客，让生态分馆成为主客共享的美丽乡村空间。铜梁区借公共文化之路减少了“重物质、轻文明”的乡村文化生活萎靡现象，以低碳举措和融合思路促进了城乡一体化、生态化、均衡化发展。

（二）做强文化艺术普及品牌

铜梁区围绕本土民间文化“龙文化”打造了一系列文化艺术品牌活动，如龙灯艺术节、《追梦·铜梁龙》山水实景剧、龙灯彩扎体验等，借生态分馆阵地，将文化艺术品牌活动送进乡村和景区，带动本区群众和游客共同关注民间文化。截至 2022 年 5 月，全区共培养“龙舞干部”1800 余人，建有龙舞表演团队 30 个，全区铜梁龙文化知晓率达 100%，每年仅在生态分馆开展的火龙演出就有 100 场以上，每场观众 1000 至 3000 人。铜梁区借生态分馆的服务场所做大做强了本土文化艺术品牌，将“龙文化”的种子撒向全国，让民间艺术真正融入百姓生活。

（三）显著增强乡村内驱动力

公共文化与景区的结合不断激发铜梁区乡村内生动力，为乡村文旅的高质量发展带来亮眼成绩。2021 年，铜梁区乡村旅游接待游客 900 万人次，实现旅游综合收入 32.4 亿元。相较 2019 年，2021 年铜梁区乡村旅游年度接待游客增长了 29%，乡村旅游综合收入增长了 35%。借助公共文化的加持，铜梁乡村旅游屡获行业嘉奖，如“中国十大最美乡愁旅游目的地”“全国乡村旅游重点镇”“全国乡村旅游重点村”等。

三、经验总结

（一）营造“空间与景”乡村美学，扩展公共文化服务内涵

以“文化中心 + 乡村景区”创新融合模式，将综合文化服务中心“种”进乡村景区，使文化与美景形成生态平衡。一是让公共文化与乡村原貌、乡村生活实现交互，重塑和谐人地关系，展现乡土人文之美、自然生态之美；二是借生态分馆延伸总分馆制触角，以“政府 + 国企 + 文化馆 + 文化中心”的复合运营主体维

护乡村原生美景，保障场馆长效运行；三是赋予乡村景区文化功能，为文化中心叠加景区属性，基于乡村原貌实现“空间与景”新型搭配，以合理的美之视角优化乡村空间，极大限度地扩张了服务覆盖人群。

（二）协调“文化与生活”的空间矛盾，助力乡村精神文明建设

铜梁区选择在乡村景区设分馆、文化中心，有效避免开发耕地，让文化空间和生活空间合二为一，既维护了村民原有的生活方式，又能以公共文化填补闲暇时光，让生活与文化充分交织：一来乡村景区地势开阔，可为村民提供良好的公共交往阵地；二来乡村景区离村民更近，到访更加便利；三来借乡村节会在生态分馆开展村民表彰大会、理论宣讲，促进乡村和谐健康发展。同时，铜梁区还建立了完善的群众文化需求反馈机制，引导群众积极参与公共文化事务，共话乡村未来，充分体现村民的主体性，培养村民文化自觉。

（三）守护“人与自然”的和谐共生，从内至外落实乡村振兴

铜梁区在景区布局生态分馆，坚持“山头不推、稻田不填”的环保理念，形成“内外兼修”的乡村美学场所，让村民与自然、游客与自然形成生态平衡。在建设运营上“内外兼修”，一是借生态分馆的阵地守住文化根基，探寻“人与自然”的内在共识，让人类生活细节和自然美景共同融入乡村文化空间；二是通过生态分馆弘扬优秀文化，构建“人与自然”的现实场所，如出售原生态本土农产品，开办文化活动等。在服务供给与实践上“内外兼修”，一是输送文化养分，引导村民达成热爱乡村、发展乡村、保护乡村的“绿色”共识；二是借文化之力改善村民经济条件，如指导、帮助村民转化文化资源，引导村民自建自营民间博物馆，以农文旅商融合，带动本土乡村的经济发展等。铜梁区坚持乡村原生态发展之路，让乡村生活、乡村美景与乡村文化空间产生和谐对话，促使乡村振兴更绿色、更生态、更高质。

河南平顶山："乡村文化合作社"促进文化事业产业融合发展

潘　峰　王妍婷*

乡村文化孕育了丰富的物质财富和精神遗产，构建了中国传统文化得以传承和繁荣的基石。河南省响应文化和旅游部、国家发展改革委、财政部《关于推动公共文化服务高质量发展的意见》，遵循省委宣传部推动的"八大工程"任务指导，在全省范围内构建乡村文化合作社（以下简称"合作社"），取得了显著成果。截至2023年12月，全省已建立10466个乡村文化合作社，发展社员11533人，服务了超1000万群众，有效增强了乡村公共文化服务的效能及文化传承力度，同时促进了乡风文明和乡村文旅产业的融合发展。

一、乡村文化合作社的内涵

乡村文化合作社是一种群众性的文化合作组织，它由村民基于自身的文化技能或共同的文化兴趣自愿形成，依托乡村文化艺术队伍而发起，主要以开展自娱自乐活动为主。这些合作社根据当地资源条件，有计划地按照不同的艺术种类，形成具有特定特色的专业化或多功能综合性合作社，并可拓展设立分支合作社。

* 潘峰，平顶山市群众艺术馆副馆长。
王妍婷，平顶山市群众艺术馆办公室主任。

（一）建设目标

推动公共文化服务高质量发展，提高乡村基本公共文化服务水平，创新实施文化惠民工程，创新新时代乡村文化建设模式，增强基层公共文化发展活力，提升基层公共文化服务效能，助力乡村振兴。按照因地制宜、自主自愿、宜建则建的原则，引导本地区合理扩大文化合作社建设范围；形成以文化合作社为依托的乡村文化建设新模式，繁荣活跃乡村文化，助力乡村文旅融合和产业升级，为乡村振兴提供强大精神动力。

（二）建设要求

乡村文化合作社致力于提供公益性的文化服务，核心原则是尊重并以乡村群众为中心，建立在群众参与和支持之上，深入到群众当中并以此为基础服务群众。合作社鼓励和引导乡村居民进行自我创作、自我导演，以实现自身的展示、管理和发展，从而更加有效地满足乡村居民对文化的需求，并提高基层公共文化服务的质量和效率。同时，合作社积极探索与文化产业、旅游产业、农业等多个领域的集成与互动，推动乡村文化与经济价值的融合，这一策略旨在为乡村振兴提供可持续发展的强力支撑。

（三）组织形式

乡村文化合作社依托当地资源，由群众主导创立，既有基于现有民间艺术团队转型升级的“戏曲合作社”“书法合作社”“广场舞合作社”“绘画合作社”“民间文化艺术合作社”“非遗合作社”等各具特色的专业文化组织，也有融合多种文化艺术种类的综合性合作社。在人才资源较多的地区，一村可设立多个分支合作社；对于人口较少、地理位置相近的多个村庄，可以联合成立一个合作社。此外，还鼓励地区之间加强文化合作社间的交流与合作，形成一系列既具特色又具规模的乡村文化合作社联盟，以此扩大其社会影响力和服务范围，构建起有影响力的服务品牌。

二、平顶山市“乡村文化合作社”建设主要做法

（一）紧抓建设试点，布局新型业态

按照河南省文化和旅游厅《关于推进乡村文化合作社试点工作的通知》精神，平顶山市采取了以点带面的创新策略，按照“抓试点，创新做法；抓培训，稳妥推进；抓亮点，各具特色”的工作思路，利用已有的“乡村音乐厅”建设和“寻找村宝”等文化志愿服务活动，结合“四看”的选拔原则选择试点村庄，即查看村民文化需求与“村官”工作状态，查看村庄及周边的文化资源条件，查看文化、旅游和产业融合发展的可能性，查看是否有文化志愿者团队参与。试点建设分为三个步骤，即基层县区推荐，专家组实地考察与座谈研究，根据具体工作需求实施综合筛选。通过这一流程，平顶山市确定了四个乡村文化合作社建设试点村，分别是郏县阎广地天乡邱庄村、新华区焦店镇焦店村、宝丰县大营镇清凉寺村以及鲁山县瓦屋镇楼子河村，并已正式挂牌启动试点工作。

平顶山市以“因地制宜，聚焦特色”为实施路径，注重整体规划、统筹推进、重点保障，探索乡村文化供给侧结构性改革实践，挖掘乡村内生动力，鼓励创新实践，发挥基础条件较好的试点乡村带动作用，逐步覆盖全域路径，推动乡村文化合作社全面建设。

（二）“末梢”变“前端”，引领乡村振兴主旋律

平顶山市将文化置于乡村振兴战略的前沿，将乡村公共文化创新发展作为巩固乡村发展根基的重要策略。确立了明确的建设原则：坚持正确导向，以保证文化发展的方向正确性，追求高品质发展；统筹兼顾，推进城乡文化发展的均衡；深化改革，拥抱更广泛的开放合作；鼓励共建共享，实现文化发展的多元融合。通过建设城乡一体化的公共文化服务体系，推动公共文化服务资源的均等化分配。在尊重和发挥每个乡村特色的前提下，下沉工作重心到乡村层面，促进公共文化服务与旅游、文化事业、文化产业的深度融合，将“末梢地带”转变为公共文化建设的“前沿阵地”，从而激发乡村公共文化持续自发发展的新动力。

（三）文化赋能产业发展，打造多样态乡村文化合作社模式

文化不仅是产业持续发展的根基，也是驱动力，因此，提升文化产业及服务是实现文化促进乡村振兴的主要方式。乡村文化合作社建设应深度融入乡村振兴的各个方面，促进其内涵与形式上的多样化进步。合作社的活力核心在于民众的广泛参与及其自我驱动能力。从这个视角出发，乡村文化合作社的发展重点不应当局限于文艺演出和文化广场，而应当包含促进产业发展的多个层面。文化合作社应发挥作为“催化剂”的作用，在推动乡村特色产业的发展过程中增添价值与吸引力。

三、平顶山市“乡村文化合作社”建设的阶段性成效

（一）“文化合作社”提升了公共文化服务效能

公共文化服务效能提升是乡村文化建设的关键。许多乡村目前正在开放、进步，沿着自我管理、自给自足的发展道路前进，公共文化服务正不断地唤醒内生驱动力。这种动力有效推动了文化的生产力和消费力，让乡村居民在乡村文化建设中感受到切实利益，不仅提升了他们对文化服务的接受程度，还促进了他们在文化活动中的主动参与性，从而提高了乡村公共文化服务的整体水平。自 2020 年 9 月落实乡村文化合作社试点工作以来，按照“跟紧步伐、迈大步骤、走实步骤”的工作原则，平顶山市已成功建立了 516 个乡村文化合作社。在此基础上，成立了包括汝瓷文化、非物质文化遗产、戏曲、书法摄影、红色文化、文化旅游发展、农产品贸易、农业耕作养殖等领域的 230 个文化合作社分社。这些合作社拥有 322 个各式文化团队和 5565 名社员，组织活动累计超过 580 场，直接惠及近百万群众。

（二）“文化合作社”推动了乡村文化品牌建设

地方特色文化品牌建设是“乡村振兴”战略的重要抓手，文化合作社正是乡村文化品牌建设的实践。目前，平顶山市下属各县（市、区）紧密结合乡村文化

和旅游产业发展、非物质文化遗产、农业发展以及所在区域自然资源优势，坚持特色化、差异化发展原则，融合文化产业、文化体验、特色民宿等多种形式，培育有产业支撑、有文化内涵、可持续发展的乡村文化品牌，文化合作社已经成为平顶山乡村振兴和乡村文化建设的生力军。

（三）“文化合作社”激活了乡村创新、创变模式

文化合作社是平顶山市推动乡村文化振兴的关键环节。目前合作社主要分为四种模式：一是文化能力带动模式，以社长周莹贤为代表的鲁山县楼子河村文化合作社利用合作社契机，依托河南村宝和“中国乡村文化能人”称号获得者的区域影响力，成立了农民艺术团、非遗文化分社和农贸销售分社，并发展养鸡、养羊、种植香菇等产业；二是新农村乡闲“书居”建设模式，河南省首家农村公益书吧“一鸣书居”集民宿、休闲茶叙、读书等功能于一体，成为村民的精神文化乐园，郏县邱庄村“一鸣书居”全省开办 18 家民宿；三是“文创赋能”红色传承模式，叶县桐树庄村文化合作社发挥徽派建筑和红军第九军诞生地的文化资源，助力乡村文化生态旅游业发展；四是融合特色产业发展模式，宝丰县大黄村文化合作社集聚各类人才，积极发展电商直播，引领当地村民将网红、直播作为一种新时尚，截至 2024 年 1 月，图书小商品分社带动从业人员近万人，年产值近 5 亿元；渔具电商分社包括 92 家单位、120 个直播间、19 个电商服务点，2 个电商培训基地及 180 名带货主播，带动就业 5000 余人，线上交易额破亿元。

（四）“文化合作社”实现了文化和经济价值融合发展

“文化合作社”在乡村振兴中扮演了重要角色，不仅保障了乡村的基本文化权益，丰富了村民的业余文化生活，满足了其对精神文化的需求，还推动了产业的发展，成为乡村振兴的强大内在动力和精神支柱，创建了新的文化坐标，使乡村的文化价值与经济价值实现了统一。以宝丰县清凉寺村文化合作社为例，自 2020 年 9 月成立以来，有效地将文化优势转换为经济优势，在其影响下，汝窑企业和作坊的数量从 76 家增长到 97 家，从业人员从 300 多人增加到 500 多人，年产汝瓷数量达到了 45 万件（套），产值超过了 1 亿元；韩店乡村文化合作社整合

全村唢呐艺人，联动周边村民一起制作唢呐乐器、排练木偶戏、参加唢呐商业演出，截至 2023 年底，韩店唢呐已经形成产业化发展，现有从事唢呐演出团体 36 个 210 人，年创收 560 万元。这些变化凸显了文化合作社在促进经济发展和文化振兴方面发挥的显著作用。

四、经验启示

（一）乡村文化合作社建设坚持正向文化引领

在乡村文化合作社建设中，必须坚守社会主义文化发展的正确方向，以恪守国家的法律法规，秉承社会主义核心价值观作为行动指南。该项目的进行需要强化政治导向，倡导并传承中华优秀传统文化，同时致力于提升公民的文化素质和文明程度。此外，应采用现代化和数字化手段，以更加社会化的服务方式，满足人民多样化的文化需求。应以提供高品质的公共文化服务为基础，提高基层文化生产能力和文化消费水平，从而实现乡村地区文化建设水平的显著提升，使其不再成为文化发展的短板。

（二）乡村文化合作社建设坚持以群众为核心

乡村文化合作社建设需坚持以群众为中心的原则，尊重并关注村民的主体地位与需求，打造既具特色又注重互动体验的新型乡村公共文化空间。首先，要激发村民参与文化活动和提出文化建议的热情，鼓励和支持自主创作、导演和表演，实现在文化活动中的自我表达、自我管理和自我提升。其次，需加强村民在乡村文化建设中的参与感和主导作用，增进村民的文化素质、创新能力和对本土文化的自信，促使村民在自我发展和自我实现的道路上不断前行，塑造出积极向上、文化底蕴深厚且充满活力的乡村形象。

（三）乡村文化合作社建设坚持优化统筹

为了充分发挥合作社在资源整合和文化推广方面的作用，乡村文化合作社建设应关注以下几个方面：一是打破地域限制，实现资源共享。通过跨越地域界限，整合各类文化资源，合作社可以带动区域内的共同发展，增强社会参与乡村建设的效能和活力；二是促进区域内合作，合作社应担当搭建平台的角色，鼓励和引导乡村文化能人、具有价值的村宝以及杰出文艺团队之间的合作；三是文化交流和扩大影响，通过组织文艺表演活动与交流，促进村与村之间的文艺“走亲”。通过资源共享，合作社可有效扩大其文化影响力及服务范围，充分利用并活化乡村现有的文化资源。

（四）乡村文化合作社建设坚持多元可持续性

乡村文化合作社作为乡村公共文化服务的关键补充，对于推动乡村振兴具有重要意义。一是利用本土特色，根据合作社的独特特点和所在地的具体情况，发展特色化服务；二是多领域融合，积极与旅游、农业、教育、文化、商业等行业的发展策略结合，探索跨领域的融合发展模式；三是助力乡村振兴，通过文化赋能，激发乡村旅游和经济活力，帮助实现文化价值与经济效益的相互增强；四是经济与文化价值的统一，推动文化和经济发展相融合，以产业支持为基础打造乡村文化合作社，确保其可持续发展。这样的发展策略不仅能够增强合作社的可持续发展动力，还能推动实现乡村文化与经济的全面振兴。

赤壁市群艺馆：馆站同频打造乡村振兴文化品牌

王　霞*

赤壁市群众艺术馆以总分馆建设为抓手，以乡镇综合文化站为基础，以乡村振兴发展为契机，实施馆站同频共振，保护传承砖茶文化技艺，打造乡镇特色文化品牌。借助国家"一带一路"倡议，复兴"万里茶道"源头重镇，实行文化事业与文化产业有机结合，文化资源与旅游资源全面整合，公共文化与全域旅游深度融合，公益服务与市场经营密切契合，助力乡村振兴，实现社会效益与经济效益双丰收。

一、培养本土文化人才，创作精品传道授业

赤壁市赵李桥镇是我国青砖茶、米砖茶的原产地，赵李桥砖茶制作技艺被国务院公布为第四批国家非遗扩展项目名录之一。赤壁市群众艺术馆于2020年建立赵李桥砖茶制作技艺非遗展示厅，每年举办讲座交流活动10次以上，组织专家和本土文艺工作者潜心创作排演《羊楼洞青砖茶》《万里茶道》《赤壁茶歌》《敬茶歌》《茶韵》《竹玲珑》《茶廉道》等音乐舞蹈戏曲作品，在省内外展演展示，并在线上线下进行直播宣传。其中，《竹玲珑》荣获湖北省广场舞比赛一等奖，《茶廉道》荣获第九届全国小戏小品"优秀剧目"奖，《茶韵》荣获2023年湖北省品

* 王霞，赤壁市群众文化事业发展服务中心主任，副研究馆员。

牌大赛金奖，这些作品的演员均由赤壁市群众艺术馆业务骨干、乡镇综合文化站文化辅导员来担任。

赤壁市群艺馆联合赵李桥镇综合文化站，发挥市级、乡镇文化人才优势，在赵李桥镇羊楼洞，鼓励居民乡贤利用祖屋民居新建 10 多家茶馆或茶文化工作室，成立茶文化宣传队伍 6 支，总人数 180 余人，台上开展茶艺表演，台下料理茶歇、普及茶文化知识，传播青砖茶茶道。2019 年完成了《赵李桥砖茶制作技艺》特色数字资源库建设。每年的“文化和自然遗产日”，赵李桥砖茶等传承人都到相关活动现场展示技艺。

二、新建砖茶博物馆，打造文旅新空间

2019 年以来，赤壁市政府利用社会力量投资 8000 多万元，相继创办了中国青砖茶博物馆、中俄万里茶道展览馆、赵李桥砖茶厂“川”字茶博物馆、羊楼洞茶博会展馆、中国青砖茶未来实践展示馆，建立“赵李桥砖茶制作技艺”传承基地，将自然与人文交汇、旅游与茶品融合。

2020 年 6 月开始，赤壁市群艺馆依托青砖茶博物馆，组织青砖茶制作技艺传承人、本土茶文化专家举办赤壁青砖茶文化讲坛，每周二至周日 9：00-17：30 实行免费开放，法定节假日或专场活动期间延长开放时间或另行开放，常态化开展茶文化传承活动。每年为辖区乡镇、社区、中小学校开展传承人讲习活动 5 次以上。如今，在羊楼洞古街区，家家用茶诗茶词赋予楹联的意境，户户用茶歌茶戏载寓时代的神韵，人人用民俗表演茶品的内涵，个个用俚语调节茶道的氛围，形成“中国青砖茶泛博物馆”，年均接待参观 30 余万人次。2023 年 12 月 14 日，赤壁青砖茶文化讲坛被湖北省文化和旅游厅评为“2023 年度湖北省最美文旅新空间”。

三、擦亮中华文化老品牌，创建文旅融合新示范

赤壁市赵李桥镇羊楼洞被中国住房和城乡建设部授予“中国历史文化名村”，

“川”字牌砖茶被原国内贸易部授予“中华老字号”称号。赵李桥羊楼洞作为湖北申遗段节点之一，积极参与中、蒙、俄三国联合申报的“万里茶道世界文化遗产”工作。2019 年，羊楼洞古镇列入“万里茶道”申报中国世界文化遗产预备名单。

“赤壁市赵李桥镇（砖茶制作技艺）”被命名为“2021—2023 年度‘湖北民间文化艺术之乡’”，2021 年 11 月 3 日，被文化和旅游部命名为“2021—2023 年度‘中国民间文化艺术之乡’”。2022 年 12 月 28 日，赤壁市赵李桥镇《复兴万里茶道重镇 助力乡村振兴发展》被确定为“中国民间文化艺术之乡”建设典型案例，持续在国家公共文化云展示。2022 年 7 月，赵李桥镇作为“中国民间文化艺术之乡”建设案例，应邀参加湖北省第三届荆楚乡村文化旅游节，在“基层公共文旅服务质量提升”培训班上作典型经验发言。

2021—2023 年，“万里茶道复兴建设”被确定为赤壁市创建第四批湖北省公共文化服务体系示范区中的文化和旅游深度融合示范项目，以全省第一名的成绩通过验收。2023 年 9 月，赤壁市作为“中国民间艺术之乡”代表，应邀在成都举办的“首届中国群众文化品牌发展大会”上展示并做典型经验交流发言。

2022 年 11 月 18 日，《湖北省赤壁市“派出制”+“驻站制”，探索总分馆人员建设新路径》，被中央宣传部、文化和旅游部、国家发展改革委确定为“基层公共文化服务高质量发展典型案例”，并在全国宣传推广。赤壁市群众艺术馆总分馆坚持以“创造性转化、创新性发展”为工作理念，对区域内非物质文化遗产工作深入开展普查、登记、挖掘、整理、申报工作，其中，国家级非遗项目——赵李桥砖茶制作技艺通过几年来不断创新发展，于 2022 年 11 月 29 日参与中国申报的“中国传统制茶技艺及其相关习俗”，在摩洛哥拉巴特召开的联合国教科文组织保护非物质文化遗产政府间委员会第 17 届常会上通过评审，列入联合国教科文组织人类非物质文化遗产代表作名录。

四、复兴“万里茶道”小乡镇，践行“一带一路”大战略

赤壁市赵李桥镇羊楼洞是万里茶道的起点之一，赵李桥镇现辖 9 个村、3 个

社区，总人口 3.7 万人。2015 年，国际茶叶委员会授予赤壁市“万里茶道源头”，授予赵李桥为“世界茶业第一古镇”称号；原湖北省文化厅分别授予赵李桥茶厂“湖北省文化产业示范基地”“省级非遗传承基地”称号；2019 年羊楼洞古镇荣获“中国人气文旅小镇奖”。

赤壁市借助国家“一带一路”的战略部署，连续九年举办国际茶产业发展论坛暨中国茶业大会，赵李桥镇作为“中国有机农产品展销会暨中国青（米）砖茶交易会”的主会场之一，连续五届参与举办各类文化旅游活动。2021 年 11 月，以“复兴万里茶道 共筑‘一带一路’”为主题的赤壁青砖茶产业发展大会在上海和羊楼洞上演双城记。羊楼洞主会场的万国茶市建成“中国湖北羊楼洞国际博览中心”集群，“一带一路”共建国家代表 200 多家国内外参展商和专业采购商开展展示展销、商务对接、洽谈签约等商务活动，国际茶馆董事会主席、俄罗斯茶咖协会主席拉马兹·钱图里亚等世界五大洲 30 多个国家的代表与国内有关领导专家齐聚赤壁。

通过举办“一带一路”赤壁青砖茶产业发展大会、青砖茶文化大讲坛，展示“万里茶道”的光辉历史，讲好“一带一路”动人故事，“让茶融入‘一带一路’，让世界爱上中国茶”。

五、拓展砖茶文化品牌，助力乡村振兴大发展

乡村要振兴，文化必先行。赵李桥镇以“赓续百年茶香，擦亮百年品牌，打造百亿产业”为目标，结合“万里茶道”文化旅游品牌建设，与卓尔集团签约投资 20 亿元，以“全球首家茶文化俄罗斯风情主题公园＋国际茶源文化特色小镇”为主题，打造“世界茶业第一古镇”。羊楼洞茶业有限公司投资 10 亿元，建设集“种茶、制茶、品茶、赏茶、买茶”于一体的“中国·赤壁羊楼洞茶生态文化产业园”，已入选“第二批中国乡村旅游创客示范基地名单”。

截至 2023 年底，全镇茶园面积 15 万亩，茶业企业（厂）17 家，年产砖茶达 3 万吨，实现年产值近 4 亿元，带动全产业链产值达到 21 亿元。全镇从事砖茶生产制作的人数达到 3 千多人，年创收益 10 亿元以上，生产总值 84.5 亿元，年均

增幅达到 40%，全镇以“一块砖茶”为引领，同全市、全省、全国一道同步进入全面小康社会。

今天，睿智勤劳、包容创新的赵李桥人正奋力实干、砥砺前行，吹响全产业链发展的号角，一座历史沉淀与现代文明交融的砖茶小镇正迎风起航。

湖南怀化："和美乡村推介官"促进经济社会效益双提升

杨芷清 *

2023年，湖南省怀化市在创建全国"乡村网红"培育示范市的进程中推出"和美乡村推介官"，并以多元方式充分利用各类平台优势宣传推介地方文旅特色资源，火热推出"乡村网红"打卡地。

一、主要做法

怀化市"乡村网红"培育从"增链、延链、强链、稳链"着手，多措并举培育"和美乡村推介官"，使之成为乡村振兴的代言人、带货官、形象大使，并建立"乡村网红"协同发展中心、专家工作室、创作基地等，朝着"网红怀化、怀抱天下，福地怀化、梦舞全球"目标迈进。

（一）强化要素保障，推进和美乡村推介官"集群增链"

1. 建立培育机制

一是强化政策保障。怀化市人民政府2023年印发《怀化市推进数字经济发展实施意见》，成立创建全国"乡村网红"培育计划示范点建设工作小组，明确以

* 杨芷清，湖南省怀化市文化馆馆长，研究馆员。

市文化馆为总基地，各县市区文化馆为分基地，村级为载体，不断完善基础设施条件。发展电商、短视频直播带货，提高农业生产环节的数字化水平，吸引年轻人参与乡村产业发展。二是培育新型公共文化空间。全市建成54家“文旅驿站”，推出“智慧e站”和“15分钟公共文化服务圈”，让人民群众在更大范围共享文化发展成果。三是举办“乡村网红”技能培训班。推进实施培训、练兵、竞赛、奖励、推广“五位一体”技能人才培育培养助推长效机制。

2. 健全联动机制

一是部门联动。市文化旅游广电体育局、网络安全和信息化委员办公室、农业农村局、共青团四个部门联合举办全市“乡村网红”培育示范活动暨“和美乡村推介官”“文化旅游推介官”和“文旅网红打卡村”评选活动，寻找下一个乡村之星。建立“乡村网红”人才库，开设优秀事迹专栏，通过聚集人气，拉动流量，形成留量，2023年全网全媒体怀化文旅流量突破100亿+。二是网络联动。电信为基层治理和为民服务注入“智慧基因”；移动推动实现行政村100%通宽带；联通将全球公认的“黄金频段”900MHz频段安装到农村；邮政进行精准定位投放，引领“乡村网红”流量增长。三是文农联动。围绕特色产品做好乡村网红直播推销，推动黔阳冰糖橙、会同魔芋、麻阳小籽花生、侗藏红米等地理标志网红产品销售呈现迅速增长。

3. 建强运行机制

一是强化数字文化平台功能。怀化市实施数字文化艺术普及三年提质计划；建成全省首家市级文旅志愿服务平台；市文化馆荣膺文化和旅游部全国最佳志愿服务组织称号；展示万卷文旅等数字文化企业10余家。二是推动“乡村网红”融入怀化并对外宣传。每年召开新闻媒体和“乡村网红”代表座谈会；发挥怀化市是世界杂交水稻发源地、中国药材和水果之乡等优势，赋能打造国际种业之都；吸纳“乡村网红”参加湖南（怀化）RCEP经贸博览会和专题推介、展演、探旅等主题活动。三是指导建立乡村振兴“直播小屋”。建设一批有特色、辨识度高的“直播小屋”，怀化市对优秀直播间适当支持其购买直播设备或为其免费拍摄推广作品。

（二）强化示范带动，推进和美乡村推介官“服务延链”

怀化市注重以点带面，以线成片，推动“和美乡村推介官”服务链延长，呈现“网红”直播的奋进态势。

1. 城乡互动共荣

一是举办“神韵雪峰·能歌善舞”抖音大赛，实现群文活动“线上红红火火，线下安全运行”，大赛征集作品600余件，展示优秀作品380余件，总播放量近20万次。二是创建“‘城乡文化共建’——‘买单拼单派单’文化‘单单实单’”品牌，为公共文化服务供给侧结构性改革进行有益探索；创作快板作品《乡“理”乡亲真带劲》获全市优秀理论微宣讲视频；出版《辰河高腔曲牌音乐全书》，首次解开圈腔点板之谜，为中国音乐史作出贡献。三是试点启动怀化城乡际间、乡镇际间、村际间和美乡村推介官交流活动，被称赞为“助力乡村振兴‘增智启迪’的良性内循环”。

2. 品牌示范带动

一是由文化和旅游部全国公共文化发展中心、湖南省文化和旅游厅在怀化市会同县共同主办“和美乡村推介官”全国交流展示活动暨怀化市“我们的节日·中秋”——2023会同手工柴火月饼文化旅游节，活动综合覆盖受众超1.07亿，展示中国和美乡村动人画卷。二是动员“乡村网红”参与怀化市第二届铿锵号子山歌擂台赛暨长江流域邀请展演活动，让“黄岩山上歌如海·民族团结一家亲”成为湖南打造内陆地区改革开放高地中的文旅崛起新力量。三是怀化俏媳妇“五个一起来”、孝坪镇举办的湖南“村BA”、麻阳“逆流而上”龙舟队、侗款侗约“三入三化”和美侗寨模式等20多项品牌愈加成熟；大型交响音乐会《一粒种子改变世界》在北京上演；“亮嗓对歌”村晚成为5省周边热衷参与的品牌活动。

3. 助力文旅IP

一是将和美乡村推介官培育目标推广到13个县市区、高新技术开发区、国际陆港经济开发区和2000多个村（社区）。突出“文旅消费新蓝海”，举办交流展示活动，聚集人气，拉动流量。二是培育强劲文旅IP。怀化市以旅发大会为抓手，成功推出一座“千年商城”（洪江古商城）、一座“中华书山”（沅陵二酉山），推出“通道转兵（中国革命的福地）”“芷江受降（中华民族的福地）”“安江农校杂交水稻发源地（世界人民的福地）”等红色经典IP。

（三）强化规划引领，推进和美乡村推介官“接续稳链”

1. 创立总体目标指标

怀化市在全国率先制定《“乡村网红”示范点发展总体规划（2023—2030年）》和三年行动计划，首次确立培育发展服务乡村振兴的重点“乡村网红”，建档录入“乡村网红”人才信息库。“网红”带动作用实现文化旅游收入，粉丝达1万人次以上的“乡村网红”数量逐年增长，“乡村网红”从业人员数量逐渐增多。怀化市举办全市“网红”培训班，县乡村逐级累计举办“乡村网红”培训班，数字文化企业1000万元产值以上，邀请“乡村网红”参与重大文化旅游体育品牌活动，帮助辅导其建立“乡村网红”“直播小屋”，此外，县市区文化旅游广电体育局局长担任“网红”推介官，县市区文化馆馆长担任“乡村网红”推介官，怀化市建立了市县两级“乡村网红”交流平台（基地），发展有影响力的“乡村网红”，“创造性转化、创新性发展”文创产品直播点，开设“怀化公共文化”“乡村网红”专版等量化目标值，为和美乡村推介官和“网红”产业稳固发展探索路径。

2. 确立实践路线图

怀化市“乡村网红”示范点发展总体规划包括县（市、区）自媒体“网红达人”调查建档表，“乡村网红”示范点2023—2030年发展量化指标，“乡村网红”示范活动 + 特色品牌活动计划，创建全国“乡村网红”培育示范市 + 七大特色活动，“乡村网红”“直播小屋”试点直播文创（非遗）产品目录，这些如同五张路线图将网红培育付诸实践。

（四）强化创意镶嵌，推进和美乡村推介官“创效强链”

1. 创意人才镶嵌

发挥人的关键作用，怀化市对13个县市区自媒体“网红达人”进行调查摸底，并首次对80位名人进行档案登记。生于怀化市洪江市的易烊千玺在城市形象宣传片《一粒种子改变世界——中国·怀化》中担任形象大使，带世界感受“千年稻都”的魅力。通道侗族自治县的潇洒仟哥、会同县产业达人陈卓琳等成为当地经济发展代言人。洪江市“乡村柚子哥”蒋利军创立的“文旅青年农场”直播间，累计线上销售冰糖柚、黄金贡柚 30 万斤。辰溪县“回乡的刘老根”刘逸成为乡村规划设计达人。

2. 创意产品镶嵌

怀化市“和美乡村推介官”培育聚焦开发强项促“双效”，通过“百名大师、千名高徒”活动，实现结对培养，近万人次参与该培养活动。注重服务创意产品开发，怀化 4 所大学院校均成立文创研发基地，涌现 50 多家开发生产文创产品的企业。13 个县市区明确研发文创产品任务，鼓励“和美乡村推介官”直播带货。怀化数字文化馆开设“文创专栏”，线上展示最新文创产品 1200 多个。怀化非遗文创产品出口泰国等东盟国家。

3. 创意交流镶嵌

怀化市发挥世界杂交水稻发源地、中国药材和水果之乡等优势，打造国际种业之都，着力打造具有怀化特色的外贸产业集群。吸纳“乡村网红”参加国际山歌号子节、世界湘商大会、国际龙舟大赛和国际（麻阳）长寿康养文化旅游节等对外文化交流活动。

二、主要效果

2023 年，怀化市“和美乡村推介官”直接或间接促进当地社会和经济“双效益”提升，成为乡村振兴生力军。怀化市组织开展群众文化、体育活动 1700 余场次；县（市区）自媒体网红达人首次调查建档 100 人次；全市接待游客 7300 万人次，实现旅游总收入 650 亿元；农产品加工产值突破千亿大关，农产品进出口总额 3.5 亿元；医药大健康产业突破总产值 174.6 亿元；农民工返乡就业 3.54 万人。

三、几点启示

“和美乡村推介官”培育契合人民对美好生活向往的需求，契合人民对简式艺术的享受，契合人民对便捷消费的重视，因此怀化市结合当地文旅农林资源优势，建立健全“乡村网红”培育发展机制，完善基础设施条件，持续引导培育“乡村网红”。开展相关专业培训，策划开展专题推介、展演、探旅等主题活动，从和美“乡村网红”培育增链、延链、强链、稳链着手，激发广大青年与群众参与的积极性，以正能量、创意型、奋斗型的乡村网红赋能乡村振兴，形成稳固良好、接续发展的新业态。

浙江："十大行动"打造"中国民间文化艺术之乡"标杆品牌

阮　静　金　笑*

近年来，浙江省按照"高水平推进文化强省建设、打造新时代文化高地"的总体要求，坚持统筹谋划、系统推进，以民间文化艺术之乡专项提升"十大行动"① 为抓手，传承弘扬具有鲜明特色、澎湃活力的优秀民间文化艺术。在"两个结合"中擦亮中国民间文化艺术之乡，彰显中国民间文化艺术之乡的时代价值，有效带动了基层公共文化服务体系建设，迈出了建设中华民族现代文明浙江探索的坚实步伐。

一、主要做法

（一）突出顶层设计，努力方向更加明确

"百工之乡"浙江，拥有丰厚的民间文化艺术积淀。2011 年至今，全省累计

* 阮静，浙江省文化馆馆长，研究馆员。

金笑，浙江省文化馆理论研究部主任，馆员。

① "十大行动"具体指印发《"浙江省民间文化艺术之乡"命名和管理办法》、调研服务百个民间文化艺术之乡、举办百名民间文化艺术之乡建设者培训班、推出百名摄影家拍摄百个民间文化艺术之乡、建设浙江省民间文化艺术之乡数字资源库、评选百个浙江省民间文化艺术之乡创新案例、打造评选百个民间文化艺术新型空间、举办浙江省民间文化艺术之乡成果展、召开民间文化艺术之乡学术研讨会、编辑出版《浙江省民间文化艺术之乡创新案例》。

有50个乡镇（街道）、县（市、区）被命名为中国民间文化艺术之乡，浙江省民间文化艺术之乡则有177个。民间文化艺术之乡专项提升“十大行动”（以下简称“专项提升‘十大计划’”）涵盖民间文化艺术之乡工作的政策法规、载体渠道、队伍建设、成果转化、创新发展。浙江省文化广电和旅游厅通过在省级层面进行的通盘规划，明确专项提升的主要目标、具体任务和实施路径，确保中国民间文化艺术之乡建设的针对性和有效性。尤其是《“浙江省民间文化艺术之乡”命名和管理办法》，对申报对象须具备的政策、经费、人才、场地等保障要素进行了规范化表述，重视群众性、参与性、普及性，强调示范作用和推广价值，多维度、全方位、宽领域培育了民间文化艺术之乡的建设土壤。

（二）落实核心团队，工作推动更加有力

浙江省文化馆打破命名评审工作开展时才组建工作领导小组的常规，在省文化广电和旅游厅的指导下，成立由专家学者、文化工作者、志愿者等组成的专门团队，形成工作合力，全面归口民间文化艺术之乡建设的管理、服务、指导职能，负责民间文化艺术之乡建设具体实施方案的制定、工作的推进以及效果的评估，分工明确，责任到人。加强对团队核心成员的培训和管理，提高其专业素质和工作能力。同时，聘请来自文化艺术、民俗、历史等学科领域的专家担任顾问，通过开展实地调研，及时了解民间文化艺术之乡命名后的建设与运行工作，完成《新时代“浙江省民间文化艺术之乡”创新发展调查报告》。根据各地品牌项目的开展、场地设施的建设、惠民服务的推广等情况提供专业指导和建议，加强政策引导和智力支持，为民间文化艺术之乡建设的高质量发展持续赋能。

（三）加强动态管理，基本建设更加稳固

为进一步探索民间文化艺术资源创造性转化、创新性发展的路径，加强前置把关，摸排全省民间文化艺术资源。浙江省文化馆加强与民间文化艺术之乡的沟通与交流，定期召开全省民间文化艺术之乡工作推进会，及时了解他们的需求和困难，提供有针对性的支持和帮助。建立定期评估和反馈机制，对建设过程进行全程跟踪，确保建设按计划进行。通过有效的反馈渠道，发现存在的问题，收集

和处理各方的意见，指导各地调整和完善建设方案。同时，鼓励地方结合实际情况创新实践，不断总结提炼经验，遴选出对区域文旅发展支撑作用明显的建设成果，开发具有市场潜力的民间艺术文创产品、项目，形成可复制的模式进行推广，发挥示范带动作用。突出“人民性”，重点对民间音舞、农民画、手工艺、民俗文化等特色 IP 进行打造，努力营造民间文化艺术之乡建设成果全民共建共享的良好局面。

二、基本成效

（一）全省联动，赋能乡村添活力

随着专项提升“十大行动”的开展，浙江省民间文化艺术之乡建设的整体水平得到显著提升。全省各地结合自身特色，聚焦服务融合，积极参与到美丽乡村建设中，在交流中拓宽视野，在合作中同频发展，形成了良好的联动效应。“乡村百景图 画卷绘共富”浙江省现代农民绘画（农民画）创作展、浙江省民间音乐舞蹈创作培训班、《民艺三两事》纪录片拍摄、“民艺化人”浙江省民间艺术志愿者成果展、浙江省民间手工艺教学系列展等一系列专题活动的举办，多层次、多视角、多方面呈现了浙江民间文化艺术之乡的千姿百态，使得全省民间文化艺术之乡的品牌影响力得到进一步增强，成为展示乡村文化的重要窗口。长三角民间艺术文创大展开幕当天，“民艺文创大观园”系列短视频播放量超 100 万，线上直播导展观看量超千万。

（二）多点开花，引领发展促升级

在专项提升“十大行动”的推动下，全省民间文化艺术之乡建设工作形成百花齐放、欣欣向荣的局面。新举措、新业态、新场景不仅丰富了民间文化艺术的呈现形式，也促进了灵感创意的汲取，推动了线上线下阵地建设的相映成趣。杭州市余杭区径山镇推出“陆羽和茶小僧”“径灵子”等 IP 形象，打造独特的径山茶礼产品体系。宁波市宁海县十里红妆文化园总投资 2.78 亿元，占地面积 78 亩，全方位再现浙东特有的婚嫁习俗和地方民俗文化。衢州市柯城区沟溪乡探索制定农民画家等乡土文化人才奖励政策，激发乡土文化人才创作激情。2023年，《中国文化报》刊发《推动整体保护和创新发展 浙江以民间文化艺术之乡建设赋能乡村振兴》等文章，点赞中国民间文化艺术之乡建设的“浙江经验”。

（三）理念更新，创新转化聚人气

因为专项提升“十大行动”的实践，浙江省民间文化艺术之乡的建设理念得到系统重塑，对民间文化艺术之乡建设的探索也更为深入。通过系统梳理民间文化艺术之乡建设近70年的发展历程，对民间文化艺术之乡的定位、分类、特征等有了更深刻的认识。相关最新研究、实践成果在“文润山海 民艺浙乡——浙江省民间文化艺术之乡成果展”得以综合体现。展览通过从乡土向未来的跨越，分为“山海生民俗”“百乡展百艺”“匠心显生机”“民艺塑未来”四部分阐释浙江省民间文化艺术之乡建设的底层逻辑，探究了民间文化艺术之乡是什么、为什么、如何干的问题。在传承弘扬优秀传统文化的基础上，通过打造浙江省民间文化艺术之乡建设“两创”案例库，以数字化手段使民间文化艺术之乡的呈现更时尚、更年轻、更潮流。

三、主要经验

（一）产品化运营，夯实民间文化艺术之乡壮大之“基”

民间文化艺术之乡建设的难点在于各地在民间资源、产业基础、政策倾斜、建设阶段、要素投入等方面都存在不同程度的差异。专项提升“十大行动”摒弃客观因素，将其打包成一个整体，高起点、高标准制定规则，以产品化运营重拳出击，组建由上而下的工作架构，充分调动了地方政府民间文化艺术之乡建设的积极性。同时，在注重市场需求与文化传承的平衡中，突出公众参与，鼓励不同领域、不同行业的跨界合作，拓展民间文化艺术之乡建设的应用场景和受众群体，体现资源共享和优势互补，实现政府搭台、各界联动，共推共建。

（二）精细化管理，塑造民间文化艺术之乡认同之“道”

专项提升“十大行动”立足于“乡”所代表的区域，注重对文化艺术资源的挖掘和保护。基于具有核心竞争力的文化艺术要素，针对不同的民间文化艺术之乡制定个性化的服务方案，催生特色IP，促使成果向文旅产品和项目转化，提升品牌的价值和影响，为乡村文化“+旅游”“+产业”协同发展注入动能。通过激活内部动力、导入多方资源，把田园变乐园、乡情变风情、村景变前景，增强了乡村的凝聚力和村民的归属感，让民间文化艺术之乡成为当地群众文化自信的源泉，吸引更多人参与到民间文化艺术之乡的建设中来。

（三）平台化服务，厚植民间文化艺术之乡成长之“壤”

专项提升“十大行动”既保持传统特色，又满足现代需求，搭建起统一的平台，为民间文化艺术之乡提供全方位的服务支持。通过平台化服务对民间文化艺术之乡的资源进行建档并转化，借助现代科技手段加强数字化管理，提高工作效率和精准程度。不仅可以根据地区、表演、技艺、民俗等类别进行检索，以便对民间文化艺术之乡的持续建设进行深入研究；还贯通国家公共文化云、浙里文化圈、全省文化馆系统等平台，突破地域空间，促进资源共享和优势互补。同时，鼓励平台上的各类主体进行创新实践，提供节庆活动、文创产业、艺术研学、融媒传播等开放公益性合作，加强与国际交流，将民间文化艺术之乡的优秀成果推向世界舞台，提高其国际影响力，进而使之成为展示中华民族现代文明的乡村振兴样板。

河北吴桥：传承杂技文化，展现非遗风采

王倩影　王鸿凯　张姝芳*

“杂技之乡”河北省沧州市吴桥县是中国杂技艺术的发祥地，世界杂技艺术的摇篮。近年来，吴桥县委、县政府深入实施“杂技兴县”战略，通过出台保护政策、申建文化生态保护区、开展文化惠民全民普及、实施“杂技进校园”传承工程等一系列举措，“中国民间文化艺术之乡”建设成效显著，让人民群众享受文化红利。

一、主要做法

吴桥人将杂技文化的保护传承作为历史使命，将杂技的创新发展作为奋斗目标，先后创造了多项第一：成立了全国第一个杂技协会——吴桥杂技协会；建立了全国第一所杂技中专——吴桥杂技学校；创办了全国第一个国际杂技赛事——中国吴桥国际杂技艺术节；建成了全国第一个杂技主题乐园——吴桥杂技大世界；在央视推出全国第一部杂技主题电视剧——《闯天下》；举办了全国第一届杂技春晚。主要做法有：

* 王倩影，沧州市文化广电和旅游局公共服务和非遗科科长。
王鸿凯，沧州市文化旅游发展促进中心馆员。
张姝芳，吴桥县文化广电和旅游局文化股股长。

（一）出台吴桥杂技繁荣发展政策，筑牢“民间文化艺术之乡”建设根基

在全县广泛开展杂技文化资源普查，建立杂技文化遗产保护清单，规范管理杂技文保单位、文物普查点，先后出台了《杂技产业引导资金管理办法》及在职演员奖励补助、杂技文化创作激励和困难演员救助等7项奖励扶助政策。吴桥县政府设立1500万元产业引导资金，年均投入200多万元，用于兑现各项奖励扶助政策，为杂技产业健康发展保驾护航。对已经失传的杂技节目进行挖掘恢复，用视频、文字等方式进行抢救性记录；对濒临灭绝的节目通过资金扶持，使之重新走向舞台；通过创作激励，使活跃在舞台的节目不断提高创新性，增强传承力。

（二）积极申建国家级文化生态保护区，开拓“民间文化艺术之乡”建设路径

自2009年沧州市吴桥县被列为河北省首批文化生态保护区以来，县政府紧紧围绕“留住历史文脉 延续人文血脉”这个关键，近年来积极申报国家文化生态保护区，在省文化和旅游厅指导下编制了《国家级杂技文化（吴桥）生态保护区规划纲要》，建立一系列工作机制。截至2024年5月，吴桥全县建立杂技非遗传承基地20个，认证挂牌杂技专业村17个，杂技文化企业131家。全县473个行政村，村村都有杂技艺人，杂技专业户超50户的杂技村有100多个。在申建国家级文化生态保护区的工作中，积极探索与“中国民间文化艺术之乡”融合建设工作新路径，并作出国家样板，进一步推动吴桥杂技整体性保护，塑造人人参与文化保护传承的浓厚氛围。

（三）开展丰富多彩的杂技文化惠民活动，突出“民间文化艺术之乡”全民参与

近年来，吴桥县组织了200余场形式多样、特色鲜明的大型杂技类文化活动，其中具有代表性的是在庆祝中华人民共和国成立70周年之际组织的“礼赞新中国 讴歌新时代”系列杂技文艺演出，增强了人民群众的爱国情怀；杂技文化演出、杂技花会展演等惠民活动使全县群众在家门口就能够欣赏文化饕餮盛宴；中

国吴桥国际杂技艺术节、“中国民间文化艺术之乡”示范交流展示活动和全国杂技类非遗代表性项目汇演等活动的成功举办向全国乃至全世界宣传推介了吴桥杂技。同时，为克服新冠疫情影响，确保群众文化生活不缺席、不断档，吴桥县激活线上文化服务，打造了“线下创作＋线上演出”的新模式，在微信公众平台、微信小程序、网站等线上共发布推送“杂技惠民文艺演出”200余期；举办线下惠民演出90余场，发放文化惠民券20000余张、惠民卡600张，让吴桥老百姓免费游览杂技大世界景区，全民参与杂技文化保护发展的氛围不断增强。

（四）重点实施“杂技进校园”传承工程，激发“民间文化艺术之乡”发展活力

2017年起，在全县教育系统启动了“杂技进校园”传承工程，通过编写杂技教材、选聘专业杂技教练、落实校本课程、组织展演比赛、建立特色班级等方式，组织全县127所中小学、幼儿园的3万名学生参与其中。每年“六一”期间举办中小学生艺术节，展示“杂技进校园”活动成果。“杂技进校园”活动开展5年来，学生爱上了杂技、锻炼了身体、增加了自信。活动实现了学生喜欢、教师高兴、家长支持、社会认同的良好局面，也为杂技发展输送了大量人才，为杂技传承创造了良好的社会环境。

二、取得成效

（一）以“民间文化艺术之乡”建设助推县城环境美化优化

吴桥县委、县政府围绕“中国民间文化艺术之乡”建设，以大运河文化带建设为契机，不断推动大运河沿线自然生态优化。总投资22.5亿元，已完成全域河道疏浚，具备了通航条件，同时，高标准全线贯通堤顶路，建成运河公园、五季公园和多条生态绿廊。在公园、绿地、道路设施、各类建筑中融入杂技元素，杂技文化生态和自然生态和谐共生，为打造“中国民间文化艺术之乡”营造了良好的县城环境，进一步提升了县城建设水平。

（二）以“民间文化艺术之乡”建设提升沧州吴桥国际影响力

自1987年以来，以吴桥命名的“中国吴桥国际杂技艺术节”历经36年，已成功举办了19届。在沧州市政府的大力支持下，吴桥县成功举办了第十七、十八届中国吴桥国际杂技艺术节沧州会场、十九届中国吴桥国际杂技艺术节闭幕式等相关活动。同时，吴桥杂技一直是国家对外文化交流的参与者和贡献者，近年来，吴桥县杂技团体出访20余个国家，参加了近百场杂技演出，出访人次达5000余人次，进一步提升了吴桥杂技的国际地位和影响力，擦亮了吴桥“中国民间文化艺术之乡”这块国字头金字招牌。

（三）以“民间文化艺术之乡”活动提高吴桥杂技知名度

2023年10月23日至26日，成功举办了“中国民间文化艺术之乡”示范性交流活动。北方及大运河沿线13省（区、市）40余个优秀民间文化艺术手工艺项目和最具代表性的14个优秀民间文化艺术节目齐聚并亮相吴桥杂技大世界，并进行静态展示和活态呈现。《人民日报》、新华社、中新社、新华网、长城新媒体、《河北日报》、河北电视台等16家中央和省市媒体的60余名记者，通过图片、视频、文字等多种方式对“中国民间文化艺术之乡”示范交流展示活动进行宣传报道。国家公共文化云、冀时、冀云、河北新闻网、河北旅游资讯网、长城新媒体、新浪微博、网易、抖音、快手、百度百家号等20多家平台对活动进行直播。在乡约·交流互鉴——繁荣民间文化艺术赋能乡村振兴主题研讨对话会上，吴桥县代表河北省做了“传承千年杂技文化 激发产业内生动力”的典型发言。

（四）以“民间文化艺术之乡”建设展现吴桥杂技新魅力

在“中国民间文化艺术之乡”建设过程中，吴桥县高度重视文艺作品创作，重新包装“江湖IP”文化生态品牌，创新演艺形式，推出了《江湖》《时代》《运河·印象》《运河画卷》等一批杂技、魔术情景剧，将杂技艺术的极限之美与现代舞台的声光电之美深度融合。创编出《节日》《秦俑魂》《凌云狮秀》等精品节目，先后参加中国吴桥国际杂技艺术节和澳大利亚第五届国际马戏节等国内外杂技赛事，获得中国吴桥国际杂技艺术节金狮奖和澳大利亚第五届国际马戏节金奖等奖项，在提高吴桥杂技知名度的同时，进一步展示了吴桥杂技更加鲜明的艺术特色和时代魅力。

三、主要经验

一是民间文化艺术资源激发创新活力。充分利用“吴桥杂技”这一独特资源，激发创新创造活力，推动中华优秀传统文化创造性转化、创新性发展。杂技剧《中幡》入选“中国杂技艺术创新工程”重点扶持项目名单，并荣登央视春晚；《非遗里的中国》等节目，在十九届中国吴桥国际杂技艺术节中荣获金狮荣誉奖；大型光影情景杂技剧《大运河记忆》获得河北省精神文明建设“五个一工程”奖；精品杂技剧目《运河画卷》在“中国民间文化艺术之乡”示范交流展示活动中成功首演；吴桥杂技大世界陆续推出《江湖》《时代》《运河·印象》《江湖秀》等大型杂技剧和杂技秀，提升了景区内涵，得到了游客们一致好评。

二是民间文化艺术资源助力产业发展。吴桥县深入实施“杂技兴县”战略和杂技人才培育工程，积极推进杂技大世界景区升级改造，做大做强马戏、魔术、杂技等多类商演项目，不断加大杂技魔术道具研发力度，逐步形成了杂技教育、杂技旅游、杂技演出、杂技魔术道具研发等特色文旅融合产业。2023 年，第十九届中国吴桥国际杂技艺术节闭幕式首次“回家”举办，同时开展了九月庙会、杂技产业对话、杂技装备产洽等特色活动，向世人展示了吴桥杂技艺术独特魅力和发展潜力。

三是民间文化艺术资源赋能乡村振兴。吴桥县以“民间艺术点亮乡村 传统文化助力发展”为目标，坚持将“吴桥杂技”保护传承利用工作与城乡建设、乡村旅游、文化惠民等各项重点工作融合发展，助力乡村全面振兴，取得了一定成效。2023 年，在“中国民间文化艺术之乡”示范交流展示活动期间，吴桥县圆满承办了“繁荣民间文化艺术赋能乡村振兴主题研讨对话”活动，并进行了经验交流和典型发言。同时，抓住东方甄选河北行直播活动契机，使“吴桥杂技”在直播间爆火出圈、圈粉无数，吴桥杂技大世界门票、吴桥烧鸡等在线订单金额超百万元，成功探索出新媒体时代民间文化艺术助力乡村振兴的新路径。

左权民歌：太行山上飞扬的旋律

孙叶青*

太行山西，清漳河畔，有一个山水秀丽、文化灿烂、人文厚重、红色抗战遗存遍布城乡的山区小县——左权县。这里是以将军英名命名的红色故里，也是颇负盛名的歌舞之乡，有着“歌窝子”“万首民歌千出戏”之美誉。根植于这片厚土的左权民歌和左权小花戏是中国文艺百花园中一朵靓丽的奇葩，先后被列入国家级非物质文化遗产保护名录，左权县（左权民歌）1996 年以来先后 6 次被授予“中国民间文化艺术之乡”。

一、主要做法

（一）以赛事为引擎，持续打造民歌品牌

2019 年以来，左权县立足传统文化优势，着眼“以文促旅、以旅彰文”目标，紧扣山西省委、省政府“锻造黄河长城太行三大旅游板块”发展思路，以打造民歌品牌、民歌产业为着力点，连续举办了 2 届“左权民歌汇·国际民歌赛”。该活动以民歌的名义向全世界发出邀请，期间围绕赛事举办万人快闪、盛大开幕式、文旅论坛、大师课堂、擂台赛、民歌普及课堂、太行根·非遗集结场等 152 场活动，服务群众近 7 亿人次。“左权民歌汇”登上百度热搜榜，一炮走红，为

* 孙叶青，任职于山西省晋中市左权县文化和旅游局。

左权民歌知名度和影响力的提升注入了新动力。

（二）以擂台为抓手，深入挖掘本土民星

为大力开展文化传承保护，深入挖掘民间民歌艺术人才，左权县推出了一年一度的“左权民星擂台赛”。通过层层选拔，一大批民间艺人脱颖而出，部分获奖歌手还登上央视大舞台。在首届左权国际民歌汇上，左权县“桃花红”组合与国内外民歌高手同台竞技，并斩获铜尊奖。

（三）以传承为基础，大力普及民歌艺术

左权县实施文化“三进”活动，积极普及推广民歌艺术。一是进课堂。从2008年开始实施了左权民歌、小花戏进中小学课堂工程，编印了左权民歌和小花戏教材，编排了花戏操，制作了花戏操光盘，让民歌小花戏传承人走进校园课堂，手把手教授，为传承弘扬左权民歌文化奠定了人才基础。二是进乡村（社区）。结合“送戏下乡”活动，择优选派有资质、有特色的民间文艺团队开展民歌小花戏进乡村、进社区活动，每年演出200场次以上，惠及群众约10万人次。三是进景区。为扩大左权民歌受众面和影响力，组织开展了送文化进景区活动，每年在全县5个A级景区演出30场，让更多的游客领略当地特色文化，有效扩大了左权民歌文化的影响力。

（四）以推陈出新为着力点，积极开展对外交流

在传承保护左权民歌、小花戏原生态艺术特色的基础上，左权县通过多种手段创新传统民歌、小花戏演绎形式，为传统的民歌、小花戏注入新的艺术元素和时代气息。将左权民歌、小花戏和舞台剧相融合编创了大型歌舞剧《太行奶娘》，先后走进国家大剧院、教育部直属高等院校等，在13个省180余个市（县）巡演700多场次，主题曲《太行娘亲》唱响全国政协礼堂。2020年依托左权民歌、小花戏、琴书调等非遗文化，创作了一台反映盲艺人在不同历史时期宣传党的政策的“开花戏”《向天而歌》，目前已在省内外巡演60多场，反响巨大。2023年新编大型歌舞剧《烽火家书》在全市巡演20余场，受到当地群众的一致好评。同

时还开拍电视剧《太行奶娘》《江山颂》等，这些精品力作将成为左权县对外文化交流的金色名片。

二、工作成效

（一）打造无价的文化品牌，让左权民歌唱响世界

左权民歌是人民群众生机勃勃的艺术创造，饱含着左权人民对美好生活的强烈向往和不懈追求，更是专家学者加工升华的艺术结晶。2019 年 7 月 5 日上线的万人微电影《啊格呀呀呆》，截至同年 9 月，各平台累计播放量突破 1500 万次。微电影让广大网友感受到了左权民歌的魅力，许多观看者纷纷留言："被这个风景'撩'到了，下一个目的地就决定是你了！"民歌汇比赛期间，蒋大为、阎维文、龚琳娜、斯琴格日乐等各界艺术精英现身为"左权民歌汇·2019 年民歌赛"助力。比赛直播期间，除了线下观看热情极高外，线上直播热度也不减，10 场比赛总观看次数高达 3 亿次，百度、微博、微信等搜索平台上，"左权"关键词的相关搜索量相比同期上涨了 203.23%—327.27% 不等。"2020 年左权民歌汇"相关话题网上阅读量累计达 8.87 亿次。国内 647 家、海外 242 家影响力较大的媒体关注报道活动内容，2 次登上新浪微博热搜榜前 3 名，形成了持续刷屏热潮。2023 年 10 月 9 日晚，由左权县与央视合作举办的《原声天籁——中国民歌盛典》亮相央视综合频道黄金档，央视网、央视频等媒体平台同步播出。截至 2024 年 1 月 7 日 12:00，《中国民歌盛典》共计收获 129 个热搜热榜，主话题 # 中国民歌盛典 # 阅读量达 2.7 亿，全网传播覆盖人数 14 亿，节目直播全网累计观看量达 4109 万，央视文艺直播连续 2 次霸榜微博直播热度榜第 1 名，全网相关视频播放量累计达 2.4 亿，话题词 # 直播清唱民歌 yyds# 登陆抖音热榜；近 600 家海外媒体对《民歌盛典》进行破圈传播，辐射美国、马来西亚、新加坡、印度、印尼、越南、菲律宾等地区，有效推动文化软实力成为转型发展的硬支撑，切实提升了红色左权文化品牌的知名度、影响力和竞争力，真正实现了以文载道、以文化人、以文传声，推动中华传统文化迈出国门、走向世界！

（二）营造全民普及的文化氛围，让左权民歌遍地开花

“左权人民只要会说话就会唱左权民歌，只要会走路就会跳左权小花戏。”在这里，左权民歌无处不在。以1个传习中心、14个传习所、8个综合文化站、54家民办文化大户为中心，以地域划分组织当地群众参加日常性的传习活动，春节、元宵节、婚庆、节庆、庙会等重要节日及公园、广场等场地成为广大群众展示民歌、小花戏的主要途径。左权民歌、小花戏已成为辖区居民生活中不可或缺的一部分。近年来，在省、市文旅部门的大力倡导下，左权民歌和左权小花戏已在全市内开展普及推广，效果显现。

三、主要经验

（一）守正创新，奏响时代最强音

2019年首届“左权民歌汇·2019国际民歌赛”一举成名，2020年“左权民歌汇”再上台阶，成为最具影响力的民歌盛会，吸引了全世界民歌爱好者的目光。2023年，探索央地联动优秀传统文化传播新模式，打造“思想+艺术+技术”传播新体系，与中央电视台合作举办了《原声天籁——中国民歌盛典》，再次唱响左权。该活动的开展集中展现经典及新创编优秀民歌作品，推动左权民歌从区域品牌到国家级品牌蜕变，实现了“用民歌讲好中国故事、让世界听见中国民歌、让世界听见左权声音”的山区愿景。

（二）艺术赋能，推动高质量发展

近年来，左权县把开展文艺精品创作生产及民歌挖掘整理作为推动乡村文化振兴、文艺繁荣发展、提升文化影响力的重要抓手。通过深入挖掘本土地域文化，积极探索有效路径，着力推动民歌收集整理，创作了一批群众喜闻乐见的精品力作及读本，为全县经济社会高质量发展提供了丰润的文化滋养。

实施民歌标准建设。为确保传统民歌健康有序发展，出台了《国家级非物质文化遗产左权民歌开花调和左权小花戏地方标准》《左权县文化产业发展专项资

金使用办法》等纲领性文件。

推陈出新精品力作。在大型歌舞剧《太行奶娘》、大型花戏剧《向天而歌》、微电影《啊格呀呀呆》之后，又编创了红色舞台剧《烽火家书》、开拍了电视剧《太行奶娘》和文旅 IP 电影《遇见你的声音》，创作了《插稻秧》《放风筝》《摘花椒》《做军鞋》等新的精品民歌、小花戏，为赋能乡村振兴、推动高质量发展注入文化新动力。

整理出版民歌书籍。为做好左权民歌、小花戏的挖掘、传承、保护、弘扬，守住古老文明的精神家园，高质量录制了《太行奶娘》《羊鞭一甩惊天下——羊倌儿歌王石占明》《左权民歌百灵鸟——冀爱芳》《当代阿炳——左权盲艺人宣传队》等 8 张光盘。撰写出版了《唱着民歌游左权》《桃花红杏花白》《太行人民抗战民歌选集》等读本，每年进行一次群众自编自演节目的收集整理并出版《群众演唱》，确保当地文化创作不流失、可查询、永流传。

（三）普及沉淀，守住乡音乡韵

左权县委、县政府高度重视民歌的传承，一方面实施民歌保护的“培根”工程，做到民歌传承从娃娃做起，因材施教，根据不同年龄段孩子的接受能力和审美需求，编写出了对应性的音乐教材，把本土的音乐资源转化为本地中小学的乡土音乐教材；另一方面扶持文艺小分队、文化能人艺人、文化带头人、民歌传承人、文艺爱好者实施民歌文化“三进”工程，扩大了民歌的流传范围，极大地增加了民歌受众，提高了民歌延续的自发性、传承的可能性，促进左权民歌文化的可持续发展。

奋斗无止境，探索不停歇。左权县将倍加珍惜“中国民间文化艺术之乡”的荣誉，全力续写左权民歌品牌的新篇章，乘着民歌的翅膀，向着“清凉夏都、红色左权、转型高地、太行强县”的目标迈进。

广东汕头："携手绣未来"文化志愿服务

王建兵　陈少冰　吴洁敏*

"携手绣未来"文化志愿服务项目是广东省汕头市文化馆在汕头市文化广电旅游体育局指导下，依托市级非遗项目潮绣、珠绣，组织文化志愿者到汕头市聋哑学校开展潮绣、珠绣教学的文化志愿服务品牌活动。项目自2013年萌芽，至2023年12月已实施十一年，共开展活动634场，参与活动志愿者3780人次，先后指导了287位聋哑学生学习潮绣、珠绣技艺，丰富聋哑学生的精神文化生活，营造全社会理解、尊重、关心、帮助残疾人的浓厚氛围。截至2023年底，共有50多位聋哑学生毕业后从事潮绣、珠绣工作，项目成效初显。

一、主要做法

党的十八大以来，以习近平同志为核心的党中央高度重视志愿服务工作。党的十八大报告提出"广泛开展志愿服务"，党的十九大报告提出"推进志愿服务制度化"，党的二十大报告提出"完善志愿服务制度和工作体系"。汕头市文化馆积极响应党和人民号召，立足本馆职能，面向残障学生群体积极开展文化传承

---

* 王建兵，广东省汕头市文化馆馆长、汕头市非物质文化遗产保护中心主任，艺术专业一级编导。

陈少冰，广东省汕头市文化馆副馆长，群众文化研究馆员。

吴洁敏，广东省汕头市文化馆办公室副主任，群众文化馆员。

工作，以志愿服务传播、弘扬中华优秀传统文化，提高优秀传统文化的普及面。

（一）寻求志愿服务与业务工作的连接点

项目开展地点汕头市聋哑学校是一所全日制九年义务教育的特殊教育学校，承担着粤东地区聋童九年义务教育和初级职业技术培训等教育任务。根据服务对象的生理特点，利用聋哑学生注意力不易受外界干扰、视觉敏锐、动手能力强的优势，结合学校艺术教育办学特色，组织文化志愿者开展潮绣、珠绣教学，把潮绣、珠绣文化和技能融入课堂，优先培训一批拥有扎实潮绣、珠绣技艺基础的老师负责日常教学，并定期前往学校为聋哑学生传授潮绣、珠绣传统技艺。在学习潮绣、珠绣技艺的过程中，聋哑学生对中华优秀传统文化有了更深入的了解，在传承潮汕传统技艺的同时，也掌握了一技之长。

（二）建立完善的志愿服务管理机制

在志愿者的招募培训中，根据服务需求，招募教学岗位、后勤保障岗位的志愿者。其中，教学志愿者由指导老师、非遗传承人、“绣娘”队伍（有潮绣、珠绣基础的文化志愿者）组成。组织实施培训，由指导老师制定教学大纲与教学计划，非遗传承人指导“绣娘”提升技艺，开展集体备课，合理安排分工，为开展好活动奠定师资力量和教学理论基础。后勤保障志愿者负责场地布置、物料准备、应急保障等工作。

在服务管理方面，印发《汕头市文化馆关于开展“携手绣未来”活动的实施意见》，召开文化志愿活动总结交流会，交流活动经验。参与项目的文化志愿者按要求注册登记，纳入汕头市文化馆文化志愿服务支队。活动开展期间，指导教师通过线上线下相结合的形式跟队指导，及时掌握活动进程，把控活动质量。在记录认证及激励保障方面，将参加“携手绣未来”活动的人员按实际情况录入志愿服务时长，将参与项目情况纳入青年志愿服务评优评先的重要依据，将参加活动的表现情况作为年度评选优秀文化志愿者及优秀工作人员等的重要标准。在宣传推广方面，加强在文化馆官网及微信公众号、本地媒体上对该项目的宣传推广。

（三）构建完备的制度、资源保障体系

在制度建设上，制订《汕头市文化馆“携手绣未来”活动方案》《汕头市文化馆文化志愿服务规范》《汕头市文化馆文化志愿考核规则》等，确保活动规范有序高质量开展。在组织建设上，建立了馆领导全面领导，办公室具体牵头实施，其他各部室密切配合、齐抓共管的项目管理机制。在文化建设上，坚持“以文化人”，用实际行动传递爱的正能量，用艺术温暖人生，把文化关爱送给孩子们。在资源整合上，与汕头市聋哑学校协商，腾出固定教室作为专设课室，选择每周固定时间开展潮绣、珠绣教学；在汕头市文化馆一楼展厅规划空间并购置设备，作为学生研学点，组织聋哑学生参加潮绣、珠绣研学活动；依托潮绣、珠绣非遗传承人传播非遗知识、传授非遗技艺，带动其他文化志愿者开展潮绣、珠绣教学。

二、项目成效

经过 11 年的打造提升，“携手绣未来”文化志愿服务项目的组织体制日臻成熟，活动质量逐年提高，参与规模稳步扩大，社会影响不断提升，已成为文化志愿服务品牌活动，获得广大群众的普遍欢迎和好评，得到社会的广泛关注和认可，受到本地主流媒体的广泛报道。该志愿服务项目 2022 年荣获第六届中国青年志愿服务项目大赛金奖，2023 年荣获第十四届中国青年志愿者优秀项目奖。

在学习潮绣、珠绣技艺的过程中，聋哑学生对中华优秀传统文化有了更深入的了解，在传承传统技艺的同时，也掌握一技之长。学生作品多次荣获省、市各类大奖，还有学生作品应邀在深圳“大潮起珠江”——广东改革开放 40 周年展览馆展览，有部分学生毕业后从事潮绣、珠绣工作。授课志愿者在活动中积累了丰富的教学经验，夯实了理论基础。校方以此为课题研究方向，正在努力探索学校未来在传统技艺教学方向的新发展思路。在项目开展过程中，汕头市文化馆也积极组织更多传统技艺类非遗项目参与教学展示与交流，让传统文化的种子在聋哑学生的心中生根发芽，开出“花”来。同时，汕头市文化馆在馆一楼打造潮汕文化传承基地（潮绣坊），开展潮绣、珠绣等非遗项目的传承与研学体验，推进

该志愿服务项目深入开展。

三、主要经验

（一）开展时间长且社会效益佳

该项目面向残障学生群体开展11年的艺术培训，用实际行动传递爱的正能量，用艺术温暖人生，把文化关爱送给聋哑学生们。学生们在无声的世界里用斑斓的丝线创造美的作品，让潮汕文化瑰宝继续璀璨闪耀。项目的开设让学生在享受志愿服务的同时，习得一门谋生技能，为日后依靠技能立足社会打下坚实的基础，带动了就业。

（二）服务群体针对性强

针对进一步完善残障人士文化关爱与服务方面的问题，该项目积极发挥自身职责使命，整合资源，传播中华优秀传统文化，传递党的温暖温情，弘扬时代新风，培育文明风尚，推进公共文化服务高质量发展，为城市文明聚气铸魂，为残障儿童的健康全面成长做出积极贡献。

（三）形式新颖

该项目坚持文化惠民，以“非遗＋志愿”形式，将非遗保护传承与志愿服务有效融合，以志愿服务为载体传播中华优秀传统文化，以文化浸润心灵，潜移默化中培养非遗传承人；充分挖掘和弘扬潮汕地区优秀传统文化，丰富聋哑学生精神文化生活；为学校提高人才培养质量搭建重要平台，培育聋哑学生奋斗精神，提升其就业技能。

项目打破以往传统而单一的面对面教学模式，以线上线下相结合的方式，开设视频教学、微信授课及场馆研学等多种授课方式，真正做到随时随地学习，让学生在丰富的课程学习中成长成才，也让参与项目的文化志愿者们在形式多样的活动中得到锻炼，进一步提升活动的品牌效应和社会影响，营造全社会理解、尊重、关心、帮助残疾人的浓厚氛围。

贵州省铜仁市碧江区文化馆："码尚到" 文化志愿服务

唐 荧 赵 宏 舒天吉*

遵照新时代社会文化"五个服务"要求，同时配合铜仁市碧江区易地扶贫搬迁后续工作需要，近几年来铜仁市碧江区文化馆在碧江区各个易地扶贫搬迁安置区（点）持续开展了系列文化志愿服务工作，收到了较好的成效。通过积极探索和不断创新，文化服务工作由原来单一的文艺下乡慰问演出逐渐向符合现代农村特点和易地扶贫搬迁安置区（点）需求的新型文化服务模式转换，形成了切合易地扶贫搬迁安置区（点）实际的文化服务模式，即"码尚到"文化志愿服务模式。

一、"码尚到"文化志愿服务模式含义

"码"，即为铜仁市碧江区文化馆在易地扶贫搬迁安置区（点）建立的公共文化服务公示牌上的服务二维码和定点服务联系人电话号码，方便群众享受现代文化服务和点对点文化服务；"尚"，即文化志愿者对社会文化志愿服务工作的崇尚之心，执念之情，体现文化志愿服务工作者的为民情怀，也是易地扶贫搬迁安置区（点）搬迁群众向往新生活、追求新风尚、共建新家园的共同希望；"到"，是

* 唐荧，铜仁市碧江区文化馆文化志愿服务工作负责人，助理馆员。
赵宏，铜仁市碧江区文化馆馆长，馆员。
舒天吉，铜仁市碧江区文化馆副馆长，馆员。

文化志愿服务工作者对易地扶贫搬迁安置区（点）搬迁群众的文化服务承诺，涉及文化服务的一应需求，有求必应，有困必解，随叫随到。“码尚到”文化志愿服务模式的形成，必然建立在一定的文化资源和文化人才基础上。

二、文化志愿者的发现、招募和服务提供

随着新时代农村对文化需求的不断加大，以及易地扶贫搬迁安置区（点）对文化的需求发生了更多的变化，文化馆现有专业业务人员结构已不能满足这一转变。为了有效地向易地扶贫搬迁安置区（点）派送结对帮扶文化服务志愿者，铜仁市碧江区文化馆将目光投向了所在地铜仁市区文化资源的挖掘整合上，瞄准文化艺术行业及其他行业的文化艺术专家和有较高造诣的文艺工作者和爱好者，与他们签订长期的专家志愿者和文化志愿者服务协议，建立起了一支“多才多艺”、实力雄厚的文化志愿者队伍，从而为“码尚到”新型文化志愿服务模式提供了人力和智力保障。

近几年来，每一名文化志愿者无不秉持文化艺术工作者的初心和使命，全身心投入易地扶贫搬迁安置区（点）的文化结对帮扶工作中，各尽所能，各展所长，较好地满足了安置区（点）搬迁群众的精神文化生活需求，有力提高了安置区（点）文化服务质量，全面推进了安置区（点）文化志愿者服务工作。

铜仁市碧江区文化馆根据志愿者特长，结合各安置点摸底情况，明确文化志愿者结对服务点，同时针对文化志愿者开设专门的文化服务提质培训，包括活动组织策划、节目编排等（主要是广场舞编排），提高文化志愿服务的实效性和贴合度、认同度。

为提高易地扶贫搬迁安置区（点）文化志愿服务工作效能，在各易地扶贫安置区（点）文化广场显眼位置设立公共文化服务标识公示牌，并将各服务点的文化志愿者基本信息和铜仁市碧江区文化馆微信公众号二维码在公示牌上进行公示，群众可以通过微信公众号进行留言，也可以直接拨打结对服务志愿者的联系电话预约服务。通过具象化的文化服务，挖掘传播优秀民族文化，有力提升了搬迁群众的文化自觉和文化自信。

三、实践成效

自2018年以来，铜仁市碧江区文化馆共开展易地扶贫搬迁安置区（点）文化志愿服务300次以上，包括大型慰问演出及文艺汇演活动、书画摄影展览、各门类艺术培训，惠及搬迁群众10万余人次。

（一）服务时间由服务对象自定，志愿服务暖民心

铜仁市碧江区文化馆派出的文化志愿服务小分队采取因地制宜、因材施教等办法，每周到结对服务点开展一次以上有针对性的文化服务。为了提高搬迁群众的参与积极性，文化志愿服务通常选择在不影响安置区（点）搬迁群众生产生活的闲暇时间进行，一般在晚饭后的傍晚时分，以适应安置区（点）搬迁群众的生产生活节奏。每一名文化志愿者无不秉持文化服务的奉献精神，予群众以方便，尽自己以本分，兢兢业业、任劳任怨开展文化志愿服务工作，安置区（点）搬迁群众看在眼里，暖在心里。

（二）挖掘培育新能人，激发动能聚民心

正所谓授人以鱼不如授人以渔，除通过文化服务提升安置区（点）搬迁群众的精神文化素质，文化志愿者还注重挖掘搬迁群众中的文化能人，培育文化带头人。由于搬迁群众来自不同的地方，有着不同的文化生活习惯和各自擅长的文化领域，无论男女老幼，只要愿意为搬迁群众的文化活动作贡献，并能组织、开展群众文化活动，具有一定影响力和号召力，就为其进行专题培训，吸收为文化志愿者，以提升安置区（点）自身“文化造血功能”，有利于安置区（点）文化活动的长期健康持续开展，更加有利于搬迁群众团结协作、凝心聚力。

（三）文化服务促和谐，文化活动聚人心

以“感党恩、搬新家、住新居”“新市民·追梦桥”“手拉手·心连心”等为活动主题，广泛宣传动员搬迁群众积极参与，进一步提高安置区（点）搬迁群众

的参与度和积极性，让搬迁群众与专业演员同台展示，展示文化志愿者培训成果，表演自己家乡的特色文化节目等，用不同的形式表达感恩之情，用不同的语言诉说幸福生活，文化服务提振了安置区（点）搬迁群众的精气神，较好地展示了搬迁群众的新风采，营造了安置区（点）良好的文化氛围。

（四）满足群众新期待，引领健康新生活

铜仁市碧江区文化馆通过“码尚到”文化志愿服务模式，有效推进了碧江区易地扶贫搬迁安置区（点）文化服务工作，切实提高了文化志愿服务效能，极大丰富了碧江区易地扶贫搬迁安置区（点）搬迁群众的精神文化生活，较好提升了碧江区易地扶贫搬迁安置区（点）搬迁群众的文化素质，进一步促进了干部群众的紧密联系，搭建了干部群众沟通交流的桥梁和纽带，更加贴合了群众的文化需求提供有针对性的文化服务，为碧江区经济社会高质量发展提供了必要的精神动力。随着文化志愿服务工作不断推进，服务制度日益健全和完善，碧江区文化志愿服务工作将更加凸显出不可替代的社会效能。

（五）发现特色文化能人，建设特色非遗队伍

在文化志愿服务工作有效推进的同时，铜仁市碧江区文化馆注重发现搬迁群众中的非遗传承人和文化能人，分类收集传承人资料，整合非遗资源，把原来的订单式“文化配送”模式转化为“文化培育”模式，将“送文化”转变成“种文化”，因地制宜开展特色文化培训、指导和专题培训，让搬迁群众的“自主造血功能”得到充分发挥，更加丰富了安置区（点）文化活动形式和内涵，更有利于安置区（点）文化活动开展。

（六）传统文化走进安置区校园

铜仁市碧江区文化馆在立足于易地扶贫搬迁安置区（点）文化服务的同时，还把服务范围扩展到了安置区（点）内的校园，将碧江区白岩溪安置区第三十二小学作为试点开展校园文化志愿服务，并已初见成效。开学季每周四下午课余时间，文化志愿者都会走进教室，向学生传授绕口令、快板等表演技巧，配合学校

的美育教育，开设了与曲艺有关的基础、特色课程，让学生更多地接触和学习到艺术表演，培养和激发了学生的学习兴趣。铜仁市碧江区文化馆将通过试点，把这项工作在碧江区各易地扶贫搬迁安置区（点）逐步推开，并根据学生条件开设不同形式的艺术初级培训，从娃娃抓起，以发掘和培养更多的文艺人才。

山东省文化馆：国际合作与交流新探索

赵新天　杨艾鸽*

党的十八大以来，习近平总书记多次对山东发挥文化资源优势、推动文化传承发展提出殷切期望。山东省文化馆牢记嘱托，加强对中华优秀传统文化的提炼阐释，积极探索国际合作与交流的渠道，创新文化传播方式，通过丰富多彩的对外文化交流活动，增强中华优秀传统文化的影响力，为讲好中国故事、传播好中国声音贡献山东力量。

一、主要做法

（一）走出去：丰富交流形式，讲好山东故事

1. 欢乐春节，展示年味里的山东

中国春节蕴含着丰富的民族传统与历史文化底蕴，既是中国人最重要的传统节日，同时也是开展中外文化交流的最佳载体。近年来，山东省文化馆提炼春节文化内涵，多次赴塞尔维亚举办“欢乐春节”庙会、大篷车等活动，以春节为载体和桥梁，讲好山东故事。2023 年“欢乐春节——丝绸之路上的友谊大篷车”活动在塞尔维亚举行，山东省文化馆组织非遗传承人和民间艺术家先后走进贝尔格

* 赵新天，山东省文化馆党总支书记、馆长，山东省非物质文化遗产保护中心主任、研究馆员。

杨艾鸽，山东省文化馆办公室馆员。

莱德、博尔、诺维萨德、斯梅戴雷沃、尼什五座城市开展巡游，让当地民众及游客近距离领略剪影、年画、布偶、舞狮、蹴鞠等齐鲁传统文化的魅力。来自山东的厨师还将抻面、水饺等中国特色美食带到现场，与当地民众分享节日的喜庆和欢乐。依托“欢乐春节”品牌活动，山东省文化馆把浓郁的齐鲁地域文化带到国际舞台，让世界走进我们的“春节时间”。

2. 沉浸式体验，擦亮“孔子家乡 好客山东”品牌

在对外文化交流中，全方位沉浸式、体验式的传播方式，可以让外国民众从单向接收方变为双向互动的参与体验者，更加真实地了解中国文化[①]。2022年9月，“孔子家乡 好客山东”文化和旅游推广周活动在澳门举行，山东省文化馆承办了山东戏曲进社区、山东非遗进校园活动。在戏曲进社区活动中，澳门妇联乐满家庭服务中心的社区群众不仅欣赏到原汁原味的鲁西南鼓吹乐、吕剧、螳螂拳、柳子戏、聊城杂技、五音戏、山东民歌等精彩的演出，还能现场向演员学习戏曲表演，沉浸式感受山东民间文化的魅力。非遗进校园活动走进了澳门濠江中学附属英才学校，来自山东14个地市的11项国家级非遗、13项省级非遗项目悉数亮相。在非遗传承人的示范下，学校师生现场体验了皮影戏、东明粮画制作技艺等非遗项目，活动现场气氛热烈。

2023年是中西建交50周年，也是“中国—西班牙文化和旅游年”，值此契机，山东省文化馆携茶文化表演、制香、汉服体验等活动项目，参加在马德里中国文化中心举办的“孔子家乡 好客山东”西班牙文旅推介会暨“茶和天下·雅集”山东专场活动。现场通过开展品茗、闻香、听琴、赏艺等多种活动，为西班牙民众提供了沉浸式体验中国传统文化的机会，各体验展台前排起了长队，吸引了众多民众前来体验打卡。为助力“一带一路”文化圈建设，山东省文化馆还参与了“中国（山东）—乌兹别克斯坦合作交流会”暨“一带一路”倡议十周年纪念活动，在现场精心设置了德州黑陶烧制技艺、虎头鞋、东昌府木版年画等非遗体验项目，向海外民众展示齐鲁大地的精湛文化技艺。

---

① 尚辰昱.沉浸体验式传播——“一带一路”背景下国家形象跨文化传播的新思考[J].新闻文化建设,2020(11):140-142.

（二）请进来：依托阵地优势，增进交流互鉴

1. 开展文化研学，培育中外交流的友好使者

海外华侨华人群体是中华文化对外传播的重要力量，因此要发挥其桥梁作用，增强华裔新生代对中华文化的认同感和归属感。山东省文化馆通过开展各类文化研学活动，激发海外青少年群体学习中华优秀传统文化的兴趣和热情。2023年8月，承办了“华侨记忆·家国情怀”——2023年海外华裔青少年研习营活动，邀请近40名来自韩国、日本、马来西亚、俄罗斯、西班牙、葡萄牙、美国、加拿大的华裔青少年走进场馆，看展览、欣赏文艺演出、体验传统文化项目、参与非遗手工课程等，让海外青少年了解和学习齐鲁优秀传统文化，为中外文化交流培育了一批友好使者。同年11月，来自尼泊尔、格鲁吉亚、白俄罗斯、哥斯达黎加等24个国家的25名青年汉学家走进山东省文化馆，开展中华优秀传统文化研修活动，在交流研讨中了解中华优秀传统文化，推进汉学研究发展。

2. 举办文化雅集，打造对外文化交流品牌

2017年，中共中央办公厅、国务院办公厅印发《关于实施中华优秀传统文化传承发展工程的意见》，提出加强对外文化交流合作，创新人文交流方式，丰富文化交流内容，不断提高文化交流水平[①]。近年来，山东省文化馆利用场馆优势，围绕弘扬中华优秀传统文化，创新打造了“雅颂·四季”沉浸式文化体验活动，发挥来华留学生群体在传播中华文化中的纽带作用，努力架设友谊桥梁。活动以时令性的传统文化节日、节气为线索，开展汉服宋韵、旖旎美妆、剪纸与叶雕、宋式点茶分享会、香道等传统项目活动，邀请高校留学生参加。2023年中秋国庆双节假期期间，山东省文化馆策划推出了“传统中秋拜月乞巧”中秋活动、“非遗东方·盛世万象”国庆活动，现场提供拜月仪式、掐丝珐琅、竹编、雕版印刷、投壶等传统项目体验，让广大中外青少年群体共同参与活动，走近齐鲁文化。截至2023年底，“雅颂·四季”主题活动已开展10余期，成为山东公共文

① 中共中央办公厅 国务院办公厅印发《关于实施中华优秀传统文化传承发展工程的意见》[EB/OL].（2017-01-25）[2024-09-24]. https://www.gov.cn/zhengce/2017-01/25/content_5163472.htm.

化服务领域具有影响力的对外文化交流品牌。

（三）线上 + 线下：创新传播方式，传递中国好声音

1.“1+6+N”模式助推齐鲁文化海外传播

为进一步发挥齐鲁优秀文化在海外统战工作中的独特作用，2021 年，山东省文化馆举办了“文化山东・齐风鲁韵”——山东省非物质文化遗产展演暨中秋慰侨演出，在中秋节前夕给海外侨胞奉上一场视觉盛宴。演出采取“1+6+N”模式，在济南设 1 个主会场，在海外 6 个国家（韩国、日本、俄罗斯、德国、肯尼亚、新西兰）的侨团协办下，设置分会场，国内外联动，线上线下互动。整台演出不仅选取了省内蕴含鲜明儒家文化和山东民俗特色的节目，还策划了日本樱花舞、韩国济州岛民歌、肯尼亚非洲舞蹈、俄罗斯加告兹武士表演等海外代表性传统文化节目表演。2022 年中秋节前夕，慰侨演出以同样的形式在山东省文化馆主会场举行，来自韩国、日本、巴基斯坦、俄罗斯、肯尼亚、澳大利亚 6 个国家的驻外使领馆代表、外国友人、海外侨胞和留学生等万余人次线上观看了演出直播。

2.“云展览”描绘画作里的山东

近年来，山东省文化馆以艺通心，通过“云展览”与线下展览相结合的方式，选取精品画作讲好山东故事。农民画属于通俗画的一种，是农民自己绘制的乡土气息浓郁的绘画作品，反映了中国农民对时代的感受和记录[①]。自 2021 年起，山东省文化馆在山东农民画之乡——日照、青岛、临朐、青州四地征集、遴选优秀农民画作品，通过线上展览的形式，先后在塞尔维亚、卢森堡中国文化中心官方网站展出，让国外民众在古朴的画作中感受中国传统习俗，品味齐鲁文化底蕴。新冠疫情防控期间，山东省少年儿童大画廊——少儿抗击新冠疫情书画作品展、“时间的果实”系列活动之“河和之契——陶瓷・琉璃・茶 中国非遗精品展”先后通过线上的方式在海外展出。除“云展览”外，2023 年 5 月，山东省文化馆精选作品参加在维也纳举办的“尼山传千载 岱海连世界——全球文明倡议的生动故事”主题系列展览活动；7 月，精选 30 余幅山东农民画，先后赴葡萄牙里斯本、

① 薛其龙.1958年以来中国农民画研究综述与分析[J].中国民族美术,2021(2):52-55.

希腊伊利乌波利市举办中国山东农民画展，通过一幅幅色泽艳丽、技巧饱满、感情真挚的农民画作，向观众展示新时代山东农村的崭新风貌，增进海外民众对齐鲁文化的了解。

二、工作成效

（一）弘扬优秀传统文化，讲好中国故事山东篇

在形式多样的对外文化交流活动中，山东省文化馆注重提炼展示中华民族独特精神的文化标识，通过文艺演出、非遗展示、沉浸式体验等互动交流方式，积极助推优秀齐鲁文化海外传播，彰显中国特色、中国风格、中国气派，让越来越多的外国友人了解儒家文化、中华文明，为促进中外文明交流互鉴、弘扬中华优秀传统文化发挥了积极作用。同时，在日益频繁的文化交流过程中，增进各国人民友谊，展现了全面立体的“好客山东、好品山东”国际形象，为促进国际人文交流作出了积极贡献。

（二）增进人文交流，赋能青年人才发展

青年是文化交流的使者，也是推动社会进步的宝贵力量，因此在对外文化交流工作中，山东省文化馆坚持把青年人才作为“主力军”。一方面，邀请海外青少年群体来到馆里，激发大家对齐鲁文化的兴趣和热情，帮助他们成为弘扬中华文化的参与者和力行者。另一方面，选拔文化馆系统优秀的业务骨干走出国门，开展对外交流活动。2023 年 7 月，山东省文化馆的青年美术干部受邀赴澳大利亚堪培拉参加“2023 年中华文化大乐园——澳大利亚堪培拉营”活动，为当地中小学校学生开展为期半月的艺术培训。对外交流提升了青年人才的跨文化交际能力，拓宽工作视野，也使其业务能力得到了极大锻炼，为文化馆系统培育了一批业务精湛、能力突出的人才。

（三）助力“一带一路”建设，展现文化馆新作为

山东地处“一带一路”十字交汇点，是陆海内外联动的重要节点。2020 年以

来，山东省文化馆与塞尔维亚、希腊、西班牙、乌兹别克斯坦等“一带一路”共建国家开展各类文化交流活动10余次，得到了各方认可，也受邀参加越来越多的国际交流项目。2023年下半年，山东省文化馆精心策划了演出、艺术培训、农民画及非遗精品展等活动，其成果将“2024德国·中国山东文化和旅游年”、2024澳门“欢乐春节·节日传统手工艺术精粹”系列展示展演活动中大显身手。在丰富多彩的对外交流对话中，山东省文化馆将优秀的群众文化活动成果推向国际舞台，在推动全球文明交流互鉴中展现了我国文化馆的形象，为公共文化服务领域的国际交流与合作贡献了山东经验。

课题成果

新型文化空间服务创新研究

卜希霆　庄昕昊*

为实现2035年文化强国目标，国家作出系列规划与部署，增强公共文化服务实效性，提高文化供给能力，保障文化服务高质量。健全现代公共文化服务体系是习近平文化思想的重要内容，也是党的二十大提出的重要任务。公共文化服务是实现好、维护好、发展好人民基本文化权益的主要途径。文化性是公共文化空间的基本属性，各地结合城市更新和乡村振兴工作，因地制宜，打造了一大批有特色、有品位的新型文化空间，切实满足广大人民群众多样化、多层次、多方面的精神文化需求。据统计，截至2023年9月，我国新型文化空间数量已超过3.35万个。新型文化空间成为公共文化服务高质量发展的重要标志，推进城乡公共文化服务体系一体建设的重要抓手。

一、功能嬗变：从传统文化空间到新型文化空间

伴随着“服务经济”向“体验经济”的转向、Z世代（即1995—2009年生人）消费群体的集体入场以及人民对高质量文化产品的需求日益旺盛，体验式消

* “新型文化空间服务创新研究”是文化和旅游部全国公共文化发展中心“文化馆事业高质量发展研究计划”2022年度重点课题研究项目，本文为课题成果概要。

卜希霆，中国传媒大学文化产业管理学院副研究员；庄昕昊，中国传媒大学文化产业管理学院2023级研究生。

费愈加成为新时代文旅业态发展的风向标，应这一需求转向，新型文化空间应运而生，在建筑形态、功能布局、服务业态和管理机制上实现创新。该空间以互联网、物联网、大数据、人工智能等新兴数字技术为手段，构建虚实共生的数字化场景，促进文化与科技融合，以创新感知方式重构审美体验。新型文化空间的转型升级提升了公共文化空间“体验感”，新型文化体验正在成为文旅领域中国式现代化的显在要求。

公共文化空间作为城市重要的文化承载地，成为各地文旅生态的重要构成部分，既是地方文旅融合的重要驱动力，也在城乡融合文化发展中扮演着重要角色。伴随互联网、大数据、人工智能等新兴技术的广泛应用，沉浸式体验日益成为人民群众对公共文化空间提出的新要求，正在被纳入基础性文化服务供给场所。新型文化空间的营造模式、服务的供给方式、与群众的交流渠道等也正从塑造沉浸式体验的视角出发，为新型文化空间的提质增效、转型升级拓展新路径、探索新场景。新型文化空间正在成为链接城市实体空间与数字虚拟空间的重要节点。在此背景下，新型文化空间服务也应紧密围绕文化强国战略和文旅高质量发展的要求，充分利用科技手段，实现空间功能的蝶变，主动应人们日益增长的文化旅游新需求，为人们提供更加便捷和多元化的文化服务与丰富优质的文化体验。

二、形态转型：从传统物理空间到新型精神空间

生产方式的转变推动着空间的形态转化。新型文化空间适应空间生产规律，注重打造沉浸式、体验式的精神空间，通过数字化、虚拟现实等技术手段，打破物理空间的阈限。故事化设计、社会化参与可以提升新型文化空间的有效供给，实现传统文化空间的可持续更新。

首先，故事化 IP 内容打造。故事化 IP 内容是吸引用户并营造精神空间的核心。通过将文化项目、活动或场所与一个有吸引力的故事相结合，可以带来独特的、引人入胜的文化体验。当前网生一代的 Z 世代群体具有独特的文化感知习惯，新型文化空间积极响应 Z 世代群体消费观念，适应全龄人群的消费偏好，注重年

轻化地方 IP 打造，以空间的功能分区、动线设计、沉浸式业态引进，融合当地文化，增强空间的故事吸引力和文化体验感，用地方 IP 叠加新媒体传播，通过形象化、故事化的内容供给吸引更多游客前来体验，依靠互动、角色扮演与游戏体验等方式让消费者获得沉浸式体验，感受新型文化空间的魅力。

其次，社交化供给模式创新。社交化供给模式的创新是新型文化空间转型的重要推动力。利用社交媒体平台、移动应用程序等技术手段，用户可以参与文化活动，创作作品和分享个人体验。这种社交化互动不仅可以增强文化参与度和忠诚度，还可以促进优质文化内容流量传播与推广。新型文化空间积极探索跨界引进更多元的文化内容供给机构，实现多领域融合"出圈"。新型文化空间广泛吸纳社会力量，通过空间更新、服务上新、形式创新，打造集交往功能、学术功能以及社区功能于一体的、多元化的"第三空间"，引进新型业态，实现内容供给的与时俱进。新型文化空间主动融合商业、体育、旅游与演艺等多元业态，在文旅融合趋势下将发展为文商旅、文体旅、农文旅等新兴业态聚合发展的试验田，为文化与旅游产业高质量发展注入全新动能。

最后，数字化情境融合体验。数字化情境融合体验指将物理空间和数字技术相结合，创造出沉浸式的、多感官的文化体验。利用虚拟现实、增强现实、智能设备等技术，用户可以在新型文化空间中与数字内容进行互动，突破传统物理空间的限制。数字化带来公共文化内容生产转型，最终实现物质体验向精神体验的转变。数字化使交互沉浸技术对实体空间沉浸营造成为可能，通过虚拟现实、增强现实、投影装置、灯光等交互沉浸技术对线下实体空间持续赋能，以虚实结合的场景来传达文化内容，提升传统文化传播力、表现力。

三、服务更新：从单一文化空间到复合文旅空间

不断更迭的新技术、数字化趋势以及元宇宙热潮，正在重新定义未来城市，沉浸城市正在成为数实融合时代城市更新与转型的新模态与新逻辑。沉浸城市以构建主客共享的城市文旅消费场景为目的，以实现文化、商业、旅游、演艺、科技、服务等与城市深度融合发展为驱动，注重满足人们的参与感、定制化、叙事

感、幸福感。新型文化空间与城市更新相结合，积极承载文旅目的地和文化地标的双重功能，持续提高公共文化服务辐射力、影响力。新型文化空间正在变成城市的文化记忆、文化体验和文化感知的重要场域，成为城市“文化会客厅”。它不是单一的文化展示场所，而可以通过地域文化融入、打造主客共享模式、虚实共生、打造沉浸生态和协同众创等方面的创新，实现从单一文化空间到复合文旅空间的服务更新。

第一，新型文化空间注重将地域特色融入空间设计和文化活动中，通过挖掘和利用地方的历史、文化、自然资源等，打造独特的地域文化体验。每个城市都有独特的地域文化，有着特殊历史条件所形成的地方群体的价值观。新型文化空间是地域文化传承的重要场域，既是外地游客了解地区文化的平台，有效地把地方的历史文化记忆活态展现，又是可以激发当地群众文化认同，焕活地方凝聚力。

第二，打造主客共享模式下的文化空间创新。“主客共享”是一种适应新时代城市文旅高质量发展要求，促进本地居民与外地游客文化共享的理念，其倡导游客与当地居民和谐共生、资源共享、文化互鉴。新型文化空间可以运用主客共享模式打破传统文化空间边界，让游客和当地居民共同参与文化活动、相互交流，使他们既成为文化的体验者，也成为文化的创造者。新型文化空间的沉浸式营造不仅满足了本地居民的基础性文化需求，也向外地游客展示了地域文化与传统文化的独特魅力。

第三，利用虚拟现实、增强现实等技术，将虚拟元素融入现实的文化空间，为人民群众带来全新的感知体验。文化空间在虚实共生的发展趋势下，应注重科技与艺术的融合发展，将虚拟现实与增强现实等技术融入艺术展演与文化创作中，为在地文化内容与艺术作品插上想象的翅膀。

第四，打造沉浸式的生态环境，将文化与旅游、商业等跨界整合。新型文化空间通过营造独特的氛围和场景，让在地居民与游客沉浸其中，获得全方位的文化体验。新型文化空间主动向外拓展文化空间，主动参与城市的文化创新，善于调动全域的各类资源，让优秀传统文化走入城市的各种场域，与其他业态跨界融合，在多元生态中传播传统文化价值，实现文化融合演进。

第五，重视协同众创与全龄友好。协同众创即鼓励多方参与公共文化服务的创新与供给，与艺术家、设计师、科技公司等合作，共同打造多样化的文化产品和服务。同时，注重文化服务的全龄友好性，让不同年龄段的人们都能够享受到适合自己的文化体验。新型文化空间的协同众创主要包括公共文化服务体系内部的协同众创、文化空间与其他社会资源的融合共创以及新型文化空间应与目标群体双向赋能三类模式，打破原有边界，建构统合协作机制，实践文化共创共享共益。

新型文化空间通过以上创新，实现了从单一文化空间到复合文旅空间的服务更新。这种更新不仅丰富了人们的文化体验，也为地方经济发展带来了新的机遇和动力。期待更多的新型文化空间在未来涌现，为人们带来更加丰富多彩的文化生活。

文化馆文化社群建设高质量发展研究

广东省文化馆课题组*

社会群体简称“社群”。广义上，文化馆所有服务对象组成的群体就是一种文化社群，社群表现出组织结构松散、缺少个性化等特征。狭义上，文化馆社群表现为各类文艺团队、线上线下结合的艺术兴趣社群等，社群有一定的组织形式，群员之间有一定社会交往、社群品牌意识、专属活动等。传统意义上的文艺团队建设成效是显著的，在构建现代公共文化服务体系中，要实现文化建设的均衡化、普惠化发展，文艺团队类型的文化社群建设远不能满足广大群众的需求。当下线上线下结合的新业态艺术兴趣社群的发展，新理念、新技术、新模式的融入，为文化馆在新时期全民艺术普及工作的发展转型打开了新窗口。

一、政策环境

近年来，国内诸多的政策和规划为文化社群的发展提供了有力支撑，如2021年3月，文化和旅游部、国家发展改革委、财政部联合印发的《关于推动公共文化服务高质量发展的意见》提出了培养具有高黏性的“粉丝”文化社群。2021年

* “文化馆文化社群高质量发展研究”是文化和旅游部全国公共文化发展中心“文化馆事业高质量发展计划”2022年度重点课题研究项目，本文为课题成果概要。

课题组负责人：方崴。课题组成员：曾夏漪、张金湖、杜元浩、林博伟、黄燕、钟玮、朱腾、邓栋文、邓欢、黄咏。

6月，文化和旅游部发布的《“十四五”公共文化服务体系建设规划》明确提出组建以兴趣爱好和特长为纽带的高黏性“粉丝”文化社群，构建新型服务提供与反馈模式等。研究文化社群业态发展是贯彻新征程群众文化高质量发展的要求，是推进文化自信自强，发展面向现代化、面向世界、面向未来的社会主义文化的要求。

二、当前文化馆文化社群建设基本特征

本文面向广东省21个地市县级以上文化馆，从文化社群基本情况、社群运营、第三方参与、新媒体、文化社群数字化管理、全民艺术普及工作开展等6个方面，采用调查表方式开展调研，共收到344个文化社群案例。同时面向本省群众开展线上问卷调研，采集样本11020份。大量的调研数据为文化社群研究提供了强有力的支撑。

当前文化馆文化社群主要体现如下特征：从社群组织形式来看，广东省各级文化馆文化社群仍以线下文艺团队类的传统文化社群为主，线上社群占比很小，新业态社群尚在起步阶段；从社群艺术类型来看，以音乐、舞蹈为主，未形成完整的艺术普及门类覆盖，存在供需错位的结构性问题；从社群受众群体来看，以普通群众为主，对特殊人群辐射不足；从社群运营情况来看，小作坊型的文化社群占据大多数，文化馆作为社群运营主体占大多数，且当前社群核心成员组成存在学历较低、年龄大等特征；从社群数字平台建设来看，主要通过微信平台进行管理，数字管理平台建设亟待重视；从社群反哺来看，活动反哺呈现逐年上升的态势，社群反哺大有可为；从社群经费投入来看，经费少、渠道窄是常态，这影响着社群高质量发展。

三、文化馆文化社群建设高质量发展路径的实践探索

为探寻新时代文化馆文化社群建设之路，破解当前发展困境，课题组选取了国内有代表性的浙江省文化馆“指尖艺术导师”文化社群、陶溪川双创青年文化

社群等不同类型典型案例，以新发展理念为指引，对文化社群进行系统剖析，总结梳理各文化社群共性特征，希冀探寻出符合新时代文化馆文化社群建设高质量发展的新路径。

（一）体制优化，实现文化社群服务供给侧主体内核提升

其一，组织形式开放式发展。多数文化社群在供给方构建起多元开放的文化社群供给侧主体，拓展文化社群服务主体圈层，有效解决文化社群服务与产品供给不足的问题。其二，多业态融合发展。各社群在不同程度上存在文旅融合、文化产业融合、科技融合等特征，有效解决传统文化社群业态单一的问题，大大激发了供给方活力。其三，区域协调发展。一些社群呈现出区域、城乡协调发展的特征，转变了原来孤立公办主体的公共文化服务模式。

（二）机制创新，激发文化社群服务效能

第一，建立文化引领机制。文化引领机制的建立是文化社群建设的重要特征，特别在公共文化领域，社群文化建设更加注重社会主义核心价值观的引领。第二，建立多样管理机制。管理机制的建立贯穿于社群建设的方方面面，好的管理机制往往以解决问题为导向，帮助实现社群规范、高效运营。第三，着重资源整合机制。通过人、财、物的多方资源整合机制，可以大大增强社群的供给能力和运营能力。第四，突出群众主体机制。各社群均突出群众的主体创新意识、组织意识，激发群众的创造力与创新精神。

（三）人才培育，建设可持续发展的文化社群人才梯队

一方面，注重“核心圈层”“组织圈层”的人才梯队打造。“核心圈层”是指社群建设中负责社群规划、活动策划、品牌打造、社群管理等职能的核心人员，“核心圈层”的建设很大程度上决定了社群的运营水平和建设高度。“组织圈层”是指社群中的运营人员，是社群运营的执行力量。另一方面，为文化社群人才提供个性化的培育模式。各文化社群根据自身属性、社会环境、行业业态等特点，形成灵活、高效的创新人才培育模式。

（四）平台搭建，让群众成为文化活动的真正主角

一是搭建“多样化”展示平台。社群中成员不仅有交流需求，也有表达展示需求，参与社群各种活动，是群员获得价值认同、获得荣誉感和归属感的具体表达。二是搭建“定制式”服务平台。各文化社群在供给侧平台搭建上针对群众个性化、特色化、专门化的需求，定制不同的服务平台，让群众成为活动的真正主角、组织者及推动者。

（五）数字赋能，创新文化社群管理、服务模式

数字服务平台建设，是文化社群业态的衡量标尺。不同行业的数字平台建设呈现出较大差异，当下随着移动互联网发展起来的新业态社群打造的全业务流程线上生态值得借鉴。数字服务与产品建设需遵循适用性迭代原则，以一群多策的数字运营手段推动社群的业态发展。新媒体矩阵式发展丰富文化社群运营模式，新媒体也成为推动文化社群不断破圈的重要手段之一。

（六）精准服务，提升社群活动质量、增强社群凝聚力

第一，受众调查是发现受众需求的精准切入口。了解文化社群消费习惯和趋势，以精准满足社群成员的期望和需求。第二，打造激发活力与创意的文化社群活动，提升文化社群活跃度。第三，打造规律化的活动流程及循环周期，确保文化社群可持续长效运转。

（七）角色转化，形成高质量运转的文化社群反哺态势

角色转化为社群增添丰富文化内涵。角色转化赋予了社群成员更多的机会去发挥自己的能力，在文化社群中能够引发自我运转的社群反哺态势，这种态势意味着社群成员能够不断循环地参与、贡献和受益。自我运转的社群反哺态势可促使社群持续繁荣与发展。

（八）品牌塑造，抓牢社群品牌价值定位，引领社群文化建设

首先，品牌的定位是社群特色和价值观的具体体现。社群的核心价值观是一个社群建设中重要的属性，而品牌建设是其具体的体现。其次，讲好品牌故事，提升社群品牌影响力、持久力。挖掘品牌背后的故事，是社群品牌文化内涵建设的重要途径。再次，品牌的标识设计是品牌识别的重要基础。好的标识设计能够很好体现社群品牌文化内涵、辨识度。最后，品牌的建设需要持续的管理和维护。围绕社群品牌的运营和管理，在典型案例实践中，基于社群的机制体制创新可以帮助社群活动长效开展，是品牌长久保鲜的根本动力和基本特征。

文化社群建设是一个体系化建设过程，文化供给侧主体建设，可以有效聚合各类社会资源，形成常态、持续的文化服务与产品的输出；社群人才建设、活动策划、品牌建设又可以激活文化社群内在活力，增强社群黏性，为文化社群发展提供可靠支撑与发展动力。不同行业的优秀文化社群建设经验也为我们构建起文化社群建设的不同视角，开放、融合、协调、共享的新发展理念贯穿其中，形成千姿百态的社群新业态景象，助力文化发展。

文化馆“老年文化艺术大学”建设机制与服务规范研究

苗美娟　张广钦*

文化馆“老年文化艺术大学”是指由文化馆主办的，以满足老年人精神文化需求、保障老年人文化权益为目的，以老年人文化艺术素养提升和技能培训为主要内容的系统性、规范性、特色化文化艺术服务，是老年人进行文化艺术学习、交流和活动的重要场所。近年来，我国各级文化馆“老年文化艺术大学”通过为老年人提供免费或普惠性文化艺术服务，在助力“老有所教、老有所学、老有所乐、老有所为”，实现“文化养老”层面特色明显、成效显著。据《中国文化文物和旅游统计年鉴 2022》显示，2021 年全国县级以上文化馆馆办老年大学 670 个，占文化馆总数的 20%。据《中国文化报》报道，截至 2021 年 6 月，全国文化馆（站）开办老年大学 4321 所，在校人数接近 83 万人。文化馆“老年文化艺术大学”已成为社会老年大学的重要组成部分。

---

* “文化馆‘老年文化艺术大学’建设机制与服务规范研究”是文化和旅游部全国公共文化发展中心“文化馆事业高质量发展计划”2022 年度重点课题研究项目，本文为课题成果概要。

苗美娟，对外经济贸易大学政府管理学院副教授；张广钦，北京大学信息管理系副教授，北京大学国家现代公共文化研究中心副主任。

一、文化馆“老年文化艺术大学”建设现状

目前，我国各级文化馆“老年文化艺术大学”在组织架构及管理体制、服务课程建设、教师队伍及教材建设、数字化建设、社会化参与、适老化改造、组织和经费保障等层面均取得了一定成效。

在组织架构及管理体制层面，文化馆“老年文化艺术大学”的办学宗旨强调以满足老年人精神文化需求、保障老年人基本文化权益为出发点，扩大老年教育资源供给，丰富老年文化生活，助力“老有所学、老有所为、老有所乐”，实现“文化养老”；强调文化馆应建立规范化、特色化的“老年文化艺术大学”，建立适应新时期老年人精神文化需求及现代公共文化服务体系建设相适应的老年大学办学模式。办学原则包括保障权益、公益均等，坚持特色办学，坚持教学与娱乐相结合，坚持教学与服务相结合。办学模式包括独立办学、与社会力量联合办学；运行机制包括独立校区运行、主校区—分校区—教学点协同运行。

在服务与课程建设层面，文艺技能培训、传统文化普及、文艺作品鉴赏、文艺创作辅导是文化馆“老年文化艺术大学”的主要服务内容，彰显了文化馆在全民艺术普及、优秀传统文化传承与社会美育中的核心职能与使命。各文化馆“老年文化艺术大学”大都开设了10—20门左右的课程门类，包括声乐、器乐、舞蹈、美术、书法、合唱、戏曲、曲艺、摄影等。其中，特色课程主要集中在具有地方文化和民族特色的民族民俗及非遗传承类课程（如民族舞、地方小品小戏等），以及具有时代特征、异域特征的特色培训类课程（如国际舞蹈）。部分文化馆“老年文化艺术大学”在提供免费服务的同时，也积极探索普惠收费服务方式。

在教师队伍建设层面，文化馆“老年文化艺术大学”已经形成了相对稳定的专兼职教师队伍。教师以兼职教师居多，师资来源以外聘专业技术人员、馆内业务骨干为主要构成，少量文化馆也将文化志愿者、业余文化骨干发展成教师成员。

在数字化建设层面，文化馆“老年文化艺术大学”逐步实现了教学方式数字

化、教务管理智能化、学员服务智慧化三位一体的数字化建设现状，慕课或短视频教学、网络直播教学、开辟云上展厅等创新方式不断涌现，增强老年人学习的自主性和选择性，提升了学习效果。

在社会化参与层面，文化馆“老年文化艺术大学”的社会化参与方式包括合作办学、合作培训、合编教材、政府购买、志愿者参与。如成都市文化馆老年大学创新实施“老年大学公共文化服务体验师”招募计划，参与体验老年大学培训课程，生成涵盖老师授课水平、内容丰富程度、课程设置合理性等在内的生动体验报告，形成从服务设计、服务供给到服务反馈、服务优化的闭环式服务链条。

在适老化改造层面，文化馆“老年文化艺术大学”根据老年人特点，积极开展相应的适老化改造，包括设置老年人无障碍通道和无障碍设施，提供信息导引和人工咨询服务，提供茶水间、应急药物、存储柜、休息室等辅助服务，满足老年人的基本需求。

展现成效的同时，我国文化馆“老年文化艺术大学”也存在着办学经费不足、自我“造血”功能不健全，办学条件、办学质量不平衡不充分不高质，未充分发挥总分馆制优势实现体系化发展，社会化参与程度和优质资源整合力度较低等现实问题，制约了文化馆“老年文化艺术大学”的高质量发展。

二、文化馆“老年文化艺术大学”办学特色

定位上，文化馆“老年文化艺术大学”作为非学历制老年教育，集“教学性”与“服务型”于一体，倡导在为老年人提供文艺教学服务的同时，注重自我管理、自我服务，实现老年人精神文化需求和自我实现需求相统一。

性质上，文化馆“老年文化艺术大学”被纳入文化馆公共文化服务总体规划，贯彻落实公共文化服务“免费或优惠”的基本原则，为老年人提供零门槛、公益性、高品质的文化艺术服务和培训课程，搭建老年人终身学习的社会平台。

内容上，文化馆“老年文化艺术大学”注重与文化馆全民艺术普及社会美育职能相结合，充分发挥文化馆的文化艺术资源优势和艺术师资队伍优势，打造以

文化艺术为特色的老年大学发展模式，开辟老年人“文化养老”特色阵地。

形式上，文化馆“老年文化艺术大学”注重与文化馆总分馆制相结合，通过体系化运作、专业化服务有效推动优质资源和服务向基层拓展延伸，为开展全民艺术普及、促进人民精神共富提供强力支撑。

三、文化馆“老年文化艺术大学”未来展望

文化馆“老年文化艺术大学”高质量发展的路径包括：一是要建立稳定的专项经费保障机制，特别是对贫困地区、少数民族地区、县级文化馆给予适当倾斜。探索开展老年文化艺术大学普惠性有偿服务，以低于市场课时费标准实行分级收费和有偿服务。二是完善适应老年人多元化、多层次、特色化精神文化需求的课程体系，在开设普及班基础上，逐步拓展提高班、研修班等多层次立体式教学，形成文化艺术教学培训的梯级布局。三是加强总分校机制建设，推进老年文化艺术大学网络式覆盖和教学管理、教学大纲、课程建设等的统筹协调和一体化管理，实现“总分校”协同推进。四是开办数字“老年文化艺术大学”，打造没有围墙的老年文化艺术大学，帮助老年人更好地融入数字时代，提升“智慧助老”服务水平，同时缓解现有阵地服务不足、入学一票难求等现实问题。五是建立文化系统与民政部门、教育部门、老干部局、老龄委系统老年大学联动共建机制，共促老年大学课程共享、教研互动、文化共融、人才共育。

四、《文化馆馆办老年大学基本要求》行业标准草案

课题围绕文化馆“老年文化艺术大学”的建设、管理与服务要求，编制《文化馆馆办老年大学基本要求》行业标准草案，从术语和定义、总则、空间设施、服务内容、服务方式、教学管理、师资管理、学员管理、社会参与、评价反馈、综合管理、保障条件等 14 个层面，构建新时期文化馆“老年文化艺术大学”建设机制与服务规范，推动文化馆“老年文化艺术大学”的特色发展、规范发展、高质量发展。

草案中，空间设施包括固定教学空间、教学设备、无障碍设施、适老化改造。服务内容包括文艺作品鉴赏、文艺技能培训、文艺创作辅导、传统文化普及、数字培训、健康养生、代际融合、时政法治科普教育等。服务方式包括阵地服务、延伸服务、网络服务、翻转课堂、分层服务、志愿服务。教学管理包括课程体系、教学计划、教材建设、教学方式、教学成效、档案管理。师资管理包括师资要求、师资队伍、师资培训。学员管理包括学员对象、学员管理。社会参与包括合作办学、购买课程、引入文化志愿者、多元参与。保障条件包括组织保障、经费保障、纳入规划、学习支持等内容。

文化馆的社会教育参与路径研究
——基于“双减”背景下课后服务视角

童　圆*

进入新时代以来，随着《公共文化服务保障法》的颁布实施，公共文化机构的职能得到进一步延伸和扩大，文化馆的职能也不再局限于原有的文化艺术领域，开始成为国家推行终身教育、社会教育的重要渠道。在宏观政策上，文化与教育的联动已经开始成为一种趋势。如2002年《关于做好基层文化教育资源共享工作的通知》，2021年《关于推动公共文化服务高质量发展的意见》，2022年《关于利用文化和旅游资源、文物资源提升青少年精神素养的通知》等文件，不仅直接提出文化进校园、公共文化机构参与学校课后服务，还进一步要求搭建“文教合作”平台，建立文化和旅游系统、文物系统与教育系统协同提升青少年精神素养工作长效机制。

一、“双减”政策的逻辑与意图

梳理中国学校教育的相关历程，我们不难发现，学生减负既是新问题也是老

*　“文化馆的社会教育参与路径研究——基于‘双减’背景下课后服务角度”是文化和旅游部全国公共文化发展中心“文化馆事业高质量发展计划”2022年度重点课题研究项目，本文为课题成果概要。

童圆，深圳市文化馆副研究馆员。

难题。从1951年中央人民政府政务院《关于改善各级学校学生健康状况的决定》至2021年“双减”政策出台，70年间减轻学生课业学习负担的政策文件至少已有21份，既呈现出历史的差异性，也蕴含着内在的连续性。

2021年，《关于进一步减轻义务教育阶段学生作业负担和校外培训负担的意见》（以下简称“‘双减’政策”）由中共中央办公厅、国务院办公厅印发，是中央全面深化改革委员会第十九次会议审议通过的文件中最早被公布的，显然不能仅视之为指导教育领域改革的政策。其“全面贯彻党的教育方针”“充分发挥学校教书育人主体功能”的核心要求，更多地指向国家教育方针与学校职能。

“双减”政策对学生与家庭的减负，也就意味着学校必须走出舒适区，重新审视自身的职能。在现如今其最熟稔也是最基本的教学职责之外，还应承担教育职能与社会职能，从单纯的课程教学扩展到人的塑造。

“双减”要求建立社会、学校、家庭联合育人机制，文化馆、科技馆、博物馆、图书馆、青少年宫等校外有关教育机构可以充分利用自身优势，开发教育戏剧、文化浸润、演讲口才、审美意识类培训项目，旨在激发学生的创造力，增强学生表现力，丰富学生课后生活，从而与学校教育形成互补局面。

二、课后服务的困境

（一）学校积极性不高

课后服务政策要求学校主动承担职责，但对于学校而言，首先缺乏对课后服务工作的认可，毕竟升学导向的社会评价观念在短期内很难扭转。其次，调整服务思路，建立新的工作机制，对于学校管理者和一线教师而言都需要去调整和适应，尤其是增加工作量的情况下，在落实文件要求的过程中不免会产生消极、拖延的现象。最后，多数学校自身师资力量不足以支撑兴趣课程的开设。

（二）家长存在认识误区

整体上家长十分支持学校开展课后服务，但部分家长对学校课后服务的认识存在一定误区。部分家长将课后服务看作课堂教学的延伸，只看重孩子的学业成绩；部分家长将学校课后服务的责任都寄托在学校教师身上，不愿意校外人员参与学校课后服务工作；还有部分家长对课后服务的需求与责任不匹配，弱化课后服务家长责任，认为课后服务政策是政府提出的，所以政府应承担相应的费用，学校负责课后服务，家长没有义务参与学校课后服务工作，也没有义务承担相应比例的服务费用；少数家长存在不配合学校课后服务管理制度的行为。

（三）社会协同育人机制欠缺

2018年9月，习近平总书记在全国教育大会上明确指出，办好教育事业，家庭、学校、政府、社会都有责任。在实际生活中，虽有不同部门单位联动协作的优秀案例，但从系统层面上看，社会协同育人机制还没有建立。一方面，家长们没有家校合作的意识，没有充分发挥家长委员会这一重要组织的作用；另一方面，学校没有与家长建立长效沟通机制，课后服务工作未进行有效的交流与沟通，以至于出现学校和家庭各行其是的割裂情况。

此外，学校以知识教育为职能，长期以来学校教育都是封闭型运作，很少与公共文化机构开展交流协作。如今学校成为课后服务的主体，肩负素质提升的任务，却面临经费短缺、师资紧张、服务欠缺吸引力等困境。

（四）美育理念欠缺

目前学校课后服务仍然与新时代人才培养中的素质教育要求不相适应，学校对美育作为一种育人手段的“大美育”观认知不到位，美育思维长期存在相对滞后的现象，主要表现在两个方面：一是基于升学压力的功利主义教育导向，使学校教育形成了对所谓主要学科的重视和对非主学科的忽视，中小学为确保语、数、外等主科的竞争优势，挤占、停上美育课的现象较为普遍；二是学校美育的“学科化”思维模式，即将美育等同于艺术课程，重应试轻素养、重少数轻全体、重比赛轻普及，缺乏系统性的构建模式和政策支持与保障等。“双减”政策明确提出要科学利用课余时间开展文艺活动，并从具体的实施层面上指出了学校美育应当体现的行动所在，更是表明让孩子回归艺术教育的迫切性。

三、文化馆与课后服务

（一）文化馆的美育职能

文化馆是人民群众开展文化教育、进行文化宣传及文化传承的综合性文化服务基地。群众在文化馆既可以消除压力、开发智力，又可以陶冶情操。文化馆在行使职能过程中本就包含着审美教育的功能。

文化馆的审美教育功能是将美育的精神贯穿在指导职能、培训职能、娱乐职能之中，并通过群众艺术表演、群众艺术培训、群众艺术创作的途径表现出来，在潜移默化中让群众领略到人生新的愉悦和追求，最终实现完善自我、丰富素养、提升思想境界的目标。

（二）美育与课后服务

“双减”本质上是一种新时代教育理念与育人方针的大变革，其明确的导向性为学校美育提供了客观的外部环境。课后服务等方式的实践，让校园重归育人的本质属性。

“双减”将美育与课后服务有效聚合起来，将美育价值与知识教育相互契合，这样的结合是“以美促教”的“大美育”观的直观体现。在这一过程中，学校教师、学生的审美素养都能得到提升，陶冶了情操、启迪了思维，更有助于发现艺术的美、人性的美、生活的美和学科知识的美，求知中的“真”与生活中的“美”有效融合。如天津、上海等地要求加强社会美育资源供给，充分发挥校外活动场所在推进学校美育工作中的重要作用。

四、文化馆参与课后服务的路径

（一）文化服务进校园

公益性的文化服务进校园属于文化馆的基本职能内容，相关部委更是明确要求各级各类公共文化机构要加强与教育行政部门合作，推动优质服务进校园，继续做好“戏曲进校园”“非遗进校园”“博物馆进校园”“高雅艺术进校园”等品牌活动，积极服务学校教育教学工作和文化素养培育。文化馆所属的艺术团队、优秀群众文艺队伍则可以通过政府采购的方式参与课后服务，既有利于群众文化团队的发展壮大，又能极大降低政府采购经费开支，还能不断扩展文化馆服务的辐射范围，增强文化馆在公共文化领域和教育领域的影响力。

（二）提供专项师资培训

基于学校教学工作内容和师资技能类型的实际情况，学校教师作为课后服务的提供主体，不仅加重了教师的工作负担，也限制了内容的多样性，寻求学校外部力量的参与已成为必然趋势。

早在 2002 年，文化部、教育部便对文化馆通过师资形式进入校园开展公共文化服务的方式及类型都给出了具体要求，文化馆要开办适合中小学教师参加的各类文艺讲座、文艺培训班、辅导班等，提高他们的文艺素养和文艺活动的组织能力。文化馆业务干部要经常深入到中小学辅助学校开展文化活动，通过开设文化艺术类活动课程，指导学生文化艺术社团和兴趣小组活动等方式，积极参与学校课后服务，切实提高课后服务质量。

（三）参与课后服务课程规划

目前，学校课后服务课程资源多依赖于校内的人力、物力等，学校在开发与利用课后服务课程资源时，主要立足于教师能力、现有课程、学生兴趣，而在社会需要和素质提升方面考虑不足。文化馆可以运用自身丰富的文化服务菜单优势，指导学校规划课后服务课程，提供丰富的课后服务内容。如美育类、德育类课程，以及管弦乐、机器人、篮球、足球、国际象棋、手工、阅读、传统文化、小园丁等多种类型的素质教育活动，既能促进学生的身心健康发展，又能培养学生综合素质。

（四）向学校开放文化馆数字平台端口

数字文化平台是文化馆信息化服务的基石，具有丰富多样的功能，且其服务便利性、操作简易性、平台稳定性都已得到了检验。文化馆只需要提供一个数据接口给学校，便可将学校服务器纳入到数字文化平台中，使其成为文化馆信息网络的一员。公共文化服务目前的选课、预约系统便可对课后服务所需要的课程资源、教师资源、场馆设施进行科学整理和合理分配，最大限度发挥资源的利用率。

不同学校的师资力量和教育资源各有差别，文化馆可以通过公共文化数字服务平台缩小校际差距，减少学校对具体器材设备的依赖，最大程度上实现课后服务的多元化。

（五）共建美育实践基地

文化馆作为网点最多、覆盖最广的公共文化设施，拥有巨大的社区文化资源，在许多城市，文化馆还是地方文化、民族文化、非物质文化遗产的守护者与推广者。文化馆应该充分利用课后服务这个重要途径，大力宣传中华文化、传统艺术、社会主义核心价值观。

文化馆可以通过与学校合作共建美育实践基地的方式参与课后服务。文化馆可经由美育实践基地这一新增渠道，面向青少年开展审美教育、文化教育、道德教育。共建美育实践基地，将学校资源、家长资源都充分调动起来，将校园文化活动与文化馆面向市民的文化馆活动统合起来，丰富文化源头、放大活动声音，做大文化平台。馆校合作可以不断扩大公共文化服务的覆盖面、提升市民文化活动的参与度，在公共文化服务与青少年社会教育上形成独特的风格，并最终实现文化馆在国家文化事业及教育事业中的价值。

青年影像计划

冯志斌*

近年来，短视频平台兴起，其用户规模和使用率都在逐渐增加，为网络视听文化的发展注入了新的活力。中国互联网络信息中心（CNNIC）发布的第52次《中国互联网络发展状况统计报告》显示，截至2023年6月，我国手机网民短视频用户占整体网民的95.2%[①]。毋庸置疑，手机上网已经成为网络受众的第一选择，而短视频是手机网民上网的首要应用。在社交媒体等新媒体平台上，城镇独大、城里人一统的传播情形已成为过去，城乡数字鸿沟缩小，农村和城市实现"同网同速"[②]。一大批年轻人，甚至中老年人也使用手机拍摄短视频发布在各大短视频平台上，形成互联网文化生态中的群众影像艺术新景观。

克拉玛依市文化馆常年开展影像培训，主要培训内容为摄影摄像的技法，参加的学员以中老年人群为主，平均年龄近50岁。2022年起，克拉玛依文化馆的影像教学工作发生了新的变化，为适应新的媒体传播环境，将"新影像"研究提上日程。2022年4月恰逢克拉玛依市文化馆参评文化和旅游部全国公共文化发展

---

* "青年影像计划"是文化和旅游部全国公共文化发展中心"文化馆事业高质量发展计划"2022年度重点课题研究项目，本文为课题成果概要。

冯志斌，任职于克拉玛依市文化馆。

① 国家图书馆研究院.中国互联网络信息中心发布第52次《中国互联网络发展状况统计报告》[J].国家图书馆学刊，2023(5):13.

② 孟威."新农人"短视频出圈与土味文化传播——"张同学"短视频现象级传播背后的理性思考[J].人民论坛，2022(4):112-116.

中心的文化馆事业高质量发展研究计划，“新影像”事业从幕后走到了台前，青年影像计划正式形成并落地。经过两年的努力，第一届45名学员，第二届54名学员，来自法官、采油工、人民教师、厨师、理发师、检察官、警察等不同职业的青年选手参与，拍出了一部部反映身边生活的优秀影像作品。

一、青年影像计划开展过程

青年影像计划依托群众力量，坚持走群众路线，从群众中来、到群众中去，推动群众文化服务从“政府端菜＋群众点菜”向“政府端菜＋群众点菜＋群众做菜”的工作方向转变，形成了一个集爱好者发现、分级培训、本土新锐赛、路演沙龙和创投扶持为一体的影像事业培养项目。

（一）推广传播：线上传播成效显著

青年影像计划第一步是发现青年影像爱好者，在日常完成授课任务的同时进行爱好者招募工作。第一期青年影像计划的学员招募从2022年2月起，持续了3个月，招募方式主要采用线上发布信息招募和线下现场招募两种形式。线上配合《新疆日报》、石榴云APP以及克拉玛依市属各级媒体官方公众号等进行宣传推广，以《新疆日报》为代表的本地各级媒体都进行了广泛报道，据统计，省级媒体报道13次，市级媒体报道24次。线上共计招募40人，线下招募5人。可以看出，线上招募人数以及传播覆盖面相比于线下招募人数更多、范围更广，符合当下新媒体传播环境的特点，这意味着该计划在宣传和推广方面取得了成功。青年影像计划受到腾讯视频号的官方推荐，10次单场比赛均在微信直播，每场平均浏览量超5000次。

（二）分级培训：开展针对性的辅导

青年影像计划一方面向群众普及影像艺术，另一方面提升青年影像爱好者的创作能力。不同于其他影像赛事，青年影像计划为学员提供专业的指导，既为学员提供影像创作的平台，又提升学员影像创作的专业水平。分级培训后则采用一对一全时段辅导，为每位学员量身而定，针对学员的基础知识和技术水平提供创作辅导。对具备影像基础的学员解决剧本空洞或剧本可操作性不强等问题，尤其是纠正紧盯小概率事件的创作思维，要着眼于大时代、大概率事件的细节表达。计划在开展过程中真正做到走群众路线、为人民服务，具有其他影像赛事不可比拟的优势。

（三）赛事选拔：实现影像创作本土化

青年影像计划设有三轮选拔，第一轮是笔试，第二轮、第三轮进行公开的创投谈判。从“新影像”作品的选拔、分级培训再到创投发布，各个环节层层递进，因地制宜现场直播，相关创投作为影像培训的素材，让青年影像计划看得见、摸得着。在赛事选拔过程中，学员提供的新影像作品都源自创作者的生活环境，是对“身边人身边事”的讲述，以个人为中心，讲述自身对社会事件、观点的看法与理解。青年影像计划实现了学员本土化、创作本土化，以个人视角讲述新疆故事、中国故事。青年影像计划在本市形成了良好的示范作用，坚持从群众中来，到群众中去，为影像事业发展积累力量。

二、青年影像计划开展意义

（一）培育人才：建立培养青年影像创作人才阵地

文化馆应成为文化人才的加速器，吸纳社会化文艺人才与民间组织，释放多元主体在现代文化馆建设中的动能①。克拉玛依市文化馆作为克拉玛依市最重要的文化艺术阵地，应为青年创作者提供专业的技术支持、设备和场地，提供专业的师资和健康的环境。青年影像计划聚集了当地的青年影像爱好者，并通过影像沙龙和培训，在一定程度上提高了青年影像爱好者的创作能力和专业素养，为青年影像爱好者的创作提供有益帮助。通过参与新影像创作，经历多次实践和经验积累，青年影像爱好者逐渐成长为具有影响力和竞争力的青年影像创作人才。青年

① 卜希霆，梅兰妮.新使命 · 新起点 · 新愿景——新的历史起点上文化馆的责任与担当[J].中国文化馆，2023（1）：8-9.

创作者之间相互交流、学习和启发，分享彼此的创作经验、理念和技巧，共同完成作品，这对培养创新人才、推动文化产业发展，乃至促进当地文化创新力和竞争力，都具有重要的意义。

（二）品牌塑造：吸引群众参与文化馆系列活动

青年影像计划作为克拉玛依市文化馆提升青年影像爱好者的艺术水平的重要举措，对于克拉玛依市文化馆的品牌塑造具有重要意义。积聚力量打造富有创造力和美誉度的文化品牌，通过品牌效应吸引公众关注和参与，是文化馆提升服务覆盖面和影响力的手段之一[①]。青年影像计划展现了克拉玛依市文化馆的创新形象。在开展青年影像计划之前，参与影像培训的多为老年人群，青年影像计划具备创新意识，关注到青年爱好者对影像艺术提升的需求。文化馆通过青年影像计划促进品牌形象年轻化、活力化，以青年影像计划为突破口，吸引更多的青年人关注和参与到文化馆的活动中来。这有助于打破群众对于文化馆传统形象的刻板印象，展示文化馆对于当代艺术和文化的关注，塑造文化馆作为紧跟时代发展的文化场所的品牌形象。

（三）创新发展：迸发文化馆高质量发展新活力

文化馆肩负着全民艺术普及的职业使命，具有促进人的全面发展、保障人的文化权利以及传播社会主义核心价值观的社会功能[②]。互联网的发展带来了信息的高速传播和文化消费的便利，人们可以通过网络获取大量的文化艺术资源，包括艺术作品、历史资料、艺术表演资源等，文化馆的部分普及职能正在被互联网所代替，这对传统文化馆的文化艺术普及工作产生了一定的冲击。与此同时，文化馆在进行文化传播以及服务工作的过程中长期受到传统服务理念的影响，并未重视对新媒体技术的应用，导致其服务水平较低，无法满足受众群体的实际需求。正是基于这种背景，文化馆亟须从传统功能中寻求新的发展方向。青年影像计划正是结合了当前短视频发展现状，强调群众爱好者的主体性和影像培训的生活

---

① 李秀敏.近十年文化馆理论研究进展[J].中国文化馆，2023（1）：43-51.

② 李国新.论文化馆的社会功能与职业使命[J].中国文化馆，2023（1）：52-59.

化，对文化馆发展“新影像”事业进行积极探索，可以帮助文化馆与时俱进地转变角色，更好地适应现代社会的需求。

克拉玛依市文化馆开展青年影像计划，为青年影像创作者提供了广阔的舞台和展示自我的机会。青年影像计划的开展，对普及群众影像艺术作出了一定贡献，也在一定程度上促进了新影像事业的发展。影像赛事的举办，也检验了克拉玛依市文化馆在影像艺术普及方面的工作成效，对促进文化馆工作提质增效具有重要意义。青年影像计划项目作为提升青年影像创作能力和推动新影像发展的重要平台，具有广阔的发展前景和社会影响力。

文化馆（站）促进人民精神生活共同富裕现状研究

李 斯*

精神生活共同富裕作为一项发展目标和价值导向，要通过多种社会实践共同作用来实现①。在诸多路径中，公共文化服务体系建设处于基础性地位，是国家推进精神生活共同富裕的基础性举措。而文化馆（站）作为公共文化服务体系的一部分，在促进精神生活共同富裕中处于基础性地位。揭示文化馆（站）服务促进人民精神生活共同富裕的现状是制定未来发展任务的前提和基础，有利于找准未来发展的着力点和突破口。本研究将构建文化馆（站）服务促进人民精神生活共同富裕的评价指标体系，以第一、二批国家公共文化服务体系示范区城市的数据为例，评估我国文化馆（站）服务促进人民精神生活共同富裕的现状，基于各项评价指标的数据，提炼总结文化馆（站）服务促进人民精神生活共同富裕中存在的问题，提出未来发展路径。

* “文化馆（站）服务促进人民精神生活共同富裕研究”是文化和旅游部全国公共文化发展中心“文化馆事业高质量发展计划”2022年度一般课题研究项目，本文为课题成果概要。

李斯，南开大学商学院信息资源管理系副教授。

① 傅才武，高为.精神生活共同富裕的基本内涵与指标体系[J].山东大学学报（哲学社会科学版），2022（3）：11-24.

一、研究设计

文化馆（站）服务促进人民精神生活共同富裕，要紧扣发展不平衡不充分的矛盾，具体包含两个方面的工作：一是所提供的文化服务内容足够丰富，品质高，能够满足人民群众日益增长的精神文化需求；二是在高质量发展的基础上要注重分配公平、共同富裕，“共同”是核心，文化馆（站）服务要始终坚持普惠均等的原则。基于上述分析，考虑指标值的可获得性，本研究提出测量某一个行政单位内文化馆（站）服务促进人民精神共同富裕程度的指标体系，采用主客观相结合的方法赋予指标权重，首先使用熵权法计算客观权重，然后在计算结果基础上进行微调，赋予权重（见表1）。

具体维度指数计算：文化馆（站）服务丰富度指数、高质量指数、均等化指数的计算由三级指标的标准化数值乘以权重后加总得出。

文化馆（站）服务促进人民精神共同富裕指数计算：采用加法规则，由三级指标分别按权重加总得出二级指标后，二级指标加总得出相应城市文化馆（站）服务促进人民精神生活共同富裕指数。

表1　指标及权重

一级指标	二级指标	三级指标（测算指标）	权重/%
共同富裕	丰富度（50%）	万人拥有文化馆设施总面积（平方米/万人）	5
		乡镇（街道）文化站设置与完备率（%）	1
		万人拥有文化馆从业人员数量（人）	5
		文化馆馆均活动场次（场次）	13
		乡镇（街道）文化站站均开展活动场次（场次/站）	13
		在线活动次数（次）	13
	高质量（20%）	一级馆数量（个）	10
		新型公共文化空间数量（个）	10
	均等化（30%）	线下服务人次占人口比重（%）	12
		线上服务总人次占比（%）	12
		民间文化艺术之乡数量（个）	6

二、文化馆（站）促进人民精神生活共同富裕现状

（一）综合指数总体情况

按算术平均法，全国 63 个示范区城市的文化馆（站）服务促进人民精神生活共同富裕指数为 13.34。上海市浦东新区（64.65）、广东省东莞市（34.04）、江苏省苏州市（33.12）、四川省成都市（30.56）、上海市徐汇区（29.98）的文化馆（站）服务促进人民精神生活共同富裕指数位列前五。

全国及各地区文化馆（站）服务促进人民精神生活共同富裕指数见图 1。东部地区为 19.37，中部地区为 9.70，西部地区为 11.92。比较而言，东、中、西部差距明显，东部地区城市在促进人民精神生活共同富裕上表现最好，在文化馆（站）服务丰富度、高质量程度和均等化指数上均呈现了较高水平，西部地区已经超过了中部。

分不同维度看，东部地区城市的文化馆（站）服务丰富度指数明显高于中西部地区，也高于全国 63 个示范区的平均水平，说明东部地区城市注重文化馆（站）服务体系的建设，提升文化馆（站）服务的可及性。西部地区在文化馆

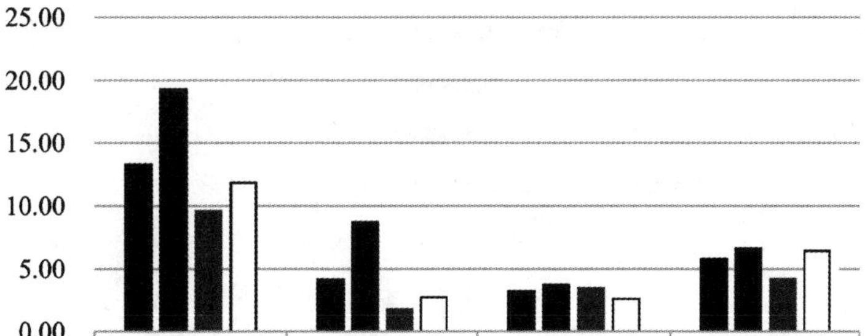

	共同富裕指数	丰富度指数	高质量指数	均等化指数
■全国63个示范区	13.34	4.21	3.27	5.87
■东部18城市	19.37	8.80	3.84	6.73
■中部20城市	9.70	1.85	3.55	4.30
□西部25城市	11.92	2.79	2.64	6.49

■全国63个示范区 ■东部18城市 ■中部20城市 □西部25城市

图 1 全国及各地区文化馆（站）服务促进人民精神生活共同富裕指数

（站）服务的均等化指数上与东部地区差距较小，一方面主要是西部地区近年来大力发展文化馆事业，文化馆的服务效能不断提高，另一方面是因为西部地区的人口较少，文化馆（站）服务能够较快覆盖到多数比例的人口。西部地区城市的文化馆在高质量发展指数上与中西部地区还存在一定差距，表明西部地区城市的文化馆目前仅能满足人民群众基本的文化需求，在更高品质的文化馆（站）服务的提供上还能力有限。中部地区城市的文化馆在各维度指数上均处于低下水平。

（二）具体维度指数分析

1. 服务丰富度指数

文化馆（站）服务丰富度指数排名前十的城市中，有 7 个城市来自东部地区，3 个城市来自西部地区，无中部城市。上海市浦东新区的文化馆（站）服务丰富度指数最高，广东省东莞市和上海市徐汇区位列第二和第三（见图 2）。

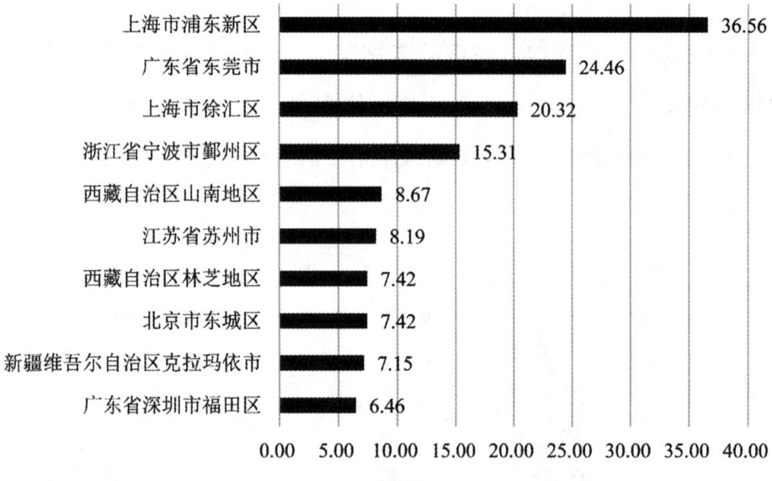

图 2　丰富度指数

2. 高质量指数

在排名前十的城市中，东部和中部城市分别有 4 个，西部地区城市有 2 个（见图 3），说明东部和中部地区城市的文化馆正在迈向高质量发展阶段，重视新型公共文化空间建设和高品质服务的提供，来自西部的成都市和南充市近年来也重视文化馆的高质量发展，满足人民群众多样化、多层次和多方面的精神文化需求。但这仅是个例，在绝大部分的西部地区，文化馆高质量发展的实践还未充分开展，在文化馆高质量发展指数排名后十位的城市中，西部地区城市占了 7 个。

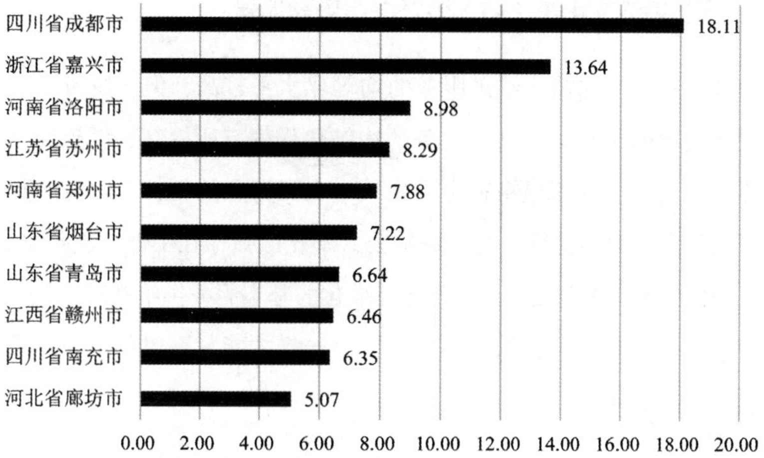

图 3　高质量程度指数

3. 均等化指数

文化馆（站）服务均等化指数排名前十的城市如图 4 所示，7 个城市来自西部地区，3 个城市来自东部地区，无中部地区城市。上海市浦东新区的文化馆（站）服务均等化指数最高，江苏省苏州市和云南省楚雄彝族自治州位列第二和第三。

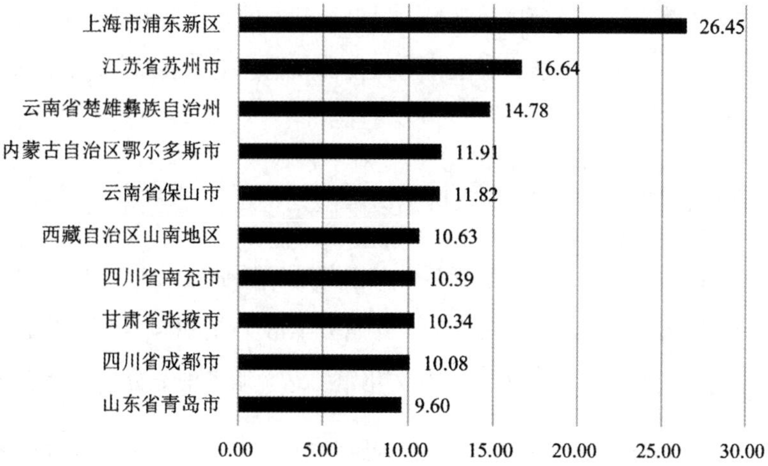

图 4　均等化指数

三、文化馆（站）服务促进人民精神生活共同富裕存在的问题

（一）高质量的文化馆（站）服务供给仍需加强

从全国来看，文化馆（站）服务的均等化水平较高，但高质量发展指数较低，反映出我国的文化馆（站）服务的均等化程度有所提高，设施和服务能够覆盖广泛的人群。但随着经济社会的发展，人民群众的精神文化需求具有多样化、多层次和多方面的特征，当前我国公共文化服务存在中低端服务供给过剩、高品质服务供给不足的问题①，亟须在标准化的基本服务供给基础上，发展个性化、品质化的高质量的文化馆（站）服务，这样才能紧跟时代步伐，满足人民群众日益增长的精神文化需求。

（二）西部地区的文化馆（站）服务处于低水平均等化状态

我国文化馆（站）促进人民精神生活共同富裕还存在结构性差异。西部地区虽然均等化指数值较高，达到了 6.49，与东部地区的 6.73 相比差距较小，但在高质量发展指数值上，西部地区为 2.64，与东部地区的 3.84 相比还有一定差距。在文化馆高质量发展指数排名后十位的城市中，西部地区城市占了 7 个，反映出西部地区城市的文化馆（站）服务事实上是处于低水平的均等化状态，表明西部地区城市的文化馆（站）目前仅能满足人民群众基本的文化需求，在更高品质的文化馆（站）服务的供给上能力有限，与人民群众精神生活共同富裕的要求还存在差距。

（三）中部地区文化馆（站）服务保障能力不足

在文化馆（站）服务丰富度指数上，中部地区的平均值为 1.85，小于西部地区的 2.79，远远小于东部地区的 8.80。在服务丰富度指数排名前十的城市中无中部城市。这反映出中部地区近年来在文化馆（站）服务的充分供给上有所滞后，

---

① 推进新型公共文化空间高质量发展的四个维度[EB/OL].（2023-04-10）[2023-09-05]. https://whly.tj.gov.cn/XWDTYXWZX6562/MTJJ8464/202304/t20230410_6162233.html.

不仅是文化馆（站）的设施不足，服务供给也落后于西部和东部地区，保障能力不足。

四、文化馆（站）服务促进人民精神生活共同富裕的路径

（一）推动全民艺术普及高质量发展，丰富高质量文化服务供给

文化馆（站）服务供给的丰富，人民文化享有多样化选择的充分实现，是高质量精神生活的体现。文化馆（站）要聚焦全民艺术普及的核心职能①，着力加强全民艺术知识普及和欣赏普及的服务力度，发展基础性和常态化的服务；在全民艺术普及工作中面向青少年开展美育工作，推动“美育进校园”“学生进文化馆”活动，加强文化馆与社会艺术普及机构融合发展；要更加重视品牌建设，进一步激发文化发展的内生动力，繁荣群众文化。

（二）开展卓越文化馆建设，带动文化馆服务水平整体提升

共同富裕不是同时富裕，先富带动后富是其蕴含的科学发展逻辑。映射到文化馆领域，可谋划建设一批具有世界先进水平和鲜明中国特色的卓越文化馆，打造文化馆高质量发展的样板，发挥示范引领作用，带动全国文化馆服务水平整体提升。具体来说，应广泛调研国际范围内与我国文化馆性质功能相近的文化设施的发展演变、主要特点，探寻我国卓越文化馆建设的可借鉴之处；深入调研国内各级高水平文化馆的发展现状、主要特色，借鉴国内外经验打造中国文化馆第一方阵，建设国内文化馆标杆。

（三）推进文化馆（站）服务城乡一体化发展，提升城乡居民文化享有均等化水平

推进公共文化城乡一体发展是健全现代公共文化服务体系的首要任务，也是公共文化服务促进人民精神生活共同富裕主攻方向上的重点任务。文化馆（站）

---

① 李国新.论文化馆的社会功能与职业使命[J].中国文化馆,2023(1):52-59.

服务领域应着眼于深化和发展文化馆总分馆制，在优化布局、做强总馆、提高分馆和基层服务点质量上下功夫，消灭“运动式”“翻牌式”分馆和基层服务点。还应充分发挥文化馆总分馆体系的效能，开展乡村群文院线等实践。同时要推进新型文化馆空间向农村基层延伸，因地制宜建设高品质的文化礼堂、农民家园、乡村戏台、文化广场、非遗传习场所等空间。

（四）加强协同发展，缩小文化馆（站）服务区域差距

人民精神生活共同富裕需要全国一盘棋整体推进。在推动文化馆（站）区域协同发展方面，应大力推动跨城市的文化馆（站）服务一体化和功能协同。发挥国家重大区域发展战略引领作用，将包括文化馆（站）服务在内的公共文化服务体系协同建设纳入京津冀协同发展、长三角一体化、粤港澳大湾区等国家发展战略。探索通过组建文化馆（站）服务联盟、共同举办品牌文化活动、共同推出以居民身份证、社保卡等为载体的“惠民一卡通”，在文化馆资源、活动、服务及管理等多方面实现“同城化”。建立健全跨区域、跨城市的村晚、村歌、民族音乐普及等专业服务联盟，实现资源整合、机构协作、服务联动。

乡村新型公共文化空间服务创新研究

——以杭州市富阳区“富春山居”样本为例

王　强　邢幼幼　邵艳云*

一、乡村新型公共文化空间建设的“富春山居”模式及类型

乡村新型公共文化空间建设的“富春山居”模式是指以“富春山居”文化为底色，以高质量发展为基调，以推进高品质生活和人民精神富裕为目标，主客共享、数智赋能、全社会参与、全链条管理的乡村公共文化空间现代化发展图景。近年来，杭州市富阳区结合“富春山居”文化内涵及新时期人民群众的多元化、特色化、个性化文化需求，打造出了一批多元主题、各具特色的乡村新型公共文化空间，主要类型包括群文活动空间（文化礼堂 276 个）、公共阅读空间（乡村书吧 35 个）、乡村记忆展示空间（乡村博物馆 23 个）、民俗文化传承空间（非遗主题馆 30 个）、文旅跨界融合空间（文化驿站 6 个）、数字创意体验空间（富春山居·数字诗路文化体验馆 1 个）。乡村新型公共文化空间建设的“富春山居”模式既体现了乡村公共文化空间作为中华优秀传统文化和地方特色文化展示地、

* “乡村新型公共文化空间服务创新研究：‘富春山居’样本分析”是文化和旅游部全国公共文化发展中心“文化馆事业高质量发展计划”2022年度一般课题研究项目，本文为课题成果概要。

王强，杭州市富阳区文化馆馆长、研究馆员；邢幼幼，杭州市富阳区文化馆馆员；邵艳云，杭州市富阳区文化馆副研究馆员。

体验地、传承地的独特属性，又体现了新时期人民群众对现代化乡村公共文化服务的美好向往和对高品质精神文化生活的不懈追求。

二、“富春山居”乡村新型公共文化空间服务创新的主要做法

为突破乡村新型公共文化空间建设过程中存在的重物理空间设计美感，轻内涵提升、功能拓展、优化供给的现实问题，富阳区以“建好、管好、用好”为原则，通过服务理念创新、服务内容创新、服务方式创新、服务机制创新四大维度，积极推进各类型乡村新型公共文化空间的功能拓展与服务创新，切实提升乡村新型公共文化空间的服务效能。其中，服务理念创新包括根植传统，打造特色 IP；主客共享，精神共富；开放创新，融合共生。服务内容创新包括传承创新“富春山居”地方特色文化、探索多元复合业态拓展服务功能、打造“386199”特殊群体品牌服务。服务方式创新包括推行政府购买服务、开展点单派单服务、拓展线上线下服务、实施文化志愿服务、开展文化走亲服务。服务机制创新包括社会化参与机制、数字化改革机制、文旅体融合机制、互助帮扶长效机制、星级评定与刚性清单机制。

其中，社会化参与机制旨在增强乡村公共文化空间发展动能，主要包括推进文化礼堂、乡村博物馆、乡村非遗馆、乡村阅读空间、文化驿站等空间的社会化管理运营，实现乡村文化空间“大门常开、活动常态、内容常新、队伍常驻、群众常来”，共同打造乡村公共文化“活跃区”；推行理事会治理方式，广泛吸纳村干部、新乡贤、乡村能人、年轻人、社团文化骨干等组建村民自治机制，提升乡村文化空间治理效能。数字化改革机制层面，创新推出“礼堂家”数据管理系统、“礼堂天眼”远程监控系统、“富春风尚汇”等数字化应用场景，实现“乡村文化与数字相互赋能”的良好态势。文旅体融合机制是指富阳区通过“文化＋旅游”“文化＋电商”“文化＋体育”等多种跨界融合方式，创新探索出乡村主题研学游、文化与旅游公共服务融合、云上直播间、村播学院、球拍文化体育产业园等多种业态，切实增强了乡村公共文化空间的综合效能和可持续发展能力。互助帮扶长效机制指通过开展文化礼堂“5+5”协同互助机制、推行国有博物馆结对

帮扶乡村博物馆建设机制等举措，解决乡村文化空间文艺人才紧缺、文化服务意识不强、活动策划能力不足、活动开展不充分等瓶颈问题，实现优势互补、资源共享、合作共赢。星级评定与刚性清单机制指富阳区通过设定行政村 38 项刚性指标、乡镇街道 32 项刚性指标、成员单位 100 项服务指标的刚性要求，压实三方主体责任，用刚性指标推进乡村公共文化空间高质量发展。

三、“富春山居”乡村新型公共文化空间服务创新的经验、问题及展望

“富春山居”乡村新型公共文化空间服务创新为其他地区提供了可借鉴的示范经验，主要包括：政府主导、社会参与是乡村新型公共文化空间服务创新、长效运行的必然选择；扎根乡土、特色发展是乡村新型公共文化空间可持续发展的动力源泉；拓展功能、优化供给是乡村新型公共文化空间提质增效的重要途径；以评促建是乡村新型公共文化空间持续创新发展的有效手段。在展现成效的同时，“富春山居”乡村新型公共文化空间建设也存在着多头建设管理、资源缺乏有效整合，服务品牌的创新性和影响力有待提升，新型空间与乡村原有公共文化空间发展不相协调，运行经费标准偏低，人员保障乏力等普遍性问题。为推进“富春山居”乡村新型公共文化空间的高质量发展，未来应重点加强建立统筹协调机制，优化整合各方资源；推进文化空间效能提升工程，切实提升综合服务效能；深入推进“富春山居”文化基因解码，做大做强特色品牌 IP；深化数字化改革，完善线上线下互动体验服务空间；将其纳入总分馆体系，实现乡村新型公共文化空间规范运转。

政府购买文化馆社会化运营服务研究

项　琳*

社会化运营服务是新时期公共文化设施高质量发展的有效途径。政府购买服务是目前我国公共文化服务社会化的主要方式，也是公共文化服务补短板、强弱项、完善服务体系的重要方式①。文化馆社会化运营的发展从无到有、从少到多、由点到面，呈现出从量到质的变化②。政府购买文化馆运营服务是文化馆社会化发展的重要方式，也是提升文化馆服务效能的有效路径。

一、政府购买文化馆社会化运营服务概述

公共文化设施社会化运营指政府通过购买服务、合作提供服务等方式，将政府举办的公共文化设施通过契约方式交由企业、社会组织等社会力量运营并向公众提供公共文化服务，俗称“服务外包”。政府购买文化馆运营服务是指政府引入市场机制，通过政府采购方式，将文化馆运营服务交给符合条件的社会力量来

---

* “政府购买文化馆社会化运营服务研究”是文化和旅游部全国公共文化发展中心“文化馆事业高质量发展计划”2022年度一般课题研究项目，本文为课题成果概要。

项琳，燕山大学文法学院讲师。

① 李国新．完善农村公共文化服务政府购买政策与机制[J]．行政管理改革，2019（5）：24-26.

② 张广钦，余慧，王维波．文化馆社会化发展的亮点与特点[M]//白雪华，李国新．文化馆蓝皮书：文化馆改革与服务创新发展报告（2019—2020）．北京：国家图书馆出版社，2022：76.

完成，并由政府对社会力量所提供服务进行监管和实施考核。

目前，政府购买文化馆运营服务主要包括以下四种类型：文化场馆的整体运营、数字文化馆、数字文化项目的运营、文化活动项目的运营和文艺辅导及培训项目的运营。

文化馆社会化运营的主要模式有两种。一种是整体委托运营模式。委托主体采用政府购买服务的方式，将文化馆设施和场馆的运营维护整体委托给承接主体，包括物业、安保、设施管理及维护等，并要求承接主体提供符合委托主体要求的文化活动、演出、培训、研学体验等具体服务项目以及日常管理工作。另一种是项目委托运营模式。委托主体采取政府购买服务的方式，引进具备专业能力的承接主体承担指定的部分场馆运营、文化活动策划和组织、文化培训讲座、公益演出、非遗体验等文化艺术服务项目，不涉及物业、安保等运营维护工作。项目委托运营模式也是目前大多数文化馆采用的方式，即将具体业务外包，以政府采购服务项目的形式委托社会力量运营。

二、政府购买公共文化设施运营服务的国际经验

自新公共管理运动兴起以来，世界各国立足本国国情引导社会力量参与到文化服务的过程中，形成了基于不同国情的制度模式。美国政府购买公共文化设施运营服务的经验体现在政府间接扶持、立法政策完备、购买程序规范、监管机制健全和弹性管理；英国政府购买公共文化设施运营服务的经验集中表现在实施“一臂之距”的公共文化管理模式，形成政府、社会力量共同出资的多元化资助模式，非政府文化组织通过建立覆盖全国的管理网络体系开展公共文化设施的社会化运营；日本政府购买公共文化设施运营服务主要经验是通过立法保障非营利组织参与公共文化服务，通过实施指定管理者制度扩大承接主体的范围。

三、政府购买文化馆社会化运营服务的国内实践

（一）新特点与新趋势

政府购买社会化运营服务以高质量发展为目标，满足了人民群众对美好文化生活的新期待，催生了新的文化服务业态，实现了文化馆服务的新突破，提升了城市文化活动的品质和影响力。政府购买文化馆社会化运营服务实践中呈现了诸多新特点与新趋势：一是采购内容从传统群众文艺向探索文旅融合转变；二是运营方式从单体服务向跨界合作、跨域融合转变；三是服务人群从文艺爱好者向全龄化覆盖转变；四是供给方式从单一提供服务向引导群众交流互动、共享共治转变；五是服务渠道从实体场馆设施向线上线下互动结合、深度融合转变。

（二）共性经验

地方的探索实践呈现了一些共性经验：出台了指引型实操性制度规范，为社会力量参与提供目标方向；建立了普惠性优惠收费机制，促进社会化运营可持续发展；实施考核绩效激励措施，为社会力量参与增添新动力；政策制定注重全流程闭环管理，促进社会化运营链条有效衔接；建立文化类社会组织培育机制，搭建孵化推广服务平台。

（三）特色做法

制定专项活动社会力量参与实施办法，形成常态长效工作机制；政府购买“文化管家”入驻文化馆（站），搞活乡村公共文化服务；政府购买撬动社会资本投入和项目深度合作；“公司化管理 + 市场化运营”模式反哺公益服务缺口；“1+N+1”项目新模式提升文化馆服务效能。

四、政府购买文化馆社会化运营服务面临的突出问题

从国内调研情况看，目前政府购买运营服务尚处在起步和探索阶段。北京、上海、浙江、广东、四川等地区积极开展探索与实践，取得了较好的社会效益。但仍有部分文化馆由于运营主体、经费保障等现实问题仍未开展。当前面临的突出问题主要有：第一，供需尚未精准对接，采购内容项目选择上政府“大包大揽”；第二，政府没有强烈的购买意愿，缺乏稳定的政府经费保障；第三，中小城市承接主体数量不足，从业人员的稳定性不高；第四，缺乏具有实效性的过程管理和绩效考核，运营效能难把控。

五、完善政府购买文化馆社会化运营服务的路径

一是建立多方需求反馈机制，引导规范运营服务内容。政府应主动定期公开征询群众和文化馆的意见，根据实际需求动态调整服务项目和内容，提高服务的知晓率、参与率和满意率；组织专家论证购买内容和项目，对委托主体专业能力和业务水平进行考核。

二是建立政府购买经费保障机制和测算机制，推进运营可持续发展。应将政府购买文化馆社会化运营专项经费纳入本级财政预算业务经费中，落实主体责任。文化主管部门一要充分考量场馆空间、服务数量和质量、人员业务能力、服务效果以及管理效能等因素进行经费测算。二要定期通过演出抽查、财务审计等，掌握各类演出、培训和文化活动的场次、数量、成本及规模，测算购买价格，根据基本场次、超场的最高限额，动态调整购买价格。

三是培育孵化文化类社会组织，畅通社会化运营参与路径。政府构建文化类社会组织的培育机制，出台相关扶持和培育政策，拓宽参与渠道；文化馆积极搭建从孵化到推广的一站式服务平台。

四是建立社会化运营全流程管理机制，压实购买主体责任。一方面全流程管理机制要对全链条事项做出详细规范；另一方面要建立科学规范的绩效评估考核

机制。地方文化主管部门要强化与地方财政等相关部门的协同管理，解决政府多元治理主体与运营承接主体之间角色定位和职责不清晰的问题；建立以公众参与为基础、群众需求为导向的多方共同参与的运营服务绩效考核评价机制。组建由文化主管部门、业界专家、普通群众以及第三方机构共同组成的考核评审组。逐步建立奖励激励机制和退出机制；综合利用绩效评价结果与奖励激励、退出机制挂钩。建立承接主体的信用档案，将其作为评价承接主体的重要依据；有条件的地区要充分借助数字技术，将大数据线上监管和日常线下监测相结合。

基层公共文化设施社会化运营管理研究

——以北京市东城区、石景山区为例

中国文化管理协会课题组*

基层公共文化设施社会化运营管理是公共文化服务社会化发展的重要形式，也是新时期公共文化服务高质量发展的重要内容。北京市深入推进基层公共文化设施社会化运营探索，自 2015 年以来制定出台了系列政策法规，为基层公共文化设施社会化运营提供了良好的环境支撑和机制保障。截至 2023 年 3 月，北京市采取社会化专业化运营的公共文化设施有 266 家①。东城区、石景山区以国家公共文化服务体系示范区创建为契机，走在北京市基层公共文化设施社会化运营管理的前列。东城区通过出台《东城区公共文化设施社会化运营全过程管理办法》，树立了公共文化设施社会化运营系统性谋划、整体性推进、全过程管理、创新性发展的标杆；石景山区以机制建设推动全面提质增效，全区所有街道综合文化中心均实现社会化运营。

---

* “基层公共文化设施社会化运营管理研究——以北京市基层公共文化设施社会化运营为例”是文化和旅游部全国公共文化发展中心“文化馆事业高质量发展计划”2022 年度一般课题研究项目，本文为课题成果概要。

课题组负责人：靳福松。课题组成员：苗美娟、王丽霞、王美玲、高晶、袁会敏。

① 北京：精准对接居民需求，文化和旅游公共服务品质不断提升[EB/OL].（2023-03-24）[2023-04-06].https://bj.bjd.com.cn/5b165687a010550e5ddc0e6a/contentShare/5b16573ae4b02a9fe2d558f9/AP641cd546e4b0e0511d884828.html.

一、北京市基层公共文化设施社会化运营管理的创新突破

一是完善制度体系建设，实现“选—用—管—培”全流程闭环管理。北京市围绕社会化运营“选—用—管—培”关键环节展开制度设计，对购买主体和承接主体的职责分工、遴选标准和方式、服务规范及要求、绩效考核与管理、文化类社会组织的扶持与培育等全方位、全要素、全链条事项做出明确规范，建立健全了公共文化设施社会化运营的标准化管理和制度体系。如石景山区、东城区分别形成了社会化运营“1+3”“1+6”制度体系。

二是免费服务与优惠收费服务相结合，推动保基本与高质量协同发展。北京市在确保基本公共文化服务免费提供的同时，对非基本公共文化服务优惠收费进行了政策突破与破冰探索。东城区制定《东城区公共文化设施优惠收费指南》，明确优惠收费服务的内容范围、优惠收费流程、服务原则、净收益分享原则等内容，做到优惠有标准、质量有保障、内容有监管，增强了优惠收费服务的可操作性。

三是数智赋能助力社会化运营精细化管理。石景山区在国内首创利用大数据平台开展社会化运营智慧考评，建设地区公共文化服务大数据平台，动态监测社会化运营设施开放服务情况，研究发布地区公共文化设施服务效能评估指数。石景山区金顶街街道综合文化中心承接主体通过数据建模和信息化赋能空间，对用户需求、行为和偏好进行画像，建立“4 个时间坐标 +7 个年龄坐标”坐标体系，有针对性提供服务。

四是明确承接主体准入条件，确保社会化运营专业资质。东城区制定《东城区公共文化设施社会化运营主体资质指南》，围绕文化安全、团队负责人技能水平、团队成员构成、文化服务提供能力、场馆运营管理能力、既往业绩等主要方面，确定“基本条件—专业条件—优先条件”三位一体的承接主体资质要求，为街道、社区遴选承接主体提供决策参考。

五是承接主体先期介入空间规划和功能设计，促进“建管用”有效衔接。如东城区“美后肆时”市民活动中心在筹备建设阶段，探索实践“运营先行”理

念，允许承接主体以运营方式和服务内容为依托，全程深度参与空间规划、功能布局、场景设计、装修工程、智能系统开发等环节，促进公共文化设施建设、管理、利用的有效衔接。

六是完善腾退空间公共文化服务功能，扩大服务覆盖面。东城区、石景山区结合城市更新与空间腾退，引入社会力量创意运营，补充完善腾退空间公共文化服务功能，拓展文化服务新场景，形成了以“最北京”特色的角楼图书馆、“27院儿”、史家胡同博物馆、金苹果文化小院等为代表的特色城市公共空间和网红新地标。

七是探索街道“三中心”融合发展。石景山区在推进街道综合文化中心社会化运营过程中，探索街道综合文化中心、新时代文明实践中心、党群服务中心“三中心”融合发展，整合汇聚基层优质资源，扩大活动阵地，提升综合服务效能。

八是公共文化融入社区营造与基层治理。社会化运营主体以文化为内核，发挥公共文化设施作为连接资源和平台搭建的作用，通过培育社区自治组织、挖掘本地志愿者等方式，引导社区居民从单向的活动享受者转变为活动发起者、组织者、志愿者、宣传者，推动文化引领下社区培育与基层治理的创新实践。如石景山区鲁谷街道综合文化中心发起的“城市主理人计划”赋能基层治理。

二、基本经验

政府保障到位是实现社会化运营公益性的坚实基础。东城区、石景山区通过提供专项经费支持、开展系列制度设计、统筹协调工作机制、加强监督考核等多种举措保障基本公共文化服务有效供给和社会化运营的免费公益属性，有效发挥了政府主体责任。

承接主体良好专业水准和公益情怀是推动社会化运营高质量发展的先决条件。东城区、石景山区在委托时明确社会化运营主体的准入条件，对运营主体的资格资质、履约能力和人员专业性提出要求，提高准入门槛，确保“有效参与性”。同时培育扶持公共文化类社会组织，扩大社会化运营主体选择范围。

充分调动在地居民参与积极性是社会化运营可持续发展的必然要求。社会化运营主体积极搭建社会连接、资源整合的平台，让在地居民成为公共文化服务的提供者、服务者，增强在地居民对公共文化的认同度和黏合力。

因地制宜推动特色发展是社会化运营供需有效对接的关键路径。社会化运营主体基于设施所在区位特点、周边群体特点及自身服务理念、资源特色等，因地制宜打造特色化、差异化服务，有利于实现公共文化服务供需精准对接。

三、存在问题

一是缺乏政府购买服务经费合理测算机制。虽有专项经费保障，但尚未建立起支撑社会化运营可持续发展的购买经费合理测算机制。二是缺乏科学合理的绩效考核机制和激励机制。虽有考核机制，但考核过程较为机械，重数量轻质量现象明显。三是非基本公共文化服务优惠收费存在现实困境。虽有政策文件支持，但运营主体出于优惠收费服务资金监管及审核、现有政策的执行度、居民对公共文化服务免费提供的固有认知等方面顾虑，尚未付诸行动。四是存在社会化运营主体变更频繁与过度路径依赖的风险。

四、未来发展方向

建立社会化运营可持续发展的购买经费科学测算机制。结合运营目标任务、公共文化服务质量等要求，充分考虑建筑面积、服务人口、服务半径等基本要素，建立健全基层公共文化设施社会化运营经费测算机制。

健全绩效考核评价机制和多元激励机制。制定科学合理、多向维度的社会化运营绩效考核评价体系；创新大数据分析及多元主体参与的考核评价方式和工作机制；完善对承接主体的激励机制。

制定非基本公共文化服务优惠收费规范指南。从优惠收费服务的适用范围、审批公示流程、定价原则及收费标准测算方法、净收入分享及资金使用等方面提供切实可行的操作指南，有序引导运营主体开展普惠性非基本公共文化服务。

利用大数据实施精细化管理。以“文化＋智慧”治理为路径，推动基层公共文化服务高质量供给以及“文化＋”社区管理的智慧化与精细化，形成社区文化治理体系“大数据”模式。

推动多元融合发展助力社区治理。政府、社会力量、社区居民等多元主体共同参与社区治理，推动公共文化服务持续向全民关注、全民参与、全民共享发展，构建更具活力的文化治理体系，有效助推文化治理现代化进程。

文化志愿者服务创新发展研究
——关于激励因素与机制分析

深圳市文化馆课题组*

文化志愿者在我国构建和完善公共文化服务体系、丰富广大人民群众精神文化生活、推动和谐社会建设中有着极其重要的作用。如何动员和激励更多人投入文化志愿服务，保障文化志愿服务事业的高质量、可持续性发展，是我们亟须解决的问题。

一、我国文化志愿服务现状

我国文化志愿服务蓬勃发展，在志愿者数量、志愿服务管理制度、设施场所、服务项目、服务领域等方面均取得了长足的发展。文化志愿者数量日益增长，组织机构基本成型，文化志愿服务队伍不断壮大，全国文化志愿服务的网络和组织体系基本建构。服务设施场地相对完善，公共文化硬件设施已达到一定水平，为志愿服务活动提供了相对完善的设施场地。服务项目逐步丰富，服务领域不断拓展，各地培育出大批具有示范意义的活动品牌和项目，由文化和旅游部牵

* “文化志愿者服务创新发展研究——关于激励因素与机制分析”是文化和旅游部全国公共文化发展中心“文化馆事业高质量发展计划”2022年度一般课题研究项目，本文为课题成果概要。

课题组负责人：舒阳。课题组成员：戚家慧、江翔、杨哲、胡小霞。

头组织实施的“春雨工程”“阳光工程”“圆梦工程”“大地情深”等起到了良好示范作用。文化志愿服务管理制度日益健全,《文化志愿服务管理办法》等规范性文件的出台，避免了活动开展无章可循的现象。

二、现行志愿者激励机制的共性特征

现有的文化志愿者奖励机制虽自成体系，却也具有一定的共通性，主要可以分为物质保障型（如发放政府奖金、交通津贴、用餐津贴、通讯津贴，购买人身保险和享受税收减免等）、荣誉表彰型（如倡导社会地位、树立典范、颁发荣誉勋章和享受星级待遇等）、自我实现型（如通过参与志愿服务培训获得新的专业技能和学识增长等）以及资源回馈型（如享受政府、组织、社会公共服务便利的回报等）。此外，各地结合地方特色提出了很多新颖的激励举措，在实践中取得了良好效果。

三、问卷调查结果综合分析

课题组面向深圳各级文化志愿服务队发放 800 多份调查问卷，并进行抽样分析，得到的结果可总结为以下三点：一是实现自我价值为主要意愿驱使。志愿者更侧重于工作过程的直接满足，旨在通过参与服务获得新的知识和技能，这有利于激发和保持志愿者的积极性。二是激励措施对文化志愿者有正向促进作用。物质、表彰、培训提升和社会资源等奖励对志愿者参与服务产生正向驱动作用。三是保障机制对参与服务形成一定影响。报名渠道不宽、活动类型不多、保障措施不足等因素，对文化志愿者参与志愿服务造成一定困扰。本次调查结果说明，建立科学合理的志愿者激励机制是形势所趋。

四、文化志愿者激励保障体系的完善路径

从体系架构来看，完善的文化志愿者激励保障体系应涵盖顶层设计和法律保

障、建立智慧服务平台、形成培育提升机制、激励奖励机制和资金保障机制等几个方面。

（一）强化顶层设计和法律保障

要从政策层面提升文化志愿服务的法律地位，将其纳入政府规定和社会参与的义务行为；加大宣传引导，提升文化志愿者的社会地位与认同感，变被动招募为积极引导、变被动参与为自主参与，使志愿服务成为社会新风尚和新理念。

（二）建立文化志愿者智慧服务平台

建立互联互通的文化志愿者智慧服务平台，创新性地提供“文化志愿云服务”，构建全国文化志愿者网格体系，实现“全国一盘棋”的总分管理。

（三）打造文化志愿者培育提升机制

进一步完善文化志愿者培训提升机制，为文化志愿者提供更多的再学习、再培训和再就业机会，注重高知型和精英型文化志愿者的培育和提升。

（四）创新文化志愿者激励保障措施

一是完善物质激励。建立一定的薪酬和福利制度，根据志愿者的贡献进行评定和分配，逐步引导文化志愿服务组织实现管理自治。二是优化激励回馈。建立起成体系的激励回馈机制，给予志愿者个人和子女在入学、就业和公共文化服务方面的优待。三是建立荣誉表彰激励。建立文化志愿服务嘉许制度，对表现突出的文化志愿者、文化志愿服务团队和文化志愿服务项目给予表彰等荣誉。

（五）广泛吸纳文化志愿服务项目

进一步健全文化志愿服务项目筹措机制，通过组建机构、完善制度、设立项目、搭建平台等举措，广泛征集文化志愿服务项目，为文化志愿者提供更丰富、更多可供选择的服务项目。如北京市文化馆广泛吸纳各社会团体及高校志愿团队，基本实现了经常化储备、规范化管理、常态化服务、品牌化培育和项目化配置，众多贴近民生、利于复制推广的品牌项目得到了社会各界认可。

（六）传承与弘扬中华优秀传统文化

在习近平新时代中国特色社会主义思想的文化价值引领下，结合地区特色，传承并弘扬红色文化、海派文化、江南文化和岭南文化等中华优秀传统文化，开展历史文物和文化遗产保护志愿服务工作，全面培养文化志愿者的文化使命感和责任感，有效提升中华优秀传统文化传承和文物、文化遗产保护志愿服务工作的社会动员力。

（七）不断拓宽志愿服务资金来源

出台相关政策鼓励社会力量参与文化志愿服务，倡议通过社会组织和个人捐赠、社会资本注入等方式，拓宽文化志愿服务经费渠道，实现多元化收入；通过向文化周边产业和机构提供文化师资、文化项目、文化代言、文化场地、文创产品和数字文化平台等文化资源，与其进行合作，为持续开展文化志愿服务提供坚实的经费和资源保障。

文化馆场馆服务公示及标识导向研究

广东省文化馆课题组*

“十四五”时期以来，《关于推动公共文化服务高质量发展的意见》《“十四五”公共文化服务体系建设规划》《“十四五”文化和旅游发展规划》等文件相继出台，各地将创新打造新型公共文化空间作为公共文化服务领域的改革重点之一。随着公共文化设施建设受重视程度不断提升，我国政府在公共文化服务领域的投入也持续增加。在文化馆建设过程中，随着场馆面积、馆舍布局、服务种类、用户类型的不断革新，作为帮助文化馆提升易识性和服务软环境的重要方式，文化馆服务标准、标识导向系统建设也在相关领域引发广泛重视。

一、文化馆场馆服务公示及标识导向现状调研

课题组面向全国各省（自治区、直辖市）文化（群众艺术）馆以及新疆生产建设兵团文化体育广电和旅游发展中心、各副省级文化馆发放商请函，由各单位根据本单位实际情况提供相关材料，并协助在本辖区内遴选场馆服务公示及标识导向情况具有代表性的市级、县（市、区）级文化馆各 1 家提供相关材料。课题组共收到全国各级文化馆关于服务公示数据的有效资料 42 份，关于文化馆场馆

* “文化馆场馆服务公示及标识导向研究”是文化和旅游部全国公共文化发展中心“文化馆事业高质量发展计划”2022年度一般课题研究项目，本文为课题成果概要。

课题组负责人：邓芸芸。课题组成员：肖鹏、李劭侹、廖粤、曾夏漪、石金、曾曦、王柳庄、吴绮颖、方晨。

标识导向数据的有效资料 44 份。同时面向全国各省（自治区、直辖市）文化（群众艺术）馆以及新疆生产建设兵团文化体育广电和旅游发展中心发放调研问卷，共收回有效问卷 2177 份。

课题组深入整理了所有收集到有关服务公示及标识导向的材料，并在两个层面上对参与文化馆活动的群众、馆内工作人员及辅助管理人员（包括志愿者、物业人员等）进行调研：一方面从文化馆场馆服务公示的渠道、内容、频次进行分析，从服务人群对服务公示了解渠道、信息满意度调研分析；另一方面从文化馆场馆标识导向现状出发，对文化馆场馆标识导向的通用性、图文表意、色彩与材质、字体与版式、特殊需求等内容进行调研分析，同时调研服务人群对标识导向满意度及收集相关意见与建议。

课题组实地走访了广东、浙江、江苏、上海、湖北等省市的文化馆、文化综合体进行调研，还对 10 余位特殊群体代表、不同年龄段的群众代表、文化馆从业人员和专家进行了深入访谈。

课题组将文化馆场馆服务公示及标识导向的研究现状及问题总结如表 1 所示。

表 1　文化馆场馆服务公示及标识导向研究现状问题汇总

调研内容	问题总结
服务公示	● 公示渠道少且传统，平台流量少，不能引流 ● 服务公示频次低
标识导向（图解标识）	● 平面图标识导向少 ● 方向性标识指引缺少或不明确 ● 总楼层索引、空间分布标识不明显
标识导向（指示标识）	● 无障碍标识导向欠缺 ● 交通道路标识导向欠缺 ● 智能化导向不完善
标识导向（限制标识）	安全类标识、劝阻类标识不够完善、详尽、明显
标识导向（信息标识）	交通路线、具体服务指南等相关信息标识有待完善
标识导向（满意度）	● 地面标识、动态标识不明显 ● 标识设计材质、形状、色彩、人文性有待增强 ● 标识的设计未考虑特殊群体 ● 标识牌未结合地域文化特色 ● 缺少多语种翻译

二、文化馆场馆服务公示及标识导向系统构建建议

课题组研究分析了国外文化场馆的服务公示与标识导向，主要选取了亚洲、欧洲、美洲 3 个地区 11 个发达国家的案例。同时，在国内省（自治区、直辖市）、市、县（市、区）不同区域、不同层级具有代表性的文化馆各选取 2 家文化馆作为优秀案例进行深入研究，最终选取广东省文化馆、青海省文化馆、广州市文化馆、成都市文化馆、上海市浦东新区群众文化艺术馆、杭州市西湖区文化馆等 6 家文化馆为例。课题组对这 6 家文化馆从服务公示的内容、方式、频次进行分析，场馆标识导向从空间及动线、5 大类别标识导向的图形、色彩与材质、字体与版式、无障碍设计、新媒体应用、服务公示终端、数字资源体验终端、虚拟展厅及语音导览以及协同城规应用进行深入分析，并且对同级别的两家文化馆服务公示及标识导向进行横向比较分析，力图研究概括出文化馆场馆服务公示及标识导向设计原则、思路与方法及可推广的经验。

课题组基于上述的研究和分析，对文化馆场馆服务公示与标识导向系统构建提出以下建议。

（一）规范文化馆服务公示及标识导向设计流程

文化馆已然成为一个城市的文化象征和文化地标，文化馆服务公示及标识导向系统规划设计需要考虑城市整体规划、文化馆服务理念、空间设计理念、群众多样化需求等，结合建筑分布、空间功能布局、设计风格以及地域文化等方面，进行设计规划。可将设计流程分为三个阶段：明确规划、分级量化、深化设计。以群众参与文化馆活动流线为基准，课题组将文化馆标识导向系统分解为文化馆周边标识导向系统和内部标识导向系统的子系统，并分为四个级别导向标识。

（二）注重线上文化馆服务公示及标识导向设计的特殊性

文化馆的标识导向系统已从最初单一的表现形式逐步发展为多种形式相结合的多功能互动体验的应用工具，突破了传统标识导向系统的“标识牌”作用。数

字媒体技术的应用将文化馆场馆服务信息与标识导向信息整合在一起，通过屏幕作为信息传播的载体来传达信息，打破了空间局限和时间界限，与访客互动，科学引导，规范服务，帮助文化馆提供更加人性化、智能化的公共文化服务。

（三）深化地域文化与文化馆建设有机融合

文化馆场馆服务公示及标识导向是文化馆文化理念、精神内涵的体现，是群众认识、了解、走进文化馆最好的信息传播和宣传推广载体。将地域建筑风格、地域城市文化、地域人文风俗、地域非物质文化遗产等地域文化的元素融入文化馆服务公示及标识导向系统设计中，更好地突出地域特征，展现城市文化形象。

（四）充分考虑特殊群体需求体现人文主义关怀

在文化馆场馆服务公示及标识导向系统设计中，要以人为本，充分考虑特殊群体的需求，应使用具备通用性、无障碍的标识导向，让各类人群易于理解、方便使用。

文化馆理论体系构建研究

李秀敏*

文化馆是现代公共文化服务体系的重要组成部分，在保障公民基本文化权益、满足公民基本文化需求，尤其是基层公共文化服务中发挥着重要作用。近年来，围绕文化馆的理论研究日渐兴盛，已经形成了众多成果，但比起图书馆、博物馆等有学科支撑的公共文化机构，文化馆的理论研究仍显得相对薄弱，尚未构建出较为成熟的理论体系。构建起完善的有中国特色的现代文化馆理论体系，创造出中国的文化馆学，已成为文化馆领域理论研究的目标之一①。

一、关于文化馆学的探讨

早在1985年，江苏省群众文化学会理事会暨首届学术讨论会上就已经对“文化馆学”进行了探讨②。1988年，由吉林省群众文化学会出版的《文化馆学》提出“文化馆工作需要文化馆学作为实践的指南，文化馆学的应运而生是天经地义

* “文化馆学理论体系构建研究”是文化和旅游部全国公共文化发展中心“文化馆事业高质量发展计划”2022年度一般课题研究项目，本文为课题成果概要。

李秀敏，北京大学管理学博士，嘉兴南湖学院讲师。

① 李国新．夯实基础 引领发展 推动文化馆理论体系建设[M]//中国文化馆协会．“新时代文化馆理论体系构建”主题征文获奖论文集．上海：上海大学出版社，2018：前言．

② 赵永江．省群众文化学会学术讨论会概述[J]．江苏社会科学，1986（1）：15.

的"[①]，并将文化馆学定义为研究文化馆事业及其工作规律的科学[②]，较早对文化馆学进行了系统探讨。1998 年，陈启初提出文化馆学研究的对象“主要是从群众文化这一特有的机构出发，着重于文化馆的管理、活动和事业的发展”，并将文化馆学定位为群众文化学主要的分支学科[③]。2008年，谈祖应提出了文化馆学科体系构想，认为群众文化学不能代替文化馆学，把文化馆学构建成同图书馆学、博物馆学比肩的独立学科是应有的题中之意[④]。

2016 年以来，在中国文化馆协会理论研究委员会的推动下，文化馆学构建再度受到关注。杜染[⑤]提出文化馆学是“研究文化馆所担负的那部分群众文化工作的特殊规律的社会科学”，是“研究文化馆事业及其相关因素的科学”。王惠君认为文化馆学是“研究文化馆事业的发展规律和文化馆与社会关系的一门学科”[⑥]。邱铭晨提出文化馆学是“研究文化馆事业的发展规律及其业务工作客观规律的一门科学”[⑦]。2021 年，郑建明提出融合图书馆学、档案学、博物馆学、文化馆学、古籍与文化遗产保护学、旅游文化等学科将是公共文化一级学科建设的方向，将文化馆学定位为公共文化学的二级学科[⑧]。

事实上，上述认识也符合相近学科的规律，即某个学科的研究对象以其核心工作为立足点，并随着学科发展而逐渐深化和拓展。

本研究认为，对于学科定义和研究对象的认识是学科研究中最复杂也最核心的问题，对揭示学科研究的实质、推动学科发展具有重要意义。一般情况下，从

---

① 吉林省群众文化学会.文化馆学[M].长春:吉林大学出版社,1988:前言.

② 吉林省群众文化学会.文化馆学[M].长春:吉林大学出版社,1988:1.

③ 陈启初.文化馆学论稿[M].北京:国际文化出版公司,2011:12.

④ 谈祖应.中国文化馆学概论[M].海口:海南出版社,2008:366.

⑤ 杜染.文化馆学探讨:理论、政治和实践[M]//中国文化馆协会,烟台市人民政府.新时代文化馆:改革 融合 创新:2019中国文化馆年会征文获奖作品集.北京:国家图书馆出版社,2019:83.

⑥ 王惠君.构建文化馆学理论体系的若干思考[M]//中国文化馆协会."新时代文化馆理论体系构建"主题征文获奖论文集.上海:上海大学出版社,2018:3-8.

⑦ 邱铭晨.文化馆的基本概念、发展脉络与相关政策法规[M]//中国文化馆协会,东莞市文化馆.新时代文化馆事业高质量发展:第二届全国文化馆理论体系构建研讨会获奖论文集.广州:广东经济出版社,2021:378-382

⑧ 郑建明,郭怡.公共文化的学科属性与学科建设[J].图书馆建设,2021(5):117-124.

不同的认识角度出发，学者对学科的定义会有所不同，需要经过学界长期共同探讨才能形成较为权威、受普遍认同的定义。同时，随着社会环境的变化、事业的发展以及新事物的出现，学科研究对象范围也会有所变化。根据现阶段文化馆学研究状况，参考图书馆学、博物馆学等相关学科的经验，本研究中将文化馆学定义为研究文化馆事业及其相关因素的科学。

二、文化馆学理论体系构建

1988 年出版的《文化馆学》提出，文化馆学研究内容分为基础理论和应用理论两个方面，前者包括文化馆发展的基本规律、历史渊源等七个方面，后者涉及文化馆内部结构、工作方法等七个方面①。2008 年，谈祖应提出文化馆学理论体系大致包括文化馆简史、文化馆管理学等 17 个门类②。2018 年，王惠君构建了由基础理论和应用理论构成的文化馆学理论体系③。2019 年，邱铭晨提出了文化馆学理论体系及重点内容，认为随着事业发展和经验积累，研究的内容范围和涉及领域会不断拓展，理论体系和结构也会相应改变，文化馆界需要不断开拓新的研究领域并将各种知识系统化④。

本研究遵循以现有的研究基础作为基本来源、吸取相关学科的经验、面向文化馆事业发展和学科建设的现实需求、体现理论体系推动实践并服务国家重大战略的理念，对已有的研究加以归纳分析、演绎拓展后，提出对文化馆学理论体系的构想，如图 1 所示。

---

① 吉林省群众文化学会．文化馆学[M]．长春：吉林大学出版社，1988：11-12.

② 谈祖应．中国文化馆学概论[M]．海口：海南出版社，2008：384.

③ 王惠君．构建文化馆学理论体系的若干思考[M]// 中国文化馆协会．“新时代文化馆理论体系构建”主题征文获奖论文集．上海：上海大学出版社，2018：3-8.

④ 邱铭晨．文化馆的基本概念、发展脉络与相关政策法规[C]// 中国文化馆协会，东莞市文化馆．新时代文化馆事业高质量发展：第二届全国文化馆理论体系构建研讨会获奖论文集．广州：广东经济出版社，2021：378-382.

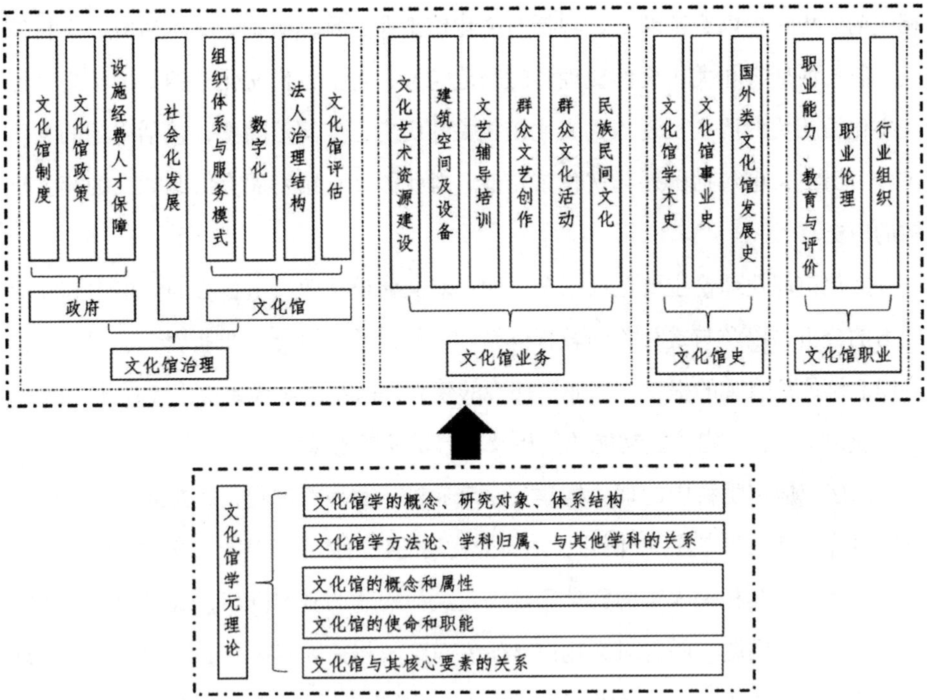

图 1　文化馆学理论体系框架图

其中，文化馆学元理论研究的核心任务是明确文化馆学各项研究得以开展的前提，涉及文化馆学和作为其主要对象的文化馆两个层面，为文化馆治理、文化馆业务、文化馆史、文化馆职业相关研究提供基础性支撑。

文化馆治理包括全国文化馆事业、地区文化馆事业、具体文化馆机构等不同层面，从政府、社会力量、文化馆等主要治理主体的维度出发，围绕文化馆制度的维护与创新、政策构建与完善、设施经费等资源保障、组织体系创新等问题展开研究。

文化馆业务与其职能密切相关，是文化馆在社会中履行使命、发挥作用、实现价值的具体途径。在实践层面，文化馆的业务较为繁杂，涉及多种服务形式、门类及部门，本研究结合文化馆的使命和功能将其归纳为六个主要方面，可根据元理论研究和实践创新适当拓展。

对文化馆史的研究是将史学理论与方法应用于文化馆领域，全面考察文化馆相关的历史——内容范畴上，包括对文化馆事业、具体机构、学术研究、学科发展、思想演变等相关历史的梳理；时间范畴上，包括古代文化馆相关的历史、近代文化馆相关的历史及现当代文化馆相关的历史；空间范畴上，包括中国的文化馆相关历史，也包括国外与文化馆相似、对我国文化馆发展有借鉴意义的相关机构的历史。

文化馆职业理论主要包括三个方面：对文化馆从业人员核心职业能力和专业能力的分析，以及与之相关的教育体系和评价体系的研究；职业理念、职业精神等职业整体价值观的提炼、职业道德观的建立，以及行业自律规范建设相关研究；对行业组织性质、定位、功能的剖析及其建设发展的探讨。

当然，应用学科中的理论构建是一个递进、循环的过程，需要通过实践验证不断检验、修正和完善①。同时，本研究构建的理论体系是基于“文化馆学是研究文化馆事业及其相关因素的科学”这一定义而构建的基本框架，难以包罗文化馆学相关的全部问题。随着对文化馆学研究对象、相关因素等核心问题的探讨和认识逐渐深入，新问题、新理念会不断涌现，仍需我们不断探讨和研究。

① LYNHAM S A. The general method of theory-building research in applied disciplines[J]. Advances in developing human resources，2002（4）：221-241.

调研报告

文化馆（站）业务培训课程体系调研报告

华东师范大学课题组*

“功以才成，业由才广。”党的二十大报告指出，“培养造就大批德才兼备的高素质人才，是国家和民族长远发展大计”，应当持续推进“深入实施人才强国战略”，要“坚持各方面人才一起抓，建设规模宏大、结构合理、素质优良的人才队伍”，不断“深化人才发展体制机制改革，真心爱才、悉心育才、倾心引才、精心用才，求贤若渴，不拘一格，把各方面优秀人才集聚到党和人民事业中来”。

文化馆（站）是我国现代公共文化服务体系的重要组成，在丰富人民群众精神文化生活、传承中华优秀传统文化、弘扬社会主义核心价值观、增强文化自信、促进中国特色社会主义文化繁荣发展、提高全民族文明素质等方面发挥着重要作用。推动公共文化服务高质量发展，队伍是基础，人才是关键。系统开展业务培训工作，是提升文化馆（站）干部队伍基本素质和业务能力的重要途径。

我国文化馆（站）从业人员队伍规模宏大，截至2022年底，全国共有群众文化机构45623个（其中乡镇综合文化站33932个），从业人员195826人（其中具有高级职称人员7868人，占4.0%；具有中级职称人员18262人，占9.3%）①。

---

* 课题组负责人：金武刚（华东师范大学信息管理系教授）。课题组成员：吴倩倩、李建广、苏颜利（以上3人均为华东师范大学信息管理系硕士研究生）、沈宇翔（上海市群众艺术馆馆员）。

① 中华人民共和国文化和旅游部2022年文化和旅游发展统计公报[EB/OL].（2023-07-13）[2024-09-24]. https://www.gov.cn/govweb/lianbo/bumen/202307/content_6891772.htm.

那么，这些年文化馆（站）从业人员参加脱产培训或集中培训情况如何？培训开设了哪些课程？有哪些知识模块？采用哪些有效教学途径？建立哪些基本评估标准？这就需要对我国文化馆（站）业务培训开展现状作全面调研，梳理全国各地文化馆（站）服务、管理和运营的“应知应会”所涉及的课程内容体系和教学评估方式，进一步完善培训课程体系，以满足新时代文化馆（站）管理者、从业人员以及相关文化志愿者的迫切需要，推动文化馆（站）事业高质量发展。

一、国家文化主管部门重视培训工作

（一）出台系列政策支持保障培训工作

国家有关部门出台相关政策，持续推进文化馆（站）培训工作。2010年6月，中宣部、中组部、中央编办、国家发改委、财政部、人社部联合下发《关于加强地方县级和城乡基层宣传文化队伍建设的若干意见》（中宣〔2010〕14号），指出“做好新形势下的宣传思想文化工作，重心在基层、着力点在基层，队伍是关键、是保证”。同年9月，文化部出台《关于开展全国基层文化队伍培训工作的意见》，部署基层文化队伍培训工作，具体包括出台相关政策、编辑出版基层公共文化服务系列教材、设立培训基地、建立远程教育培训平台和网络培训学院等。

2015年初，中共中央办公厅、国务院办公厅印发了《关于加快构建现代公共文化服务体系的意见》，其附件《国家基本公共文化服务指导标准》中对基层文化从业人员培训时间作出明确规定：县级以上公共文化机构从业人员每年参加脱产培训时间不少于15天，乡镇（街道）和村（社区）文化专兼职人员每年参加集中培训时间不少于5天。这项政策规定了文化馆（站）干部队伍的培训时间，极大地保障了文化馆（站）从业人员继续学习的权益，也促使各级文化主管部门、文化馆（站）高度重视从业人员的业务培训工作，通过不断学习、持续提高业务能力。

（二）编辑出版基层文化队伍培训教材

为指导、推动各地基层文化队伍培训工作，提高文化人才队伍理论素养和业务能力，文化部2010年启动了全国基层文化队伍培训工作。根据当时基层文化队伍培训缺乏统一教材的实际情况，文化部组织全国专家与实践工作者共同编写了“全国基层文化队伍培训用书”。

2013年首批出版与文化馆（站）相关的图书有10种，即《文化馆（站）业务培训指导纲要》《公共文化政策法规解读》《文化馆（站）服务与管理》《群众文化基础知识》《群众文化工作实务》《群众文化活动的策划与组织》《群众文化案例选编》《社区公共文化服务》《文化共享工程建设与服务》《公共文化服务概论》（见图1）。

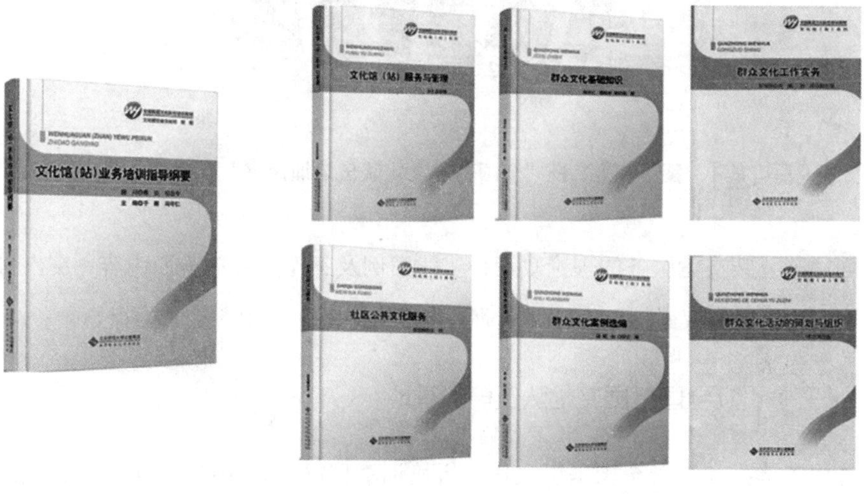

图1　第一批“全国基层文化队伍培训用书”剪影

为适应新时代公共文化服务发展的新要求，文化和旅游部于2015年又组织编辑出版了第二批“全国基层文化队伍培训用书”，其中与文化馆（站）相关的图书有7种，即《公共文化政策法规解读（修订版）》《国外公共文化服务概览》《公共文化服务标准化建设》《公共数字文化创新服务案例选编》《社会力量参与公共文化服务概论》《文化和旅游志愿服务与管理》《公共文化服务创新案例》（见图2）。

这些教材的内容主题均选取当前文化馆（站）实践工作中的热点难点问题，

图 2　第二批“全国基层文化队伍培训用书”剪影

全面涵盖公共文化服务的理论政策、实践案例及工作实务三方面内容，突出科学性、实用性以及权威性，为相关从业人员提供规范、有用、翔实的指导参考。

（三）设立全国基层文化队伍培训基地

为了建立和完善全国基层文化队伍培训工作网络，2011 年 11 月，文化部批准确定了浙江艺术职业学院、山东大学、湖南艺术职业学院、重庆艺术学校（现为重庆文化艺术职业学院）四家单位为首批全国基层文化队伍培训基地[①]，旨在以培训基地为依托，辐射全国或周边省区，承担文化部委托、本省及周边省区相应数量和规模的基层文化队伍骨干培训任务，发挥示范带动作用，进一步加强基层文化队伍建设，为文化建设提供人才支撑。

这些基地都具备健全的培训组织、教学科研、培训登记、培训经费、后勤

① 中华人民共和国文化和旅游部.文化部关于命名第一批全国基层文化队伍培训基地的通知[EB/OL].（2011-11-11）[2024-09-24]. https://zwgk.mct.gov.cn/zfxxgkml/ggfw/202012/t20201205_916547.html.

保障以及培训实施过程中的师资管理、学员考核、效果评估等一系列管理制度和健全的专门培训工作机构和一支能满足培训需要、相对稳定的专职培训管理队伍。

此后，上海市文化广播影视管理局人才培训交流中心（后更名为上海市文化和旅游局人才培训交流中心，现改组为上海市文化旅游公共服务和人才服务中心）、辽宁省艺术学校、四川艺术职业学院、山西戏剧职业学院（现为山西艺术职业学院）等单位也被纳入全国基层文化队伍培训基地。

（四）组织开展示范性培训、公共文化巡讲工作

为了切实加强基层文化队伍建设，稳步推进全国基层文化队伍培训工作，自2011年以来，文化部（现文化和旅游部）每年制定全国基层文化队伍培训工作计划，组织开展示范性培训、公共文化巡讲工作。

1. 示范性培训

中央文化管理干部学院和全国基层文化队伍培训基地举办示范性培训班，包括全额拨款班和定向补贴班。

每期培训班由各培训单位提前一个月发出通知，各省（区、市）文化厅（局）做好学员选派工作，所选派学员应符合培训对象要求，身体健康、具有较高业务水平、工作成绩突出、在当地基层文化建设中发挥示范表率作用。

各培训单位做好训前调研工作，充分了解学员培训需求，精心设计培训课程，创新培训方式，增强培训工作的针对性和实效性。培训期间做好组织管理工作，建立学员训后跟踪反馈制度，科学评估培训效果，加强信息报送和宣传报道，发挥培训示范带动作用。

2. 公共文化巡讲

公共文化巡讲工作面向全国各地组织开展，原文化部公共文化司负责对全国公共文化巡讲进行统筹指导和监督管理，各地申报单位负责本地组织工作以及培训情况统计报送工作。

全国公共文化巡讲分为两类：一是公共文化类巡讲，由中央文化管理干部学院负责组织实施，协调师资和安排巡讲场次；二是图书馆专业类巡讲，由中国图

书馆学会负责组织实施。

示范性培训和公共文化巡讲工作，紧扣当前公共文化服务体系建设的重点工作和现实需求，为地方培养公共文化管理干部、师资和业务骨干，以提升全国基层文化队伍的综合素质和业务水平，同时充分发挥示范导向作用，带动地方培训工作，为构建现代公共文化服务体系提供人才保障。

以 2019 年为例，全国基层文化和旅游公共服务队伍培训工作重点培训内容为文化和旅游公共服务领域重点改革任务和重要法律的学习贯彻落实、文化和旅游融合发展等，重点培训对象为基层文化和旅游公共服务管理干部、业务骨干和各类群众文化专业技术人才。示范性培训分为 5 个主题类目：改革前沿、创新连线、群星璀璨、区域发展和基础建设。

改革前沿类主要面向文化和旅游公共服务一线管理人员，课程主要有“公共文化服务重点改革任务”“新时代文明实践中心建设”“文化和旅游融合发展”“公共文化服务社会化”“数字文化建设”等。培训推进了中央精神的贯彻落实，帮助培训人员培养改革思维，开阔宏观视野，把握大局方向，提升管理干部的决策力、领导力。

创新连线类重点开展各地文化和旅游公共服务创新案例的交流研习，让一线干部当专家、做讲师，分享在制度设计、运行机制、服务模式等方面的创新做法和先进经验，充分调动学员边学边讲、互学互鉴。主要课程有“文化馆创新案例研习班”“图书馆创新案例研习班”“乡镇文化站服务创新案例研习班（第四期乡镇文化站长示范性研习班）”“村级文化建设创新案例研习班（第八期村级文化组织员研习班）”“数字文化建设研习班”等。研习通过思维碰撞、实例研习和实务培训，提升基层干部的创新力、执行力和行动力。

群星璀璨类重点开展群众文艺创作培训，结合群众文艺特点，围绕不同门类，开设美术、曲艺、戏剧、广场舞的专题类培训和综合类培训。主要课程有“群众文艺创作高级研修班”“地市级馆群众文艺创作研习班”“县级馆群众文艺创作研习班”等。培训通过优秀获奖作品创作体会分享、学员带作品入班进修等形式，强化创作交流，提高作品质量，为繁荣基层群众文化创作提供智力支持。

区域发展类聚焦各地特别是中西部地区和少数民族地区的文化和旅游公共服

务工作，紧密围绕区域发展实践重点工作任务和实际情况，按需求设置课程，如“第八期西部地区少数民族文化干部研习班”“内蒙古自治区文化（群艺）馆馆长及数字文化馆建设推广研习班”“贵州省全省文化馆长研习班”等。课程将解决区域发展重点问题、推动区域因地制宜改革发展作为培训主要目标。

基础建设类主要面向基层文化和旅游公共服务培训基地负责人、各省（区、市）培训工作联络人员等相关工作人员，重点研习研究基地建设、各省（区、市）培训工作的整体协调等内容。主要课程有“全国基层文化队伍培训联络员研习班”“第五期基层文化队伍培训师资班”“全国基层文化队伍培训基地建设研习班”等。这些培训加强了师资队伍建设与管理，储备培养了一批优秀师资队伍和工作队伍。

（五）建立远程教育平台、开展远程培训工作

为了做好基层文化队伍培训工作，让更多人得到培训的机会，文化部自 2010 年起组织建立全国性文化干部远程教育培训平台，作为集中培训的补充，承担远程教学、考试和管理，让培训不受时间和空间的限制。

全国基层文化队伍远程培训工作，分别交由中央文化管理干部学院、国家图书馆、文化部全国公共文化发展中心组织实施，全国各地各级文化馆（站）、图书馆、文化信息资源共享工程各级分中心等单位做好本地区远程培训的动员和组织工作，设置教学接收点，确保培训效果，并做好远程培训情况统计和报送工作。

以 2018 年的远程培训工作安排为例，由中央文化管理干部学院承担的“公共文化空中大课堂”，安排了课程 6 期，每期两门课程，各 2 小时（见表 1）；由国家图书馆承担的数字图书馆推广工程“网络书香讲坛”，安排了课程 6 期，每期约 1 小时（见表 2）；由文化部全国公共文化发展中心承担的全国文化信息资源共享工程“数字学习港”，安排了课程 6 期，每期约 1 小时，在中国文化网络电视平台和数字学习港手机 app 同步播出“数字学习港”相关课程（见表 3）。

表 1 “公共文化空中大课堂”课程安排

序号	时间	主题	主讲人
1	1 月 25 日（3 月 8 日重播）	学习贯彻十九大精神 完善公共文化服务体系	毕绪龙：国家公共文化服务体系建设专家委员会委员、中央文化管理干部学院教研处副处长、研究员
		案例分析：文化馆总分馆制建设——嘉兴模式	刘靖：浙江省嘉兴市文广新局公共文化处处长
2	3 月 29 日（4 月 19 日重播）	让传统戏曲走进社区和乡村	姚志强：中国戏曲学院戏曲艺术教育中心主任、北京市中华传统文化促进会秘书长
		构建现代公共文化服务体系，建设和谐美丽幸福家园——《公共文化服务保障法》实践解读	来其发：湖北省襄阳市文化体育新闻出版广电局副局长
3	5 月 24 日（6 月 21 日重播）	公共图书馆、文化馆总分馆体系建设与实践	彭泽明：重庆社会科学院公共文化研究中心主任
		文化扶贫脱贫实践探索	齐勇峰：中国传媒大学教授、中央文资办学术委员会委员
4	7 月 19 日（8 月 30 日重播）	公共图书馆法全面解读	申晓娟：国家公共文化服务体系建设专家委员会委员，国家图书馆研究院副院长
		案例教学：基层文化馆（站）业务基础与发展	王岭：安徽省芜湖市文化馆馆长
5	9 月 20 日（10 月 25 日重播）	社会力量参与公共文化服务的探索与实践	卢娟：国家公共文化服务体系建设专家委员会秘书长、中央文化管理干部学院教研处处长、副研究员
		十九大报告精神解读，文化自信与中华民族伟大复兴	周庆富：中央文化管理干部学院院长
6	11 月 15 日（12 月 20 日重播）	群众文化活动的策划与组织	曹锦扬：中国文化馆协会理事、南通市文化馆馆长
		公共图书馆管理与服务创新	徐欣禄：国家公共文化服务体系建设专家委员会委员、原广西壮族自治区图书馆馆长、研究馆员

表 2 数字图书馆推广工程“网络书香讲坛”课程安排

序号	时间	主题
1	2月	融合发展中的图书馆资源建设与服务
2	4月	“一带一路”与丝绸之路
3	6月	新媒体运营与推广
4	8月	图书馆作为公共阅读空间的发展
5	10月	《中华人民共和国公共图书馆法》解读
6	12月	图书馆阅读推广

表 3 全国文化信息资源共享工程“数字学习港”课程安排

序号	时间	主题
1	2月	《中华人民共和国公共图书馆法》解读
2	4月	全民艺术普及技能提升计划——广场舞普及推广培训班
3	6月	微视频拍摄与制作——摄影知识与运用
4	8月	公共数字文化平台及应用
5	10月	基层公共数字文化服务新应用
6	12月	全民艺术普及技能提升计划——文化馆干部合唱技能培训班

二、全国各地组织的文化馆（站）业务培训

全国各地的文化馆（站）业务培训工作，一般由省（自治区、直辖市）文化和旅游厅主办、省文化馆承办，省文化馆牵头总体推进全省文化馆（站）培训工作。

各省级文化馆一般通过“基层联络服务机制”等途径，深入基层调研，收集全省基层文艺培训需求，针对各地适宜、欠缺和有迫切需求的文化培训项目量身定制课程，选派名家，供需双方精准对接，高效利用全省群文资源。

培训形式主要有邀请专家线下专题讲座、集中学习、线上慕课三种。培训内容比较系统、完整，涵盖党和国家方针政策、业务素养、管理实务、资源建设、非遗传承以及数字化六个方面的课程。

经过网络和访谈等调研，发现北京市、上海市、浙江省、广东省、江西省、黑龙江省、内蒙古自治区这七个省（自治区、直辖市）的文化馆（站）从业人员培训已经形成了相对完善和稳定的课程体系，构建起了符合地方特色的课程框架，在基础培训之上各有延伸。以下选取北京市、上海市、浙江省、广东省详细说明。

（一）北京市

北京市组织开展全市基层文化队伍文化馆（站）干部业务培训班，包括线上培训和线下培训，涉及书法、音乐、戏剧、摄影等方面的各类业务内容。

北京市举办公共数字文化从业人员培训班，不仅着眼于数字文化的产生与传播，而且结合文旅融合发展，探索旅游如何保护文化遗产、带动文化传播、促进文化消费，甚至打造特色文化品牌。同时，紧跟潮流关注了新时代网红的产生、网红话题的制造与内容的生产，并在技术上指导了 Vlog 的制作技巧和手机视频的拍摄、后期制作方法。

北京市重视行业政策法规的培训，从法律法规、行业规范、指导意见、建设指南、对接标准和志愿者服务六个方面进行培训，一方面全方位促进行业规范化，另一方面帮助从业人员对行业发展趋势和未来工作方向形成清晰的认识。

（二）上海市

上海市组织开展的上海市文化馆（站）培训被纳入全市性的“上海市公共文化和旅游从业人员万人培训项目”，该项目由上海市文化和旅游局主办、上海市文化旅游公共服务和人才服务中心承办。主办方提供各类培训课程项目和清单，文化馆（站）从业人员按需报名，自主选修各类课程。

以 2023 年万人培训为例，课程内容包括图书群文、文物文博、社会美育、公共服务、非遗素养和文旅管理等多个专业领域，分别委托上海交通大学、同济大学、华东师范大学、上海师范大学、上海视觉艺术学院、上海春申旅游进修学院等院校进行课程研发、师资携力和培训实施。该项目采用以现场培训为主，送教上门为辅的培训方式。

课程内容聚焦基层岗位履职能力建设、专业技术能力提升和前瞻性的方向解读，既包括针对全市各级文化馆、图书馆、社区文化活动中心、公共服务中心负责人及相关业务骨干的基层岗位履职轮训，也有围绕《中华人民共和国公共文化服务保障法》《上海市美术馆管理办法》等行业法规的普法宣传，又有围绕艺术系列、文物文博、图书资料、群众文化等基层岗位职称系列专业技术能力提升培训，还有围绕“数字文旅”“元宇宙”新赛道等重点工作，面向核心骨干开展的“文旅数字化转型的发展方向与思考”“元宇宙融合技术在文旅产业中的应用”“元宇宙创新项目：风起洛阳案例解析”等拓展类课程。

上海市文化和旅游局的万人培训项目汇聚了全市高校与专业机构的专家学者，依托全国文化干部培训基地，在全国范围邀请优秀师资、领军人物与行家里手授课，课程设置既有宏观政策解读，也有专业技能培训，还有跨界融合思考与行业经验分享。从以往的政策法规及基本业务知识普训，拓展为文博文物、图书群文、非遗传承、影视制作、文化管理、人文素养、文化产业与文化市场等多个领域，体现了理论武装头脑、理论指导实践的培训目标，以期更好地适应新形势基层公共文化服务工作广覆盖、宽领域、求创新、重效能发展需要。

（三）浙江省

浙江省文化馆（站）的培训课程主要分为两大模块。一是基层服务文化工作者主题培训课程，包括业务技能培训、全民艺术普及、数字资源建设、公共文化、媒体传播、活动策划、文化志愿服务、党史政治 8 个领域，共计 260 余门课程。二是网络课程，内容涵盖浙江民间舞蹈、浙江民歌与运用、杭州彩泥塑、皮影戏、中国古典舞身韵、合唱基本发声训练、合唱指挥、合唱指挥训练课程、指挥技术实用理论、推动公共文化服务高质量发展、文化馆的数字化建设、文化馆总分馆服务体系的建设与运行、文化志愿服务项目策划与品牌建设 13 个方面。

在培训方式方面，包括专题讲座、专业论坛、十天集中性培训以及网络培训等方式。参与培训的学员包括全省文化和旅游系统的志愿服务工作者、文艺团队负责人、各县（市、区）文化馆（站）的业务骨干、全省各地的民间艺术管理业务骨干等。

（四）广东省

广东省文化馆（站）的培训课程分为两部分内容。

一是培训联盟基层服务文化工作者的培训课程。主要针对文化馆（站）各类从业人员进行不同类别的培训，除了公共文化、党史政治这类课程，还有声乐、舞蹈、戏剧戏曲、媒体传播、数字化建设、非遗文化、上机实际操作、文化志愿服务等八类内容。

二是网络课程。这类课程从理论层面出发，对文化馆（站）从业人员进行统一的指导。如“国家公共文化政策与‘三馆一站’免费开放”“朝阳区文化馆发展模式案例分析及新文化馆范式探索”“文化馆（站）服务创新案例解读”等。

三、行业协会组织的文化馆（站）业务培训

中国文化馆协会是由文化馆（站）、群众艺术馆、文化活动中心等与文化馆（站）相关的企事业单位、社会组织及个人组成的全国性、行业性、非营利性社会组织。自2014年成立以来，中国文化馆协会成为我国文化馆事业发展的新起点。作为党和政府联系文化馆相关机构及其工作者的桥梁和纽带，中国文化馆协会凝聚和整合了全国文化馆（站）的力量，搭建起文化馆行业交流的平台，为行业发展指明方向，在公共文化服务中发挥重要作用。

一是定期举办中国文化馆协会常务理事会。该会议近年来与全国省级、副省级文化（群艺）馆馆长联席会共同举办，全面部署文化馆（站）行业建设重点工作，总结并展望中国文化馆协会的工作要点，助力行业发展。

二是定期举办中国文化馆年会和各类专题会议。这类会议从近期行业热点出发，开设专题论坛，以专家报告、主题发言、案例讨论、嘉宾点评、现场连线等多种形式开展，提供文化工作者研讨与交流的平台。

三是组织开展中国文化馆年会和文化馆理论体系构建征文活动。活动给定征文选题方向，收集征文并进行专家评选，以学术论文为依托，推动文化（群艺）馆（站）的理论研究发展与优秀研究成果展示。

在此基础上，中国文化馆协会组织开展了多次具有创新性的面向全国的培训，针对重点、热点问题，邀请文化和旅游部全国公共文化发展中心领导、各文化馆馆长、高校知名教授等全国名师进行示范性培训，包括“文化馆事业发展思考与讨论”三季专题培训、“全民艺术普及技能提升计划培训班”、“全国基层文化志愿服务工作骨干培训班”等。

在2020至2022年期间，中国文化馆协会持续推出了三季“文化馆事业发展思考与讨论”专题培训班，以线上直播与网站回放相结合的形式进行每年一季的培训课程（第一、二季的具体课程如表4所示）。专题培训课程涵盖党的方针政策、管理实务、业务素养、数字化、资源建设五个模块，聚焦在公共文化服务与文化馆数字化建设领域。培训课程一经推出就广受欢迎，全国各地兴起对文化馆事业发展思考的高潮。其中，第一、二季每讲线上平均观看次数达到26万次，点赞量达到4万次。

表4　中国文化馆协会组织的“文化馆事业发展思考与讨论”专题课程

期数	序号	主讲人	课程名称
第一季	1	王全吉	当前文化馆数字文化服务还有哪些提升空间
	2	李国新	疫情对公共文化服务发展影响的思考
	3	杨乘虎	深化公共文化服务供给侧改革的若干思考
	4	李立群	对文化馆数字文化服务的几点思考——以张家港市文化馆为例
	5	戴珩	谈重大主题群众文艺创作
	6	毕绪龙	公共文化服务和旅游的融合发展
	7	柳升高	文化驿站——把总分馆建成市民精神文化的加油站
	8	金武刚	文化馆高质量发展之路漫谈
	9	黄晓丽	智慧 品牌 社群——对未来文化馆发展的几点畅想
	10	萧烨璎	谈谈文化馆的开放性
	11	范周	文化馆发展中的社会化问题思考
第二季	1	白雪华	2021年文化馆行业建设与发展要点
	2	李国新	推动文化馆事业高质量发展的思考

续表

期数	序号	主讲人	课程名称
第二季	3	罗云川	面向“十四五”的文化馆数字化建设与服务
	4	尹寿松	群众文化活动创新发展的思考与实践
	5	毛凌文	文化馆年报编制与公开工作
	6	王玺昌	文采会的实践创新及前景展望
	7	赵靓靓	从阵地服务到平台构建——关于区域性中心文化馆功能转型升级的思考
	8	张艳琦	标准化基础知识与文化馆服务标准化
	9	刘传军	文化馆文创项目开发的现状与困境
	10	吴永强	文化馆需要怎样的慕课？
	11	黄放	浅谈文化馆公共空间拓展路径

四、全国性公共平台提供的文化馆（站）业务培训

国家公共文化云是由文化和旅游部主导打造的公共数字文化服务总平台、主阵地，旨在面向基层提高供给效率，打通公共数字文化服务最后一公里，实现公共文化服务“政府端菜”与“群众点菜”相结合，提高公共数字文化服务在基层的丰富性、便利性和可选择性，提升公共文化服务效能。

自2017年成立以来，国家公共文化云就一直起到培训的媒介平台作用。平台上包含九个模块，分别是：汇资讯、看直播、享活动、学才艺、订场馆、读好书、赶大集、聚行业和汇文采。从这些模块上不难看出，国家公共文化云面向的对象是一般群众，与此同时也有一小部分内容是针对文化馆（站）从业人员的，文化云将这些内容打造成了一些直播课、慕课等网络培训课程。这些网络培训不仅提升了各文化馆（站）从业人员的业务能力，同时这样一个网络平台也跨越了时间空间的限制，扩大了培训的传播范围，大大提升了培训的影响力。

国家公共文化云作为行业的汇集，在它的网络培训课程中有很多的理论知识、业务知识，也有很多的管理实务知识，这些针对文化馆（站）从业人员的课程就集中在“聚行业”模块的“课程学习”板块中，分为理论学习、技能培训、

基层服务、项目培训四个部分。

“理论学习”部分主要是理论知识，聚焦在政策法规、公共文化服务体系建设、公共文化智慧化、网络安全等领域，如“公共文化保障法释义”“国家安全法”“李国新：对公共文化服务体系建设的思考”“大数据时代公共文化智慧化”“何延哲：做好网络安全工作，适应新时期我国网络安全”等。“技能培训”部分主要是业务知识，聚焦在音乐、美术、创作、书法等专业艺术领域以及网络应用等，如“音乐艺术人生”“山水画技法”“群众舞蹈的艺术编创”“如何写好毛笔字”“网站设计与建设”等。“基层服务”部分主要是管理实务知识，聚焦在文化共享工程、乡村文化振兴、乡村资源建设、文化志愿服务等领域，如“文化共享工程进村入户模式”“乡村文化振兴的明月样本”“打造数字文化功能区‘福田文体通’的探索与实践”“文化惠民在三晋 文化志愿者走基层活动”“文化列车志愿者服务项目”等。“项目培训”部分也是管理实务知识，聚焦在心理健康调适、防疫知识与健康管理等领域，如“心理资本与压力应对”“重大危机事件民众心理反应与调试”“积极心理与压力管理”“新型冠状病毒通用预防指南”“办公室自我保健”等。

五、文化和旅游部党校组织的文化馆（站）业务培训

中共文化和旅游部党校（中央文化和旅游管理干部学院，原中央文化管理干部学院，以下简称“文干院”）是文化和旅游部直属干部教育培训机构，围绕中心工作，开展各级各类文化和旅游干部教育培训工作。

文干院针对各级文化事业骨干，在线上和线下都推出了系统、全面的培训课程。从 2017 年至 2022 年，文干院在线下推出文化事业、党建事业、艺术素养、文化产业、国际交流五个主题模块的培训；与此同时，文干院网络学院以慕课的形式，更为细致地划分了以党的方针政策法规和管理实务为主的 12 个主题模块的课程。

此外，网络学院还开展了“文化和旅游融合发展”专题系列培训。在这个系列的培训中，文干院致力于剖析文化和旅游最新政策，追踪行业热点难点，解析

文旅融合发展案例，共享文化和旅游改革实践成果。“文化和旅游融合发展”专题系列培训自 2020 年 8 月上线以来，共举办了 13 场直播授课，得到广大文化和旅游系统行政管理干部、专业技术人才及相关单位从业人员的普遍认可和鼎力支持。2022 年文干院网络学院在原有直播培训模式基础上，拓展增设点播模式，按季度陆续投放。截至 2022 年 11 月底，已开展了两季共 12 个专题，具体课程如表 5 所示。

表 5　中央文化和旅游管理干部学院重要课程

季度	专题	课程名称
第一季	“十四五”时期文化和旅游政策导向和发展趋势	《“十四五”文化和旅游发展规划》解读
		《“十四五”公共文化服务体系建设规划》解读
		《“十四五”非物质文化遗产保护规划》解读
		《“十四五”文化产业发展规划》解读
		“十四五”旅游产业展望
		政府纾困的决心 旅游复苏的信心——评十四部委《关于促进服务业领域困难行业恢复发展的若干政策》
		“十四五”文化和旅游市场发展初探
		“十四五”时期更加本地生活化的旅游新趋势
	疫情防控常态化背景下文化和旅游行业“硬核”举措纾困解难专题	疫情防控常态化背景下文化和旅游融合新趋势
		文化和旅游融合政策解读与趋向分析
		“十四五”文化和旅游市场发展初探
		政府纾困的决心 旅游复苏的信心——评十四部委《关于促进服务业领域困难行业恢复发展的若干政策》
		后疫情时代的文旅消费
		“十四五”时期更加本地生活化的旅游新趋势
		新时期旅游景区高质量发展思考
		景区应急管理实务
	数字文旅创新发展	数字化推动景区高质量发展
		数字文化经济与文旅消费新趋势
		腾讯文旅助力文旅产业数字化转型和高质量发展
		文旅目的地线上资产与周末场景 IP 化

续表

季度	专题	课程名称
第一季	数字文旅创新发展	文化＋科技＋旅游，构建文旅 IP 新生态
		大数据在文旅融合中的建设与应用
		丰富数字化应用场景，切实推动经济社会发展数字化转型
		数字文化消费与文旅新应用
	国家文化公园建设保护	长城文化——中华优秀传统文化的生动诠释
		深入学习习近平总书记重要讲话精神 着力发掘黄河文化的精神内核
		深入学习贯彻习近平总书记重要讲话精神 大力推进黄河流域生态保护和高质量发展
		《长城、大运河、长征国家文化公园建设方案》解读
		长城：价值及保护展示
		黄河古都及其文化旅游
		《长城国家文化公园建设保护规划》编制若干问题探讨
		长城文化价值与文旅融合
	弘扬红色文化 讲好红色故事 发展红色旅游	从北大红楼到双清别墅——中国共产党革命文化的形成与发展
		红色旅游助力乡村振兴的典型案例和创新发展
		新时代红色旅游的价值取向与责任担当
		红色旅游的创新发展与实践
		弘扬红色文化，传承红色基因——政务讲解经验分享
		如何撰写出一篇优秀的讲解词
		涉外讲解礼仪的规范与提升
		“把全国人民的命运背到自己身上”——延安文人道路的启示
	旅游景区高质量发展	“十四五”旅游产业展望
		新时期旅游景区高质量发展思考
		数字化推动景区高质量发展
		碳中和推动旅游景区低碳发展
		大数据在文旅融合中的建设与应用

续表

季度	专题	课程名称
第一季	旅游景区高质量发展	“以人为本”旅游景区信息导向系统设置规范
		景区应急管理实务
		旅游度假区：理论基础与中国实践
第二季	文旅产业创新发展与文旅消费新趋势专题	文化产业与旅游产业深度融合发展的理论诠释和实践探索
		文旅消费的理论与实践
		数字化文化经济与文旅消费新趋势
		国家文旅消费试点城市建设的宏观思路与策略问题
		后疫情时代的文旅消费
		文化和旅游融合政策解读与趋向分析
		“十四五”文旅产业高质量发展与双循环
		文旅融合背景下旅游业态创新
	智慧旅游平台建设与运营管理专题	新智慧时代文旅融合解读·路径
		5A 景区智慧旅游体系及复查
		大众旅游时代文旅产业数字化转型互联网实践
		以数字化推动文化和旅游公共服务创新发展
		加强基层智慧治理能力建设 提升社会治理现代化水平
		如何利用互联网平台做好民宿这门生意
		如何理解“智慧·特色小镇”建设
		大数据时代的诗与远方
	乡村振兴战略背景下的文化和旅游融合发展专题	文化和旅游融合政策解读与趋向分析
		以城市视角构建乡村旅游新发展格局
		乡村旅游休闲产业：市场、产品与政策
		乡村振兴背景下乡村旅游与农村新型集体经济
		打造“智慧三农”助推乡村振兴
		非物质文化遗产保护利用与乡村振兴
		“短视频＋直播”赋能幸福乡村
		文化产业赋能乡村振兴的现状与展望

续表

季度	专题	课程名称
第二季	非物质文化遗产保护利用与旅游融合发展专题	《“十四五”非物质文化遗产保护规划》解读
		“十四五”旅游产业展望
		深入学习贯彻习近平总书记重要讲话精神——全面加强历史文化遗产保护的责任与担当
		非物质文化遗产保护和利用与旅游融合发展
		文化 + 科技 + 旅游，构建文旅 IP 新生态
		非物质文化遗产的生态性保护
		旅游场景下的非遗文化
		非遗保护的时代机遇
	文化和旅游公共服务融合发展专题	《“十四五”公共文化服务体系建设规划》解读
		公共文化和旅游公共服务融合发展情况介绍
		以数字化推动文化和旅游公共服务创新发展
		新时代文化和旅游融合发展
		公共文化服务与旅游融合发展的思考
		公共文化服务保障法解读
		未完成的使命——公共文化政策视野中的美术馆
		文化馆高质量发展的路径与要点
	大众旅游时代与旅游业高质量发展专题	疫情防控常态化背景下文化和旅游融合新趋势
		“十四五”旅游产业展望
		新时期文化和旅游融合发展的背景与任务
		文旅融合下旅游业创新发展的思考
		文旅融合的“苏州实践”
		文旅融合背景下旅游业态创新
		文化 + 科技 + 旅游，构建文旅 IP 新生态
		腾讯文旅助力文旅产业数字化转型和高质量发展

由此可见，文干院的培训内容代表了行业最核心的主流，最新的发展方向，内容兼具主题性、政治性、新颖性。文干院网络学院的建立，不仅以慕课的形式将培训内容分享给了在线学生，也扩大了文干院的影响，将这些主流新颖的内容

向更大的范围做更深远的推广。

六、培训基地组织的文化馆（站）业务培训

由文化部（现文化和旅游部）确立的全国基层文化队伍培训基地，依托各省（区、市）文化和旅游厅（局），根据中心工作部署要求，积极组织开展全国性、区域性、地方性等各层级、各主题示范性培训班。

培训对象包括全国各地各层级文化馆（站）从业人员、文旅志愿者、文艺团队负责人、文艺骨干等。

培训主题覆盖全面，涵盖党的方针政策法规、业务素养、管理实务、资源建设、非遗以及数字化等领域。除专家讲座外，培训班还会安排观摩文艺剧、节目演出，参观美术、书法、摄影等艺术门类的展览，举办学员交流论坛，考察基层公共文化服务点等。

培训课程设置充分考虑各地区文化事业发展的不平衡，根据培训对象有针对性地提供，特别是依托地方资源举办特色培训班。如湖南职业艺术学校举办了“土家织锦制造技艺非遗传承人群研培班”“湖南地方戏曲经典剧目传承人群研培班”“花鼓戏表演经典传统剧目传承人研修班”“湖南地方戏曲化妆、服装技术非遗传承人培训班”；浙江艺术职业学院举办了“浙江曲艺培训班”“非物质文化遗产传承人研修培训计划——姚剧培训班”；四川艺术职业学院举办了“羌族传统舞蹈（瓦尔俄足舞蹈编创）研修班”“羌族传统舞蹈（羊皮鼓舞）研修班”等。

七、文化馆（站）业务培训课程体系建设的主要特点

（一）建设主体多元

在国家文化主管部门领导和指导下，文化馆（站）业务培训工作与课程建设主体呈现多元化发展趋势，既有从中央到地方各级文化主管部门推出的公共文化巡讲、示范性培训，也有从文干院到培训基地各级培训机构推出的系列课程班，还有全国公共文化发展中心和文化馆行业协会组织推出的网络课程和事业发展研

讨课程，以及各省级文化馆承办的全省文化馆（站）从业人员的业务课程培训工作。

（二）培训对象不断拓展

根据时代发展需要，文化馆（站）业务培训工作与课程建设的服务对象范围也在不断拓展。一是向基层拓展，在覆盖文化馆（站）从业人员基础上，向村（社区）综合文化服务中心的专兼职从业人员拓展，包括群众业务文艺骨干等。二是随着文旅融合不断推进，向旅行社、旅游景区、酒店的管理与服务人员，以及文旅系统相关单位的工作人员拓展。在培训实施时，根据不同类别的培训对象，设计出有差别的培训课程体系与培训内容，在满足大规模培训的共性要求下，又能满足不同类别、不同层次、不同岗位从业人员的个性化需求。

（三）培训内容时代性强

培训课程的时代特色鲜明，重视党史学习与时事教育。各类培训课程响应国家号召，重视党史学习与时事教育，提高文化馆（站）从业人员的思想政治觉悟。一方面，了解历史才能看得远，坚守党的初心和使命才能更好地为人民服务。另一方面，紧跟时事，了解并理解党和国家的路线、方针、政策，可以帮助文化馆（站）从业人员对行业有更深入的理解，形成更明确的职业发展方向。

培训课程内容紧跟新潮流，紧密结合“十四五”时期文化发展新要求。如很多培训内容顺应互联网和信息技术的发展，在课程内容设计上考虑从业人员如何运用新技术推动公共文化服务，以及如何在互联网时代推进文化资源数字化，搭建公共文化云，利用公共文化平台；在文旅融合的趋势下，推出相关课程，引导从业人员重新思考与创新业务工作内容。

（四）理论体系较为完整

各类培训以人员需求为导向，制定针对性的培训课程的同时，对所有从业人员进行统一的理论培训，形成稳定的理论培训体系。当前，文化馆行业存在大量非专业人员，关于文化馆理论的培训显得格外重要，不仅为他们树立起文化馆行业的基本理念，构建起文化馆工作的基本框架，而且有助于提高他们的综合业务能力和专业知识水平。只有坚实丰富的理论知识才能有效指导实践，才能满足群众的文化需求。

（五）培训方式向专题化发展

各类培训都推出了专题化的系列课程，每年定期开展，在延续课程理念的同时拓展课程内容。专题化课程推动了培训重心的转移，注重培训内容，着眼于学员的价值提升。学员可以在现阶段学习顺应时代发展的新内容的同时，回顾以往的培训课件和培训视频，不断深入挖掘课程内容，充分思考课程蕴含的现代理念。

（六）关注资源类课程建设

各类培训也开设了一些文化馆资源类的建设课程，包括数字资源建设、馆藏资源建设、特色资源建设等。有关课程如“文化馆需要怎样的慕课？”“信息资源共享工程”“现代文化馆数字资源体系建设”“浅议文化馆数字化课程资源建设方向和趣事”“移动互联时代传统文化资源数字化运营”“数字资源唯一标识符规范”“数字资源知识组织分类标准规范”“数字资源加工格式规范”“数字资源元数据标准规范、交换标准规范及著录规则”“数字文化馆资源和技术基本要求”等。

（七）地方文化融入课堂

各类培训在课程中加入培训学员熟悉的地方文化内容，不仅丰富了培训课程内容，增强了学员对地方文化的认同感与自豪感，而且传承和弘扬了中华优秀传统文化，在此基础上发展和创新地方文化，保持了民族文化连续性与创新性，进而增强民族自信。如各类培训大多开设了非遗课程，且非遗在各个网站和培训课程大多独立成模块。

（八）培训方式线上线下并举

各类培训大多采用线上线下相结合的培训方式。

（1）线上培训。线上培训分为线上教学与在线课程两种。线上教学中，学员通过各类软件如腾讯会议、钉钉等与老师沟通互动，让知识跨越空间距离，使老师进行培训及学员参加培训更加简单。在线课程则通过网络培训平台和公共文化云开展，将培训计划、培训讲义、培训课件等集中管理，学员在规定时间内自行学习，完成学习目标，也可选择感兴趣方面额外学习。其中慕课占很大比重。这种方式有效地发挥了网络优势，增强了管理效能，提升了认知动力，达到了培训目的。

（2）线下培训。线下培训有现场培训和送教上门两种方式。现场培训按培训内容的不同，设计不同天数的短期培训班，老师与学员面对面地讨论与交流，教学效果更好，学员积极性更高。送教上门，是根据各地、各单位的需求，通过点单方式，由培训组织方委派专门师资前往授课。不少培训还组织推出实地观摩、参访、体验类课程，使教学更加有针对性、更加有实用性、更加有实践性。

八、文化馆（站）业务培训课程体系建设的对策建议

（一）统筹规划，提升培训质量

要坚持服务全局与聚焦重点相结合的工作思路，统筹规划开展培训工作。通过整合教育、科研、高校和培训基地等资源优势，加强培训课程研发，促进优质培训师资共建共享，打造一系列示范性培训精品课程，积聚一大批优秀师资力量，挂牌一批高质量培训组织单位。引导和鼓励各类社会力量加入文化馆（站）业务培训工作，丰富课程内容，提升培训质量。

（二）及时增编、修订培训教材

自 2010 年启动全国基层文化队伍培训以来，文化和旅游部已组织编写了两批全国性的培训用书，为相关从业人员提供规范、有用的参考指导。新时代有新

任务新要求，文化和旅游部应当根据高质量发展要求和文化强国发展战略，结合现有政策法规、业务内容以及技术创新等情况，对现有培训教材进行增编修订，更加关注课程内容体系，关注业务实践需求，关注时代发展重点热点问题。

（三）培训内容适应数字化网络化发展

数字资源的建设丰富了培训资源，是培训形式得以改变的基本原因。培训开展机构应重点依托公共文化云或文化馆（站）官网等建立在线学习平台，投放艺术慕课，同时也将培训课程及资源向移动端发展，便捷培训。另外，充分利用信息技术，将培训计划、培训讲义、培训课件等集中管理，保证培训的延续性。受新冠疫情影响，培训资源丰富化在一定程度上保障了培训开展，让知识跨越空间甚至时间的距离，使老师进行培训及学员参加培训更加简单。新冠疫情常态化防控结束后，互联网的发展依然为业务培训提供了很好的平台和渠道，应当加以充分利用。

（四）加强培训绩效评估

要重视培训的绩效评估工作。科学的评估机制，是激发学员学习内生动力和培训中心办学活力的有效手段，是提升培训质量效益的重要保证。可以将培训评估分三个方面：对师资教学质量的评估、对培训课程质量的评估、对学员的评估。

师资教学质量评估可以从教学态度、教学内容（内容丰富、针对实用、前沿性、启发性）、教学方法、教学效果（推动工作、解决问题）、开放性问题（对该师资教学的建议）等五个方面评估授课师资。

培训课程质量评估包括课程与教学管理（课程体系设计、师资选配合适、教学组织有序性、培训和课程时长）、后勤服务（餐饮安排、住宿安排、教学设施）、开放性问题（如本次培训班有哪些方面印象深刻？本次培训管理工作有哪些方面需要改进？）等内容。

对学员的评估包括其理论知识的掌握情况，以及其学习态度、党性修养和作风，尤其要注重评估其解决实际问题的能力。

文化馆术语体系构建及标准建设调研报告

张广钦*

2005年10月，党的十六届五中全会首次提出逐步形成覆盖全社会的比较完备的公共文化服务体系，拉开了我国新时期构建公共文化服务体系的序幕，文化馆事业也随之迎来了发展历史上的重要转折。全民艺术普及和优秀传统文化的传承与发扬成为新时代文化馆的主要社会职能与使命担当，文化馆事业在理论体系构建、政策法规支撑、基础设施建设、资源保障水平、业务活动开展、创新服务实践、社会力量参与、数字技术应用等各方面都取得了长足进展。但在强劲的文化馆理论研究以及事业发展过程中，术语应用水平偏低成为影响文化馆员交流以及阻碍事业高质量发展的重要问题，文化馆工作中同一事物（务）的不同表达现象不一而足。因此，建立文化馆术语标准成为助力事业发展、推动理论体系早日构建完成的基础性工作，也是文化馆职业发展成熟的重要标志。

一、构建文化馆术语体系的重要意义

（一）建构文化馆理论体系所必需

任何一门学科与职业基础理论建设的最基本要求就是要有统一的术语体系。文化馆事业在长期发展过程中，忽视了理论建设，从而直接导致事业的社会职能

* 张广钦，北京大学信息管理系副教授，北京大学国家现代公共文化研究中心副主任。

不明、使命不清、目标不准，走了很多弯路，甚至引起对文化馆社会存在价值的质疑。21 世纪以来，在全社会现代公共文化服务体系建设过程中，文化馆事业发展迅猛，也越来越发现持续、健康的事业发展离不开理论的支撑。理论研究的第一步就是要明确基本概念及其定义，厘清它们之间的逻辑关联，以扫清文化馆学术共同体交流的障碍、搬走事业共建共享的滞障，也是建立学科体系、话语体系的最基本性工作。

（二）完善文化馆标准体系所必需

在文化馆实践工作中，因为缺乏标准而导致的效率低下、资源浪费日益突出，最佳创新实践无法以标准化形式在行业内复制推广。同时，各地不断出现将优秀实践上升为地方标准，并在本地推广，取得了良好的效果。标准化为事业发展带来了好处，提高了工作效率，并以标准化手段推进了文化馆服务的均等化发展，所以，文化馆标准体系建设近年也日益受到文化主管部门、行业组织以及业界同人的重视。自从 2015 年中共中央办公厅、国务院办公厅印发的《关于加快构建现代公共文化服务体系的意见》中明确指出加强标准体系建设以来，文化和旅游部等三部委联合出台的《关于推动公共文化服务体系高质量发展的意见》以及三个与文化有关的“十四五”规划中，都更加明确地提出要完善公共文化机构标准体系，将标准化建设作为事业发展的战略任务之一。术语标准在任何行业标准体系中都处于基础性地位，无一例外，同样在文化馆标准体系中，术语标准也是不可或缺的，它是其他标准的规范对象及引用概念的基础与重要依据。近年我国制定颁布了若干个文化馆领域的国家标准、行业标准与地方标准，对同一事物或概念的界定在不同的标准中并不一致，更加凸显出建立术语标准的重要作用。

（三）推动文化馆事业高质量发展所必需

我国将标准化作为推动公共文化服务均衡发展的重要手段，建立了世界上独一无二的国家标准制度，为文化馆事业高质量发展奠定了良好的基础，建立标准体系也成为规范、推动文化馆事业高质量发展的重要推动力量。没有统一的术语标准，文化馆工作在全国范围内就无法有效地沟通，也会给共建共享、协同发展带来很多障碍，更不利于文化馆行业与其他行业的交流。任何一门成熟的学科、一个成熟的职业，都具备统一的术语规范。很难想象一个术语体系不完善、术语定义不统一的行业会受到社会的尊重，会顺利地生存于社会，会有尊严地高质量发展下去。因此，建立统一的术语标准，从某种意义上看，可以促进文化馆社会地位的提高，彰显社会价值，提高群众对文化馆的认知度。

二、研究方法

文化馆术语是一个个独立的词汇和概念，而术语体系并不是将这些词汇与概念简单地汇总在一起，应该是将这些术语建立起概念联接，从而形成能够反映文化馆行业整体面貌的有意义关联的概念集合。由此，就需要对文化馆这一社会现象所涉及的领域进行梳理，对文化馆的社会职能进行分析，对文化馆工作涉及的要素进行分解剖析，对能够表达出文化馆事物本质的核心词汇进行汇集，再通过文本统计法找出最为人们接受的通用表达方式后，建立起它们间的关联关系。因为文化馆术语体系编制在国内外并无先例，所以我们还要通过吸收借鉴兄弟学科术语体系构建原理与方法，通过对比参考搭建起文化馆术语体系。因此，本调研主要使用了文本统计与比较借鉴两种常用的方法。

1. 文本统计法。针对文化馆行业使用多个术语描述同一事物的现象，本研究通过对“中国期刊网”上收录的文化馆、全民艺术普及、优秀传统文化方面的文献中常用表达的统计，找出业界同人最常使用的表达方式。

2. 比较借鉴法。与文化馆最相关的单位即为图书馆，其有自己独立的学科体系，在国际以及国家标准中，都建立了专门的术语标准。项目研究了图书馆术语标准，将其编制理念、方法等引入文化馆术语体系中。

三、参考（引用）的标准

本研究参考的标准可以分为2类：一类是文化馆专门标准。将当前已经发布、正在研究编制中的文化馆国家标准、行业标准、地方标准、团体标准全部捋清，并获得前三类标准的全文，将它们涉及的概念全部析出，一一进行归并、对比分析（见表 1、表 2、表 3）。第二类就是文化馆相关标准。这类标准比较广泛，既涉及与制定标准有关的标准，如标准、标准化以及标准编制、术语标准等国家标准或相关的规定；又牵涉到文化馆相关行业的术语标准，比如 ISO 5127—2001《信息与文献 词汇》、GB 4894—2009《文献与信息 术语》、GB-T 17532—2005《术语工作 计算机应用 词汇》等。

表 1　全国文化馆标准化技术委员会归口管理的标准（截至 2023 年底）

标准类型	标准名称	标准状态
国家标准	文化馆服务标准	已发布（GB/T 32939—2016）
	乡镇综合文化站服务标准	已发布（GB/T 32940—2016）
	数字文化馆资源和技术基本要求	报批稿
行业标准	文化馆全民艺术普及线上课程建设要求	研制中
	文化馆年报编制与公开指南	送审稿
	文化馆服务数据采集要求	研制中
	文化馆业务规范	已立项 2022
	公共文化云平台资源共享操作导则	已立项 2022
	文化馆数字资源标签和用户标签通用要求	已立项 2022
	文化驿站建设与服务管理规范	已立项 2022
	群众文化指导员能力评价通用要求	已立项 2023
	文化馆公共信息导向系统设置指南	已立项 2023

表 2　文化馆领域现行有效的国家、行业和地方标准（截至 2022 年底）

序号	标准编号	标准名称	标准类型	发布单位
1	GB/T 32939—2016	文化馆服务标准	国家标准	国家质量监督检验检疫总局，国家标准化管理委员会
2	GB/T 32940—2016	乡镇综合文化站服务标准	国家标准	国家质量监督检验检疫总局，国家标准化管理委员会
3	GB/T 36309—2018	公共文化资源分类	国家标准	国家质量监督检验检疫总局，国家标准化管理委员会

续表

序号	标准编号	标准名称	标准类型	发布单位
4	GB/T 41375—2022	农村文化活动中心建设与服务规范	国家标准	国家质量监督检验检疫总局，国家标准化管理委员会
5	JGJ/T 41—2014	文化馆建筑设计规范	行业标准	住房和城乡建设部
6	JGJ 156—2008	镇（乡）村文化中心建筑设计规范	行业标准	住房和城乡建设部
7	DB3211/T 1006—2019	全民艺术普及规范	地方标准	镇江市市场监督管理局
8	DB33/T 2054—2017	乡镇（街道）综合文化站服务规范	地方标准	浙江省质量技术监督局
9	DB33/T 2080—2017	文化馆服务规范	地方标准	浙江省质量技术监督局
10	DB33/T 2096—2018	基层群众文化团队管理规范	地方标准	浙江省质量技术监督局
11	DB33/T 2263—2020	县级文化馆总分馆制管理服务规范	地方标准	浙江省市场监督管理局
12	DB33/T 2308—2021	文化志愿者管理与服务规范	地方标准	浙江省市场监督管理局
13	DB3301/T 0259—2018	高校文化馆建设服务规范	地方标准	杭州市市场监督管理局
14	DB3301/T 0269—2018	文化志愿服务管理规范	地方标准	杭州市市场监督管理局
15	DB3302/T 1090—2018	“一人一艺”全民艺术普及规范	地方标准	宁波市质量技术监督局
16	DB3303/T 038—2021	文化驿站服务规范	地方标准	温州市市场监督管理局
17	DB3308/T 029—2016	流动文化服务和管理规范	地方标准	衢州市质量技术监督管理局
18	DB3310/T 43—2018	“文化超市”公益艺术培训服务规范	地方标准	台州市质量技术监督管理局
19	DB3311/T 179—2021	乡村春晚建设规范	地方标准	丽水市市场监督管理局
20	DB37/T 4080—2020	村（社区）综合性文化服务中心服务规范	地方标准	山东省市场监督管理局

续表

序号	标准编号	标准名称	标准类型	发布单位
21	DB37/T 4083—2020	公共文化（群众艺术）馆服务规范	地方标准	山东省市场监督管理局
22	DB4110/T 46—2022	文化馆管理服务规范	地方标准	许昌市市场监督管理局
23	DB4110/T 47—2022	文化馆总分馆制管理服务规范	地方标准	许昌市市场监督管理局
24	DB4413/T 2—2019	文化馆总分馆服务体系管理规范	地方标准	惠州市市场监督管理局
25	DB4420/T 4—2020	共享文化馆服务规范	地方标准	中山市市场监督管理局
26	张市监〔2017〕93 号	张家港市文化馆总分馆制建设标准	地方标准	张家港市市场监督管理局

表 3　现行有效的文化馆团体标准（截至 2022 年底）

序号	标准号	标准名称	发布单位
1	T/ACCIA 0002—2017	全国少儿艺术专业水平等级（少儿模特科目）考试标准	中国文化信息协会
2	T/ACCIA 0003—2017	全国少儿艺术专业水平评级—动漫科目	中国文化信息协会
3	T/ACCIA 0004—2017	全国少儿艺术专业水平评级—国画花鸟	中国文化信息协会
4	T/ACCIA 0005—2017	全国少儿艺术专业水平评级—国画山水	中国文化信息协会
5	T/ACCIA 0006—2017	全国少儿艺术专业水平评级—毛笔书法	中国文化信息协会
6	T/ACCIA 0007—2017	全国少儿艺术专业水平评级—色彩	中国文化信息协会
7	T/ACCIA 0008—2017	全国少儿艺术专业水平评级—素描	中国文化信息协会
8	T/ACCIA 0010—2017	全国少儿艺术专业水平评级—硬笔书法	中国文化信息协会

续表

序号	标准号	标准名称	发布单位
9	T/ACCIA 0011—2017	全国少儿艺术专业水平评级—少儿模特科目	中国文化信息协会
10	T/ACCIA 0012—2019	全国少儿艺术专业水平测评—拉丁舞	中国文化信息协会
11	T/ACCIA 0013—2019	全国少儿艺术专业水平测评—拉丁舞教师	中国文化信息协会
12-15	T/ACCIA 0014-0017—2019	青少年艺术人才成长认证14表演艺术类、15书法美术类、16舞蹈类、17音乐类标准	中国文化信息协会
16	T/ACCIA 0018—2021	全国少儿艺术专业水平考试评订细则—现代流行演唱科目	中国文化信息协会
17	T/ACCIA 1001—2017	全国少儿艺术专业水平评级导则	中国文化信息协会
18	T/ACCIA 1002—2017	全国少儿艺术从业人员专业水平评级导则	中国文化信息协会
19	T/ACCIA 1003—2017	全国少儿艺术教师专业水平评级导则	中国文化信息协会
20	T/ATIA 10—2020	艺术培训机构器乐（西洋管弦乐）教师从业水平测试标准	山东省艺术培训行业协会
21	T/ATIA 1—2017	艺术培训机构办学条件管理规范	山东省艺术培训行业协会
22-29	T/ATIA 2-9—2019	艺术培训机构2舞蹈、3语言、4美术、5声乐、6器乐（钢琴）、7器乐（古筝）、8书法、9器乐（打击乐）从业水平测试标准	山东省艺术培训行业协会
30	T/CAAS 001—2017	社会艺术教育钢琴教学从业人员能力规范	中国社会艺术协会
31	T/CAAS 002—2017	社会艺术教育钢琴教学从业人员能力评价规范	中国社会艺术协会

续表

序号	标准号	标准名称	发布单位
32	T/CAAS 003—2017	社会广场舞艺术从业人员网络考级测评评价规范	中国社会艺术协会
33	T/CAAS 004—2018	社会艺术教育古筝教学从业人员能力规范	中国社会艺术协会
34	T/CAAS 005—2018	社会艺术类培训机构教育服务评价规范	中国社会艺术协会
35-38	T/CAAS 006-009—2021	社会艺术特长学生（6 美术、7 舞蹈、8 戏剧、9 音乐核心素养）测评标准	中国社会艺术协会
39	T/CAQ 10206—2021	剧院服务质量评价实施指南	中国质量协会
40	T/CLRA 001—2021	中国民族民间舞综合艺术素质培训与测评规范	中国通俗文艺研究会
41	T/CLRA 002—2021	拉丁舞综合艺术素质培训与测评规范	中国通俗文艺研究会
42	T/CLRA 003—2021	现代舞综合艺术素质培训与测评规范	中国通俗文艺研究会
43	T/CLRA 004—2021	东方舞综合艺术素质培训与测评规范	中国通俗文艺研究会
44	T/CLRA 005—2021	国际标准舞专业管理人员资格认定规范	中国通俗文艺研究会
45	T/CLRA 006—2021	社会艺术机构品牌评价认定规范	中国通俗文艺研究会
46	T/CLRA 007—2021	语言表演艺术素质培训与测评规范	中国通俗文艺研究会
47	T/CNGCA 001—2021	文化创意空间评价体系	广州创意产业协会
48	T/CTSA 0005—2021	文化体验馆技术要求 第 1 部分：沉浸式教室	中关村中恒文化科技创新服务联盟
49	T/CTSA 0006—2021	文化体验设施通用技术要求	中关村中恒文化科技创新服务联盟
50	T/CTSA 0007—2021	文化体验设施用数字内容管理系统技术要求	中关村中恒文化科技创新服务联盟

续表

序号	标准号	标准名称	发布单位
51	T/CTSA 0008—2021	文化体验装备技术要求 第1部分：通用技术要求	中关村中恒文化科技创新服务联盟
52	T/CTSA 0009—2022	文化体验馆技术要求 第2部分：沉浸音效体验系统	中关村中恒文化科技创新服务联盟
53	T/CTSA 0010—2022	文化体验馆技术要求 第3部分：移动沉浸式体验馆	中关村中恒文化科技创新服务联盟
54	T/FAEF 0001—2022	校外艺术教育行业教师专业能力（教学岗位）等级评价标准	福建省艺术职业教育学会
55	T/GFCU 001—2021	青少年艺术素质测评标准（少儿模特）	中关村环球时尚创意产业联盟
56	T/HCPA 002—2020	青少年美术等级测评规范	华夏文化促进会
57	T/HCPA 004—2020	青少年书法等级测评规范	华夏文化促进会
58	T/JATA 001—2021	艺术培训机构设立标准	江苏省艺术培训促进会
59-67	T/JATA 002-010—2021	艺术培训机构 2 舞蹈、3 语言、4 美术、5 声乐、6 器乐（钢琴）、7 器乐（古筝）、8 书法、9 器乐（打击乐）、10 器乐（西洋管弦乐）教师从业水平测试标准	江苏省艺术培训促进会
68	T/JSAS 005—2021	剧院服务规范	江苏省标准化协会
69	T/LZBX 017—2021	融水苗族自治县非物质文化遗产保护与发展 第1部分：导则	柳州市标准技术协会
70	T/MZIS 003—2021	乡村振兴 农村文化活动中心 建设与服务规范	梅州市标准化协会
71	T/SAA 001—2022	校外艺术教育行业教学人员专业能力评价规范	山西省社会艺术协会
72	T/SHMHZQ 086—2021	演艺服务供应链平台规范	上海市闵行区中小企业协会
73	T/SHMHZQ 091—2021	文艺演出现场管理规范	上海市闵行区中小企业协会

四、术语体系结构“四维度”理论基础

人们在认识事物的过程中，会把所感觉到的事物的共同特点抽象出来，加以概括，就成为概念。概念不能作为独立的思想单元而存在，它们相互之间彼此关联。人们的思维过程就是在不断地建立和完善概念之间的关系，根据各种关系构建起来的一系列概念集合就形成了一个概念体系，它也是对现存事实的分析与阐释。建立一个概念体系至少要使用下列两种关系：层级关系（属种关系与整体—部分关系）和关联关系。

文化馆术语标准是对文化馆行业或组织内经常使用的名词、词汇、简称、符号进行统一解释或定义的标准。文化馆术语体系就是将文化馆术语按照一定的关系搭建起来的一个概念集合，反映着文化馆运行的基本规律与特点。

（一）基础理论维度

我国著名图书馆学家刘国钧先生提出了图书馆事业“五要素说”，即图书馆事业是由图书、读者（服务）、干部和领导（人员）、建筑与设备、工作方法五个基本要素构成，这五个要素间相互作用形成了事业发展规律。刘先生的“要素说”在国内图书馆界影响颇大，朴素而精准，乃至图书馆事业发展到了今天，虽然已经发生了与当时刘先生提出“要素说”所处时代截然不同的变化，但使用这个学说解读当今图书馆事业，仍然具有较强的解释力。于是，我们就参照刘先生的理论，建立文化馆行业的术语体系结构，基本上也可以展示出文化馆事业发展的全貌。因刘先生所提理论的历史局限性，各要素内涵在新时代都有了新发展，所以我们更新为：资源（图书）、服务（读者服务）、机构与设施（建筑与设备）、技术方法（工作方法）、人员（干部和领导）五个基本方面。这五个方面完全可以映射到文化馆这个与图书馆类似的公共文化机构，比较完美地解释文化馆构成的基本要素，所以也可以将它们作为文化馆术语体系的基本结构。

（二）层次结构维度

文化馆实际上是一个复杂的社会有机体，对它的考察，可以从微观、中观和宏观三个层面进行，不同层面反映着文化馆的“应为”，共同构成文化馆的整体社会职能。微观的文化馆就是文化馆个体，现实社会中存在的一个个文化馆，反映着文化馆个体的社会存在。文化馆在这个层面上的行为是具体的，主要包括我们日常所讲的各项文化馆工作，有内部的业务建设工作，也有外部的服务提供工作。文化馆管理、资源建设、群众文艺团队培育、各类辅导与培训、对下级分馆的业务指导等，都属于微观层次。中观的文化馆往往指文化馆事业，代表着文化馆群体，构建面向全社会的大美育体系、文化馆总分馆制、文化馆联盟、职业道德、文化馆协会等都属于中观文化馆范畴。这个层次的文化馆代表着一种集体行为与行业整体利益。宏观的文化馆是指文化馆职业与社会的互动关系，在这个层面上，文化馆与社会的关系往往通过微观与中观的具体行为维护，文化馆的微观与中观活动会引发用户对文化馆工作的满意与否、是否可树立起良好的职业社会形象，为社会刻画出文化馆映像。反映到术语体系中，就要用微观、中观层面的概念术语实现在宏观层次上的要求，因为基本术语体系要求简洁性与科学性，不应引申出更多非核心术语来。

（三）文化馆工作维度

文化馆工作（业务活动和服务活动）及事业发展都遵循着一定的规律，这是文化馆开展全民艺术普及与其他职业的根本区别。从文化馆工作角度来看，这个规律就是文化馆普遍的“工作流”（见图 1）。如果可以把文化馆看作为一个独立的社会美育系统单元，那么从资源投入这个单元后，在文化馆内部进行各种处理工作，最后以种类多样的文化馆活动样态输出到系统外，被用户所接受并对其产生影响。用户受到文化馆输出影响后会产生各种各样的反应，或者直接反向反

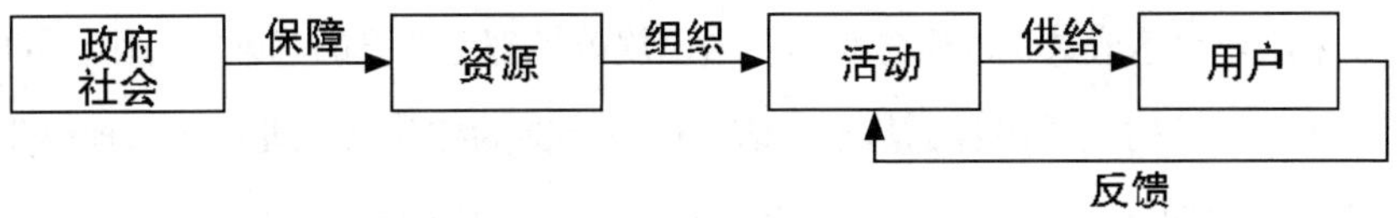

图 1　文化馆工作流图

馈到文化馆系统单元，或者将其感受输出到社会大系统中，从而使文化馆“工作流”形成了一个闭环系统。在此过程中，文化馆资源、活动与用户是最核心的要素，文化馆术语体系也应将这三个要素作为核心术语单元。

（四）标准规律维度

标准因规范的对象不同而内容各异，但标准化工作是有一定的规则可以遵循的，所以无论国际标准化组织还是国内的标准化机构，都制定了有关“标准化的标准”，成为各行业制修订标准的基本遵循。具体到不同的行业领域，相对成熟的行业都建立自己的行业标准体系，在此体系中，基础标准子体系是必备构成要素，是其他标准子体系中标准编制的重要基础；而在基础标准子体系中，术语标准又为必选项，可见其在标准体系中的重要地位。

基于上述分析，文化馆术语体系结构分为基本术语、设施与机构、文化馆资源、文化馆服务、文化馆管理、文化馆事业、文化馆技术七类。在文化馆服务中，按服务对象、服务方式、服务组织、服务内容组织相关术语。

五、术语的收录范围

收录范围是指收集术语的广度与深度。术语体系标准收录基本术语的原则主要表现在四个方面：

1. 收录文化馆行业最基础的通用性术语，即文化馆领域最常用、最核心、最能体现行业特色的上位词，比如全民艺术普及下面的欣赏普及、知识普及、技能普及等不再收录。

2. 能够覆盖文化馆工作、文化馆事业的各个主要方面，力争可以体现出文化馆职业的全面性。

3. 能够引导文化馆行业向职业化方向发展，推动文化馆职业的成熟化。

4. 采用业界达成共识的概念表达。术语规范是理论建设的基础性工作，同时也是理论体系构建的重要内容，基本术语及体系要能为构建文化理论体系提供支撑。

基于上述四项基本原则，文化馆基本术语体系中收录的术语以通用、常用、反映文化馆基本工作、文化馆事业基本框架的上位类词汇为主，且术语的概念内涵无歧义。对于一些文化馆领域里不常用，但作为学科或职业应该具备的术语表达也应少量收录。

六、术语体系构成

根据文化馆术语体系结构“四维度”理论以及术语收录原则，可以将文化馆术语分为七个大类，每个大类下包含着若干核心术语。因为有一类词汇不属于文化馆工作构成要素，但它们又从社会角度全面描述文化馆现象，无法归属到任何一类，所以增加了“基本概念”大类，这种处理方式也符合标准编制的相关规定与惯例。另外，在“文化馆服务”类下，因为文化馆提供的服务内容非常丰富，可以从不同角度进一步细分，才能达到清晰表达概念关系的效果，所以在此类术语下方按照服务对象、服务方式、服务组织、服务内容、服务效能五个类型，系统地将文化馆（站）各类服务活动、服务手段、服务方式、服务影响等进行了关联。

七大类分别为：基本概念、文化馆设施、文化馆资源、文化馆服务、文化馆管理、文化馆事业、文化馆技术，见表 4。

表 4 文化馆术语体系结构表

大类	术语	大类	术语
基本概念	公共文化服务	文化馆设施	文化馆
	公共文化设施		群众艺术馆
	基本公共文化服务		综合文化站
	非基本公共文化服务		社区文化中心
	群众文化		新型公共文化空间
	全民艺术普及		数字体验空间
	社会美育		类文化馆
	中国民间文化艺术之乡	文化馆资源	数字资源
	文化馆制度		全民艺术普及慕课
	文化馆职能		非物质文化遗产
	文化馆使命		民族民间艺术

续表

大类	术语		大类	术语
文化馆服务	服务对象	服务人口	文化馆资源	群众文化活动
		文化馆用户		文化馆员
		群众文艺团队		文化志愿者
		馆办文艺团队	文化馆管理	文化馆理事会
		业余文艺团队		文化馆法人治理
	服务方式	免费开放		文化馆评估
		错时开放		文化馆绩效评估
		延时开放		文化馆统计
		流动服务		文化馆标准化
		场馆服务		文化馆标准
		延伸服务		文化馆规章制度
		数字服务		文化馆年报
		文化志愿服务	文化馆事业	文化馆法治
	服务组织	文艺活动组织策划		文化馆法律
		宣传推广		文化馆政策
		服务品牌		文化馆总分馆制
	服务内容	业务培训		文化馆资源共享
		业务辅导		文化馆联盟
		文化艺术辅导		文化馆社会化
		文化艺术培训		文化馆职业
		群众文艺创作		文化馆员职业道德
		特殊群体服务		文化馆行业组织
		演出服务	文化馆技术	数字文化馆
		非遗保护与传承		文化馆数字服务平台
		展览展示		
	服务效能	服务绩效		

七、术语释义及说明

（一）基本概念

1. 公共文化服务

由政府主导、社会力量参与，以满足公民基本文化需求为主要目的而提供的公共文化设施、文化产品、文化活动以及其他相关服务。

（来源:《中华人民共和国公共文化服务保障法》）

2. 公共文化设施

用于提供公共文化服务的建筑物、场地和设备，主要包括图书馆、博物馆、文化馆（站）、美术馆、科技馆、纪念馆、体育场馆、工人文化宫、青少年宫、妇女儿童活动中心、老年人活动中心、乡镇（街道）和村（社区）基层综合性文化服务中心、农家（职工）书屋、公共阅报栏（屏）、广播电视播出传输覆盖设施、公共数字文化服务点等。

（来源:《中华人民共和国公共文化服务保障法》）

3. 基本公共文化服务

指公益性文化单位根据当地人民政府制定的基本公共文化服务实施标准或者目录，结合当地群众文化需求特点和本机构服务范围、专业领域，相应设立的文化服务项目，重在接受政府委托，发挥各自专业服务功能，完成公共文化服务项目“保基本”的任务，包括公共文化设施免费开放、送戏曲下乡、收听广播、观看电视、观赏电影、读书看报、少数民族文化服务和残疾人文化体育服务。

（来源:《中华人民共和国公共文化服务保障法解读》第 1 页及《国家基本公共服务标准〔2021 年版〕》）

4. 非基本公共文化服务

指公益性文化单位在保质保量完成本单位基本公共文化服务任务的基础上，结合当地人民群众多层次、多样化、多变化的文化需求特点，开发和设立的一些具有特色、增值的服务项目。

（来源:《中华人民共和国公共文化服务保障法解读》第 2 页）

5. 群众文化

以公民自身为活动主体，以文化艺术等为主要内容，以满足公民精神文化生活需求为目的的文化活动，是一种自我表现、自我教育、自我服务的社会文化。

（来源：GB/T32939—2016《文化馆服务标准》）

6. 全民艺术普及

为保障人民群众基本文化权益，利用公共文化设施和互联网技术，面向全体公民开展的文化艺术知识、欣赏、技能、活动等方面的普及。

（来源：DB3302/T 1090—2018《"一人一艺"全民艺术普及规范》宁波市质量技术监督局）

7. 社会美育

通过社会环境和氛围对社会成员进行的审美教育。

（来源：《美学与美育词典》）

【解释：社会美育具有广泛性和时代性。社会美育的内容包罗万象，自然的和人文景观对人们进行着潜移默化的陶冶；美好的社会道德、社会风尚无时无刻不在对人们进行着美的教育；作为对现实美的再现和表现的文学艺术，可以给人们以美的感染并唤起人们对美的追求。社会美育的手段和方法多种多样，首先是通过社会的文化设施进行审美教育，如文化宫、文化馆、美术馆、展览馆、博物馆、影剧院、广播电视等；其次是通过建筑设计的艺术化、道路交通的规范化、各种公共场所的巧妙设计布置及商店橱窗陈列规范化来进行审美教育；最后是通过生活环境的绿化美化，如道路、庭院、工矿企业、公共场所、旅游胜地等绿化美化来进行审美教育。】

8. 中国民间文化艺术之乡

经文化和旅游部命名，具有某一特色鲜明、群众喜闻乐见并广泛参与的民间文化艺术，并在全国产生较大影响的特定区域，主要指乡镇（街道），也包括部分县（县级市、区）。

（来源：《"中国民间文化艺术之乡"命名和管理办法》[办公共函〔2018〕2号]）

9. 老年文化艺术大学

由文化馆主办的，以满足老年人精神文化需求、保障老年人文化权益为目的，以老年人文化艺术素养提升和技能培训为主要内容的系统性、规范性、特色化文化艺术服务，是老年人进行文化艺术学习、交流和活动的重要场所。

10. 文化馆制度

国家及其政府为了保障公民基本文化权益，提升大众艺术修养及审美水平而建立的制度，属于国家文化制度的范畴，致力于维护社会美好价值观、促进社会和谐发展。

【解释：文化馆制度可分为宏观、中观和微观三个层次。此处是宏观的文化馆制度，各级人民政府是文化馆宏观制度的建设主体。】

11. 文化馆职能

文化馆应有的作用和功能。

【解释：文化馆的核心功能是全民艺术普及和优秀传统文化传承，具体包括宣传党和政府的方针政策；组织开展群众文化艺术活动；组织实施群众文化艺术培训与辅导；提供文化艺术作品鉴赏与学习服务；组织指导群众文艺创作；保护传承民族民间文化艺术；组织开展群众文化调查研究；组织开展国内外群众文化交流。】

12. 文化馆使命

文化馆在社会发展中所应担当的责任、任务和角色，是文化馆之所以存在的目的或理由。

【解释：文化馆使命根据时代、语境变化含义也会不同。一种是针对整个文化馆行业来说的使命，如扫盲的使命、普及科技文化知识的使命、组织群众文化活动的使命、优秀传统文化保护与传承的使命等；另一种就是针对具体文化馆而言，其对所服务社区的责任，如建设多元文化和谐社区的使命等。】

（二）文化馆设施

1. 文化馆（Cultural centers）

文化馆是向社会公众开放、主要承担全民艺术普及功能，开展社会教育的公共文化服务机构。

2. 群众艺术馆

群众艺术馆是文化馆的别称。

【解释：群众艺术馆简称群艺馆，是在特定历史时期出现的概念，最早出现于1955年。当时的群众艺术馆被认为是群众业余文化艺术活动的业务辅导单位，不面向群众，不组织开展具体的群众文化活动，服务对象是下级群众艺术馆和文化馆。改革开放以来，各地群艺馆和文化馆性质功能上的区别在逐渐走向消弭。2010年出台的《文化馆建设标准》等把群众艺术馆看作是文化馆的别称。进入新世纪以来，已有不少省、地（市）的群艺馆改称文化馆，群艺馆和文化馆属于性质功能相同的公共文化机构的理念成为主流认识。】

3. 综合文化站

指由县级或乡镇人民政府设立的公益性文化机构，其基本职能是社会服务、指导基层和协助管理农村文化市场。

（来源：《乡镇综合文化站管理办法》）

县或乡镇人民政府设立的公益性文化事业机构，以提供群众文化艺术活动场所，整合基层宣传文化、党员教育、科学普及、体育健康等设施为主要职能的综合性文化服务中心。

（来源：GB/T 32940—2016《乡镇综合文化站服务标准》）

4. 社区文化中心

指基层社区居民组织（村委会、居委会）管理的文化设施，为社区居民提供文化、体育、教育、科普、信息等服务的公益性文化服务机构。

5. 新型公共文化空间

相对于传统公共文化空间而言，具有高品质、新技术、多业态、融合发展特点，分散在百姓身边的小型公共文化空间形态。

6. 数字体验空间

基于大数据、移动互联网、云计算和虚拟现实等技术，为群众提供文化体验的数字化空间。

7. 类文化馆（Quasi-cultural center）

功能、职责部分与文化馆相同或相近，又不以“文化馆”命名的文化设施。

（三）文化馆资源

1. 数字资源

文化馆引进（包括购买、租用和受赠）或自建（包括扫描、转换和录入）的，拥有磁、光介质或网络使用权的数字形态的资源。

（来源：改编自《高等学校图书馆数字资源计量指南［2007 年］》）

2. 全民艺术普及慕课

由文化馆（站）业务干部、文化艺术专家或文化志愿者作为主讲教师，通过互联网开放支持大规模人群参与，以讲课短视频、作业练习、小测试、论坛活动、通告邮件、考试等要素共同构成，有一定时长的教学过程。

（来源：《全民艺术普及慕课建设指南》）

3. 非物质文化遗产

各民族世代相传并视为其文化遗产组成部分的各种传统文化表现形式，以及与传统文化表现形式相关的实物和场所。

（来源：GB/T 32939—2016《文化馆服务标准》）

4. 民族民间艺术

各族人民在长期生产生活活动中创造，并世代相传保留下来的文化艺术形式，包括民间音乐、舞蹈、美术、戏剧、曲艺、杂技与绝技、技艺等各种艺术门类。

5. 群众文化活动

人们为满足自身精神文化需要而采取的文化行为，是群众文化功能、价值的载体。

（来源：GB/T 32939—2016《文化馆服务标准》）

6. 文化馆员

具有与文化馆业务工作相关的专业学位、从事文化馆具体业务工作的人员。

【解释 1：文化馆中的工作人员可以分为文化馆员、职员，职员主要指行政、党务、技术辅助人员，如水电、系统维护等人员。从职称角度来看，文化馆员可以参加群众文化系列的研究馆员、副研究馆员、馆员、助理馆员等职称的评审。】

【解释 2：代替文化馆行业常用的“文化馆业务干部”。从文化馆学科建设、理论体系构建、职业发展角度，使用“文化馆员”更加合适。国际通用的“图书馆员”已经得到了世界各国的认可，可以为我们提供借鉴。传统使用“文化馆业务干部”具有一定的历史局限性，带来了“干部”与“工人”的不平等感，也是历史上事业单位工作者“干部”身份的象征，发展到今天已经不再突出这类身份，而是更加强调劳动权益与地位的平等。】

【调研结果：“文化馆员”与“文化馆业务干部”的计量统计分析。在中国知网 CNKI 中以“文化馆员”为关键词的文献仅有 1 篇，以“文化馆业务干部”为关键词的文献为 0 篇；以“文化馆员”为主题的文献有 18 篇，而且直接使用“文化馆员”一词的仅 4 篇，以“文化馆业务干部”为主题的文献有 32 篇。可以看出，目前行业内部使用“文化馆业务干部”更加普遍。】

7. 文化志愿者

利用自己的时间、知识、技能等，自愿为社会或他人提供公益性文化服务的自然人。

（来源：DB33/T 2308—2021《文化志愿者管理与服务规范》浙江省市场监督管理局）

（四）文化馆服务

1. 服务对象

（1）服务人口

文化馆服务地理覆盖范围内的常住人口。

（来源：GB/T 32939—2016《文化馆服务标准》）

（2）文化馆用户

文化馆的使用者。

文化馆的服务目标，包括个人和群体。

【调研：在中国知网 CNKI 中仅找到 3 篇使用“用户”一词的文化馆相关研究

成果，并且使用“文化馆用户”作为关键词的查找结果为 0，可见，这种表达在当前文化馆界是不通用的。】

【解释：代替常用的“文化馆学员”。其一，“学员”的专指度高，通常都是指自然人；而文化馆用户已经远远超出了自然人的范围，向团队、企业等组织提供服务，将它们作为服务对象，使用“学员”一词不能涵盖。其二，“用户”一词在相关行业领域或职业中非常通用，比如在图书馆职业中，其服务对象通称为“图书馆用户”，包括个人与集体；商业领域中，将产品与服务的对象也称为用户。】

（3）群众文艺团队

是群众自发形成的，有一定规模和社会影响，有固定的活动场所和骨干成员，开展经常性公益性文艺活动的群众组织。

（4）馆办文艺团队

指文化馆创办、辅导并根据需要经常参加文化馆活动的群众文艺团队。

（来源：中国文化馆协会《文化馆评估定级标准》）

（5）业余文艺团队

常年自主开展文艺活动的非专业、非职业、非营利性群众文艺团队。

2. 服务方式

（1）免费开放

文化馆服务设施、公共空间等公共文化服务资源面向服务人口提供的无障碍、零门槛服务，特指文化馆基本服务项目和辅助服务项目免费提供。

（来源：GB/T 32939—2016《文化馆服务标准》）

（2）错时开放

文化馆根据所在辖区居民的需求调整服务时间，以解决居民上班时间与文化馆开放时间重叠的问题所采取的便民措施。

（来源：《文化馆服务规范》〔草案，第二稿，2022.11.28〕）

（3）延时开放

文化馆根据所在辖区居民的需求延长开放时间。

（4）流动服务

以城乡基层特别是老少边穷地区群众为主要服务对象，以公益为目标，通过配送演出、图书、培训讲座、展览展示、电影等文化活动，健全流动服务网点，推进城乡文化一体化发展的公共文化服务。

（来源：DB3308/T 029—2016《流动文化服务和管理规范》衢州市质量技术监督局）

定期或不定期地为馆外用户提供的文化馆服务。（自编）

（5）场馆服务（阵地服务）

在文化馆（站）场馆空间范围内组织开展的各类服务。

【调研："场馆服务"与"阵地服务"两个词使用频率的比较。在中国知网CNKI中以"场馆服务"为关键词的文献共96篇，其中期刊5篇；以"阵地服务"为关键词的文献共78篇，其中期刊3篇。可见，两者的使用率旗鼓相当。在《中华人民共和国公共文化服务保障法》中，使用的表达是"场馆服务"。】

【解释：本研究在这两个词汇的选择使用上没有倾向性，"场馆服务"只是比"阵地服务"在感觉上更加正式、书面化些，"阵地服务"更加形象化、通俗化。】

【建议：代替"阵地服务"】

（6）延伸服务

在文化馆现有服务基础上新开展的所有服务的总称，既包括了文化馆服务在广度与深度上的延伸服务，也包括了文化馆服务在内容和网络上的延伸服务。

（7）数字服务

利用互联网等信息技术，为公众提供的艺术鉴赏、展览、远程艺术辅导与培训、信息提供等线上服务。

（来源：改编自 GB/T 32939—2016《文化馆服务标准》）

（8）文化志愿服务

指文化志愿者及其组织自愿、无偿地从事公共文化服务，促进社会文明和进步的志愿服务行为。

（来源：DB3301/T 0269—2018《文化志愿服务管理规范》杭州市质量技术监督局）

3. 服务组织

（1）文艺活动组织策划（cultural activity organization and planning）

文化馆员根据文艺活动的目的和要求，依据资源与情境，有针对性对活动形式、内容等要素进行谋划与创意，将文艺活动系统化、语言化、程序化的思维过程。

（2）宣传推广

文化馆通过各种媒介向用户传递信息的活动。

（3）服务品牌

用以识别文化馆服务并明确区别于其他机构服务的服务名称和标记的集合。

4. 服务内容

（1）业务培训

对文化馆员进行的与业务工作有关的各类培训。

（2）业务辅导

在一个地区或系统内，大型文化馆或总馆对本地区、本系统的中小型文化馆或分馆进行业务上的帮助和指导的活动。

（3）文化艺术辅导（群众文化辅导）

文化馆员根据辅导对象的文化艺术等需求，以传授文化知识和文艺技能为目的，提高辅导对象的艺术鉴赏能力、审美能力，对辅导对象进行传授和指导的活动与过程。

（来源：改编自 GB/T 32939—2016《文化馆服务标准》）

【解释：本研究对“文化艺术辅导”和“群众文化辅导”选择使用上没有倾向性，两者均为文化馆界所接受。但是，《文化馆服务标准》中使用了“群众文化辅导”一词，而“文化艺术辅导”更具现代性，更能体现出文化馆工作的专业性。“群众文化辅导”则是从受众角度出发反映文化馆业务工作。】

【建议：代替“群众文化辅导”】

（4）文化艺术培训

以文化艺术知识、技能的培养和训练为内容，通过科学合理、系统完整的课程设置，使受训者在一个特定的学习周期内，掌握一定的文化艺术知识、技能的一系列服务活动与过程。

【解释：文化馆文化艺术培训通常涵盖戏剧、曲艺、音乐、舞蹈、美术、书法、摄影、传统文化等内容。】

（5）群众文艺创作指导

文化馆（站）为激发群众文艺创作热情、提高群众文艺创作水平而开展的文艺创作理论方法与实践指导活动。

（6）特殊群体服务

针对老年人、未成年人、残障人士等特殊群体需求而提供的专门服务。

（来源：改编自 DB37/T 4080—2020《村（社区）综合性文化服务中心服务规范》山东省市场监督管理局）

（7）演出服务

向公众提供免费或者优惠的文艺演出过程。

【解释：一般包括节庆文化活动、主题宣传演出活动、群众性文化艺术展示活动等。】

（8）非遗（民族民间艺术）保护与传承

保护非物质文化遗产（民族民间艺术）不被遗忘、失传或扭曲，使其得到长期的保存并传递给后代，得以继续传承并发扬光大。

（9）展览展示

在一定空间内，将可视物品按照一定的主题、序列和艺术形式组合，进行直观教育、传播文化科学信息和提供审美欣赏的行为和过程。

5. 服务效能

（1）服务效能

文化馆服务产生的实际效果。

（2）服务绩效

文化馆提供服务的效益以及在提供服务过程中资源分配和利用的效率。

（来源：改编自 GB/T 29182—2012/ISO 11620—2008《信息与文献 图书馆绩效指标》的相关定义）

（五）文化馆管理

1. 文化馆管理

根据文化馆满足社会需求的基本要求，通过决策、计划、组织、指挥、协调与控制等活动，最合理地分配与使用文化馆的人、财、物等资源，提高文化馆工作效率，实现文化馆预定目标的动态过程。

2. 文化馆理事会

依据文化馆“章程”，吸收社会力量参与文化馆管理而建立的决策或咨询机制。

3. 文化馆法人治理

指文化馆以实现公共利益最大化为目标，通过所有权与管理权分离，吸纳社会力量参与，形成各利益相关方共同参与治理，使决策层、执行层、监督层之间形成权力分配与制衡的组织架构和运行机制。

4. 文化馆评估

使用定性和定量的方法，对文化馆实现目标和满足用户需求程度进行的评价和测度活动。

【解释：作为术语的“文化馆评估”内涵不同于通常所讲的“文化馆评估定级”。此处的“文化馆评估”作为一种管理手段和行为，是文化馆提升文化馆绩效与影响的管理工具。“文化馆评估定级”往往是指每四年一次由文化和旅游部开展的一种行政管理行为，目的是以评促建，促进事业发展。】

5. 文化馆绩效评估

根据文化馆既定目标而对其投入及产出的效果和效率进行度量的过程。

6. 文化馆统计

对文化馆管理中各种数量现象进行记录分析和推论的工作。

7. 文化馆标准化

在文化馆实践成果的基础上，对重复性的事物与概念，制定、颁布、实施标准的活动过程，使文化馆的业务工作、技术方法、设施设备、管理服务等达到统一和规范化，以获得最佳的工作秩序和社会效益。

8. 文化馆标准

在文化馆领域内经协商一致制定，并为各利益相关方共同遵守，经行业公认机构认定批准，可供文化馆共同使用或重复使用，为文化馆工作提供规则、指南或特性的规范性文件。

9. 文化馆规章制度

对文化馆行政管理、业务操作和服务内容等所制定的章程、规则、条例和制度的总称。

10. 文化馆年报

文化馆自主编制的，以本单位或本区域内总分馆体系服务、管理和运行情况为主要内容的总结性报告文书，通常以一个自然年为编制周期。

（来源：《文化馆年报编制与公开指南》报批稿）

（六）文化馆事业

1. 文化馆法治

将法律化的治理规则应用于文化馆，通过法治思维与法治方式管理文化馆事务，依法提供文化馆服务的过程。

2. 文化馆政策

国家在一定历史时期内制定的与文化馆事业有关的大政方针、法律法规、条例制度、行业规范的总称。

3. 文化馆法律

国家制定的与文化馆事业和工作有关的法律。

【解释：文化馆法治的内涵更加丰富，外延包括文化馆法律、文化馆政策等。在使用时，应根据上下文以及想表达的具体对象而选择使用不同的术语。】

4. 文化馆总分馆制

以县域为基本单元，以县（区）级文化馆为总馆，乡镇（街道）级综合文化站为分馆，村（社区）级文化活动中心为服务点的服务体系。

5. 文化馆资源共享（共建共享、馆际合作）

文化馆资源不受其拥有单位的限制而可以在更大范围内被利用的一种业务合

作与共享方式。

【解释：资源共享是上位概念，共建共享、馆际合作是文化馆资源共享的表现形式。在实际使用上根据所要表达的意思选择使用不同的词汇。】

6. 文化馆联盟

为了实现资源共享、利益互惠的目的而组织起来的，受共同认可的协议和合同制约的文化馆联合体。

7. 文化馆社会化

文化馆服务从单一依靠政府转向由全社会力量共同提供的过程。从提供主体上看，从以政府为主向社会、市场组织及个人等多元主体的扩展。

8. 文化馆职业

按照群众文化工作的基本规律和方法，在社会中履行全民艺术普及和优秀传统文化传承工作的职责。

9. 文化馆职业道德

文化馆从业人员在职业活动中遵循的、体现职业特征的、调整职业关系的职业行为准则和规范。

（解释：国外经常将职业道德称为职业伦理。）

10. 文化馆行业组织

由文化馆及与之相关的法人、其他组织或公民在自愿基础上组成的一种民间的非营利性专业社会团体。

（七）文化馆技术

因文化馆工作的群众文化属性，在技术层面上会涉及广泛的与文化艺术有关的技术类型，比如舞台技术、音响技术、灯光技术等，但这些技术不属于文化馆所特有，而是文化馆应用了其他行业领域的技术，所以在应用这些术语时，应遵守并引用他行业的术语标准，其表述形式及定义均不在本次研究范围内。

1. 数字文化馆

运用现代信息技术处理群众文化活动资源、提供全民艺术普及服务、管理文化馆业务的数字化服务系统和互动体验空间的集合。它以全民艺术普及为重点，通过数字资源建设、数字化服务、平台搭建和线下体验等形式，开展群众文化艺术培训、活动、创作、传统文化传承和远程辅导等。

（来源：《数字文化馆资源和技术基本要求》〔报批稿〕）

2. 文化馆数字服务平台

以实现群众文化资源的高效调配和使用为目标，利用互联网、物联网、大数据等信息技术构建的一体化、网络化、智能化大众服务平台。

文化馆群众文化活动国际交流调研报告

郑州大学课题组*

习近平总书记在党的二十大报告中强调："深化文明交流互鉴，推动中华文化更好走向世界。"群众文化活动国际交流是讲好中国故事、传播中国声音、展现中国形象的有效形式。在中华民族伟大复兴战略全局和世界百年未有之大变局下，需要更好地发挥群众文化活动国际交流作用，营造文化认同氛围，为全面建设社会主义现代化国家、全面推进中华民族伟大复兴夯实精神文化基础，为推动构建人类命运共同体作出新的贡献。文化馆作为传播主流文化成果、提供公共文化服务的主要机构，自然而然地成为开展群众文化活动国际交流的重要主体①。近年来，各级各类文化馆响应《中华人民共和国公共文化服务保障法》关于"鼓励和支持在公共文化领域开展国际合作和交流"的号召，在组织、开展国内外群众文化活动交流方面作出了积极响应。

在此背景下，调研和梳理我国文化馆群众文化活动国际交流现状，发现在内容、人才与管理中存在的问题并提出针对性建议，可为规范开展群众文化活动的国际交流提供依据，对于落实党的二十大提出的健全现代公共文化服务体系的战略任务，助力各级文化馆更好开展群众文化活动的国际交流具有重要意义。

---

* 课题组负责人：王平。课题组成员：康洁、李舒杨、刘海丽、曹笑天、宋玥瑶。

① 陆丽明.文化馆在推进文化自信自强中的作用和路径研究[J].大众文艺,2023(17):1-3.

一、文化馆群众文化活动国际交流基本状况

“推进文化自信自强，铸就社会主义文化新辉煌”的重大部署提出了“增强中华文明传播力影响力”的任务要求，而要增强中华文明传播力影响力，首先应该让中华文明优秀成果“走出去”，被世界听到、看到。同时，也应当积极为各美其美的优秀文化搭建美美与共的载体，推动文明交流互鉴。

在国家对文化交流的高度重视与战略部署下，我国各级文化馆积极响应国家文化事业的发展需求，通过开展各类群众文化国际交流活动，将我国主流优秀文化辐射至世界各地，同时也吸引了外国文化团体、友人来华进行友好交流学习，推动了中国与世界文化相融、文明相通。

本课题采用问卷调查的方法进行调研，调查问卷的内容包括群众文化活动国际交流经历、群众文化活动国际交流内容、群众文化活动国际交流管理以及群众文化活动国际交流人才资源四个方面，从这些方面能够基本了解国内文化馆开展群众文化活动国际交流的具体情况。截至 2023 年 10 月 30 日，共回收有效问卷 343 份，问卷样本涵盖除江苏省和港澳台地区以外的 21 个省、5 个自治区和 4 个直辖市的各级文化馆。

（一）交流活动聚焦文化输出

在本次参与调研的文化馆（n=343）中，有 74 所文化馆已经开展过群众文化活动国际交流，占到样本总量的五分之一以上，很多体量虽小但独具地方特色的文化馆也积极参与到了群众文化活动的国际交流中。

如图 1 所示，绝大多数文化馆所进行的群众文化活动国际交流是“走出去”，借助展演、比赛、培训等形式将中国故事、中国声音、中国形象传播到世界舞台上。此外，调查样本中有 4 所文化馆接待了来华访问的其他国家文化团体，实现了群众文化国际交流的向内输入，将国外优秀的音乐、美术作品“请进来”，为本地民众体验生机勃勃、丰富多彩的世界文化提供官方平台。

在文化馆群众文化活动国际交流中，我国文化对外输出已初具规模。并且，

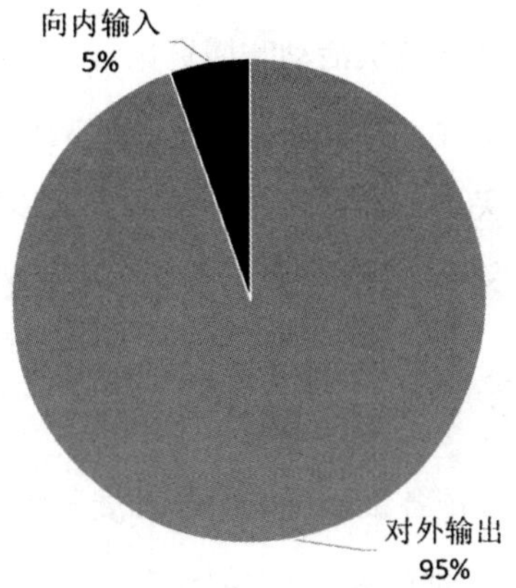

图 1　国内文化馆国际交流中的输出与输入

在“走出去”的影响下，还“请进来”一些外国友人进行文化间的学习交流，实现了优秀文化向内输入和对外输出的良性互动。如一些国际节庆活动的落地，既是本国与其他国家文化团体展现与传播优秀文化的载体，也吸引了本地及各国的旅居人员前来体验，使所有在场人员在感受本国文化魅力的同时，增加对其他国家文化的认识，极大促进了文化的交融和互动。

在国内各级文化馆开展及参与的群众文化国际交流活动涉及的类型中（如图 2），

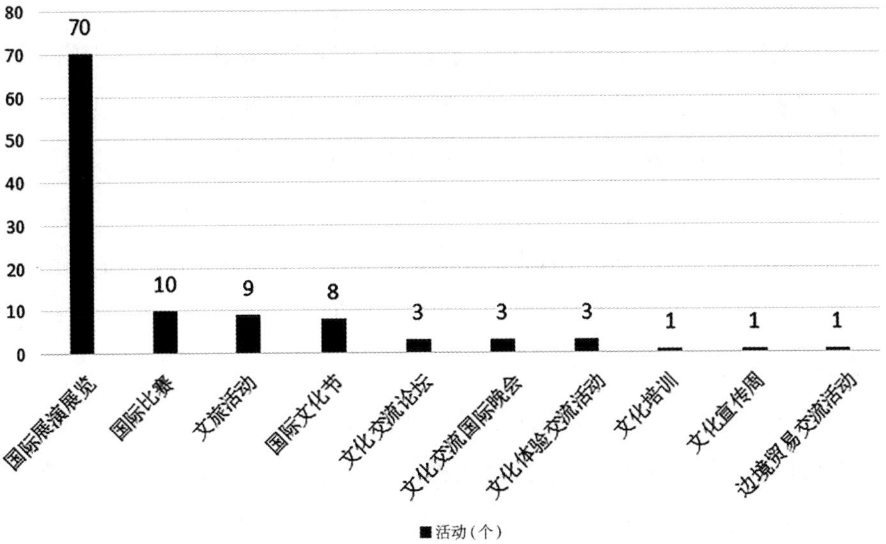

图 2　国内文化馆国际交流活动概况

既有以官方为主导的大型文艺节庆活动和博览论坛，也有民间艺术交流的展演和体验活动，还包含与旅游推介、节日庆典相融合的文化和旅游活动，其中文化展览与展演的活动频次最为突出。丰富的文化输出类型和多样的文化交流形式，有助于向世界阐释和推介更多具有中国特色、蕴藏中国智慧的优秀文化。

（二）交流范围辐射多地区

从交流的地域来看，我国各级文化馆对外开展国际交流、宣传本国优秀文化的足迹涵盖五大洲，遍布 47 个国家。

首先，欧美国家是文化馆群众文化活动国际交流“走出去”的重点区域，我国文化馆以较高的频次将优秀的中华文化传播到欧洲近 20 个国家及地区。这些主动进入到西方发达国家所构建的文化场景中的实践，以中国自己的声音和行动积极展现了真实、立体、全面的中国形象和中华文化，助力形成同我国综合国力和国际地位相匹配的文化话语权。

其次，我国文化馆与同处“东亚文化圈”的韩国、日本也进行了较为频繁的文化国际交流活动。3 个国家地理相连，文化同源，在“文化共同体”结构下密切开展文化交流活动，有助于增强东亚地区文化同质感、认同感，促进新时代东亚文化的价值构建和蓬勃发展。

值得关注的是，我国文化馆国际交流不仅与发达国家开展文明交流与互鉴，还将交流范围深入到南亚、南非地区，乃至延伸到南美洲，其中不乏鲜少登上世界文化舞台的国家。这也是我国各级文化馆在国际交流进程中对于国家对外政策的积极响应。在 47 个交流国家中，有一半以上的国家与我国签署了共建“一带一路”合作文件。文明交流互鉴是古丝绸之路留下的精神财富，而新时代的“一带一路”共建也为相关国家和地区的文化交流提供了新的机遇和愿景——构建文化交融的命运共同体。

在近几年的群众文化活动国际交流中，随着“走出去”步伐的加快，“请进来”方面也取得了一些成果。已有 15 个国家的文化团体来我国开展文化交流，如美国女娲故事代表团到河北省石家庄市参加民间故事交流活动。此外，借助“一带一路”等国际交流平台，不同大洲各具特色的文化风俗得以突破地理限制进入中国，并被国人了解和喜爱。在“走出去”和“请进来”的进程中，文化的交流和碰撞为各国人民展现出世界文化的多彩，也使中国文化走出了一条包容和文化自信的淬炼之路。

二、文化馆群众文化活动国际交流资源现状

（一）内容资源

1. 内容多样，注重传承与创新

近年来，我国的文化建设已经进入蓬勃发展的阶段，优秀的传统文化也逐渐走入社会各界的视野，并在世界范围内受到广泛关注。在此背景下，各地文化馆积极承担起自身的责任与义务，利用身边的各项资源开展优秀传统文化国际传播活动，使中华民族优秀的传统文化得到了更好的宣传与推广。根据各地文化馆群众文化活动国际交流开展的具体内容，我们将群众文化国际交流的内容资源分为“非遗展演”“武术表演”“戏曲表演”“舞蹈表演”“绘画展览”“音乐表演”“民间艺术”七大类进行统计（见图 3）。

文化馆群众文化活动国际交流中，各类别群众文化活动内容均有被涉及，其

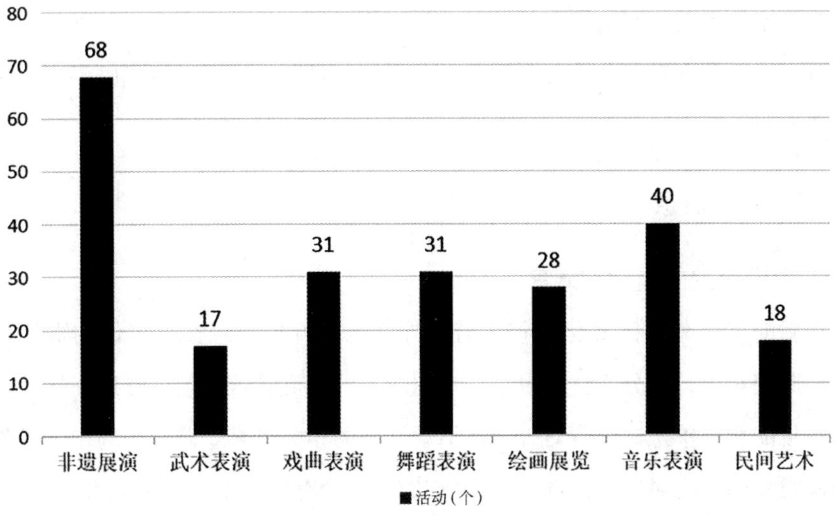

图 3　国内文化馆国际交流内容资源

中非遗展演占比最高，武术表演、戏曲表演以及民间艺术也发挥着相当重要的作用。这表明各地文化馆注重优秀传统文化的传承与推广，坚定文化自信，利用国际交流活动将具有本土和民族特色的中华传统文化宣传推介出去。与此同时，各地文化馆也注重利用现代媒介搭建宣传平台，通过舞蹈表演、绘画展览、音乐表演等形式来丰富群众文化，用喜闻乐见的方式向外国友人讲述中国故事，增进世界人民对中国的了解，在与世界文化的碰撞、交锋中更坚定国人对中国本土文化的自信。

2. 资源丰富，非遗资源较多展示

文化内容资源是一个地区文化建设的基础，它反映了当地的历史、传统与风俗，地区文化资源的丰富程度也直接影响文化活动的开展情况。从地区范围来观察回收样本，三分之二的地区拥有三种及以上不同类型的文化交流内容资源，近一半地区的文化馆拥有六种及以上的内容资源，内容资源的整体状况呈现出分布地区广、拥有资源量高的向好形势。

在各文化馆所拥有的各类内容资源中，非遗资源的数量位居首位，各地区文化部门均将非遗保护及传承工作上升至战略高度。非物质文化遗产资源具有鲜明的中华民族文化与地域特征，对于非遗资源的开发与展示，各文化馆也开发了不同的形式，如广西文化馆的民族团结展演、山东文化馆的国际艺术博览会、福建文化馆的文化交流节以及青海文化馆的民族服饰展示活动等。另外，各地区文化馆积极为本地区的非遗资源申报国家或省市级项目，将非遗资源作为地方特色文化品牌，使其多次在国际交流活动中“登场”，向世界展现我国深厚丰富的文化资源与文明智慧。

（二）管理资源

1. 自设管理部门存在差异

在新时代背景下，文化馆担负着对外交流和宣传思想文化工作的责任和使命。与此相对应，部分文化馆设立了专门的对外交流管理部门，有序衔接活动组织和审批的相关单位，负责对外交流活动开展的相关事宜。调查问卷中关于各文化馆所设立的专门对外交流部门的部分共有 10 个有效样本，其中“事业发展部”和“对外交流部”出现的频次相对较多（见图 4）。

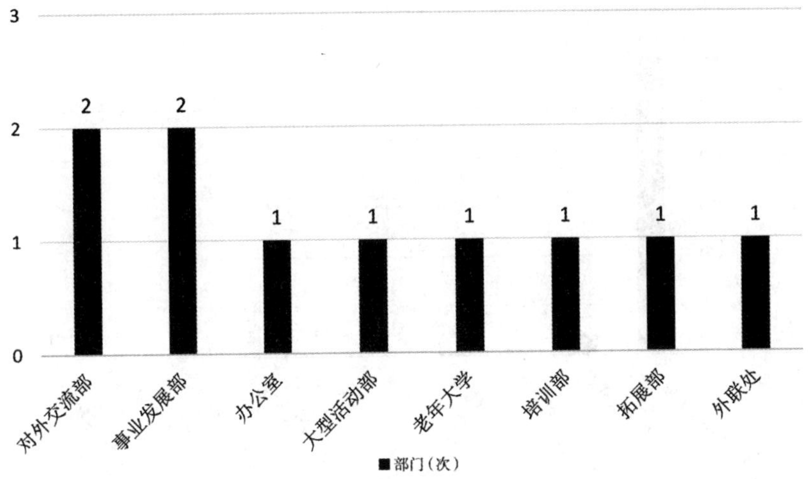

图 4　各文化馆专门对外交流管理部门

在对外交流管理部门的建立和运营上，部分文化馆意识到对外交流的重要性，根据自身需求和目标设计了相应职能部门，表现出一定的积极性和发展潜力。不同的文化馆在对外交流管理部门的命名和职能划分上存在较大差异，表明不同的文化馆在对外交流方面有着不同的需求和战略定位，如以“对外交流部”为名的职能部门显示出该文化馆对文化事业发展的认识以及对国际交流活动的重视。文化馆设立专门职能部门可以高效推动文化国际交流活动的开展，使文化馆积极参与到跨文化交流和文化合作事业中。

2. 组织、审批、执行一体化

在文化馆国际交流活动的审批方面（见图 5），大多数由文化和旅游部（厅、局）等各级文化和旅游主管部门负责，审批部门管理较为垂直，文化和旅游系统负责审批工作保证了国际交流项目与地区文化事业发展方向的一致性。少部分由外事办、宣传部、新闻办等其他政府部门进行活动审批，则体现出文化馆的群众文化国际交流事务既是文化事业的一环，同时也和国家对外事业、对外宣传工作息息相关，也对文化馆开展国际文化交流活动提出了更高的要求和规范。

在组织方面（见图 6），多数文化馆反馈由各级文化和旅游主管部门负责组织和推进本地区的国际文化交流活动，促进文化事业的对外合作，把握对外交流项目整体方向和流程，指导和推动文化馆对外交流项目顺利进行。部分活动由文

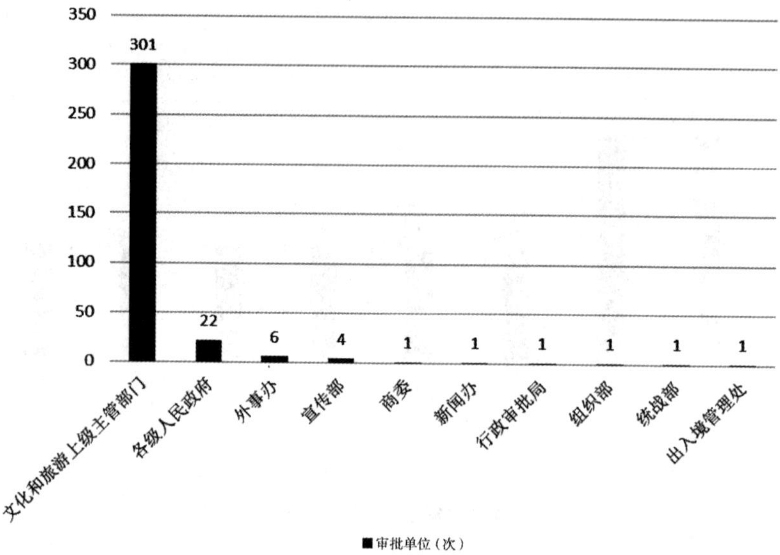

图 5　文化馆国际交流活动审批单位

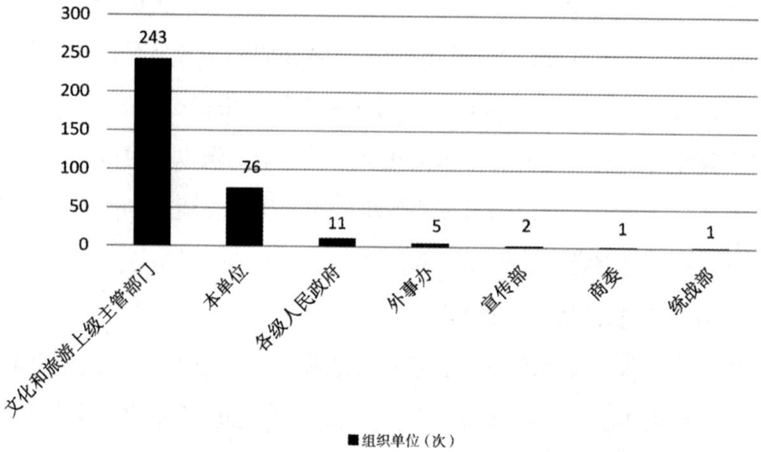

图 6　文化馆国际交流活动组织单位

化馆依据积极性自主组织，根据馆内资源和工作安排来组织开展合理有序的对外交流工作。

在文化馆对外交流项目落地执行时（见图 7），约二分之一的文化交流活动由文化和旅游主管部门来负责具体实施。文化和旅游主管部门带队领导、推进和把握对外交流项目的进程，确保对外交流项目的顺利完成和良好的活动效果。其

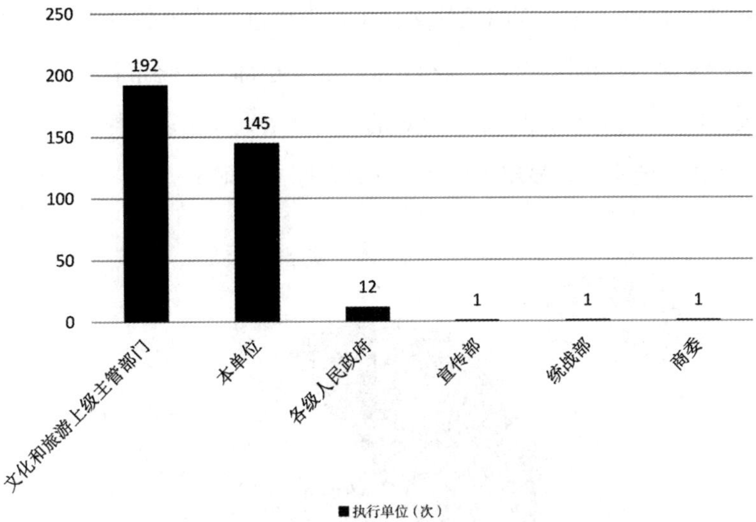

图 7　文化馆国际交流活动执行单位

余的国际交流活动大多由文化馆负责执行，各文化馆可根据自身的文化资源和人才队伍情况，制定不同的交流方案和宣传策略，发挥地域和本馆优势，开展多样的文化交流活动。

从整体来看，文化馆的国际交流活动管理基本呈现出由文化和旅游部门整体审批、组织、执行的一体化趋势，各级文化和旅游主管部门发挥管理职能，负责活动的组织和审批，各文化馆作为执行单位进行具体的国际文化交流实践或作为参与单位加入到文化和旅游部门牵头执行的交流活动中。

（三）人才资源

1. 专门人才来源复杂

文化交流活动是人与人之间的沟通和互动，文化内容的展示与传播需要依托人才队伍的表现力和创造力。因此，专业外语人才资源是文化馆"走出去"的必要条件和保障。调研中，共有 129 家文化馆反馈具备了群众文化国际交流的专门外语人才，占到样本总量（n=343）的近四成。

群众文化活动国际交流中的专业外语人才保障约一半来源于文化和旅游主管部门的支持，基本解决了国际文化交流过程中的语言壁垒，搭建起不同文化之间的沟通桥梁。此外，占比近四成的文化馆探索引进其他服务机构的专门外语人才，以保障文化活动国际交流的顺利开展。有一小部分文化馆着力于组建本馆对外交流人才队伍，在馆内配备数量可观的专门外语人才用以支撑国际交流活动开展，提升对外交流水平，显现出良好的发展态势（见图 8）。

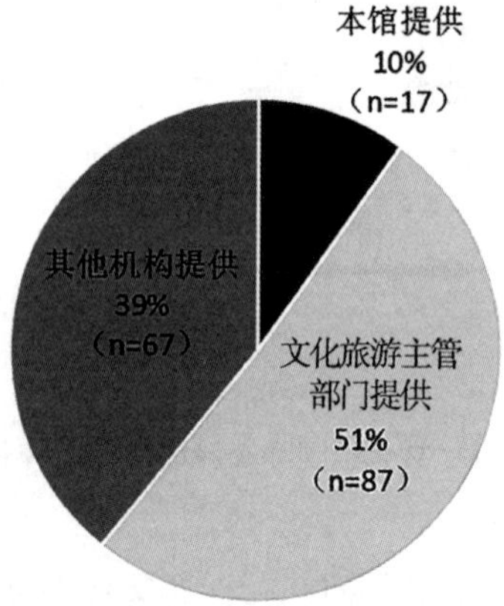

图 8　专门外语人才的不同来源（n=171）

除文化馆与文化和旅游主管部门外，一些与对外文化事业联系紧密的其他机构也为群众文化活动国际交流提供了人才资源（见图 9）。其中，四成的专门外

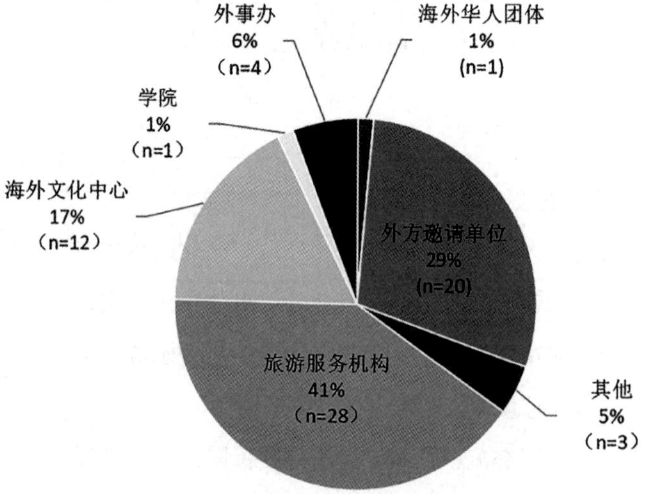

图 9　其他机构提供专门外语人才情况（n=67）

语人才资源受供于旅游服务机构，表明群众文化活动的国际交流也促进并实现了文化事业与产业的结合，在一定程度上拓展了文化馆人才资源提供主体的构成。而海外文化中心所提供的专门外语人才支撑体现了文化类社会组织在对外交流活动中发挥的“第三部门”的作用，使文化馆在开展对外文化输出活动时可以更加贴合当地文化氛围，同时也加强了海外文化团体与国内文化机构的交流与合作。另外，诸如外事办等各级政府部门也在专门外语人才资源保障中发挥了作用。在人才资源方面与负责对外工作的政府部门进行合作，也使得文化馆的对外交流活动更加高效专业，更加符合国家对外文化事业发展的需求。

总体来说，文化馆群众文化国际交流中的人才资源支持呈现出文化和旅游主管部门占主导地位、不同来源保障的形势。在具备专门外语人才资源的文化馆中，有超过三分之一的文化馆建立了两种及两种以上的专门外语人才供给渠道，优化了人才资源的供应结构，有效规避了人才资源不足的潜在风险，使对外交流的能力和效果显著提高（见图 10）。

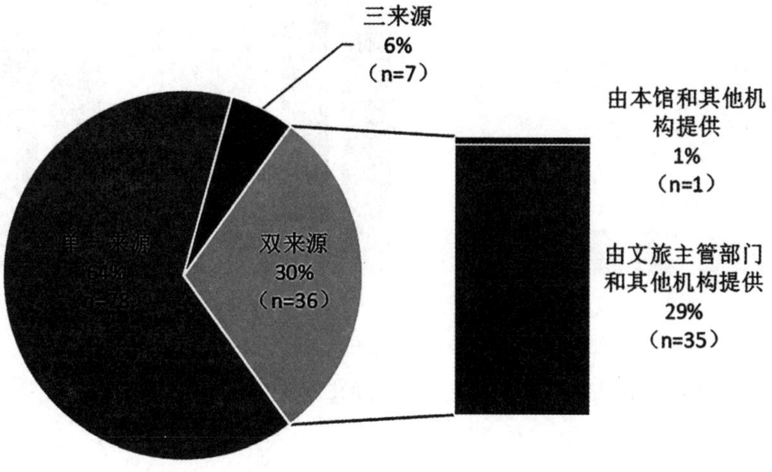

图 10　专门外语人才保障的来源（n=121）

2. 人才配置满足交流需求

在人才资源的质量方面（见图 11、12），文化馆在国际交流中所配备的专门外语人才学历水平较高，有接近一半的人才为研究生学历，与本科学历人数相差

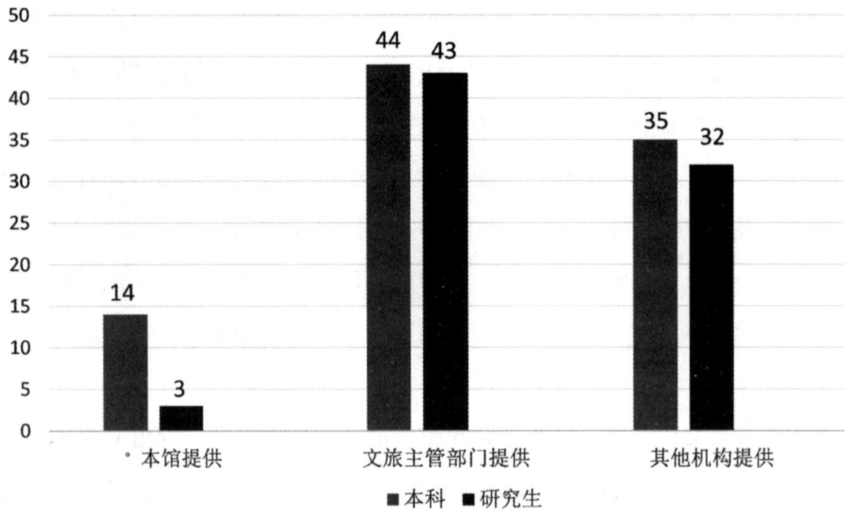

图 11　不同来源提供专门外语人才的学历情况（n=171）

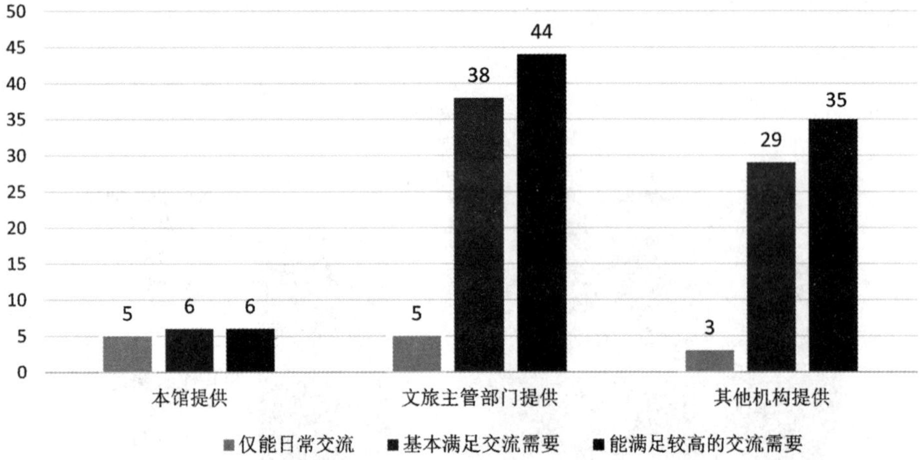

图 12　不同来源提供专门外语人才的口语交流水平情况（n=171）

不大。且大多数文化馆认为所配备的专门外语人才可以基本乃至较好地满足交流需要，能够胜任国际文化活动中的交流任务，为对外交流活动的顺利开展奠定基础。

国际交流中的专门外语人才的就职情况也呈现出兼职略微多于专职的现状，且这一现象在来源于文化馆的人才资源中较为突出（见图 13）。在文化馆国际交

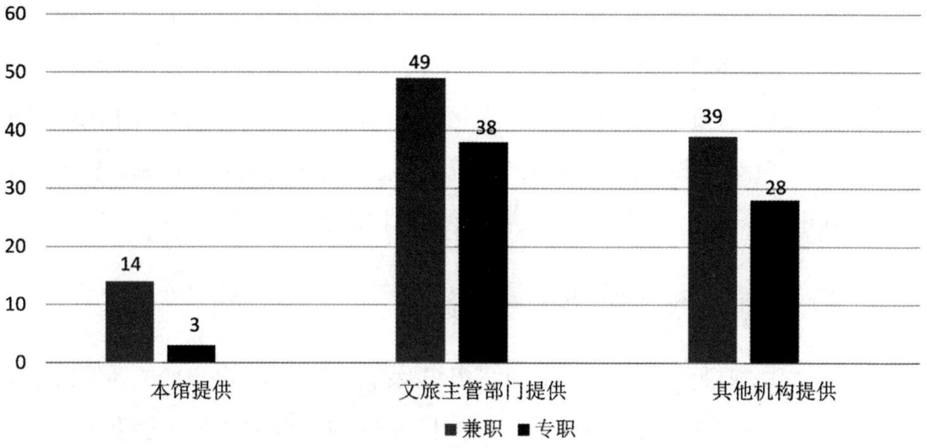

图 13　不同来源提供专门外语人才的工作类型情况（n=171）

流活动还未持续、长期开展之际，各方人才兼职参与国际交流活动的模式可以帮助文化馆较好利用多方力量和馆内人才资源组建较高质量的人才队伍开展国际交流，在最大程度上保证人才的供给。

三、文化馆群众文化活动国际交流问题分析

（一）交流内容有待进一步系统完善

群众文化活动国际交流是我国对外展示自身丰富灿烂文化的重要渠道，但通过对文化馆开展文化国际交流活动的内容资源和活动现状进行对比分析，发现在目前的文化国际交流活动中还存在内容固化、多元性不足和代表性不够突出等问题。

从参与国际交流的活动类别来看，大多数地区都会选择开展非遗展演类的文化交流活动，其余种类的交流内容相对较少，仅有云南省、安徽省、浙江省以及重庆市这四个地区涉及的文化活动类别较全面。当前，随着不同文明交流互鉴广度、深度的拓展，文化多元化的特点更为明显。此外，不同地区的文化资源也有较大差异，如果局限于某一固定的文化交流类别，则不利于我国各族人民、各个群体丰富多彩文化生活的展现，将会阻碍文化的多元化交流与发展。

我国幅员辽阔，地域文化丰富多彩，各个地区都有其代表性的文化资源，但文化馆在开展群众文化活动国际交流时，缺乏传播代表性本土文化的意识，不利于我国地方特色文化走出国门。本土文化资源的国际交流与传播有助于国际友人更加深入地了解中国，如果地方政府轻视对本土文化内容资源的挖掘与转化，则会影响我国群众文化活动国际交流的全面性与丰富度。

（二）管理制度有待进一步完善明确

目前文化馆国际交流活动的审批、组织及执行流程的多种隶属关系使其处于基于活动的管理状态，没有组织性、系统性和回溯性，管理制度较为混乱。

首先，在文化馆进行对外交流活动的过程中，整体活动处于文化和旅游单位层层隶属部门的管理中，基层文化馆的国际交流活动处于受限状态，管理机制较差，组织性较低。同时，文化馆并不能全方位地把握交流的具体流程，无法应对突发问题等情况，从而导致无法发挥地方特色优势，无法保证全面真实地记录与反馈，回溯机制较差。

其次，国际交流管理在文化馆组织架构中地位和发挥的作用较低。文化馆对国际交流管理职责意识较低，这就导致文化馆未能明确对外交流活动管理的职责，绝大多数文化馆并未设立专门的国际交流管理部门，没有明确的责任划分，导致对外交流活动的专业性较差、效率较低。部分已设立专门国际交流管理部门的文化馆之间也存在差异，各个文化馆所设立的部门名称、职能范围相差较大，导致不同文化馆的对外交流活动难以进行统一管理。

（三）交流人才有待进一步提升保障

从整体上看，文化馆获取专门外语人才保障来源较为集中，除本馆提供以外，其来源仅局限于政府有关部门和部分第三方服务机构，未充分利用社会力量、吸纳社会上的外语人才资源，在一定程度上限制了文化馆对外交流的沟通效果。

在日常服务中，文化馆也缺乏对已有的外语人才的规范化管理。由于大多数文化馆对专门外语人才的招聘标准和职责定位模糊，相应的人才培养计划空缺，导致入职的外语人才未接受到系统化的专业培训，缺少持续学习和发展的机会，造成专门外语人才资源流失和短缺的情况。而旅游服务机构、外方邀请单位、海外文化中心以及其他第三方机构提供的人才并非完全受控于文化馆、政府主管部门，且未接受过统一培训、标准审核，专业水平差异较大，安全性难以保障。在对外交流过程中对可能涉及的政策性、文化性专有名词或国际敏感问题存在专业度把控不足、临场反应能力欠佳等问题，大大制约了对外交流成果，不利于国际文化交流活动的开展。

四、文化馆群众文化活动国际交流提升对策

（一）设立内容项目库

针对当前各文化馆国际交流活动内容固化、文化资源难以得到有效利用的现状[①]，设立国际交流内容资源项目库，对于文化馆来说具有重要意义。通过设立国际交流内容资源项目库，将各类型国际交流项目进行系统归类与整理，并为参与国际交流的文化机构和个人提供便捷的资源获取渠道。国际交流内容资源项目库将成为重要的信息获取平台，帮助各文化馆更好地了解其他国家和地区的文化发展情况和文化资源特色，为策划和组织国际交流活动提供有力的信息支持。

同时，在构建国际交流内容资源项目库时，文化馆需要注重打造以多元化、代表性和成熟度为特点的国际交流内容资源体系。多元化意味着要涵盖各个领域的文化交流项目，包括非遗展演、音乐、舞蹈、戏剧、武术、民间技艺等，确保各文化馆能够找到与本地区特色文化资源相贴合的交流形式；代表性则要求选取的交流项目具有典型性和影响力，能够代表某一国家或地区的风土人情；成熟度则关注交流项目的实施情况和效果，确保所选取的项目已经经过实践验证并取得一定成果，让文化馆可以从其他国家和地区的成功实践中获得启示和经验，为推动全球范围内的文化交流作出贡献。

---

① 曹璐.打破“孤岛运行”提升服务能效——文化馆资源整合路径探析[J].参花（下），2023（12）:125-127.

（二）建立回溯管理机制

为提升文化馆进行国际交流与合作的水平，文化馆需对所开展的国际交流活动进行更加智慧、智能的管理①，设立专门国际交流管理部门并明确相应职责，以更好地推进国际交流活动。

应当建立国际交流活动管理和回溯机制。目前许多文化馆的国际交流工作多为单向执行主管部门安排的任务，且基于活动的管理使得文化馆的国际交流活动管理未成体系，从而导致国际交流工作的专业性和工作效率下降。群众文化活动国际交流作为我国对外文化事业的重要组成，整体进程复杂、牵涉资源众多，需要进行科学且全面的管理。为了保证国际交流活动可以长期开展、有效推进，相关主管部门和文化馆应建立起国际交流活动的管理和回溯机制，帮助文化馆更快速、准确地分析国际交流的进程，定位和解决对外流程中存在的问题②，促进我国文化馆与其他国家的良性交流与合作。

要明确文化馆对国际交流的管理职责。不同文化馆在国际交流管理部门的职能和命名上存在较大差异，其原因主要是不同文化馆在国际交流方面的重点和需求不同。所以各文化馆应组织会议和讨论，邀请相关人员结合本馆具体需求和定位共同制定国际交流管理部门的职能和任务列表③，以明确本馆在国际交流方面的管理职责。

（三）设立人才管理平台

对于已有专门外语人才资源的统一管理，文化馆可与政府有关部门合作，设立国际交流外语人才管理平台，统一录入身份信息，实现人才资源的共建共享以及人才标准的全域统一。在不需要额外增加成本的前提下，促进人才队伍的有效

---

① 宾阳.找准并解决问题,建设高水平文化馆[N].中国文化报,2023-07-05(2).

② 王纲.保存本文献回溯建库工作探索与实践——以四川省图书馆为例[J].四川戏剧,2020(2):198-200.

③ 张晓娇.浅析以需求为导向的文化馆服务及发展建设[M].中国文化馆协会.增强活力 提升效能:2018年中国文化馆年会征文获奖作品集.北京:光明日报出版社,2018:4.

组织和人才资源的有序流动[①]，提高国际交流中专门外语人才的流动性和灵活性，改善文化馆对外交流工作的整体效能，促进优质资源的服务下沉。

在人才资源保障方面，文化馆应主动从社会各界拓展人才资源的获取途径，面向社会人才资源推广国际交流专门人才准入制度和志愿服务制度。在接收社会各界人才资源的同时，积极开展对于国际交流文化志愿者专业化、多样化、精细化的培训辅导，打造文化和旅游志愿服务品牌，吸引更多社会力量深入参与到群众文化国际交流中，形成良性循环，不断提升文化馆对外服务能力，多渠道保障国际交流所需的外语人才。例如，文化馆可以针对交流过程中产生的人才需求，与各大高校的语言学院达成合作，吸收高校学生作为国际交流的文化志愿者，既能满足对外交流需要，也能为在校学生提供实践锻炼机会。

（四）建立评价与反馈机制

文化馆应当利用多方面平台和渠道去收集和整理国际交流中的舆情反馈，建立国际交流活动评价与反馈机制，保证国际交流和对外文化输出的效果。保持对新媒体渠道的关注和追踪，建立健全大数据分析系统，加强对相关舆情信息的整理、归纳和分析，及时收集国内外大众和主流媒体对于文化国际交流活动的评价，评估国际交流活动的效果和痛点。在此基础上，与相关单位合作开发和应用集信息发布、需求征集、意见反馈、舆情追踪等功能于一体的群众文化活动国际交流评价与反馈管理系统。

此外，也应当注意保障国际交流中的文化安全。在引进国外文化时，应在坚定文化自信的基础上，对外来文化进行批判性学习，使对外输出与向内输入互为补充[②]。在“走出去”的过程中，要及时发现并解决文化资源存在的不足、产权保护的缺乏、传播效果不强等问题，打造符合我国实际的文化安全评估与保障机制，保障国际交流中的文化安全。

① 金武刚.文化馆总分馆制建设：目标设定、组织架构与科学运行[J].中国文化馆，2021(01)：25-31.

② 杨冠华.“引进来”“走出去”——互联时代中西文明的互通互融[J].文化月刊，2022(8):145-147.

文化馆（站）标准化建设调研报告（2008—2022年）

中山大学课题组 *

文化馆（站）标准化建设是推动文化馆事业高质量发展的重要基础性工作。2007年，原文化部发布《文化标准化中长期发展规划（2007—2020）》，提出“2020年以前，建立起较为完善的标准体系，取得一批文化标准化理论研究重大成果，完成主要标准的制（修）订工作”[①]的工作目标。在国家相关政策的指引下，文化馆（站）领域相继涌现出一批管理、服务标准。2008年10月，全国文化馆标准化技术委员会成立，文化馆领域的标准工作自此进入组织化、专业化的新阶段。总体来看，文化馆（站）的标准化工作还处于起步阶段，从最基本的标准数量，到诸如理论研究、机制建设、实践摸索以及跨行业的标准衔接等问题，都还存在较大的发展空间。

一、全国文化馆（站）标准建设概况

截至2022年12月31日，全国文化馆（站）现行标准共计57份。本节对全国文化馆（站）标准建设情况进行分析，从标准类型、发布时间、归口单位、起草主体、标准分类号5个角度切入，整体宏观展现文化馆（站）标准建设情况。

---

* 课题组负责人：肖鹏。课题组成员：蔡思明、李佳。

① 文化部印发文化标准化中长期发展规划2007—2020[EB/OL].（2007-08-06）[2023-10-11]. https://www.gov.cn/gzdt/2007-08/06/content_707569.htm.

（一）标准类型

按照标准类型，现行文化馆（站）标准有国家标准 3 份、行业标准 5 份、地方标准 47 份、团体标准 2 份，均为推荐性标准，基本信息见表 1。其中，目前 5 份行业标准均为建筑工程行业标准，尚未有与文化馆相关的文化行业标准发布。

表 1　全国文化馆（站）标准基本信息表

序号	标准类型	标准号	标准名称	发布日期	实施日期
1	国家标准	GB/T 41375—2022	农村文化活动中心建设与服务规范	2022/03/09	2022/03/09
2		GB/T 32939—2016	文化馆服务标准	2016/08/29	2017/03/01
3		GB/T 32940—2016	乡镇综合文化站服务标准	2016/08/29	2017/03/01
4	行业标准（建筑工程）	JGJ / T 41—2014	文化馆建筑设计规范	2014/09/01	2015/03/01
5		建标 160—2012	乡镇综合文化站建设标准	2012/03/23	2012/05/01
6		建标 136—2010	文化馆建设标准	2010/08/30	2010/12/01
7		建标 128—2008	文化馆建设用地指标	2008/07/08	2008/10/01
8		JGJ 156—2008	镇（乡）村文化中心建筑设计规范	2008/06/13	2008/10/01
9	地方标准	DB34/T 4352—2022	村级综合性文化服务中心建设要求与评价	2022/12/29	2023/01/29
10		DB43/T 2436—2022	村（社区）综合文化服务中心建设与服务规范	2022/10/10	2023/01/10
11		DB4403/T 265—2022	文化馆服务规范	2022/09/29	2022/11/01
12		DB4110/T 46—2022	文化馆管理服务规范	2022/06/15	2022/07/01
13		DB4110/T 47—2022	文化馆总分馆制管理服务规范	2022/06/15	2022/07/01
14		DB4110/T 48—2022	乡镇（街道）村（社区）综合文化服务中心管理服务规范	2022/06/15	2022/07/01
15		DJG330521/T 74—2022	公共文化场馆服务功能拓展指南	2022/05/19	2022/06/03
16		DB3303/T038—2021	文化驿站服务规范	2021/12/22	2022/01/22

续表

序号	标准类型	标准号	标准名称	发布日期	实施日期
17	地方标准	DB1411/T 17—2021	乡镇综合文化站公共文化服务规范	2021/12/01	2021/12/01
18		DB1310/T 249—2021	美丽乡村 文化广场管理与维护规范	2021/11/15	2021/12/15
19		DJG330421/T 011—2021	镇（街道）综合文化服务中心委托社会力量运营管理规范	2021/10/28	2021/11/15
20		DJG330481/T 19—2021	村级综合文化服务中心管理规范	2021/10/28	2021/11/08
21		DJG330102/T 004—2021	社区（行政村）综合性文化服务中心建设管理规范	2021/10/15	2021/11/15
22		DB3311/T 179—2021	乡村春晚建设规范	2021/07/21	2021/08/21
23		DB3311/T 177—2021	城区公共文化场馆美化建设规范	2021/07/16	2021/08/16
24		DB4401/T 105.4—2021	单位内部安全防范要求 第4部分：文化场馆	2021/06/23	2021/08/01
25		DB43/T 2070—2021	乡镇综合文化服务中心建设与服务规范	2021/05/07	2021/08/07
26		DB33/T 2308—2021	文化志愿者管理与服务规范	2021/02/01	2021/03/03
27		DB3311/T 168—2021	数字文化馆建设与服务规范	2021/01/18	2021/02/18
28		DB4420/T 4—2020	共享文化馆服务规范	2020/12/18	2021/02/18
29		DB4420/T 3—2020	行政村（社区）综合性文化中心服务规范	2020/12/18	2021/02/18
30		DB37/T 4083—2020	公共文化（群众艺术）馆服务规范	2020/08/20	2020/09/20
31		DB37/T 4080—2020	村（社区）综合性文化服务中心服务规范	2020/08/20	2020/09/20
32		DB33/T 2263—2020	县级文化馆总分馆制管理服务规范	2020/06/17	2020/07/17

续表

序号	标准类型	标准号	标准名称	发布日期	实施日期
33	地方标准	DB2102/T 0002—2020	文化场馆单位综合能耗、电耗合理用能指南	2020/04/01	2020/05/01
34		DB5101/T 67.1—2020	成都市基层综合性文化服务中心服务规范 第1部分：乡镇（街道）	2020/03/09	2020/03/31
35		DB5101/T 67.2—2020	成都市基层综合性文化服务中心服务规范 第2部分：村（社区）	2020/03/09	2020/03/31
36		DB3211/T 1006—2019	“艺术之光”全民艺术普及服务规范	2019/12/20	2020/01/01
37		DB4413/T 2—2019	文化馆总分馆服务体系管理规范	2019/10/14	2019/11/14
38		DB45/T 1997—2019	乡村文化广场管理规范	2019/09/11	2019/09/30
39		DB44/T 2168—2019	公共文化设施公共信息导向系统设置规范	2019/08/14	2019/11/14
40		DB5305/T 33—2019	保山市村（社区）综合文化服务中心建设规范	2019/05/31	2019/06/01
41		DB15/T 1652—2019	苏木乡镇综合文化站建设规范	2019/05/20	2019/08/20
42		DB15/T 1651—2019	社区综合文化服务中心建设规范	2019/05/20	2019/08/20
43		DB15/T 1650—2019	嘎查村综合文化服务中心建设规范	2019/05/20	2019/08/20
44		DB3301/T 0269—2018	文化志愿服务管理规范	2018/12/30	2019/01/30
45		DB3301/T 0259—2018	高校文化站建设服务规范	2018/11/20	2018/12/20
46		DB32/T 3468—2018	村（社区）综合性文化服务中心服务规范	2018/11/09	2018/11/30
47		DB3302/T 1090—2018	“一人一艺”全民艺术普及规范	2018/06/21	2018/06/21
48		DB3310/T 43—2018	“文化超市”公益艺术培训服务规范	2018/06/07	2018/06/07

续表

序号	标准类型	标准号	标准名称	发布日期	实施日期
49	地方标准	DB33/T 2096—2018	基层群众文化团队管理规范	2018/01/18	2018/02/18
50		DB33/T 2080—2017	文化馆服务规范	2017/12/26	2018/01/26
51		DB33/T 2054—2017	乡镇（街道）综合文化站服务规范	2017/09/28	2017/10/28
52		DB34/T 2637—2016	美丽乡村 文化广场管理与维护规范	2016/06/15	2016/07/15
53		DB11/T 1336—2016	文化场馆合理用能指南	2016/04/27	2016/08/01
54		DB3308/T 029—2016	流动文化服务和管理规范	2016/02/18	2016/03/18
55		DB32/T 2673—2014	文化广场创建与评价规范	2014/03/30	2014/04/30
56	团体标准	T/MZIS 003—2021	乡村振兴 农村文化活动中心 建设与服务规范	2021/06/15	2021/06/22
57		T/DASI 009—2020	乡村振兴 村级（社区）活动中心 设置及管理规范	2020/10/14	2020/10/14

（二）发布时间

单位：份

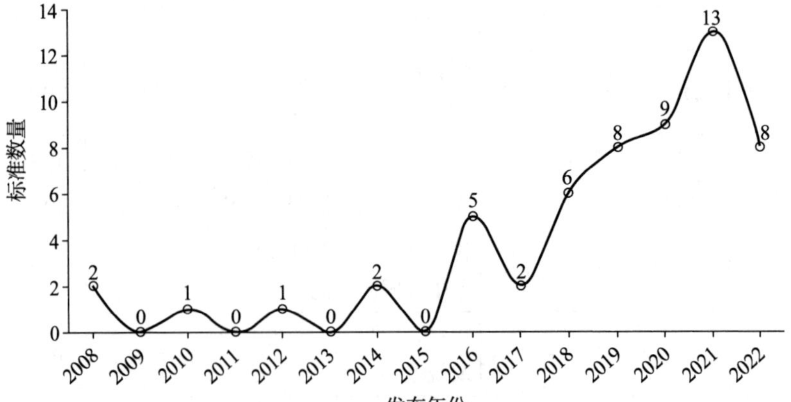

图 1　全国文化馆（站）标准年度发布数量分布

根据图 1 标准发布时间，文化馆（站）现行标准最早发布于 2008 年，在 2008—2017 年期间，总体发布数量较少，往往隔年才有新的标准发布。2017 年之后，文化馆（站）现行标准显著增多，2021 年正式发布的标准数量最多，共 13 份。

2007 年以来，国家为推动标准化建设工作发布了若干关键性政策，一定程度上推动了文化馆（站）标准的建设。根据国家标准化工作和文化馆事业的发展，2007 年，原文化部发布《文化标准化中长期发展规划（2007—2020）》；2008 年，全国文化馆标准化技术委员会成立（2018 年，第二届全国文化馆标准化技术委员会成立，秘书处调整为中国文化馆协会）；2016 年，原文化部制定《文化行业标准化工作管理办法（暂行）》；2017 年，《中华人民共和国标准化法》新修订版正式实施；2021 年，《国家标准化发展纲要》印发。

（三）归口单位

归口单位是指对标准实施管理的机构。从表 2 所示信息来看，标准化组织和文化馆（站）主管部门是主要的归口单位。3 份国家标准中，2 份归口单位为全国文化馆标准化技术委员会；地方标准中，浙江省文化广电和旅游厅（含原浙江省文化厅）归口标准数量为 4 份，丽水市文化和广电旅游体育局、内蒙古自治区文化和旅游厅、许昌市文化广电和旅游局 3 家单位归口标准数量都为 3 份；2 份团体标准的归口单位分别是东莞市标准与产业融合促进会和梅州市标准化协会。

表 2　主要的归口单位分布（单位：份）[①]

标准类型	归口单位	标准数量
国家标准	全国文化馆标准化技术委员会	2
	中国标准化研究院	1

① 经对照标准原文，《文化馆建筑设计规范》（JGJ/T 41—2014）、《乡镇综合文化站建设标准》（建标 160—2012）、《文化馆建设标准》（建标 136—2010）、《文化馆建设用地指标》（建标 128—2008）、《镇（乡）村文化中心建筑设计规范》（JGJ 156—2008）5 份行业标准以及地方标准《美丽乡村 文化广场管理与维护规范》（DB1310/T 249—2021）、《文化广场创建与评价规范》（DB32/T 2673—2014）均未注明归口单位，故本小节统计不包括以上缺项；因地方标准数量较多，本小节仅列出归口管理标准数量达到 2 份及以上的单位；在涉及多项并列数据项时，按中文首字母正序排列，下文亦同。

续表

标准类型	归口单位	标准数量
地方标准	浙江省文化广电和旅游厅（含原浙江省文化厅）	4
	丽水市文化和广电旅游体育局	3
	内蒙古自治区文化和旅游厅	3
	许昌市文化广电和旅游局	3
	成都市文化广电旅游局	2
	湖南省文化和旅游厅	2
	杭州市文化广电新闻出版局	2
	山东省文化和旅游厅	2
	中山市文化广电旅游局	2
团体标准	东莞市标准与产业融合促进会	1
	梅州市标准化协会	1

（四）起草主体

据统计，57份文化馆（站）标准共有159个起草单位（去除重复的，共122个）。按照单位性质，课题组将起草单位分为政府部门、文化馆（群众艺术馆）、科研院所、高等院校、社会组织、标准化组织、企业、自治单位和组织、其他事业单位（除标准化组织、文化馆、高等院校、科研院所之外）。其中，为更全面地了解各类起草主体在其中的参与情况，课题组将参与度较高的标准化组织、文化馆（群众艺术馆）、高等院校、科研院所从事业单位中单独列出来。

从表3可以看到，参与文化馆（站）标准起草最多的主体类型是政府部门，其次是企业、科研院所。按标准类型来看，参与国家标准最多的是科研院所，参与行业标准最多的是企业，参与地方标准和团体标准最多的都是政府部门。值得关注的是，2个自治单位和组织参与了2次标准起草，分别是东莞市横沥镇山厦村村民委员会和铜陵市义安区天门镇五峰村。

按照表4主要起草主体参与频次的统计来看，中国计量大学在文化馆（站）标准中参与起草次数最多，达到5次；参与起草次数达到3次的有鄂尔多斯市市场监督管理局、鄂尔多斯市文化和旅游局、广东省标准化研究院、河南省检验检测研究院集团有限公司、上海格物文化发展研究院、许昌市图书馆、许昌市文化广电和旅游局、中国艺术科技研究所等 8 家单位；参与起草次数达到 2 次的有 17 家单位。

表 3　各类起草主体在文化馆（站）标准中的参与频次分布（单位：次）

起草单位	国家标准	行业标准	地方标准	团体标准	总计
政府部门	0	0	48	3	51
企业	4	5	16	2	27
科研院所	9	3	14	0	26
高等院校	2	3	10	1	16
其他事业单位	0	0	14	0	14
文化馆（群众艺术馆）	0	0	12	0	12
社会组织	0	1	7	0	8
标准化组织	0	0	3	0	3
自治单位和组织	0	0	1	1	2
总计	15	12	125	7	159

表 4　主要起草主体在各类标准中的参与频次分布（单位：次，起草频次达 2 次及以上）

起草单位名称	国家标准	行业标准	地方标准	团体标准	总计
中国计量大学	1	0	4	0	5
鄂尔多斯市市场监督管理局	0	0	3	0	3
鄂尔多斯市文化和旅游局	0	0	3	0	3
广东省标准化研究院	2	0	1	0	3
河南省检验检测研究院集团有限公司	0	0	3	0	3
上海格物文化发展研究院	0	0	3	0	3
许昌市图书馆	0	0	3	0	3
许昌市文化广电和旅游局	0	0	3	0	3
中国艺术科技研究所	2	1	0	0	3
安徽省质量和标准化研究院	1	0	1	0	2
成都市标准化研究院	0	0	2	0	2

续表

起草单位名称	国家标准	行业标准	地方标准	团体标准	总计
成都图书馆	0	0	2	0	2
成都市文化广电旅游局	0	0	2	0	2
广东省中山市质量技术监督标准与编码所	0	0	2	0	2
湖南金智标准科技发展有限公司	0	0	2	0	2
湖南省文化和旅游厅	0	0	2	0	2
杭州市标准化学会	0	0	2	0	2
杭州市拱墅区运河文化公益促进会	0	0	2	0	2
嘉兴职业技术学院	0	0	2	0	2
丽水市文化和广电旅游体育局	0	0	2	0	2
威海市技术监督信息研究所	0	0	2	0	2
威海市文化和旅游局	0	0	2	0	2
中国城市规划设计研究院	0	2	0	0	2
浙江大学城市学院	0	0	2	0	2
镇江市文化广电新闻出版局	0	0	2	0	2
中山市文化广电旅游局	0	0	2	0	2

（五）标准分类号

文化馆（站）标准在标准文献号的分布上相对集中，但涉及的类别也较多。在获取到标准分类号的文化馆（站）标准中：

按中国标准分类号，见表5，85.19%属于A类（综合），其余还涉及B类（农业、林业）、C类（医药、卫生、劳动保护）、F类（能源、核技术）、P类（工程建设）等多个类别。具体到二级类目，类目最为集中的5类是：A16类（服务标准）共23份、A12类（供应与使用关系）共8份、A10类（商业、贸易、合同）共5份、A00类（标准化、质量管理）共4份、B02类（经济管理）共3份。按标准类型，国家标准中，2份属于A16类（服务标准），1份属于A20类（综合技术）；行业标准均属于P类（工程建设）；地方标准共涉及12个二级类目，其中 20 份属于 A16 类（服务标准）；团体标准中，1 份属于 A00 类（标准化、质量管理），1 份属于 A16 类（服务标准）。

按国际标准分类号，见表 6，69.23% 属于 03 类（社会学、服务、公司〔企业〕的组织和管理、行政、运输），其余还涉及 01 类（综合、术语学、标准化、文献）、13 类（环保、保健和安全）、27 类（能源和热传导工程）、97 类（家用和商用设备、文娱、体育）等类别。具体到二级类目，类目最为集中的前 4 类是：03.080 类（服务）共有 32 份、01.040 类（词汇）共有 9 份、03.200 类（娱乐、旅游）共有 2 份、97.200 类（文娱活动设备）共有 2 份。按标准类型，3 份国家标准属于 03.080 类（服务）；地方标准涉及 10 个类目，其中 28 份属于 03.080 类（服务）；2 份团体标准分别属于 03.080 类（服务）和 03.160 类（法律、行政管理）。

表 5　各类型标准在中国标准分类号中的分布（单位：份）

中国标准分类号	国家标准	行业标准	地方标准	团体标准	总计
A16 服务标准	2	0	20	1	23
A12 供应与使用关系	0	0	8	0	8
A10 商业、贸易、合同	0	0	5	0	5
A00 标准化、质量管理	0	0	3	1	4
B02 经济管理	0	0	3	0	3
A14 图书馆、档案、文献与情报工作	0	0	2	0	2
A20 综合技术	1	0	1	0	2
P 工程建设	0	2	0	0	2
A22 术语、符合	0	0	1	0	1
A90 社会公共安全综合	0	0	1	0	1
C51 环境卫生	0	0	1	0	1
F01 技术管理	0	0	1	0	1
F10 能源综合	0	0	1	0	1
总计	3	2	47	2	54

注：经对照标准原文，《乡镇综合文化站建设标准》（建标 160—2012）、《文化馆建设标准》（建标 136—2010）和《文化馆建设用地指标》（建标 128—2008）3 份行业标准未标注分类号，故此项统计不包含以上缺项；《文化馆建筑设计规范》（JGJ / T 41—2014）和《镇（乡）村文化中心建筑设计规范》（JGJ 156—2008）2 份行业标准的中国标准分类号仅标注至一级类目。

表6 各类型标准在国际标准分类号中的分布（单位：份）

国际标准分类号	国家标准	地方标准	团体标准	总计
03.080 服务	3	28	1	32
01.040 词汇	0	9	0	9
03.200 娱乐、旅游	0	2	0	2
97.200 文娱活动设备	0	2	0	2
01.080 图形符号	0	1	0	1
01.140 信息学、出版	0	1	0	1
03.020 社会学、人口统计学	0	1	0	1
03.160 法律、行政管理	0	0	1	1
13.020 环境保护	0	1	0	1
13.310 犯罪行为防范	0	1	0	1
27.010 能源和热传导工程综合	0	1	0	1
总计	3	47	2	52

注：经对照标准原文，5 份行业标准均未标注国际标准分类号，故此项统计不包含以上缺项。

二、各省文化馆（站）标准建设概况

我国文化馆行业整体发展不平衡，这与各地经济、文化等各方面的发展息息相关。本节内容通过统计起草单位的省份、各省参与起草的主体类型以及各省地方标准的颁布情况等，总体分析各省文化馆（站）标准建设情况。

（一）各省参与起草的标准类型

课题组对 57 份标准所涉及起草单位的所在省份进行统计（去除国家级单位），具体信息见表 7，总共有 18 个省、自治区、直辖市参与起草文化馆（站）标准，占全国 31 个省、自治区、直辖市总数（不含台、港、澳地区）的 58.06%。浙江省是参与起草文化馆（站）标准数量最多的省份，共参与起草 20 份，其中包括国家标准 1 份、行业标准 1 份、地方标准 18 份。其次是广东省，参与起草 11 份文化馆（站）标准，其中包括国家标准 2 份、地方标准 7 份、团体标准 2 份。其余省份参与起草的份数均在 3 份及以下。按照标准类型来看，参与国家标准起草的有浙江省、广东省、安徽省、山东省；参与行业标准起草的有浙江省、河北省、吉林省、陕西省；除吉林省和陕西省以外，其余 16 省份均参与，起草地方标准；参与团体标准起草的仅有广东省；吉林省、陕西省仅参与起草 2 份文化馆（站）标准，均为行业标准。

表 7　各省参与起草的文化馆（站）标准数量分布（单位：份）

省级行政区	国家标准	行业标准	地方标准	团体标准	总计
浙江省	1	1	18	0	20
广东省	2	0	7	2	11
安徽省	1	0	2	0	3
河南省	0	0	3	0	3
江苏省	0	0	3	0	3
内蒙古自治区	0	0	3	0	3
山东省	1	0	2	0	3
上海市	0	0	3	0	3
河北省	0	1	1	0	2
湖南省	0	0	2	0	2
吉林省	0	2	0	0	2
四川省	0	0	2	0	2
陕西省	0	2	0	0	2
北京市	0	0	1	0	1
广西壮族自治区	0	0	1	0	1
辽宁省	0	0	1	0	1
山西省	0	0	1	0	1
云南省	0	0	1	0	1
总计	5	6	51	2	64

注：统计时，去除国家级单位；同一份标准中出现多次省份，只记一次。

（二）各省标准起草的主体类型

课题组进一步对各省起草单位的主体类型进行分析，具体信息见表 8。在参与起草文化馆（站）标准数量最多的浙江和广东两个省份中，浙江省的政府部门、高等院校和文化馆（群众艺术馆）是参与次数最多的主体类型；广东省参与起草最多的三类主体分别是政府部门、科研院所以及其他事业单位。值得注意的是，内蒙古自治区、江苏省、云南省参与起草主体类型均为政府部门；上海市参与起草 3 次，主体均为社会组织；陕西省参与起草 2 次，主体均为高等院校。

表 8　各省起草主体的参与频次分布（单位：次）

省级行政区	政府部门	企业	科研院所	高等院校	其他事业单位	文化馆（群众艺术馆）	社会组织	标准化组织	自治单位和组织	总计
浙江省	12	3	4	8	2	7	2	2	0	40
广东省	7	3	7	1	7	4	1	0	1	31
山东省	2	4	5	1	0	1	0	0	0	13
河南省	3	3	0	0	3	0	0	0	0	9
安徽省	4	1	2	0	0	0	0	0	1	8
广西壮族自治区	5	0	0	0	0	0	0	1	0	6
辽宁省	0	4	0	1	0	0	1	0	0	6
内蒙古自治区	6	0	0	0	0	0	0	0	0	6
四川省	2	0	2	0	2	0	0	0	0	6
河北省	3	1	0	1	0	0	0	0	0	5
湖南省	2	2	0	0	0	0	0	0	0	4
吉林省	0	1	2	0	0	0	0	0	0	3
江苏省	3	0	0	0	0	0	0	0	0	3
上海市	0	0	0	0	0	0	3	0	0	3
山西省	1	1	0	0	0	0	0	0	0	2

续表

省级行政区	政府部门	企业	科研院所	高等院校	其他事业单位	文化馆（群众艺术馆）	社会组织	标准化组织	自治单位和组织	总计
陕西省	0	0	0	2	0	0	0	0	0	2
北京市	0	1	0	0	0	0	0	0	0	1
云南省	1	0	0	0	0	0	0	0	0	1
总计	51	24	22	14	14	12	7	3	2	149

注：57份文化馆（站）标准共计159个起草单位，其中10个为国家级单位。

（三）各省地方标准的颁布情况

文化馆（站）现行标准中，共有47份地方标准，占比达82.46%。其中省级颁布的地方标准有19份，市、县级颁布的有28份。颁布地方标准最多的地区是浙江省，共颁布18份，其中5份省级，13份市、县级，共涉及浙江9个市、县；其次是广东省，共颁布6份，其中1份省级、5份市级，共涉及广东4个市。从市、县级来看，颁布2份及以上的市、县有杭州市、丽水市、中山市、许昌市以及成都市。以上数据详见表9。

表9　地方标准的颁布地区分布（单位：份）

地区		数量	
浙江省	浙江省	5	18
	杭州市	3	
	丽水市	3	
	德清县	1	
	海宁市	1	
	嘉善县	1	
	宁波市	1	
	衢州市	1	
	台州市	1	
	温州市	1	

续表

地区		数量	
广东省	广东省	1	6
	中山市	2	
	广州市	1	
	惠州市	1	
	深圳市	1	
河南省	许昌市	3	3
江苏省	江苏省	2	3
	镇江市	1	
内蒙古自治区		3	3
安徽省		2	2
湖南省		2	2
四川省	成都市	2	2
山东省		2	2
北京市		1	1
广西壮族自治区		1	1
河北省	廊坊市	1	1
辽宁省	大连市	1	1
山西省	吕梁市	1	1
云南省	保山市	1	1
总计			47

三、文化馆（站）标准的主题分布

根据全国文化馆标准化技术委员会编制的文化馆标准体系总体结构图，文化馆标准分为基础标准、建设标准、服务标准、管理标准与技术标准 5 类。基础标准包括术语标准、分类标准、标识标准 3 小类；建设标准包括建设规划标准、空间设计标准、设施设备标准 3 小类；服务标准包括通用服务标准和专项服务标准 2 小类；管理标准包括业务管理标准、人员及组织管理标准、评估评价标准、安全保障标准 4 小类；技术标准包括数字化基础标准、数据采集与交换标准、数字资源管理应用标准、大数据标准 4 小类[①]。

按照上述分类体系，课题组对文化馆（站）标准的主题类型的统计如表 10。

（一）标准主题的总体分布

文化馆（站）现行标准中，共有基础标准 1 份、建设标准 18 份、服务标准 23 份、管理标准 14 份、技术标准 1 份。其中，国家标准中有 2 份为服务标准，1 份为建设标准；行业标准和团体标准均为建设标准；地方标准中，建设标准有 10 份，服务标准有 21 份，管理标准有 14 份。

表 10　文化馆现行标准的主题分布（单位：份）

主题类型	国家标准	行业标准	团体标准	地方标准	总计
基础标准	0	0	0	1	1
建设标准	1	5	2	10	18
服务标准	2	0	0	21	23
管理标准	0	0	0	14	14
技术标准	0	0	0	1	1
总计	3	5	2	47	57

（二）各省参与起草的标准主题分布

按照现行发布的标准类型，参与起草建设标准的省份最多，有 12 个；参与服务标准起草的有 8 个省；参与管理标准起草的有 8 个省；参与技术标准起草的仅有浙江省；参与基础标准起草的仅有广东省。具体信息见表 11。

在参与起草标准数量最多的浙江和广东两个省份中，两省参与起草最多的均为服务标准，并且两省参与起草的标准涵盖现行 4 种主题。诸多省份仅参与了 1 种主题类型的标准起草，例如内蒙古自治区、湖南省、吉林省、陕西省、北京市、辽宁省、云南省均仅参与起草建设标准，四川省和山西省仅参与服务标准的

① 资料源自全国文化馆标准化技术委员会秘书处2022年编制的《文化馆标准体系表》。

起草，广西壮族自治区仅参与起草管理标准。

表 11　主要参与省份起草的文化馆（站）标准主题数量分布（单位：份）

省级行政区	基础标准	建设标准	服务标准	管理标准	技术标准	总计
浙江省	0	3	9	7	1	20
广东省	1	2	5	3	0	11
安徽省	0	2	0	1	0	3
河南省	0	0	2	1	0	3
江苏省	0	0	2	1	0	3
内蒙古自治区	0	3	0	0	0	3
山东省	0	1	2	0	0	3
上海市	0	0	2	1	0	3
河北省	0	1	0	1	0	2
湖南省	0	2	0	0	0	2
吉林省	0	2	0	0	0	2
四川省	0	0	2	0	0	2
陕西省	0	2	0	0	0	2
北京市	0	1	0	0	0	1
广西壮族自治区	0	0	0	1	0	1
辽宁省	0	1	0	0	0	1
山西省	0	0	1	0	0	1
云南省	0	1	0	0	0	1
总计	1	21	25	16	1	64

四、文化馆（站）标准立项情况

一份标准从立项、编制到发布需要经历多项程序，从立项信息可以了解文化馆（站）未来一段时期的发展趋势与方向。根据公开发布的信息，截止到 2022 年 12 月 31 日，共有 11 份文化馆（站）标准已经立项，其中国家标准 4 份、行业标准 7 份。在国家标准中，乡镇（街道）综合文化站图书室的建设成为主要的立项内容；在行业标准中，技术标准成为主要的立项类型。从表 12 可以分析出，标准化组织正大力推进文化馆（站）标准建设工作，已立项的文化馆（站）标准中，8 份归口单位为全国文化馆标准化技术委员会、3 份归口单位为全国图书馆标准化技术委员会。

表 12　中国文化馆（站）标准立项信息表

序号	标准类型	计划号 / 立项编号	标准名称	归口单位	立项时间	标准阶段（截至 2023 年 11 月）
1	国家标准计划	20214083-T-357	乡镇（街道）综合文化站图书室 管理与服务	全国图书馆标准化技术委员会	2021 年	批准阶段
2		20191089-T-357	数字文化馆资源和技术基本要求	全国文化馆标准化技术委员会	2019 年	批准阶段
3		20130558-T-357	乡镇（街道）综合文化站图书室规范 第 1 部分：管理	全国图书馆标准化技术委员会	2013 年	暂缓
4		20130557-T-357	乡镇（街道）综合文化站图书室规范 第 2 部分：服务	全国图书馆标准化技术委员会	2013 年	暂缓
5	行业标准立项	WH2022-06	文化馆业务规范	全国文化馆标准化技术委员会	2022 年	征求意见阶段
6		WH2022-05	文化驿站建设与服务管理规范	全国文化馆标准化技术委员会	2022 年	起草阶段
7		WH2022-04	文化馆数字资源标签和用户标签通用要求	全国文化馆标准化技术委员会	2022 年	征求意见阶段
8		WH2022-03	公共文化云平台资源共享操作导则	全国文化馆标准化技术委员会	2022 年	征求意见阶段
9		WH2021-13	文化馆服务数据采集要求	全国文化馆标准化技术委员会	2021 年	征求意见阶段
10		WH2021-06	文化馆年报编制与公开指南	全国文化馆标准化技术委员会	2021 年	批准阶段
11		WH2021-05	文化馆全民艺术普及线上课程建设要求	全国文化馆标准化技术委员会	2021 年	起草阶段

五、文化馆（站）标准建设现状总结

标准化建设与文化馆业务的转型升级是同步迈进、共同前行的。当前，文化馆（站）标准建设领域内存在一些明显的趋势，譬如国家标准和行业标准尚处于起步发展阶段，地方标准发展迅速。与此同时，数字化建设、乡村文化建设、全民艺术普及等主题的标准化工作备受瞩目。

（一）标准化成为业务转型升级的重要助力

全面推动文化馆（站）标准化建设，有助于促进文化馆业务转型升级。通过标准化建设，可以引导文化馆更好地适应市场变化和满足群众日益增长的文化需求，实现可持续发展。近年来，全民艺术普及成为文化馆的核心职能，是落实国家文化战略、推动公共文化服务高质量发展的重要抓手之一，也因此成为标准化建设备受关注的主题。根据表 1 所列的文化馆（站）现行标准，《“一人一艺”全民艺术普及规范》（DB3302/T 1090—2018）、《“文化超市”公益艺术培训服务规范》（DB3310/T 43—2018）和《“艺术之光”全民艺术普及服务规范》（DB3211/T 1006-2019）3 份地方标准紧密结合当地全民艺术普及工作的具体实施情况，明确了相关服务内容、服务要求和服务管理，为文化馆创新开展全民艺术普及工作提供了可供参照的业务模式。此外，行业标准《文化馆全民艺术普及线上课程建设要求》（WH2021—05）已于 2021 年立项，全民艺术普及工作的标准化建设问题将持续受到关注。

此外，文化馆总分馆制建设亦是近年来文化馆行业推进高质量发展的重要内容，目前《文化馆总分馆制管理服务规范》（DB4110/T 47—2022）、《县级文化馆总分馆制管理服务规范》（DB33/T 2263—2020）、《文化馆总分馆服务体系管理规范》（DB4413/T 2—2019）3 份地方标准已颁布，有助于推动不同层级文化馆（站）开展总分馆建设工作。

（二）国家与行业标准仍处于起步阶段

国家标准和行业标准对任何一个领域或行业都具有引领性作用。目前，在全国文化馆标准化技术委员会的组织协调下，文化馆（站）标准体系逐步完善，国家标准和行业标准的立项、管理与宣贯工作持续推进。根据表 1 所示，文化馆（站）现行标准中国家标准有 3 份、行业标准有 5 份，分别占比 5.26% 和 8.77%。根据表 12，目前已经立项的 11 份文化馆（站）标准中，有国家标准 4 份、行业标准 7 份。其中，《文化馆服务标准》（GB/T 32939—2016）和《乡镇综合文化站服务标准》（GB/T 32940—2016）2 份国家标准明确了文化馆和乡镇综合文化站的服务职能和功能，是开展公共文化服务绩效评估的重要依据文件；《农村文化活动中心建设与服务规范》（GB/T 41375—2022）规定了农村文化活动建设与服务的各项内容。行业标准中，目前 5 份现行标准均属于建筑工业行业标准，文化馆行业标准已立项 7 份，未来有望陆续颁布。

总体来看，文化馆（站）国家标准和行业标准建设仍处于起步阶段。对比同为公共文化行业的公共图书馆，其标准化立项情况：据《图书馆业务工作相关标准规范概览》对 20 世纪 80 年代至 2017 年底图书馆领域正式发布实施的标准的搜集，强制性或推荐性国家标准有 148 项、推荐性行业标准有 37 项①。可见，文化馆行业的标准化建设尚需持续大力推进。

（三）地方标准建设呈现迅猛发展趋势

我国文化馆（站）地方标准发展迅速，全国多个省份在乡村振兴、全民艺术普及、文化志愿服务、文化广场建设、文化驿站建设等诸多方面都率先展开标准化建设，为本地文化馆（站）业务的专业化奠定了基础，也为未来相关国家标准和行业标准的出台立足了根基。

在文化馆（站）现行标准中，地方标准有 47 份，占比 82.46%。从颁布地区来看，浙江和广东是颁布地方标准最多的两个省份，同时也是参与起草标准最多

---

① 申晓娟. 图书馆业务工作相关标准规范概览[M]. 北京：北京师范大学出版社，2019：前言.

的两个省份。究其原因，或许与两省对文化馆事业的重视与投入有着密切关系。根据 2018 年度全国文化馆（群艺馆）基本情况统计，在经费建设中，广东省和浙江省年度经费投入在全国分居第一和第二[①]。

从地方标准的内容来看，地方标准多结合当地文化馆（站）的具体实践工作而制定，各地地方标准的发布情况可以在一定程度上反映当地文化馆事业的发展特色。例如浙江省丽水市打造了全国乡村文化振兴的特色品牌“丽水村晚”，该项目在 2019 年被命名为第三批国家公共文化服务体系建设示范项目。为加强乡村春晚的标准化建设，丽水市于 2021 年发布了《乡村春晚建设规范》（DB3311/T 179 — 2021）。

（四）数字转型与乡村振兴成为热点话题

在文化馆（站）现行标准和已立项标准计划中，文化馆（站）的数字转型和乡村振兴是两个备受瞩目且持续得到关注的主题。数字化建设工作是提升公共文化服务供给能力的重要保障，而乡村振兴的相关标准则有望引领乡村公共文化事业的新业态与新发展。

在已立项的标准中，国家标准计划《数字文化馆资源和技术基本要求》（20191089-T-357）和行业标准《文化馆数字资源标签和用户标签通用要求》（WH2022-04）、《文化馆服务数据采集要求》（WH2021-13）、《公共文化云平台资源共享操作导则》（WH2022-03）、《文化馆全民艺术普及线上课程建设要求》（WH2021-05）均涉及文化馆数字资源和数字技术的建设。在现行文化馆（站）标准中，《数字文化馆建设与服务规范》（DB3311/T 168 — 2021）也涉及文化馆数字化等相关议题。

与乡村文化振兴相关的共有 2 份国家标准、2 份团体标准、2 份行业标准、20 份地方标准，涵盖农村文化活动中心建设与服务、村级综合性文化服务中心管理与服务、乡村文化广场管理与维护等内容。在已立项的 11 份文化馆（站）标准中，3 项国家标准计划涉及乡镇（街道）综合文化站图书室的服

① 2018年度全国文化馆（群艺馆）基本情况统计[M]//李宏，魏大威．文化馆蓝皮书：新时代文化馆创新发展2017—2018．北京：国家图书馆出版社，2019：277-294.

务与管理。

六、文化馆（站）标准化建设方向的思考

（一）关注“大文化”语境下的标准建设动向

与同属公共文化机构的图书馆、博物馆相比，文化馆（站）的工作具有更强的社会性和交叉性，而在“乡村文化振兴”“文旅融合”“融合发展”等潮流的影响之下，这一特性还将进一步凸显。因此，要准确把握文化馆（站）的标准化建设方向，其中一个必要的工作便是追踪和了解“大文化”领域的标准建设动向。

所谓“大文化”，即文化事业、文化产业、文化遗产、文化服务等宽泛意义上的“文化”领域，其中许多都与文化馆（站）存在一定的交叉业务，具有一定的启发价值。根据课题组的检索，当前这些领域的标准建设成果（以下简称“‘大文化’标准”）主要涉及公共文化资源分类、公共文化服务绩效评价、乡村文化旅游建设、文化创意空间建设、数字文化资源建设等主题（见附录 1）。

加强对“大文化”标准研制动向的了解有以下三方面意义：首先，文化馆（站）的标准化建设工作仍处于起步阶段，“大文化”标准的部分成果可以在本领域相关标准暂时缺失的情况下，提供有效的专业化支撑，如文化产业、文化交流与合作、市场监管等相关标准，在必要时都能为文化馆（站）相关业务工作提供专业指引。其次，“大文化”语境下的标准化建设情况可以为本领域的标准化建设方向提供重要参考。例如，《国家公共文化服务绩效评价标准》（T/CTSA 0001—2021）涉及的绩效评价评估等内容恰恰是当前文化馆（站）标准化建设中缺失且亟需制订的。在文化馆（站）领域制定同类型标准时，这就是一个很好的研制起点，可以通过细化相关规定和要求，保证文化馆（站）开展服务绩效评估的标准建设更具针对性和专业性。最后，加强与“大文化”标准化成果的衔接，也是文化馆（站）标准建设的重要方向。例如，在非物质文化遗产保护标准的制定中，文化馆（站）要考虑，如何凸显其阵地特质和工作特性，实现与《非物质文化遗

产保护与传承规范》（DB4503/T 0019—2021）等现行标准的衔接。概言之，对“大文化”标准进行研究和参考，更有利于探寻和思考“文化馆何以独特”“文化馆以何独特”等关键问题。

（二）推进文化馆（站）重点领域标准建设

稳步推进文化馆标准制修订工作，应当围绕文化馆事业发展的关键和重点领域，如全民艺术普及、非物质文化遗产保护、文化志愿服务、文化艺术展览服务等，补全现行短板、强化其专业性建设。例如文化和旅游志愿服务是文化馆（站）的中心工作之一，尽管当前有部分地方标准和相关领域的标准（如国家标准《志愿服务组织基本规范》〔GB/T 40143—2021〕）可供参考，但出台专门的国家或行业标准仍具有其迫切意义。

根据现有的标准化建设情况来看，文化馆（站）标准化建设的宏观规划应当加强。由相关部门或行业协会牵头，与省市文化馆、科研院所和标准化机构等合作，以重点项目委托的形式，推动一批核心标准的制修订工作。以下领域值得重点关注：第一，文化馆（站）核心业务领域的标准化建设工作，包括全民艺术普及、公益艺术培训、数字文化馆等；第二，发展基础较为薄弱、覆盖面广阔的文化站或具有类似属性的基层公共文化机构的标准化建设，尤其是涉及质量评价、绩效评估的相关标准；第三，与国家重要政策或重点文化工程相配套的标准化建设，如乡村振兴、特殊群体、文旅融合等工作中的文化馆（站）相关标准建设。通过重点领域的标准建设，不断完善和丰富文化馆（站）的标准体系，尽快构建一个高质量的文化馆标准体系。

（三）推动社会力量深入参与标准体系建设

《文化标准化中长期发展规划（2007—2020）》已经指出，要“充分调动和发挥文化企事业单位、社会团体和专家学者的积极性和创造性，参与文化标准的研究和制（修）订工作和文化标准的贯彻实施”[①]。与此同时，“十三五”末期出台

① 文化部印发文化标准化中长期发展规划2007—2020[EB/OL].（2007-08-06）[2023-10-10]. https://www.gov.cn/gzdt/2007-08/06/content_707569.htm.

的《团体标准管理规定》提出，“团体标准实施效果良好，且符合国家标准、行业标准或地方标准制定要求的，团体标准发布机构可以申请转化为国家标准、行业标准或地方标准”[①]。由此可见，社会团体及团体标准是健全完善标准体系的重要支撑。

当下，社会力量在推动文化馆（站）标准化建设中也已崭露头角，根据表3，在各类参与文化馆（站）标准起草的主体中，企业参与27次、社会组织参与8次、自治单位和组织参与2次，以上各类社会力量共计参与频次占比23.27%。面向未来，有必要进一步加强社会力量在各类型标准中的参与广度和参与深度，发挥各类型主体的优势。与此同时，也应当重视加强团体标准的制定工作，引导培育优质团体标准，为其他类型标准的制定奠定广泛基础。

（四）加强文化馆（站）标准的宣贯与研究

标准是为使用而制定的。标准化建设的成果倘若未能应用到实践工作中，其对文化馆（站）的实在价值就无法体现。因此，在文化馆事业持续发展的进程中，需要加强文化馆（站）标准的研究与宣贯工作。一方面，国家和各地文化馆的协会、组织应该通过宣传讲座、学术会议、研讨活动、实地调研等形式，面向行业内外开展标准化建设工作的宣传与交流，不断加强标准化建设的培训推广；另一方面，应建立有效的评估反馈机制，探索建立文化馆（站）标准化试点示范工作机制，总结标准落地与实施的先行经验。与此同时，在与其他行业交叉的领域中，需要特别重视相关标准的协同机制建设，做好衔接配套工作，保持相关领域的一致性，切实发挥标准成果的实践指导作用。

---

① 国家标准化管理委员会 民政部关于印发《团体标准管理规定》的通知[EB/OL].（2019-01-18）[2023-11-15]. https://www.mca.gov.cn/n152/n165/c37174/content.html?eqid=e822ecd0000c0396000000036486bf5d.

附录："大文化"领域相关标准基本信息表

"大文化"领域相关标准基本信息表①

序号	标准类型	标准号	标准名称	发布日期	实施日期
1	国家标准	GB/T 37965—2019	信息与文献 文化遗产信息交换的参考本体	2019-08-30	2020-03-01
2		GB/T 36309—2018	公共文化资源分类	2018-06-07	2019-01-01
3		GB/T 30240.4—2017	公共服务领域英文译写规范 第4部分：文化娱乐	2017-05-22	2017-12-01
4		GB/T 28221.5—2011	灾后过渡性安置区基本公共服务 第5部分：文化体育	2011-12-30	2012-04-01
5		GB/T 25601—2010	中国文化遗产标志	2011-01-14	2011-04-01
6		GB/T 20647.1—2006	社区服务指南 第1部分：总则	2006-12-22	2007-06-01
7		GB/T 20647.3—2006	社区服务指南 第3部分：文化、教育、体育服务	2006-12-22	2007-06-01
8	行业标准	WW/T 0090—2018	世界文化遗产地风险管理术语	2019-01-31	2019-06-01
9		YD/T 3057—2016	联网社区文化生活服务系统技术框架	2016-04-05	2016-07-01
10		MZ/T 033—2012	地名文化遗产鉴定	2012-06-21	2012-07-01
11	地方标准	DB36/T 1727—2022	地名文化遗产鉴定规范	2022-12-28	2023-07-01
12		DB42/T 1942—2022	传统村落非物质文化遗产保护与利用	2022-12-05	2023-02-05
13		DB3710/T 170—2022	基本公共文化服务规范	2022-10-12	2022-11-12
14		DB3305/T 241—2022	文化和旅游公共服务机构功能融合建设与服务规范	2022-09-30	2022-10-01

① 共收录85份标准，其中国家标准7份、行业标准3份、地方标准51份、团体标准24份，各类标准按发布日期倒序排列。

续表

序号	标准类型	标准号	标准名称	发布日期	实施日期
15	地方标准	DB64/T 1831.1—2022	宁夏“六优”产业高质量发展标准体系 第1部分：文化旅游	2022-09-19	2022-12-19
16		DB14/T 2523—2022	非物质文化遗产旅游体验基地建设基本要求	2022-08-10	2022-11-10
17		DB4110/T 49—2022	特色文化村管理服务规范	2022-06-15	2022-07-01
18		DB3401/T 250—2022	社区基本公共文化服务规范	2022-05-09	2022-05-09
19		DB3303/T 044—2022	非物质文化遗产体验基地建设及服务规范	2022-03-07	2022-04-07
20		DB3301/T 0352—2021	未来社区公共文化空间建设规范	2021-12-31	2022-01-31
21		DB43/T 2262—2021	传统文化类社区教育机构建设规范	2021-12-29	2022-03-29
22		DB4503/T 0019—2021	非物质文化遗产保护与传承规范	2021-12-15	2022-01-01
23		DB3710/T 156—2021	乡村公共文化精致化服务规范	2021-12-09	2022-01-29
24		DB 3705/T 5—2021	新时代文明实践志愿服务项目管理规范	2021-11-30	2022-01-01
25		DB5223/T 34—2021	新市民居住区基本公共文化体育设施配置规范	2021-09-26	2021-09-26
26		DB5223/T 35—2021	新市民居住区基本公共文化体育服务规范	2021-09-26	2021-09-26
27		DB5223/T 36—2021	新市民居住区文化体育活动队伍建设规范	2021-09-26	2021-09-26
28		DB63/T 1927—2021	乡村文化旅游建设指南	2021-06-30	2021-08-01
29		DB3301/T 0339—2021	社区公共文化服务规范	2021-06-30	2021-07-30
30		DB21/T 3357.1—2020	文化旅游空间服务质量要求 第1部分：文化产业园区	2020-12-30	2021-01-30

续表

序号	标准类型	标准号	标准名称	发布日期	实施日期
31	地方标准	DB36/T 1339—2020	文化产业和旅游产业融合发展示范区评定规程	2020-12-29	2021-07-01
32		DB11/T 334.2—2020	公共场所中文标识英文译写规范 第2部分：文化旅游	2020-12-24	2021-04-01
33		DB6101/T 3079—2020	物业服务规范 社区文化活动	2020-12-23	2021-01-23
34		DB4420/T 5—2020	邻里文化家服务规范	2020-12-18	2021-02-18
35		DB13/T 5275—2020	文化和旅游产学研基地服务规范	2020-11-19	2020-12-19
36		DB3301/T 0321—2020	文化管家服务规范	2020-10-31	2020-11-30
37		DB46/T 506.5—2020	公共场所标识标牌英文译写规范 第5部分：文化娱乐	2020-07-15	2020-07-20
38		DB3301/T 0311.5—2020	特色休闲示范点品质评定 第5部分：文化娱乐	2020-04-30	2020-05-30
39		DB50/T 975—2020	娱乐与文化场所新冠肺炎疫情防控技术指南	2020-03-04	2020-03-05
40		DB 3307/T 101—2019	军地文化共建共享服务规范	2019-12-30	2020-01-30
41		DB42/T 1535—2019	文化体育综合场馆运行服务规范	2019-12-19	2020-03-19
42		DB3701/T 0005.10—2019	济南市公共服务领域名称英文译写规范 第10部分：文化	2019-12-05	2020-01-01
43		DB32/T 3672—2019	法治文化示范点建设指南	2019-12-04	2019-12-25
44		DB5306/T 31—2019	精神文化家园建设和服务规范	2019-11-15	2019-11-15
45		DB1302/T 493—2019	乡村文化旅游服务中心建设与服务规范	2019-11-01	2019-11-08
46		DB31/T 1175—2019	公共数字文化平台服务规范	2019-08-15	2019-11-01
47		DB5117/T 9—2019	美丽乡村 巴人文化保护与传承工作指南	2019-07-15	2019-07-18

续表

序号	标准类型	标准号	标准名称	发布日期	实施日期
48	地方标准	DB52/T 1239.4—2019	政府数据 核心元数据 第4部分：非物质文化遗产资源数据	2019-04-30	2019-11-01
49		DB33/T 2186—2019	农村文化礼堂管理与服务规范	2019-02-01	2019-03-01
50		DB33/T 2182—2019	公共文化跨区域服务规范	2019-01-15	2019-02-15
51		DB3301/T 0268—2018	社会力量参与公共文化服务评估规范	2018-12-30	2019-01-30
52		DB37/T 3472—2018	省级地名文化遗产认定规范	2018-12-29	2019-01-29
53		DB52/T 1398—2018	公共文化服务资源信息分类与代码	2018-12-28	2019-05-28
54		DB33/T 2155—2018	公共文化服务第三方评价规范	2018-10-15	2018-11-15
55		DB3302/T 1071—2018	非物质文化遗产“三位一体”传承基地建设规范	2018-06-21	2018-06-21
56		DB3301/T 0228—2018	社区公共文化服务评估规范	2018-06-20	2018-07-20
57		DB3304/T 015 —2018	城乡基本公共文化服务规范	2018-05-10	2018-06-10
58		DB33/T 2079—2017	基本公共文化服务规范	2017-12-26	2018-01-26
59		DB12/T 598.9—2015	天津市建设项目用地控制指标 第9部分：非营利性公共文化设施项目	2015-09-18	2015-11-01
60		DB31/ T554—2015	大型公共文化设施建筑合理用能指南	2015-06-15	2015-10-01
61		DB32/T 1446.4—2009	公共场所标志英文译写规范 第4部分：文化体育	2009-11-10	2009-12-30
62	团体标准	T/SZTT 0006—2022	群众性文化活动实施人员等级评价规范	2022-12-12	2022-12-12
63		T/SHMHZQ 091—2021	文艺演出现场管理规范	2021-12-07	2021-12-07

续表

序号	标准类型	标准号	标准名称	发布日期	实施日期
64	团体标准	T/JSLYXH 002—2022	江苏省文化场馆和旅游景区电子票务系统 技术规范	2022-11-29	2023-01-01
65		T/SHMHZQ 102—2022	文化汇演接待服务规范	2022-10-21	2022-10-21
66		T/CCPITCSC 099—2022	城市文化生活综合体内容构建规范	2022-08-19	2022-09-01
67		T/HSCA 003—2022	体育和文化场馆室内空气质量要求	2022-07-14	2022-07-18
68		T/ZAS 3019—2022	非物质文化遗产旅游资源开发指南	2022-05-20	2022-06-20
69		T/CTSA 0010—2022	文化体验馆技术要求 第3部分：移动沉浸式体验馆	2022-05-05	2022-05-05
70		T/JSLYXH 001—2022	文化场馆和旅游景区身份核验系统“一卡通”技术规范	2022-02-15	2022-03-01
71		T/ZJJXH 0008—2021	社区活动中心室内环境污染管理指南	2021-12-08	2021-12-10
72		T/CNGCA 001—2021	文化创意空间评价体系	2021-11-18	2021-12-05
73		T/CTSA 0005—2021	文化体验馆技术要求 第1部分 沉浸式教室	2021-10-29	2021-10-29
74		T/CPRA 301—2021	文化资源数据分类与代码	2021-10-15	2021-10-15
75		T/ZJLB 0001—2021	县域文化和旅游融合工作指南	2021-09-15	2021-10-01
76		T/CTSA 0001—2021	国家公共文化服务绩效评价标准	2021-07-27	2021-07-27
77		T/LZBX 017—2021	融水苗族自治县非物质文化遗产保护与发展 第1部分：导则	2021-03-25	2021-03-25
78		T/OTOP TY002—2021	公共数字文化直播应急操作技术规范	2021-01-04	2021-01-10
79		T/CQCADPA 2.1—2020	数字文化资源共享元数据著录规则	2020-10-12	2020-10-12

续表

序号	标准类型	标准号	标准名称	发布日期	实施日期
80	团体标准	T/CQCADPA 2.2—2020	数字文化资源共享元数据术语	2020-10-12	2020-10-12
81		T/CQCADPA 2.3—2020	数字文化资源共享元数据第 1 部分：音频	2020-10-12	2020-10-12
82		T/CQCADPA 2.4—2020	数字文化资源共享元数据第 2 部分：影像	2020-10-12	2020-10-12
83		T/CQCADPA 2.5—2020	数字文化资源共享元数据第 3 部分：图片	2020-10-12	2020-10-12
84		T/CQCADPA 2.6—2020	数字文化资源共享元数据第 4 部分：文字	2020-10-12	2020-10-12
85		T/ZS 0082—2019	农村文化礼堂管理与服务规范	2019-08-30	2019-10-01

资　料

中国文化馆发展历程纪事
（1949—2023 年）

1949 年

中华人民共和国成立后，借鉴苏联兴办文化馆的做法，通过新建或改造原有的民众教育馆、社会教育馆等方式，由中央人民政府教育部主导在全国范围内布局“人民文化馆”。

1950 年

东北人民政府颁布《东北区文化网的组织工作纲要试行条例》，广西省人民政府印发《广西省建立人民文化馆文化站暂行办法》，绥远省人民政府印发《绥远省各县市设置人民文化馆的决定》，人民文化馆建设在全国快速推进。

10 月，《怎样办好人民文化馆》（工农教育丛刊编委会编）由三联书店出版。此后，《在成长中的人民文化馆》（教育资料丛刊社编，1951 年 10 月）由人民教育出版社出版，《怎样作好人民文化馆工作》（孟式钧编，1951 年 11 月）由文化供应社出版。以上是 1949 年后最早公开出版的汇集文化馆发展政策文件、介绍各地文化馆建设和服务做法的出版物。

1951年

中央人民政府文化部印发《1950年全国文化艺术工作报告与1951年计划要点》，提出1951年巩固与充实各地现有文化馆，争取在两年内做到每一个县有一个文化馆。

1952年

5月14日，中央人民政府教育部、文化部发出通知，决定各地人民文化馆划归文化部门领导。中央人民政府文化部成为行政主管部门后，经过调查研究，将人民文化馆改称文化馆。

1953年

12月18日，中央人民政府文化部印发《关于整顿和加强文化馆、站工作的指示》，明确了文化馆、站和农村俱乐部的功能定位，规定了文化馆、站的“四大任务”：一是时事政策宣传；二是组织和辅导群众的各种文化学习，配合扫盲工作；三是组织和辅导群众业余艺术活动（包括各种文化娱乐）；四是普及与群众日常生活和工农业生产有关的科学、技术和卫生知识。

从1953年开始，中央人民政府文化部社会文化事业管理局编印《文化馆工作参考资料》，直至1956年7月。这是中华人民共和国成立初期文化馆工作最主要的参考资料。

1954年

6月7日，文化部、中华全国总工会印发《关于加强厂矿、工地、企业中文化艺术工作的指示》，要求文化馆应将对职工业余文化艺术活动的业务辅导工作列为自己的经常性重要任务之一。

1955 年

文化部分别在北京市、浙江省试点建立群众艺术馆。

1956 年

2 月 18 日，文化部和共青团中央印发《关于配合农村合作化运动高潮开展农村文化工作的指示》，提出 7 年内在全国范围内建立农村文化网，基本上做到每个县都有县报、文化馆、图书馆、书店、影剧院、职工剧团，做出以现有的县文化馆图书室为基础筹建县图书馆的部署。

8 月 21 日，文化部印发《关于群众艺术馆的任务和工作的通知》，要求各省、市、自治区普遍设立群众艺术馆，具体任务是：（1）搜集、整理民间艺术遗产和辅导群众业余艺术创作；（2）编辑并推荐适合群众业余艺术活动需要的演唱材料和业务学习资料；（3）协助文化艺术干部学校，采取举办讲座等方式，有计划地培养和提高文化馆、站和文化宫（俱乐部）的艺术干部，通过他们来培养提高群众业余艺术骨干；（4）组织专业艺术工作者，有计划地对群众业余艺术组织进行业务辅导。

8 月，文化部社会文化事业管理局主办的内部刊物《文化馆工作》创刊。

10 月 26 日，中央群众艺术馆在北京成立，为文化部艺术事业管理局所属的事业单位。

12 月 10 日，毛泽东、刘少奇、朱德、彭德怀等党和国家领导人在中南海怀仁堂接见新疆维吾尔自治区文化馆干部参观团全体人员，并合影留念。

1957 年

3 月 23 日至 27 日，文化部艺术事业管理局在北京召开全国群众艺术馆工作座谈会，确定群众艺术馆今后将要进行的四项工作：搜集和整理民间艺术遗产，辅导群众业余创作；供应群众演唱材料和业务学习资料；训练文化馆艺术干部和群众业余艺术活动骨干；组织社会力量对群众业余艺术组织进行辅导。

5月27日至6月13日，文化部在北京召开城市文化馆工作座谈会。这是1949年后第一次举行全国性的文化馆工作会议。会议交流中华人民共和国成立以来文化馆工作经验，反映各地文化馆工作中的实际困难和问题，探讨文化馆在社会主义革命和建设中的地位和作用。

6月12日，毛泽东、朱德、刘少奇、陈云等党和国家领导人接见参加全国城市文化馆工作座谈会代表并合影留念。

1958年

1958年初，成立不到两年的中央群众艺术馆被撤销。

8月至10月，文化部先后召省、市、自治区文化局长会议和全国文化行政会议。会议提出群众文化活动要做到“八个人人”：人人能读书、人人能写诗、人人看电影、人人能唱歌、人人能绘画、人人能舞蹈、人人能表演、人人能创作。

1963年

伴随着农村社会主义教育运动，农村俱乐部再度活跃。群众艺术馆对农村俱乐部建设给予了大力支持。

1964年

11月26日至12月28日，由文化部、中华人民共和国民族事务委员会主办的全国少数民族群众业余艺术观摩演出会在北京举行。来自全国的600余位群众业余演员参加观摩演出。毛泽东、刘少奇、周恩来等党和国家领导人出席开幕式，并同参演的群众业余演员和首都各界人士一起迎接新年。

1966 年

“文化大革命”开始，部分文化馆被撤销。

1979 年

截至 1979 年底，全国共有群众艺术馆 170 多个，文化馆 2800 多个，文化站 22000 多个（其中社办公助和社办文化站 17000 多个）。与“文革”前相比，群众艺术馆增加了 90 多个，文化馆增加了 230 多个。

1980 年

7 月 2 日，文化部印发《关于加强群众文化工作的几点意见》，这是党的十一届三中全会后第一个部署群众文化工作的政策文件。文件提出争取到 1985 年全国有二分之一的公社所在地（小城镇）建设成农村文化中心，县县有文化馆。文件进一步明确群众艺术馆和文化馆的区别，明确建议省、地级群众艺术事业机构一律改称群众艺术馆为宜。

1981 年

7 月 10 日，文化部出台《文化馆工作试行条例》，首次以部门规章的形式对文化馆工作加以规范。

7 月 15 日，中宣部、文化部、共青团中央印发《关于活跃农村文化生活的几点意见》，提出当前农村文化建设的方针是加强领导，积极发展，因地制宜，量力而行，讲求实效，稳步前进。

8 月 15 日，中共中央印发《关于关心人民群众文化生活的指示》，要求各级党委和有关部门重视人民群众的文化生活，并将其放在党委工作的重要位置上，认真抓好。

1982 年

11 月，五届全国人大五次会议审议通过国家第六个“五年计划”，提出“县县有文化馆、图书馆，乡乡有文化站”的奋斗目标。

12 月 4 日，新修订的《中华人民共和国宪法》首次将发展文化馆事业写入条文，文化馆的建设和发展有了宪法依据。

12 月 20 至 28 日，文化部在广西壮族自治区浦北县召开全国文化馆工作座谈会，总结党的十一届三中全会以来我国文化馆事业恢复发展的成就和经验，提出了加强文化馆事业建设、开创文化工作新局面的主要措施。

1983 年

9 月 24 日，中共中央批转中宣部、文化部、全国总工会、共青团中央《关于加强城市、厂矿群众文化工作的几点意见》并发出通知。

1984 年

3 月 28 日，国务院办公厅转发《关于当前农村文化站问题的请示》。明确文化站是乡（镇）政府领导的群众文化事业机构，业务上接受上级文化部门的指导。要求明确文化站专职人员的编制，逐步做到每站配专职人员一人，由文化事业经费供给。

1985 年

5 月，文化部印发《关于群众艺术馆当前工作的几点意见》，首次提出群众艺术馆要“搞好馆办活动”。

9月，由文化部群众文化事业管理局主持编写的《文化馆工作概论》出版。这是我国第一部专门探讨文化馆工作的著述。

10月，中国群众文化学会成立。全国部分省市陆续成立了群众文化学会。

1987年

10月，吉林省群众文化学会编写的《文化馆学》出版。这是我国第一部以“文化馆学”命名的著述。

1991年

12月26日，文化部举行首届“群星奖”颁奖仪式。“群星奖”是我国群众文化领域政府最高奖。

1992年

5月27日，文化部出台《群众艺术馆、文化馆管理办法》和《文化站管理办法》。《群众艺术馆、文化馆管理办法》规定，省、自治区、直辖市，计划单列市，地（州、盟）、地级市设立群众艺术馆，县、旗、县级市、市辖区设立文化馆。群众艺术馆与文化馆是业务指导关系。进一步明确两馆是国家设立的全民所有制文化事业机构，经费列入当地政府财政预算。两馆实行馆长负责制，在编专业人员实行专业职务聘任制。

1996年

10月，党的十四届六中全会通过《中共中央关于加强社会主义精神文明建设若干重要问题的决议》。首次提出中央和地方财政对宣传文化事业的投入，增加幅度不低于财政收入的增长幅度。对政府兴办的图书馆、博物馆、科技馆、文化馆、革命历史纪念馆等公益性事业单位，应给予经费保证。

1997年

9月22日，上海市人民政府颁布《上海市公共文化馆管理办法》。这是改革开放以来我国第一个有关文化馆工作的地方政府规章。

1998年

中宣部、中央文明办、文化部实施“百县千乡宣传文化工程”。采用中央和地方各出资50%的办法，在500个国定贫困县中建设1000多个乡镇宣传文化站和100个以上的县级宣传文化中心。1998—2003年为一期计划，2004—2008年为二期计划。

2001年

11月9日，国家计委、文化部印发《关于“十五”期间加强基层公共文化设施建设的通知》，提出“十五”期间中央财政将增加县级文化馆图书馆建设专项资金，力争到“十五”末期，全国范围内基本实现县县有文化馆、图书馆的目标。

11月15日，国家计委和文化部在重庆召开全国基层公共文化设施建设工作会议。会议确定，从2002年到2005年，国家计委每年安排中央预算内基建投资1亿元，帮助贫困地区实现县县有文化馆、图书馆的建设目标。

2002年

1月30日，国务院办公厅转发文化部、国家计委、财政部《关于进一步加强基层文化建设的指导意见》，提出城市要在搞好群艺馆、文化馆、图书馆建设的同时，加强社区和居民小区配套公共文化设施建设，发展文化广场等公共文化活动场所。

2003年

6月18日，国务院第12次常务会议通过《公共文化体育设施条例》，自2003年8月1日起施行，这是我国第一个规范公共文化体育设施规划、建设、管理和运行的行政法规。

6月27日至28日，全国文化体制改革试点工作会议在北京召开。会议确定在9个地区和35个文化单位进行试点。以推动文化事业和文化产业繁荣发展为目标的文化体制改革拉开序幕。

2004年

6月，文化部公布首次全国文化馆（群众艺术馆）评估定级结果。这是中华人民共和国成立以来第一次对群众艺术馆、文化馆进行评估定级，自此，评估定级工作每四年进行一次，成为政府指导、监管文化馆工作的制度性措施。

2005年

10月，党的十六届五中全会召开，会议通过的《中共中央关于制定国民经济和社会发展第十一个五年规划的建议》，首次提出“逐步形成覆盖全社会的比较完备的公共文化服务体系”发展战略。

11月7日，中共中央办公厅、国务院办公厅印发《关于进一步加强农村文化建设的意见》，部署经过5年努力，县、乡、村文化基础设施相对完备，公共文化服务切实加强。实现县有文化馆、图书馆，乡镇有综合文化站，行政村有文化活动室的目标任务，要求县文化馆要具备综合性功能。提出县级文化馆、图书馆的改革主要是增加投入、转换机制、增强活力，提高公共服务水平。

12月，中共中央、国务院印发《关于推进社会主义新农村建设的若干意见》，要求各级财政要增加对农村文化发展的投入，加强县文化馆、图书馆和乡镇文化站、村文化室等公共文化设施建设，构建农村公共文化服务体系。

12月，中共中央、国务院印发《关于深化文化体制改革的若干意见》，明确了坚持文化事业和文化产业协调发展的原则，确认了文化馆等为群众提供公共文化服务的单位是公益性文化事业单位，提出了公益性文化事业单位体制改革的目标任务是增加投入、转换机制、增强活力、改善服务，实现和保障广大人民群众的基本文化权益。要求加大公益性文化事业投入，调整资源配置，逐步构建公共文化服务体系。

12月，到“十五”（2001—2005年）末期，我国基本实现县县有图书馆、文化馆的目标。

2006年

9月，《国家“十一五”时期文化发展规划纲要》发布。这是我国第一个文化发展中长期规划。规划专章部署公共文化服务，提出完善公共文化服务网络。首次提出实施“国民艺术教育推进工程”。

2007年

6月16日，中共中央政治局召开会议，研究加强公共文化服务体系建设。会议指出，加强公共文化服务体系建设的目标任务是，按照结构合理、发展平衡、网络健全、运行有效、惠及全民的原则，以政府为主导、以公益性文化单位为骨干、鼓励全社会积极参与，努力建设公共文化产品生产供给、设施网络、资金人才技术保障、组织支撑和运行评估为基本框架的覆盖全社会的公共文化服务体系，切实保障人民群众看电视、听广播、读书看报、进行公共文化鉴赏、参加大众文化活动等基本文化权益。

8月21日，中共中央办公厅、国务院办公厅印发《关于加强公共文化服务体系建设的若干意见》，这是落实中央政治局会议精神、加强公共文化服务体系建设的纲领性文件。

11月6日至7日，文化部在苏州召开全国文化馆工作会议。

12月，由中国群众文化学会、中国文化报社和常熟市人民政府主办的首届中国文化馆馆长年会暨“百馆论坛”在江苏省常熟市举行。文化馆领域的“百馆论坛”诞生。

2008年

5月，谈祖应著《中国文化馆学概论》出版。

7月8日，住房和城乡建设部、国土资源部、文化部批准并发布由文化部主编的《文化馆建设用地指标》(建标〔2008〕128号)，自2008年10月1日起施行。该指标是编制和审批文化馆项目建议书或可行性研究报告、确定建设用地规模的依据；是编制初步设计文件、核定和审批建设项目用地指标的依据；也是编制城乡规划确定文化馆发展用地的依据。

10月，全国文化馆标准化技术委员会成立。第一届委员会由来自全国各级文化馆、高等院校、科研机构及政府部门等的33名专家组成。

2009年

9月15日，文化部颁布《乡镇综合文化站管理办法》，自2009年10月1日起实行。办法规定，县文化馆、图书馆等相关文化单位负责对文化站开展对口业务指导和辅导。

2010年

8月30日，住房和城乡建设部、国家发展和改革委员会批准并发布由文化部主编的《文化馆建设标准》(建标〔2010〕136号)，自2010年12月1日起施行。本建设标准是文化馆建设项目科学决策和合理确定项目建设水平的全国统一标准，是审批核准文化馆建设项目的依据，是有关部门审查文化馆建设项目初步设计和监督检查工程项目建设全过程的尺度。

9月1日，文化部印发《关于开展全国基层文化队伍培训工作的意见》，提出用5年时间，对现有24.27万县乡专职文化队伍和366.85万左右的业余文化队伍进行系统培训，编辑出版基层公共文化服务系列教材，培养一支稳定的高素质的师资队伍。

12月31日，文化部、财政部印发《关于开展国家公共文化服务体系示范区（项目）创建工作的通知》，指出要在全国创建一批网络健全、结构合理、发展均衡、运行有效的公共文化服务体系示范区，培育一批具有创新性、带动性、导向性、科学性的公共文化服务体系项目，为我国公共文化服务体系建设探索路径、积累经验、提供示范。

12月，到“十一五”（2006—2010年）末期，我国基本实现乡乡有综合文化站的目标。

2011年

1月26日，文化部、财政部印发《关于推进全国美术馆、公共图书馆、文化馆（站）免费开放工作的意见》，明确了“三馆一站”免费开放的指导思想、基本内容、实施步骤、具体举措、保障机制等，免费开放作为保障公民基本文化权益的重要举措，长期纳入财政预算并以专项经费给予支持。

10月18日，党的十七届六中全会通过《中共中央关于深化文化体制改革推动社会主义文化大发展大繁荣若干重大问题的决定》。决定提出努力建设社会主义文化强国的奋斗目标。强调加强公共文化服务是实现人民基本文化权益的主要途径。决定提出保证公共财政对文化建设投入的增长幅度高于财政经常性收入增长幅度，提高文化支出占财政支出比例。

2012年

1月，由文化部社会文化司组编，于群、冯守仁主编的《文化馆（站）业务培训指导纲要》出版。

10月，彭泽明著《中国文化馆（站）发展之路》出版。

11月，文化部全国文化信息资源建设管理中心更名为文化部全国公共文化发展中心（2019年更名为文化和旅游部全国公共文化发展中心）。目前其职能包括组织开展全国性群众文化活动、推动全民艺术普及工作、协调推进文化馆行业建设、组织推进全国文化馆（站）数字化建设等，成为统筹推动全国文化馆发展的“龙头”。

2013年

11月12日，党的十八届三中全会通过《中共中央关于全面深化改革若干重大问题的决定》，提出构建现代公共文化服务体系的战略任务。

2014年

2月27日，第一届全国省、自治区、直辖市和较大城市文化（群艺）馆馆长联席会议在广州召开。自此开始，该联席会议每年举行一届。

7月23日，文化部印发《关于开展公共文化服务标准化等试点工作的通知》，部署开展公共文化服务标准化、基层综合性文化服务中心建设、公共文化机构法人治理结构三项改革试点工作。

9月1日，住房和城乡建设部发布《文化馆建筑设计规范》（JGJ/T 41—2014），自2015年3月1日起施行。

9月11日，中国文化馆协会（China Public Cultural Centers Association，CPCCA）成立。中国文化馆协会是由文化馆（站）、群众艺术馆、文化活动中心、与文化馆（站）相关的企事业单位、社会组织及个人组成的全国性、行业性、非营利性社会组织，协会秘书处挂靠文化部全国公共文化发展中心。

9月26日，文化部办公厅公布公共文化三项改革试点名单。山东省济南市群众艺术馆、广西壮族自治区桂林市临桂县文化馆等10个公共文化机构成为国家公共文化机构法人治理结构试点单位。

12月19日至21日，首届中国文化馆年会在浙江省宁波市举办，主题是“引领风尚 美好生活”。文化馆年会制度自此建立。

2015年

1月，中共中央办公厅、国务院办公厅印发《关于加快构建现代公共文化服务体系的意见》，提出到2020年，基本建成覆盖城乡、便捷高效、保基本、促公平的现代公共文化服务体系的目标。部署以县级文化馆为中心推进总分馆制建设。首次提出“积极开展全民艺术普及活动”。《国家基本公共文化服务指导标准（2015—2020年）》作为附件同时发布。

7月，“数字文化馆”建设项目启动。从2015年至2020年，中央财政累计投入1.7亿元，支持6批次121个文化馆开展数字文化馆建设。

10月2日，国务院办公厅印发《关于推进基层综合性文化服务中心建设的指导意见》，提出到2020年，全国范围的乡镇（街道）和村（社区）普遍建成集宣传文化、党员教育、科学普及、普法教育、体育健身等功能于一体的基层综合性公共文化设施和场所，形成一套符合实际、运行良好的管理体制和运行机制，建立一支扎根基层、专兼职结合、综合素质高的基层文化队伍。

2016年

8月，浙江省宁波市启动“一人一艺”全民艺术普及工程。围绕艺术知识普及、艺术欣赏普及、艺术技能普及和艺术活动普及四大主题和中小学生普及专项、特殊群体普及专项，构建全民艺术普及“4+2”内容体系，在全国产生了广泛影响。2020 年 12 月，文化和旅游部全国公共文化发展中心在宁波市建立“全民艺术普及推广示范中心”。

8 月 29 日，国家标准化管理委员会批准并发布《文化馆服务标准》（GB/T 32939—2016）和《乡镇综合文化站服务标准》（GB/T 32940—2016），自 2017 年 3 月 1 日起施行。

12 月 26 日，文化部、新闻出版广电总局、体育总局、发展改革委、财政部联合印发《关于推进县级文化馆图书馆总分馆制建设的指导意见》，提出到 2020 年，全国具备条件的地区因地制宜建立起上下联通、服务优质、有效覆盖的县级文化馆、图书馆总分馆制。

2017 年

2 月，上海市浦东新区举办首届公共文化产品服务采购大会（简称“文采会”），打造公共文化产品和服务供需对接新平台，产生了较大影响。

3 月 1 日，《中华人民共和国公共文化服务保障法》正式施行。文化馆（站）成为法定公共文化设施，“全民艺术普及”成为法定公共文化服务内容。

11 月 29 日，由文化部公共文化司指导、文化部全国公共文化发展中心具体建设的国家公共文化云正式开通。

11 月 29 日，中国文化馆历史上首部蓝皮书——《文化馆蓝皮书——中国文化馆全民艺术普及发展报告（2015—2016）》正式发布。自此，《文化馆蓝皮书》每两年编纂出版一卷。

2018 年

1 月 26 日，全国文化馆标准化技术委员会第二届委员会成立。秘书处承担单位为中国文化馆协会。

7 月 20 日，首届全国文化馆理论体系构建研讨会在浙江省绍兴市召开。

2019 年

11 月 21 日，中国文化馆协会换届大会暨第二届会员代表大会在北京召开，选举产生了新一届理事会、常务理事会。

2020 年

3 月 18 日至 4 月 17 日，中国文化馆协会推出“文化馆事业发展的思考与讨论”系列网上讲座交流活动，11 位专家线上讲座并与网友线上交流，单场直播最高 27 万人在线参与。汇集本次网上交流活动讲稿、互动实况的《文化馆发展十一讲》，于 2020 年 11 月由国家图书馆出版社出版。

6 月 4 日，国务院办公厅印发《公共文化领域中央与地方财政事权和支出责任划分改革方案》。

6 月，文化和旅游部全国公共文化发展中心组织实施“文化馆事业高质量发展研究计划”。经过公开申报、专家评审，2020 年度立项资助重点项目 8 项、青年项目 15 项。

9 月 16 日，我国文化馆发展史上第一个专门性研究机构——由文化和旅游部全国公共文化发展中心组建的文化馆发展研究院宣告成立。

12 月 3 日，文化和旅游部全国公共文化发展中心成立乡村公共文化服务研究院。

12 月 6 日至 7 日，首届全国公共文化和旅游产品云上采购大会交流展示活动在广东省东莞市举行。

2021 年

3 月 8 日，文化和旅游部、国家发展改革委、财政部印发《关于推动公共文化服务高质量发展的意见》。意见提出做大做强全民艺术普及品牌，使各级文化馆成为城乡居民的终身美育学校的发展目标。

3月至6月，由文化和旅游部全国公共文化发展中心、中国文化馆协会主办，文化馆发展研究院提供学术支持，国家公共文化云、中国知网两个平台同期播出的“文化馆事业发展的思考与讨论（第二季）”，共有11位专家主讲，16位专家点评和互动，直播观看和回放观看达到220多万人次。汇集本次网上交流活动讲稿、交流互动实况的《文化馆发展十一讲（第二季）》，于2022年11月由国家图书馆出版社出版。

4月16日，文化和旅游部全国公共文化发展中心成立基层公共数字文化服务研究院。

6月10日，文化和旅游部印发《“十四五”公共文化服务体系建设规划》。提出了“十四五”时期我国公共文化服务体系建设的发展目标，部署了重点任务。“大家唱”群众歌咏活动、“村晚”项目、广场舞活动、“百姓大舞台”网络群众文化品牌活动、公共文化云等项目，均被列入规划的“专栏项目”。

12月30日，由文化和旅游部全国公共文化发展中心、中国文化馆协会主办的《中国文化馆》辑刊正式刊行。这是我国文化馆领域第一份高水平、权威性、学术性的专业辑刊。

2022年

3月，文化和旅游部全国公共文化发展中心印发《公共文化云建设项目“十四五”建设指南》。

4月至11月，文化和旅游部全国公共文化发展中心、中国文化馆协会主办，文化馆发展研究院、全国文化馆标准化技术委员会、中国文化馆协会期刊与知识服务委员会承办的大型网上讲座交流活动“文化馆事业发展的思考与讨论（第三季）”成功举行。

5月，由文化和旅游部全国公共文化发展中心、中国群众文化学会、中国建筑装饰协会等单位主办的2022年乡村公共文化空间设计展示活动启动。经过线上报名、专家初评、网络投票、专家终评等环节，最终评出最美乡村公共文化空间（创新案例类）TOP30、最美乡村公共文化空间（空间设计类）TOP30、网络人气项目 TOP10、最佳设计 / 运营机构 TOP10 和优秀组织单位。

6 月 10 日，中国群众文化学会第六届会员代表大会暨六届一次理事会在北京线下会场和线上平台同步举行。大会选举产生了第六届理事、常务理事、副会长、会长。文化和旅游部党组成员、副部长张旭出席并讲话。

7 月，《文化馆蓝皮书——文化馆改革与服务创新发展报告（2019—2020）》出版。

2023 年

1 月 6 日，全国"乡村网红"培育计划启动仪式在黑龙江省哈尔滨市举行。该计划聚拢全国优质资源，通过乡村网红全网联动，以直播、短视频等融媒体方式加以广泛传播。

2 月 12 日，由文化和旅游部、农业农村部、国家乡村振兴局联合举办的 2023"大地欢歌"全国乡村文化活动年在湖北省武汉市启动。文化和旅游部在启动仪式上发布了 12 项贯穿全年的乡村文化重点活动，各级文化馆承担大量的组织、实施工作。

3 月 14 日，文化和旅游部印发《关于组织开展 2023 年公共图书馆、文化馆服务宣传周活动的通知》。全国首个文化馆服务宣传周以"新时代文化馆：开放·融合·创新"为主题。5 月 24 日，宣传周启动仪式暨第十届全国地市级文化馆"百馆联动"活动启动仪式在甘肃省张掖市举行。宣传周期间，全国各地各级文化馆开展了丰富多彩的宣传推广活动。

4 月 17 日，中国宋庆龄基金会与中国文化馆协会合作设立"中国宋庆龄基金会全民艺术普及专项基金"，这是我国首个公共文化领域专项支持全民艺术普及的具有开放性、包容性、普惠性的公益基金。

9 月 3 日，文化和旅游部在内蒙古自治区包头市举行 2023 年文化馆工作交流活动。文化和旅游部党组成员、副部长饶权出席并讲话。他说，文化馆是具有鲜明中国特色的公共文化机构，经过 70 多年发展，逐步成为公共文化服务领域体系最完善、内容最丰富、服务最广泛的载体和平台。其发展历程深刻体现了中国特色社会主义文化建设的本质属性和内在特点，也是波澜壮阔的中国式现代化进程在公共文化领域的缩影。上海、湖南等省市文化和旅游厅（局）负责同志，包头市政府负责同志，北京、广东、四川等地的文化馆代表在活动上作交流发言。

9月，在2023中国文化馆年会期间，由文化和旅游部全国公共文化发展中心、中国文化馆协会主办，中国文化馆协会摄影委员会、东莞市文化馆协办，北京大学国家现代公共文化研究中心提供学术支持的“中国文化馆发展历程展（1949—2023）”隆重推出。历程展以“赓续历史 勇毅前行”为主题，通过大量珍贵历史图片，反映中国文化馆70多年发展历程中的重大历史事件、取得的主要成就和呈现的发展特点。这是新中国首次推出的全景式文化馆发展历程展。